国家社科基金
GUOJIA SHEKE JIJIN HOUQI ZIZHU XIANGMU
后期资助项目

早期中国燕飨礼研究

李志刚 著

WUHAN UNIVERSITY PRESS
武汉大学出版社

图书在版编目(CIP)数据

早期中国燕飨礼研究 / 李志刚著 . -- 武汉 : 武汉大学出版社, 2024. 12 . -- 国家社科基金后期资助项目 . -- ISBN 978-7-307-24503-7

Ⅰ . K892.9

中国国家版本馆 CIP 数据核字第 2024GS6465 号

责任编辑:程牧原   责任校对:汪欣怡   版式设计:韩闻锦

出版发行:**武汉大学出版社**   (430072   武昌   珞珈山)

(电子邮箱: cbs22@ whu.edu.cn   网址: www.wdp.com.cn)

印刷:武汉中远印务有限公司

开本:720×1000   1/16   印张:27.5   字数:474 千字   插页:1

版次:2024 年 12 月第 1 版   2024 年 12 月第 1 次印刷

ISBN 978-7-307-24503-7   定价:129.00 元

国家社会科学基金后期资助项目(项目编号：19FZSB031)

国家社科基金后期资助项目
出版说明

　　后期资助项目是国家社科基金设立的一类重要项目，旨在鼓励广大社科研究者潜心治学，支持基础研究多出优秀成果。它是经过严格评审，从接近完成的科研成果中遴选立项的。为扩大后期资助项目的影响，更好地推动学术发展，促进成果转化，全国哲学社会科学工作办公室按照"统一设计、统一标识、统一版式、形成系列"的总体要求，组织出版国家社科基金后期资助项目成果。

全国哲学社会科学工作办公室

目　　录

绪论 ……………………………………………………………………… 1

  第一节　研究对象 ……………………………………………………… 1

  第二节　核心概念 ……………………………………………………… 5

  第三节　学术前史 ……………………………………………………… 8

  第四节　史料、方法与价值 ………………………………………… 22

第一章　祭飨：以神为宾之礼 ……………………………………… 26

  第一节　祭飨对象 …………………………………………………… 27

  第二节　祭飨仪式 …………………………………………………… 32

  第三节　以神为宾 …………………………………………………… 47

  第四节　神灵形象与尸礼 …………………………………………… 68

第二章　宾飨：以人为宾之礼 ……………………………………… 95

  第一节　宾飨概述 …………………………………………………… 95

  第二节　商周王室的飨臣以宾礼 …………………………………… 99

  第三节　春秋时代的君臣飨礼 …………………………………… 107

  第四节　祭飨与宾飨的异同 ……………………………………… 124

第三章　燕礼：在"醉不忘礼"与"不醉无归"之间 ……………… 142

  第一节　燕礼概述 ………………………………………………… 142

  第二节　射礼与燕礼 ……………………………………………… 146

  第三节　祭祖后燕兄弟、宗人 …………………………………… 168

  第四节　燕尸之礼：傧尸 ………………………………………… 174

  第五节　落礼后的燕饮 …………………………………………… 183

  第六节　君臣私宴 ………………………………………………… 186

第四章　尊君与燕飨礼 …………………………………………… 196

　　第一节　"天子无客礼"考辨 ………………………………… 198

　　第二节　"臣飨君"问题 ……………………………………… 210

　　第三节　"不以公卿为宾"问题 ……………………………… 218

　　第四节　《仪礼·燕礼》中的"主人"身份 ………………… 232

第五章　尊宾与燕飨礼 …………………………………………… 237

　　第一节　宾主的面向与位次 ………………………………… 238

　　第二节　宾主授受礼 ………………………………………… 248

　　第三节　尊宾与尚贤 ………………………………………… 258

　　第四节　宾谏、不纯臣与宾道 ……………………………… 264

第六章　变异与新生：汉代的燕飨礼 …………………………… 286

　　第一节　朝礼与宴饮 ………………………………………… 288

　　第二节　君臣私饮 …………………………………………… 295

　　第三节　民众聚饮 …………………………………………… 309

　　第四节　养老与乡饮酒 ……………………………………… 324

第七章　神圣与狂欢：燕飨礼的功能 …………………………… 334

　　第一节　亲宗 ………………………………………………… 334

　　第二节　敬友 ………………………………………………… 337

　　第三节　安宾 ………………………………………………… 342

　　第四节　乐民 ………………………………………………… 346

第八章　礼以观命：礼容与命运 ………………………………… 358

　　第一节　礼容的内与外 ……………………………………… 359

　　第二节　观容测命：失礼与命运 …………………………… 364

　　第三节　观者与观看之道 …………………………………… 370

　　第四节　共享的知识：礼作为一种生活方式 ……………… 389

结语 ……………………………………………………………… 398

主要参考文献 …………………………………………………… 407

后记 ……………………………………………………………… 430

绪　　论

本书所讨论的燕飨礼，指先秦至两汉时期招待宾客的礼仪活动。行礼的主体包括主人和宾客(人与神)，行礼的内容包括饮酒和饭食，行礼过程中常常伴随赋诗、奏乐等仪节。这种燕飨礼既可单独举行，也可与其他礼配合举行。

古人以饮食招待宾客有飨、食、燕三种礼。其中，飨礼最为隆重。"飨"古文献常作"享"①，"燕"又通作"宴"②。故燕飨礼亦可写作"宴飨礼"或"燕享礼"。《周礼·春官·大宗伯》"以飨燕之礼，亲四方之宾客"③，把燕飨礼归入吉、凶、军、宾、嘉"五礼"的嘉礼类。但实际行礼时，吉、军、宾、嘉礼中，均能见到燕飨的踪迹，足见运用之广泛。食礼低于飨礼，以饭食为主，高于燕礼，酒浆仅用于饭后酳口而不饮，表达上级亲近贤人之意。《左传·隐公元年》记载郑庄公以食礼招待颍考叔。颍考叔"食舍肉"，把肉另置一处，欲带回给母亲品尝，据此可知食礼能够食肉。诸侯级别的食礼，于《仪礼·公食大夫礼》尚能见其梗概，最新发布清华简《大夫食礼》两篇，内容为楚地大夫的食礼，也可供参考。④ 天子级别的食礼现在已不可见。

第一节　研究对象

燕飨礼于古起源甚早，殷墟卜辞中已能见到记载，如：

---

① 大抵而言，凡献于上曰享，凡食其献曰飨；对象为人曰飨，对象为神曰享。飨、享无大区别，与施行礼仪的对象与情景有关。
② 古"燕""宴"相通，例证多见。《诗·小雅·鹿鸣》："嘉宾式燕以敖。"《中论·艺纪》引"燕"作"宴"。《左传·昭公二十五年》："明日宴饮酒乐。"《汉书》卷二七《五行志》"宴"作"燕"。
③ 《周礼注疏》卷一八，阮元校刻《十三经注疏》嘉庆刊本，中华书局，2009年，第1640页。下引《十三经注疏》内容，均源于此版，后注仅出文献名、卷号、页码。
④ 黄德宽编：《清华大学藏战国竹简(拾叁)》，中西书局，2023年。

贞，其征钟于大戊飨。《合集》27174 ①

庚辰卜，大贞，来丁亥其奈丁，于大室祊西飨。《合集》23340

庚戌卜，子叀发呼献丁，罙大亦。用。戾。《花东》475 ②

庚卜，丁飨鼎《花东》236 ③

叀多生飨。《合集》27650 ④

贞，翌乙亥赐多射燕。《合集》5745

上揭卜辞中，"飨"多与祭祀祖先相关，意指飨食祖先神，此与《周礼·春官·大司乐》"大飨如祭祀"的记载吻合。古人所谓"飨"不仅包括飨人，也包括飨神。"飨"通常作"飨"，罗振玉认为即象飨食时宾主相向之状。易言之，"飨"字两旁所从部首即象征行礼中的宾主，中间部分则象盛酒食的礼器。甲骨、金文中"人""尸"二字，均象人弯倾貌，区别是"尸"的腿部稍曲折，象曲膝貌。在这种情况下，"飨"字两旁所从，不能简单地认为仅象征作为"人"的宾主或作为"尸"的神。殷墟甲骨、两周金文以及传世礼典文献，甚至后代注疏家，均认可飨的对象既有神灵，又有人，即飨礼包括祭飨与宾飨两种。

"燕"甲骨文中有 燕燕燕燕燕 等形，象飞燕貌。《说文·燕部》释"燕"字："籋口，布翄，枝尾。象形。"段玉裁注："籋口，故以廿像之。布翄，故以北像之。枝尾，与鱼尾同，故以火像之。"⑤王襄认为"细玩各燕字，其流变虽甚而初形未泯，卜辞之燕借为燕享字"⑥。罗振玉亦从之。鲁实先认为"燕"在卜辞中有二义。一如罗振玉之说，借为燕享之燕；二为方名，如燕方。⑦卜辞中出现燕享之燕，说明殷商时期已有燕礼萌芽。

值得注意的是，"飨"的对象包括神灵，自战国后逐渐淡出世人的眼界，甚至归于湮灭，致使后人仅以宾飨指称"飨礼"，造成礼学研究上的

① 郭沫若主编：《甲骨文合集》，中华书局，1978—1982年。以下所引出自此书者均简称《合集》，不另具注。

② 中国社会科学院考古研究所编：《殷墟花园庄东地甲骨》，云南人民出版社，2003年。以下所引出自此书者均简称《花东》，不另具注。

③ 姚萱认为：此条卜辞意思是"为鼎祭而举行飨礼"。参见姚萱：《殷墟花园庄东地甲骨卜辞的初步研究》，线装书局，2006年，第29页。

④ 裘锡圭认为，此飨即飨礼。参见裘锡圭：《关于商代的宗族组织与贵族和平民两个阶级的初步研究》，《古代文史研究新探》，江苏古籍出版社，1992年，第317~318页。

⑤ （清）段玉裁：《说文解字注》，上海古籍出版社，1988年，第582页。

⑥ 于省吾主编：《甲骨文字诂林》，中华书局，1999年，第1743页。

⑦ 鲁实先：《释燕》，李孝定编述：《甲骨文集释》卷一一，台湾"中央研究院"历史语言研究所，1970年，第3474页。

一大误会。究其缘由，一是与整个燕飨礼在战国后衰落的历史命运息息相关。当飨礼与日常生活渐行渐远，误会与陌生感必然应运而生。二是某些礼学家并未回到殷商、西周的具体历史语境、用词习惯下讨论问题，而是以后代的偏义代替历史的真实，故飨礼失去飨神之义，成了必然的宿命。其造成的后果之一，乃是后人失去了得知祭祀神灵与燕飨酬酢之间真实关系的机会。揭开重重迷雾后，可以知晓"飨"所象飨食的宾主，其身份既可指人，又可指神。换言之，祭飨时是人神相向行礼，宾飨时是人人相向行礼。神与人均可作为主人之宾而往来为礼。

而上引卜辞中的"燕"，指商王与臣子的射御宴饮。这与《仪礼·燕礼》及其他文献记载也是可以对应的。

西周金文中，常见关于燕飨礼仪的记载。如天亡簋："乙亥，王有大礼，王汎三方，王祀于天室……丁丑，王飨，大宜。"（《集成》4261）①征人鼎："丙午，天君飨襖酒，在斤。"（《集成》2674）大鼎："唯十又五年三月，既生霸丁亥，王饖辰宫，大以厥友守。王飨醴。"（《集成》2807）金文关于宾飨的记载不少。

金文中的燕礼，最初以"饮""酒"两种形式出现。如：塱方鼎"公归塱于周庙，戊辰饮秦饮"（《集成》2739），小盂鼎"三左三右、多君入服酒"（《集成》2839），高卣盖"王饮西宫"（《集成》5431），等等。燕礼以饮酒为主，无疑这种"饮""酒"类礼仪，即是燕礼之类。最早明确记载燕礼的属西周晚期的鄂侯鼎。其铭文曰："王南征伐角僪，唯还自征在矿，鄂侯御方纳壶于王，乃裸之，御方侑王，王休宴乃射，御方卿王射，御方休阑王扬，咸饮。"（《集成》2810）周王南征时，鄂侯在矿地献壶于王。周王与鄂侯先行燕礼，再行射礼。这与《礼记·射义》"诸侯之射也，必先行燕礼"②，可以印证。春秋后记载燕礼的金文大量出现，如《邾公华钟》"以宴士庶子"（《集成》245），《王子婴次钟》"王子婴次自作游钟，永永宴喜"（《集成》52），不胜枚举。

宾飨作为高级贵族招待低级贵族的礼仪，多数情况下并非单独举行，

---

① 中国社会科学院考古研究所编：《殷周金文集成》第 7 册，编号 4261，中华书局，1984—1994 年，第 374 页。以下所引出自此书者，均简称《集成》，不另出注。"大宜"，唐兰先生考释为"大俎"。大俎，即房烝，亦即体荐。《国语·周语中》："王公立饫则有房烝。"韦昭注："房，大俎也。《诗》云：'笾豆大房。'谓半解其体，升之房也。"此处记载，正与周定王所言"王享有体荐"相印证。参见唐兰：《西周青铜器铭文分代史征》，中华书局，1986 年，第 11 页。

② 《礼记正义》卷六二，第 3662 页。

而是与其他礼仪一起，构成更大的礼仪组合。如聘礼、觐礼、婚礼中均有飨宾仪节，飨礼只是其中一部分，而非独立举行的典礼。再如，战胜归来后，天子、诸侯为庆军功，也会举行飨礼。西周晚期《虢季子白盘》"王格周庙，宣射爰飨"（《集成》10173），所记乃周王为庆祝虢季子白的军功而举行的飨礼。《孔丛子·问军礼》："飨有功于祖庙，舍爵策勋焉，谓之饮至。天子亲征之礼也。"①饮至礼属军礼中为庆功而举行的飨礼。

燕礼在《仪礼》中有专篇记载，与飨礼多在庙中举行相对应，它是一种在寝中举行的饮酒礼，规格低于飨礼，其牲用狗，脱屦升堂，用一献之礼，② 有折俎而无饭食。《左传·宣公十六年》："王享有体荐，宴有折俎。"③飨礼不得饮酒食肉，故用体荐，以半牲置于俎上而不节解。燕礼可以食肉饮酒，故用节解了牲体的折俎。④ 另外，燕礼以饮酒为主，不用饭食，主宾之间甚至以醉为度，表达亲近欢娱之意。

燕礼与飨礼一样，可与其他礼相结合，组成一个更复杂的礼仪活动。如乡射、大射前行一献之燕礼，酬谢参与射礼的宾与众宾。祭祖后举行燕礼，以亲兄弟族人与宾客。《诗·小雅·楚茨》"诸父兄弟，备言燕私"，郑笺："祭祀毕，归宾客之俎，同姓则留与之燕。所以尊宾客，亲骨肉也。"⑤所言即是。朝聘礼中，亦有燕礼的存在。《仪礼·聘礼》："燕与羞，俶献，无常数。"⑥聘礼正礼，以及飨宾礼完毕后，用珍馐及四时新物，燕饮宾客。

燕、飨二礼虽因等级、功能的差异，内容有不同，但又因均属招待宾客之礼，亦可相续举行。《左传·昭公元年》："夏四月，赵孟、叔孙豹、曹大夫入于郑，郑伯兼享之。……乃用一献，赵孟为客，礼终乃宴。"⑦郑伯先以飨礼招待赵孟、叔孙豹、曹大夫等，飨礼毕后又举行燕礼，即所谓"礼终乃宴"。《国语·晋语四》："秦伯享公子如享国君之礼，子余相如宾……明日宴。"⑧相续而行的飨燕之礼，不必在同一日。《周礼·掌客》

---

① 傅亚庶：《孔丛子校释》，中华书局，2011年，第421页。
② 主人献宾，宾酢主人，主人又酬宾，即完整的一套献酢酬酬，为"一献之礼"。
③ 《春秋左传正义》卷二四，第4099~4100页。
④ 节解牲体的具体仪节，参见曹建墩：《周代牲体礼考论》，《清华大学学报》（哲学社会科学版）2008年第3期。
⑤ 《毛诗正义》卷一三，第1008页。
⑥ 《仪礼注疏》卷二二，第2302页。
⑦ 《春秋左传正义》卷四一，第4389页。
⑧ 徐元诰：《国语集解》（修订本），王树民、沈长云点校，中华书局，2002年，第338~339页。

郑注："飨设盛礼以饮宾。"贾疏："盛礼者，以其飨有食有酒，兼燕与食，故云盛礼。"① 清惠士奇认为《燕礼》《大射》中"以我安"前所行为飨礼，"以我安"后，彻俎乃行燕礼，并得出"《飨礼》不亡，尽在《燕礼》矣"的结论。② 后朱大韶撰《燕飨通名说》，发挥惠氏之说，认为"饮射之礼，皆飨礼也，故燕亦通名飨"，飨、燕几乎可以互训，且认为《左传》中言"享"者多为燕礼，言宴者亦有为飨礼的情况。③ 飨、燕之礼，举行地点、具体礼仪、所具功能均不同，完全混淆二者边界，于经典无据。不过，飨礼后行燕礼或食礼，是完全可能的。

综上而言，飨礼与燕礼，均是宗周贵族的待宾之礼。飨礼包括祭飨与宾飨。两者均主敬，只是祭飨多在庙中举行，而宾飨的行礼地点则相对多样。燕礼则主欢，在寝中举行，行礼双方以饮酒为主，以醉为度，表达主宾欢乐之意。作为礼典，燕礼、飨礼均可单独举行，但在多数情况下是与其他礼组合而行的，如聘礼、觐礼、军礼、婚礼、祭礼等。飨礼与燕礼亦不相互排斥，飨礼毕后，接着再举行燕礼，在宗周礼乐系统中并不少见。

第二节　核心概念

与需解决的主要问题相关，本书用到"神圣""狂欢""宾道"三个核心概念，此处加以诠释。

1. 神圣

此处所说的"神圣"，既不是指伦理道德意义上的崇高，亦非指宗教意义上的神秘与神异，而是指人的活动，通过"仪式化"的展示，使表面上的繁文缛节具有了象征性，并指向一套更高的意义系统。具体而言，这套意义系统，就是以"尊尊""亲亲"为核心原则的宗周礼乐文明。"神圣"建构一种秩序，规定行礼者只能在其身份范围内，采用与之相符的礼仪、礼容、礼言、礼器，不得僭越，否则就是违礼行为，会遭到士君夫子们的讥讽。

---

① 《周礼注疏》卷三七，第 1926 页。
② （清）惠士奇：《礼说》卷五，文渊阁《四库全书》第 101 册，台湾"商务印书馆"，1986 年，第 495 页。
③ （清）朱大韶：《实事求是斋经说》卷二《燕飨通名说》，《续清经解》第 3 册，上海书店出版社，1988 年，第 850 页。

礼的神圣性，表现为以天地宇宙秩序为最终的根据。《左传·昭公二十五年》郑子太叔回答赵简子的一段话，充分说明了这一点。子太叔云：

> 夫礼，天之经也，地之义也，民之行也。天地之经，而民实则之。则天之明，因地之性，生其六气，用其五行。气为五味，发为五色，章为五声。淫则昏乱，民失其性。是故为礼以奉之。为六畜、五牲、三牺，以奉五味；为九文、六采、五章，以奉五色；为九歌、八风、七音、六律，以奉五声。为君臣上下，以则地义；为夫妇外内，以经二物；为父子、兄弟、姑姊、甥舅、昏媾、姻亚，以象天明；为政事、庸力、行务，以从四时；为刑罚威狱，使民畏忌，以类其震曜杀戮；为温慈惠和，以效天之生殖长育。民有好恶、喜怒、哀乐，生于六气，是故审则宜类，以制六志。哀有哭泣、乐有歌舞，喜有施舍，怒有战斗；喜生于好，怒生于恶。是故审行信令，以制死生。生，好物也；死，恶物也。好物，乐也；恶物，哀也。哀乐不失，乃能协于天地之性，是以长久。①

在古代，人的行为，包括舌感之五味，眼观之五色，耳听之五声，心情之喜怒哀乐，伦理之君臣、父子、夫妇、兄弟，用器之颜色、纹理、数量，甚至政治、军事、祭祀等一切活动，都笼罩在礼的范围之内，与天地秩序一起消长起伏、死生失得。人只要正确地行礼，其行为必然与天地相应，即"协于天地之性"。人之喜怒哀乐、揖让周旋、尊卑上下等，有天地秩序为最终依据，其神圣性就此而生。

本书讨论燕飨礼，重视对琐细仪节的考证，但又不局限于此，② 而是在考证的基础上，揭示参与者的身份、行礼位次、周旋动作、礼仪节次等礼制规定背后的"礼义"。燕飨礼与其他礼一样，具备仪式过程，又超越了表面上的仪式细节，建构了一个隐喻系统，从而具有了宗教的、伦理的、政治的深层含义，维护着其时社会上下尊卑、亲疏远近等规范。与之相对应，燕飨礼的崩坏，代表着宗周社会等级制度的崩坏。秦汉后的变

---

① 《春秋左传正义》卷五一，第 4576~4577 页。

② 斯坦利·坦比亚(Stanley J. Tambiah)对"仪式"理解非常精彩，可参考。他认为仪式是"一种文化构建下的符号交流系统。由模式化、秩序化的语言和行为序列组成，常常以多种媒介表现，其内容和编排的特色不同程度地由形式性(常规性)、反复性(不变性)、凝缩(融合)以及赘余(重复)体现"。转见柯马丁：《从青铜器铭文、〈诗经〉及〈尚书〉看西周祖先祭祀的演变》，陈彦辉、赵雨柔译，《国际汉学》2019 年第 1 期。

异，更暗示其时社会已变为天下一统与皇权专制，社会结构与先秦相比，发生了根本性的变异。

2. 狂欢

"狂欢"是借自俄罗斯文艺思想家巴赫金的一个概念。古希腊丰收时节，人们宰杀牛羊，于神庙中献祭于酒神狄俄尼索斯。献祭毕后，群起到街上游行纵欢，开怀畅饮，造就了一个狂欢的世界。在这个"狂欢化"的世界中，社会等级暂时被取消，乌托邦式的自由、平等，充盈在装疯卖傻、滑稽可笑、戏谑权贵的人群之中。民众获得暂时性的"解放"。权贵也暂时"放弃"手中的权力。"狂欢"时节，社会秩序被大大颠倒。与此同时，民众在狂欢中指向权贵们的发泄，缓解了平日阶层对立造成的矛盾。"狂欢"成了社会正常运作的减压阀，甚至是安全阀。

巴赫金的"狂欢"是属于一般民众的。狂欢是民众的狂欢，强调的是民众在狂欢情况下，对权贵的嘲弄与对社会秩序的暂时性颠覆。而当我们讨论燕飨礼时，也发现严格的身份等级被"暂时性忘却"，不能享用的乐曲暂时可以享用，喝酒以醉为度，和谁喝、喝多少，都没有了限制；在宗周其他礼中找不到的仪式，在燕飨礼中却存在，构成了燕飨礼区别于其他礼仪的特性。这说明，一定程度的"狂欢"是存在于燕飨礼中的。对这一现象的发掘，有利于进一步理解整个宗周礼乐制度。

3. 宾道

"宾道"相对于"君道"与"臣道"而言，是本书自拟的一个概念。宾者，客也。主客关系相对君臣关系而言，尊卑色彩较轻。与"臣"的身份相比，"宾"的身份具有更大的能动性。王国维分析"宾"字结构时谈道，"宾上从屋，下从人从止，象人至屋下"，会人来为宾客之意。罗振玉亦指出"宾"字"象足迹在室外，主人跽而迎宾，与客字构造法同"。《礼记·乡饮酒义》："宾者，接人以义者也。"①《礼记·仲尼燕居》："食飨之礼，所以仁宾客也。"②《说文·贝部》："宾，所敬也。"简而言之，所谓"宾道"，即是以人为宾客，待之以义，尊之敬之。《礼记·燕义》"设宾主，饮酒之礼也"，即说明"宾道"存在于燕飨之饮酒仪式中。

详细说来，本书所讲的"宾道"，主要包括两个方面的含义。

---

① 《礼记正义》卷六一，第 3653 页。
② 《礼记正义》卷五〇，第 3501 页。

第一，在位者的尊宾重道。天子、诸侯及乡大夫、州长、党正及宗族之长等，在燕飨礼中暂时"放弃"其尊贵身份，以等级色彩不浓的"主人"身份参与其中，表达感谢臣下、族人，亲贤尚能之意。当子、臣、族人，被父、君、族长以宾相待时，严格的尊卑上下秩序，被温情的主宾关系所代替。人与人的关系显得更加亲密，感情交流更加容易。特别是战国时代，各国诸侯为招待贤才，对贤能之士，往往不以为臣，而以之为宾，以宾礼待之。这正是"宾道"意识在战国时代的反映与发展。

第二，在下者暂时性突破严格的等级制度，以宾自处，与高位者分庭抗礼，酬酢劝酒，展示出较独立的身份意识。值得注意的是，"宾道"在秦汉后社会仅有稍许的遗存，却兴盛在秦汉专制主义建立之前的社会中，这反映出君臣、官民等尊卑明显的关系可被"主宾"关系暂时性地代替，并非一种偶然存在的现象。宗周礼乐制度中蕴含的这种"宾道"意识，反映的是其时社会权力结构并没有后世想象的那么森严与不可逾越；其时不是皇权专制形态下的皇帝独断一切，高高在上，臣子唯唯诺诺，只能奉命行事。这将会在正文部分讨论的臣下于燕飨礼中以宾自处，比平时更加理直气壮地劝谏君主，而君主亦表现出更大的容忍性等仪节中得到体现。

当然，过分夸大"宾道"的功能，亦不符合历史事实。宗周礼乐制度的核心原则，仍然是"尊尊""亲亲"。亦如"神圣"与"狂欢"两个看似矛盾的概念集于燕飨礼一身一样，"尊宾"与"尊君"同样在燕飨礼中并列存在。只不过，战国后至秦汉时，燕飨礼走向衰微，在时代的激荡博弈下，思想观念发生了变化，"尊宾"逐渐不被一般人重视，"尊尊"却借助皇权，在两千年帝制时代不断强化。作为历史研究，挖掘两者在燕飨礼中的具体表现，论述其政治、文化含义，是题中之义。

第三节　学术前史

历代以来，与其他礼相比，燕飨礼受到学者的关注明显较少。究其原因，大概有二。一是资料的零碎与缺乏。《仪礼》十七篇中，仅见《燕礼》《乡饮酒礼》为较完整的论述，其他则散见于《士昏礼》《聘礼》《觐礼》《乡射礼》《大射仪》《特牲馈食礼》《有司彻》等篇目中。除此之外，《诗经》《左传》《国语》《周礼》《礼记》等先秦文献中，亦能见到一些关于燕飨礼的记载。但整体而言，较零碎。二是秦汉后燕飨礼的衰微。秦汉后，社会结构与意识形态发生了明显的变化，与祭礼、丧礼仍然是社会自上而下、普遍遵循的礼仪制度相比，燕飨礼的实际作用已大大减弱，甚至演变为仅具有娱乐功能的宴乐活动。这无疑会减弱学者对它的研究兴趣。①

一、古代学者的研究

具体而言，古代学者的研究主要集中在三个方面，即对经文的注疏笺证、资料的收集与整理、对燕飨礼具体问题的讨论。

1. 对经文的注疏笺证

礼学研究以《仪礼》《礼记》《周礼》三礼为基础文献。历代学者对这些基础文献的注疏之作，亦是不可不读的资料。郑玄遍注群经，尤精于"礼学"，唐孔颖达云"礼是郑学"②，更是突出了郑玄《三礼注》在整个"郑学"中的地位。自郑玄后，唐贾公彦的《周礼注疏》《仪礼注疏》，孔颖达的《礼记正义》，本魏晋南北朝数百年的经学积累，囊括概述，是划时代的注疏之作。

时至宋代，疑经之风虽正盛，但释经之作仍有精品出现。就《仪礼》而言，虽经王安石罢废，不纳入科举考试的范围，但李如圭《仪礼集释》③、朱熹《仪礼经传通解》④，仍然是值得称道的佳作。李如圭释经简单明了，无后世枝蔓杂芜之弊，又能总结礼经条例，对清凌廷堪作《礼经释例》产生过影响。朱熹《仪礼经传通解》"以《仪礼》为经，而取《礼记》及诸经史杂书所载有及于礼者，皆以附于本经之下，具列注疏诸儒之说，略有端绪"⑤，所创造的纂述体例，也对后世产生了重大影响。特别是由朱熹所创造的"分节"法，经清张尔岐《仪礼郑注句读》发皇，后江永《礼书纲目》、秦蕙田《五礼通考》、胡培翚《仪礼正义》多遵循之。⑥《仪礼》所载仪

---

① 《新唐书》卷一一《礼乐志》："由三代而上，治出于一，而礼乐达于天下；由三代而下，治出于二，而礼乐为虚名。"所言虽总括"礼乐"，但却显示出后代学者对礼乐为虚名、无用于世的不满与清楚认识。而燕飨礼虚名无用，更有甚于其他礼。

② 华喆：《礼是郑学：汉唐间经典诠释变迁史稿》，生活·读书·新知三联书店，2018 年。

③ （宋）李如圭：《仪礼集释》，文渊阁《四库全书》第 103 册，台湾"商务印书馆"，1986 年。

④ （宋）朱熹：《仪礼经传通解》，王贻樑校点，见朱杰人等主编：《朱子全书》，安徽教育出版社，2010 年。

⑤ （宋）朱熹：《晦庵先生朱文公文集》卷一四《乞修三礼札子》，刘永翔、朱幼文校点，上海古籍出版社、安徽教育出版社，2010 年，第 687 页。

⑥ （清）张尔岐：《仪礼郑注句读》，《钦定四库全书荟要》，吉林出版集团有限责任公司，2005 年。江永：《礼书纲目》，清光绪广雅丛书本。秦蕙田：《五礼通考》，文渊阁《四库全书》第 138 册，台湾"商务印书馆"，1986 年。胡培翚：《仪礼正义》，段熙仲校点，江苏古籍出版社，1993 年。

式节目骤然清晰，所行礼仪参差而进，难读之弊几消。① 宋代关于《仪礼》的著作，还有聂崇义《新定三礼图》、张淳《仪礼识误》、魏了翁《仪礼要义》、陈祥道《礼书》、杨复《仪礼图》，② 虽非严格意义上的注疏之作，但在绘图、释例、文字、版本方面，均有重要价值。

元明礼学延续了宋代理学的研究风格，但整体上并不兴盛。吴澄《仪礼逸经传》认为，《仪礼》十七篇外尚有逸经，于是从《礼记》《大戴礼记》及郑玄《三礼注》摘取八篇，归入"仪礼逸经"类，以续《仪礼》正经。③ 吴氏又认为，《仪礼》有《士冠礼》《士昏礼》，《礼记》即有《冠义》《昏义》等，此皆为周末汉初之人释《仪礼》之作，大戴、小戴抄以入记中，实乃《仪礼》的释经之传，于是纂次《仪礼传》十篇，附于书后。④ 元研究《仪礼》最著名者为敖继公，其所作《仪礼集说》对郑注多有指责，称其"疵多醇少"，于是"删其不合于经者而存其不谬者。意义有未足，则取疏、记或先儒之说一补之。又未足，则附之以一得之见焉"。⑤ 敖继公对郑注的意见，影响到了方苞《仪礼析疑》、蔡德晋《礼经本义》等书的纂述。⑥

清代为礼学最鼎盛的时代。张尔岐《仪礼郑注句读》乃清代最早系统研究《仪礼》之作。此书全录郑注，摘取贾疏，略加断语。因为时局的影响，张氏寡居少出，使此书较少受到元明礼学家的影响，对郑注采取了基本肯定的态度。此书最大的贡献是对《仪礼》"分节"的发扬光大，可谓有功于后学。张尔岐之后，《仪礼》逐渐受到重视。

清代研究《仪礼》最重要的两部著作，为凌廷堪《礼经释例》与胡培翚《仪礼正义》。《礼经释例》从烦琐的《仪礼》经文中，总结能通贯全经的礼

---

① 清陈澧说："《仪礼》难读，昔人读之之法，略有数端：一曰分节，二曰绘图，三曰释例。今人生古人后，得其法以读之，通此经不难矣。"分节之法，在陈澧看来，自郑玄已有端绪，但大规模的创造自朱子而起，应属无疑。参见陈澧：《东塾读书记》，钟旭元、魏达纯校点，上海古籍出版社，第 138 页。

② (宋)聂崇义：《新定三礼图》，丁鼎校点，清华大学出版社，2006 年。张淳：《仪礼识误》，清武英殿聚珍版丛书本。魏了翁：《仪礼要义》，文渊阁《四库全书》第 104 册，台湾"商务印书馆"，1986 年。陈祥道：《礼书》，光绪二年丙子（1876）菊坡精舍本。杨复：《仪礼图》，文渊阁《四库全书》第 104 册，台湾"商务印书馆"，1986 年。

③ 吴澄所取逸经八篇，即《投壶礼》《奔丧礼》《公冠礼》《诸侯迁庙礼》《诸侯衅庙礼》《中霤礼》《禘于太庙礼》《王居明堂礼》。参见(元)吴澄：《仪礼逸经传》，清通志堂经解本。

④ 吴澄所纂次释《仪礼》之传十篇，即《冠义》《昏义》《士相见义》《乡饮酒义》《乡射义》《燕义》《大射义》《聘义》《公食大夫义》《朝事义》。

⑤ (元)敖继公：《仪礼集说》，《钦定四库全书荟要》，吉林出版集团有限责任公司，2005 年。

⑥ (清)方苞：《仪礼析疑》，文渊阁《四库全书》第 109 册，台湾"商务印书馆"，1986 年。蔡德晋：《礼经本义》，文渊阁《四库全书》第 109 册，台湾"商务印书馆"，1986 年。

经条例，分作"通例""饮食之礼""宾客之例""射例""变例""祭例""器服之例""杂例"共8个例部，246例。凌氏云："《仪礼》十七篇，礼之本经也。其节文威仪，委曲繁重。骤阅之如治丝如棼，细绎之皆有经纬可分也；乍睹之如入山如迷，徐历之皆有途径可跻也。"①《礼经释例》可谓《仪礼》学史上划时代的大著作。而胡培翚之《仪礼正义》为集大成之作。胡氏以补注、申注、附注、订注为基本的注释方法，以郑注为宗，综引各家所述，总结了数千年《仪礼》研究史。

上述成果主要集中于《仪礼》全书的研究。具体到燕飨礼部分，只能从《燕礼》《乡饮酒礼》及其他记载了燕飨礼的篇目中，摘取而出。而关涉燕飨资料的其他先秦经典文献的历代研究中，亦有相当多的成果。特别到清代，学者们常有综合总结之作出现，如马瑞辰《毛诗传笺通释》、王先谦《诗三家义集疏》、顾栋高《春秋大事表》、董增龄《国语正义》、刘文淇《春秋左氏传旧注疏证》、洪亮吉《春秋左传诂》、孙希旦《礼记集解》、朱彬《礼记训纂》、孙诒让《周礼正义》等，在涉及燕飨礼资料的注释方面，均有值得重视的成果。②

2. 资料的收集与整理

因燕飨礼的资料分散，收集、整理资料，成为历代学者研究燕飨礼的重要工作。概括而言，主要体现在两个方面：一是收集《周礼》《礼记》《大戴礼记》《白虎通义》等礼学文献中的燕飨资料；二是收集《左传》《国语》《战国策》《史记》《汉书》《后汉书》等史类书籍中所记载的燕飨礼活动。具体而言，可作如下论述：

（1）"会要体"史书的资料汇编。会要首创自唐代，乃记载某一朝代典章制度及其沿革变迁的史书。因把同类资料辑集在同一专题下，它是研究一朝政治、社会、经济、军事、文化重要的参考资料，有利于史学的进一步研究。涉及先秦两汉燕飨礼的资料方面，清姚彦渠《春秋会要》在"嘉礼"下设有"诸侯飨天子""天子飨诸侯及诸侯之大夫""两君飨燕""诸侯飨

---

① （清）凌廷堪：《礼经释例序》，彭林校点，北京大学出版社，2012年，第1页。
② （清）马瑞辰：《毛诗传笺通释》，陈金生校点，中华书局，1989年。王先谦：《诗三家义集疏》，吴格校点，中华书局，1987年。顾栋高：《春秋大事表》，吴树平、李解民校点，中华书局，1993年。董增龄：《国语正义》，巴蜀书社，1985年。刘文淇：《春秋左氏传旧注疏证》，科学出版社，1959年。洪亮吉：《春秋左传诂》，李解民校点，中华书局，1987年。孙希旦：《礼记集解》，沈啸寰、王星贤校点，中华书局，1989年。朱彬：《礼记训纂》，饶钦农校点，中华书局，1996年。孙诒让：《周礼正义》，王文锦、陈玉霞校点，中华书局，1987年。

邻国大夫""诸侯宴饮其臣""大夫飨君""大夫相飨食""夫人飨诸侯"等，辑集了《春秋》经传所见燕飨资料。① 今人王贵民、杨志清广收春秋时代的资料，不限于《春秋》经传范围，亦撰有《春秋会要》一书。② 王、杨二氏之书，所分节目与姚彦渠书大体相同，不过却把燕飨礼归在"宾礼"之下。此等分类法明显与《周礼·春官·大宗伯》所言燕飨之礼属嘉礼相抵牾。今人杨宽、吴浩坤《战国会要》在"吉礼"下设有"腊腊"，在"嘉礼"下设有"乡饮酒""赐酺"，在"乐"下设有"投壶"等节目，亦有助于燕飨礼资料的获取。③ 明董说《七国考》，虽未明言为"会要体"史书，但实与会要近似。近人缪文远作有订补，补充不少史料。此书所设"燕飨"节目，同样值得重视。④ 至于秦代会要，有清孙楷《秦会要》、近人徐复有《秦会要订补》，今人杨善群又有《秦会要校补》。⑤ 此等书下所设的"腊腊""置酒""赐酺""享宾"等节目，是研究秦代燕飨礼的重要参考资料。宋儒徐天麟《西汉会要》《东汉会要》，乃取《汉书》《后汉书》等书中材料编撰而成，其中关于两汉所行燕飨礼的材料，可供取资。⑥

（2）宋王应麟《玉海》对燕飨礼资料的汇聚。《玉海》所辑燕飨礼资料，自"夏钧台享"直到宋"淳熙赐燕澄碧"，自夏到宋，资料非常丰富。王应麟云："君臣之分以严为主，朝廷之礼以敬为主。然一于严敬则情或不通，无以尽忠告之益，故制为燕飨之礼以通上下之情，于朝曰君臣焉，于燕曰宾主焉。先王以礼使臣之厚于此见矣。"其认为燕飨宾主关系之温情，可以缓和君臣关系之严敬。此说虽只言片语，却深得燕飨礼义之实。⑦

（3）陈祥道《礼书》对燕飨礼的资料汇编。《礼书》的撰述风格是：列定条目，辑集经传、正史所载相关资料于其下，再引注疏家言以附之，又多下己言，以断是非。明儒张溥言其"解名物、绘形象，折中历代诸儒言论"⑧，可谓解语。可见《礼书》并非专门的资料汇编类书籍。陈祥道博洽多通，资料的汇集亦非常丰富。如在"视学养老礼""养孤礼""乡饮酒之礼""飨食燕用币之礼""族燕之礼""族饮之礼""醴妇飨妇礼""舅姑飨送

① （清）姚彦渠：《春秋会要》，中华书局，1955 年。
② 王贵民、杨志清：《春秋会要》，中华书局，2009 年。
③ 杨宽、吴浩坤：《战国会要》，上海古籍出版社，2005 年。
④ （明）董说著，缪文远订补：《七国考订补》，上海古籍出版社，1987 年。
⑤ （清）孙楷：《秦会要》，杨善群校补，上海古籍出版社，2004 年。
⑥ （宋）徐天麟：《西汉会要》，中华书局，1955 年；《东汉会要》，上海古籍出版社，1978 年。
⑦ （宋）王应麟：《玉海》，江苏古籍出版社，1987 年。
⑧ 参见《礼书叙》，光绪二年丙子(1876)菊坡精社本。

者"等条目下，广收经传史籍资料、历代注疏家言，为相关问题的进一步研究提供了可循途径。

（4）秦蕙田《五礼通考》对燕飨礼资料的收集。《五礼通考》在收集燕飨资料方面是集大成之作。其所搜集的资料中，经传类包括《诗经》《尚书》《周礼》《仪礼·燕礼》《礼记·燕义》《左传》等；史籍类从《国语》《战国策》一直到《明史》，旁综博览，对存在的问题又时加按语，时有卓见。秦蕙田把《公食大夫礼》亦纳入燕飨礼的范围，采用的是"燕飨礼"的广义说法。[1]

（5）诸锦《飨礼补亡》的资料贡献。此书是关于飨礼的专门资料汇编。诸氏云："《仪礼》十七篇，有《燕礼》《公食大夫礼》，而无《飨礼》。《飨礼》亡矣。其见于《周礼》《春秋传》《戴记》者，犹可考也。今据《周官》宾客之联事而比次之，并取传、记中相发明者，条注于其下，以补亡，俟说礼者取裁焉。"[2]《飨礼补亡》在收集资料方面，未能超出前几书的范围。

另外，《通典》《初学记》《乐书》《六典通考》等书中亦能见到燕飨礼的资料，不过大致未能超出上举五书的范围。[3] 而且这些书籍所收资料，重复者甚多，呈现出杂乱芜蔓的特点，去伪存真、披沙拣金，是必不可少的工作。

3. 对燕飨礼具体问题的讨论

（1）对"飨""享"含义的讨论。"飨""享"二字，殷墟卜辞中均已出现，但古代学者未能亲见甲骨文，致使理解各有差异。《诗·豳风·七月》"朋酒斯飨，曰杀羔羊"下，毛传："飨，乡人饮酒也。"许慎《说文解字》亦从此说。古"飨""乡"字形相同。古飨礼与乡饮酒礼，还是有一定的区别，不可混同。清段玉裁为弥合毛、许之说的缺陷，提出"飨"有三种用法，即本义、假借义、引申义。本义指乡饮酒；假借义指《易》"王用享于西山"、《礼记》"祭享"、《周礼》"享先王"之"享"，为献祭之意，又扩展为下献上，均称作"享"；引申义指经典中常见"大饮宾"之类，鬼神来食之"歆飨"亦归入此类。段氏之说，刚好颠倒"飨"字的本义与引申义，不可

[1]　（清）秦蕙田：《五礼通考》，文渊阁《四库全书》第138册，台湾"商务印书馆"，1986年；又有方向东、王锷点校本，中华书局，2020年。
[2]　（清）诸锦：《飨礼补亡》，《丛书集成初编》据《艺海珠尘》排印本。
[3]　（唐）杜佑：《通典》，王文锦等校点，中华书局，1988年。（唐）徐坚等：《初学记》，中华书局，1962年。（宋）陈旸：《乐书》，文渊阁《四库全书》，第211册，台湾"商务印书馆"，1986年。（清）阎镇珩：《六典通考》，江苏广陵古籍刻印社景印，1990年。

从。"飨"与"享"相假借，其义为献，用于宗教祭祀中，金文中常见"用飨孝于皇祖考"类辞是其体现；而金文中"用飨王逆""用飨朋友"等意为燕飨宾客，两者正好体现出飨礼，既有祭飨，又有宾飨。

（2）"《飨礼》已亡"的讨论。《仪礼》中有无《飨礼》，历代以来分成两派意见。第一，《仪礼》十七篇乃古礼残余，《飨礼》乃其中已亡之篇。此说自郑玄以来，孔颖达、朱熹、王应麟、黄以周、孙诒让、诸锦等均从之，乃学界主流意见。现代学者沈文倬认为，古代用文字记录下各种礼书，其中《仪礼》十七篇，乃其残存部分。礼书中若干篇目在秦火中亡佚，其中包括郊礼、社礼、禘礼、殷礼、烝礼、朝礼、飨礼等。[1] 第二，《仪礼》篇目首尾完备，并无《飨礼》篇。明郝敬认为《仪礼》所载虽止及大夫士礼，但天子诸侯及庶人礼，可据义加减之，"故《仪礼》十七篇大较备矣"[2]。清惠士奇认为《燕礼》《大射》中"以我安"前所行为飨礼，"以我安"后彻俎乃行燕礼，并得出"《飨礼》不亡，尽在《燕礼》矣"的结论。[3] 后朱大韶撰《燕飨通名说》发挥惠氏之说，认为"饮射之礼，皆飨礼也，故燕亦通名飨"[4]。

（3）燕飨礼类型的讨论。《礼记·王制》"凡养老，有虞氏以燕礼，夏后氏以飨礼，殷人以食礼，周人修而兼用之"下，孔疏引南朝经学家皇侃的意见，把飨礼分为四类：

> 一是诸侯来朝，天子飨之……其牲则体荐，体荐则房烝。……其礼亦有饭食……二是王亲戚及诸侯之臣来聘，王飨之，礼亦有饭食及酒者，亲戚及贱臣不须礼隆，但示慈惠，故并得饮食之也。其酳数亦当依命，其牲折俎，亦曰殽烝也。……三是戎狄之君使来，王享之，其礼则委飨也。其来聘贱，故王不亲飨之，但以牲全体委与之也。四是享宿卫及耆老孤子，则以醉为度。[5]

皇氏所分四类，第二类论述不确，第四类乃误入。《礼记·聘义》：

---

① 沈文倬：《略论礼典的实行和〈仪礼〉书本的撰作》，《菿闇文存》，商务印书馆，2006年，第7~15页。

② （明）郝敬：《仪礼节解》卷一一，廖明飞点校，崇文书局，2022年，第326页。

③ （清）惠士奇：《礼说》卷五，文渊阁《四库全书》第101册，台湾"商务印书馆"，1986年。

④ （清）朱大韶：《实事求是斋经说》卷二《燕飨通名说》，《续清经解》第3册，上海书店出版社，1988年，第850页。

⑤ 《春秋礼记正义》卷一三，第2912页。

"酒清人渴而不敢饮也；肉干人饥而不敢食也；日暮人倦，齐庄正齐而不敢懈惰。"①朝聘之中的飨礼，置有酒食而不饮不食，明凡飨礼不主于饮食，而主于礼容，天子飨亲戚及诸侯之臣来朝者亦然。皇氏之所以有此误，大概是把古人所行飨礼与礼毕后又将举行的宴礼，即所谓"礼终乃宴"仪节，混为一谈。

秦蕙田在《五礼通考》中，把飨礼分作三类。秦氏云："飨之礼有三，天子享元侯一也；两君相见二也；凡飨宾客三也。"②秦氏之分类法，虽能囊括飨礼，但"凡飨宾客"显得过于笼统，不能显示出飨礼的具体特点。

燕礼的类型，郑玄撰《三礼目录》分作四类，即诸侯无事而燕、卿大夫有王事之劳而燕、卿大夫有聘而来还与之燕、四方聘宾与之燕。唐贾公彦从之。至清代，秦蕙田分作天子燕礼与诸侯燕礼两大类。其中天子燕礼又有六小类：一是燕来朝诸侯，二是燕有功诸侯，三是燕群臣，四是燕有功之臣，五是燕亲戚故旧，六是燕诸侯之聘客。诸侯燕礼有五小类：一是两君相燕；二是燕群臣；三是卿大夫有王事之劳，以及因聘而还而燕之；四是燕四方聘客；五是燕天子之使。③ 秦蕙田的分类是以被燕者的身份为标准的，这致使他所分之类虽细致，但并不全面。

（4）燕飨礼其他问题的讨论。在这一点上，清代学者的成绩最为突出。作为清代学术的开创者，顾炎武在《日知录》中，有两条涉及燕飨礼，即"周末风俗"与"国恤宴饮"。顾氏认为春秋时代犹尊礼重信，七国时则绝不言礼信，其中表现之一就是"春秋时犹宴会赋诗，而七国则不闻矣"，可谓深得燕飨礼盛衰大势，④ 到近代又得到顾颉刚的认可。⑤ "国恤宴饮"具体讨论了先秦以降，国有丧事时是否可以宴饮的问题。⑥ 可以说，顾炎武与张尔岐一起，开启了清人研究燕飨礼的先河。

江永是礼学大家。他除《礼书纲目》一书中有《飨食燕记》一卷、《养

① 《礼记正义》卷六三，第 3678 页。
② （清）秦蕙田：《五礼通考》，文渊阁《四库全书》第 138 册，台湾"商务印书馆"，1986 年，第 759 页。
③ （清）秦蕙田：《五礼通考》，文渊阁《四库全书》第 138 册，台湾"商务印书馆"，1986 年，第 810 页。
④ （清）顾炎武著、黄汝成集释：《日知录集释》，栾保群、吕宗力校点，上海古籍出版社，2006 年，第 749~750 页。
⑤ 顾颉刚在《〈诗经〉在春秋战国间的地位》中指出："我们读完一本《战国策》，看不到一次赋诗，可见此种老法子已经完全废止。"见顾颉刚主编：《古史辨》第 3 册下编，上海古籍出版社，1982 年，第 355 页。
⑥ （清）顾炎武著、黄汝成集释：《日知录集释》，栾保群、吕宗力校点，上海古籍出版社，2006 年，第 918~919 页。

老》一卷，或专论、或涉及燕飨礼的资料收集与具体讨论外，在《乡党图考》中又有"始为饮食考""饮酒考""享礼考""蜡祭息民考"的具体讨论，时有卓见。

惠士奇《礼说》认为《飨礼》未亡，存在于《燕礼》之中，朱大韶《燕飨通名说》认为饮射之礼皆飨礼，燕礼通名飨。二说虽存有缺陷，但亦能启人思考。

凌廷堪《礼经释例》在"饮食之例""宾客之例"两目之下，共列礼例 76条，如"凡酬酒，先自饮，复酌，奠而不授。举觯、媵爵亦如之"，再如"凡食于庙，燕于寝，乡饮酒于庠"，在繁复的礼仪中总结出如此明白的礼例，非事雕琢者所能为。

黄以周《礼书通故》中有"饮礼通故""燕飨礼通故"两条，对《乡饮酒礼》《燕礼》涉及的礼仪细节、礼器名物，均有细致的论述。如对《燕礼·记》"宾为苟敬"问题的讨论，黄以周在戴震说法的基础上，认为"苟敬之苟当从芶省为正字。苟，自急救也。自急救为不自安之义。四方之宾既受飨矣，于其燕也，不自安君之重敬己，故辞为宾，命曰苟敬"①。虽然此说遭到王引之等的驳斥，认为"苟敬"，是对宾的杀敬，减少敬意，而非宾的不自安受到尊敬，② 可成一家之言。再如对"饫礼"的讨论，颇有新见。③ 黄以周弟子曹元弼撰《礼经学》一书，对燕飨礼亦有涉及。如"乡饮酒礼通考""乡饮酒宾席所在，并《礼经》房室制度通考""《乡饮酒》《燕礼》升歌、合乐，并天子以下飨、燕用乐大例述""遵入礼辨""燕礼考""主人""庶子""宾为苟敬"等，颇具参考价值。

综合古人燕飨礼的研究来看，优点与缺陷都是显而易见的。资料收集得全面，某些礼仪问题考证得具体，是其优点。考证零散无系统，燕飨礼历史演变问题未涉及，社会功能亦未见讨论，是其缺点。

二、近代学者的研究

时至近代，随着殷墟甲骨、商周金文、战国简牍等新资料的发现，以及西方人类学、民族学等理论的传入，燕飨礼的研究进入了一个曲折发展的新阶段。此时，首先研究燕飨礼的是许维遹。他所撰《飨礼考》，1947年发表于《清华学报》第 1 期上。文章分"作用""种类""迎宾与待宾""飨

---

① （清）黄以周：《礼书通故》，王文锦校点，中华书局，2007 年，第 1052 页。
② （清）王引之：《经义述闻》，江苏古籍出版社，2000 年，第 244 页。
③ （清）黄以周：《礼书通故》，王文锦校点，中华书局，2007 年，第 1077 页。

与醴""备物""献与宥""乐与舞""酬币""飨礼与祭礼""飨礼与燕礼"十部分，且用到金文资料，是燕飨礼研究史上第一部系统性作品，不过论述过于简略。胡玉缙撰《夜饮礼考》，把夜饮礼分作同姓夜饮、异姓夜饮，祭毕夜饮、大射毕夜饮四类。①《仪礼·燕礼》"宵则庶子执烛于阼阶上，司宫执烛于西阶上，甸人执大烛于庭，阍人为大烛于门外"②，可见夜饮可以纳入燕礼的研究范围。《夜饮礼考》属传统的考证之作，在 20 世纪前半叶，即燕飨礼不被学界瞩目的年代，良可宝贵。

中华人民共和国成立后的前 30 年，相关学术较为沉寂，仅见杨宽《"乡饮酒礼"与"飨礼"新探》一文的发表。在此文中提出"飨礼为高级的乡饮酒礼"的著名观点。③ 改革开放后，燕飨礼的研究逐渐兴盛起来，可从以下几个方面加以概述。

1. 对甲骨文、金文、简帛中所见燕飨礼的研究

上文已谈到，殷墟卜辞中已能见燕飨礼的踪迹。宋镇豪《夏商社会生活史》认为，筵席宴飨，商代大多通名之"飨"，"飨"字像两人跪坐而共同进餐之形，而"燕"在商代有时亦称作"饮""食"。飨燕的主人多为商王自己，飨燕的对象有王妇、宗子、多臣、多射、多亚等文武近臣与多方来宾。另外，卜辞中常有飨祖先神的记载，宋先生认为，此类之飨"皆指鬼神受飨而言"，但"商代用食品飨鬼神，大都也同时包括了祭毕后生人就飨的务实性仪程"，可谓弄清楚了燕飨之"飨"与飨鬼神之"飨"之间的关系。至于燕飨地点，据宋镇豪的研究，有大室、祊西、阚宗、阚大室、北宗、宗、庭、召庭、召大庭、召宫、窈甚至野外。④ 同样的问题，又可看《商代社会生活与礼俗》一书。⑤ 郭新和《卜辞中的"飨"》，同样讨论了飨的对象、地点等问题。

金文中的燕飨礼研究，刘雨《西周金文中的飨与燕》及《西周金文中的"周礼"》二文成就最为突出。⑥ 金文中记载飨礼的青铜器有十一件，诸器"飨"皆作"乡"，用词有"飨""飨酒""飨醴""大飨"等语，这"说明在西周

① 胡玉缙：《夜饮礼考》，王欣夫辑《许庼学林》，中华书局，1958 年，第 61~63 页。
② 《仪礼注疏》卷一五，第 2213 页。
③ 杨宽：《"乡饮酒礼"与"飨礼"新探》，《古史新探》，中华书局，1965 年，第 280~309 页。
④ 宋镇豪：《夏商社会生活史》，中国社会科学出版社，1994 年，第 484~501 页。
⑤ 宋镇豪：《商代社会生活与礼俗》，中国社会科学出版社，2010 年，第 220~239 页。
⑥ 刘雨：《西周金文中的飨与燕》，台湾《大陆杂志》1991 年第 83 期，第 2 分册；《西周金文中的"周礼"》，《燕京学报》1997 年新 3 期。

早期的飨礼中尚未见有醴酒之设。周初礼制多沿用殷礼，殷人尚酒，飨必饮酒"，而后周人吸取殷人酗酒丧国的教训，才用酒精含量不高，一夜就成的醴酒。利用飨礼中是否设"醴酒"来检测商周之际文化的沿革，可谓眼光敏锐。在燕礼方面，金文中主要用"饮""酒"两字来记载。而金文中"言"，有时是"宴"字的假借，所记亦为燕礼。冯时《珥生三器铭文研究》一文，涉及金文中乡饮酒礼的研究，可供参看。① 张秀华的博士学位论文《西周金文中六种礼制研究》，对燕飨礼亦有讨论，所收集的资料更加丰富。② 黄益飞的博士学位论文《两周金文礼制研究》也有关于燕飨的讨论。③

简帛资料中的燕飨礼，主要涉及清华简《耆夜》所记的"饮至"礼。李学勤《简介清华简〈耆夜〉》及《论清华简〈耆夜〉的〈蟋蟀〉诗》二文，认为《耆夜》所记为周武王八年，伐耆得胜后，在文王庙中举行的庆功"饮至"之礼。饮酒期间，武王作诗以致宾客。而《蟋蟀》一诗，即周公在持爵未饮时所作。④ 孙飞燕《〈蟋蟀〉释读》、陈致《清华简所见古饮至礼及〈郒夜〉中古佚诗试解》、刘成群《清华简〈耆夜〉〈蟋蟀〉诗献疑》与《清华简〈郒夜〉与尊隆文武周公——兼论战国楚地之〈诗学〉》、曹建国《论清华简中的〈蟋蟀〉》等，均关注周公所赋《蟋蟀》。⑤ 马楠《清华简〈郒夜〉礼制小札》、丁进《清华简〈耆夜〉篇礼制问题述惑》、曹建墩《清华简〈耆夜〉篇中的饮至礼考释二则》，从礼制角度对《耆夜》予以论述，颇有参考价值。⑥ 特别是丁进以《耆夜》所记"饮至礼"与《仪礼》《礼记》相比照，发现两者所记不相合，并对能否用《耆夜》来改写传统礼学史产生了疑惑，深化了礼制研究，呼应了"重写学术史"的学术潮流。任慧峰《先秦军礼研究》对"饮至礼"有专论，并对李学勤主张的饮至一般为周王之礼提出商榷。他认为饮至礼是

① 冯时：《珥生三器铭文研究》，《考古》2010 年第 1 期。

② 张秀华：《西周金文中六种礼制研究》，吉林大学博士学位论文，2010 年。

③ 黄益飞：《两周金文礼制研究》，中国社会科学出版社，2019 年。

④ 李学勤：《简介清华简〈耆夜〉》，《光明日报》2009 年 8 月 3 日；《论清华简〈耆夜〉的〈蟋蟀〉诗》，《中国文化》2011 年第 1 期。

⑤ 孙飞燕：《〈蟋蟀〉释读》，《清华大学学报》2009 年第 5 期。陈致：《清华简所见古饮至礼及〈郒夜〉中古佚诗试解》，复旦大学出土文献与古文字研究中心编：《出土文献与传世典籍的诠释》，上海古籍出版社，2010 年，第 469~494 页。刘成群：《清华简〈耆夜〉〈蟋蟀〉诗献疑》，《学术论坛》2010 年第 6 期；《清华简〈郒夜〉与尊隆文武周公——兼论战国楚地之诗学》，《东岳论丛》2010 年第 6 期。曹建国：《论清华简中的〈蟋蟀〉》，《江汉论坛》2011 年第 2 期。

⑥ 马楠：《清华简〈郒夜〉礼制小札》，《清华大学学报》（哲学社会科学版）2009 年第 5 期。丁进：《清华简〈耆夜〉篇礼制问题述惑》，《学术月刊》2011 年第 6 期。曹建墩：《清华简〈耆夜〉篇中的饮至礼考释二则》，复旦大学出土文献与古文字研究中心网，2011 年 9 月 15 日。

天子、诸侯亲征归国后的饮酒仪式，在祖庙举行，周初称"饮臻至"，后才演变为"饮至"。①

2. 对《诗经》中宴饮诗的研究

就目前学术界来看，这一点是研究成果最为集中的领域。韩高年《礼仪仪式与先秦诗歌演变》及《〈诗经〉分类辨体》、夏传才《诗经讲座》、张树国《宗教伦理与中国上古祭歌形态研究》、江林《〈诗经〉与宗周礼乐文明》等专著，② 在对《诗经》宴饮诗文体的注解及从宴饮诗中追寻宗周礼乐制度的痕迹方面，均有较好的研究。特别是《礼仪仪式与先秦诗歌演变》关注宴饮诗具有的"巫术色彩"，提出燕饮仪式乐歌是从祭祀中的祝辞演变而来，具有新意。而《宗教伦理与中国上古祭歌形态研究》采用青铜器纹饰资料，生动地复原燕饮场面。孔德凌、刘耀娥、刘国芳、马海敏等人的学位论文，研究方式与提出的问题，则与上述几部专著相差不大。③ 赵沛霖《〈诗经〉宴饮诗与礼乐文化精神》从世界古文明比较的角度，利用宴饮诗，论述中国文明的礼乐特性。④ 马玉梅《〈诗经〉中宴饮诗及其宗教、政治意味》，把宴饮诗分作"祭祀宴饮诗"与"世俗宴饮诗"两类，分别论述其宗教、政治含义。⑤ 曹建国《"夸富宴"与〈诗经〉中的宴饮诗》借用人类学"夸富宴"概念研究宴饮诗，至于论证能否成立，有待检验。⑥

3. 对《左传》所记燕飨活动的研究

《左传》记载先秦燕飨活动，最为丰富。古代学者在收集、整理、释读等方面已有不俗的成绩。近代以来，这一问题亦逐渐进入学者研究的视

① 任慧峰：《先秦军礼研究》，商务印书馆，2015 年。
② 韩高年：《礼仪仪式与先秦诗歌演变》，中华书局，2006 年，第 242~252 页。韩高年：《〈诗经〉分类辨体》，上海古籍出版社，2011 年，第 102~128 页。夏传才：《诗经讲座》，广西师范大学出版社，2007 年，第 342~353 页。张树国：《宗教伦理与中国上古祭歌形态研究》，人民出版社，2007 年，第 312~340 页。江林：《〈诗经〉与宗周礼乐文明》，上海古籍出版社，2010 年，第 162~178 页。
③ 孔德凌：《〈诗经〉宴饮诗与周代礼乐文明的变迁》，曲阜师范大学硕士学位论文，2004 年。刘耀娥：《〈诗经〉宴饮诗研究》，台湾中兴大学硕士学位论文，2006 年。刘国芳：《〈诗经〉宴饮诗与周代礼乐文化》，西北师范大学硕士学位论文，2007 年。马海敏：《〈诗经〉燕飨诗考论——周代燕飨礼制度与燕飨诗关系研究》，首都师范大学博士学位论文，2007 年。
④ 赵沛霖：《〈诗经〉宴饮诗与礼乐文化精神》，《天津师范大学学报》1986 年第 6 期。
⑤ 马玉梅：《〈诗经〉中宴饮诗及其宗教、政治意味》，《人文杂志》2001 年第 2 期。
⑥ 曹建国：《"夸富宴"与〈诗经〉中的宴饮诗》，《渤海大学学报》(哲学社会科学版)2005 年第 4 期。

野，而燕飨活动中的"赋诗"最受瞩目。顾颉刚《〈诗经〉在春秋战国间的地位》认为春秋时代用诗有"典礼""讽谏""赋诗""言语"四种方式。典礼用诗在于祭神与宴会，讽谏用诗较多，主见于风、雅中，而赋诗为交换情意，宴会中由主宾选点让乐工唱，相互赞美歌颂。顾先生还认为春秋人赋诗，犹如今人点戏，诗都是乐歌。① 夏承焘《"采诗"与"赋诗"》认为，卿大夫赋诗的功用是多方面的，有诸"侯国"之间交涉的辞令，有相互赞美、劝解的，有揭发统治者的丑恶及为人民的痛苦控诉的。②《左传》所赋之诗多出自《诗经》，燕飨赋诗亦以《左传》最为丰富，能借以清楚理解春秋时代赋诗特点，自然有利于燕飨赋诗的研究。

　　进入 20 世纪 80 年代，赋诗的研究更为兴盛。据毛振华研究，"共有论文 70 余篇，呈现多元化、全方位、多层面、多视角的研究景况"③。代表性成果有沈松勤《试论〈左传〉的行人辞令》、武惠华《〈左传〉外交辞令探析》、王扶汉《〈左传〉所记赋诗例发微——论〈诗〉在春秋时期一种独特的社会功能》、孔慧云《〈左传〉用诗初探》、马健鹰《〈左传〉饮食活动及宴饮诗研究》、周泉根《从春秋赋诗的多种解释看诗的实用化轨迹——兼论赋诗的历史实质》、王秀臣《宴飨礼仪与春秋时代赋诗风气》、刘毓庆《春秋会盟燕飨与诗礼风流》、丁进《春秋赋诗的真相》、曹建国《春秋燕飨赋诗的成因及其传播功能》、林素英《论宴飨诗中的君臣互动关系——以偏重官方正礼形式者为例》、胡宁《春秋用诗与贵族政治》等。④ 特别是俞志慧《君子儒与诗教——先秦儒家文学思想考论》一书，对《左传》《国语》中赋诗、称诗作了全面的梳理，使春秋时代上层贵族外交、燕飨场合中的赋

① 顾颉刚：《〈诗经〉在春秋战国间的地位》，《古史辨》第 3 册下编，上海古籍出版社，1982 年。
② 夏承焘：《"采诗"与"赋诗"》，《中国文史论丛》第 1 辑，中华书局，1962 年。
③ 毛振华：《〈左传〉赋诗研究百年述评》，《湖南大学学报》（社会科学版）2007 年第 4 期。
④ 沈松勤：《试论〈左传〉的行人辞令》，《杭州大学学报》1983 年第 1 期。武惠华：《〈左传〉外交辞令探析》，《中国人民大学学报》1994 年第 4 期。王扶汉：《〈左传〉所记赋诗例发微——论〈诗〉在春秋时期一种独特的社会功能》，《首都师范大学学报》（社会科学版）1989 年第 2 期。孔慧云：《〈左传〉用诗初探》，《郑州大学学报》（哲学社会科学版）1997 年第 4 期。马健鹰：《〈左传〉饮食活动及宴饮诗研究》，《扬州大学烹饪学报》2003 年第 1 期。周泉根：《从春秋赋诗的多种解释看诗的实用化轨迹——兼论赋诗的历史实质》，《中国文化研究》2004 年第 3 期。王秀臣：《宴飨礼仪与春秋时代赋诗风气》，《福建师范大学学报》2005 年第 3 期。刘毓庆：《春秋会盟燕飨与诗礼风流》，《晋阳学刊》2004 年第 2 期。丁进：《春秋赋诗的真相》，《学术月刊》2006 年第 3 期。曹建国：《春秋燕飨赋诗的成因及其传播功能》，《长江学术》2006 年第 2 期。林素英：《论宴飨诗中的君臣互动关系——以偏重官方正礼形式者为例》，《国学学刊》2010 年第 1 期。胡宁：《春秋用诗与贵族政治》，北京大学博士学位论文，2014 年。

诗情况，完整地展现出来。① 毛振华《〈左传〉赋诗研究》分国论述各国赋诗的特点，且对"赋诗言志"作了较精到的讨论。②

　　4. 燕飨礼问题研究

　　20世纪80年代以来，国内大陆学术界在这方面的成果并不突出。陈成国《中国礼制史·先秦卷》、宋镇豪《夏商生活史》、晁福林《先秦民俗史》、姚伟钧《中国饮食礼俗与文化史论》、曹建墩《先秦礼制探赜》、黄益飞《两周金文礼制研究》等专著，对燕飨礼仅有简短的描述，均未充分展开。③ 研究论文方面，刘晓东《〈左传〉飨礼征》、徐杰令《春秋时期飨燕礼的演变》、雷戈《燕礼仪式与尊君意识——后战国时代的一种思想史阐述》、孙世洋《〈仪礼·燕礼记〉所录乐式与燕射两式综考》等文，作出了有益的探索。④ 特别是雷氏之文，从思想史的角度讨论燕礼仪式所具有的尊君意识。而这种意识，在后战国时代，为皇帝观念与皇权信仰塑造提供了"异乎寻常的空间与动力"。⑤ 此文强调，在战国末期到秦汉之际的社会大变动时代，燕礼以仪式的形式，向臣民灌输"尊君"思想，最终导致皇权定于一尊局面的形成。令人遗憾的是，燕礼并非从来如此，如春秋及春秋以前的燕飨礼，以宾主代替君臣，暂时性地打破尊卑秩序，雷文未加注意。

　　台湾的两篇学位论文，对燕飨礼同样有很好的研究。周聪俊的博士学位论文《飨礼考辨》对"飨"的含义、仪式、器物、乐舞、使用范围等方面，都有细致的考证，在积累多年的礼学难点上亦有自己的看法，如认为"飨礼本天下之通义，或谓飨为天子诸侯所专，其说盖有未备"⑥，继承了唐贾公

---

① 俞志慧：《君子儒与诗教——先秦儒家文学思想考论》，生活·读书·新知三联书店，2005年。
② 毛振华：《〈左传〉赋诗研究》，上海古籍出版社，2011年。
③ 陈成国：《中国礼制史·先秦卷》，湖南教育出版社，1991年，第362~367页。宋镇豪：《夏商生活史》，中国社会科学出版社，1994年。晁福林：《先秦民俗史》，上海人民出版社，2001年。姚伟钧：《中国饮食礼俗与文化史论》，华中师范大学出版社，2008年。曹建墩：《先秦礼制探赜》，天津人民出版社，2010年。黄益飞：《两周金文礼制研究》，中国社会科学出版社，2019年。
④ 刘晓东：《〈左传〉飨礼征》，《古籍整理研究论丛》第3辑，齐鲁书社，1994年。徐杰令：《春秋时期飨燕礼的演变》，《学习与探索》2004年第5期。雷戈：《燕礼仪式与尊君意识——后战国时代的一种思想史阐述》，《求索》2005年第3期。孙世洋：《〈仪礼·燕礼记〉所录乐式与燕射两式综考》，《东北师范大学学报》(哲学社会科学版)2010年第2期。
⑤ 雷戈在《秦汉之际的政治思想与皇权主义》一书中，对燕礼构筑的君臣秩序与皇权信仰有更加详细的论述。参见雷戈：《秦汉之际的政治思想与皇权主义》，上海古籍出版社，2006年，第415~433页。
⑥ 周聪俊：《飨礼考辨》，台湾师范大学博士学位论文，1987年。2011年，此文由台湾文史哲出版社结集出版。

彦的说法，至于是否正确，有待检验。《飨礼考辨》属考证性著作，缺点在于对礼仪、礼仪背后的礼义未加以发掘，亦未结合社会变迁的实际历史，探析飨礼的盛衰演变，而这将是本书讨论的重点之一。狄君宏的硕士学位论文《飨礼、食礼、燕礼比较研究》重点在讨论飨、食、燕的定义，宾主身份、举行地点及某些仪节的异同等，对历代以来的研究成果作了较好的总结。①

综上所述，关于燕飨礼的研究，自古至今的学者，在资料收集、礼仪考证等方面均取得了一定的成果。不过，不足之处亦是明显的。

第一，缺乏整体宏观的把握。古代学者的燕飨礼研究，一是对经的随文注疏，二是对散见于浩淼文集中某些礼仪的考证，三是对相关资料的收集。近代以来，虽然自许维遹《飨礼考》到周聪俊《飨礼考辨》，系统性研究的趋势在增强，但燕飨礼在整个宗周礼乐文明中的位置，以及其在历史过程中的盛衰演变，学界仍然较少关注。

第二，某些领域的重复性研究过多，而另一些领域的研究却非常薄弱。《诗经》"宴饮诗"与《左传》"宴饮活动"，是 20 世纪 80 年代以来燕飨礼研究最为集中的领域，但仔细检视已有的成果，发现除较少数论文较具新意外，多数流于仪式流程介绍与历史故事解释，并没有较完备的理论把丰富的历史素材联缀起来。若要关注燕飨礼在战国秦汉之际的演变，甚至是这个时代社会结构的变迁，弄清楚之前之后燕飨礼的具体形态并加以比较，是必不可少的。但是，学术界对汉代燕飨礼的研究较少。

第三，通论性介绍较多，阐述礼仪背后的礼义及其在社会中实际功能的研究较少。据人类学的一般常识，人类的仪式活动是其时宗教信仰、权力分配结构的反映。仪式本身就是一个表意系统，象征着行礼人的身份与权力，它既指向虚无缥缈的信仰世界，又从来没有脱离过现实社会。以此种观点来评价燕飨礼的研究现状，那么现有的成绩是不够的。

第四节　史料、方法与价值

从事历史研究，有两个必不可少的前提条件。一是掌握充分的史料，并对史料本身具有的特性、用途有足够的了解；二是掌握释读、排比史料，并发掘史料背后隐喻内涵的方法。现在就介绍本书在这两方面的准备情况。

---

① 狄君宏：《飨礼、食礼、燕礼比较研究》，台湾大学硕士学位论文，2010 年。

一、所用史料

本书利用的史料，大致可以分为两类，即传世史料与出土材料。

第一，传世史料。其大致又可以分为三类。其一，《诗经》《尚书》《周礼》《仪礼》《礼记》《左传》《国语》《战国策》《史记》《汉书》等经学元典与史传书籍。对本书而言，这是最基本的材料，需认真研读。其二，《春秋会要》《战国会要》《秦会要》《西汉会要》《东汉会要》《通典》《初学记》《玉海》《礼书》《六典通考》《五礼通考》《飨礼补亡》等资料汇编性著作。此类著作汇集同类材料，并稍加注解，自然为寻找资料等方面提供了捷径。其三，历代经传注疏与文人别集，主要指《十三经注疏》《清经解》《续清经解》等作品。近年来，《四库全书》《四部丛刊》《中国基本古籍库》《十三经注疏检索》《中华经典古籍库》等电子书库的出现，更是为查找材料提供了便利。

第二，出土材料。出土材料未经后世篡改、注释，最大限度地保持了历史原貌，因而越来越被学界重视。殷墟卜辞、商周金文中能找到大量关于燕飨礼的资料。甲骨文方面，如《甲骨文合集》《殷墟花园庄东地甲骨》《小屯南地甲骨》《甲骨文合集释文》《殷墟甲骨刻辞类纂》《甲骨文诂林》等书的出版，在甲骨原图、文字释读、分类整理等方面做出了可喜的成绩，为研究者提供了很大的方便。金文方面，如《殷周金文集成》《殷周金文集成释文》《近出殷周金文集录》《殷周金文集成引得》《商周青铜器铭文选》《金文编》《古文字诂林》《金文人名汇编》《金文文献集成》《商周青铜器铭文暨图像集成》等著作，可供查询阅览。简帛资料中，清华简《耆夜》有关于"饮至礼"生动描述。在居延汉简、里耶秦简、睡虎地秦简、北大简、张家山汉简等中，也有不少宴饮活动的记载。①

---

① 郭沫若主编：《甲骨文合集》，中华书局，1978—1982 年。中国社会科学院考古研究所编：《殷墟花园庄东地甲骨》，云南人民出版社，2003 年。中国社会科学院考古研究所编：《小屯南地甲骨》，中华书局，1980 年。胡厚宣主编：《甲骨文合集释文》，中国社会科学出版社，1999 年。姚孝遂主编：《殷墟甲骨刻辞类纂》，中华书局，1989 年。于省吾主编：《甲骨文字诂林》，中华书局，1996 年。中国社会科学院考古研究所编：《殷周金文集成》，中华书局，1984—1994 年。中国社会科学院考古研究所编：《殷周金文集成释文》，香港中文大学中国文化研究所，2001 年。刘雨、卢岩编著：《近出殷周金文集录》，中华书局，2002 年。张亚初：《殷周金文集成引得》，中华书局，2001 年。上海博物馆《商周青铜器铭文选》编写组：《商周青铜器铭文选》，文物出版社，1986 年。容庚：《金文编》，中华书局，1985 年。古文字诂林编纂委员会：《古文字诂林》，上海教育出版社，1999 年。吴振烽：《金文人名汇编（修订本）》，中华书局，2006 年。刘庆柱、段志洪、冯时主编：《金文文献集成》，线装书局，2005 年。李学勤主编：《清华大学藏战国竹简（壹）》，中西书局，2010 年。李学勤主编：《清华大学藏战国竹简（贰）》，中西书局，2011 年。

二、研究方法

1. 传统的文献学、历史学、考古学研究方法

以前述"三礼"、《诗经》、《左传》、《国语》、《战国策》等基本史料，结合考古发掘和出土文献，采取历史学常用的考证、归纳之法，复原燕飨礼原貌。采取"经史互证"的办法，把礼学文本的注疏、礼典礼志的记载还原到当时的历史场景中，构成"活的制度史"。还将采用历史学和考古学研究中常用的"二重证据法"，将考古成果与传世文献进行对比研究，转相发明。具体而言，就是搜集与论题相关的传世、出土文献(包括殷墟甲骨、铜器铭文、简帛)和考古资料，尽可能充分占有材料；再把传世与出土两种资料对照发明，互相推求，努力遵循王国维提倡的"二重证据法"。王国维、陈梦家、杨宽、陈公柔、沈文倬、刘雨、晁福林、冯时、杨华、来国龙等学者的研究方法值得借鉴。

2. 人类学、社会学和民族学、宗教学研究方法

礼仪活动不仅仅是历史学的研究对象，也是人类学、社会学、宗教学、民族学、民俗学等学科的研究对象。本书不仅考察具体的礼仪制度建构社会秩序的方式，还从社会层级与阶层构成、社会变迁等角度来探讨燕飨礼制的形成与时代变迁。借助现代人类学对"仪式"的理解方式，可以发现"仪式"并非无意义的"虚文"，而是有巨大的隐喻与象征功能。通过文本细读，辨析仪式中周旋揖让、丰俭多寡等背后的身份等级、政治权力与宗教信仰。

3. 思想史研究方法

礼学思想研究包括两个方面，一是礼学文献内部所蕴含的思想，二是历代礼学家的思想。运用思想史的研究方法，从思想与社会的互动关系这一角度，来探讨殷周社会变革与东周社会转型对礼乐思想的影响，并深入考察商周时期礼乐思想的演进，分析燕飨礼对社会秩序的整合与调控功能，辨析礼学思想家研究燕飨礼制总结出的基本原则和他们关于社会变迁的思考。

三、研究价值

鉴于燕飨礼在礼乐制度中的特殊地位，本书认为对燕飨礼的研究，具

有如下学术价值：

第一，有利于加深对宗周礼乐制度的理解。以吉、凶、军、宾、嘉"五礼"为代表的宗周礼制，自古以来，均被认为其核心原则是"尊尊"与"亲亲"。诚然，本书不否认这一点。可是，"神圣"与"狂欢"、"尊君"与"尊宾"，这些看似矛盾的现象，却并存于燕飨礼仪中。可以说，通过对燕飨礼固有特性的发现，宗周礼制的复杂性得到进一步的展现。

第二，有利于加深对社会变迁的认识。自殷至汉，社会大的变迁有"殷周鼎革""周室东迁""春秋争霸""天下一统"等。与之相应，礼乐制度的变化亦有，周初的"袭承殷制"与稍后的"制礼作乐"，春秋战国时代的"礼崩乐坏"，秦汉帝国重新"制礼作乐"等。礼乐制度与社会变迁具有密不可分的关系。从燕飨礼的角度入手，考证其礼仪、礼器、礼俗在不同社会变迁阶段中的表现形态，追寻其背后蕴含的宗教、政治、文化含义，为弄清楚自殷至汉的天下大势与社会结构提供了很好的视角。举例来说，在列国纷争、诸侯并立，内有强卿、外有强国的春秋时代，燕飨礼的发展达到了鼎盛时期。宾主之间，分庭抗礼，交酬劝酢，君臣关系时常被宾主关系所代替。可是到了天下一统、皇权专制的秦汉时代，传统意义上的燕飨礼走向衰落与变异，代之而起的是皇帝赐宴与私人饮宴，"宾"的身份在一定程度上处于缺失状态。燕飨礼自身的兴盛衰落为君权、臣权的强弱变化提供了一面镜子，亦为社会结构的变迁（从封建制到郡县制的转变）提供了一面镜子。

第三，有利于经学史的发展。燕飨礼研究史上，曾积累过不少聚讼难决的经学难题，如"臣下能否燕飨天子、诸侯""天子、诸侯是否可以公卿为宾"等，现在通过历史学的方法，借助于新发现的殷墟甲骨文、商周金文、战国简牍等新资料，重新对这些难题予以审视，为解决经学难题，提供了可能。

第一章　祭飨：以神为宾之礼

　　"飨"字在殷墟卜辞及两周金文中，与公卿之"卿"、乡（鄉）党之"鄉"字形相同。例如在殷墟甲骨中多作〼、〼、〼、〼，金文中多作〼、〼等形。具体含义，罗振玉认为"象飨食时宾主相向之状"。田倩君也认为"'卿'字是两个人或更多人在围着食器用饭"。①《诗·豳风·七月》"朋酒斯飨，曰杀羔羊"，毛传："飨，乡人饮酒也。"②许慎《说文解字》亦从此说。但古飨礼与乡饮酒礼为两种不同的礼制，不可完全混同。段玉裁为弥合毛、许之说的缺陷，提出"飨"有三种用法，即本义、假借义、引申义。本义指乡饮酒；假借义指《易》"王用享于西山"、《礼记》"祭享"、《周礼》"享先王"之"享"，有献祭之意，扩展为下献上，均称作"享"；引申义指经典中常见"大饮宾"之类，鬼神来食之"歆飨"亦归入此类。③ 段氏此说虽精，但刚好颠倒了"飨"之本义与引申义。④

　　"飨"的本义已如罗振玉所说，指宾主间的相对飨食。但核诸甲骨、金文及传世礼典文献，亦有未尽之处。飨并不限于宾主之间的饮食，人神间某些礼仪活动亦称为"飨"。人与鬼神的需求，在古人心中可能没什么区别。"鬼犹求食，若敖氏之，不其馁而？"⑤人要饮食，鬼神也要饮食，这是燕飨与祭祀的源头。《礼记·礼器》："大飨，其王事与？"郑注："盛其馔与贡，谓祫先王。"⑥所飨对象属祖先神灵。《礼记·郊特牲》："大飨

---

① 田倩君：《释卿鄉飨》，宋镇豪主编：《甲骨文献集成》第 12 册，四川大学出版社，2001年，第 301 页。
② 《毛诗正义》卷八，第 836 页。
③ （清）段玉裁：《"享""飨"二字释例》《〈说文〉"飨"字解》《乡饮酒礼与养老之礼名实异同考》，《经韵楼集》，钟敬华校点，上海古籍出版社，2008 年，第 285~294 页。
④ 何为本义，何为假借义，可看郭沫若、李孝定、金恒祥等的解释。参见于省吾主编：《甲骨文字诂林》，中华书局，1996 年，第 372~378 页。
⑤ 《春秋左传正义》卷二一，第 4059 页。
⑥ 《礼记正义》卷二四，第 3122 页。

尚殷脩而已矣。"郑注："亦不飨味也。此大飨，飨诸侯也。"①所飨对象为人。类似记载，经典文献中常见。同属大飨，既可用来飨神，又可用来飨人。加之甲骨、金文中"人""尸"二字，均象人弯倾貌。在这种情况下，对于"飨"字两旁所从部首，简单认为仅象征作为"人"的宾主或作为"尸"的神，均不全面。较全面的理解，应该是根据甲骨、金文所载"飨"的对象既包括人，又包括神，而认为其两旁部首所象征亦不同。所谓"飨"，指人与人或人与神之间的宾主式的共食。飨既归神道，也属人道。② 若为"宾飨"，则是宾主两人相向而对；若为"祭飨"，则是人神相向而对。无论是人与人之间，还是人与神之间，都存在宾主关系。清代著名礼学家黄以周把飨礼分为祭礼、宾礼两大类，③ 台湾学者周聪俊认为"飨有宾礼亦有祭礼"④，与甲骨、金文及传世礼典文献所载正相符合。若要全面讨论飨礼，必得兼顾祭飨与宾飨。⑤

第一节 祭 飨 对 象

"享"字，甲骨文有作 🔣、🔣、🔣，金文作 🔣、🔣。其具体含义，学界聚讼纷纭。大致有四类观点。第一，《说文·亯部》："亯，献也。从高省。曰，象孰物形。"此说最古。后林义光、朱方圃等学者沿袭此说，又有发展。如朱方圃认为亯的初文象烹饪食物的器具之形。第二，🔣象宗庙之形。此说目前影响最大。自吴大澂、王国维、罗振玉后，李孝定、赵诚

---

① 《礼记正义》卷二五，第3129页。
② 在早期人类思维中，人与人之间，族与族之间，均可能表述为神与神之间的战争或酬酢。人神不分是其时常态。人神之分是绝天地通之后的事情，但人神不分的遗存仍然有可能留在人类的文化记忆之中。《史记·五帝本纪》载阪泉之战，黄帝修德振兵"教熊、罴、貔、貅、貙、虎，以与炎帝战于阪泉之野"。熊罴之属，应是氏族的图腾神灵。神的战争实际上是人的战争。《国语·鲁语下》："禹致群神于会稽之山，防风氏后至，禹杀而戮之。"群神可能就是众多部落的图腾神灵。在部落大会上，各部画其图腾于旗帜上，旌旗猎猎，人神毕至。人之会，也是神之会。《国语·楚语下》观射父所言，在绝地天通之前，人人祭神，家家有巫，"古者民神不杂。民之精爽不携贰者，而又能齐肃衷正，其智能上下比义，其圣能光远宣朗，其明能光照之，其聪能听彻之，如是则明神降之，在男曰觋，在女曰巫"。
③ (清)黄以周：《礼书通故》，王文锦校点，中华书局，2007年，第1066页。
④ 周聪俊：《飨礼考辨》，文史哲出版社，2011年，第23页。
⑤ 《墨子·明鬼》言祭祀的本意在于"得其父母姒兄而饮食之"，可以"内者宗族、外者乡里，皆得如具饮食之"，上以邀鬼之福，下以合欢聚众，取亲乎乡里。祭祀与宴饮功能合而为一。

等均从之。第三，𠮷象穴居之形，此说徐中舒主之。第四，𠮷为殷人建筑物，非仅指宗庙。黄锡全、王慎行主之。总的来看，第二种说法较可信。𠮷象殷人宗教信仰之地，以祭祀天神、祖先，于此而引申出"献祭"义。飨、享同音，故后世多假借。

段玉裁指出飨、享属同音假借，这点是正确的。"享"在甲骨、金文中或象征宗教祭祀之所，或象祭祀之物，与"飨"又同音，故假作"飨神"义，也借指"飨人"。如金文中"用飨孝于皇祖考"，时常写作"用享孝于皇祖考"。与之相对，"飨朋友、兄弟"，又写作"享朋友、兄弟"，可作为例证。[1]《左传·成公十四年》载："卫侯飨苦成叔，宁惠子相。苦成叔傲。宁子曰：'苦成家其亡乎！古之为享食也，以观威仪，省祸福也。'"[2]前言"飨"，后言"享食"，两字可通用显而易见。后世有学者认为"享"属神道，"飨"归人道。这是后起之见，在更早的时代，并无明显区别。祭飨对象为神灵，具体而言包括天神、地祇与人鬼。

一、飨帝

《周礼·春官·小宗伯》："兆五帝于四郊。"[3]何谓"五帝"，历来有两种说法。第一，五帝指五色帝或五方帝。五帝分主天之东、南、西、北、中五方，故称五方帝。按照五行观念，五方配以青、白、赤、黑、黄五色，故又称五色帝。秦汉时代所立郊祀系统，所祭即为五色帝。[4] 郑玄受谶纬影响，认为天上有个至上帝名"天皇大帝耀魄宝"，居紫薇宫。至上帝下有五方帝，即东方苍帝灵威仰、南方赤帝赤熛怒、中央黄帝含枢纽、西方白帝白招拒、北方黑帝汁光纪。第二，五帝即五人帝。《左传·昭公十七年》载郯子所论五帝为：黄帝、炎帝、共工、太昊、少昊。《礼记·月令》及《吕氏春秋·十二纪》据春夏秋冬时令所祭五帝为太昊、炎帝、少昊、颛顼、黄帝，且五帝又配以句芒、祝融、蓐收、玄冥、后土五神。《左传》与《月令》的"五帝"，与《史记·五帝本纪》所载，重合者只有黄帝与颛顼。此"五帝"为有历史传说的远古先王，属人帝。但与此同时，《月令》仲秋之月载"五者备当，上帝其飨"，季秋之月载"是月也，大飨帝"，前者郑注"上帝飨之，而无神不飨也"，孔颖达疏"上帝，天也"，后者郑

---

① 西周晚期叔季良父壶（《集成》9712）铭文："用盛旨酒，用享孝兄弟、婚媾、诸老。"
② 《春秋左传正义》卷二七，第4153页。
③ 《周礼注疏》卷一九，第1653页。
④ 杨华：《上古中国的四方神崇拜和方位巫术》，丁四新、夏世华主编：《楚地简帛思想研究》第4辑，崇文书局，2010年，第206页。

注"言大飨者，遍祭五帝也。《曲礼》'大飨不问卜'谓此也"。则在郑、孔看来，《月令》所载五帝虽属先王有人帝色彩，实已演变为天神。① 故清末大儒孙诒让认为《月令》"五帝"属五天帝，② 殊为允当。中山"王𰯄方壶"铭文："以飨上帝，以祀先王。"(《集成》9735)《礼记·礼器》："因吉土以飨帝于郊。"③于郊所祭正是天神。《礼记·礼器》："孔子曰：诵诗三百，不足以一献。一献之礼，不足以大飨。大飨之礼，不足以大旅。大旅具矣，不足以飨帝。"郑注："飨帝，祭天。"④总的来说，于明堂所飨五帝，无论是属五方帝或五色帝，还是属五人帝，在古人的宗教信仰中，其神灵色彩均是非常浓厚的。飨五帝正是古人对五帝神灵的祭飨。

二、飨万物之神

《礼记·郊特牲》载天子蜡祭之时，"岁十二月合聚万物而索飨之也"。郑注："飨者，祭其神也。万物有功加于民者，神使为之也。祭之以报焉。"孔颖达疏："万物非所飨，但飨其万物之神。所以飨其神者，万物所以能功加于民者，神使为之，故云祭之以报焉。"⑤岁终之时农事已毕，天子行蜡祭以酬谢一年之中为农事丰收作出贡献的所有神灵。所谓"索飨"，即求得此类神灵降临而祭飨之。不过蜡祭虽飨万物之神，主要还是其中功劳最大的八种。据《礼记·郊特牲》经文所列：一是先啬，二是司啬，三是百种，四是农，五是邮表畷，六是猫和虎，七是坊，八是水庸。郑注与之仅小有差异，即有"昆虫"而无"百种"。先啬指发明稼穑者，郑玄认为是神农氏之类。《仪礼》中常见古人饮食之前必"祭先"以感谢创造食物之神灵，大概与此有关。司啬指有功于农业发展者，郑玄认为是后稷之类。百种指百谷的种子。⑥ 农指掌管农业之神，即郑注"田畯"。邮表畷分别指田间的庐舍、道路及疆界，所飨为创设此种田间制度的神灵。猫和虎因食老鼠为农作物除害，故亦祭飨报谢。坊与庸指田间灌溉的堤坝与水沟，所飨大概亦是创设灌溉制度的神灵。蜡祭纳所有神灵入"索飨"范畴，并以八种为主，体现的正是农业社会中古人知恩图报、不忘本之心，故《礼

---

① 至于"上帝"与"五帝"之间的关系，以及"五帝"的演变历程，可参看杨天宇《〈周礼〉之天帝观考析》一文(《中国史研究》1990年第4期；收入《经学探研录》，上海古籍出版社，2004年，第214~230页)。

② (清)孙诒让：《周礼正义》，王文锦、陈玉霞校点，中华书局，1987年，第135页。

③ 《礼记正义》卷二四，第3119页。

④ 《礼记正义》卷二四，第3125页。

⑤ 《礼记正义》卷二六，第3149页。

⑥ (清)孙希旦：《礼记集解》，沈啸寰、王星贤校点，中华书局，1989年，第695页。

记·郊特牲》表彰为"仁之至，义之尽"。由蜡祭可知古人祭飨神灵的范围是非常广泛的。

三、飨祖先神

《礼记·祭义》："唯圣人为能飨帝，孝子为能飨亲。"郑注："谓祭之能使之飨也。帝，天也。"①帝指天神。"飨亲"与"飨帝"并称，则所飨之亲，自应属祖先神灵，而非在世之父祖。《仪礼·特牲馈食礼》士祭祖筮日时，命辞曰："孝孙某，筮来日某，诹此某事，适其皇祖某子。尚飨！"②祭祖称"孝孙"，正与孝子飨亲同。《礼记·郊特牲》："祭称孝孙、孝子，以其义称也。"③西周孝的对象是祖考，形式为祭祀，其称孝子、孝孙者，全为君或宗，孝子、孝孙所对应的全是祖考。④自称孝子、孝孙者，所飨之亲均为已逝之祖先。

自殷商已降，飨祖先神是祭飨礼仪中最为突出的部分。《礼记·礼器》："郊血，大飨腥。"郑注："郊，祭天也。大飨，袷祭先王也。"⑤《礼记·乐记》："大飨之礼，尚玄酒而俎腥鱼。大羹不和有遗味者矣。"郑注："大飨，袷祭先王，以腥鱼为俎实，不臑熟之。大羹，肉湇不调以盐菜。遗，犹余也。"⑥袷祭指把各庙祖先神主聚到太庙集中祭祀。大飨用腥、鱼为俎食，此即所谓荐牲之礼。因尊卑差异，古人祭祖所用礼仪亦不同，天子、诸侯有荐牲礼，大夫士则无。故《少牢馈食礼》所载大夫礼，《特牲馈食礼》所载士礼，均仅以荐黍稷熟食始，无用牲用血之礼。此"大飨"为袷祭，且俎食用腥鱼等生食，应该是天子、诸侯级别的祭飨祖先之礼。不过，大飨并非专指袷祭先祖。《周礼·春官·大司乐》"大飨不入牲"下贾疏云：

> 凡大飨有三。案：《礼器》云"郊血，大飨腥"，郑云"大飨，袷先王"，一也；彼又云"大飨尚腶脩"，谓飨诸侯来朝者，二也；《曲礼下》"大飨不问卜"，谓总飨五帝于明堂，三也。⑦

---

① 《礼记正义》卷四七，第3456页。
② 《仪礼注疏》卷四四，第2555页。
③ 《礼记正义》卷二六，第3157页。
④ 查昌国：《友与两周君臣关系的演变》，《历史研究》1998年第5期。
⑤ 《礼记正义》卷二四，第3116页。
⑥ 《礼记正义》卷三七，第3313页。
⑦ 《周礼注疏》卷二二，第1707页。

贾公彦指出,大飨包括袷祭先王、飨来朝诸侯、飨五帝,并祭飨与宾飨合而言之。贾疏此说,并非孤论。严陵方悫认为,礼经中大飨凡十一见。具体所指可分作五类,即遍祭五帝、袷祭先王、天子飨诸侯、两君相见、凡飨宾客。① 宋陈旸《乐书》除把"凡飨宾客"纳入一般飨类外,所列与方悫基本相同。② 是则大飨包括祭飨与宾飨,可成定论,而"飨祖先神"仅是其中重要的一项。

祭飨祖先神,可追溯到殷墟甲骨文中。例如:

庚子,王飨于祖辛。《合集》23003

贞,其征钅于大戊飨。《合集》27174

己酉卜,何贞,贞其窜侑一牛,飨。《合集》27138

庚子卜,何贞,翌辛丑其侑妣辛,飨。

癸卯卜,何贞,翌甲辰其侑丁于父甲窜,飨。《合集》27321

癸酉卜,何贞,翌甲午烝于父甲,飨。

庚戌卜,何贞,翌辛亥其侑毓妣辛,飨。

壬子卜,何贞,翌癸丑其侑妣癸,飨。《合集》27456 正

……卜彭贞其延蒸穧……飨父庚、父甲。《合集》30345

贞:大乙、祖丁众飨?

癸亥卜,彭贞,大乙、祖乙、祖丁众飨。《合集》27147

丁酉卜,王贞:飨于父乙? 六月。《合集》16048 反+23281+22966

大乙事,王其飨?《合集》27125

辛卜:子禦□妣庚,侑飨。《花东》197

甲午卜,子速,不其各。子占曰:不其各,呼飨。用。舌祖甲乡。《花东》288

甲申卜,何贞:翌乙酉其登祖乙,飨。《合集》27221

壬子卜,何贞:翌癸丑其侑妣癸,飨。《合集》27456 正

大乙事,王飨于榭。

弜飨于之,若。《合集》27124

上揭卜辞,都是商王对先王、先妣的祭飨。值得注意的是,有专事飨

① (宋)卫湜:《礼记集说》卷一四,清通志堂经解本。
② (宋)陈旸:《乐书》卷二〇〇《乐图论》,文渊阁《四库全书》第 211 册,台湾"商务印书馆",1986 年,第 941~942 页。

祖先者，如《合集》23003、27174。有先行其他祭祀，后再行飨礼者，如《合集》27138、27321，先行侑祭，再行飨礼，《合集》30345 先行烝祭，再行飨礼。《合集》27456 祭父甲时先烝后飨，祭妣辛、妣癸时先侑后飨。有占卜第二日行飨礼是否合适者，如《合集》27221 等。祭祀时所用牲为牛羊。至于其所用为生食还是熟食，因卜辞记载简略，不得而知。《花东》288 属非王子属卜辞，子占卜邀请商王武丁，大概与祭祖"祖甲彡"有关。但占卜显示，商王不来参加，于是举行飨礼。① 飨礼与祭祖关联在一起，于此略见一斑。

西周金文中，同样能见到飨祖先神的踪迹。例如：

胤嗣妶蚉，敢明扬告：……驭右和同，四牡旁旁，以取鲜槁，飨祀先王。妶蚉壶，《集成》9734

唯六月初吉，师汤父有司仲枏父作宝鬲，用敢飨孝于皇祖考，用祈眉寿其万年，子子孙孙其永宝用。仲枏父鬲，《集成》746

唯六月初吉丁亥，冶仲考父自作壶，用祀用飨，多福禄，用祈眉寿万年无疆，子子孙孙永宝是尚。冶仲考父壶，《集成》9708

兮仲作大林钟，其用追孝于皇考己伯，用侃喜前文人，子子孙孙永宝用享。兮仲钟，《集成》65

遣作宝尊鼎，其万年用飨格。遣鬲，《集成》631

鲁侯熙作彝，用享蠚厥文考鲁公。鲁侯熙鬲，《集成》648

伯鲜作朕旅鼎，用享孝于文祖，子子孙孙永宝用。伯鲜鼎，《集成》2663

"飨孝"，金文中又常作"享孝"，如上所论是飨享假借的例证。"飨孝于皇祖考"，与《遣鬲》"遣作宝尊鼎，其万年用飨格"所载类似（《集成》631），都是指在祭飨礼仪中向祖先神灵祈福。

第二节　祭　飨　仪　式

祭飨的具体仪式，因出土甲骨、金文及传世礼典文献记载均简略、芜乱，现在很难恢复其原貌。正因如此，文献资料中的蛛丝马迹，都良可宝

---

① 姚萱：《殷墟花园庄东地卜辞的初步研究》，线装书店，2006 年，第 31 页。

贵，供今人窥视祭飨礼仪之一斑。

一、祭飨问卜

自殷商起，祭飨问卜几成定制。殷人重鬼，凡事必卜，如前引殷人飨先王、先妣类卜辞，飨前卜日、卜牲是其常见节目。[1] 甚至有学者指出，商代已有专供卜日参考的《日书》出现。[2] 周人祭飨同样如此。

1. 卜日

《周礼·天官·太宰》："祀五帝，则掌百官之誓戒，与其具修。前期十日，帅执事而卜日。"[3]《周礼·春官·大宗伯》："凡祀大神，享大鬼，祭大示，帅执事而卜日。"[4]《礼记·郊特牲》："卜郊受命于祖庙，作龟于祢宫，尊祖亲考之义也。"[5]所言即南郊卜日。《仪礼·特牲馈食礼》："不诹日。及筮日，主人冠端玄，即位于门外，西面。"郑注："诹，谋也。士贱职亵，时至事暇，可以祭，则筮其日矣。"[6]筮日与卜日意义相同，只是利用工具不同而已，目的均在于求得鬼神降格之期。因卜筮必有吉凶，故某些必行之礼，不得卜其可行与否。清孙诒让说："然则凡常祀，皆不卜应祀与否。常祀之有定日者，则又不卜日。"[7]孙氏所言甚是。常祀属必须举行之礼，故不能卜其可行与否；若加上本有固定日期，则更不必卜其时日。那么只有非常祀者才卜其当否，及所有无固定祭日之祀者，才卜其时日。为规避卜筮的不确定性，古人的这些规定，确保了礼仪活动的顺畅与可持续。例如，周人岁时祭祖为常祀，不得无故废礼，故《仪礼·少牢馈食礼》云："日用丁、己。筮旬有一日。"[8]郑注引《禘于大庙礼》曰："日用丁亥，不得丁亥，则己亥、辛亥亦用之，无则苟有亥焉可也。"岁时祀祖为常祀，确保其正常举行永远是第一位的；至于卜日，能较好地符合所谋之日即可，机动性较强。举行的日子有最优、较优、次优的区别。能获得

---

① 殷商卜辞中祭祀仪式的占卜内容包括：祭祀的时、日；牺牲的数量、牝牡、颜色、用牲法；祭祀方式，为合祭或专祭；祭祀结果是否会受到护佑；祭祀对象，等等。殷人在祭祀方面，事无大小，基本上是依靠占卜来窥测鬼神的意志。参见曹建墩、汤勤福：《中华礼制变迁史·先秦编》，中华书局，2022 年，第 231 页。

② 连邵名：《商代的日书与卜日》，《故宫博物院院刊》2001 年第 3 期。

③ 《周礼注疏》卷二，第 1398 页。

④ 《周礼注疏》卷一八，第 1646 页。

⑤ 《礼记正义》卷二六，第 3147 页。

⑥ 《仪礼注疏》卷四四，第 2554 页。

⑦ （清）孙诒让：《周礼正义》，王文锦、陈玉霞校点，中华书局，1987 年，第 142 页。

⑧ 《仪礼注疏》卷四七，第 2592 页。

最优的当属最好，万一不能，次优也可，总之不能废礼。卜日的具体仪节，《仪礼·少牢馈食礼》记载最为详细，大致而言，分为如下几步：

第一，诹日。诹，谋也。筮前一日，主人与宗人谋定祭祖是用丁日还是己日。在所谋之日的基础上，第二天才筮日，定其吉凶。

第二，主人命史，史述命。筮之当日，主人穿朝服在庙门外命史。所谓"述命"，乃是史转述主人之命而命龟。史的命辞为："孝孙某，来日丁亥，用荐岁事于皇祖伯某，以某妃配某氏，尚飨！"这段命辞，主人首先对史讲一遍，进而史对龟再讲一遍。

第三，史占。史在庙门西，用蓍草筮日；史的副手卦者用木版书写筮得之日。史把所得结果示于主人。

第四，旅占。旅，众也。史与其助手退而再次卜之，即为旅占。史再次告诉主人所占结果，若吉，则曰"占曰从"；若不吉，就得重新占更远一些的日子。

以上四步，是大夫祭祖卜日的基本仪节。天子祭祖则更为复杂。清任启运综括《周礼》，对天子卜日礼仪有较为系统的概述。"将祭必卜日。先卜一日，肆师为期；卜之日，冢宰、大宗伯帅职事而卜。肆师召相。龟人奉龟，太史视墨，太史视高、命龟，卜师作龟。"①任氏此说得到现今研究成果的进一步验证。② 天子卜日在基本结构上与大夫卜日无大区别，如"为期"略同于"诹日"，"命龟"略同于"史占"。不过，毕竟尊卑不同，参与人数的规定、执行的仪节更加烦琐。其中之一即体现在"述命"环节。"述命"次数根据尊卑而有差异。《仪礼·特牲馈食礼》士无述命，主人命后，筮者许诺而已，无须向蓍草或龟转述主人之命。③《仪礼·少牢馈食礼》主人命，史转述命龟，为一述命。据此类推，任启运认为诸侯再述、天子三述。即宗伯向大史述天子之命，大史向大卜述宗伯之命，大卜最后向龟述大史之命。《周礼》所载宗伯、大史、卜师爵位不同，尊卑有异，各有分工，并未明言三者有述命之举。任氏之说，略备参考。

---

① （清）任启运：《天子肆献祼馈食礼》卷上，文渊阁《四库全书》第 109 册，台湾"商务印书馆"，1986 年，第 834 页。

② 吴土法、秦佳慧：《〈周礼〉天子庙享卜日礼仪考》，《浙江大学学报》（人文社会科学版）2009 年第 1 期。

③ 《仪礼·特牲馈食礼》："宰自主人之左赞命，命曰：'孝孙某，筮来日某，诹此某事，适其皇祖某子。尚飨！'筮者许诺，还，即席，西面坐。卦者在左。卒筮，写卦。筮者执以示主人。"

2. 卜牲

甲骨文中关于殷人用牲的记载很常见，学术界也取得了不少相关成果。① 综合所有用牲卜辞来看，其中一些只是客观地描述祭祀用牲的情况，如种类、数量及用牲方式。另外一些，则能明显地看出属殷人祭前的卜牲仪节。如：

> 丁丑卜，姒庚史叀黑牛，其用佳。《屯南》2363
> 叀黑牛。《合集》29508
> 叀幽牛，吉。《合集》33606
> 虫黄牛，叀黑牛。《合集》14951 正
> 辛卯卜，姒辛奉，叀骍。（合集）27441
> 庚戌卜，其有岁于二祖辛，叀牝。《合集》27469
> 壬申卜，母戊岁，叀牝。《合集》27583

上揭卜辞，可从两个方面看出是卜牲。第一，直接称牛，而不称牲。《左传·僖公三十一年》："牛卜日曰牲。"杜预注："既得吉日，则牛改名曰牲。"②易言之，未卜前称作牛，既卜且吉后，才改称牛为牲。夏商周所尊德不同，所用牺牲也有差别。③ 卜辞直接称牛，则应该是未成卜之时。而且正是因未经占卜，所以得卜其吉利与否。甲骨文中有"牢""宰"等字，姚孝遂认为是指经过特殊程序圈养的牲畜，规格高于牛、羊。④ 这样看来，"牢""宰"大概指经过占卜确定用作牺牲的牲畜。牛、羊与牢、宰的区分，体现牛、羊尚未经过占卜仪式的"洗礼"。从"牛"到"牢"的过程，传世礼典文献有详细的记载。《周礼·地官·牧人》："凡祭祀，共其牺牲，以授充人系之。"贾公彦疏："牧人养牲，临祭前三月授与充人系养之。"⑤《周礼·地官·牛人》："凡祭祀共其享牛、求牛，以授职人而刍之。"⑥《周礼·

---

① 张秉权：《祭祀卜辞中的牺牲》，《"中央研究院"历史语言研究所集刊》第 38 本，1968年。秦岭：《甲骨卜辞所见商代祭祀用牲研究》，华东师范大学硕士学位论文，2007 年。
② 《春秋左传正义》卷一七，第 3976 页。
③ 《礼记·檀弓上》："夏后氏尚黑，大事敛用昏，戎事乘骊，牲用玄。殷人尚白，大事敛用日中，戎事乘翰，牲用白。周人尚赤，大事敛用日出，戎事乘骍，牲用骍。"《明堂位》："夏后氏牲尚黑，殷白牡，周骍刚。"
④ 姚孝遂：《"牢""宰"考辨》，《古文字研究》第 9 辑，中华书局，1984 年，第 25~35 页。
⑤ 《周礼注疏》卷一三，第 1558 页。
⑥ 《周礼注疏》卷一三，第 1559 页。

地官·充人》："掌系祭祀之牲牷，祀五帝则系于牢，刍之三月。享先王亦如之。"①《礼记·郊特牲》："帝牛必在涤三月。"②《国语·楚语下》载楚平王问观射父祭祀养牲之事，观射父曰："远不过三月，近不过浃日。"③浃日，即十日。《曲礼》孔颖达疏引观射父此语作"大者牛羊，必在涤三月，小者犬豕，不过十日"④。则卜牲吉后，所选大牲牛羊，得经过三个月的特殊圈养，小牲犬豕亦得用十日，以保持其健康、洁净。⑤

　　第二，特别强调只有某些特定毛色、性别的牲畜才吉利。黑、幽、骍均提示了所用牲的颜色。幽通黝，指黑色。《诗·小雅·隰桑》："隰桑有阿，其叶有幽。"毛传："幽，黑色也。"⑥《礼记·玉藻》："一命缊韨幽衡，再命赤韨幽衡，三命赤韨葱衡。"郑注："幽读为黝，黑谓之幽。青谓之葱。"⑦有学者指出，"幽与玄虽然在现代汉语中都是黑色，但在商代甲骨文中可能是一种偏红的黑色，不是纯黑色"⑧。幽牛就是黑红色的牛。骍指赤黄色的马或牛。如《诗·鲁颂·駉》"有骍有骐"，毛传"赤黄曰骍"。⑨《尚书·洛诰》："文王骍牛一，武王骍牛一"⑩。《合集》27469、27583，虽不能确证就是卜牲，但却提示了只有牡类牲畜，在祭祖中才是吉利的。在花东卜辞中还可以见到贞人在不同颜色祭牲中选择的过程（《花东》278、459）。则卜牲是辞中应有之义，不会有问题。

　　周人祭飨卜牲亦是常制。《礼记·祭义》："古者天子、诸侯必有养兽之官。及岁时，斋戒沐浴而躬朝之。牺牷祭牲，必于是取之，敬之至也。君召牛，纳而视之，择其毛而卜之；吉，然后养之。"⑪此所谓"古者"，如前所论，既符合殷制，又是周制的真实反映，且把从"牛"到"牢"的演

---

① 《周礼注疏》卷一三，第 1560 页。
② 《礼记正义》卷二六，第 3148 页。
③ 徐元诰：《国语集解（修订本）》，王树民、沈长云点校，中华书局，2002 年，第 518 页。
④ 《礼记正义校勘记》卷五，第 418 页。
⑤ 《礼记·曲礼下》："凡祭宗庙之礼，牛曰一元大武，豕曰刚鬣，豚曰腯肥，羊曰柔毛，鸡曰翰音，犬曰羹献，雉曰疏趾，兔曰明视，脯曰尹祭，槁鱼曰商祭，鲜鱼曰脡祭，水曰清涤，酒曰清酌，黍曰芗合，梁曰芗萁，稷曰明粢，稻曰嘉蔬，韭曰丰本，盐曰咸鹾，玉曰嘉玉，币曰量币。"郑注："号牲物者异于人用也。"（《礼记正义》卷五，第 2747 页）只要被选为祭祀用品，都能获得一个更美好的名称，或许这样更能够愉悦神灵。
⑥ 《毛诗正义》卷一五，第 1065 页。
⑦ 《礼记正义》卷三〇，第 3209 页。
⑧ 汪涛：《颜色与祭祀：中国古代文化中颜色涵义探幽》，上海古籍出版社，2013 年，第 105 页。
⑨ 《毛诗正义》卷二〇，第 1315 页。
⑩ 《尚书正义》卷一五，第 461 页。
⑪ 《礼记正义》卷四八，第 3467 页。

变过程表达得更为明确。《春秋·宣公三年》："三年春王正月，郊牛之口伤，改卜牛。牛死，乃不郊。"①为郊天而准备的牛受伤后，只得改卜牛；结果改卜的牛又死了，只得放弃郊天。《春秋·僖公三十一年》载鲁人四次占卜是否可行郊天礼，均不吉利，只能免牲放弃郊天。此为鲁人占卜失礼的著名例证。《左传》论道："礼不卜常祀，而卜其牲、日。"②《公羊传》："禘尝不卜郊何以卜？卜郊非礼也。"何休注："礼，天子不卜郊。"③鲁国君主虽非天子，但因属周公之后，故被特许可以郊天。郊为鲁人常祀，当卜者为何时郊及郊用何牲，不当卜其可行与否。鲁人卜所非卜，最终导致废礼而严重怠慢神灵，从而受到世人的讥讽。此两则故事正好反映出春秋时代尚有卜牲的习俗。

卜日与卜牲均是祭飨前的准备阶段，尚未进入正式的祭飨仪式活动。祭前的重要准备活动除此两项外，尚有筮尸仪式。

二、肆、献与祼

《周礼·春官·大宗伯》："以肆、献、祼享先王；以馈食享先王；以祠春享先王；以禴夏享先王；以尝秋享先王；以烝冬享先王。"④此段经文虽为工整的排比句，但逻辑上却未在同一层次。⑤ 肆、献、祼、馈食为岁时祭祖的祭仪，祠、禴、尝、烝为岁时祭祖的祭名。祭仪是祭名所示祭祀活动中的具体仪节。作为祭仪，除大夫、士级别较低者祭祖无献祼外，天子、诸侯祭祖并有馈食与肆、献、祼。⑥ 具体而言，祼指灌郁鬯降神，⑦ 献指荐血腥，肆指荐熟牲，⑧ 馈食为荐黍稷饭食。整个祭飨过程，

---

① 《春秋左传正义》卷二一，第 4055 页。
② 《春秋左传正义》卷一七，第 3976 页。
③ 《春秋公羊传注疏》卷一二，第 4914 页。
④ 《周礼注疏》卷一八，第 1636 页。
⑤ 郑玄以"肆献祼"指祫祭，以"馈食"指禘祭，与后岁时四祭合为"六享"。这样四个句子在逻辑上可并列，故贾公彦等从之。但是，祫祭有馈食，禘祭有肆献祼，岁时四享两者兼备。仔细追究起来，仍嫌不严密。故郑玄亦只能以"互相备"来弥合之，实不能从根本上解决此段经文的内在矛盾。
⑥ 孙诒让驳郑玄、贾公彦分肆献祼、馈食属禘祫二祭"殆非经义"，认为"凡禘祫及时祭，皆兼肆献祼、馈食诸节"；肆献祼为隆礼，并非无黍稷，单言"馈食"，实属杀礼。所言甚是。肆、献、祼、馈食待神功能有异，一个完整的祭祀过程，必兼而有之。见孙诒让：《周礼正义》，王文锦、陈玉霞校点，中华书局，1987 年，第 1331、1337 页。
⑦ "祼"既可用于神，亦可用于宾。此处主要讨论"祼神"，"祼宾"留待后文。
⑧ 任启运误"肆"为荐血腥，故认为《大宗伯》最先言"肆"，乃因"以血腥与荐熟对言之，明非肆所有也"，既误解了"肆"的含义，又不知古书文法。参见任启运：《天子肆献祼馈食礼》卷上，文渊阁《四库全书》第 109 册，台湾"商务印书馆"，1986 年，第 831 页。

因甲骨、金文记载简略，传世文献又杂芜，不能一一述及。加之馈食于《仪礼》之《特牲馈食礼》《少牢馈食礼》《有司彻》中已有详细记载，可供参考。在此，集中讨论天子之肆、献、裸礼。另须加注意的是，礼仪程序上裸先于献，献先于肆。《周礼》之所以先言"肆"，郑玄以为是"逆言之"；今人郭在贻认为属古书中的"倒序"现象，则完全属文法缘故。①

1. 裸

《尚书·洛诰》："王宾、杀、禋，咸格，王入太室裸。"伪孔传："裸鬯告神。"孔颖达疏："裸者，灌也。王以圭瓒酌郁鬯之酒以献尸。尸受祭而灌于地，因奠不饮，谓之裸。"②尸在外形方面，通过衣着、形貌尽量像所祭之神，但此尚为初步。更重要的是在神性方面，得达到尸、神合一的境地。而这得通过裸礼来实现。尸入室后，接受主人、主妇郁鬯之献，不饮而灌注入地，香气达于渊泉，引起神灵注意，使之起而与己附合。朱熹《孟子·离娄》注："宗庙之祭，以郁鬯之酒灌地而降神也。"③所言正是如此。《礼记·礼运》："君与夫人交献，以嘉魂魄，是谓合莫。"郑注："嘉，乐也；莫，虚无也。"④清黄以周曰："嘉谓嘉会，合莫谓合魂魄于虚莫，此即所谓合鬼与神是也。"⑤只有尸与神完全结合后，魂魄复合且归依于尸身，主人、主妇才能够通过献尸，嘉善死者魂魄，从而实现尸饱如亲饱、尸醉如神醉的祭祀目的。《礼记·祭统》："献之属，莫重于裸。"⑥可以说祭祖中主人、主妇、宾等所有与尸相献祭、酬酢的礼节，均建立在裸礼降神附尸的基础上。至于大夫、士则因级别较低，无裸、献礼，降神功能实已由阴厌代替。

《仪礼·特牲馈食礼》载阴厌之事，祝设神席，并先主人升阶入室。郑注分别云"为神敷席也，至此使祝接神"，"祝先入，接神宜在前也"。贾公彦疏："凡言厌者，谓无尸，直厌饫神。尸未入之前，祭于奥中，不得户明，故名阴厌。"⑦明郝敬云："尸未入，神先降，故有阴厌。尸既出，神未散，故有阳厌。"清凌廷堪《礼经释例》云："凡尸未入室之前，设馔于奥，谓之阴厌。"胡培翚云："尸未入室之前，设馔于奥以飨神者，所谓阴

① 郭在贻：《训诂学》，《郭在贻文集》第一卷，中华书局，2002年，第430页。
② 《尚书正义》卷一五，第461页。
③ （宋）朱熹：《四书章句集注》，中华书局，1983年，第279页。
④ 《礼记正义》卷二一，第3068页。
⑤ （清）黄以周：《礼书通故》，王文锦校点，中华书局，2007年，第751页。
⑥ 《礼记正义》卷四九，第3481页。
⑦ 《仪礼注疏》卷四四，第2559页。

厌也。《少牢》阴厌，布席，荐豆，设俎，设敦，酌奠，启会，皆与《特牲》同。"①可见，大夫、士祭祖尸未参与阴厌，主要由祝负责接神，再由主人、主妇飨神，而后才开始正式馈食。显而易见，阴厌具有降神的功能。至于尸未能参与阴厌，或许是士大夫级别不够，辟君嫌的缘故。天子、诸侯祭祖阴厌，目力所见，礼典文献不见记载，但因尸已参与裸、献礼，若有阴厌，尸应该能参与。

裸为降神之礼，但有学者认为"裸有二"，即"献尸之裸"与"降神之裸"。此说清人江声、王鸣盛、王玉树，近人顾颉刚、刘起釪均从之。②其中，王玉树《经史杂记》所列证据有三，即《祭统》"君执圭瓒裸尸"，郑注《周礼·司尊彝》"裸谓以圭瓒酌郁鬯始献尸"，再就是《洛诰》所载裸礼。王氏之说实误。裸尸降神，本先由主人献尸以郁鬯，尸受后灌地，故《祭统》及《司彝尊》郑注所言"裸尸""献尸"意义本同，皆指降神之裸。至于《洛诰》所言杀在裸前，与一般裸在杀前不符，似印证王氏之说。仔细考究，实亦不然。陆德明《经典释文》在"王宾杀禋咸格"下，提供了两种断句方法：第一，"王宾"断句，"杀禋"断句；第二，连读不断至"咸格"。根据礼制与文法，只有第二种断句才是正确的，或亦可断作"王宾、杀、禋、咸格"③。所谓"王宾"指助祭诸侯，④《礼记·郊特牲》"诸侯为宾，灌用郁鬯"即为佳证。"杀"指助王杀牲者，"禋"指助王祭祀者。三者均表示参与祭祖之人，故后言"咸格"。若以"杀禋"为动作，则"咸格"无着处。且只有助祭者均到位后，裸礼乃行。这样看来，《洛诰》裸前之"杀"非杀牲；王氏所谓"先杀后裸，为献尸之裸"，并不成立。

除此之外，又有以殷周礼制不同，来弥缝此说者。例如黄以周一方面不认可"裸有二"说，另一方面驳斥皇侃"尸乃得献、祭以灌地，并为一事"之说，又认为"初献尸亦谓之裸尸，以其亦酌郁鬯故也"，并认为献、裸分列在室、堂两地举行，裸为天子亲自行裸，尸受献而不裸，明显前后矛盾，把裸分割为裸、献两节。为解决此矛盾，黄以周只得认为《洛诰》

① (清)胡培翚：《仪礼正义》，段熙仲校点，江苏古籍出版社，1993年，第2114~2115页。
② 顾颉刚、刘起釪：《尚书校释译论》第3册，中华书局，2005年，第1500页。
③ 金兆梓断句从此说，但具体解释与本书不同。参见金兆梓：《尚书诠译》，中华书局，2010年，第297页。
④ 王国维认为"王宾"指文王武王，即以文武王为宾，构思虽精巧，实误。祭祀中，主人与尸酬酢，本质上属以神为宾，但这种情况存在于灌地降神后。裸礼之前，尸神未合，神灵未降，何以成天子之宾？王氏之说，不可从。参见王国维：《洛诰解》，《观堂集林》，中华书局，1959年，第39页。

所载为殷礼，杀牲本在裸之前。① 王国维以为《周礼·春官·大宗伯》中肆、献在裸前为殷礼，与《洛诰》载吻合，而既灌迎牲为后起之周礼。王国维还认为裸不仅可以降神，亦可歆神，与王玉树说已近。② 但把"王宾杀禋"与"王入太室"结合起来考虑，黄、王之说漏洞即出。其一，若"王入太室"所行为献尸之裸，则前必有降神之裸，而王未入；降神而王未入太室，于礼制不符。其二，殷人尚声，降神先作乐，再迎牲杀牲，最后行裸；③ 殷礼杀在裸前，似与《洛诰》合，但《洛诰》未言"作乐"，则神无所降；神未降，则祭祀无所本。其三，黄氏之说，建立在尸不入室的基础上，若尸不入室，则尸、神如何合一，难有通解。所谓"殷制"之说，亦误。

祭中之裸必为降神，已如上论。其具体仪节，礼典文献中均未明载，任启运综合经文与注疏，把裸分为"王首裸"与"后亚裸"：

> 王降盥。小臣沃王。王盥，御仆相盥，奉盘授巾。王升，入太室，裸。大司寇奉明水。大宗伯涚鬯。郁人诏王裸。太宰赞王。小宰赞太宰。酌圭瓒，献尸。祝命祭，尸祭之，啐之，奠觯。裸毕，王出复位。

> 后入亚裸。裸用璋瓒。内宰赞后。祭、啐、奠，如初。裸毕，后出，入于西房。④

据任启运所言，他参考的文献主要包括《周礼》《诗疏》及《礼疏》。但其中"王升，入太室，裸"，明显引自《洛诰》，则《尚书》亦应在任氏参考范围之内。任氏把零散的资料，组织成连贯的礼仪程序，颇具卓眼。以之与《仪礼》载祭仪相比，虽尊卑有异，繁简有别，基本结构却相差不远。即使如此，在细节处，仍然存在一些问题。《周礼·春官·郁人》："郁人掌裸器。凡祭祀、宾客之裸事，和郁鬯以实彝而陈之。凡裸玉，濯之，陈之，以赞裸事，诏裸将之仪与其节。凡裸事沃盥。"⑤这段非常清晰地描述

---

① (清)黄以周：《礼书通故》，王文锦校点，中华书局，2007 年，第 788 页，第 794～795 页，第 813 页。
② 王国维：《与林浩卿博士论〈洛诰〉书》，《观堂集林》，中华书局，1959 年，第 41～42 页。
③ 《礼记·郊特牲》："殷人尚声，臭味未成，涤荡其声。乐三阕，然后迎牲。声音之号，所以诏告于天地之间也。"
④ (清)任启运：《天子肆献裸馈食礼》卷上，文渊阁《四库全书》第 109 册，台湾"商务印书馆"，1986 年，第 842 页。
⑤ 《周礼注疏》卷一九，第 1662 页。

了郁人在裸礼中的职责，主要是掌裸器和诏裸仪。具体而言包括洗濯、陈设、充实裸器，以及赞王行裸仪。且沃盥之事均由郁人掌管。任启运以小臣、御仆代之，实未为妥当。小臣、御仆均属夏官，《小臣》"大祭祀、朝觐，沃王盥"，《御仆》"大祭祀，相盥而登"，两者虽亦掌沃盥事，但与郁人具体负责裸中之沃盥相比，明显隔一层。

最后，略论裸礼的政治象征意义。大夫、士无裸礼，而献之属又莫重于裸，这决定了裸具备区分行礼者身份尊卑的礼仪特性。《诗·大雅·文王》："殷士肤敏，裸将于京。""殷士"，毛传以为是殷侯，郑笺以为是殷臣，刘向、班固以为是微子，颜师古以为是殷之卿士。总而言之，指殷遗民中的贵族。"肤敏"为赞美殷人壮美、敏捷之辞。整句诗站在胜利者的角度，赞美殷贵族自求助祭于周，参与周王在京师举行的裸礼。这样一来，参与裸礼助祭周王，已象征殷人对周的臣服。① 孔子曾论此诗，喟然而叹。② 刘向以为孔子是"伤微子之事周，而痛殷之亡"③。殷人被剥夺自主按天子礼祭祀先王、先公的资格，所有的一切均要先得到周王的批准或恩赐，并被周人告诫一方面要"无念尔祖"，另一方面要"仪刑文王"。孔子作为殷人之后，伤殷败事周，是可以理解的。综合而言，通过殷人助祭周王行裸礼一事，殷周政治、宗教地位的升降隆替，已展露无遗。

殷人助祭周王行裸礼，接受周人"天命无常，归于有德"的训诫与教诲，④ 体现的是殷周王朝鼎革。与之相对，君王向臣下赏赐礼器、礼物，许其行裸礼，体现的则是君臣之际的尊卑秩序。古人制造祭器，须依爵位而定。《礼记·曲礼下》："无田禄者不设祭器，有田禄者先为祭服。"⑤《礼记·礼运》："大夫具官，祭器不假，声乐皆具，非礼也，是谓乱国。"⑥大夫设官过多，祭器不向人借，乐器乐人全部自己准备，会被认定

① 古人有"神不歆非类，民不祀异族""非其鬼而祭之，谄也"的传统，这让祭祀限制在宗族内部，虽然有利于同宗统族、强化宗族之权，但不利于促进权力基础的多元化。助祭制度的出现，使祭祀突破了血缘的限制，异姓之人参与祭祀，提供相应的服务，这也是臣服与认同的表现。助祭制度扩大与丰富了权力基础，为宗周已降的国家权力结构建设提供了条件。通过对异姓助祭制的了解，也可以很好地理解文献记载中"祭祀"异族的现象，这可能仅仅是参与助祭而已。
② 《汉书》卷三六《刘向传》："孔子论《诗》，至于'殷士肤敏，裸将于京'，喟然叹曰：'大哉天命！善不可不传于子孙，是以富贵无常；不如是，则王公其何以戒慎，民萌何以劝勉？'"
③ （汉）班固：《汉书》卷三六《楚元王传》附《刘向传》，中华书局，1962 年，第 1950 页。后文引《汉书》，不再标注版本信息。
④ 《汉书》卷三六《楚元王传》颜师古注，第 1951 页。
⑤ 《礼记正义》卷四，第 2724 页。
⑥ 《礼记正义》卷二一，第 3070 页。

为乱国之举，可见事情之严肃。《礼记·王制》："诸侯赐弓矢，然后征；赐铁钺，然后杀；赐圭瓒，然后为鬯。未赐圭瓒，则资鬯于天子。"①圭瓒与鬯，是行祼礼之物，必得来自天子，即便是诸侯也不得私自拥有。诸侯行祼礼的权力与征伐、杀戮大权属同一级别，完全受控于天子。换言之，天子控制了诸侯的祭祀权。② 在这种情况下，天子若赏赐圭瓒、郁鬯等物，对受赏者而言，是莫大的荣耀。

祭祀所以统族安宗，从天子处获得祭祀之权，更大的含义可能是获得了统治本宗本族甚至本国之人的政治、宗教、军事大权。③《尚书·文侯之命》载晋文侯辅周室东迁有功，周平王命为诸侯之长，赏赐之物中首列"秬鬯之卣"。伪孔传："黑黍曰秬，酿以鬯草。不言圭瓒，可知。卣，中罇也。当以锡命告其始祖，故赐鬯。"④秬鬯与郁鬯之别，仅是后者加入兰草，有香气而已。《诗·大雅·江汉》载召穆公伐淮夷有功，周宣王"厘尔圭瓒，秬鬯一卣。告于文人，锡山田土。于周受命，自召祖命"⑤。圭瓒、秬鬯在山田之上，祭祀祖先已重于封有领土。许倬云指出："赐圭瓒的举动正是肯定召虎合于继承祖业的资格。"⑥殊为允当。金文中周王赐臣下圭瓒、郁鬯或秬鬯的记载更多。如鲜簋："禘于昭王，鲜蔑历，祼，王赏祼玉三品，贝廿朋。"虽未明言圭瓒，但"祼玉"应含圭瓒在内。多友鼎："赐女圭瓒一。"毛公鼎："赐女秬鬯一卣，祼圭瓒宝。"同类的铭文还见于师询鼎、卯簋盖等，不胜枚举。

总的来说，祼乃古代降神祭仪。主祭之人用圭瓒或璋瓒酌鬯献尸，尸受而灌之于地，献祼一体，有一无二。祼礼的目的是降神于尸，实现神尸合一。古代以来，学者认为既有献尸之祼，又有降神之祼，并分属杀牲前

---

① 《礼记正义》卷一二，第 2884 页。

② 杨华认为："进入阶级社会后，由于祭权与政权结合，掌握了祭权便掌握了政权。"参见杨华：《先秦礼乐文化》，湖北教育出版社，1997 年，第 44 页。柯马丁说："祖先祭祀构成和巩固了生者的身份认同和意志；对周王而言，祖先祭祀为他们的统治提供了历史基础和政治合理性。"见 [美] 柯马丁（Martin Kern）：《从青铜器铭文、〈诗经〉及〈尚书〉看西周祖先祭祀的演变》，陈彦辉、赵雨柔译，《国际汉学》2019 年第 1 期。

③ 王震中说："王权的三个来源与组成：王权有源于宗教祭祀权的一面，也有源于军事指挥权的一面，还有源于族权的一面，这三个方面的发展构成了王权发展的三个重要机制。"祭祀权、军事权与族权是王权形成的基础。比王权低级别的权力，就是来源于王权。而在较早阶段，权力的授予，可能是以赋予祭祀权为先决条件的。赐酒赐爵就是祭祀权赋予的开始。参见王震中：《中国古代国家的起源与王权的形成》，中国社会科学出版社，2012 年，第 470 页。

④ 《尚书正义》卷二〇，第 540 页。

⑤ 《毛诗正义》卷一八，第 1237 页。

⑥ 许倬云：《西周史（增补二版）》，生活·读书·新知三联书店，2012 年，第 191 页。

后，明显与礼制不符。裸礼是祭祀的基础，甚至成为祭祀的象征。在祭祀与政治地位密切结合的宗周社会，能否行裸礼更象征爵位的尊卑。大夫、士爵卑，祭祀只及祖、父，故无裸礼；天子诸侯位尊，祭祀及始祖，故有裸礼。① 可以说，拥有祭祀权，就会获得相应的政治权。② 殷商后裔，属败国之臣，参与周王裸礼，表明对新王朝的归附之心，象征殷周鼎革的社会大势；周天子通过赏赐诸侯或大臣圭瓒、鬯，许以行裸礼，确保臣下之权出于己，保证其"王天下"的宗教、政治地位；臣下通过接受天子圭瓒、鬯之赐，获取一国或一族之内的祭祀权，为其统治增添神性色彩与更多的合法性。周人接受殷后裔的助祭，也表明了周所拥有的是国家权力，而非仅仅是部落宗族之权。

2. 献

裸礼中有献，但所酌为鬯。现在讨论之"献"，却是荐血腥之属。《周礼·春官·大宗伯》"以肆、献、裸享先王"下郑注："献，献醴，谓荐血腥也。"贾公彦疏："室中二灌讫，王出迎牲时，祝延尸于户外之西，南面。后荐八笾八豆。王牵牲入，以毛血告讫，以此腥其俎荐于神前。王以玉爵酌醴齐以献尸，后亦以玉爵酌醴齐献尸也。"③贾疏对献仪的描述，已较清晰。整个献仪，又可谓之"朝践"或"朝事"。④ 结合其他礼典文献，其具体仪节可分作：迎牲、后荐笾豆、纳牲于庭并射杀、荐毛血于室、制祭、升牲首、延尸出室、荐腥、献醴齐等。关于这些仪节，现稍作分解。

第一，迎牲、纳牲、射牲，均天子亲自动手。其目的在于"致孝养"，即向祖先神灵及天下臣民显示自己的孝心。供奉健康、安闲的牺牲是对祖先的尊重，而且在宰杀之前要展示给祖先检阅。大夫、士位卑爵低，不得亲杀，有司杀之又不能在门庭之内，以别君嫌。

第二，"延尸出室"。裸在室，献在堂，历代以来为礼学家共识。到黄以周时，始有异议。黄氏认为天子在室内亲自灌鬯于地，灌后才出室献尸，故尸始终在堂，从未入室。这样一来，就无所谓"延尸出室"问题。

---

① 这里涉及宗法制度，可参考《礼记·大传》"别子为祖，继别为宗。继祢者为小宗。有百世不迁之宗，有五世则迁之宗。百世不迁者，别子之后也。宗其继高祖者，五世则迁也"的相关记载。

② 《礼记·祭法》载天子有七庙，诸侯有五庙，大夫有三庙，嫡士有二庙，官师无庙，即是明显例证。

③ 《周礼注疏》卷一八，第 1636 页。

④ 《周礼·天官·笾人》郑玄注。

黄氏之说，不仅颠倒裸中献、灌两个动作的前后顺序，而且把两个动作分列于室、堂两地，与周代礼制明显不符。黄以周驳"尸入室又还堂"为"曲说"，亦不成立。① 这是关于"延尸出室"的有无问题。另一个问题就是，何时"延尸出室"？因无最直接的证据，自贾公彦以来，历代注疏家、礼学家均只能猜测。贾疏认为王迎牲时，祝延尸，两者同时进行，此说宋陈祥道、② 清任启运等从之，《四库全书总目提要》撰者又大加赞许。

仔细考察贾、陈、任之说，实很难符合礼制。裸礼降神后，尸神合一。与此同时，杀牲后凡告神均在室内主前举行，如"荐毛血"为取毛与血告所用牺牲毛色纯一、血色干净；③ "制祭"为取肝间之脂和以郁鬯，在室内主前燔燎之，告以香气；"升首"为升三牲之首，告以阳气。④ 在这种情况下，若"延尸出室"与"迎牲"同时，则告神时，尸在堂而神主在室，告主而冷落尸，于理难通。要解开此矛盾，只能是尸与主同在室内，接受主人告祭；⑤ 告神结束后，尸才出室接受主人献祭。《礼记·郊特牲》："诏祝于室，坐尸于堂。"郑玄注："谓朝事时也。朝事延尸于户西，南面。布主席，东面。取牲膟膋燎于炉炭，先肝于郁鬯而燔之。入以诏神于室。又出以堕于主。主人亲制其肝，所谓制祭也。时尸荐以笾豆。至荐孰，乃更延主于室之奥。尸来升席自北方，坐于主北焉。"⑥正是祝诏王告神完后，坐尸于堂接受献祭之事。那么，这样一来，"延尸出室"应该在"升首"下，"荐腥"之上。⑦

第三，荐腥。腥指以牲生荐之。《国语·周语中》："郊禘之事，则有全烝。"韦昭注："全烝，全其牲体而升之。凡禘、郊皆血腥。"⑧《礼记·

---

① （清）黄以周：《礼书通故》，王文锦校点，中华书局，2007年，第795页。
② 陈祥道《礼书》："尸入，既裸于室，然后延之于户西，坐于主东，南面，行朝践之礼焉。"则陈祥道不仅认为既裸后立即延尸，而且认为主也要迁到堂上，在尸之西，南面。"主无席堂上之礼"，黄以周已有精彩论述，可参考。（清）黄以周：《礼书通故》，王文锦校点，中华书局，2007年，第797页。
③ 《诗·小雅·信南山》："执其鸾刀，以启其毛，取其血膋。"郑笺："毛以告纯，血以告杀。"
④ 《礼记·郊特牲》："升首，报阳也。"郑注："尊者尚气也。"首属阳，故升于室内主前，告之以阳气。
⑤ 因正祭时，主祭者主要是与尸相酬酢、献祭，所谓告神实既有告神之意，亦有告尸让其知晓之意。只有凡告神之事，尸均亲与，尸、神合一才能达到最佳状态，正祭时尸才更能象征神的存在。
⑥ 《礼记正义》卷二六，第3156页。
⑦ 任启运引薛氏《礼图》把"延尸"放在"荐毛血"下，已意识到问题的存在，可惜忽略了"制祭"与"升牲首"同有告神之意。
⑧ 徐元诰：《国语集解（修订本）》，王树民、沈长云点校，中华书局，2002年，第57页。

郊特牲》："郊血，大飨腥。"郑注："大飨，祫祭先王也。"①凡此所言皆为
荐腥之事。荐腥之法，除可用全烝外，亦可用豚解。《仪礼·既夕》："豕
亦如之，豚解。"郑注："豚解，解之如解豚，亦前肩、后胉、脊、胁而
已。"②宋李如圭云："豚解者，殊左右肩、左右髀、左右胁，并脊为七
体。"③则"豚解"共分牲为七体。"荐腥"时，除荐生肉外，亦荐血。故任
启运、孙诒让等学者，均认为祭祀中有两次荐血。两次荐血之异，即前者
毛血并荐，血为鲜血，属"诏于室"的告杀，告诉神灵牺牲健康、肥硕、
新鲜，目的在诱神；后者腥血并荐，血为凝血，属正祭享祖，目的在食
祖。④ 正因一属告祭、一属正祭，一在室、一在堂，故"荐腥"在"延尸出
室"下为顺理成章之事。

第四，献醴。贾疏所谓"王以玉爵酌醴齐以献尸，后亦以玉爵酌醴齐
献尸也"，即为献醴。《说文》："醴，酒一宿熟也。"《周礼·酒正》郑注：
"醴，犹体也，成而汁滓相将，如今恬酒矣。"⑤《吕氏春秋》高诱注："醴
者，以蘖与黍相体，不以曲也，浊而甜耳。"⑥即醴就是用麦芽酿成的甜
酒，酒精成分不高。学者认为"醴常用在仪式上，只给嘴里啐一下，不是
给喝的"⑦，甚是。

大概言之，"献"属"朝践"之事，于堂中举行，所事的对象是尸。
"献"作为一个礼仪组合，迎牲、纳牲、射牲、荐豆笾为其准备阶段，荐
毛血于室、制祭、升牲首、延尸出室为过渡阶段，荐腥与献醴齐才是礼仪
主体。与裸礼有主人、主妇二裸一样，献同样有两次。

3. 肆

肆指荐熟牲，包括在"朝践"之内。《周礼·春官·大宗伯》郑注："肆
者，进所解牲体，谓荐熟时。"贾疏："荐熟当朝践后熮祭时。"⑧《礼记·
礼运》："腥其俎，孰其肴……然后退而合亨，体其犬、豕、牛、羊，实

---

① 《礼记正义》卷二五，第 3129 页。
② 《仪礼注疏》卷三九，第 2498 页。
③ （宋）李如圭：《仪礼集释》，文渊阁《四库全书》第 103 册，台湾"商务印书馆"，1986
　年，第 406 页。
④ 杨华：《先秦血祭礼仪研究——中国古代用血制度研究之一》，《新出简帛与礼制研究》，
　台湾古籍出版有限公司，2007 年，第 196~197 页。
⑤ 《周礼注疏》卷五，第 1439 页。
⑥ 许维遹：《吕氏春秋集释》，梁运华整理，中华书局，2009 年，第 24 页。
⑦ 杨宽：《"乡饮酒礼"与"飨礼"新探》，《西周史》，上海人民出版社，2003 年，第 757
　页。
⑧ 《周礼注疏》卷一八，第 1636 页。

其籩、篚、笾、豆、铏羹。"郑注："腥其俎,谓豚解而腥之。及血毛皆所以法于大古也。孰其殽,谓体解而爓之。"①肆,经过爓祭这道工序,牲体处于半熟状态。任启运误"肆"为荐血腥,② 故认为《大宗伯》最先言"肆",乃因"以血腥与荐熟对言之,明非臣所有也"。既误解"肆"的含义,又不知古书文法。③《周礼·春官·典瑞》:"祼圭有瓒,以肆先王。"郑注:"肆,解牲体以祭,因以为名。"孙诒让认为,此处郑注"不专属荐熟"。④实质上,"肆"于礼典文献中有两层含义:作为祭名时,专指用体解方式向祖先荐熟;作为解牲方式时,为解牲之通名,包括房烝、豚解、体解与节解。具体而言,"房烝"相对于"全烝"而言,指分解牲体成左右两胖。《国语·周语中》:"王公立饫,则有房烝。"韦昭注:"房,大俎也,《诗云》'笾豆大房',未半解牲体,升之房也。"⑤"豚解"前已论述,指分牲为七体,用于荐腥。"体解"则在"豚解"的基础上,每一体再分为三,共二十一体,用于荐熟。"节解"在"体解"二十一体的基础上,折断其骨而升之于俎,故又名"折俎""肴烝"。《国语·周语中》"体解节折而共饮食之",所言即此。⑥自"全烝"开始,到"节解",牲体越解越精致细密。

"肆"在献之后,馈食之前。其具体仪节是把体解后的牲肉沉入汤中,煮成半熟,即"爓之";然后升之于俎,进于尸前。《礼记·祭义》:"爓祭、祭腥而退,敬之至也。"祭腥在祭爓之前,《祭义》颠倒言之,同属古文"倒序"现象。因"肆"时之肉为半熟状态,尸同样不食,仅为表主人诚敬之意而已。《礼记·郊特牲》"主人自尽其敬而已矣",所言即是。清孙希旦云:"朝践之时,先祭腥,次祭爓。而退者,朝践之礼毕而退也。"⑦朝践之"献"与"肆"毕后,"肆献祼"均告成,接下来就会进入馈食黍稷阶段。"馈食"详见《仪礼》之《特牲馈食礼》《少牢馈食礼》,此不赘述。

---

① 《礼记正义》卷,第 3068 页。

② 以"肆"为荐血腥,误实自王肃。王肃云:"宗庙祭祼而献而肆。肆为荐血腥也。既肆乃荐熟。"

③ 任启运因把"肆"误解为"荐血腥",故在"荐爓"之上另列出一个"荐肆"。这样一来,在任氏恢复的祭礼中,光荐血、腥就出现三次,且"肆"又被"献醴"隔断为前之"荐爓"、后之"合烹",完全不见"肆"之全貌,明显与礼制不符。参见(清)任启运:《天子肆献祼馈食礼》卷上,文渊阁《四库全书》第 109 册,台湾"商务印书馆",1986 年,第 842 页。第 846~847 页。

④ (清)孙诒让:《周礼正义》,王文锦、陈玉霞校点,中华书局,1987 年,第 1334 页。

⑤ 徐元诰:《国语集解(修订本)》,王树民、沈长云校点,2002 年,第 58 页。

⑥ 魏了翁认为,大夫士有体解而无豚解,因其无朝践荐腥之故。所言合符礼义。参见(宋)魏了翁:《古今考》卷三五,文渊阁《四库全书》第 853 册,台湾"商务印书馆",1986 年,第 578 页。

⑦ (清)孙希旦:《礼记集解》,沈啸寰、王星贤点校,中华书局,1989 年,第 1216 页。

总之，所谓"祭飨"即是以帝天、万物之神及祖先神之尸为宾，与之献祭、酬酢，属于飨礼之一种。尸作为神灵的象征，主祭者与之为礼，一定程度上体现出古人具有"以神为宾"的观念。具体而言，通过上文的讨论，共得出如下结论：

第一，祭飨的对象涵盖天神、地祇与人鬼。但古人祭飨之时，并非直接与神灵交际，而是立一尸以象征之。尸不仅在衣着、外貌上尽量与神灵相像，而且在神性上，通过降神之裸礼与神合一，致使尸内外交融，皆具神性，故而在礼仪上能够实现尸饱即神饱、尸醉即神醉的祭祀目的。正是尸作为"礼仪代理人"的出现，使中国古人的神灵信仰能够在仪式过程中具象地展现。人神交际的"虚无"，转换成人人酬酢的"实在"，犹如一场正在演绎的戏剧。[1] 另外，"事尸"在一定程度上与"事宾"类似，这也是"祭飨"与下文即将讨论的"宾飨"仪式具有很大相似性的缘由。

第二，祭飨仪式中的卜日、卜牲、立尸等礼仪，具见于殷周礼制。这在一定程度上表明"周承殷制"是可能的。

第三，纠正了历代以来流传的裸既有"献尸之裸"、又有"降神之裸"的说法，认为祭中之裸仅为降神。与此同时，进一步揭示裸礼的政治象征功能，认为在祭祀与政治地位密切结合的宗周社会，裸礼与政治权力、社会身份等密切相关。殷商后裔，属败国之臣，参与周王裸礼，表明对新王朝的归附之心，象征殷周鼎革。周天子通过赏赐诸侯或大臣圭瓒、鬯，许以行裸礼，确保臣下之权出于己，保证其"王天下"的宗教、政治地位；臣下通过接受天子圭瓒、鬯之赐，获取一国或一族之内的祭祀权，为其统治增添神性色彩和更多的合法性。

第四，献与肆作为"朝践"之礼，于堂中举行，以事尸为举礼形式，献为献血腥，肆为荐熟牲。与此同时，"献"中又有荐毛血、制祭、升首等告神礼，均在室内进行，为正献的准备阶段，目的在于告诉神灵所用牺牲完好、干净、肥硕。

第三节　以神为宾

商周神灵信仰中的人神关系，曾是学术界讨论的热点之一。检阅已有

---

[1] 日本学者田仲一成将中国戏剧的源头追溯到祭祀，可谓卓识。参见［日］田仲一成：《中国祭祀戏剧研究》，布和译，北京大学出版社，2008 年。

的成果，发现讨论的着力点主要集中在"帝"、"天"、祖先神、自然神的
祭祀及神权与王权等问题上。① 概括而言，主要形成了三种类型的观点。
一是强调对神与神权的崇拜，"帝"作为至上神对人世处于主宰与统治地
位，其他神则相对次要；② 二是强调上帝、祖先神各自独立，且在历史变
迁中，伴随着神权的逐渐衰落与王权的逐渐兴起；③ 三是强调上帝既是至
上神，又是祖先宗神，帝与祖先神具有血缘关系。④ 可以说，这三类观点
在丰富对商周时期的宗教信仰、政治文化认识方面，起了重要作用。但
"惟殷先人，有册有典"⑤，通过复原丧典、祭典，观照礼仪中人神之间的
动态交流，以揭示两者间关系的成果，较为少见。

　　本节结合礼典文献与出土资料，讨论的神灵以祖先神为主，稍涉及帝
和自然神。具体讨论中遵循两条内在线索：一是从时间概念上，讨论不同

---

① 王国维：《释天》，《观堂集林》（上），中华书局，1959 年，第 282 页。刘复：《"帝"与
"天"》，《北京大学研究所国学门月刊》第一卷第 3 号，1926 年。顾立雅：《释天》，《燕
京学报》1935 年第 18 期。陈梦家：《古文字中之商周祭祀》，《国学学报》1936 年第 19
期。胡厚宣：《殷代的天神崇拜》，《甲骨学商史论丛初集》（上），河北教育出版社，
2002 年，第 206~241 页。严一萍：《释天》，《中国文字》第 5 册，1961 年。夏渌：《卜
辞中的天、神、命》，《武汉大学学报》（哲学社会科学版）1980 年第 2 期。陈复澄：《文
字的发生与分化释例之一——释大、天、夫、太》，《古文字研究论文集》，《四川大学
学报丛刊》第 10 辑，四川人民出版社，1982 年，第 183~193 页。高明：《从甲骨文中所
见王与帝的实质看商代社会》，《古文字研究》第 16 辑，中华书局，1989 年，第 21~28
页。朱凤瀚：《商代诸神之权能与其类型》，《尽心集——张政烺先生八十庆寿论文集》，
中国社会科学出版社，1996 年，第 57~79 页。张荣明：《商周时期的祖、帝、天观念》，
《南开大学历史研究所纪念文集》，1999 年。熊申英、罗南石：《商周祭祀诗乐中的
"帝"观念》，《江西社会科学》2011 年第 1 期。曹胜高：《先秦诸子天论的形成及演变》，
《古代文明》2007 年第 1 期。
② 胡厚宣：《殷卜辞中的上帝和王帝》上，《历史研究》1959 年第 9 期。张桂光：《商周
"帝""天"观念考索》，《华南师范大学学报》（社科版）1984 年第 2 期。冯时：《中国古代
的天文与人文》，中国社会科学出版社，2006 年，第 68~73 页。常玉芝：《商代宗教祭
祀》，中国社会科学出版社，2011 年，第 37 页。高建芳、沈华：《试论商周时期人神关
系之演变》，《常州理工学院学报》2006 年第 3 期。徐义华：《商代的帝与一神教的起
源》，《南方文物》2012 年第 2 期；又人大复印资料《先秦·秦汉史》2012 年第 5 期全文
转载。
③ 晁福林：《试论殷代的王权与神权》，《社会科学战线》1984 年第 4 期。晁福林：《论殷代
神权》，《中国社会科学》1990 年第 1 期。朱凤瀚：《商周时期的天神崇拜》，《中国社会
科学》1993 年第 4 期。李小光：《商代人神关系论略》，《宗教学研究》2005 年第 4 期。
④ 郭沫若：《先秦天道观的进展》，《青铜时代》，中国人民大学出版社，2005 年，第 7 页。
侯外庐：《我对中国社会史的研究》，《历史研究》1984 年第 1 期。裘锡圭：《关于商代的
宗族组织与贵族和平民两个阶级的初步研究》，《古代文史研究新探》，江苏古籍出版
社，1992 年，第 298~300 页。王晖：《论商代上帝的主神地位及其它相关问题》，《商丘
师专学报》1990 年第 1 期。王晖：《商周文化比较研究》，人民出版社，2000 年，第 20
页。
⑤ 《尚书正义》卷一六《多士》，第 220 页。

礼典表现生死之际，亡者的身份由主变为宾的过程；二是从空间角度上，讨论在礼典举行过程中行礼人所处空间、站立面向等，揭示行礼双方的身份及与神交际时的态度。

一、殡礼

五礼中吉凶二礼紧密相连。祭属吉礼，丧属凶礼，且丧礼自"卒哭"后逐渐转吉，即孝子对待亡亲，始丧以凶礼待之，除服后祭之以吉礼，两者之间有个漫长的过渡阶段。在此过程中，父祖由生者变为死者，由死者变为神灵，子孙应对之礼明显不同。而殡礼是其中的关键点。

《仪礼·士丧礼》："主人奉尸敛于棺。"郑注："棺在肂中敛尸焉，所谓殡也。"[1]殡礼乃大殓之后，纳尸在棺，并置棺于西阶所掘坎中之礼。下棺的深浅以能见到封住棺、盖间的衽为度，且停殡之位为西阶。

古人行礼，宾升降自西阶，主人升降自阼阶，故西阶又称作宾阶，阼阶又称作主阶。[2]《礼记·檀弓上》载孔子将死时与子贡说："夏后氏殡于东阶之上，则犹在阼也；殷人殡于两楹之间，则与宾主夹之也；周人殡于西阶之上，则犹宾之也。"[3]所言夏商制度是否符合事实，因史料缺乏，难以断定。至于周代殡于西阶，则属礼仪常制。《礼记·杂记上》："至于庙门，不毁墙，遂入，适所殡。"郑注：

> 凡柩自外来者，正棺于两楹之间，尸亦俟之于此，皆因殡焉。异者柩入自阙，升自西阶，尸入自门，升自阼阶。其殡必于两楹之间者，以其死不于室，而自外来，留之于中，不忍远也。[4]

据郑玄之说，若未死于室，而是死于外，运柩归与运尸归升阶明显不同。前者升自西阶，后者升自阼阶。之所以如此，因运柩归必已行殡敛礼，运尸归则否。于此可见殡礼对死者身份认定的关键作用。至于殡在两楹之间，乃"留之于中，不忍远也"，即孝子不忍遽然置棺于西阶，以远

---

① 《仪礼注疏》卷三七，第 1140 页。
② 从殷墟考古中，已能见到成熟的东西阶形制。石璋如：《殷虚地上建筑复原第四例——甲六基址与三报二示》，《"中央研究院"第二届汉学会议论文集——历史与考古组》（上），台湾"中央研究院"，1989 年。
③ 《礼记正义》卷七，第 1283 页。
④ 《礼记正义》卷四〇，第 1549 页。

至亲。殡的位置体现了生者对于死者的情感与态度。①《公羊传·定公元年》载，鲁昭公棺枢自外运回："癸亥，公之丧至自乾侯……正棺于两楹之间，然后即位。"②昭公死于乾侯，其棺停在两楹之间，与郑注相合。《淮南子·要略》："殡文王于两楹之间。"③此时商未灭，周初又多承商制，④殡文王于两楹之间，或为殷商殡礼遗制。《礼记·檀弓》载，孔子梦见自己坐于两楹之间接受馈食，知道自己不久于人世。两楹之间乃殷人停殡之所。关于停殡之东阶、西阶与两楹间，孙希旦的解释甚为精确。孙氏言："愚谓东阶，主人之阶也。夏人以新死未异于生，故殡于东阶之上，则犹在主人之位也。西阶，宾客之阶也。周人以死者与生不同，而鬼神之位在西，故殡于西阶之上，则犹在宾客之处也。两楹之间，谓户牖之间，南面之位，其东西直两楹之中间也。堂上之位，以此为最尊。殷人以鬼神应居尊位，故殡于两楹之间，而宾主之位夹其两旁也。"⑤

就周人殡于西阶来说，这是"远之"的结果。《礼记·坊记》："丧礼每加以远，浴于中霤，饭于牖下，小敛于户内，大敛于阼，殡于客位，祖于庭，葬于墓，所以示远也。"⑥从浴到葬，从中霤到墓，举行的地点，由内到外，越来越远。大敛于阼阶，属主位，殡已到西阶，属客位。⑦《仪礼·既夕礼》："小敛辟奠不出室……大敛于阼。"郑注于"小敛"注曰"未

---

①　礼制的"加以远"，与人的应对情感完全相符。《礼记·檀弓上》提到孝子对于双亲"始死"时，情感乃"充充而有穷"，"既殡"则"有求而弗得"，"既葬，皇皇如有望而弗至"，"既练而慨然而廓然"。礼仪程序越推越"远"后，孝子的心情也从沉痛渐变为廓然开朗。所谓礼制不是扼杀人的情感，而是为之提供"节文"。

②　《春秋公羊传注疏》卷二五，第2335页。

③　刘文典：《淮南鸿烈集解》，中华书局，1989年，第709页。

④　自王国维《殷周制度论》以来，学者多认为商周之际是一大变局，郭沫若、邹衡、许倬云等学者从之。就整个商周文化来说，"大变革"说不可易。但就商末、周初几十年的时间内，则需要更详尽的研究考证。随着更多考古资料的发现、研究，商周文化相因说渐浮出水面，徐中舒、严一萍、张光直等学者主之。愚以为，前说从长时段来说不误；但后说从商周之际短时段看，更符合实情。两说不可偏废。

⑤　(清)孙希旦：《礼记集解》，沈啸寰、王星贤点校，中华书局，1989年，第196~197页。

⑥　《礼记正义》卷五一，第1621页。

⑦　古代丧葬祭祀礼仪制度中，生者到死者，死者变为神灵，从而或升入天堂，或下入黄泉，往往设置了明确的出行路线，至亲之人死后，以出行远离的方式，逐渐与在世亲人离别。参见来国龙：《战国秦汉"冥界之旅"新探：以墓葬文书、随葬行器及出行礼仪为中心》，冯天瑜主编：《人文论丛》(2009年卷)，中国社会科学出版社，2010年。巫鸿：《从哪里来，到哪里去？——汉代丧葬艺术中的"枢车"与"魂车"》，《礼仪中的美术——巫鸿中国古代美术史文编》，生活·读书·新知三联书店，2005年，第260~273页。巫鸿：《旅行》，《黄泉下的美术：宏观中国古代墓葬》，生活·读书·新知三联书店，2010年，第199~224页。

忍神远之也"，于"大敛"曰"未忍便离主人之位也。主人奉尸敛于棺，则西阶上宾之"①。小敛、大敛亲逝世未久，既未能成为神，也尚未卸下生前的主人之位。人下葬时当北首。《礼记·檀弓下》："藏于北方，北首，三代之达礼也，之幽之故也。"北属阴，南属阳。北首是死者之事，南首是生人之礼。殡时，尸体却南首。"孝子犹若其生，不忍以神待之。"下葬的时候，则北首而葬，象征死者"往诣幽冥"。殡礼前后，尸体的南北首，具有明显的象征含义。②

周人殡棺于西阶，逝者身份已有实质性的变化，已亡父祖被以"宾客"相待。《礼记·坊记》："升自客阶，受吊于宾位，教民追孝也。"③《礼记·檀弓上》："周人殡于西阶之上，犹宾之也。"④《礼记·杂记下》："父母而宾客之，所以为哀也。"⑤《礼记·礼运》："是故礼者，君之；大柄也，所以别嫌明微，傧鬼神，考制度，别仁义，所以治政安君也。"孔颖达疏："接宾以礼曰傧。"《说文·歺部》："死在棺，将迁葬柩，宾遇之。"⑥《释名·释丧制》："于西壁下涂之曰殡。殡，宾也。宾客遇之言稍远也。"⑦类似史料常见。可以清楚看出殡死者于西阶，有待死者为宾客之意。

殡礼的地点，已表现出孝子以亡亲为宾的意思。实质上，殡礼举行前后及伴随殡礼举行的各项礼仪，同样能体现死者由主变为宾，死者之子由宾变为主。

第一，父死，孝子刚生或生才三日，行礼时升自西阶。据《仪礼》记载，周代士级贵族死去当日有沐浴、饭含、复、袭尸之礼；次日小敛，第三日大敛，然后才进入漫长的停殡之期。⑧ 更高级别的贵族殡前之日只会更长。所以孝子刚生三日就去见死者，必为未殡之时。《礼记·曾子问》："曾子问：'君薨而世子生，如之何？'孔子曰：'卿大夫士从摄主，北面于西阶南。大祝裨冕，执束帛，升自西阶，尽等不升堂。'"⑨子生三日，

---

① 《仪礼注疏》卷四一，第 1161 页。
② 杨华：《中国古代礼仪制度的几个特征》，《武汉大学学报》2015 年第 1 期；收入《古礼再研》，商务印书馆，2021 年，第 27 页。
③ 《礼记正义》卷五一，第 1621 页。
④ 《礼记正义》卷七，第 1283 页。
⑤ 《礼记正义》卷四二，第 1562 页。
⑥ （清）段玉裁：《说文解字注》，上海古籍出版社，1988 年，第 163 页。
⑦ （清）王先谦：《释名疏证补》，中华书局，2008 年，第 290 页。
⑧ 胡新生：《周代殡礼考》，《中国史研究》1992 年第 3 期。
⑨ 《礼记正义》卷一八，第 1388 页。

《曾子问》亦云"子升自西阶"。世子升自西阶，则其父虽已死，但因处未殡之时，在礼仪上亡父仍然为主。世代交替尚未最终完成。

第二，始死之日，孝子所处之位均在西阶下。《仪礼·士丧礼》载，士级贵族始死之日，孝子虽被称为"主人"，但派人向主君讣告时，位于西阶东，南面之位；君派使者来襚及拜宾送宾之时，君"即位于西阶下"，郑注云"未忍在主人之位也"①。故亲始死之日，孝子虽有主人之名，却无主人之实。礼仪上，亡亲仍是家族之主。孝子虽称作"主人"，而实际上还未获得完全名分。

第三，为殡之时，若有人来吊，孝子降自西阶。《礼记·丧大记》："凡主人之出也，徒跣，扱衽，拊心，降自西阶。"孔颖达疏："不忍当主位，降自西阶。"②可见孝子虽已接受吊问之礼，但仍不能径直以主人自居。

第四，奔亲丧，孝子升自西阶，行礼后即主人位。《礼记·奔丧》载奔亲丧"至于家，入门左，升自西阶"③。《仪礼·聘礼》载外出使者家有丧，"归，执圭复命于殡，升自西阶，不升堂"④。此等均是殡礼后之事，但因属奔丧，孝子没有亲自参与殡礼，故仍以亡亲为主，自己升自西阶为宾。《仪礼·奔丧》又云："殡东，西面坐，哭尽哀。括发、袒，降，堂东即位，西乡哭，成踊。袭绖于序东，绞带，反位，拜宾成踊。送宾，反位。"⑤奔丧孝子，通过哭、括发、袒等礼仪动作，可"堂东即位，西乡哭"。堂东之位即主人之位；西乡哭，即主人哭位面向。通过成套的礼仪，子从宾到主的变化过程清晰可见。反之，亡亲由主到宾的过程亦可得而知。

第五，殡后，嗣子为丧主，即位为君。《白虎通·爵》："王者既殡而即继体之位何？缘臣民之心不可一日无君也。故先君不可得见，则后君继体矣。"⑥殡礼使先君彻底"不可得见"，所谓"求而弗得也"，新君于是才能即位。⑦典籍中详细的记载是成王殡后，康王即位之事。《尚书·顾命》载：

---

① 《仪礼注疏》卷三五，第1130页。
② 《礼记正义》卷四四，第1573页。
③ 《礼记正义》卷五六，第1653页。
④ 《仪礼注疏》卷二三，第1069页。
⑤ 《礼记正义》卷五六，第1653页。
⑥ (清)陈立：《白虎通疏证》，吴则虞校点，中华书局，1994年，第35页。
⑦ 据《白虎通·爵》载，天子虽然在大敛后称王，理由同样是民臣不可一日无君，但"事毕反凶服"。可见大敛称王只是便宜行事而已，候任天子的身份仍然是守丧太子。(清)陈立：《白虎通疏证》，吴则虞校点，中华书局，1994年，第33页。

越七日癸酉，伯相命士须材。狄设黼扆、缀衣……王麻冕黼裳，
由宾阶隮。卿士、邦君麻冕蚁裳，入即位。太保、太史、太宗皆麻冕
彤裳。太保承介圭，上宗奉同、瑁，由阼阶隮。太史秉书，由宾阶隮，
御王册命……①

成王乙丑崩，癸酉为死之九日。郑玄以为大夫以上，殡、敛皆以来日
数（死亡的第二日开始计算），天子七日殡加上死日为八日，殡之明日顾
命，故为九日。顾命之时，康王由宾阶升。伪孔传："用西阶升，不敢当
主。"②太保、上宗由阼阶升。伪孔传："用阼阶升，由便不嫌。"③此处升
阶之法，伪孔传区分甚为明白：康王为不敢，太保为方便。顾命之时，康
王立在西阶少东之处，太史东面于殡，西南而读策书，以命康王即位。通
过此项仪节，表明太史实是承成王之遗意，命康王即位。继承王位者，于
丧事为丧主。康王由宾阶升，立在殡稍东处，这与《曾子问》"升，奠币于
殡东几上，哭降"，以及郑注"几筵于殡东，明继体也"具有相同含义。④
殡后即位，是主宾地位递变的转折点。子升自西阶为宾，受命后为丧主。
亡亲由殡礼及授命之仪，卸下主人之位、祖宗之重，安处于西阶宾位。自
此以后，亡亲为神为宾，已成不可改变之势。著名礼学专家沈文倬说：
"嗣子继为主人，亡亲处于宾位，与又祭的宾尸正相连贯，都是'父母而
宾客之'的意思。"⑤所言至确。

第六，停殡期间，朝夕哭之位，丧主及众兄弟均在东方。《仪礼·士
丧礼》："丈夫即位于门外，西面北上。外兄弟在其南，南上。宾继之，
北上。"⑥西面北上，表明位在东方。外兄弟继之，亦在东方。处在东方之
位，哭西方殡棺，人神之际，主宾之分，已经非常明白。

通过对殡礼地点、礼仪的讨论，可以得出殡礼是亲子之间，生死之
际，主宾地位变换的关键礼仪。行殡礼之后，子变为丧主，主持亡亲丧
事，继承亡亲之位，传亡亲之重，而亡亲则被丧主以宾礼相待于宾阶之
上。在丧期的迁移过程中，行礼空间的变化表现出亡者由主到宾的礼仪

① 《尚书正义》卷一八，第238~240页。
② 《尚书正义》卷一八，第240页。
③ 《尚书正义》卷一八，第240页。
④ 《礼记正义》卷一八，第1388页。
⑤ 沈文倬：《又祭的宾尸与不宾尸》，《菿闇文存》，商务印书馆，2006年，第371页。
⑥ 《礼记正义》卷三七，第1141页。

过程。

二、宾祭

丧礼中以殡礼为分界点，殡礼前亡亲仍为礼仪上的家族之主，殡礼后被孝子以宾客之礼相待，安置在殡宫的宾阶之上。而孝子升任为丧主，承家族之重。那么，葬后祭礼中是否同样存在着这样的"以神为宾"呢？检阅文献，发现甲骨文中"宾某"或"宾于某"类卜辞，正是此观念的真实体现，例如：

> 癸丑卜，争贞：我宅兹邑，大宾帝。若。三月。《合集》14206 正
> 癸未卜，㲋贞：翌甲申王宾上甲日。王占曰：吉，宾。允宾。
> 贞：翌日甲申，王勿宾上甲日。《合集》1248 正

对于"宾"字，学者有不同的理解。胡厚宣认为"宾之义为配"；郭沫若认为"宾"乃"傧"的本字；李孝定认为"宾"有"傧敬"义；日本学者岛邦男提出，宾是王至祭场之意，赵诚、刘源从之。① 显然若要辨析诸说正误，找到最能符合字义、仪典的说法，梳理甲骨文中的"宾祭"材料是必要的。② 现根据"宾祭"主体与对象不同，把卜辞中的宾祭分为先王宾于帝、先王宾于更早的先王、王宾帝、时王宾先王、王宾先妣、王宾兄、王宾自然神、王宾尸八类。

1. 先王宾于帝

> 贞：咸宾于帝？
> 贞：咸不宾于帝？
> 贞：大甲宾于咸？
> 贞：大甲不宾于[咸]？
> 甲辰卜，㲋贞：下乙宾[咸]？

---

① 胡厚宣：《殷卜辞中的上帝和王帝》(下)，《历史研究》1959 年第 10 期。郭沫若：《卜辞通纂》，科学出版社，1983 年，第 15～16 页。李孝定：《甲骨文字集释》，台湾"中央研究院"历史语言研究所，1982 年，第 2143～2153 页。[日]岛邦男：《殷墟卜辞研究》，濮茅左等译，上海古籍出版社，2006 年，第 590 页。赵诚：《甲骨文简明词典》，中华书局，1988 年，第 232 页。刘源：《商周祭祖礼研究》，商务印书馆，2007 年，第 40 页。
② 于省吾主编：《甲骨文字诂林》第 3 册，中华书局，1996 年，第 2017～2027 页。

　　贞：下乙不宾于咸？

　　贞：大［甲］宾于帝？

　　贞：大甲不宾于帝？

　　贞：下乙宾于帝？

　　贞：下乙不宾于帝？《合集》1402 正

　　咸为成汤，下乙为祖乙。① 卜辞贞问先王成汤、大甲、下乙能否"宾于帝"，帝为主体，汤等为宾的对象，即先王被帝所宾。《穆天子传》说："天子宾于西王母。"②所言均为人间君主被神灵待之以宾，或互为宾主。马王堆汉墓帛书《二三子问》述孔子论龙之德时谈道："龙大已，龙形迁，假宾于帝。"③龙宾于帝与先王宾于帝，性质类似。《尚书·尧典》："宾于四门，四门穆穆。"孔颖达疏："以诸侯为宾，舜主其礼迎而待之，非谓身为摈也。"④司马迁《史记·五帝本纪》作"宾于四门，四门穆穆，诸侯远方宾客皆敬"⑤。来朝之诸侯为之宾，舜为之主。《山海经·大荒东经》："王亥托于有易、河伯仆牛。"托，寄也，寄居在别的部落。或类似于《仪礼·丧服》所言"寄公"。寄公为客不为臣。郭璞注引《竹书纪年》说"殷王子亥宾于有易而淫焉"⑥，也是说王亥到有易部落为客，而不是臣服于有易。

　　2. 先王宾于更早的先王

　　上引《合集》1402 正卜辞，已涉及先王宾于更早先王类。成汤是商开国之君，在贞问能否宾于帝的同时，也贞问先王能否宾于咸。张秉权说："下乙宾于咸的意思，就是'祖乙为大乙之宾'而享受祭祀。"⑦殷商之时，时代早、地位尊的先王，较早进入天庭，与帝的关系更为密切，故具有与帝类似的权力，能够成为后入天庭先王之主。同类的卜辞，还见：

①　胡厚宣：《殷卜辞中的上帝和王帝》(下)，《历史研究》1959 年第 10 期。胡厚宣：《卜辞下乙说》，《甲骨学商史论丛初集》(上)，河北教育出版社，2002 年，第 282～301 页。陈复澄：《咸为成汤说》，《辽宁文物》1983 年第 5 期。蔡哲茂：《说殷卜辞的丁字》，《第九届中国文字学全国学术研讨会论文集》，1998 年，第 63～75 页。

②　王贻梁、陈建敏：《穆天子传汇校集释》，华东师范大学出版社，1994 年，第 161 页。

③　陈松长、廖名春：《帛书〈二三子问〉〈易之义〉〈要〉释文》，陈鼓应主编：《道家文化研究》第 3 辑，上海古籍出版社，1993 年，第 424 页。

④　《尚书正义》卷三，第 265 页。

⑤　(汉)司马迁：《史记》卷一《五帝本纪》，中华书局，1982 年，第 22 页。后文引《史记》，不再标注版本信息。

⑥　袁珂：《山海经校注》，上海古籍出版社，1980 年，第 352 页。

⑦　张秉权：《殷代的祭祀与巫术》，《"中央研究院"历史语言研究所集刊》第 49 本第 3 分，1978 年，第 448 页。

丙寅卜……贞：父［乙宾］于祖乙？

［父乙］不［宾于祖］乙？

贞：父乙［宾］于祖乙？

父乙不宾于祖乙？

［贞父乙宾于祖乙］？

父乙不宾于祖乙？

［父乙］宾于祖乙？

父乙不宾于祖乙？

父乙宾于祖乙？

父乙不宾于祖乙？《合集》1657 正

王固［曰］：宾惟易日。

王固曰：父乙宾于［祖乙］《合集》1657 反

　　父乙能否宾于祖乙，竟被反复贞问五次之多，最后商王根据占卜结果，判断改日父乙才能宾于祖乙。这类先王均已成为神灵，"宾"的动作必然发生在天庭。

　　《礼记·郊特牲》载："大报天而主日也。兆于南郊，就阳位也。"孔疏："天之诸神，唯日为尊，故此祭者，日为主神之主，故云'主日'也。不用所出之席为主而主日者，所出尊，不与主神为宾主也。犹如君燕群臣，使膳宰为主人，不以君为主也。"[1]日神为主，诸神为宾。诸神宾于日。《逸周书·度邑解》中也见到类似的观念："予有不显，朕卑皇祖不得高位于上帝……德不可追于上，民亦不可答于朕。下不宾在高祖。"[2]周武王谦逊，以为自己未能光大基业，致使皇祖不能在上帝之处，此类似于"先王宾于帝"。而后面"下不宾在高祖"，讲武王自己死后不能宾于高祖，则似"先王宾于更早的先王"。这里的"宾"都是作客为宾之意。

　　3. 王宾帝

　　此类卜辞较少见，目前见三例：

---

① 《礼记正义》卷二六，第 3146 页。
② 有学者把"下"字上读，细绎文意，下读更为顺畅。参见黄怀信、张懋镕、田旭东：《逸周书汇校集注》，上海古籍出版社，1995 年，第 509 页。

癸丑卜，争贞：我宅兹邑，大宾帝。若。三月。《合集》14206 正
癸巳卜，宾帝……其既入邑飲二告。《合集》9733 正
□□卜，殼贞，我其巳宾乍，帝降若？
□□[卜]，殼贞，我勿巳宾乍，帝降不若？《合集》6498

　　"我"为第一人称代词，此处指商王。① "兹邑"，胡厚宣认为"凡是只称兹邑，而没有举出地名的，皆疑指殷的首都即商邑而言"②。《尚书·盘庚中》："我乃劓殄灭之，无遗育，无俾易种于兹新邑。"③ "新邑"，孔颖达解释为新都。《左传·哀公十一年》引《盘庚之诰》"兹新邑"作"兹邑"。④ 祭祀地点与宾祭同时出现，可证明"宾"意为进入祭祀场地参与祭祀不确。至于"我其巳宾乍，帝降若"，据学者研究"巳宾乍"为三个连续的祭祀名称，"巳"即"祀"，"乍"即"酢"。⑤ 祭祀的对象均应该是帝，故能询问帝能否降福。

　　4. 时王宾先王

　　此类卜辞在甲骨文中所见最多。如：

癸未卜，殼贞：翌甲申王宾上甲日。王占曰：吉，宾。允宾。
贞翌日甲申，王勿宾上甲日。《合集》1248 正
……翌乙丑屮于祖乙。
……宾贞：王勿宾夕，不左。《合集》1540
弗宾于父乙，二告。《合集》2203
辛亥卜，涿贞：王宾翌协自上甲衣至于毓亡尤。《合集》22621
癸卯卜……贞：王宾协自上甲至于多毓衣亡尤。《合集》22622
甲午卜，尹贞：王宾上甲亡囚。
贞亡尤。

① 张秉权认为甲骨文中的"我"有两种意义：其一为方国之名或人名；其二为第一人称代词，用于王及诸贞人所贞之辞。详见于省吾编：《甲骨文字诂林》第3册，中华书局，1996年，第2429页。
② 胡厚宣：《殷卜辞中的上帝和王帝(下)》，《历史研究》1959年第10期。
③ 《尚书正义》卷九，第171页。
④ 杨伯峻：《春秋左传注》，中华书局，1993年，第1664页。
⑤ 唐钰明：《卜辞"我其巳宾乍帝降若"解》，《中山大学学报》(哲学社会科学版)1986年第1期；收入《著名中年语言学家自选集·唐钰明卷》，安徽教育出版社，2002年，第77~81页。

甲戌卜，尹贞：王宾夕福亡囚，在六月。

贞亡尤。

乙亥卜，尹贞：王宾大乙，祭。亡囚。《合集》22630

癸亥卜，大贞：王宾示癸日亡尤。《合集》22716

……巳卜，行贞：王宾大丁祸福亡囚。《合集》22761

己巳卜，行贞：王宾雍己亡尤。《合集》22819

丁巳卜，行贞：王宾父丁祟十牛亡尤。《合集》23180

从上揭卜辞来看，宾祭先王的日子，与先王的干支是相配的。如《合集》1248 正"甲申宾上甲"，《合集》1540"乙丑宾祖乙"，《合集》22630"甲午宾上甲""乙亥宾大乙"，《合集》22716"癸亥宾示癸"，《合集》22819"己巳宾雍己"，《合集》23180"丁巳宾父丁"。如果同时宾多位先王、先妣，因干支混杂难以实现完全的匹配，如《合集》22621、22622 等。青铜器"甄方鼎"也有"乙未，王宾文武帝乙乡日"的记载。①

5. 王宾先妣

□寅卜，韦贞：宾妇好。贞，弗其宾妇好。《合集》2638

贞，有来宾妇好，不惟母庚。《合集》2639

戊戌卜，其示于妣己，王宾。

弜宾。《合集》27518

戊戌卜，其延示王宾妣己。

王宾妣己示。《合集》27520

……王宾妣辛日又正。《合集》27561

王宾母戊□又正。吉。《合集》27591

……用危方匄于妣庚，王宾。《合集》28092

显然，在王宾卜辞中，除了"宾"祭外，还见有日、出、告、衣、示、匄等祭名。在连续的祭祀礼典中，宾是前导性的动作，郭沫若释读为"傧导"，屈万里释读为"迎接"②，均有未尽之处。正如礼典所记，无论是被傧导者，还是被迎接者，身份均是主人的宾客。此处神灵被"宾之"，显示神的身份同样应该是主祭者之宾。

---

① 李学勤：《试论新发现的甄方鼎和荣仲方鼎》，《文物》2005 年第 9 期。

② 屈万里：《殷墟文字甲编考释》，台湾"中央研究院"历史语言研究所，1961 年，第 5 页。

6. 王宾兄

　　贞，御子宾于兄丁盍羊卲小宰，今日酚。《合集》3169 正①
　　庚午卜，即贞：王宾兄庚登祖乙暨□□登。《合集》27211

　　王宾兄卜辞，目前较少见。在"兄终弟及"的殷商制度中，兄亦可能属先王。

7. 王宾自然神

　　乙巳卜，王宾日。弗宾日。《合集》32181
　　丁巳卜，贞：王宾日不雨。《合集》11439
　　壬子卜，旅贞：王宾日不雨。《合集》22539
　　贞：岳宾。《英藏》152
　　贞：岳宾我燎。《合集》14421
　　辛巳卜，贞：王宾河，燎。《屯南》1116
　　甲子卜，大贞：王宾月亡祸。《合集》25456

　　"宾日"在传世文献中亦能见到。《尚书·尧典》："分命羲仲，宅嵎夷，曰旸谷。寅宾出日……分命和仲，宅西，曰昧谷。寅饯纳日。"②卜辞中的"宾日"，应是言王宾迎日出之事。日神被迎送以为宾。《古本竹书纪年》："后荒即位，元年，以玄珪宾于河。"雷学淇认为是"以玄珪沉祭"，方诗铭引《左传》昭公二十四年王子朝用成周之宝珪沉祭于河等，以证成雷氏之说。③ 可见"宾河"同样见于传世文献。
　　王宾尸下文将详细论述，此处略。
　　从以上能清楚确定宾祭主体与对象的卜辞中，可以发现商王为宾的主体，其中以宾祖先神最为常见，这与殷人重视祖先崇拜是一致的。其次是宾自然神，宾帝较为少见，似暗示王与帝沟通时多以祖先神为中介，直接交流较少。④ 还存在先王被帝所宾，较晚先王被更早较尊的先王所宾。何

---

① "盍羊"，可以解释为用羊举行血祭。参见裘锡圭：《释殷虚卜辞中的"🐷""🐗"等字》，《裘锡圭学术文集·甲骨文卷》，复旦大学出版社，2012 年，第 399 页。
② 《尚书正义》卷二，第 119 页。
③ 方诗铭、王修龄：《古本竹书纪年辑证》，上海古籍出版社，2005 年，第 11 页。
④ 秦照芬：《从卜辞看商代祖先在商人心目中之形象》，王宇信等主编：《纪念王懿荣发现甲骨文 110 周年国际学术研讨会论文集》，社会科学文献出版社，2009 年，第 380 页。

以解释这种情况？

殷人的观念中，与人间存在王庭相对应，天上亦存在一个以帝或上帝为主要神灵的天庭，且帝有帝使、帝臣。风雨雷电及祖先神均是天庭中的神灵，常作为帝的使者往来于天地之间。① 新近公布清华简《参不韦》，简文为参不韦对夏启的训诫。参不韦的身份是天帝的使者，受天帝委派指导夏启治理国家。参不韦是人间帝王与天帝相沟通的使节。② 卜辞中所见宾日、月、岳、河以及使者，③ 乃言王以宾客之礼迎接天庭之使者与各种神灵。例如，"王宾上甲"，乃言王以上甲为宾，行傧迎之礼，请降临受祭；"王宾帝"，指王以帝为宾，请帝降临受祭、赐福。《合集》9733 正"宾帝"后，接着言"入邑"，正是讲帝接受祭祀降临人间。"大甲宾于帝"，指大甲被帝以宾礼相待，以在帝之左右。《尚书·盘庚中》："我先后绥乃祖乃父，乃祖乃父，乃断弃辱，不救乃死。"④绥，安也。《郑邢叔钟》有"用妥宾"（《集成》21），乃《仪礼》之"绥宾"，即安宾。盘庚说："我的祖先在天庭中安抚你的祖先。若你们不听我的话，你们的祖先抛弃你们，就不会救你们。"在天庭中，神灵之间也有绥与被绥者。陈梦家认为，与人间王庭相应的帝廷"先公可以上宾之，或宾于上帝，或先公先王互宾"，所言极是。⑤ 后死的先公先王晚进入天庭，被先死的先公先王或上帝以宾礼相待。王晖指出，这种"宾"是"下位的或晚辈到上位的或长辈处去作宾配享"⑥，同样具有合理性。当然后来暗指人间君王们崩殂而登天庭在帝左右，成了死亡的隐晦说法。清华简《楚居》讲楚人祖先季连胁生致其母死："丽不从行，溃自胁出，妣宾于天。"⑦丽季即季连。其母妣列"妣宾于天"，难产而死，到天庭作客去了。

在宾祭中，地位最低者为在世殷王，地位最高者为帝，他们一代表人间王朝，一代表天庭。如何沟通王庭与天庭，成为一个重要的问题。祖先神与某些自然神灵，作为往来天地间的使者，正好解决此天人交流问题。

① 陈梦家：《殷虚卜辞综述》，中华书局，1998年，第572页。冯时：《中国古代的天文与人文》，中国社会科学出版社，2009年，第66~86页。常玉芝：《"帝五臣""帝五丰臣""帝五丰"的所指》，王宇信主编：《纪念王懿荣发现甲骨文110周年国际学术研讨会文集》，社会科学文献出版社，2009年，第365~378页。

② 黄德宽主编：《清华大学藏战国竹简（拾贰）》，中西书局，2022年，第110页。

③ 岁星亦是宾的对象。温少锋、袁庭栋：《殷墟卜辞研究——科学技术篇》，四川省社会科学院出版社，1983年，第59~62页。

④ 《尚书正义》卷九，第362页。

⑤ 陈梦家：《殷虚卜辞综述》，中华书局，1998年，第573页。

⑥ 王晖：《商周文化比较研究》，人民出版社，2000年，第37页。

⑦ 李学勤：《清华大学藏战国竹简（壹）》，中西书局，2010年，第181页。

作为使者的祖先神，因有时间的早晚、功绩的大小、血缘的亲疏、地位的尊卑等问题，在帝廷中地位必有差异。地位最尊、时间最早的先王，先进入天庭，地位较尊贵，在帝左右，故能宾迎后到先王，而不是相反。这与卜辞中严格区分"宾某"与"宾于某"是一致的。似乎可以说，天庭与殷商王庭的这种交流，在某种意义上与后世方国与商周中央王朝间行朝聘之礼类似，只是一为人神交流，使者为神，一为人人交流，使者为君、卿大夫。使者均称作宾，是二者的共同点。

卜辞中还有"宾"为名词者，如《合集》15179"贞我勿为宾"、《合集》15180"贞我惟宾为"、《合集》32 正"庚申卜，殷贞作宾"、《合集》15191"贞我勿作宾"，均是贞问能否为宾客。王国维分析"宾"字结构时谈到，"宾上从屋，下从人从止，象人至屋下"①，会人来为宾客之意。罗振玉指出，"宾"字"象足迹在室外，主人踞而迎宾，与客字构造法同"②。西周胡簋金文："用康惠朕皇文剌祖考，其格前文人，其濒在帝庭，陟降。"③"濒"即"频"，通为"宾"，④ 即是言"前文人"被以宾客身份安置在帝庭。《逸周书·太子晋》："吾后三年上宾于帝所。"孔晁注："言死必为宾于天帝之所，鬼神之。""宾"作为宾客之意，与《胡簋》所载语义近同。⑤《礼记·礼运》："是故礼者，君之大柄也，所以别嫌明微，傧鬼神。"孔颖达正义："傧鬼神者，以接宾以礼曰傧。"⑥孔氏所言透露出鬼神可以"接宾以礼"，以神为宾的意思非常明显。因祖先神的神格低于帝，故宾在后世亦有臣服之义。清段玉裁说："君为主，臣为宾。"⑦"为宾"引申为"为臣"，应是后起之义。至于"傧导""傧迎"，应是在"宾客"义的基础上再申而有之。《竹书纪年》所言"殷王子亥宾于有易而淫焉"，王亥宾于有易，记载的是王亥驾着牛车，载上货物，赶着牛羊，到有易去贸易，犹如宾客

① 王国维：《与林浩卿博士论〈洛诰〉书》，《观堂集林》（上），中华书局，1959 年，第 43 页。

② 于省吾主编：《甲骨文字诂林》第 3 册，中华书局，1996 年，第 2017 页。

③ 张政烺：《周厉王胡簋释文》，《甲骨金文与商周史研究》，中华书局，2012 年，第 246 页。

④ "频"与"宾"通假。王引之说："《书》'频物'，频即宾之借字。《汉书·司马相如传》：'仁频并间。'颜注曰：'仁频，宾根也。'频字或作宾。《说文》曰：'频水厓人所宾附。'是频与宾同声而通用也。"参见王引之：《经义述闻》卷八，江苏古籍出版社，2000 年，第 186 页上。

⑤ 陈逢衡以"上宾"连读，意为登遐，今不从。见黄怀信等：《逸周书汇校集注》，上海古籍出版社，2007 年，第 1032 页。

⑥ 《礼记正义》卷二一，第 1418 页。

⑦ （清）段玉裁：《说文解字注》，上海古籍出版社，1988 年，第 281 页。

身份，而非臣服者身份。"宾于帝"与"宾于有易"，都是在某地为宾之意。

"宾"之义为宾客，还有一些例证。《楚辞·天问》："启棘宾商，《九辩》《九歌》。"洪兴祖曰："此言宾商者，疑谓待商以宾客之礼。棘，急也。急于宾商也。《九辩》《九歌》者，享宾之乐也。"①"商"，朱熹以为当作"天"，清朱骏声认为"商为帝字之误"，金开诚从之，并认为"宾帝即宾于天帝"②。闻一多更是简单明了地说"启享天神，本是启请客"③。《山海经·大荒西经》："开上三嫔于天，得《九辩》与《九歌》以下。"此"嫔"即"宾"。④《论衡·祀义》："谓死人有知，鬼神饮食，犹相宾客，宾客悦喜，报主人恩矣。"⑤王充所言，已示汉代时尚有"以神为宾"的观念存焉，也准确揭示了祭飨与宾飨的关联。刘师培《舞法起于祀神考》亦认为古代乐舞合一以降神，"嫔亦当作宾，宾天者即以天神为宾"⑥。

"以神为宾"例证，在《左传》中得到更为明确的证明。桓公六年（前706），楚随之争中，季梁劝说随侯云："夫民，神之主也。……今民各有心，而鬼神乏主。"⑦民人之间的纷争，导致神灵不得祭祀而失去主人。民能够成为神的主人，神理所当然是民的宾客。⑧《墨子·公孟》记载墨子说："执无鬼而学祭礼，是犹无客而学客礼也。"⑨墨子虽非直接把鬼神当作客，但作如此类比，也可想见在墨子心目中以鬼为客，并非不可能。

甲骨文的宾祭，反映了古人以神为宾的观念。在神权与王权均未达于一尊的情况下，人神关系并没有后世想象中的那么森严或疏远。殷人在祭祀时，先以宾客之礼，降神于人间，受人祭祀、祈祷。而作为人间王朝与天庭沟通使者的祖先神，因特殊的身份（曾是人间王朝的统治者），亦能常陪伴在帝之左右，被帝以宾客相待。人神之间以宾客相遇，透露出商代神灵信仰中的新鲜、活泼之态。

---

① （清）洪兴祖：《楚辞补注》，白化文等校点，中华书局，1983 年，第 99 页。
② 金开诚等：《屈原集校注》，中华书局，1996 年，第 340 页。
③ 闻一多：《什么是九歌》，袁謇正整理：《闻一多全集》第五卷《楚辞编·乐府诗编》，湖北人民出版社，1993 年，第 338 页。
④ 袁珂：《山海经校注》，上海古籍出版社，1980 年，第 414 页。
⑤ 黄晖：《论衡校释》，中华书局，1990 年，第 1047 页。
⑥ 刘师培：《舞法起于祀神考》，《清儒得失论》，中国人民大学出版社，2004 年，第 282 页。
⑦ 杨伯峻：《春秋左传注》，中华书局，1990 年，第 111 页。
⑧ 钱穆也说："祭者礼之主，所祭对象则礼之宾。即如上帝天神，可谓所祭对象中之最尊严者，然亦同是宾。"参见钱穆：《晚学盲言》，生活·读书·新知三联书店，2018 年，第 23 页。
⑨ （清）孙诒让：《墨子间诂》，孙启治点校，中华书局，2001 年，第 276 页。

三、宾尸、延尸与祊祭

上文主要论述殷墟卜辞中的宾祭现象，现在再结合传世礼典文献，进一步讨论祭礼中的"以神为宾"。

《礼记·礼器》："周坐尸，诏侑武方，其礼亦然，其道一也。夏立尸而卒祭，殷坐尸，周旅酬六尸。"①此言三代立尸之礼。《礼记·曾子问》亦曰："祭成丧者必有尸。"②《白虎通·宗庙》："祭所以有尸者何？鬼神听之无声，视之无形，降自阼阶，仰视榱桷，俯视几筵，其器存，其人亡，虚无寂寞，思慕哀伤，无可写泄，故座尸而食之，毁损其馔，欣然若亲之饱，尸醉若神之醉矣。"③古代祭祀时，以孙之伦为尸以象祖先。尸即祖先神的凭依与象征。

中国古代的这种立尸礼，于殷墟卜辞中已有发现。首次发现卜辞中立尸受祭现象的为郭沫若，后饶宗颐、连劭名、曹锦炎、方述鑫、葛英会、沈建华等均有讨论。④因尸是祖先神的凭依，故亦是神。⑤"以神为宾"式的人神关系，于尸祭礼仪中表现为"以尸为宾"。

1. 王宾尸

前在讨论宾祭时，曾论到王宾先王之例。卜辞中亦有王宾尸的例证，如：

> 癸巳卜，大贞：王宾尸，岁，亡尤。
> 甲午卜，大贞：王宾阳甲，岁，亡尤。　《合集》25152
> 丁巳卜，即贞：王宾尸，岁，亡尤。　《合集》22583
> 庚寅卜，旅贞：王宾尸，岁，亡尤。　《合集》41131

---

① 《礼记正义》卷二四，第 1439 页。
② 《礼记正义》卷一九，第 1399 页。
③ （清）陈立：《白虎通疏证》，吴则虞校点，中华书局，1994 年，第 580 页。
④ 饶宗颐：《殷代贞卜人物通考》，《饶宗颐二十世纪学术文集》第 2 册第 2 卷《甲骨上》，台北新丰出版股份有限公司，2003 年，第 294 页。连劭名：《殷墟卜辞所见商代祭祀中的"尸"与"祝"》，四川联合大学历史系主编：《徐中舒先生百年诞辰纪念文集》，巴蜀书社，1998 年，第 61~65 页。曹锦炎：《说卜辞中的延尸》，四川联合大学历史系主编：《徐中舒先生百年诞辰纪念文集》，巴蜀书社，1998 年，第 54~55 页。方述鑫：《殷墟卜辞所见的"尸"》，《考古与文物》2000 年第 5 期。葛英会：《说祭祀立尸卜辞》，《殷都学刊》2000 年第 1 期。沈建华：《卜辞所见宾祭中的尸和侑》，《初学集——沈建华甲骨文学论文选》，文物出版社，2008 年，第 27~34 页。
⑤ 《礼记·郊特牲》："古者尸无事则立，有事而后坐也。尸，神象也。"

在《合集》25152 中，第一天贞问王宾尸，① 第二天接着贞问王宾阳甲，且宾后之祭"岁"一样，可以确定前一天所贞之尸，即阳甲之尸。同样例证多见，此不赘举。王宾尸，应理解为商王以尸为宾，迎而祭之。故在"宾"之后，多有祭名出现。

2. 祝延尸

《仪礼·特牲馈食礼》："尸至于阶，祝延尸。尸升，入。"郑注："延，进，在后诏侑曰延。"②《仪礼·少牢馈食礼》："尸升自西阶，入，祝从，主人升自阼阶。"③此为士、大夫祭祖，祝迎尸入门时的礼节。祝在后引导尸登堂入室接受祭祀，为延。除祭祖有尸外，祭祀帝、天等神灵亦有尸。《国语·晋语八》："祀夏郊，董伯为尸。"④夏郊乃祀天之祭，以董伯为尸，实以董伯为尸以象天。《周礼·秋官·士师》："祀五帝，则沃尸及王盥。"孙诒让云："尸，即帝尸也。"⑤许慎引《鲁郊礼》云："祝延帝尸。"⑥可见帝亦有尸，且与甲骨文正相吻合(见下引《合集》26090)。延尸在甲骨文中同样常见，如：

> 戊寅卜，贞：弹延尸，七月。《合集》25
> 戊寅卜，贞：于祊宾延尸。《合集》831
> 贞，于丁亥延尸。《合集》833
> 贞：于大宾延尸。《合集》830
> 唯王帝尸，又不若。《合集》26090、24978

"延尸"类卜辞所展现出的礼仪含义，与"飨父庚、父甲，宾"(《合集》30345)类卜辞，相差应不会太远。后者虽未明示父庚、父甲有尸，但飨与宾同见，则所谓"飨父庚、父甲"，应该是飨他们之尸。《仪礼·少牢馈食礼》已言尸升自西阶，主人升自阼阶。据此言，则卜辞中祝延尸或亦应升自西阶。祝延尸升自西阶，主人升于阼阶，无形之中通过揖让周旋之

---

① "王宾"后"尸"字，从葛英会释，《合集》作"姒"。葛英会：《说祭祀立尸卜辞》，《殷都学刊》1999 年第 1 期。
② 《仪礼注疏》卷四五，第 1184 页。
③ 《仪礼注疏》卷四八，第 1201 页。
④ 徐元诰：《国语集解(修订本)》，王树民、沈长云点校，中华书局，2002 年，第 438 页。
⑤ (清)孙诒让：《周礼正义》，王文锦、陈玉霞校点，中华书局，1987 年，第 2792 页。
⑥ (清)陈寿祺：《五经异义疏证》，曹建墩校点，上海古籍出版社，2012 年，第 14 页。

礼仪表明延尸礼中，尸处于宾客之地位。可见延尸与宾尸一样，均体现出以尸为宾的礼意。①

3. 祊祭

卜辞中的祊祭，学者已多有论列。常玉芝认为祊祭日为所祭先王干支日前一日，② 葛英会认为祊祭是附祭前的荐送之礼，王蕴智认为是祭祖选牲之礼。③ 诸说虽略有不同，但均认为是正祭之前的祭祀。

传世文献中亦有祊祭的记载。《诗·小雅·楚茨》："祝祭于祊，祀事孔明。"毛传："祊，门内也。"郑笺："孝子不知神之所在，故使祝博求之平生门内之旁，待宾客之处，祀礼于是甚明。"④《礼记·郊特牲》："绎之于库门内，祊之于东方，朝市之于西方，失之矣。"郑注："祊之礼，宜于庙门外之西室，绎又于其堂，神位在西也。"⑤郑玄此说与卜辞、礼经相违误。孔颖达为调和郑说，认为祊有两种，"一是正祭之时，二是明日绎祭之时"。此说受到清儒孙希旦及近人沈文倬的批驳。⑥ 沈氏云：

> 祊祭就是索祭……本身不是典礼，不过祝官执些祭品到庙门口去求神，直祭时有之，绎祭时亦有之，有何二祊祭可言！⑦

祊祭是索祭，无疑是正确的。《礼记·郊特牲》："直祭祝于主，索祭祝于祊。不知神之所在，于彼乎？于此乎？或诸远人乎？祭于祊，尚曰求

---

① 《礼记·郊特牲》："舅姑降自西阶，妇降自阼阶，授之室也。"孙希旦云："授之室者，西阶为客阶，阼阶为主阶，舅姑由客阶降，使妇由主阶降，明以室事授之，而使为家主也。"此言婚礼第二天，妇馈舅姑毕后，舅姑通过降自西阶，让妇降自主阶的礼仪行为，表明亦授家室之事予妇，妇自为主人，而舅姑亦为宾客。参见(清)孙希旦：《礼记集解》，沈啸寰、王星贤点校，中华书局，1989年，第710页。类似例子还见《礼记·郊特牲》"适子冠于阼，以著代也。醮于客位，加有成也"等。以此例延尸升自西阶之事，可得知，尸乃主人之宾。

② 常玉芝：《说文武帝——兼略述商末祭祀制度的变化》，《古文字研究》第4辑，中华书局，1980年，第213页。

③ 葛英会：《附论祊祭卜辞》，《殷都学刊》1999年第3期。王蕴智、门艺：《关于黄组祊祭卜辞性质的考察——附祊祭甲骨缀合六例》，《郑州大学学报》(哲学社会科学版)2008年第3期。

④ 《毛诗正义》卷一三，第468页。

⑤ 《礼记正义》卷二五，第1449页。

⑥ 孙希旦认为《礼记》之《礼器》《郊特牲》《祭统》所载祊祭，均是正祭求神，注疏或以为是正祭，或以为是绎祭，造祊有二名说，皆是谬误之言。参见(清)孙希旦：《礼记集解》，沈啸寰、王星贤点校，中华书局，1989年，第718页。

⑦ 沈文倬：《宗周岁时祭考实》，商务印书馆，2006年，第383页。

诸远者与？祊之为言倞也。"郑注："倞犹索也。"①这与卜辞中祊祭的日程早于正祭一天相符。至于绎祭之前是否有祊祭，在《仪礼》经文中找不到确切的依据。沈文倬据《礼记·礼器》"设祭于堂，为祊乎外"，绎祭于堂而不于祊，以证明绎祭前有祊祭，或有理。②但《礼记·礼器》多言春秋变礼，是否合乎古意，难以确证。

卜辞中"祊"字作"□"，由杨树达首倡，目前亦得到多数学者的认可。"□"象东西南北四方之行。其义为庙，可训为庙门。③祭前一日求神于庙门，此说可通。祊祭在卜辞中，多与尸礼一起出现，如上揭卜辞"尸延于祊""于祊宾延尸"。卜辞中的祊祭，还见：

> 己未，争贞：告其尸于祊。《合集》1957
> 戊寅卜，贞：于祊宾[延]尸，七月。《合集》832
> 辛□□，争贞，[延]尸于祊，十一月。《合集》834

祊祭卜辞多见于黄组卜辞，偶见于何组，据学者统计，共有 800 多片。④从众多的祊祭资料中能否找到"以神为宾"的现象呢？

此说可从三端发覆。第一，卜辞中"于祊宾延尸"等例，表明延尸之礼，是在祊处，即庙门内进行。既然"延尸"之礼表现出了"以神为宾"的内涵，那么祊祭自然亦不例外。第二，《诗经·楚茨》："祝祭于祊，祀事孔明。"郑笺："孝子不知神之所在，故使祝博求之平生门内之旁，待宾客之处，祀礼于是甚明。"⑤庙门内为平时主人待宾客之处，祊祭时于此求之，其意以所求之神为宾甚明。第三，郑注《礼记·郊特牲》云："祊之礼宜于庙门外之西室，绎又于其堂，神位于西也。"西方之位正是平日待宾客之处，为宾位。

以上所言宾尸、延尸、祊祭，均为正祭时及正祭前之礼仪或祭祀。通过与礼经著作比照，可以确定举行此三项活动时，无形之中，主人通过方与位的设置，使接受祭祀的祖先神灵以宾客的身份被对待。

如上所论，本节以礼典仪式为着力点展开讨论。但每个礼典仪式之

① 《礼记正义》卷二六，第 1457 页。
② 沈文倬：《朝践、祊祭、绎祭——天子、诸侯岁时祭钩沉》，商务印书馆，2006 年，第384 页。
③ 杨树达：《释田匸匬匚》，《积微居甲文说》，上海古籍出版社，2007 年，第 43 页。
④ 王蕴智、门艺：《关于黄组祊祭卜辞性质的考察——附祊祭甲骨缀合六例》，《郑州大学学报》(哲学社会科学版) 2008 年第 3 期。
⑤ 《毛诗正义》卷一三，第 1005 页。

间，并非是无任何关系的独立单元，而是以礼典仪式为线索，勾画出古人在亲亡后行礼的一个大致流程，即从丧礼到祭礼，再到祭后之礼。这个流程，既是仪式间递换的流程，也体现古人行礼的时间性变化，生动反映出渐进裂变的礼仪变化属性。另外，在讨论具体礼典仪式时，对行礼人的站立面向、所处空间、周旋威仪、交流模式等予以了特别的关注。宏观的礼义阐述，基于对细微繁琐仪节的考索，礼学精微正在于此。简言之，礼典间时间性的递换与礼典内空间性的含义，是致思的主要向度。① 基于此，在分析殷墟卜辞及传世典籍中殡礼、宾祭、祊祭、延尸、宾尸等礼仪后，得出了如下结论：

第一，殡礼是丧礼中凸显父子之间，生死之际，主宾地位变换的关键礼仪。行殡礼之后，子变为丧主，可以继承亡亲之位，传亡亲之重；已亡之父母，此时卸下主人之位，被丧主以宾礼相待在宾阶之上。在丧期时间迁移过程中，行礼空间的变化，表现出亡者由主到宾，最后又被更早先祖以宾的身份纳入了祖先神体系的整个过程。

第二，王宾卜辞在甲骨文中常见，根据其主体与对象的不同，共分为八个类型，即先王宾于帝、先王宾于更早的先王、王宾帝、时王宾先王、王宾先妣、王宾兄、王宾自然神、王宾尸。认为"宾"有"以……为宾"之意。在殷人祭祀时，神灵先以宾客之礼，降神于人间，受人祭祀、祈祷。而作为人间王朝与天庭沟通使者的祖先神，亦能常在帝之左右，被帝以宾相待。

第三，卜辞及"三礼"文献中常见有延尸、祊祭礼仪。根据其行礼地点、参与人之身份、动作威仪等，得出延尸、祊祭礼仪中亦体现出"以神为宾"的观点。

总的来说，商周丧祭礼仪中"以神为宾"的观念，经典文献中并没有明确表述，但在仪式的细微处却表露无遗。在礼典举行的时间进程中，亡

---

① 林素娟通过利用"通过仪式"概念，研究丧葬空间的移动，也得出类似观念。林氏言："尸体所在的空间随着仪式的进行由内而外层层过渡，象征死者存在状态的层层过渡。初死时待之若生时，于正室内小敛、于阼阶上大敛，均待死者如生前。其后停殡在西阶位置，西阶在行礼上与东阶相对，为宾客位置，象征死者逐渐由主人过渡为客人，再其后朝于祖庙而离家下葬。与此相应的是奠礼时食物陈设的空间由尸东→室中→柩西的变化，亦可看出死者存在状态的过渡。设于尸东象征生时，于奥设奠则是初步区隔于生人，而于柩西则是神位。除了设奠除所随仪式进行的变化外，值得注意的是于殡宫及燕寝两处同时设奠的现象，反映出此阶段之死者身份的暧昧性，一方面逐渐过渡到鬼神阶段，另一方面，在下葬前又接受供养一如生前。"林素娟：《象征与体物：先秦两汉礼仪中的修身与教化观》，台湾大学出版中心，2021年，第214页。

亲从生到死、从丧到祭，反映出一个从主到宾的变化过程；在礼仪举行的空间上，关于行礼双方所站位次、行礼人面向、所由途径等，通过对方与位的探讨，得知神为宾，位在西方，孝子为主，位在东方。"以神为宾"观念的存在说明，商周时的人神关系，既没有后世想象得那么森严，也没有那么疏远。不过，如果说殷墟卜辞中大量的王宾卜辞显示商代"以神为宾"还较盛行的话，那么到周代必须通过钩沉礼仪细节才能得知一二，显示出这种观念呈衰落之势。

第四节　神灵形象与尸礼

　　神灵有无具体的形象？《礼记·中庸》记载孔子描述鬼神为"视之而弗见，听之而弗闻，体物而不可遗，使天下之人齐明盛服以承祭祀，洋洋乎如在其上，如在其左右"①，是则神灵恍兮惚兮，无所在又无所不在，似未有具象。《韩非子·外储说》载："客有为齐王画者，齐王问曰：'画孰最难者？'曰：'犬马最难。''孰易者？'曰：'鬼魅最易。'夫犬马，人所知也，旦暮罄于前，不可类之，故难。鬼魅无形者，不罄于前，故易之也。"②鬼魅无形，故可随意作画。现代学者的研究也支持神灵形象不突出的观点。罗新慧认为："周人对祖先形象描述有其突出特点：专注于仪容，但却没有关于祖先身体、五官、发式等的具体描绘，既没有形状，也没有声音，只是威仪、容止。"③蒲慕州认为："儒家的鬼神，是一种事实上离人世比较远的存在，他们的面貌到底如何？是儒者没有考虑的，或者不愿考虑的。"④鬼神无具体形象，是否有办法"状乎无形影，然而成文"⑤，借由载体使之视而可见，听而可闻，获得形象？⑥
　　古人立尸以祭神，所谓"象神仪式"⑦，似能承担"成文"功能。《礼

---

① 《礼记正义》卷五二，第3532页。
② （清）王先慎：《韩非子集解》，钟哲点校，中华书局，1998年，第270~271页。
③ 罗新慧：《祖先形象与周人的祖先崇拜》，《南开学报》（哲学社会科学版）2015年第5期。
④ 蒲慕州：《追寻一己之福——中国古代的信仰世界》，上海古籍出版社，2007年，第65页。
⑤ （清）王先谦：《荀子集解》，沈啸寰、王星贤点校，中华书局，1988年，第378页。
⑥ 《文心雕龙·原道》："道沿圣以垂文，圣因文而明道。"文是道或圣的外在显现。这是状物以显神，在思想史上发展的结果。当然去掉了神道色彩，且进一步理性化。
⑦ 彭美玲：《"立主"与"悬影"——中国传统家祭祀先象神仪式样式之源流抉探》，《台大中文学报》2015年总第51期。

记·曾子问》："祭成丧者必有尸。"古代祭祀时，以孙之伦为尸以象祖先。尸即是祖先神的凭依与象征。中国古代的立尸礼，于殷墟卜辞中已有发现。晁福林《卜辞所见商代祭尸礼浅探》是研究殷商立尸礼的最新成果。①神灵形象方面，学者关注不是很多。罗新慧《祖先形象与周人的祖先崇拜》利用金文资料，研究认为周人的祖先形象不具有个体色彩，是理想状态下的完美形象，最需注意。②另有学者从礼容或威仪等角度的讨论，也为研讨神灵形象提供了借鉴。③神灵有所凭依，灵魂得以安宁，形象才能呈现。古人立尸以祭，寻物以安神，正好为我们揭示神灵形象提供了新的途径。

一、祭必有尸与立尸以象神

1. 祭必有尸

殷周均立尸以祭。《礼记·礼器》："周坐尸，诏侑武方，其礼亦然，其道一也。夏立尸而卒祭，殷坐尸，周旅酬六尸。"此言三代立尸为祭之礼。《礼记·曾子问》："祭成丧者必有尸。"《白虎通·宗庙》："祭所以有尸者何？鬼神听之无声，视之无形，升自阼阶，仰视榱桷，俯视几筵，其器存，其人亡，虚无寂寞，思慕哀伤，无可写泄，故座尸而食之，毁损其馔，欣然若亲之饱，尸醉若神之醉矣。"④古代祭祀时，以孙之伦为尸以象祖先。尸即是祖先神的凭依与象征。

中国古代的这种立尸礼，于殷墟卜辞中已有发现。上节"王宾尸"已有讨论。在《合集》25152中，第一天贞问王宾尸，第二天接着贞问王宾阳甲，且宾后之祭"岁"一样，可以确定，前一天所贞之尸，即阳甲之尸。同样例证多见，此不赘举。王宾尸，应理解为商王以尸为宾，迎而祭之。故在"宾"之后，多有祭名出现。另外，此"宾尸"类卜辞所展现出的礼仪含义，与"飨父庚、父甲，宾"（《合集》30345）类卜辞，相差应不会太远。后者虽未明示父庚、父甲有尸，但飨与宾同见，则所谓"飨父庚、父甲"，

① 晁福林：《卜辞所见商代祭尸礼浅探》，《考古学报》2016年第3期。
② 罗新慧：《祖先形象与周人的祖先崇拜》，《南开学报》(哲学社会科学版)2015年第5期。
③ 彭林：《论郭店楚简中的礼容》，《郭店楚简国际学术研讨会学术论文集》，湖北人民出版社，2000年，第138页。甘怀真：《皇权、礼仪与经典诠释：中国古代政治史研究》，华东师范大学出版社，2008年，第12页。张怀通：《商周礼容考论》，《古代文明》2016年第2期。
④ （清）陈立：《白虎通疏证》，吴则虞校点，中华书局，1994年，第580页。

应该是飨他们之尸。

至于帝尸，《合集》26090 已有所见。《周礼·秋官·士师》："祀五帝，则沃尸及王盥。"孙诒让曰："尸，即帝尸也。"则周人祭飨五帝时，立有尸。东汉许慎引《鲁郊礼》云："祝延帝尸。"可见鲁国行郊礼时，帝亦有尸，与甲骨文正相吻合。

卜辞中仅见祖先神、帝有尸，或代表殷人立尸礼尚未完备。到周代时，天神、地祇、人鬼均有尸。《礼记·曲礼》孔疏："诸侯祭社稷、境内山川，及大夫有采地祭五祀，皆有尸也。外神之属，不问同姓异姓，但卜吉则可为尸。"杜佑《通典》载："自周以前，天地、宗庙、社祭一切祭享，凡皆立尸。秦汉以降，中华则无矣。"[1]其所言基本与礼制演变历程相符。朱熹答门人问云："古人祭祀无不用尸，非惟祭祀家先用尸，祭外神亦用尸，不知祭天地如何，想惟此不敢立尸。"[2]朱子认为祭天地不敢用尸，是错误的。《国语·晋语八》："祀夏郊，董伯为尸。"夏郊乃祀天之祭，以董伯为尸，实以董伯为尸以象天。类似的例子还有：《曲礼》孔疏引《虞夏传》"舜入唐郊，以丹朱为尸"[3]，引《石渠论》"周公祭天，用太公为尸"。可见古人祭天用大臣为尸，是常见礼制。至于尸的选择，全祖望说"天神地示必有配，则尸即以配者之子孙为之"[4]，虽属推测之辞，但颇为合理。

祭地祇用尸，文献中亦有记载。《周礼·秋官·士师》："若祭胜国之社稷，则为之尸。"胜国指已亡之国，如殷为周之胜国。祭胜国社神与稷神，在周代用士师为尸。士师为刑官，用之为尸，存有贬抑亡国之意。《白虎通·宗庙》："周公祭太山，周召公为尸。"[5]表明至少自周公以来，祭太山(泰山)是有尸的。《穀梁传·庄公十二年》："夏，公如齐观社，常事曰视，非常曰观。观，无事之辞也。以是为女尸也。"范宁注："尸，主也，主为女往尔，以观社为辞。"此则是用女人为社神之尸。史志龙曾提出作为社尸，存在两个条件：一是为尸之人占卜须吉，不必考虑与主祭之

① (唐)杜佑：《通典》，王文锦等校点，中华书局，1988 年，第 1355 页。
② (宋)黎靖德编：《朱子语类》，王星贤校点，1986 年，第 2309 页。
③ 《尚书·益稷》："虞宾在位，群后德让。"伪孔传："丹朱为王者后，故称宾。言与诸侯助祭，年爵同，推先有德。"丹朱在虞舜朝廷居宾位；在祭天时，舜以之为尸象天，也处宾位。
④ (清)全祖望：《经史问答(外三种)》，朱铸禹集注，上海古籍出版社，2023 年，第 79 页。
⑤ (清)陈立：《白虎通疏证》，吴则虞校点，中华书局，1994 年，第 580 页。

人是否同姓；二是为尸之人应该尊贵。① 第一点大致无误，第二点则有可商榷之处。齐国祭社用女人为尸即是证据。通检《春秋》三传关于此事的评述，均是批评庄公以"观社"为借口，而实际目的为观女的非礼行为，并未批评齐人用女人为社尸。再如，"天子不以公为尸，诸侯不以卿为尸，为其太尊，嫌敌君。故天子以卿为尸，诸侯以大夫为尸"②，立尸若以尊贵为必要选择条件的话，天子祭神用诸侯好过用卿大夫，但现实正好相反，可见立尸不必尊贵。之所以如此，乃是因若尸必与主人酬酢以分庭抗礼，若其太尊，有可能夺原神及主人之尊，地位较低者却则无此嫌疑。

至于祭祖用尸，周礼更是常见，《仪礼》之《特牲馈食礼》《少牢馈食礼》记载最为详备。具体仪节包括筮尸、迎尸、尸九饭或十一饭、礼尸、傧尸等。清华简《楚居》云："夜而内屄。"整理者认为"屄"为祭祀之名。③但此说已遭到学界的批驳。沈培指出"屄"指祭祀之尸，且"内屄"读作"入尸"。④ 沈氏之说，最近又得到曹建墩的支持。而且曹建墩进一步认为"内屄"不必读作"入尸"，古"内""纳"通假，"纳尸"即礼典文献中的"迎尸"。⑤ 则《楚居》此句所讲为楚人夜间迎尸祭祖的礼节。小盂鼎载："王格庙，祝延 □□□□ 邦宾，丕祼，□□用牲，禘周王、武王、成王……"描述的是禘祭祖礼。可惜"祝延"下残缺。但据传世文献对照，或为祝延尸。祝负责导引太王、王季、文王、武王、成王之尸入庙。《周礼·春官·大祝》："相尸礼。"郑注："延其出入，诏其坐作。"⑥祝的职责就是导引尸进入祭祀场地，这与《仪礼》常见"祝延尸"也能契合。

《左传·襄公二十八年》载，祭于太公之庙时"麻婴为尸"。《通典》载有天子级别的飨尸礼，如："祭日之晨，王及尸皆服绣冕。乐则《大司乐》'奏太蔟，歌应钟，武《咸池》，以祭地祇'。用三献，其礼：取血先瘗于所祭之处，以为祭始。次则礼神以玉，时尸前荐焫肉及脯醢笾豆，王则酌大罍中酒以献尸，所谓朝践之献，是为一献也。至于荐熟时，宗伯亦摄后

---

① 史志龙：《先秦社祭研究》，武汉大学博士学位论文，2010 年。
② （唐）杜佑：《通典》，王文锦等校点，中华书局，1988 年，第 1354 页。
③ 李学勤主编：《清华大学藏战国竹简（壹）》，中西书局，2010 年，第 185 页。
④ 沈培：《关于古文字材料中所见古人祭祀用尸的考察》，李宗焜主编：《古文字与古史》第 3 辑，《"中央研究院"历史语言研究所会议论文集》之十，2012 年，第 57 页。
⑤ 曹建墩：《〈楚居〉中的"内尸"小议》，复旦大学出土文献与古文字研究中心网站，2011 年 4 月 1 日。
⑥ 《周礼注疏》卷二五，第 1751 页。

酌以亚献，所谓再献。尸食讫，宾长酳酢尸，谓之三献。"①天子之礼相对于大夫、士而言，主要区别是有"朝践"，即荐黍稷前的用玉、毛血及生食、熟食的荐牲之礼。再就是天子之祭有乐与舞。

《尚书大传》中有段描述周初尸祭的文字：

> 天下诸侯之悉来，进受命于周而退见文、武之尸者，千七百七十三诸侯，皆莫不磬折玉音，金声玉色，然后周公与升歌而弦文、武。诸侯在庙中者，佁然渊其志，和其清，愀然若复见文、武之身，然后曰："嗟子乎！此盖吾先君文、武之风也夫！"及执俎、抗鼎、执刀、执匕者负墙而歌，惯于其情发于中而乐节文，故周人追祖文王而宗武王也。②

周公摄政之时，诸侯在太庙中见到文王武王之尸，好像又见到了真文王、武王一般。伏生的这段记载，生动地说明了立尸祭礼所具有的政治宗教价值。祭祀之时，用尸象征已逝之祖先，与之酒食相酬酢。这种场面与一般人与人之间酒食酬酢类似，充分说明了飨神与飨人之间的异同。

总的来说，殷周人的祭飨均立尸以祭。主祭之人通过与尸之间的酬酢往来，达到祭祀的目的。无论天神、地祇、还是人鬼，作为代表者与象征者的尸，既物象其类，在实际的礼仪活动中，又往往是作为主人之宾出现。孙诒让认为："祭祀主于事尸，大飨主于事宾，故以宾如尸礼。"③孙氏所说甚精。祭祀之时，立尸以献祭与觥筹交错，人与神相对犹如宾主相向。顾炎武曰："尸礼废而像事兴，盖在战国之时矣。"④立尸礼逐渐消亡而画像诞生后，祭神用画像代替立尸以状死者生前之貌，逐渐成为主流。⑤湖南出土的两件帛画，即《龙凤仕女图》《人物御龙图》所描摹的人物就是墓主的肖像。帛画的用途是在葬礼中展示逝者的形象。包括长沙马

---

① （唐）杜佑：《通典》，王文锦等校点，中华书局，1988 年，第 1265 页。
② （清）皮锡瑞：《尚书大传疏证》，吴仰湘点校，中华书局，2022 年，第 258 页。
③ （清）孙诒让：《周礼正义》，王文锦、陈玉霞校点，中华书局，1987 年，第 1782 页。
④ （清）顾炎武著，黄汝成集释：《日知录集释》，栾保群、吕宗力校点，上海古籍出版社，2006 年，第 849 页。
⑤ 孙作云：《从〈天问〉中所见春秋末年楚宗庙壁画》，《孙作云文集》第一卷，河南大学出版社，2003 年，第 548~554 页。饶宗颐：《天问与图画》，陈韩曦编：《饶宗颐集》，花城出版社，2011 年，第 199~202 页。雷闻：《郊庙之外：隋唐国家祭祀与宗教》，生活·读书·新知三联书店，2009 年，第 101~108 页。

王堆汉墓 T 形帛画人物，都是铭旌形象化后的结果。

《龙凤仕女图》 战国晚期
湖南陈家大山楚墓出土

《人物御龙图》 战国晚期
湖南长沙子弹库楚墓出土

2. 尸身与神像

《礼记·郊特牲》："尸，神像也。"宗庙之祭立孙之伦（同昭穆者）为尸以祭父祖，孙的形象就是父祖之神的形象。此点留后讨论，现讨论非宗庙之祭的尸身与神像。

因尸而推知神的形象为何，史料记载微茫，但并非毫无线索。重要祭祀活动中尸的形象往往未加详细描述，但杂祭中的尸身与神像可以推而得知。

《山海经》中关于山水之神的祭祀记载较多，且多有对神形象的描述。例如：

> 凡鹊山之首，自招摇之山，以至箕尾之山……其神状皆鸟身而龙首，其祠之礼：毛用一璋玉瘗，糈用稌米，一璧，稻米，白菅为席。
>
> 凡南次二经之首，自柜山至于漆吴之山……其神状皆龙身而鸟首。其祠：毛用一璧瘗，糈用稌。
>
> 凡南次三经之首，自天虞之山以至南禺之山……其神皆龙身而人面。其祠皆一白狗祈，糈用稌。
>
> 凡西次二经之首，自钤山至于莱山……其十神者，皆人面而马身。其七神皆人面牛身，四足而一臂，操杖以行：是为飞兽之神。其

祠之，毛用少牢，白菅为席。其十辈神者，其祠之，毛一雄鸡，钤而不糈。毛采。

　　凡首阳山之首，自首山至于丙山，凡九山，二百六十七里。其神状皆龙身而人面。其祠之：毛用一雄鸡瘗，糈用五种之糈。堵山，冢也，其祠之：少牢具，羞酒祠，婴毛一璧瘗。騩山，帝也，其祠羞酒，太牢具。合巫祝二人儛，婴一璧。

　　类似记载在《山海经》内不胜枚举。马昌仪曾统计，《山经》所有山神49 例，有祠仪的群山山神 23 例，一山山神 10 例，合计 33 例，有祭仪的比例非常之高。① 杨华详细论述了儒家关于山川祭祀的制度设计。② 记载中既描写了山神的祭祀之礼，③ 又详细说明了神的形象。山神有祭祀则必立有尸，那么这个神像是否就是尸身？晁福林论道："《山海经》当中诸多的人兽合一的形象，很可能就是巫师装扮动物的形象。"④甚为精当。所谓"尸""巫"后世虽逐渐有所分殊，但学者认为他们本身就是同源的，既降神导神，又扮神。⑤《海外西经》把巫彭、巫抵、巫阳、巫履、巫凡、巫相与"夹窫窳之尸"并列，可见巫尸同类。然则可以相信，巫师在祭祀山神的时候作为尸而装扮成神的形象。首阳山"合巫祝二人儛"，可能就是祭祀现场的情况。山神形象之所以怪异，实乃尸身装扮的结果，具有很强仪式性表演成分。比如有神为方相氏，《周礼·夏官·方相氏》："方相氏掌蒙熊皮，黄金四目，玄衣朱裳，执戈扬盾，帅百隶而时难，以索室驱疫。大丧先柩。及墓入圹，以戈击四隅，驱方良。"⑥方相氏既是神，也是人，在驱傩与葬仪中的怪异形象，也是装扮与演绎的结果。⑦

① 马昌仪：《〈山经〉古图的山神与祠礼》，《民族艺术》2001 第 4 期。
② 杨华：《儒家学说与上古中国的山川祭祀》，《孔子研究》2023 年第 2 期。
③ 阳清：《〈五藏山经〉山神祭法摭论》，《宗教学研究》2014 年第 2 期。
④ 晁福林：《天命与彝伦：先秦社会思想探研》，北京师范大学出版社，2012 年，第 7 页。
⑤ 钱锺书：《管锥篇》，中华书局，1986 年，第 156~158 页，第 598~600 页。
⑥ 《周礼注疏》卷三一，第 1838 页。
⑦ "鬼"古文字作"𩵋""𩵋""𩵋""𩵋""𩵋""𩵋"等形。《尔雅·训释》："鬼之为言归也。"邢疏："鬼犹归也，若归去。"《说文》："人所归为鬼。从人，象鬼头。"《周易·睽》有"载鬼一车"之说。鬼似乎是有形象的。实质上，"鬼"就是象人死之后，用人装扮之形。下所从为"尸"，上所从为尸之装扮，即面具。所谓"载鬼一车"，指祭祀时游神之举。所谓的"鬼"都是人扮演的。方相氏的扮相，也类似鬼。或也可以认为，鬼者，归也，不管归于何处，都是人死后而不可再见。所从"鬼头"，就是表示不可再见之意。所以，"鬼"更多是一种思想上的幻象。"鬼"是思想上的概念，不可见。"尸"无"鬼头"遮挡，是可见的，是礼仪上的概念。所谓"载鬼一车"，实际上是载尸一车，化幻相为实相，也是人扮演的。

　　《山海经》中亦有直接描写尸身与神像的记载。《海内北经》："据比之尸，其为人折颈披发，无一手。"郭璞注："据比，一云掾比。"清郝懿行曰："掾比，一云掾北。"《淮南子·墬形》高诱注："诸比，天神也。"袁珂认为，诸比、据比、掾北三者同，诸、据、掾乃一声之转。① 所谓"据比之尸"，即为祭祀天神诸比而所立之尸。折颈、披发、无一手，指祭祀中尸的具体打扮。《海内北经》："王子夜之尸，两手、两股、匈、首、齿，皆断异处。"王子夜即王亥，乃殷人先王，遭有易部落杀害。有学者认为，此处之尸为"尸首"义，于文意虽能讲通，但统观《山海经》全文及相关文献，则有未尽之处。《左传·襄公三十年》史赵曰："亥有二首六身，下二如身，是其日数也。"②所言与《山海经》相近，但并非指王亥的尸首，而是确指王亥有二首六身，神化迹象非常明显。实质上，此处之"尸"也为神主之象。古人因王亥遭残杀的传说故事，以制其尸受祭之象。所谓"两手""两股""二首"等，就是祭祀时王亥之尸的扮相。史赵所言"亥"也有字体讹变，而以讹传讹的可能。甲骨文中"亥"时常写作"从亥从鸟"或"从亥从隹"（《合集》34294、《合集》30447），亥像手持鸟形。胡厚宣说这代表商人以鸟为图腾。③ 图腾崇拜者常常把自己扮演成图腾对象。王亥之"亥"从鸟形，正好也有此意。

　　神尸的装扮，与其人活着时候的形象、职能、地位、性格、死因具有密切关系。胜国社神之尸用主刑的士师为之，一般社神之尸用女人为之，均是物象其类。王亥因被杀，所以有两手、两股、二首，象其遭肢解的经历。《国语·晋语二》载："虢公梦在庙，有神人面白毛虎爪，执钺立于西阿之下。公惧而走。神曰：'无走！帝命曰：使晋袭于尔门。'公拜稽首，觉，召史嚚占之，对曰：'如君之言，则蓐收也，天之刑神也。'"④刑神的形象为"面白毛虎爪，执钺"，与他的具体职能密切相关。《海外西经》载有"女丑之尸"："女丑之尸，生而十日炙杀之。在丈夫北。以右手鄣其面。十日居上，女丑居山之上。"袁珂认为女丑疑即女巫。女巫之尸或正说明了巫尸的合一。《大荒西经》则描写其形象"有人衣青，以袂蔽面，名曰女丑之尸"。《海外西经》："刑天与帝至此争神，帝断其首，葬之于常羊之山，乃以其乳为目，以脐为口，操干戚以舞。"刑天被帝断首，故以乳为双目，以肚脐为口，操干戚而舞的形象，应该是祭祀刑天时神尸装扮

---

① 袁珂：《山海经校注》，上海古籍出版社，1980年，第314页。
② 《春秋左传正义》卷四〇，第4368页。
③ 胡厚宣：《甲骨文所见商族鸟图腾的新证据》，《文物》1997年第2期。
④ 徐元诰：《国语集解（修订本）》，王树民、沈长云点校，中华书局，2002年，第283页。

与表演时的形象，这再次表明神尸的表演与其神死前的生活有很大的关系。祭祀时用尸，是扮演往昔的神灵，这毋庸置疑；祭祀中的舞蹈，也是扮演。"角色扮演是所有仪式的中心要点"①，每一次仪式的扮演与实践，都在传递往昔的故事。在这个意义上，对仪式的要求不是创新，而是坚守。偏离与创新是对仪式的否定。尸以演神，舞以演事。这些神奇灵异的记载，就是正式祭祀鬼神时对神明的真实描写。② 往昔的残忍杀戮，变成了仪式上的扮演。野蛮的力量得到驯服，仪式承载了历史的记忆。文明在觥筹交错、周旋揖让的仪式中得以萌生、传承与进步。可以说，野蛮迈向文明的阶梯是仪式行为的发明与实施。所以，尸的这种扮演，不可简单视之。

《海外南经》载欢头国"人面有翼，鸟喙，方捕鱼"。郭璞注："欢兜，尧臣，有罪，自投海而死。帝怜之，使其子居南海而祠之。"欢兜，即丹朱。③ 所谓"人面有翼，鸟喙"，即丹朱之子祭祀乃父时神尸的扮装，因投海自杀而制其捕鱼之像。《海外南经》："贯胸国在其东，其为人胸有窍。"所谓"贯胸国"与《淮南子·坠形》穿胸民应属同类。《艺文类聚》卷九六引《括地图》载："禹诛防风氏。夏后德盛，二龙降之。禹使范氏御之以行，经南方，防风神见禹怒，射之，有迅雷，二龙升去。神惧，以刃自贯其心而死。禹哀之，瘗以不死草，皆生，是名穿胸国。"④可见贯胸或穿胸，源自"刃自贯其心而死"的遭遇，故名为贯胸。尸身神像也是"人胸有窍"。《山海经》中同类记载尚多，有"奢比之尸""贰负之尸""祖状之尸""夏耕之尸""戎宣王尸""相顾之尸"等，以前有学者读"尸"为"夷"，认为是氏族名，或属误会。此类之"尸"，均为祭祀神灵时所立之尸象。

正统礼典文献中，言及尸所穿衣服乃祖先所遗留，而尸的神像不见详细记载。立尸以祭，神尸的形象与神的遭遇、职能、性格等密不可分。物象其类，神尸的形象就是神形象的一次装扮与演绎，是状乎无影、化而成

---

① 马敏：《政治仪式：对帝制中国政治的解读》，《社会科学论坛》2003年第4期。
② 钱志熙认为："《山海经》中的山神，与后世那些威仪堂堂，相好庄严的岳神河伯一不一样，都是些人面兽身或人面鸟身，蛇身的半人半兽的合成体。人类学家认为这是图腾崇拜的现象。这也反映了原始混沌的生命体验。……山神即是司掌山林之神，其形象当然极易与兽类发生联系，但他们既是人类在山林中权力的化身，所以又不能不具有人的形体特征。况且在它的幻想中，人兽结合的东西，其体能智力是巨大的，只有它们才配作山岳的真正的统治者。这种山神的形象特征再次证明了《山海经》所记录的是早期的山岳崇拜。"钱志熙：《论上古至秦汉时代的山水崇拜山川祭祀及其文化内涵》，《文史》第3辑，中华书局，2000年，第243~244页。
③ 童书业：《丹朱与骥兜》，《童书业著作集》第三卷，中华书局，2008年，第66~71页。
④ （宋）欧阳询：《艺文类聚》，上海古籍出版社，1982年，第1662页。

文的结果。《山海经》记载虽怪诞诡奇，却在尸象方面提供了一个重要的
参考标的。

二、父子一体与依孙以象神

上古中国宗法传统中，守文垂体者上溯祖祢，下及子孙，旁涉兄弟，
传先祖之重，属世代传递脉络中承上启下的一环。子孙在血脉与精神上属
先祖留存世间之"遗体"。《仪礼·丧服传》"为世父母叔父母期"载：

> 世父叔父，何以期也？与尊者一体也。然则昆弟之子何以亦期
> 也？旁尊也，不足以加尊焉，故报之也。父子，一体也。夫妻，一体
> 也。昆弟，一体也。故父子，首足也。夫妻，胖合也。昆弟，四
> 体也。①

父子、夫妇、兄弟构成"一体"关系。贾公彦云："凡言体者，若人之
四体，故传解父子夫妻兄弟，还比人四体而言也。"胡培翚也说："父尊子
卑，其一体如首足。夫阳妻阴，其一体如胖合。昆弟同气连枝，各得父之
体以为体，如四肢之本为一体也。"②父子一体，犹如首与足；夫妻一体，
犹如两个半体；兄弟一体，则如手足四肢。各类角色虽有尊卑差异，但各
得其所，共同构成了完整的人体，确定了在家族中的地位与角色。

《大戴礼记·哀公问于孔子》载：

> 妻也者，亲之主也，敢不敬与？子也者，亲之后也，敢不敬与？
> 君子无不敬也，敬身为大。身也者，亲之枝叶，敢不敬与？不能敬其
> 身，是伤其亲。伤其亲，是伤其本。伤其本，枝从而亡。③

在"一体"观念中，"父子一体"最为重要，④ 并可展延为"祖孙一体"。
父子为首足，祖孙亦为首足，代代相续，永远流传。《礼记·祭义》载：

---

① 《仪礼注疏》卷三〇，第 2390 页。
② （清）胡培翚：《仪礼正义》，段熙仲点校，江苏古籍出版社，1993 年，第 1410 页。
③ 方向东：《大戴礼记汇校集解》，中华书局，2008 年，第 75 页。
④ 《吕氏春秋·精通》："父母之于子也，子之于父母也，一体而两分，同气而异息。若草
莽之有华实也，若树木之有根心也，虽异处而相通，隐志相及，痛疾相救，忧思相感，
生则相欢，死则相哀，此之谓骨肉之亲。神出于忠，而应乎心，两精相得，岂待言哉！"
参见许维遹：《吕氏春秋集释》，中华书局，2009 年，第 214 页。

　　曾子曰："身也者，父母之遗体也。行父母之遗体，敢不敬乎？"①

　　乐正子春曰："……吾闻诸曾子，曾子闻诸夫子曰：'天之所生，地之所养，无人为大。父母全而生之，子全而归之，可谓孝矣。不亏其体，不辱其身，可谓全矣。……不敢以先父母之遗体行殆。一出言而不敢忘父母。是故恶言不出于口，忿言不反于身。不辱其身，不羞其亲，可谓孝矣。'"②

　　子之身体得之父母，子所行为像其父母所行为。祖先赐予子孙以寿考，是子孙身体的保护者，"周人具有强烈的子孙生命源于祖先，子孙生命与祖先息息相关的意识"③。子孙敬自己的身体就是敬父祖的身体，敬儿子的身体，同样是敬父祖的身体。身体完好无损，要感谢祖先的保佑。西周中期或簋载或经历战争后，毫发无伤，他归因于亡母的保佑："卒博，无尤于戎身。乃子戎拜稽首，对扬文母福剌。"（《集成》4322）祖先神为何保佑子孙？原因在于祖先与子孙本是"一体"。祖先是子孙生命的源头，子孙是祖先身体的复制。自始祖以降，"全而生之"，"全而归之"，代代相传，循环往复，转相为本，"遗体"不绝，任何单独个人无权侮辱与毁伤。父祖已逝，神灵高登天庭，作为物质性存在的肉身也掩藏入地下。假若"遗体"真能世代相传而不受毁伤，那么子孙的形象就完全等同于父祖的形象。新生儿的初生，"都被看作是一个确定的祖先的新一轮显形：是祖先本身带着新的特点又回到了一个新的躯体中"，"人的灵魂是祖先灵魂的一种流溢品或复制品"。④父祖的再生，是生命绵延不绝的象征。斐济岛原始部落中有这样一种信仰：第一个为人所知的祖先被称作"原始灵魂"，他死后就加入诸神的行列，而他的灵魂则进入继任者的身体里，后者成为他在此世的神庙。那么这种"原始灵魂"就在继任者的身体内世世代代地传递下去。继任者的身体是神灵的容器与显示器。⑤世人若想得知祖先的具体形象，不必找寻，在世子孙的身体是父祖形象展示的最佳载体。当然权力也在父祖子孙身体与精神的一脉相承中，世代传递。

----

① 《礼记正义》卷四八，第3469页。
② 《礼记正义》卷四八，第3470页。
③ 罗新慧：《周代的信仰：天、帝、祖先》，上海古籍出版社，2023年，第202页。
④ ［法］爱弥儿·涂尔干：《宗教生活的基本形式》，渠敬东、汲喆译，商务印书馆，2011年，第337、344页。
⑤ ［英］A. M. 霍卡：《王权》，张亚辉译，商务印书馆，2022年，第16页。

《左传·鲁宣公十年》载，陈灵公和大夫孔宁、仪行父都与夏征舒之母夏姬私通。一天，三人在征舒家喝酒，陈灵公跟仪行父开玩笑，说夏征舒长得像他。仪行父也跟陈灵公开玩笑，说夏征舒长得像他。"陈灵公与孔宁、仪行父饮酒于夏氏。公谓行父曰：'征舒似女。'对曰：'亦似君。'征舒病之。公出自其厩，射而杀之。二子奔楚。"①这是因开玩笑而引起的一件政治纷争，反映出儿子形貌像父亲的思想观念，是其时的常识。

《左传·昭公七年》记载郑国伯有闹鬼之事。伯有死而无子孙祭祀，成为厉鬼作祸，子产重新立他的儿子为后乃止。子大叔不解而问子产，子产答曰："鬼有所归，乃不为厉，吾为之归也。"人死有后可归依，乃不为厉鬼。子产后至晋国，赵景子就此事发问。子产回答说：

> 人生始化为魄，既生魄，阳曰魂。用物精多，则魂魄强，是以有精爽至于神明。匹夫匹妇强死，其魂魄犹能冯依于人，以为淫厉。况良霄，我先君穆公之胄，子良之孙，子耳之子……其用物也弘矣，其取精也多矣，其族又大，所冯厚矣，而强死，能为鬼，不亦宜乎？②

根据子产的两次回答，可以得出两点认识。第一，人死后魂魄需要有所凭依，正常情况下立有后，就可以凭依在为后的子孙身上，受其祭祀。若强死未有后者，则成为厉鬼。第二，人死后魂魄的强度与其生时用物多寡丰俭密切相关。用物之多寡又与其族裔之贵盛强弱大小密切相关。伯有源出郑穆公，父祖又为郑国显贵，正所谓"所凭厚矣"。生时所凭厚，死为鬼则强。③ 作为个人，无论生时死后，均得有所凭依，生时凭依父祖遗留下之"用物"，死后凭依子孙为后者的祭祀。父祖子女一体贯穿于生死永恒的时间脉络之中。

"父子一体，自然天性"，子孙身体得之于父祖，在世代传递过程中"等量移交"最为理想，但生老病死与世事迁移也必然有所损益。④ 在身体

---

① 《春秋左传正义》卷二二，第 4071 页。
② 《春秋左传正义》卷四四，第 4451~4452 页。
③ 厉鬼的形象，《左传·成公八年》载"晋侯梦大厉，被发及地，搏膺而踊"，《国语·晋语》载"寡君之疾久矣。上下神祇，无不遍谕，而无除。今梦黄熊入于寝门，不知人鬼乎，抑厉鬼邪"，可作参考。
④ 获取祖先形象是非常难的事情，《淮南子·说林》："遗腹子不思其父，无貌于心也。不梦见像，无形于目也。"世代更替后，实际感受的缺乏，为获取祖先形象设置了障碍。但人类似乎对不可知领域有一种不可遏制的冲动，越是不可得者，越欲借助各类方式得之，甚至是知其不可为而为之。

的自然损益过程中，如何保证父祖的身体在子孙的身体上得到良好的呈现，在礼制上成为问题。古人对"髦"的处理为我们提供了一个例证。《诗·鄘风·柏舟》："髧彼两髦，实维我仪。"毛传："髦者，发至眉，子事父母之饰。"①髦被认为是儿子侍奉父母的象征物。《仪礼·既夕》："既殡，主人脱髦。"郑玄注："儿生三月，翦发为鬌，男角女羁。否则男左女右，长大犹为饰存之，谓之髦。所以顺父母幼小之心。"《礼记·丧大记》"主人袒，说髦"下，孔颖达疏："髦，幼时剪发为之，至年长则垂着两边，明人子事亲恒有孺子之义也。若父死说左髦，母死说右髦。二亲并死则并说之。"②《礼记·内则》："子事父母，鸡初鸣咸盥，漱，栉，縰，笄，緫、拂髦。"③所谓"髦"者，乃人出生时所具毛发，直接来自父母之身，与父母血脉一体，至生三月剪发之时修成左右两条羁或角之状，且一直留存至父母逝世而行小敛或殡礼之时。④《礼记·玉藻》"亲没不髦"，郑注"去为子之饰"⑤，正此之谓。双亲并死，孝子不再事亲，即"去为子之饰"的髦。髦是年幼的子遗，是人子与双亲血肉相连的象征。亲在则存，亲殁则去。故人生在世，父母存亡如何，世人只要观看其两鬓之髦存亡与否，即可加以判断。髦在父母在，髦去父母亡。父子一体，在"髦"上表露最为明显。

父祖在世，尚可以借助髦在子孙身上展示父祖的存在。父祖去世后，神灵已登天庭，茫然不知所象，将如何展现祖先形象？古人解决这一问题的方法，乃是借助祖孙一体的观念，祭祀时立孙之伦（即与被祭者同昭或同穆）为尸以象祖先神。《礼记·祭统》："夫祭之道，孙为王父尸。所使为尸者，于祭者子行也；父北面而事之，所以明子事父之道也。此父子之伦也。"郑注："子行，犹子列也。祭祖则用孙列，皆取于同姓之适孙也。"⑥以孙为尸代表父祖接受祭祀，孙子在血脉与身体意义上完全可以继承父祖的形象。当然，仅有血脉之象还是不够的，父祖形象在以孙为尸上的呈现，还要借助物质与精神两方面的力量来完成。

物质上的帮助，除了子孙身体来自父祖的血脉之躯外，主要是借助父祖留存下的衣服或其他遗物。《周礼·春官·守祧》："守祧掌守先王、先

---

① 《毛诗正义》卷三，第 659 页。
② 《礼记正义》卷四四，第 3413 页。
③ 《礼记正义》卷二七，第 3165 页。
④ 李志刚：《孺慕之孝：上古中国礼俗中的"亲前不称老"与代际交替》，《孔子研究》2015 年第 4 期。
⑤ 《礼记正义》卷二九，第 3199 页。
⑥ 《礼记正义》卷四九，第 3483 页。

公之庙祧，其遗衣遗服藏焉。若将祭祀，则各以其服授尸。"①尸所穿之服乃先公先王所遗留下的衣服。《礼记·曾子问》："尸弁冕而入。"任启运云："尸入庙则象乎神，故服先王先公之遗衣服。"②尸除了血脉继承父祖外，装扮所穿之衣也来自父祖。子孙穿着父祖留存下的衣服而立为尸，形似父祖更进一步。

与父祖的"神似"，还需要通过继承父祖威仪及借助祭祀斋戒礼仪活动实现。正如罗新慧所言，"生者形象与祖先形象相似，表明生者在描摹自我形象时，刻意地与祖先相似，反映出在他的观念中，十分看重与祖先形象的接近，愿意在容貌仪态方面与祖先贴近，这样来成为'肖'之子孙"。有"肖"子孙是如此重要，以致若被认为是"不肖子孙"，则可能失去自父祖继承而来的一切。丹朱之"不肖"于尧，商均之"不肖"于舜，促成了舜、禹禅让而得天下。③

继承父祖威仪，则是子孙肖似祖先的必要之途，罗教授利用金文资料已有很好的论述。④ 比如癭簋载："顈皇祖考嗣威仪，用辟先王，不敢弗帅用夙夕。"癭钟载："丕显高祖、亚祖、文考，克明厥心，胥尹厥威仪用辟先王。癭不敢弗帅祖考秉明德，恪夙夕佐尹氏。"皇祖考继承了更早祖先的威仪，而癭也不能不日夜效法模仿，当然也要继承。叔向父禹簋载："余小子司朕皇考，肇帅型先文祖，恭明德，秉威仪。"虢叔旅钟载："丕显皇考惠叔，穆穆秉元明德，御于厥辟，异纯亡愍。旅敢肇帅型皇考威仪，祗御于天子。"祖先威仪代代相传，子孙通过模仿学习获得并继承。关于威仪为何的论述很多，大体而言不外乎祖先的容止与行为规则。⑤ 这两者均会表露在祖先的形象上，子孙通过帅型而学习之，自然也会有所继承与展示。祖先内在之德，外在之威仪，子孙均须模仿学习而继承。

更深度地获取祖先的精神气质与外在形象，则须通过斋戒祭祀来实现。斋戒是虚化自己的身心，与神圣沟通的过程。《礼记·玉藻》："凡

---

① 《周礼注疏》卷二一，第 1691 页。
② （清）任启运：《天子肆献裸馈食礼（卷上）》，文渊阁《四库全书》第 109 册，台湾"商务印书馆"，1986 年，第 836 页。
③ 《史记》卷一《五帝本纪》，第 36~52 页。
④ 罗新慧：《祖先形象与周人的祖先崇拜》，《南开学报》（哲学社会科学版）2015 年第 5 期。
⑤ 罗新慧：《"帅型祖考"和"内得于己"：周代"德"观念的演化》，《历史研究》2016 年第 3 期；《周代威仪辨析》，《北京师范大学学报》（社会科学版）2017 年第 6 期。

祭，容貌颜色，如见所祭者。"①《礼记·郊特牲》："斋之玄也，以阴幽思也。故君子三日斋，必见其所祭者。"②孝子于内心重构父祖神灵的形象。《礼记·祭义》："致斋于内，散斋于外。斋之日，思其居处，思其笑语，思其志意，思其所乐，思其所嗜。斋三日，乃见其所为斋者。"③祭祀之前孝子行致斋三日、散斋七日之礼，目的是于此十日内"回忆与想念"父祖生时所居何处、音容笑貌、想什么问题，因何而欢乐，嗜好为何。孔颖达认为孝子若思念亲生时此五事，可以"精意纯孰，目想之，若见其所为斋之亲也"，则是能够因思念而"目见与重现"已逝之亲人。《礼记·祭义》多有类似记载：

　　祭之日，入室，僾然必见乎其位；周还出户，肃然必有闻乎其容声；出户而听，忾然必有闻乎其叹息之声。
　　是故先王之孝也，色不忘乎目，声不绝乎耳，心志嗜欲不忘乎心。致爱则存，致悫则著，著存不忘乎心，夫安得不敬乎！
　　虚中以治之……于是谕其志意，以其慌惚以与神明交，庶或飨之。
　　曾子曰：身也者，父母之遗体也。行父母之遗体，敢不敬乎？

　　斋戒或祭祀之时，子孙掏空属于自我的一切欲念与执着，"虚中"以接纳父祖生时的音容笑貌、思维意志，甚至包括叹息之声，做到与父祖神明完全地交相融合，进入人神相交、祖孙一体的恍惚之境。《尚书大传》曰："周公升歌文王之功烈德泽，苟在庙中尝见文王者，愀然如复见文王焉。"④周公在庙中升歌《清庙》，歌颂文王的功德，以使曾在庙中见过文王的人，于庄严肃穆的氛围中，似乎又重新见到了文王。可见通过礼乐的"表演"，可以建构或模拟出一种真实的礼仪场景，再现往日的人物与光阴。苏轼也讲："盖人之意气既散，孝子求神而祭，无尸则不享，无主则不依。……魂气必求其类而依之，人与为类，骨肉又为一家之类。己与尸各心斋洁，至诚相通，以此求神，宜其享之。"⑤王文锦认为："往昔帝王

---

① 《礼记正义》卷三〇，第 3217 页。
② 《礼记正义》卷二六，第 3157 页。
③ 《礼记正义》卷四七，第 3455 页。
④ （清）皮锡瑞：《尚书大传疏证》，中华书局，2015 年，第 96 页。
⑤ （宋）苏轼：《尸说》，《苏轼文集》第 5 册，中华书局，1986 年，第 1992 页。

对已逝双亲的孝心是，父母的容颜永不从眼中消失，他们的声音永不从耳中断绝，他们的心意和嗜好永不从心中遗忘。由于极为热爱，双亲就永远存活在心中。由于极为挚诚，双亲的形象就永远显著。显著的形象、生存的风貌在心目中永不淡忘，那怎能对他们不恭敬呢?"①

降神附于尸身，尸本身又是孙之伦，② 血缘上是先祖的遗体，具有天生的相似性。尸的神貌也是祖先的神貌。大孝之人终生不忘乎亲，心念、精诚唯专注于亲人之诚感诚应上，推至极致，终达于"见其所为斋者"，即与鬼神相感相应的境地。在此状态下，能够有"僾然必有见乎位""肃然必有闻乎容声""忾然必有闻乎其叹息之声"的神秘体验。③《荀子·不苟》："诚心守仁则形，形则能化矣。"④诚心至极致就能够形诸身体，使得举手投足皆为诚心的体现，能够达到化境。⑤ 这是身心的高度合一。⑥通过斋戒，穿祖之衣、行祖之范、思祖之乐、言祖之语，与祖先神明相交。自己的容颜神貌，已是祖先的容颜神貌。所谓恍惚之态，正是人神相交、人神不分时的神态。⑦祖先与子孙、过去与现在，纠缠在一起，神尸的斋戒仪式承担起中介功能。

子孙们"帅型祖考之德""帅型祖考威仪""仪刑文王"，学习祖先的威仪，祖考也成为后世子孙观看、效仿、学习的典范。整齐容貌如"见所祭者"，非仅是抽象意义上为表示虔诚的内心感受。这已太过理性，应该是通过斋戒祭祀使己身与被祭对象融为一体，神灵再现。"祭如在，祭神如

---

① 王文锦：《礼记译解》，中华书局，2001年，第679页。
② 《仪礼·士虞礼》郑注："孝子之祭，不见亲之形象，心无所系，立尸而主意焉。"
③ 尸与神灵形象的重构，还须裸礼降神。《尚书·洛诰》："王宾、杀、禋，咸格，王入太室裸。"伪孔传："裸鬯告神。"孔颖达疏："裸者，灌也。王以圭瓒酌郁鬯之酒以献尸。尸受祭而灌于地，因奠不饮，谓之裸。"尸入室后，接受主人、主妇郁鬯之献，不饮而灌注入地，香气达于渊泉，引起神灵注意，使之起而与己附合。《孟子·离娄》朱熹注："宗庙之祭，以郁鬯之酒灌地而降神也。"只有尸与神完全结合后，魂魄复合且归依于尸身，主人、主妇才能通过献尸，嘉善死者魂魄，从而实现尸饱如亲饱、尸醉如神醉的祭祀目的。祭祖中主人、主妇、宾等所有与尸相献祭、酬酢的礼节，均建立在裸礼降神附尸的基础上。
④ （清）王先谦：《荀子集解》，沈啸寰、王星贤点校，中华书局，1988年，第46页。
⑤ 林素娟：《象征与体物：先秦两汉礼仪中的修身与教化观》，台湾大学出版中心，2021年，第156页。
⑥ 郭店楚简《五行》："亲则爱，爱则玉色，玉色则型，型则仁。"内在的情感与思想，能塑造外在的体貌与容色。
⑦ 陈澔说："男则男子为尸，女则女子为尸。尸之为言主也。不见亲之形容，心无所系，故立尸而使之著死者之服，所以使孝子之心主于此也。"（元）陈澔：《礼记集说》，万久富整理，凤凰出版社，2010年，第72页。

神在"，或也当如此理解。① 学者为强调儒家的人文色彩，多突出"如"导致出神灵虚化的理性主义传统，而忽略"祭"的仪式与"神在"的真正结果。仪式本身具备神圣性，甚至可以创造或重现神灵。② 斋戒后人神合体，已入神秘之境。虚无微茫的祖先借助斋戒者所施仪式，与之合而为一，交融无间。神灵的奥秘之体借助尸身或子孙得以呈现。董仲舒《春秋繁露·祭义》："祭者，察也，以善逮鬼神之谓也。善乃逮不可闻见着，故谓之察。吾以名之所享，故祭之不虚，安所可察哉！祭之为言际也与？祭然后能见不见。见不见之见者，然后知天命鬼神。"③如董仲舒所言，主祭之人通过祭祀能"逮"住神灵，见到不可见之神灵形象。④

主祭者为子行，为尸者为孙行，均属于血脉一体的体系之内。主祭之人与神灵能够交融无间，尸更是如此。《诗·小雅·楚茨》非常形象地描述了神尸合一与即将分开时的仪态："神具醉止。皇尸载起，鼓钟送尸，神保聿归。"《白虎通·宗庙》载：

> 祭所以有尸者何？鬼神听之无声，视之无形，升自阼阶，仰视榱桷，俯视几筵，其器存，其人亡，虚无寂寞，思慕哀伤，无可写泄，故座尸而食之，毁损其馔，欣然若亲之饱，尸醉若神之醉矣。⑤

清儒杭世骏认为："古者孝子之道，事死如事生，事亡如事存，盖言精诚所至，俨如其形声之相接也。然祖考既没，但可接以心而不能接以目，能遇以神而必不能遇以形也。追远虽云情切，音容不可假借，设裳立

---

① 后世学者多重视孔子的人文主义式伦理道德，实际上根据胡适《说儒》、徐中舒《论甲骨文中所见的儒》、余英时《论天人之际》等先生的论述，儒家的理性色彩或有被后世夸大之嫌。儒源自巫，虽最终与之分道扬镳，但在孔子身上尚有浓重的"巫""教士""先知"孑遗。参见余英时：《论天人之际：中国古代思想起源试探》，台湾联经出版事业股份有限公司，2014年，第149~169页。"子不语怪力乱神"确实代表了历史发展的理性，属于宗教思想"祛魅"。但历史发展往往是立体多路径的，探究更丰富的真相，研究"祛魅"之前的"魅"，也是题中之义。"祛魅"与"返魅"不可偏废。
② 上博简《天子建州》"礼者，仪之义也"一类属于相对后起的观念，只有在理性再启的春秋后期才会慢慢诞生。礼早期最主要的内容必然是"仪"。
③ （清）苏舆：《春秋繁露义证》，钟哲点校，中华书局，1996年，第441~442页。
④ 《论衡·论死》："人生于天地之间，其犹冰也。阴阳之气，凝而为人，年终寿尽，死还为气。夫春水不能复为冰，死魂安能复为形？"但祈求已逝之人的神灵得以重新显现，似乎是人类不可遏制的冲动。西安碑林博物馆藏西晋永平元年"徐君夫人菅氏之墓碑"载："千秋万岁，何时复形？呜呼哀哉！"在此背景下，后世道教逐渐产生出"炼形"思想。参见姜生：《汉帝国的遗产：汉鬼考》，科学出版社，2016年。
⑤ （清）陈立：《白虎通疏证》，吴则虞校点，中华书局，1994年，第580页。

主，斯亦可矣。子孙为尸，不几涉于假借乎！且夫宗庙之中，原以祖临乎孙，而尸则临乎其祖矣，又何倒置也？"①杭世骏认为以孙之伦为尸，是以孙凌驾于父祖之上，有祖孙倒置之嫌，但也不能否定借尸之立可以见到父祖之音容，俨如形声相接也。清儒俞越有诗云："古祭必立尸，精神相感召。"②晁福林认为："商周祭祖礼之所以将'尸'作为受祭对象，目的是再现祖先形象。商周祭典之所以以幼童为尸，愚以为是古人会合魂魄的观念所致，即《礼记·礼运》所谓的'嘉魂魄'。"③子孙重现父祖，行父祖之所行，思父祖之所思，当然更能继承发挥父祖世世代代遗留下来的道德遗轨。汉学家胡司德以为，祭祀也就是为了招引鬼神现身。用各种表演来索神并使它们现身的祭祀仪式形式多样，用死者的替身尸作为与鬼神沟通的渠道也是其中之一。④ 柯马丁则以为："祖先祭祀并不只是面向过去，向遥远的祖先打开一条交流的渠道，而且它还是一种誓约，让祖先的灵魂能够在未来永存。这种思想通过'尸'这一角色得到视觉化的呈现，它是由家庭中的青年人所扮演的祖先灵魂的媒介，也通过绝大多数西周青铜铭文的程式化结束语'子子孙孙永宝用'表达出来。"⑤祖先与子子孙孙的沟通，是双方共同的誓约，既是权利，也是义务，沟通的方式是祭祀，内容是尸与铭文。尸的扮演和语言文字的表达，让祖先在后世子孙中获得了永久的形象与存在。

通过祭前的斋戒活动与正规的祭祀活动，加上诚敬之心与血脉之躯，子孙无论在外在形态还是内心上，均重构与显现了父祖神灵的形象。尸外穿父祖留存之衣，内借十日之斋实现精神上与父祖的重合。仪式中，父祖神灵的奥秘之体借助子孙，在身体与精神两方面获得了重生。主祭子孙不仅"看见了"已逝之祖先，更是与祖先血脉相融、神明相交，自己的形象在某种程度上已是祖先形象的再现。

① （清）杭世骏：《质疑》，《清经解》第 2 册，卷三〇九，上海书店出版社，1988 年，第 527 页。
② 俞诗《画像》："古祭必立尸，精神相感召。尸废图像兴，则在求之貌。金母画甘泉，其像必已肖。唐代拜御容，尊严比宗庙。流传逮氓庶，沿袭成典要。若非有画像，何以寓追孝。"俞越用诗化语言概述神灵画像的历史脉络，认同对立尸礼的精神感召价值，而又认为求神之貌要等到尸礼废，则未认识到尸象即神象，稍显遗憾。参见（清）俞越：《春在堂诗编》卷二三，《续修四库全书》第 1551 册，上海古籍出版社，1995 年，第 679 页。
③ 晁福林：《卜辞所见商代祭尸礼浅探》，《考古学报》2016 年第 3 期。
④ ［英］胡司德（Roel Sterckx）：《早期中国的食物、祭祀和圣贤》，浙江大学出版社，2018 年，第 108 页。
⑤ ［美］柯马丁（Martin Kern）：《从青铜器铭文、〈诗经〉及〈尚书〉看西周祖先祭祀的演变》，陈彦辉、赵雨柔译，《国际汉学》2019 年第 1 期。

三、无形之像与依物以凭神

祭礼中以孙之伦为尸，凭依祖先之神，呈现祖先之像，已如上论。那么在未有尸的礼仪中，神灵将何所依，何所象？曰神将凭物而成像。

《仪礼·士昏礼》纳采载有"施几筵"仪节："主人筵于户西，西上，右几。"郑玄注："筵，为神布席也。户西者尊处，将以先祖之遗体许人，故受其礼于祢庙也。席西上，神不统于人。"①纳采在新娘父亲家的宗庙内举行。新娘父亲作为主人，在堂上户牖之间最尊贵处设一席一几。堂上布席之法，于人以东为上，于神以西为上。此席以西为上，故知是为神而设。同理，设几于人在左，于神在右。在纳采、问名诸多仪节上，主宾虽分庭抗礼，相拜却北向，即主宾均对祖先几筵而行礼。通过几筵之设，主人把祖先神请到了堂上，观看与参与了礼仪的举行。《礼记·祭统》："铺筵，设同几，为依神也。"②若舅姑早逝，新娘须行庙见之礼，《仪礼·士昏礼》载："席于庙奥，东面，右几。席于北方，南面。"③此几筵也是为神而设。宋儒李如圭说："祭设同几，精气合。庙见象生时，故别席也。"舅姑两人同设一几，喻示神灵精气合一，为常祭之礼；行庙见礼，则与生时妇见舅姑一样，舅姑二人分席而坐。在奥为舅设席，在北墉下为姑设席。无论如何，几筵陈设，代表已逝之舅姑接纳了嫁入之新妇。在"几筵"前实行纳采、问名、嫁娶、庙见等仪节，表明祖先具在，主人不敢有所专或先祖对新妇的认可。空荡而静穆的几筵，为神灵所凭依，神灵也借以显示自己的在场。

神灵通过几筵之设而在场，在《仪礼·聘礼》也有所记载。聘宾即将出国访问而行告庙之礼，"有司筵几于室中。祝先入，主人从入。主人在右，再拜，祝告，又再拜"④。聘宾为主人向历代先祖告庙辞行。有司在庙中之室内设几筵。祝告与主人之拜，均面向几筵行礼如仪。几筵也是祖先神的象征。更著名的几筵之设，出现在《尚书·顾命》中：

> 牖间南向，敷重篾席，黼纯，华玉仍几。西序东向，敷重厎席，缀纯，文贝仍几。东序西向，敷重丰席，画纯，雕玉仍几。西夹南向，敷重笋席，玄纷纯，漆仍几。⑤

① 《仪礼注疏》卷四，第 2074 页。
② 《礼记正义》卷四九，第 3483 页。
③ 《仪礼注疏》卷六，第 2094 页。
④ 《仪礼注疏》卷一九，第 2263 页。
⑤ 《尚书正义》卷一八，第 508 页。

《顾命》所载为康王即位之礼。而"牖间南向"下，伪孔传云"因生时几，不改坐。此见群臣觐诸侯之坐"，说明此处所设数重之席不是为新即位的康王而设，而是为已逝的成王而设。堂上其他三席，即西序东向席、东序西向席、西夹南向席，与牖间席形成了一个"四面之坐"。它们分别是为"旦夕听事者""被飨养之国老、群臣"及"私宴之亲属"而设。可见这个"四面之坐"复原了成王生时处理朝政的场面。成王虽崩，在象征意义上却并未"缺席"康王的即位典礼。太保、太史、太宗是在成王君臣神灵的见证之下，把即位册命移交给康王。"四面之所"以巨大的虚空暗示着已逝天子的神灵永驻。

与几筵陈列类似，典籍中还有"屏摄之位"的说法。《左传·昭公十八年》子产"使子宽、子上巡群屏摄，至于大宫"，杜预注："屏摄，祭祀之位。"[1]大宫为郑国祖庙，屏摄则是庙中的祭祀之位，用以象征祖先神灵所在。《国语·楚语下》："次主之度，屏摄之位，坛场之所，上下之神祇，氏姓之所出，而心率旧典者为之宗。"韦昭注："屏，屏风也。摄，形如今要扇。皆所以分别尊卑，为祭祀之位。"[2]屏摄之位与神主、坛场等一起，为神灵所凭依，也是神灵具在的见证。

几筵陈设与屏摄之位，均是祭祀场合的神灵凭依之所，在墓室之中亦有"灵座"与"神位"代表了墓室主人不可见的灵魂。巫鸿研究马王堆汉墓与满城汉墓为我们提供了生动的案例。[3] 他认为，灵座在墓内前室之中，定义出一个祭祀空间的存在。墓室内"座位上没有偶像或肖像——它是为了一个看不见的角色而准备的坐处"，但在"一个设有厚垫并背靠画屏的座位"四周，"墙上张挂的丝帷""地上覆盖的主席""座位前放着的两双丝履"，还有"手杖""漆奁"等，通过众多物品的陈设暗示了墓主神灵的存在。巫鸿说，甚至可以想象"无形的轪侯夫人灵魂一边享用着酒食，一边坐在空座上欣赏歌舞表演"[4]。轪侯夫人的神灵借助一个空荡荡的灵座，出现在墓室的核心位置。

值得注意的是，满城汉墓中窦绾墓内无灵座，而刘胜墓有两个灵座，

① 《春秋左传正义》卷四八，第4529页。
② 徐元诰：《国语集解（修订本）》，王树民、沈长云点校，中华书局，2002年，第513~514页。
③ 巫鸿：《"玉衣"或"玉人"：满城汉墓与汉代墓葬艺术中的质料象征意义》，《礼仪中的美术》，生活·读书·新知三联书店，2005年，第131页。
④ 巫鸿：《黄泉下的美术：宏观中国古代墓葬》，生活·读书·新知三联书店，2010年，第66~69页。

且有主次之分，显示窦绾只能到其夫刘胜的墓内接受祭祀。但祭祀之礼"嘉魂魄"求在精气相合，夫妇合祭无两设灵座之必要。① 之所以设两个灵座，应与前论新妇行庙见舅姑之礼，在室内奥与北墉下两地分设舅姑神席一样，目的是模仿生时情况。满城汉墓内设两灵座，正是复原刘胜夫妇生活中的真实场景。只是处于阳世，夫妇歌舞升平，纵酒作欢；处黄泉之下，则以空荡的灵座，权作象征，以替肉身，以凭灵魂。延及后世，灵座或是墓室壁画"一桌二椅"的渊源。"一桌二椅"再变为墓主夫妇对坐宴饮图。② 虚无演化为实在，神灵形象已栩栩如生。进入宋代后，尊儒辟佛的士大夫制礼作乐，摒弃画像、影堂而重归几筵桌椅，化形象入虚无的复古基调，从反面角度或也能说明此问题。

凭物以象神，实为上古礼仪中的普遍现象。除了几筵、灵座之外，尚有"主""重""铭旌""衣物"，甚至宗庙，均可以凭物以象神。人死之时，肉身与灵魂分离，鬼神必得有所依归，否则将为厉鬼，故随仪式进程，设奠、制重、作铭以依之。丧事完毕，神主则成为最重要的凭神圣物，陈列于祖庙之中。学者论道："'重''主''尸'之设，均乃'状乎无形影'，借由不同的设施物甚至表演者，将已逝的亲人精魂具体化，以为丧奠、丧祭和吉祭行礼的标的对象。"③甚至到魏晋南北朝时期，此类礼俗尚遗留不异，《魏书·礼志二》载"今铭旌纪柩，设重凭神，祭必有尸，神必有庙，皆所以展事孝敬，想象平存"④。"重"与"主"象神，林素娟、彭美玲已有详论，可参考。衣物以象神，笔者亦曾著文讨论。⑤ 特别提到，诸侯在行迁庙之礼时，从旧庙牵祖灵进入新庙，祖先之衣物是其灵魂依附的重要礼器。奉衣者奠衣物于新庙堂上户牖之间为神所设的席上，可得知衣服具有神圣特性，被以神灵对待。迁庙礼中奉衣者所奉之衣，即亡亲魂灵的象征。或者说，祖先神灵附于衣服，而被迁至新庙。战国后，凭神于铭旌、衣物等"物"上，毕竟神像还是过于"虚化"。随后，铭旌上逐渐画出了神

① 《礼记·礼运》："夫与妇交献，以嘉魂魄，是谓合莫。"郑注："嘉，乐也；莫，虚无也。"清黄以周曰："嘉谓嘉会，合莫谓合魂魄于虚莫，此即所谓合鬼与神是也。"
② 邓菲：《"香积厨"与"茶酒位"——谈宋金元砖雕壁画墓中的礼仪空间》，复旦大学文史研究院编：《图像与仪式：中国古代宗教史与艺术史的融合》，中华书局，2017年，第205~208页。
③ 彭美玲：《"立主"与"悬影"——中国传统家祭祀先象神仪式样式之源流抉探》，《台大中文学报》2015年第51期，第41~98页；《古礼经说中的"主"制来由蠡测》，《台湾文史哲学报》2016年第84期。
④ 《魏书》卷一〇八《礼志二》，中华书局，1974年，第2771页。
⑤ 李志刚：《中国上古礼制中衣服所具功能与灵魂附归问题》，《古代文明》2014年第4期。

灵的具体形象，《人物御龙图》《人物龙凤图》以及马王堆 T 形帛画上的形象，均可以认作古人凭物以依神、逐渐化虚为实，画出神灵的"真实"形象的尝试。《人物御龙图》《人物龙凤图》等的神灵形象多作侧面像，到东汉后墓室壁画的神灵像多为正面安坐像，或可借助此类神像的变迁，发现古人宗教信仰的某些秘密。侧面像似暗含神灵即将远行，正面像则安坐如仪。远行者，与魂魄二元论之"魂归于天，魄属于地"的观念有关，神灵视墓室为临时之处，尚需远行登天。正面安坐则是魂魄合一，墓室已是永恒的家。远行后，墓庙分离，魂归庙祭；安坐，墓庙合一，墓祭盛行。

至于宗庙建筑，也在一定程度上模拟祖灵之像。《说文·广部》："庙，尊先祖貌也。"段玉裁注："尊其先祖而以是仪貌之，故曰宗庙。诸书皆曰'庙，貌也'，《祭法》注云'庙之言貌也。宗庙者，先祖之尊貌也'。古者庙以祀先祖。"①《释名·释宫室》："宗，尊也。庙，貌也。先祖形貌所在也。"②《白虎通·宗庙》："宗者尊也，庙者貌也，象先祖之尊貌也。所以有室何？所以象生之居也。"③西晋崔豹《古今注》讲："庙者，貌也，所以仿佛先人之灵貌也。"④王健文认为："宗庙象先祖之尊貌，且有室以象生之居。基本上宗庙是古代亲缘团体在空间上借以联系、凝聚为一整体的最主要中介。筑室以象生之居，盖祖先之居所也；室内或绘或雕先祖之尊貌，以示祖先与后代子子孙孙同在。"⑤林素娟也认为，"丧礼中，家屋之宫室经常隐喻家长的身体、家族共同体与家族间的伦理关系"，"宫室常被隐喻为主人的身体，主人死后，丧礼仪式往往伴随宫室空间的毁坏"。⑥

最为奇特的是殷王武乙"为偶人，谓之天神。与之博，令人为行"，把人偶当作天神，与之摔跤搏斗。武乙还命人用皮袋盛满血，悬挂在高处，用箭射之，命之为"射天"。商人崇拜上帝，而天神是周人的信仰。武乙可能在施厌胜巫术，压制周人在西土的崛起。

---

① （清）段玉裁：《说文解字注》，上海古籍出版社，1988 年，第 446 页。
② （清）王先谦补：《释名疏证补》，中华书局，2008 年，第 181 页。
③ （清）陈立：《白虎通疏证》，吴则虞点校，中华书局，1994 年，第 567 页。
④ （晋）崔豹：《古今注》卷上，明正德、嘉靖间顾氏夷白斋刻，阳山顾氏文房小说四十种本。
⑤ 王健文：《奉天承运：古代中国的"国家"概念及其正当性基础》，台湾东大图书公司，1995 年，第 139 页。
⑥ 林素娟：《象征与体物：先秦两汉礼仪中的修身与教化观》，台湾大学出版中心，2021 年，第 254、256 页。

　　虚无的神灵不可见，借助物得以呈现。祭祀所用苞茅缩酒，有类似的功能。神灵虚无，何能饮酒？"束茅立之于祭前，沃酒其上，酒渗下去，若神饮之。"①化虚无为实在，化静穆为动感。滴滴答答的酒从苞茅上淋渗下去，动感十足，犹如神饮，非常具体而形象。祭神如神在，酒在渗透，神真的就在眼前饮醇酿。再如降神仪式中的熏燎烟气袅袅腾空，在听觉、味觉、嗅觉、视角的交错激发下，神灵似乎确实伴随禋气下降人间，歆飨祭品。正所谓"但闻神响，不见其形"②者也。神灵在仪式中得以被感知，被发现，甚至被看见。对鬼神之有知与无知，儒家的态度也甚为有趣。信仰中鬼神之有无存而不论，相对而言较为重视礼仪中的鬼神。《孔子家语·致思》有一则师门师徒的对话："子贡问于孔子曰：'死者有知乎？将无知乎？'子曰：'吾欲言死之有知，将恐孝子顺孙妨生以送死，吾欲言死之无知，将恐不孝之子弃其亲而不葬。赐，欲知死者有知与无知，非今之急，后自知之。'"③这是典型的"搁置争议"。但是孔子还是强调"祭如在，祭神如神在"，礼仪活动中鬼神的存在，孔子还是明确的。礼仪是人举行的，鬼神存在于人举行的礼仪活动中。

　　凭物以依神，神灵实质上处于在与非在、可视与不可视之间。"器物承载着对祖先的追忆，对家国的歌颂，对丰收的期盼。这一切将表现性的声、乐、舞和符号性的器物相结合，形成了一个生动的场面。"④在与可视，因为有"物"庄严静穆地陈设在行礼空间内，行礼之人必得与之周旋揖让，行礼如仪。非在与不可视，则是空有座位而无人物。几筵之设、四面之座，空荡荡的灵座上坐着一个看不见的神灵。无形之神，见证与参与了人间的礼仪，甚至能够"观看"一场生动的歌舞演出。⑤凭物以依神，神是静穆而无形的，也是没有个性的。但神又实实在在栖息在那里，寂兮寥兮、恍兮惚兮，穆穆翼翼、安闲静幽、盛大显赫。"虚拟"

---

①　《春秋左传正义》孔颖达引郑兴语。《春秋左传正义》卷一二，第 3891 页。

②　张衡《骷髅赋》语。费振刚、仇仲谦、刘南平：《全汉赋校注》，广东教育出版社，2005年，第 752 页。

③　（清）陈士珂辑：《孔子家语疏证》，崔涛点校，凤凰出版社，2017 年，第 58 页。

④　闫月珍：《作为仪式的器物——以中国早期文学为中心》，《中国社会科学》2017 年第 7期。

⑤　据学者研究，汉墓画像石中存在两队相向而行的车马出行队伍，一队为墓主从内寝出发，来到前、中室交界处，另一队从前室赶来跪拜墓主。与之相伴随的有庖厨、宴饮、百戏等画像。这是用画像的形式，复原了死者与祭拜者在地下世界的生活场景。参见王煜、皮艾琳：《祭祀是居，神明是处：临沂吴白庄汉画像石墓图像配置与叙事》，《艺术史研究》第 24 辑，中山大学出版社，2021 年。王煜、杜京城：《祭我兮子孙：沂南汉墓画像的整体配置与图像逻辑》，《形象史学》第 17 辑，中国社会科学出版社，2021 年。

的礼仪身体，借助主、重、宗庙、衣服、尸、神坐、几筵等"物"展示在行礼场。① 仪容与形象描述，既是所凭之物庄严肃穆而给予子孙视角冲击所带来的效果，也是子孙虔诚敬慕的内心中对灵座上虚无神灵的无限想象。②

在偶像崇拜不是很发达的上古中国，要让虚无缥缈的神灵展现在人间世，并使人们获得具象的认识，不是件容易的事情。《礼记·檀弓上》载孔子语："之死而致死之，不仁而不可为也；之死而致生之，不知而不可为也。"③对待已逝亲人，到底是以生待之，还是以死待之，与仁智之心有很大的关系。以已死的心思对待已死之人，若没有仁爱之心作为保障，是不应该的；以未死之心对待已死之人，若没有智慧作支撑，也是不可取的。虽如此，送死陪葬的明器，照样须具备与陈设。仁智之心隐藏在内，明器陈设显露在外，且最终通过明器使已死之人"神明之"，获得最终的神性。

类似的情况，也发生在立尸礼中。《礼记·礼器》载孔子谈到夏、商、周三代立尸礼之异："周坐尸，诏侑武方，其礼亦然，其道一也。夏立尸而卒祭，殷坐尸，周旅酬六尸。"④孔颖达解释为夏、商、周三代之礼相因又相异。夏代之尸是人，人不可久坐神座，故只在有事即献酢酬时，尸才被认作神而坐于席。无事即在两道仪式的间隙，尸是人，必须站立。殷商之尸有事无事恒坐不立，"尸本象神，神宜安坐，不辩事与无事"。周代之尸则更进一步，除了安坐为神外，加上旅酬仪节，袷祭之时，六位历代祖先之尸旅酬相饮。曾子甚至把神尸间的旅酬比作人间的"合钱饮酒"。夏、商、周三代之尸的神性跟随仪式进程而不断变异。夏代之尸，乍立乍坐，乍人乍神，在人神之间不断摇摆；殷商之尸，恒坐不立，神性十足；周代之尸像是夏殷的合体，有事则恒坐不立，但又加上人间色彩较浓的旅酬，神尸之间相互劝酒。夏、商、周立尸之礼是否真如此，还是孔门师弟的概述与想象，不可确知。在《礼器》编撰时代的儒家看来，尸的神性与

---

① 缪哲：《从灵光殿到武梁祠：两汉之交帝国艺术的遗影》，生活·读书·新知三联书店，2021 年，第 391、474 页。

② 日本有俳句"玉盆深处，父母慈祥的容颜"，柳田国男说："可以读出人在上了年纪的，在'盆'用花和绿叶装饰着的临时祭坛里，产生某种幻觉，看到父母的面容。"上了年纪的人，与已故的父母有了更多精神上的共鸣，借助花叶装饰过的"盆"，似乎看到了真实的父母。这是一种似真似幻的精神状态。柳田国男说"这也算是人之常情吧"。参见[日]柳田国男：《关于先祖》，王晓葵译，北京师范大学出版社，2021 年，第 122 页。

③ 《礼记正义》卷八，第 1289 页下。

④ 《礼记正义》卷二四，第 1439 页。

礼的施行密不可分。礼仪使神灵可以被感知，形象得以呈现。① 礼甚至参与了神性的创造。哲学家李泽厚说："在巫术礼仪中，内外、主客、人神浑然一体，不可区辨。特别重要的是，它是身心一体而非灵肉两分，它重活动而非重客观对象。因为'神明'只出现在这不可言说、不可限定的身心并举的狂热的巫术活动中，而并非孤立、静止地独立存在于某处。神不是某种脱开人的巫术活动的对象性的存在。相反，人的巫术活动倒成了是'神明'出现的前提。'神'的存在与人的活动不可分，'神'没有独立自足的超越与超验性质。"②李先生的意思很明确：第一，神明产生于巫术礼仪活动实践中；第二，神明不能脱离礼仪而单独存在；第三，神明与巫术礼仪是不可分的。

法国社会学家爱弥儿·涂尔干说："无神的仪式是存在的，甚至神反而有可能会从仪式派生出来。"③职能清晰、地位明确的真正神灵诞生之前，人类经历过漫长的泛灵崇拜或图腾信仰，这时仪式已经产生。随着仪式与崇拜的发展，一位真正的神才慢慢被创造出来。仪式先于神而诞生，并据此而造神。④ 英国人类学家哈里森研究古希腊神灵起源时说："仪式中的激情和仪式中的活动不可避免地在人们的心目中打下深深的烙印，留下永久的印象，这些印象就是神的原型。"⑤香里·奥康纳似乎也在暗示这一点：周人用青铜器盛装酒食祭祀祖先，献祭与供奉等仪式行为使祖先转

---

① "礼乐场合对器物的置放和表演，呈现了器物的实物形态。从器物被置放和表演的场合，我们可以发现器物参与了程序化和形式化的仪式过程，以表演形态升华和强化了神和人、人和人之间的联系。"见闫月珍：《作为仪式的器物——以中国早期文学为中心》，《中国社会科学》2017 年第 7 期。

② 李泽厚：《由巫到礼 释礼归仁》，人民文学出版社，2022 年，第 12 页。

③ ［法］爱弥儿·涂尔干：《宗教生活的基本形式》，渠敬东、汲喆译，商务印书馆，2011年，第 44 页。

④ ［法］爱弥儿·涂尔干：《宗教生活的基本形式》，渠敬东、汲喆译，商务印书馆，2011年，第 387~397 页。

⑤ ［英］简·艾伦·哈里森：《古代艺术与仪式》，刘宗迪译，生活·读书·新知三联书店，2007 年，第 99 页。他甚至复原了一个神灵起源的过程："任何仪式都是由一群人同时参与和进行的，他们被共同的激情吸引和召唤到一起，在同一个领舞者的带领下，随着同一个节奏和旋律，共同起舞。这个引人注目的领舞者因此就成为会聚共同情感的中心。如果要举行送死神或迎新绿的仪式，那么，此人就顺理成章地成为偶像搬运者，或者他自己干脆就扮演偶像。领舞者成为凝聚集体激情的焦点和核心，整个活动都围绕着他而展开，他成为仪式喜剧的灵魂。他的形象因此而深入人心，被人铭记不忘，年复一年，他给人们留下的印象被不断地重复和再现，最后，终于从一个有血有肉的真实的人转变成为人们记忆中的意象，成了一个精神造物，但是，自始至终，他都是依存于实际的仪式实践，而他只是这种仪式实践的映像而已。"

变为神明，"使用的青铜器越多，祖先的灵就越强大，也就更可能最终变成神"①。"仪式"有点像"记忆"，虽然表面在重复或模仿"昨天的故事"，但目的却是面向当下和未来。仪式虽然外在形态需要保持不变，但却总能完成或创造一件新的事情，比如完成一年一度的新年祭祀，更新了个人与祖先及天地神灵的关系，完成太子登基仪式，创造了一个新的皇帝等。其中仪式程序、动作、礼器，可能每一次都是一样的，但创造内容却不同。"记忆"也是如此，"记忆研究不去尝试重构或具象化过去发生的事件，而是寻求这些事件为了某个群体当下的目的和兴趣而被唤起时所处的状况与所历的过程"②。仪式创造了新的神，或者是仪式的人格化。换言之，若要获得神的形象，只有回到仪式中去寻找。③ 而这个神的源头，其原初状态是仪式表演中的那个人或那件物。

神灵本来面貌如何，不可知。既然神在礼仪中活动，神像也就在礼仪中呈现。所谓的神像都是礼中的神像。《诗·何人斯》说："为鬼为蜮，则不可得。"纯粹的鬼神是不可得见的。④《礼记·乐记》说："明则有礼乐，幽则有鬼神。"⑤鬼神幽暗不可自我显现，只有借助礼乐之明才得以显像，即所谓"成物"。所谓"器以载道"，道寄托在礼器中得以展现，获得视觉形象。仪式或礼器是鬼神所钟聚具体之"物"，在物中鬼神得以成像。⑥ 没有神蕴藏其中，礼仪与礼器无神圣性可言；没有器物作寄存所，神灵也虚无缥缈，无所圣显。

---

① ［英］香里·奥康纳：《无尽的盛宴：饮宴人类学与考古学》，X. Li 译，广西师范大学出版社，2023 年，第 218~219 页。

② ［美］柯马丁：《表演与阐释：早期中国诗学研究》，郭西安编，生活·读书·新知三联书店，2023 年，第 397 页。

③ 人类学家大卫·科泽讨论了仪式与信仰之间的关系，认为仪式不单单是信仰的程式化表达。即便在那些人们对仪式看法不一的地方，参与仪式也是重要的政治活动。仪式比信仰更能抗拒变迁。仪式无须表明人们有共同的价值观或是对仪式抱有一致的观念，就可以促进社会团结。参见［美］大卫·科泽：《仪式、政治与权力》，王海洲译，江苏人民出版社，2021 年，第 95~98 页。此类论述表达了一种新颖的观念，仪式并不是依附在信仰的附属品，而是具有一定的独立性。就中国古代观念来说，"礼"与"义"为一体之两面，一为外、一为内，但"礼"也不全是义的附属物。"礼"具有一定的独立性，也就是说仪式本身就是有价值的，不需要另外的意义给予加持。钟鼓玉帛本身意义自足。意义的不自足，是春秋之后社会裂变与思想创新造成的。从这个角度再去思考早期的"礼"或"仪式"，能更接近历史演化真相。

④ 《毛诗正义》卷一二，第 977 页。

⑤ 《礼记正义》卷三七，第 3316 页。

⑥ 关于"物"的起源，以及"物"如何"成形"，通过仪式构建人间秩序与宇宙图式，参看李松骏：《殷周之际物观念的生成脉络——以仪式行动与礼文意识为线索的考察》，《汉学研究》2023 年第 1 期。

　　本节从礼的角度，分析上古中国礼仪实践中，古人对神灵形象的认识与想象。具体而言，得出如下结论。

　　第一，中国古代天神、地祇与人鬼，所有祭祀均必立尸。尸既是人，又是神灵的象征与凭依，是神在礼仪实践中呈现形象的最佳载体。若要获得神灵形象，当然首先必须知道尸身的形象。《山海经》记载众多对山水神灵的祭祀及其神灵的具体形象。我们认为，这些奇怪的神灵形象，实际上就是古人祭祀山水之神时所立神尸的具体装扮。立尸以祭遵循了物象其类的原则，神尸的形象与神的遭遇、职能、性格、死因等密不可分。

　　第二，祭祖必也立尸，祖神形象也是借助尸身的形象获得再现。主祭之子与为尸之孙，通过祭前的斋戒活动与正规的祭祀活动，加上血脉之躯与诚敬之心，无论在外在形态还是内心上，均重构与显现了父祖神灵的形象。尸外穿父祖留存之衣，内借十日之斋实现精神上与父祖的重合。仪式中，父祖神灵的奥秘之体借助子孙，在身体与精神两方面获得了重生。主祭子孙不仅"看见了"已逝之祖先，更是与祖先血脉相融，神明相交，自己的形象在某种程度上是祖先形象的重现。

　　第三，有尸之时，神像借助尸身得以呈现。无尸之时，神像借由物象得以呈现。物象包括重、主、铭旌、衣物、宗庙、几筵之设、四面之座、屏摄之位等。于此之时，神实质上处于在与非在、可视与不可视之间，获得更深沉的神秘性。所谓凭物以依神，神是静穆而无形的，也是没有个性的，是一种实实在在存在于行礼空间内，而又无形的神灵之像。

　　总之，"状乎无形影，然而成文"，神灵形象借助尸、子孙以及主、宗庙等物象而显形。尸、子孙与主等，即是定其神形的"文"。我们讨论的神灵形象，只能是礼仪实践中"文"所呈现的神灵形象。神，都是礼仪中的神。神像在尸中呈现，在子孙身上呈现，在物中呈现。除此之外，是否还有神灵，因有降神仪式存在，或许在天庭之上或黄泉之下是有的，只是不可知、不可视、不可闻。可知、可视、可闻的神灵是礼仪中的神灵。从这个角度可以说，礼创造了神。

第二章　宾飨：以人为宾之礼

与"祭飨"招待神、以神为宾不同，"宾飨"是以人为招待对象，以人为宾之礼。《礼记·仲尼燕居》："礼犹有九焉，大飨有四焉。苟知此矣，虽在畎亩之中，事之，圣人已。"①大飨之地位可见一斑。刘雨说："王室举行的享礼（即飨礼）非常隆重，近于祭祀，为讲大事、昭大德而举行，主要为王或者周公主持。"②这是西周时期的飨礼。西周已降，飨礼逐渐变化，既可单独举行，亦可与其他礼配合举行，构成一个更为复杂的礼仪组合。

宾飨的对象非常广泛，从殷墟卜辞、两周金文及传世礼典文献的记载来看，上可至诸侯，下可至一般士卒。《左传》中记载飨礼最为丰富，大致可分为王飨诸侯、王飨卿、诸侯飨王、诸侯相飨、诸侯飨卿大夫、卿大夫飨诸侯、卿大夫相飨、夫人飨诸侯、亡国贵族飨士卒九大类，③ 多为聘、觐、朝中之飨。《大戴礼记·公符》："飨之以三献之礼，无介，无乐，皆玄端。"清王聘珍云："飨，飨宾也。介，宾之辅。"④公行冠礼，自己为主以飨宾，为冠中之飨。诸如此类，传世礼典文献记载甚多，不胜枚举。

第一节　宾飨概述

飨（此节均指宾飨）主敬，于庙中举行，乃贵族间上级款待下级，有酒而不饮、有肉而不食的一项礼仪。《左传·宣公十六年》杜预注："享有

---

① 《礼记正义》卷五〇，第 3502 页。
② 刘雨：《西周金文中的飨与燕》，《金文论集》，紫禁城出版社，2006 年，第 67 页。
③ 周聪俊：《飨礼考辨》，台湾文史哲出版社，2011 年，第 33~50 页。
④ （清）王聘珍：《大戴礼记解诂》，王文锦校点，中华书局，1983 年，第 248 页。

体荐，设几而不倚，爵盈而不饮，肴干而不食，所以训恭俭。"①古代祭祀、宴会时，杀牲置于俎上曰烝。置未熟的全牲于俎上，为全烝，用于祭天；置半牲于俎上曰房烝，亦称作体荐，用于飨礼。② 杜注的大意是：飨重礼容，虽有体荐，但不食用；虽有几，但须站立，不能依靠；虽酒爵满盈，但不能饮用。之所以故，在于使人有恭俭之心。有文献也指出，大飨与祭祀时的礼仪差别不大："大飨不入牲，其他皆如祭祀。"③不入牲，为不牵牲入庙（主祭者为了表示亲自参与祭品的准备，一般要"视濯""视杀"，祭礼之外则不必如此）。除此之外，主宾出入等仪，皆与祭祀同。这也看出古人待宾与待神，在礼仪上有类同处。

值得注意的是，飨礼作为高级贵族招待低级贵族的礼仪，多数情况下并非单独举行，而是与其他礼仪一起，构成更大的礼仪组合。如聘礼、觐礼、婚礼中有飨礼的仪节，飨礼只构成其中一部分，而非独立的礼典。再如，战胜归来后，天子、诸侯为庆军功，亦会举行飨礼。西周晚期虢季子白盘"王格周庙，宣廚爰飨"（《集成》10173），所记乃周王为庆祝虢季子白的军功而举行飨礼。《孔丛子·问军礼》："飨有功于祖庙，舍爵策勋焉，谓之饮至。天子亲征之礼也。"④饮至礼也属军礼中为庆功而举行的飨礼。

飨礼多在庙中举行，在甲骨金文中多见。甲骨文载：

　　贞，叀多子飨于庭。《合集》27467
　　王其飨于庭。《屯南》2276
　　甲午卜，王其侑祖乙，王飨于庭。《屯南》2479

"飨于庭"，于省吾认为是太室的中庭。⑤ 西周金文穆公簋载：

　　王夕飨醴于太室，穆公侑。隐，王呼宰利赐穆公贝廿朋，穆公对王休，用作宝皇簋。《集成》4191

周天子在太室中行飨礼，穆公为助礼者。前引西周晚期虢季子白盘"王格周庙，宣廚爰飨"，同样是行飨于宗庙。癲壶载：

---

① 《春秋左传正义》卷二七，第 4148 页。
② 《左传·宣公十六年》《国语·周语中》。
③ 《周礼注疏》卷二二，第 1707 页。
④ 臣轨注：《孔丛子注》卷六，江苏古籍出版社景印宛秀别藏本，第 284 页。
⑤ 于省吾：《甲骨文字释林》，中华书局，1979 年，第 85～86 页。

　　唯三年九月丁巳，王在郑，飨醴，呼虢叔召瘌，赐羔俎。己丑，
王在句陵，飨逆酒，呼师寿召瘌，赐彘俎，拜稽首，敢对扬天子休，
用作皇祖文考尊壶，瘌其万年永宝。《集成》9726

　　周天子到郑、句陵两地举行飨礼，离开了都城，是否还是在宗庙？
按：天子无客礼，即使离开都城，进入诸侯领地，居住地点也还是在宗庙
之内。《礼记·礼运》："故天子适诸侯，必舍其祖庙，而不以礼籍入，是
谓天子坏法乱纪。诸侯非问疾吊丧而入诸臣之家，是谓君臣谑。"①既然天
子的居住地是宗庙，那行飨礼也必在庙内。至于瘌壶所载两次飨礼之庙，
是天子的宗庙，抑或是地方诸侯之庙，尚待证明。

　　至于飨礼的种类，《礼记·王制》"凡养老，有虞氏以燕礼，夏后氏以
飨礼，殷人以食礼，周人修而兼用之"下，孔疏引南朝经学家皇侃的意
见，把飨礼分为四类：

　　　　一是诸侯来朝，天子飨之……其牲则体荐，体荐则房烝。……其
　　礼亦有饭食……二是王亲戚及诸侯之臣来聘，王飨之，礼亦有饭食及
　　酒者，亲戚及贱臣不须礼隆，但示慈惠，故并得饮食之也。其酌数亦
　　当依命，其牲折俎，亦曰殽烝也。……三是戎狄之君使来，王享之，
　　其礼则委飨也。其来聘贱，故王不亲飨之，但以牲全体委与之也。四
　　是享宿卫及耆老孤子，则以醉为度。……②

　　皇氏所分四类，第二类论述不确，第四类乃误入。《礼记·聘义》：
"酒清人渴而不敢饮也；肉干人饥而不敢食也；日暮人倦，齐庄正齐而不
敢懈惰。"③朝聘之中的飨礼，置有酒食而不饮不食，明凡飨礼不主于饮
食，而主于礼容，天子飨亲戚及诸侯之臣来朝者亦然。皇氏之所以有此
误，大概因为古人行飨礼毕后，还要举行宴礼，即所谓"礼终乃宴"，其
将两个仪节混为一谈了。《左传·昭公元年》："夏四月，赵孟、叔孙豹、
曹大夫入于郑，郑伯兼享之。……乃用一献。赵孟为客，礼终乃宴。"④郑
伯先飨诸大夫，示恭俭，飨毕后又行宴礼，以尽欢乐，示慈惠。《国语·

---

① 《礼记正义》卷二一，第 3071 页。
② 《春秋礼记正义》卷一三，第 2912 页。
③ 《礼记正义》卷六三，第 3678 页。
④ 《春秋左传正义》卷四一，第 4389 页。

晋语四》："秦伯享公子如享国君之礼……明日宴……"①先行飨礼，至第二日再行燕礼，二者泾渭分明，不可混淆。至于第四类，享宿卫及耆老孤子，以醉为度，应为燕礼，而非飨礼，近代学者许维遹已指出其误。②

飨礼种类，应另加分析。根据举办飨礼方的身份，飨礼分为四大类：天子飨礼、诸侯飨礼、卿大夫飨礼、士飨礼。

天子飨礼，又分为四类。一是天子飨诸侯，如《仪礼·觐礼》："飨礼，乃归。"③诸侯觐见天子时，天子飨之后乃归国。二是天子飨诸侯之臣，如《左传·宣公十六年》天子飨士会。三是天子飨族人，如《国语·周语中》："亲戚宴飨，则有肴烝。"④四是天子飨夷狄之君臣。

诸侯飨礼，亦可分为三类。一是诸侯相飨，如《左传·成公四年》晋侯飨齐侯。二是诸侯飨卿大夫，此于《左传》中最为常见，如成公十二年楚王飨郤至，成公十四年卫侯飨苦成叔等。三是诸侯飨族人。

至于卿大夫飨礼、士飨礼，于经传中并不常见，《左传·昭公四年》叔孙豹制作孟钟，"飨大夫以落之"，叔孙豹为鲁国之卿，为其孟钟举行落成典礼，而飨大夫，此即卿大夫之飨礼。至于士飨礼，见于《仪礼·士昏礼》，婚礼第二天，舅姑飨妇、飨送妇者，均以一献之礼。

飨礼的完整仪式现在已不可确知，我们仅能从《周礼》《左传》《国语》等资料中略知一二，如《左传·昭公元年》云：

> 夏四月，赵孟、叔孙豹、曹大夫入于郑，郑伯兼享之。子皮戒赵孟，礼终，赵孟赋《瓠叶》。子皮戒穆叔，且告之。穆叔曰："赵孟欲一献，子其从之。"子皮曰："敢乎？"穆叔曰："夫人之所欲也，又何不敢？"及享，具五献之笾豆于幕下。赵孟辞，私于子产曰："武请于冢宰矣。"乃用一献。赵孟为客。礼终乃宴。⑤

晋国赵武、鲁国叔孙豹及曹国大夫一起出使郑国，郑简公设飨礼同时招待他们，并以赵武为正宾。在讨论飨时献酒的次数时，赵武与郑国大夫子皮间出现了分歧，赵武欲用一献之礼（主人献宾、宾酢主人、主人酬宾

① 徐元诰：《国语集解（修订本）》，王树民、沈长云点校，中华书局，2002年，第338~339页。
② 许维遹：《飨礼考》，《清华学报》1947年第1期。
③ 《仪礼注疏》卷二七，第2362页。
④ 徐元诰：《国语集解（修订本）》，王树民、沈长云点校，中华书局，2002年，第58页。
⑤ 《春秋左传正义》卷四一，第4389页。

为一献），子皮欲用五献。从此节关于飨礼的史料来看，第一，飨礼有"戒"。戒，告也。飨礼前，先告宾客举行之期。此与《仪礼》之《公食大夫礼》《燕礼》《乡饮酒礼》中的"戒宾"礼仪是相同的。不过，在戒礼结束后，赵武赋诗明意，表达自己对将举飨礼的看法，较为特殊。礼典不见戒宾时有赋诗的记载。第二，大夫用一献之礼，与常礼不合。赵孟为大夫，据《周礼·大行人》上公飨礼九献，侯伯七献，子男五献，赵孟为大国之卿，位同子男，当五献。又据《礼记·乐记》郑注，一献乃士饮酒之礼。那么，此处实为卿用士礼，与礼典记载不太相符。

《左传》记载飨礼的条目甚多，但大多与上述事例类似，仅能从中窥见飨礼的部分仪式，而不能复原其全貌。更重要的是，春秋礼崩乐坏后，其时贵族所行飨礼，已存在大量不尊礼制的情况，这是利用《左传》等资料研究飨礼时需要注意的地方。

第二节 商周王室的飨臣以宾礼

一、飨诸侯

《左传·成公十二年》："世之治也，诸侯间于天子之事，则相朝也，于是乎有享宴之礼。享以训共俭，宴以示慈惠。"[1]《仪礼·觐礼》："飨礼，乃归。"[2]《礼记·郊特牲》："大飨，君三重席而酢焉。"郑注："言诸侯相飨，献酢礼敌也。"[3]《周礼·秋官·掌客》提到上公三飨三食三燕，侯伯再飨再食再燕，子男一飨一食一燕。[4] 此等所记均为天子飨诸侯之礼，且行礼中双方地位相对均等。飨诸侯之礼，自殷墟甲骨文到两周金文均能见到。例如：

> 卢伯澳其延，呼飨。《合集》28095
> 庚午卜，争贞，佳王飨戎。《合集》5237
> 辛未王卜，在召庭，佳执其令飨事。《合集》37468
> 弜执呼归克飨王事，引吉《合集》27796

---

① 《春秋左传正义》卷二七，第 4148 页。
② 《仪礼注疏》卷二七，第 2362 页。
③ 《礼记正义》卷二五，第 3132 页。
④ 《周礼注疏》卷三八，第 1946 页。

　　于南门飨美。《合集》13607

　　"卢伯"是与商朝有密切关系卢国的首领，澡为其名，也见于《屯南》667 中。① 妇好墓曾出土一枚玉戈，铭曰"卢方皆入戈五"，说明武丁时代卢方首领名为皆者曾向商王纳贡。② "戎"同为族邦之名。③《礼记·郊特牲》载："大飨尚腶脩而已矣。"郑注："此大飨，飨诸侯也。"④那么"飨戎"同样指商王飨来朝之戎。只不过，此"戎"并非具体某一国，应是蛮夷类方国的统称，或多国同时朝觐商王。《左传·昭公四年》"夏启有均台之享，商汤有景亳之命"⑤，或非臆测。"执"，据宋镇豪考证为商臣属诸侯，"隹执其令飨事"意指呼命执出席飨礼仪式。⑥ "美"即卜伯美。卜方伯，后臣服于商。综合而言，殷商时期，商王所飨诸侯不仅包括方国、蛮夷之君，同样包括直属的方内诸侯。

　　如穆王时期长由盉载：

　　　　唯三月初吉丁亥，穆王在下减庢。穆王飨醴，即邢伯大祝射。穆王蔑长由以逨即邢伯。邢伯氏弥不奸。……《集成》9455

　　穆王先在下减行飨礼，后又到邢伯处行射礼，此是先飨后射之礼。长由因在飨、射中辅助邢伯有功，而受到康王的勉励、赞许。⑦ 在殷商时期，甲骨中已有"邢方"出现，说明其时邢已为国名。西周时期的邢国为周公之后。《左传·僖公二十四年》："凡、蒋、邢、胙、祭，周公之胤也。"⑧邢伯或邢侯，还见于金文邢侯簋、麦方尊、麦方彝、麦方鼎、臣谏簋等器中。其中麦方尊、邢侯簋详细记载邢国的分封过程。⑨ 长由盉所载飨礼，正是飨诸侯例证。金文中类似的例子还见效卣、应侯视工簋、虢季子白盘等。

　　《国语·周语上》记载了天子行籍田礼后的大型飨礼场面，可参考：

　　① 姚孝遂、肖丁：《小屯南地甲骨考释》，中华书局，1985 年，第 238 页。
　　② 中国社会科学院考古研究所编：《殷墟妇好墓》，文物出版社，1980 年，第 131 页。
　　③ 于省吾：《甲骨文诂林》第 3 册，中华书局，第 2367 页。
　　④ 《礼记正义》卷二五，第 3129 页。
　　⑤ 《春秋左传正义》卷四二，第 4418 页。
　　⑥ 宋镇豪：《商代社会生活与礼俗》，中国社会科学出版社，2010 年，第 231 页。
　　⑦ 晁福林：《金文"蔑历"与西周勉励制度》，《历史研究》2008 年第 1 期。
　　⑧ 《春秋左传正义》卷一五，第 3944 页。
　　⑨ 庞小霞：《商周时期邢都邢国邢地综合研究》，郑州大学博士学位论文，2007 年。

先时五日，瞽告有协风至。王即斋宫，百官御事各即其斋三日。王乃淳濯飨醴，及期，郁人荐鬯，牺人荐醴，王祼鬯，飨醴乃行，百吏、庶民毕从。及籍，后稷监之，膳夫、农正陈籍礼，太史赞王，王敬从之。王耕一坺，班三之，庶民终于千亩。其后稷省功，太史监之。司徒省民，太师监之。毕，宰夫陈飨，膳宰监之。膳夫赞王，王欲太牢，班尝之，庶人终食。①

籍田礼中的飨礼分为两部分：一是籍田礼前天子的飨神与自飨，二是籍田礼毕后天子飨百官。籍田礼也有庶民参与，似庶民不在天子所飨范围内，"庶人终食"而已。《吕氏春秋·孟春纪》则把籍田后的宴飨称作"劳酒"："反，执爵于太寝，三公九卿诸侯大夫皆御，命曰劳酒。"②

清华简《耆夜》比较完整地体现了西周初期天子与大臣之间的饮酒赋诗：

武王八年，征伐耆，大戡之。还，乃饮至于文太室。

毕公高为客，邵公保奭为介，周公叔旦为主，辛公㪥甲为位。作册逸为东堂之客，吕尚父命为司正，监饮酒。

王举爵酬毕公，作歌一终，曰《乐乐旨酒》："乐乐旨酒，宴以二公。纴兄弟，庶民和同。方壮方武，穆穆克邦。嘉爵速饮，后爵乃从。"

王举爵酬周公，作歌一终曰《輶乘》："輶乘既饬，人服余不胄。歔士奋刃，緊民之秀。方壮方武，克燮仇雠。嘉爵速饮，后爵乃复。"

周公举爵酬毕公，作歌一终。曰《英英》："英英戎服，壮武赳赳。宓靖谋猷，裕德乃求。王有旨酒，我忧以懑。既醉又侑，明日勿慆。"

周公或举爵酬王，作祝诵一终。曰《明明上帝》："明明上帝，临下之光。丕显来格，歆厥禋盟。于□月有成辙，岁有皋行。作兹祝诵，万寿无疆。"

周公秉爵未饮，蟋蟀趯升于堂，周公作歌一终。曰《蟋蟀》："蟋蟀在堂，役车其行。今夫君子，不喜不药(乐)。夫日□□，□□□忘。毋已大乐，则终以康。康乐而毋荒，是惟良士之逹逹。蟋蟀在

① 徐元诰：《国语集解(修订本)》，王树民、沈长云点校，中华书局，2002年，第18页。
② 许维遹：《吕氏春秋集释》，梁运华整理，中华书局，2009年，第10页。

席，岁聿云暮。今夫君子，不喜不乐，日月其迈，从朝及夕。毋已大康，则终以祚。康乐而毋荒，是惟良士之边边。蟋蟀在序，岁聿云□。□□□□，□□□□。□□□□，〔从冬〕及夏。毋已大康，则终以祐。康乐而毋荒，是惟良士之惧惧。"

简文记述了周武王八年伐耆，得胜凯旋，于文王宗庙举行庆功的饮至典礼。参加这次礼仪的有周武王、毕公、召公、周公、辛甲、作册逸、吕尚父。叶国良指出，《耆夜》不是"饮至之礼"的完整记录，而仅是饮至礼的尾声，即旅酬之后无算爵阶段君臣上寿祝福敬酒作歌之礼。根据《仪礼》所载各类饮酒礼仪式推测，叶氏所言是正确的。① 也可能是飨"礼终乃宴"部分。毕公为宾，在户牖间，召公为介在西阶，周公为代主在西阶稍东，武王为正主在阼阶，作册逸为武王辅助者在东堂。主人与主宾，都有一位行礼辅助者。周公为代主。吕尚父为司正，监督饮酒。② 饮酒间，武王作诗《乐乐旨酒》酬毕公，作诗《輶乘》酬周公。周公作诗《英英》酬毕公，作诗《明明上帝》酬武王。最后周公持爵未饮作《蟋蟀》一歌。③ 因凯旋而归，都非常高兴。特别是武王作诗《乐乐旨酒》，喜悦之心溢于言表，劝大家"嘉爵速饮，后爵乃从"。但这次饮酒中，周公内心似乎一直氤氲着忧愁。如周公酬毕公诗有"王有旨酒，我忧以愬。既醉又侑，明日勿慆"。到最后的《蟋蟀》诗，周公更有"康乐而毋荒，是惟良士之惧惧"。因蟋蟀而起兴，岁暮时至，生命短促，时序更替，提醒同族兄弟们常备戒惧，不要纵乐过度，不要因胜利而懈怠。周公的忧患意识非常明显，也从中可以见到早期的"醉不忘礼"传统。《耆夜》所载献酬，重点仍然不在饮酒。

二、飨臣属

殷墟卜辞中，已能见到商王飨臣属之礼。例如：

> 弜不飨，惟多尹飨。
> 归簋，惟多尹飨。大吉。《合集》27894
> 戊寅卜，王飨雀。《合集》20174

"多尹"于卜辞中常见，陈梦家归之入"史官"类，并认为其职司为作

① 叶国良：《清华简〈耆夜〉的饮酒方式》，《中国经学》第 22 辑，广西师范大学出版社，2018 年，第 1~10 页。
② 具体论述见后文"西周时期存在'以公卿为宾'"一节。
③ 李学勤：《论清华简〈耆夜〉的〈蟋蟀〉诗》，《中国文化》2011 年第 1 期。

田、作寝、飨等国内之事，同时又可出使于外。① 宋镇豪也指出，"多尹"为朝臣，主要服事营筑、农垦、征战。② 由此看来，上揭"惟多尹飨"即是商王飨臣属之礼。"雀"于卜辞中又有"亚雀""侯雀""雀男"等称号，是武丁朝的重要军事将领，有自己独立的封地，曾多次率军参与战争并取得胜利，经常参与王室的内外之祭。③ "王飨雀"有可能是雀取得军事胜利后，商王飨之以奖赏；也有可能是王室之祭后，雀因辅助有功，商王故飨之。

西周金文中，天子飨臣属亦能见到。例如：

> 唯六月既生霸，穆王在莽京，呼渔于大池。王飨酒，逪御亡谴。穆王亲赐逪鲜。逪拜稽首。逪簋，《集成》4207
>
> 唯正月既生霸丁酉，王在周康寝，飨醴，师遽蔑历侑。王呼宰利锡师遽瑚圭一环，璋四，师遽拜稽首……师遽方彝，《集成》9897
>
> 唯三年九月丁巳，王在郑飨醴，呼虢叔召瘭，赐羔俎。己丑，王在句陵飨逆酒，呼师寿召瘭，赐彘俎。三年瘭壶，《集成》9726
>
> 唯王初如𰉂，迺自商师，复还至于周。王夕飨醴于大室。穆公佑尸。王呼宰利，赐穆公贝廿朋，穆公对扬王休，用作宝皇簋。穆公簋，《集成》4191

上揭铭文中，逪簋、师遽方彝、穆公簋所载为周天子行飨礼，逪、师遽、穆公助礼有功，而受到赏赐，虽非飨臣属的直接证据，但臣属参与天子飨礼，作为有司或主宾、众宾是有可能的。三年瘭壶正好证明了此点。周王两次举行飨礼，均命有司召瘭参与，并有赏赐。清华简《耆夜》篇记载武王八年戡黎后举行饮至礼，且以毕公为宾客，为周初飨臣属，存在以公卿为宾，提供重要证据：

> 武王八年，征伐者，大戡之。还，乃饮至于文太室。毕公高为客，邵公保奭为介，周公叔旦为主，辛公诔甲为位。作册逸为东堂之客，吕尚父命为司正，监饮酒。王举爵酬毕公，作歌一终……④

武王大破耆国后，在祭祀文王的太室行庆功饮至之礼，与小盂鼎的记

① 陈梦家：《殷虚卜辞综述》，中华书局，1988年，第517页。
② 宋镇豪：《商代社会生活与礼俗》，中国社会科学出版社，2010年，第230页。
③ 胡厚宣：《殷代封建制度考》，《甲骨学商史论丛初集》，河北教育出版社，2002年，第39~45页。
④ 陈民镇、颜伟明：《清华简〈耆夜〉集释》，复旦大学出土文献与古文字研究中心网，2011年9月20日。

载类似。① 行礼各方：毕公高为客，即主宾。《史记·周本纪》："武王即位，太公望为师，周公旦为辅，召公、毕公之徒左右王，师修文王绪业。"②毕公即毕公高。《尚书·康王之诰》："毕公率东方诸侯入应门右。"③毕公为分陕二伯之一，孔颖达认为其职在太师，地位之高可以想见。《史记·魏世家》："魏之先，毕公高之后也。毕公高与周同姓。武王之伐纣，而高封于毕，于是为毕姓。"④那么《耆夜》所记毕公即分封于毕的姬周同姓，既为一国诸侯，又常在周王左右任太师，在饮至礼中以之为宾，著名的召公奭只能作为他的辅助者。⑤ 可见周初以公卿为宾，不会成为问题。

三、飨戚属

事实上，早在商代，已见飨同宗之人的记载。如：

> 贞，叀多子飨于庭。《合集》27647
> 叀多子飨。《合集》27648
> 甲寅卜，彭贞，其飨多子。《合集》27649
> 叀王飨受又，[于]多子飨。《合集》27644
> 叀多生飨。《合集》27650

"多子"的身份问题，多有聚讼。朱凤瀚认为是"王子"⑥，刘孟骧认为是"商人的氏族长"⑦，林沄认为是"和商王同姓的贵族"⑧。《尚书·洛诰》"予旦以多子越御事"⑨，顾炎武云："多子，犹《春秋传》之言群子也。唐孔氏以为大夫皆称子，非也。"⑩曾运乾说："多子，大小各宗也。"⑪《逸

---

① 李学勤：《小盂鼎与西周制度》，《历史研究》1987 年第 5 期。
② 《史记》卷四《周本纪》，第 120 页。
③ 《尚书正义》卷一九，第 518 页。
④ 《史记》卷四四《魏世家》，第 1835 页。
⑤ 至于为什么以毕公为宾，李学勤认为毕公与周公一样，是武王之弟，且在伐耆战役中，可能战功最大（《清华简〈鄏夜〉》，《光明日报》2009 年 8 月 4 日）。但据小盂鼎的铭文，盂战功卓著，却不为饮酒主宾，可见毕公为宾为客，不一定是因战功。
⑥ 朱凤瀚：《商周家族形态研究（增订本）》，天津古籍出版社，2004 年，第 51 页。
⑦ 刘孟骧：《"多子""多生"与殷商社会结构》，《文史哲》2000 年第 1 期。
⑧ 林沄：《从子卜辞试论商代家族形态》，《古文字研究》第 1 辑，中华书局，1979 年，第 324 页。
⑨ 《尚书正义》卷一五，第 459 页。
⑩ （清）顾炎武著、黄汝成集释：《日知录集释》，栾保群、吕宗力校点，上海古籍出版社，2006 年，第 234 页。
⑪ 曾运乾：《尚书正读》，中华书局，1964 年，第 210 页。

周书·商誓》："尔多子其人自敬，助天永休于我西土。"此"多子"，丁宗洛本作"多士"，唐大沛说："多子，犹言多士也，盖谓殷之多子。以其辅助邦君，故论之。"①是则以传世文献准之殷墟卜辞，"王子说"不可从。裴锡圭引卜辞"贞，呼黄多子出牛，屮于黄尹？"（《合集》3255），认为黄尹即伊尹；武丁时，伊尹已死三百年，黄多子不可能是伊尹之子，而只能是黄族人员。②据裴先生的研究，"多子"亦不必为商王之子，而是指与商王有血缘关系的贵族，曾运乾认为是"大小各宗"，应该是可信的。京簋铭文："辛子巳，王饮多亚，廷享⋯⋯"（《集成》4920）"多亚"即多个小宗。③铭文所言为商王在廷燕飨诸类小宗。《周礼·春官·大宗伯》："以饮食之礼，亲宗族兄弟。"④"多子"作为与商王有血缘关系的大小宗，与商王一起构成殷商的统治阶层，商王以飨礼相待，致力于团结同宗，巩固统治。至于"多生"，陈絜认为即"多甥"，为"姻娅之属"，大致可信。⑤则所谓"飨戚属"，不仅包括同姓之宗人，同样包括异姓姻娅。宋镇豪说，受飨者称多，则人数不少，举行飨礼的地方或在大庭，能够容纳众人的露天广庭。⑥在这种情况下，是否有受飨的主宾与众宾的区别，因无更多资料，难以判断。或许因殷商礼仪不如周成熟，尚未有特别明显的主宾与众宾之别。

晚商青铜器遹方鼎记载有"王飨酒"。鱼尊铭文有更为详细的描写：

> 辛未，妇尊宜在闌太室，王飨酒，奏庸，新宜陈，在六月。鱼迪，十终三振，遹同王赏，用作父乙彝。大万。

据李学勤研究，"尊宜"指进献肴馔。"奏庸"即奏镛，为演奏乐器。"新宜陈"指"将新肴陈出供餐"。"十终三振"为奏乐的节曲，十终是"奏庸"十节。"振"是万舞，"三振"是三次"振万"。遹和鱼都是乐官。鱼为器主，也是礼仪引导者；遹是鱼的副手。⑦在这次飨礼中，既有饮酒，也

① 黄怀信等：《逸周书汇校集注》，上海古籍出版社，2007年，第459页。
② 裴锡圭：《关于商代宗族组织与贵族和平民两个阶级的初步研究》，《古代文史研究新探》，江苏古籍出版社，1992年，第305~306页。
③ 冯时：《殷代史氏考》，陕西师范大学、宝鸡青铜器博物馆编：《黄盛璋先生八秩华诞纪念文集》，中国教育文化出版社，2005年，第22页。
④ 《周礼注疏》卷一八，第1640页。
⑤ 陈絜：《商周姓氏制度研究》，商务印书馆，2007年，第100~102页。
⑥ 宋镇豪：《夏商社会生活史》，中国社会科学出版社，1994年，第323页。
⑦ 李学勤：《鱼尊铭文简释》，《中原文化研究》2016年第4期。

伴随奏乐。不过，此次飨礼，首先是妇进献酒肴，再讲王飨酒，也不明主宾为谁，或许妇就是王飨酒的重要对象。

金文中"飨戚属"同样常见，如西周晚期的膳夫克盨之"献婚媾"，乖伯簋之"用好宗庙，享夙夕，好朋友与百诸婚媾"，九里墩鼓座之"余以享同姓九祀，以饮大福朋友"等。所谓"婚媾""同姓九祀"，即为亲戚之属。至于传世文献中，《诗经》中的《楚茨》《常棣》等篇，描写宗族内部的燕飨活动甚详。所谓"诸父兄弟，备言燕私"[1]，大宗通过燕飨之礼以亲近骨肉，起到收族统宗的效果。

四、飨使者

殷商卜辞中的飨使者，大概可以分作两类：一是商王飨自己派往出使侯国、蛮方的使臣，二是王飨侯国、蛮方出使王室的使臣。前一类如"弜执乎归，克飨王使"(《合集》27796)。虽然商王经常派使出访，[2] 但卜辞中载飨自己使臣的内容并不多见。较为常见的却是第二类，如"……其来，王自飨"(《合集》5240)、"贞乎飨入人"(《合集》376正反)。所谓"其来""入人"，均指入商邑朝觐的来宾。

西周时代，除了延续商礼的一般特点外，于金文中最为常见的却是诸侯或臣属制器以飨来访的周王之使。例如：

      𢀗作宝簋，用飨王逆复事。𢀗簋，《集成》3731

      伯者父作宝簋，用飨王逆复。伯者父簋，《集成》3748

      仲爯作又宝簋，用飨王逆衍。仲爯簋，《集成》3747

      用飨公逆覆事。保员簋，《新收》1442

      用飨出入使人。小子生尊，《集成》6001

      其万年用飨王出入。小臣宅簋，《集成》4201

      伯𤦭父作旅鼎，用飨王逆复事人。伯𤦭父鼎，《集成》2487

      乃用飨王出入使人、众多朋友。卫鼎，《集成》2733

      其用飨王出内，穆穆事宾。矩鼎，《新收》1664

      用飨大正、歖王宾，馔具召饮。弭仲簠，《集成》4627

类似的记载，金文中还能找到许多。所谓"逆覆""逆复""出入使人"

---

① 《毛诗正义》卷一三，第 1008 页。

② 宋镇豪：《商代社会生活与礼俗》，中国社会科学出版社，2010 年，第 233 页。

"出内"等，均指天子派遣出的使者。① 弭仲簠"歆王宾"，与之同义。② 保
员鼎"公逆覆"，则还包括诸侯的使者。"飨王使"作为荣耀之事，在西周
铭文中大量出现，一方面表明王室与封内外诸侯交往频繁，两者关系处于
较为密切的阶段；另一方面可见诸侯、臣子对王室的尊重与顺从，天子权
威尚未遭削弱。殷周时期燕飨礼更多集中在高层贵族之间，体现了王权较
好地掌握着礼乐的行使权力。

第三节　春秋时代的君臣飨礼

时至春秋，君飨臣开始表现出新的特点。一是天子飨诸侯之卿大夫，
变得较为常见。伴随诸侯力量的增强，诸侯之卿大夫逐渐介入王室之事，
天子不得不飨其中有功者。二是诸侯飨臣属开始占据燕飨礼的主流。

一、天子飨大臣

《左传·庄公十八年》："春，虢公、晋侯朝王。王飨醴，命之侑。皆
赐玉五毂，马三匹，非礼也。"③此为朝礼中，天子设飨礼招待诸侯之礼。
鲁僖公二十五年，晋侯再次朝见天子，天子仍然"王飨醴，命之侑"。鲁
僖公二十八年，晋楚城濮之战后，晋侯向天子献楚国俘虏，"王享醴，命
晋侯侑"。《国语·晋语四》记载，晋文公平王室之乱，天子在成周"王飨
醴，命公胙侑"④。诸侯朝见天子，天子飨醴之，是常见礼仪。
《左传·僖公十二年》载管仲"平戎于王"有功，周襄王设筵飨之：

> 王以上卿之礼飨管仲。管仲辞曰："臣，贱有司也。有天子之二
> 守国、高在，若节春秋来承王命，何以礼焉？陪臣敢辞。"王曰："舅
> 氏！余嘉乃勋，应乃懿德，谓督不忘。往践乃职，无逆朕命。"管仲
> 受下卿之礼而还。⑤

---

① 李学勤：《释"出入"与"逆造"》，《通向文明之路》，商务印书馆，2010 年，第 180～182
　　页。
② 杨树达：《弭仲簠再跋》，《积微居金文说》，上海古籍出版社，2007 年，第 197 页。
③ 《春秋左传正义》卷九，第 3848 页。
④ 徐元诰：《国语集解（修订本）》，王树民、沈长云点校，中华书局，2002 年，第 351 页。
⑤ 《春秋左传正义》卷一三，第 3912 页。

　　齐国上卿为国、高二氏，管仲不过为齐桓公的私臣而已。《礼记·王制》"次国之上卿，位当大国之中，中当下，下当其上大夫"①，齐虽为大国，但于周而言，管仲的爵位不及卿。以"上卿之礼"待管仲，说明周天子不得不调整固有礼制，以迎合"陪臣"势力上升的新形势。不过，或因天子权威未完全丧失，或因初见天子时心中尚存畏惧谦卑之心，管仲辞去"上卿之礼"而受以"下卿之礼"。六十年后，性质类似之事再次发生。晋国之卿士会因调和王室卿士间的矛盾有功，受到周王的飨礼。《左传·宣公十六年》载：

　　　　冬，晋侯使士会平王室，定王享之。原襄公相礼。殽烝。武子私问其故。王闻之，召武子曰："季氏！而弗闻乎？王享有体荐，宴有折俎。公当享，卿当宴。王室之礼也。"武子归而讲求典礼，以修晋国之法。②

　　《国语·周语中》对此事有更为详细的记载，可参考。如果说管仲"平戎"尚属助王室解决外交难题的话，那么士会被晋侯派去调解王室内卿士间的争斗，已属干涉内政。这说明天子权势已由外至内全面式微。不过，周天子的政治、军事势力虽大受削弱，但在保存周代礼乐制度方面，仍具有先天优势，拥有很强的解释权与话语权。故周定王可以熟练地解释"王室之礼"，而作为大国之卿的士会，只得"私问其故"，表现出明显的"无知"。春秋初中期，即使同为姬姓的晋国，飨燕知识的储备，仍显贫乏。定王虽熟悉周礼，却言行不一。士会为晋国上卿，于周最高不过中卿，王室之礼"公当享，卿当宴"，也就是说士会只当受宴，而无受飨的资格。定王用高规格礼仪飨士会，与襄王飨管仲一样，均有讨好侯国之嫌。六十多年的兴衰变迁，管仲与士会的态度，已有天壤之别。与管仲的"谦卑"不同，士会归国后"讲求典礼，以修晋国之法"，欣羡周礼之余，表露出高涨的学习热情，说明周礼向诸侯国转移的趋势已不可逆转。③ 定王飨士

---

① 《礼记正义》卷一一，第 2864 页。
② 《春秋左传正义》卷二四，第 4099~4100 页。
③ 春秋时代，后进国家到先进国家去"问礼"屡见不鲜。例如，《左传·襄公二十九年》吴公子季札观周乐于鲁，表现出的欣羡之情，一方面反映出鲁作为文明之邦保存礼乐较完备，另一方面反映出吴国的荒蛮及礼乐知识的相对贫乏。再如，《论语·八佾》载"孔子入太庙，每事问"，历代学者认为此表现出孔子的好学与谦卑，当然不假。但是从另一角度看，孔子的"每事问"一定程度上体现出"王官之学"到"百家之学"的转变。可见对于经典文献所载的"问礼"现象，不能马虎视之。

会故事的重要性，正在于记录了"王室之礼"崩坏与"侯国之礼"兴起中间的关键转折点。权力虽然发生了转移，礼乐本身却将更为兴盛。

二、诸侯间飨礼

《左传·僖公二十二年》载：

> 丁丑，楚子入飨于郑，九献，庭实旅百，加笾豆六品。飨毕，夜出，文芈送于军。取郑二姬以归。[①]

春秋争霸，齐桓公死后，晋惠、齐孝均非霸主之材，霸主之位暂时出现了空缺。楚成王积极进取，北上中原图霸的野心日益增大。郑国慑于楚国锋芒，在齐桓公后，始终服事楚国，为之附庸。在楚王入飨郑国之前，楚助郑打败宋、卫、许、滕联合军队的入侵，且与宋战于泓，大败宋襄公。可以说，成王时代是楚国力量最强大的时期之一，直到六年后的城濮之战，楚的北上势头才稍微收敛。郑对楚的依赖，显而易见。在这样的历史背景下，楚王到郑国参访，对郑而言实乃最大的外交事件，所用礼仪与楚王的回应，均值得探讨。在这次郑文公招待楚成王的礼仪中，有三个仪式特别值得注意，即九献、庭实旅百、加笾豆六品。

（1）九献。杨伯峻云："主酌献宾，宾酢主人，主人酬宾为献，如此者九。"[②]简而言之，主宾之间，主人献宾，宾酢主人，主人再酬宾，献酢酬俱全，是完整的一献之礼。九献，就是九个一献之礼。《周礼·秋官·大行人》上公之礼，飨礼九献。[③]是则，九献乃上公之礼，楚为子爵，无权受用。郑慑于楚国实力，用之以招待楚王。楚王也以霸主姿态自许，均是违礼的行为。实际上，楚王不仅让别国以"九献"之礼招待自己，亦以"九献"之礼招待诸侯。《国语·晋语四》记载，公子重耳流亡到楚国，"楚成王以君礼享之，九献，庭实旅百"。韦昭注："九献，上公之享礼也。"[④]重耳属流亡公子，尚未即晋国君位，成王就以上公的君礼招待他，严格来讲是不合礼制的。

（2）庭实旅百。所谓"庭实"，即陈列于庭中的贡献之物，包括玉帛、马匹、饔饩、米笆、刍禾等。"旅百"，为略举成数，言有百数之多。杜

---

① 《春秋左传正义》卷一五，第 3938 页。
② 杨伯峻：《春秋左传注》，中华书局，1993 年，第 400 页。
③ 《周礼注疏》卷三七，第 1925 页。
④ 徐元诰：《国语集解（修订本）》，王树民、沈长云点校，中华书局，2002 年，第 331 页。

预注："庭中所陈，品百数也。"《左传·宣公十四年》："小国之免于大国也，聘而献物，于是有庭实旅百。朝而献功，于是有容貌采章加淑，而有加货。"①此乃孟献子对齐顷公所言，据其语气，"庭实旅百"乃小国聘于大国献物后，大国回赠之礼。杜预注："主人实箧豆百品，实于庭以答宾。"所言甚是。又，《左传·庄公二十二年》周太史卜筮，预言田敬仲之后代能以"庭实旅百"礼朝于周王。"庭实旅百"实指诸侯朝见天子所行之礼。由此可见，施用"庭实旅百"礼，有两种情况，一是大国回赠小国之聘，二是诸侯朝见天子之献物。郑伯用以飨成王，是不合礼制的行为。

（3）加箧豆六品。加箧、加豆，乃正献之后，为优厚宾客再添加食物。《左传·昭公六年》："季孙宿如晋，拜莒田野。晋侯享之，有加箧。武子退，使行人告曰：小国之事大国也，苟免于讨，不敢求贶。得贶不过三献。今豆有加，下臣弗堪，无乃戾也?"②在季武子看来，小国服事大国，能够免于被讨伐，就不错了。如果还能得到赏赐，那是非常幸运的事情。但所受赏赐，是不能超过三献之礼的。而晋三献之后，还有加箧，这让自己不能接受，予以拒绝。晋人对武子的这种行为十分赞许，称其"知礼"。可见即使是加箧、加豆，也有一定等级规定。《周礼·天官·箧人》："加箧之实，菱、芡、栗、脯。"③天子加箧仅四品，楚王加箧有六品，明显不合周礼。

在"九献"等仪式的含义大致清楚后，我们知晓了只拥有子爵的楚王，在这次飨礼中所享受的礼节，明显与其身份不相符合。《周礼·掌客》规定："凡诸侯之礼，上公三飨三食三燕，侯伯再飨再食再燕，子男一飨一食一燕。"④在爵制上，郑为公，楚为子，但郑伯招待楚王却使用了上公之礼，甚至天子之礼。楚王既欣然接受了这一隆重礼节，又在礼毕后，不仅让郑文公夫人文芈送他回驻军之处，⑤而且从郑国掳娶两位姬姓女子而归。⑥整个飨礼中，楚成王以无礼始，以无礼终，难怪受到郑国大夫叔詹的讥讽："楚王其不没乎! 为礼卒于无别，无别不可谓礼!"六年后，楚成王的霸业败于城濮之战，十一年后，他被世子商臣所弑，似乎验证了叔詹

---

① 《春秋左传正义》卷二四，第 4094 页。
② 杨伯峻：《春秋左传注》，中华书局，1990 年，第 1277 页。
③ 《周礼注疏》卷五，第 1446 页。
④ 《周礼注疏》卷三八，第 1946 页。
⑤ 文芈在送楚成王至驻军处前，尚与姜氏劳成王于柯泽，但《左传》的作者以"君子"的口气对之加以批判，其曰："非礼也，妇人送迎不出门，见兄弟不逾阈，戎事不迩女器。"迎于柯泽，送于驻军，文芈皆已出门，故非礼。
⑥ 杜预注："二姬，文芈女也。"楚成王所掳二女，实与自己有血缘关系。

的预言。

楚国本为子爵，但僭称为王，甚至欲"问鼎中原"，有取周而代之之志。在这种情况下，楚人僭用更高的礼仪，甚至天子之礼，就不难理解了。楚曾用"金奏"之礼招待晋国大夫郤至，即是如此。而楚王与其他诸侯行飨礼时，要求或逼迫对方用更高之礼待己，更是常见。

春秋时期，诸侯之间的燕飨之礼是非常频繁的。《左传·僖公二十四年》：

> 秋，宋及楚平。宋成公如楚，还，入于郑，郑伯将享之，问礼于皇武子，对曰："宋先代之后也，于周为客，天子有事，膰焉。有丧，拜焉。丰厚可也。"享宋公有加，礼也。①

郑伯以飨礼招待宋成公，向皇武子问该以何种规格。皇武子的回答很有意思，认为宋国是殷商的后裔，于周人而言是客不是臣，该以更丰厚的礼代之。也可以看出在当时，为臣还是为宾之礼，是有很大区别的。在春秋早期，诸侯间比较尊重西周以降的礼仪传统。

春秋末期，诸侯间的飨宴之礼，就没有那么温文儒雅了，甚至有时显得剑拔弩张。《左传·定公十年》载：

> 夏，公会齐侯于祝其，实夹谷，孔丘相。……齐侯将享公。孔丘谓梁邱据曰："齐鲁之故，吾子何不闻焉！事既成矣，而又享之，是勤执事也。且牺象不出门，嘉乐不野合，享而既具，是弃礼也。若其不具，用秕稗也。用秕稗君辱、弃礼、名恶。子盍图之。夫享，所以昭德也。不昭，不如其已也。"乃不果享。②

这就是著名的夹谷之会。举行飨礼有比较固定的地点，齐侯想在野外享鲁侯，暗含不尊重鲁国的意思。在孔子的努力下，最终没有举行成功。但齐鲁两国之间的剑拔弩张，已经昭显无疑。礼乐的雍容也荡然无存。

清华简《系年》也记载了一起诸侯相飨事件。楚声王元年（前407），晋烈公、鲁穆公与越公翳会盟于任地，以谋伐齐。伐齐过程中，齐国被迫请成，结果又导演出另一场越、齐与鲁国的会盟。《系年》第二十二章载：

---

① 《春秋左传正义》卷一五，第3947页。
② 《春秋左传正义》卷五六，第4664页。

"越公与齐侯贷、鲁侯衍盟于鲁稷门之外。越公入飨于鲁，鲁侯御，齐侯参乘以入。"①越公进入鲁国接受飨礼，鲁穆公为其驾车，齐康王只能陪乘，反映出春秋末年越国势力之强盛，齐鲁之衰弱。于飨礼中，略见权力的盛衰与时代的渐变。

三、诸侯飨大夫

《左传·成公九年》载：

> 夏，季文子如宋致女，复命，公享之，赋《韩奕》之五章。穆姜出于房，再拜，曰："大夫勤辱，不忘先君，以及嗣君，施及未亡人，先君犹有望也。敢拜大夫之重勤。"又赋《绿衣》之卒章而入。②

郑玄、贾公彦等把此享（飨）礼归入燕礼，认为属"诸侯无事，若卿大夫有勤劳之功，与群臣燕饮以乐之"之礼。但《左传》所载，有"飨"或"享"，有"宴"，有享后的"礼终乃宴"，并未完全混淆飨燕之间的差异。季文子因送公主出嫁有功，归而受成公的飨礼，于春秋时代并未违礼。这从穆姜夸奖季文子的言语，略见一斑。《左传·襄公二十年》载，季武子因报向戍之聘出使宋国有功，归后，襄公同样设礼飨之。襄公二十六年，郑简公为赏子展、子产的"入陈之功"，设礼享之。正是在这次飨礼中，子产表现出的谦让让其得到舆论的赞许。有人甚至认为"子产将知政矣，让不失礼"。可见郑简公飨其臣属，同样未违春秋之礼。时至春秋时代，诸侯之卿大夫因频繁地介入其时的政治、军事、外交生活，屡建功勋，地位得到空前的提升，促使天子及诸侯不得不重视。诸侯飨其有功之卿大夫，已是大势所趋。当然也必须明白，《左传》里记载的其时之人评论"礼也"或"非礼也"的依据，不一定是西周传统的礼，有可能就是春秋时的变礼。"礼"逐渐变为"理"。从礼制研究角度而言，不能够笼统地将春秋人评价为合礼的礼制定为西周之礼。时代变化与礼制变迁，在数百年间已有沧海桑田之变。

《左传·昭公元年》载：

> 夏四月，赵孟、叔孙豹、曹大夫入于郑，郑伯兼享之。子皮戒赵

---

① 李学勤编：《清华大学藏战国竹简（贰）》，中西书局，2011年，第192页。
② 《春秋左传正义》卷二六，第4137页。

孟，礼终，赵孟赋《瓠叶》。子皮戒穆叔，且告之。穆叔曰："赵孟欲
一献，子其从之。"子皮曰："敢乎?"穆叔曰："夫人之所欲也，又何
不敢?"及享，具五献之笾豆于幕下。赵孟辞，私于子产曰："武请于
冢宰矣。"乃用一献。赵孟为客。礼终乃宴。①

　　从上可知，第一，飨礼有"戒"。戒，告也。飨礼前，先告宾客举行
之期。此与《仪礼》之《公食大夫礼》《燕礼》《乡饮酒礼》中的"戒宾"礼仪是
相同的。不过，在戒礼结束后，赵武赋诗明意，表达自己对将举飨礼的看
法，较为特殊，礼典不见戒宾时有赋诗的记载。第二，大夫用一献之礼。
赵孟为大夫，据《周礼·大行人》上公飨礼九献、侯伯七献、子男五献，
赵孟为大国之卿，位同子男，当五献。据《礼记·乐记》郑注，一献乃士
饮酒之礼。那么此处实为大夫用士礼，与礼典记载亦不符。
　　有时候，礼乐也变成了供人利用的工具，而非信仰的对象。比如有君
主想借助飨宴活动杀掉权臣，如《左传·宣公二年》：

　　　　秋九月，晋侯饮赵盾酒，伏甲，将攻之。其右提弥明知之，趋
　　登，曰："臣侍君宴，过三爵，非礼也。"遂伏以下。②

　　晋侯设宴招待赵盾，但在行礼堂上埋伏兵士借机除之。杨伯峻认为：
古代君宴臣，其礼有二，一为正燕礼，一为小燕礼，即小饮酒礼。正燕
礼，《仪礼·燕礼》有详细记述，脱屦升堂，行燕无算爵，非至三爵而已。
唯小燕礼不过三爵，《礼记·玉藻》所谓"君若赐之爵，则越席再拜稽首
受。君子之饮酒也，受一爵而色酒如也，二爵而言言斯，礼已三爵而油
油，以退"是也。此盖小饮酒礼，所宴者为赵盾一人，故提弥明以"过三
爵非礼"为言，促赵盾速退。③
　　《左传·成公十二年》载：

　　　　晋郤至如楚聘，且涖盟，楚子享之，子反相，为地室而悬焉。郤
　　至将登，金奏作于下，惊而走出。子反曰："日云暮矣，寡君须矣，
　　吾子其入也!"宾曰："君不忘先君之好，施及下臣，贶之以大礼，重

---

①　《春秋左传正义》卷四一，第 4389 页。
②　《春秋左传正义》，第 4053 页。
③　杨伯峻：《春秋左传注》，中华书局，1990 年，第 659 页。

之以备乐，如天之福，两君相见，何以代此？下臣不敢！"子反曰：
"如天之福，两君相见，无亦唯是一矢以相加遗，焉用乐！寡君须
矣，吾子其入也！"宾曰："若让之以一矢，祸之大者，其何福之为？
世之治也，诸侯闲于天子之事，则相朝也，于是乎有享、宴之礼。享
以训恭俭，宴以示慈惠。……今吾子之言，乱之道也，不可以为法。
然吾子，主也，至敢不从！"遂入卒事。①

　　楚王以享礼招待晋国使者郤至，子反为相礼者。当郤至将登堂时，突
然钟磬之声从地下室内传出，郤至大受惊吓，以致逃出庭外，享礼被迫中
断。受到惊吓的郤至，经过子反的两度邀请，才在讥评楚国之为不足法
后，入庭完成享礼仪式。楚国此次举行的享礼，虽然有相礼者、有戒等一
般飨礼通例，但违礼亦是很明显的。《左传·成公十四年》载："古之为享
食也，以观威仪、省祸福也。"②飨礼的严肃性，在春秋时代尚存在一定的
记忆。时代急剧变化，往往新旧杂糅。

　　第一，所用"金奏"之乐，僭取了天子之礼。《周礼·春官·钟师》：
"钟师掌金奏。"郑注："金奏，击金以为奏乐之节。金谓钟及镈。"③清金
鹗认为古乐节次共有六种，即金奏、升歌、下管、笙入、间歌、合乐，而
"金奏堂下，用钟镈，兼有鼓磬，以奏《九夏》，春奏应雅以节之，此乐之
始也。无金奏者，以升歌为始；有金奏者，升歌亦为始始事。盖金奏为堂
下乐之始，升歌为堂上乐之始也。金奏、下管，人君之乐也"④。金鹗的
观点，得到了清末大儒孙诒让的认可。⑤ 可见，所谓金奏乃是堂下奏击钟
或镈，以为其他诸乐先导，掌控节奏的奏乐礼仪，只有天子、诸侯才能享
用。《左传·襄公四年》："穆叔如晋，报知武子之聘也。晋侯享之。金奏
《肆夏》之三，不拜。工歌《文王》之三，又不拜。歌《鹿鸣》之三，三拜。"
晋侯招待叔孙豹，用乐"金奏《肆夏》之三"及"工歌《文王》之三"，叔孙豹
均不答拜，表示不接受，等到"歌《鹿鸣》之三"时，才答拜。韩献子对叔
孙豹这种"舍其大，而重拜其细"的行为，很是不理解，问他所用何礼，
叔孙豹答道：

---

① 《春秋左传正义》卷二七，第 4147 页。
② 《春秋左传正义》卷二七，第 4153 页。
③ 《周礼注疏》卷二四，第 1728 页。
④ （清）金鹗：《古乐节次等差考》，《求古录礼说》卷一一，清光绪二年孙熹刻本。
⑤ （清）孙诒让：《周礼正义》，王文锦、陈玉霞校点，中华书局，1987 年，第 1885 页。

《三夏》，天子所以享元侯也，使臣弗敢与闻。《文王》，两君相见之乐也，使臣不敢及。《鹿鸣》，君所以嘉寡君也，敢不拜嘉？《四牡》，君所以劳使臣也，敢不重拜？《皇皇者华》，君教使臣曰："必谘于周。"①

上揭引文证明"金奏"乃天子之礼。同件事情还见于《国语·鲁语下》，可参考。金鹗认为诸侯亦可用之，恐怕还是后来之事。在叔孙豹看来，"金奏《肆夏》"乃天子招待诸侯之长所用之礼，自己作为诸侯之卿，当然不能接受。《礼记·郊特牲》："大夫之奏《肆夏》也，由赵文子始。"②"奏《肆夏》"，应与《左传》"金奏《肆夏》"同义，金奏之礼在春秋时代，应有一个向下推移的过程，从天子到诸侯，最后到卿大夫。最先用此礼的大夫是赵文子。郤至早于赵文子近半个世纪，作为大夫的郤至，在晋国不曾享用过，突然在楚国被以天子、诸侯之礼相待，自然惊恐万分，不敢接受。

第二，置乐器于地下室，是违礼行为。前文已谈到，宗周礼乐制度下，对乐器的数量、摆放的位置以及所用的规格，均有严格的规定。郤至是晋国大夫，按礼应该在庭中以"一肆分悬"（即东悬磬一堵、西悬钟一堵）的方式，摆放钟磬乐器。但是，楚国"为地室而悬"，把乐器摆放在地下室内，这与周礼不符。

第三，奏乐时机不恰当。古人奏乐与行礼，往往相配合而行，有一定的节奏。郤至将登堂时，乐声突起，与宗周礼制不合。根据前文《燕礼》节目的讨论，可以清晰地得知，燕礼的奏乐是在"三燕礼成"后才开始的。换言之，《燕礼》中最重要的仪节，及宾入庭升堂，均不奏乐。至于飨礼奏乐，《礼记·仲尼燕居》云：

大飨有四焉……两君相见，揖让而入门，入门而悬兴，揖让而升堂，升堂而乐阕。下管《象》《武》，《夏》籥序兴，陈其荐俎，序其礼乐，备其百官。如此而后，君子知仁焉。行中规，还中矩，和鸾中《采齐》，客出以《雍》，彻以《振羽》，是故君子无物而不在礼矣。入门而金作，示情也。升歌《清庙》，示德也。下而管《象》，示事也。

①　《春秋左传正义》卷二九，第 4292~4293 页。
②　《礼记正义》二五，第 3134 页。

是故古之君子，不必亲相与言也，以礼乐相示而已。"①

"揖让而入门，入门而悬兴，揖让而升堂，升堂而乐阕"，"入门而金作"，指行礼双方入门前行揖让之礼，入门时钟磬声响起，至堂下阶前，又揖让以准备登阶升堂，但至主宾升堂时，奏乐声停止下来。行礼与配乐，相合无间。而郤至"将登，金奏作于下"，即说明郤至升堂时，钟磬之声从地下室传出来。应该停止奏乐的时候，乐声突然响起，况且还是天子之乐，郤至被惊吓到，就不难理解了。与宗周礼乐制度中，规定行礼双方动作周旋与乐声起止密切配合，显现得雍容相比，楚国的这次招待郤至之礼，就显得有点滑稽。飨礼时，爵盈而不饮，设几而不倚，宾主以庄敬的仪容行礼，不敢有丝毫怠慢，以达到主宾间相互敬重的效果。燕礼时，饮酒奏乐，主宾和亲，表达主人的慈惠。郤至谈"享以训恭俭，宴以示慈惠"，明显是在批评楚国并没有做到。楚国飨郤至，因上述违礼行为，导致正宾逃出门外，似无半点"恭俭"可言。有趣的是，子反并不理解郤至被惊吓到的缘由，在郤至以不敢用两君相见之乐为由而拒绝入庭的情况下，还认为晋楚两君只在战争中相见，其时用天子、诸侯之乐，乃是"如天之福"，邀请郤至再度参加享礼，采取了实用主义的处理方式。

楚国虽然采用某些宗周礼乐中的仪式、礼器，但具体施用时，往往有一定随意性，以实用为主，对其中体现的严肃原则不甚了解，也不愿遵循。十四年前，士会在周王面前显露出对周礼的无知与欣羡，致使其归国后努力讲求礼典，以修晋国之法；十四年后，郤至出使楚国，其在楚国君臣面前的表现，显然表明他不仅精熟地掌握了礼典知识，而且在实践中愿意遵从与信服之。可见士会"修晋国之法"取得了明显的成效。

因甲骨文、金文记载的简略，诸侯飨臣之礼，于殷商及西周早期并不常见。诚然，不能据此否认其时全无诸侯飨臣之礼的出现，可是资料上的"厚此薄彼"，一定程度上反映出"大一统"形势下，权力的运作必是以商周王室为中心，而诸侯与其卿大夫只能扮演次要角色。清褚寅亮在分辨食、燕与飨三者之区别后，发出这样的疑问："诸侯于己臣有燕而无飨食。意者飨食之礼，自待宾客外，惟施之于耆老孤子与?"褚氏的疑问，若正值殷商、西周时期，应能得到部分印证。但至春秋时代，因天子礼乐权力的下移，这种局面已受到前所未有的冲击。特别是"春秋五霸"之后，诸侯与其卿大夫渐次占据权力中心，诸侯飨其大夫变得更为常见。

① 《礼记正义》卷五〇，第3502~3503页。

　　春秋时代的飨使者，与飨诸侯、臣属一样，已从以天子为中心转移到以诸侯与卿大夫为中心。诸侯相飨、诸侯飨别国之卿大夫、卿大夫相飨是此时的主要特点。飨异国使者(更多是卿大夫身份)，可能是"礼"运用的最常见形式。"礼崩乐坏"形式下的诸侯争霸，过度"尊礼"与过度"违礼"并存。而两者造成的共同结果是"礼"在春秋时代的实际运用，达到了空前绝后的地步。赋予周天子权威的礼衰败了，赋予诸侯卿大夫权威的礼兴盛了。从实际效果而言，因诸侯卿大夫甚至后面的士，涉及社会面更广、人数更多，礼仪活动举行的场合更多了，礼乐走向了更加繁荣的局面。

四、卿大夫飨卿大夫

　　《仪礼·聘礼》记载："大夫于宾，一飨一食，上介若食若飨。若不亲飨，则公作大夫致之以酬币，致食以侑币。"①《仪礼·公食大夫礼》记载："大夫相食，亲戒、速，迎宾于门外，拜至，皆如飨拜。"②这些已经为卿大夫间的飨食礼提供了可能。春秋时期，卿大夫地位上升，国内及国与国之间卿大夫相飨也日趋频繁。

　　《左传·庄公二十年》："王子颓享五大夫，乐及遍舞。"③五大夫助王子颓夺权，王子颓也设享礼招待以示感谢。王子颓为周惠王庶子，地位相当于大夫。《左传·成公五年》："宋公子围龟为质于楚而还，华元享之。"④宋国公子在楚国做人质后归国，华元专门设享礼招待。《左传·襄公二十三年》："季氏饮大夫酒，臧纥为客。既献，臧孙命北面重席，新樽絜之。召悼子，降逆之，大夫皆起。及旅，而召公鉏，使与之齿。季孙失色。"⑤季孙氏设酒招待臧纥，臧纥也借助礼仪程序，帮助季孙废长立幼。《左传·昭公四年》："叔孙为孟钟，曰：'尔未际，飨大夫以落之。'"⑥《左传·哀公七年》："季康子欲伐邾，乃飨大夫以谋之。"⑦鲁国正卿季康子想攻打邾国，设飨礼招待诸位大夫共谋此事。《左传·襄公二十六年》："楚客聘于晋，过宋，大子知之，请野享之。"⑧楚国使者途经

　　①　《仪礼注疏》卷二二，第 2302 页。
　　②　《仪礼注疏》卷二六，第 2348 页。
　　③　《春秋左传正义》卷九，第 3850 页。
　　④　《春秋左传正义》卷二六，第 4129 页。
　　⑤　《春秋左传正义》卷三五，第 4293 页。
　　⑥　《春秋左传正义》卷四二，第 4421 页。
　　⑦　《春秋左传正义》卷五八，第 4697 页。
　　⑧　《春秋左传正义》卷三七，第 4322 页。

宋国，宋国太子想在野外设飨礼招待。与此类似的是，晋国公子重耳流亡到曹国，曹共公无远见，且发生了想趁重耳洗澡之机偷看其"骈胁"的无礼行为。曹国大夫厘负羁劝说共公无效后，自己设飨招待了重耳一行，且在重耳的饭食里埋玉璧以侑之。

《国语·鲁语下》："公父文伯饮南宫敬叔酒，以露睹父为客。羞鳖焉，小。睹父怒。相延食鳖，辞曰：'将使鳖长而后食之。'遂出。文伯母闻之，怒曰：'吾闻之先子曰：祭养尸，飨养上宾。鳖于何有，而使夫人怒也！'遂逐之。"①饮酒礼中因鳖小，而发生了放逐事件。春秋早期还饮酒赋诗，到春秋末期则少见，甚至因小事而宾主相结为仇。社会剧烈转型，人心大变，戾气上升，彬彬有礼之风渐渐渐灭。

五、飨邑子、士庶子

甲骨文中有"贞，惟邑子呼飨酒"的卜辞（《合集》3280），此即以"邑子"为对象的飨礼。"邑子"还见于《合集》3279"乙未卜，殷贞……牛十邑子众"，身份不明。何琳仪据西安北郊尤家庄战国墓地出土铜灯上的"邑子"铭文，认为"邑子"指"同乡"，但与甲骨文中的含义明显不符。② "邑"在商代指人的聚居地。《说文·邑部》："邑，国也。"则所谓"邑子"，可能指"国子"，与周代"国人"身份类似，与天子有一定的亲属关系，能参与废立国君、公卿间政治斗争、国策制定等重大事务。③ 这样看来，"邑子"或为"国人"前身，在殷商社会同样具有一定的政治地位。故商王飨之以酒，可得通解。

时至周代，则有飨士庶子之礼。《周礼·天官·外饔》："邦飨耆老、孤子，则掌其割亨之事。飨士庶子，亦如之。"④耆老指年六十以上的老人，孤子指为国家捐躯者之子，⑤ 两者均有功于国家。故设飨礼以待之，而无所非议。只是"飨士庶子"历代以来聚讼纷如，不得不辨析。

"士庶子"于《周礼》多见。《宫伯》："宫伯掌王宫之士庶子，凡在版者。"郑司农云："庶子，宿卫之官。"郑注："王宫之士，谓王宫中诸吏之嫡子也。庶子，其支庶也。"⑥先郑、后郑分释"宫伯之士"与"庶子"，似

① 徐元诰：《国语集解（修订本）》，王树民、沈长云点校，中华书局，2002 年，第 192 页。
② 何琳仪：《龙阳铜灯铭文补释》，《东南文化》2004 年第 4 期。
③ 杨善群：《周代"国人"探析》，《江汉论坛》1983 年第 8 期。
④ 《周礼注疏》卷四，第 1426 页。
⑤ 《周礼·外饔》郑注。
⑥ 《周礼注疏》卷三，第 1415 页。

不认为"士庶子"三字连读。《稿人》"飨士庶子"，郑玄注："士庶子，卿
大夫之子弟宿卫王宫者。"《大司马》"王吊劳士庶子"，郑注："庶子，卿
大夫之子从军者，或谓之庶士。"此外，"士庶子"还见于《酒正》《都司马》
《掌固》等，且郑注差异不大。"士庶子"的主要职责是宿卫宫城。士庶子
可谓之庶士，应属于士阶层。

金文中亦有"士庶子"称谓。邾轻公钟载："以宴大夫，以喜诸士。"邾
公华钟载："以乐大夫，以宴士庶子。"此两钟分属邾宣公、邾悼公父子，
时在春秋晚期。杨树达《邾公轻钟再跋》指出："铭文言以乐其身，邾公自
谓也，次言以宴大夫，此言以喜诸士，则诸士自谓大夫士之士，非泛称都
人士也。《邾公华钟》：'以乐大夫，以宴士庶子。'士庶子者，士庶人也，
文以与上文祭祀下文旧字为韵，故变人言子耳。此邾宣公悼公二人之器，
而彼文以士与庶子连言，以彼证此，决知此文之士乃士大夫之士也。"①杨
氏以邾公轻钟所载之"士"为大夫士之"士"，至确，但认为"士庶子"为
"士庶人"则属误解。两钟相校，后之"士庶子"应相当于前之"诸士"。
《礼记·燕义》："席，小卿次上卿，大夫次小卿，士庶子以次就位于
下。"②此处士庶子位次在大夫之下，参与旅酬之礼，其地位或与士相近。
清华简《赵简子》："昔吾先君献公是居，掌有二宅之室，以好士庶子，车
甲外，六府盈。"③晋献公一生的政策，为避免曲沃武公旁支入继大统的事
情发生，尽逐群公子，弱化公室，而重用卿大夫之子。士庶子就是公卿大
夫之子。清朱大韶据《燕礼》献庶子在献士下，以庶子卑于士，问题尚不
大，但得出"士庶子非公卿之子弟"的结论，却有武断之嫌。④ 士有受命之
士，有不命之士。士庶子或属不命之士。杨向奎云："不命之士或为庶
子，庶子亦属于士而不同于庶人。"洵为定论。

"士庶子"又称作"余子"。此说以郑玄、高诱、杜预为代表。《左传·
宣公二年》载：

> 初，丽姬之乱，诅无畜群公子。自是晋无公族。及成公即位，乃
> 宦卿之适子而为之田，以为公族。又宦其余子，亦为余子。其庶子为

① 杨树达：《积微居金文说》，上海古籍出版社，2007年，第65页。
② 《礼记正义》卷六二，第3670页。
③ 李学勤主编：《清华大学藏战国竹简（柒）》，中西书局，2017年，第107页。
④ （清）朱大韶：《实事求是斋经说》卷一《士庶子非公卿之子弟辨》，《续清经解》第3册，
　上海书店出版社，1988年，第824页。

公行。晋于是有公族、余子、公行。①

杜预注："余子，嫡子之母弟也。"从《左传》文意来看，"余子"与"嫡子""庶子"对言，地位应高于庶子而低于嫡子，那么可能是嫡子的同母弟。"余子"在《左传·昭公二十八年》中还有一见，可与此印证。魏献子分祁氏、羊舌氏之田，分为十县，并举荐十人为大夫，而其中四人即为余子。具体为：

魏献子为政，分祁氏之田，以为七县，分羊舌氏之田，以为三县。司马弥牟为邬大夫，贾辛为祁大夫，司马乌为平陵大夫，魏戊为梗阳大夫，知徐吾为涂水大夫，韩固为马首大夫，孟丙为盂大夫，乐霄为铜鞮大夫，赵朝为平阳大夫，僚安为杨氏大夫。谓贾辛、司马乌为有力于王室，故举之；谓知徐吾、赵朝、韩固、魏戊，余子之不失职、能守业者也。其四人者，皆受县而后见于魏子，以贤举也。②

知徐吾、赵朝、韩固、魏戊等人被举荐的缘由是"余子不失职"，"能守业"。此四人姓氏为知、赵、韩、魏，与晋国六卿同宗同族，杜预言韩固为韩起之孙，赵朝为赵胜曾孙，魏戊为魏献子庶子，可知其身份必非庶民。此四人被举荐之前或以余子身份处余子之职，这与晋国官制亦相符合。但杜预此处注云"卿之庶子为余子"，与宣二年注稍异。孔颖达对此有所解说："彼适庶分为三等，故余子与庶子为异，此无所对，故总谓庶子为余子也。此四人之内当有妻生妾生者也。"据孔颖达所言，则杜注的差异只为行文方便而已。详言之，余子是卿大夫嫡长子的同母弟；略言之，余子同为卿大夫之庶子。杜预之说或源自郑玄。《周礼·天官·小司徒》："凡国之大事，致民；大故，致余子。"郑注："余子，卿大夫之子当守于王宫者。"③卿大夫之嫡长子嗣父祖之位，守王宫者应是除嫡长子外的其他子。除郑玄、杜预外，东汉学者高诱亦以为卿大夫之庶子为余子。《吕氏春秋·报更》："张仪，魏氏余子也。"高诱注："大夫庶子为余，受氏为张。"④以此与郑注《小司徒》"余子，卿大夫之子当守于王宫者"比照来看，余子毫无疑问属于士庶子。

① 《春秋左传正义》卷二一，第 4055 页。
② 《春秋左传正义》卷五二，第 4600 页。
③ 《周礼注疏》卷一一，第 1533 页。
④ 许维遹：《吕氏春秋集释》，梁运华整理，中华书局，2009 年，第 376 页。

总之，"士庶子"为卿大夫之庶子，身份或为未受命之士，但仍属于贵族阶层，具体职责是宿卫宫室，身系高层贵族的人身安危。故设飨以待之，并不难理解。西周中期"大鼎"曾载"大"与他的僚友，在周天子行飨礼时，因守卫宫室有功而受到天子的赏赐。此"大"与其僚友的身份，虽非必为士庶子，但与飨士庶子宿卫有功一样，均因是卫士而受飨。《左传·庄公十七年》："夏，遂因氏、颌氏、工娄氏、须遂氏飨齐戍，醉而杀之，齐人歼焉。"①此所谓"飨齐戍"，应指飨卫士。杜正胜论述春秋新军制时，指出征兵的对象"征余子于先，征野人在后"②。庄公十七年"齐戍"的身份，完全可能是"余子"，即"士庶子"。

六、礼乐权力的转移

值得指出的是，一定时期内诸侯相飨的次数远远超过天子飨诸侯的次数时，就可能显示天子正被逐渐剥夺行飨礼的权力。特别是晋、楚、齐等大国诸侯以主人身份飨弱小诸侯显得更为常见时，天子之权下移至诸侯就成为必然，而且转移的目的地就是此等大国。"天下一统"到"诸侯争霸"的社会势态，已展露无遗。礼乐权力的转移表现在两个方面：一是横向的国与国之间的转移，从周转移至晋，再至楚而吴而越；二是纵向的转移，从天子转至诸侯，至卿大夫，至陪臣。

《礼记·郊特牲》："为人臣者无外交，不敢二君也。"③此言卿大夫以下者，无君命不得私自面见他国之君臣。这一点到春秋时代，已成虚文。在国内的权力斗争过程中，或借外力以自强，或出奔外国以自保，卿大夫有外交已成常态。在这种情况下，异国之卿大夫相飨，就见怪不怪了。《左传·昭公元年》载："令尹享赵孟，赋《大明》之首章。赵孟赋《小宛》之二章。"此令尹即王子围，后篡位为楚灵王者。礼毕，赵文子问叔向："令尹自以为王矣，何如？"叔向云："王弱，令尹强，其可哉！"④王子围所赋《大明》首章的大意是歌颂周文王之光明烛照于下，故能赫赫盛于上。王子围明显以文王自拟，表示欲夺王位。可见楚人的观念中，礼制是以现实的政治目的为依据的，甚至会赤裸裸地表露出来，毫不隐讳。作为楚、晋两国之卿，王子围设筵飨赵文子，表露出来的政治野心，正是对"为人

① 《春秋左传正义》卷九，第3847页。
② 杜正胜：《编户齐民——传统政治社会结构之形成》，台湾联经出版事业公司，1990年，第50页。
③ 《礼记正义》卷二五，第3135页。
④ 《春秋左传正义》卷四一，第4388~4389页。

臣者无外交"礼制的突破。卿大夫在政治地图中，逐渐占据举足轻重的地位。

春秋时代，"礼崩乐坏"的实质是礼乐权力的下移。天子最先失去了礼乐的绝对决定权，再次是诸侯、卿大夫，最后是"陪臣执国命"。下级逐渐蚕食上级的礼乐之权。以周定王飨晋国士会，士会归国后以讲求周礼为契机，① 王室之礼向侯国之礼转移的潮流，已不可逆转。这股潮流是如此强大，原本不知礼仪的晋国，仅仅三十年后，其大夫郤至可公开斥责不讲礼的楚国，成为礼仪的自觉维护者。之后而楚而吴而越，均一方面是礼乐的破坏者，另一方面是礼乐的维护者。更为重要的是，由周而晋而楚，国力的强盛，礼乐知识和精神的横向转移与传播，已透露出历史的兴衰轨迹。

权力的下移一方面导致了表面上的"礼崩乐坏"，另一方面造就了内政、外交、军事、宗教、日常生活的全面礼乐化。② 换言之，对"礼"的破坏与强调，春秋时均已达到空前境地。在这样的背景下，天子飨诸侯，如《左传》中庄公十八年周惠王飨虢公、晋侯，僖公二十五年、二十八年周襄王飨晋侯等，尚见其遗存，但多在春秋早期，且常被讥有非礼之举。更

---

① 《国语·周语》"定王论不用全烝之故"，周定王面对士会疑问，应答得礼，是研究燕飨礼的重要材料。由此也可看出，春秋初期，虽然王室的政治军事权力衰败，但是还掌握对礼乐的解释权。范武子无言以对，回到晋国后"乃讲聚三代之典礼，于是乎修执秩以为晋法"。《国语·周语》载，王召士季，曰："子弗闻乎，禘郊之事则有全烝，王公立饫则有房烝，亲戚宴飨则有肴烝。今女非他也，而叔父使士季来修旧德，以奖王室。唯是先王之宴礼，欲以贻女。余一人敢设饫禘焉，忠非亲礼，而干旧职，以乱前好？且唯戎狄则有体荐。夫戎狄，冒没轻儳，贪而不让。其血气不治，若禽兽焉。其适来班贡，不俟馨香嘉味，故坐诸门外而使舌人体委与之。女今我王室之一二兄弟，以时相见，将和协典礼，以示民训则，无亦择其柔嘉，选其馨香，洁其酒醴，品其百笾，修其簠簋，奉其牺象，出其樽彝，陈其鼎俎，净其巾幂，敬其祓除，体解节折而共饮食之。于是乎折俎加豆，酬币宴货，以示容合好，胡有孑然其郊戎狄也？夫王公诸侯之有饫也，将以讲事成章，建大德、昭大物也，故立成礼烝而已。饫以显物，宴以合好，故岁饫不倦，时宴不淫，月会、旬修、日完不忘。服物昭庸，采饰显明，文章比象，周旋序顺，容貌有崇，威仪有则，五味实气，五色精心，五声昭德，五义纪宜，饮食可飨，和同可观，财用可嘉，则顺而德建。古之善礼者，将焉用全烝？"武子遂不敢对而退。归乃讲聚三代之典礼，于是乎修执秩以为晋法。

② 晁福林指出："就整个春秋时期的社会面貌而言，'礼崩乐坏'并非其时代特征。春秋时期，传统的礼不断被更新和扬弃，社会人们对礼的重视和娴熟，较之以往，有过之而无不及"，"春秋时期的礼崩乐坏指的是诸侯和卿大夫的僭越……然而，这并不意味着贵族们已视礼仪如敝屣而不屑一顾，恰恰相反，在迅速变动的形势下贵族为了稳固自己的根基和图谋发展，往往更重视礼仪"。参见晁福林：《春秋时期礼的发展与社会观念的变迁》，《北京师范大学学报》(社会科学版) 1994 年第 5 期。

为常见的是诸侯间的相飨，据周聪俊统计，仅《左传》就有 19 例。① 在如此频繁的诸侯相飨礼中，既有符合礼制之飨，又有借飨以谋弑、谋权、炫耀的非礼行为。例如，《左传·昭公十一年》："楚子伏甲而飨蔡侯于申，醉而执之。"②飨礼本主敬，燕礼方才以醉为度。楚君飨蔡侯，灌醉后捉拿起来，完全不合礼制。《左传·襄公二十八年》中，蔡侯自晋国归，经过郑国，郑伯设飨礼以招待之，但蔡侯在飨礼中表露出"不敬"之情，子产认为蔡侯"受享而惰"，在大国之前过于骄傲，必不得善终。据此可以看出，一方面春秋时代行飨而不敬的现象已出现，飨的严肃性已遭到一部分人的怀疑；另一方面飨主敬仍然深入人心，故同样有人据之批评非礼者。③ 其时之人，对"礼"的矛盾心态，可见一斑。

另一方面，自西周以降就存在的"赐乐"制度，④ 到春秋时以更激烈的方式发生变化，转移到诸侯手中。"大师挚适齐，亚饭干适楚，三饭缭适蔡，四饭缺适秦，鼓方叔入于河，播鼗武入于汉，少师阳、击磬襄，入于海。"⑤八乐官的四散，显示西周礼乐的崩坏，但这种崩坏却给诸侯带去了新的资源。《汉书·艺文志》这样论述战国诗学的演变："春秋之后，周道浸坏，聘问歌咏不行于列国，学《诗》之士逸在布衣。"⑥贵族丧失了礼乐，布衣逐渐兴起，礼乐权力发生了纵向的转移。诸侯国间因各种政治目的，有"赂乐"行为，也导致礼乐在诸侯间的横向转移。如《左传·襄公十一年》："郑人赂晋侯以师悝、师触、师蠲，广车、軘车淳十五乘，甲兵备。凡兵车百乘，歌钟二肆，及其镈、磬，女乐二八。晋侯以乐之半赐魏绛。"⑦晋侯把郑国赠送的乐官、乐器的一半又送给魏绛，从诸侯又转移到了大夫，这是典型的礼乐纵向转移。

殷周鼎革，周室东迁，诸侯争霸，权力结构的破坏与重组，理性意识不断增强，作为最高待宾礼的宾飨之礼，随着社会的变迁，呈现出不同的面貌。《论语·季氏》："天下有道，则礼乐征伐自天子出；天下无道，则礼乐征伐自诸侯出。"⑧殷商、西周之时，行飨以天子、诸侯为中心。天子

---

① 周聪俊：《飨礼考辨》，文史哲出版社，2011 年，第 43 页。
② 《春秋左传正义》卷四五，第 4472 页。
③ 具体讨论详见第八章第二节"观容测命：失礼与命运"。
④ 《左传·定公四年》关于分封赐乐有详细记载。
⑤ 根据程树德考证，八乐官为鲁哀公时人。见程树德：《论语集释》，中华书局，1990 年，第 1291 页。
⑥ 《汉书》卷三〇《艺文志》，第 1756 页。
⑦ 《春秋左传正义》卷三一，第 4234～4235 页。
⑧ 《论语注疏》卷一六，第 5477 页。

高高在上，作为主人能飨别人而不能被飨；春秋时代，天子之权首先下移至诸侯，再下移至强宗贵卿，最后至大夫士。飨礼集中于诸侯与诸侯之间、诸侯与卿大夫之间举行；天子被冷落一旁，且受辱被飨开始出现。这些充分表明春秋时代，权力的运作已由"天子+诸侯"转变为"诸侯+卿大夫"与"卿大夫+卿大夫"模式。诸侯蚕食王室之权，卿大夫蚕食诸侯之权，相递发生。行飨主动权，从天子跌落到诸侯、卿大夫，反映夺权窃礼成为常态。①

与此同时，社会权力结构得到重组。理性在高涨，欲望在膨胀，统治者需要通过礼乐运作以粉饰所得之权，致使行礼虽多却无诚敬之心。这正是春秋时代飨礼最盛最繁，而飨中阴谋又最为常见的根本缘由。两者看似矛盾，却相辅相成。顾炎武《日知录·周末风俗》说："春秋时犹宗周王，而七国则绝不言王矣。春秋时犹严祭祀，重聘享，而七国则无其事矣。春秋时犹论宗姓氏族，而七国则无一言及之矣。春秋时犹宴会赋诗，而七国则不闻矣。春秋时犹有赴告策书，而七国则无有矣。邦无定交，士无定主，此皆变于一百三十三年之间。"②战国时代，礼乐才走向衰败，但败而未亡。战国时期高层的政治宗教生活中，燕飨赋诗等仪式逐渐消亡，但在世俗的日常生活中并未消逝。如故宫博物院藏的宴乐渔猎攻战纹铜壶，自口下至圈足，被五条斜角云纹带划分为四区，内容包括采桑、射礼、宴享乐舞、水陆攻战等。成都百花潭中学也出土了类似铜壶，画面也分四层，依然包括习射、采桑、宴乐武舞、水陆攻战、狩猎等内容。类似的还有辉县出土燕乐射猎铜鉴、上海博物馆藏燕乐画像椭杯、美国华尔特美术馆藏铜豆、陕西凤翔高王寺藏铜壶、山西襄汾出土铜壶等。这些器物以热闹、拥挤、繁忙的画面，生动反映了战国时代俗世的日常生活。

礼乐在"破坏与维护"的双重变奏中，逐渐向更广泛的人群，更细微的社会角落转移、渗透。"礼，时为大"，一个礼乐化的中国在这个历史进程中诞生了。

第四节　祭飨与宾飨的异同

本节比较祭飨与宾飨两者的异同，努力揭示古人祭祀神灵信仰与待宾

① 《左传·成公二年》引孔子语："唯器与名，不可假人，君之所司也。名以出信，信以守器，器以藏礼，礼以行义，义以生利，利以利民，政之大节也。若以假人，与人政也。政亡，国家从之，弗可止也已。"
② (清)顾炎武著，黄汝成集释：《日知录集释》，栾保群、吕宗力校点，上海古籍出版社，2006年，第749~750页。

交际之间的关系所在。

一、祭飨与宾飨的相同点

《周礼·春官·大司乐》载："大飨不入牲，其他皆如祭祀。"此大飨属宾飨之礼，为历代学者的共识。郑注："大飨，飨宾客也。不入牲，牲不入，亦不奏《昭夏》也。其他，谓王出入、宾客出入亦奏《王夏》《肆夏》。"①所谓"牲不入"，指宾飨杀牲、烹煮均在庙门外，升鼎后乃入庙门，与祭飨牵牲入庭，杀之在庙门内不同。而祭祀与宾飨用乐，除无《昭夏》节入牲外，其他均相同。《大司乐》所载，基本揭示出祭飨与宾飨之异同。仔细考究后，发现在具体仪节上仍然有继续探析的必要。下面先说两者的相同点。

1. 均用祼

祭飨之祼，前文已有详论，其主要功能在于降神。只有尸、神合一，祭神大典才能通过主人与尸的酬酢交际得以实现。易言之，祭飨中，通过以尸为宾，从而达到以神为宾的祭祀目的。宾飨同有祼宾之礼。《礼记·礼器》："诸侯相朝，灌用郁鬯，无笾豆之荐。"郑注："灌，献也。"②灌、祼通假。此献，乃属祼中之献。《周礼·夏官·司仪》载诸公相朝聘，至"将币"仪节时，云"傧亦如之"。"傧"有时作"宾"，两者同为通假字。"将币"即飨时侑币。郑注："傧，谓以郁鬯礼宾也。"诸侯朝聘正礼毕，行飨礼，乃用郁鬯祼宾，且无笾豆之食。《礼器》孔疏："义在少而不在味，故唯有郁鬯而无殽也。"③元陈澔云："诸侯相朝，享礼毕，主君酌郁鬯之酒以献宾，不用笾、豆之荐者，以其主于相接芬芳之德，不在殽味也。"④清孙希旦又云："凡献酒必荐笾豆，惟郁鬯之灌则无之。盖至敬不飨味而贵气臭，不敢以此亵之也。"⑤宾飨祼宾，不主味而主"芬芳之德"与"至敬"之意，与祭飨祼尸，酒香达于渊泉以降神，有异曲同工之妙。

《周礼·春官·小宗伯》："凡祭祀、宾客，以时将瓒果。"⑥将有奉送义；瓒即圭瓒、璋瓒，为行祼礼器；果即祼。经文大意为：在祭祀或宾客

① 《周礼注疏》卷二二，第1707页。
② 《礼记正义》卷二三，第3102页。
③ 《礼记正义》卷二三，第3102页。
④ （元）陈澔：《礼记集说》，万久富整理，凤凰出版社，2010年，第188页。
⑤ （清）孙希旦：《礼记集解》，沈啸寰、王星贤校点，中华书局，1989年，第634页。
⑥ 《周礼注疏》卷一九，第1655页。

大礼中，小宗伯负责按时奉送行祼礼的圭瓒、璋瓒。则祭飨与宾飨，均有祼礼。《周礼·天官·内宰》："大祭祀，后祼献，则赞瑶爵，亦如之。……凡宾客之祼献，瑶爵，皆赞。"①瑶爵，指用瑶爵酳尸或宾客。祭飨与宾飨之祼献中，内宰均有协助之事。再如，《周礼·春官·郁人》："郁人掌祼器。凡祭祀、宾客之祼事，和郁鬯以实彝而陈之。凡祼玉，濯之陈之，以赞祼事，诏祼将之仪与其节。凡祼事沃盥。"②所载比《小宗伯》更详细具体。《国语·周语上》："王即斋宫，百官御事各即其斋三日。王乃淳濯飨醴。郁人荐鬯，牺人荐醴。王祼鬯，飨醴乃行。"韦昭注："祼，灌也。灌鬯，饮醴，皆所以自香洁也。"③此为西周籍田后，天子飨群臣之礼，其中明言有祼礼。且宾飨有斋戒之事，与祭飨亦同。宾飨之祼，虽非降神，但仍有敬宾之意。

此外，宾飨之祼，因等级不同，有一定的差别。《周礼·秋官·大行人》记载天子招待来朝公、侯、伯、子、男五等诸侯之礼仪，其中祼礼部分：上公"再祼而酢"；诸侯"一祼而酢"；诸伯与诸侯同为"一祼而酢"；诸子"一祼不酢"；诸男与诸子又同。"再祼"指王一祼，后亚祼，与祭飨相同；"一祼"则仅有王祼而无后祼。公尚有回酢之礼，到子爵、男爵时，只受祼而不得回酢。子、男与天子爵位相差太远，两者不能分庭抗礼。与礼制上，尊者赐过卑者礼物，卑者只得接受，不能表示谦让，是同一道理。所谓"礼尚往来"，只存在于两者地位相差不大的情况下。但因天子地位太尊，又无亲自酢臣之礼，故祼礼均由大宗伯代替行之，自己仅负责拜送而已。④ 这已与祭飨中，王必亲祼，王后有故则可不亲自参与而让宗伯代之不同。与之相对，大宗伯代王行祼，却与燕礼时，天子以膳夫为献主，诸侯以宰夫为献主，代替自己献臣子，非常相似。祼礼中的大宗伯，相当于燕礼中的献主。据此可看出，宾飨具有介于祭飨与燕礼之间的某些礼仪属性。从祭飨的完全主敬，到燕礼的主欢，宾飨居其中间，具有"过渡"色彩。

黄以周认为，祭飨之祼，祼入献中，宾飨之祼，祼献分列，此为两者的差异。⑤ 这一观点表面看似乎有理，实际上属强生分别。《礼记·祭统》"献之属，莫重于祼"⑥，祼仅是献中最重要者而已。故祭飨九献，首祼、

---

① 《周礼注疏》卷七，第 1474 页。
② 《周礼注疏》卷一九，第 1662 页。
③ 徐元诰：《国语集解（修订本）》，王树民、沈长云校点，中华书局，2002 年，第 18 页。
④ 《周礼·春官·大宗伯》："大宾客则摄而载果。"郑注："果，为也。果读为祼。代王祼宾客以鬯，君无酢臣之礼。言为者，摄酳耳，拜送则王也。"
⑤ （清）黄以周：《礼书通故》，王文锦校点，中华书局，2007 年，第 1066 页。
⑥ 《礼记正义》卷四九，第 3481 页。

亚祼占其中之二;① 宾飨上公九献，同样包括王祼与后祼；诸侯七献，则包括王祼。

飨礼有饮有食。《诗·小雅·彤弓》："钟鼓既设，一朝飨之。"郑玄笺："大饮宾曰飨。"②《周礼·秋官·大行人》："飨礼九献。"郑注："飨设盛礼以饮宾。"③《仪礼·聘礼》郑玄注："飨，谓享大牢以饮宾也。"④《仪礼·聘礼》："公于宾一食再飨。"胡培翚《正义》："食礼主于饭，有牲无酒，飨则牲酒皆有。"《仪礼·公食大夫礼》，胡培翚《正义》："凡待宾之礼，有飨有食有燕，燕主于酒，而食主于饭，飨则兼之。"《礼记·郊特牲》："飨禘有乐，而食尝无乐，阴阳之义也。凡饮，养阳气也；凡食，养阴气也。……饮，养阳气也，故有乐。"⑤金文中也见有专门"飨壶"，如复公仲壶"复公仲择吉金，用作飨壶，其赐公子万寿用之"（《集成》9681）。

2. 均馈食

祭飨馈食，可通过《仪礼》之《特牲馈食礼》《少牢馈食礼》得知。《周礼·地官·舂人》："舂人掌共米物。祭祀共其粢盛之米。宾客共其牢礼之米。凡飨共其食米。"⑥《周礼·地官·饎人》："掌凡祭祀之共盛。共王及后之六食。凡宾客共其簠簋之食。飨食亦如之。"⑦由此看出，舂人、饎人均职掌祭飨与宾飨之食事。笾人、醢人职掌荐笾豆之实，亦是祭飨、宾飨同。再如，西周晚期的郳仲簋载："用盛秫稻糯粱，用飨大正，歆王宾。"（《集成》4627）大正泛指官长，亦见于梁其钟，位在"邦君"下；王宾则是王派遣出的使者。曾伯秉簋铭文："用盛稻粱，用孝用享于我皇祖文考。"（《集成》4621）两相对校，前者为宾飨，后者为祭飨，均用稻粱之属。

3. 礼终均燕

祭飨后有燕礼，下文"燕兄弟、宗人""傧尸""蜡祭、雩祭、社祭后的民众燕饮"会有详细谈论，此不赘述。宾飨后的燕礼，《左传》记载最为丰富。《左传·昭公二十五年》叔孙昭子聘宋，"明日宴，饮酒乐，宋公使昭

---

① 大飨九献：王祼一、后祼二；朝践王献三、后献四；馈食王献五、后献六；酳尸王献七、后献八；宾献九。
② 《毛诗正义》卷一〇，第 902 页。
③ 《周礼注疏》卷三七，第 1925 页。
④ 《仪礼注疏》卷二二，第 2302 页。
⑤ 《礼记正义》卷二五，第 3132 页。
⑥ 《周礼注疏》卷一六，第 1617 页。
⑦ 《周礼注疏》卷一六，第 1617 页。

子右坐"①。《左传·昭公元年》："夏四月，赵孟、叔孙豹、曹大夫入于郑，郑伯兼享之。……乃用一献，赵孟为客，礼终乃宴。"②郑伯先以飨礼招待赵孟、叔孙豹、曹大夫等，飨礼毕后又举行燕礼，即所谓"礼终乃宴"。《国语·晋语四》："秦伯享公子如享国君之礼，子余相如宾……明日宴。"③所谓"礼终乃宴"，既适用于祭飨，又适用于宾飨。

4. 均用腥

祭飨用腥，上文讨论"肆"时已有详论。《礼记·郊特牲》："郊血，大飨腥。"④《礼器》："大庙之内敬矣……勿勿乎其欲其飨之也。纳牲于庭，杀讫，毛以告纯，血以告杀，腥其俎，肵解而腥之。"⑤《礼运》："玄酒以祭。荐其血毛，腥其俎，孰其殽。"孔颖达《正义》云："玄酒以祭，荐其血毛，腥其俎，此是用上古也。'孰其殽'以下，用中古也。"⑥上古用腥俎，中古方才转为用熟食。上述均是祭飨用腥的例证。

宾飨同样用到腥。《周礼·秋官·掌客》："遭主国之丧，不受飨食，受牲礼。"郑注："牲亦当为腥，声之误也。有丧，不忍煎烹，正礼飧饔饩常熟者，腥致之也。"⑦近人许维遹《飨礼考》曰："飨，嘉礼也。丧，凶礼也。吉凶不相干，故遭主国之丧，不受飨礼。因飨有腥俎，虽未受飨，而受其腥俎，其礼未废，由是言之，则飨用腥俎明矣。"⑧主国国君、夫人、世子之丧，不能废朝聘之礼；但亦得因时从变，即至行飨时，仅有其腥而已，无熟食。受腥则不尚味，体现来聘使者的哀悼之心。再如，《左传·宣公十六年》："王飨有体荐。"⑨《国语·周语中》："王公立饫，则有房烝。"⑩此"体荐"与"房烝"均是腥俎，进一步验证了宾飨用腥。

《周礼·夏官·大司马》："大祭祀、飨食，羞牲鱼。"⑪大祭祀指祭天地宗庙，飨食指招待来朝诸侯。羞牲鱼正是用腥证据。不过，郑玄、贾公彦均读"牲鱼"为"鱼牲"，则羞俎即仅生鱼而已。此说影响甚巨，至清代

---

① 《春秋左传正义》卷五一，第 4575 页。
② 《春秋左传正义》卷四一，第 4389 页。
③ 徐元诰：《国语集解（修订本）》，王树民、沈长云点校，中华书局，2002 年，第 338 页。
④ 《礼记正义》卷二五，第 3129 页。
⑤ 《礼记正义》卷二四，第 3121 页。
⑥ 《礼记正义》卷二一，第 3068 页。
⑦ 《周礼注疏》卷三八，第 1950 页。
⑧ 许维遹：《飨礼考》，《清华学报》1947 年第 1 期。
⑨ 《春秋左传正义》卷二四，第 4100 页。
⑩ 徐元诰：《国语集解（修订本）》，王树民、沈长云点校，中华书局，2002 年，第 58 页。
⑪ 《周礼注疏》卷二九，第 1813 页。

始遭到学界质疑。方苞曰："大司马宜奉羊牲，羞其肆，而变文曰羞牲鱼者，牲与鱼递进而以次羞之。羞牲则奉牲不待言矣。常祀牲不用马，且于下丧祭特见之，则所羞之牲为羊明矣。"①则"牲鱼"并非"鱼牲"之倒文，两者为并列关系，可从中间断读。孔广林曰："牲，羊牲、马牲与鱼为三。故先言牲，后言鱼。不言正羊、马者，文省。"②孔氏之说与方苞说近似，只是认为祭祀、飨食亦用马牲，不确。孙诒让云："大祭祀飨食虽不用马牲，而羊则宜此官奉之，经文不具也。"③《荀子·礼论》："大飨尚玄酒，俎生鱼，先大羹，贵饮食之本也。飨尚玄尊而用酒醴。"④生鱼即用腥。

综合来看，祭飨与宾飨，均会用到羊牲与鱼牲。两者用腥的主要区别，可能在于祭飨杀牲于庭，宾飨杀牲于庙门外。为何如此，乃是祭飨有告神之举，而宾飨无。

5. 均用明水

明水，又名玄酒、玄尊，是用铜镜取诸月之露水。《周礼·秋官·司烜氏》："司烜氏掌以夫遂取明火于日，以鉴取明水于月，以共祭祀之明粢、明烛，共明水。"郑注："陈明水以为玄酒。"⑤《礼记·礼运》孔疏："玄酒，谓水也。以其色黑，谓之玄。而太古无酒，此水当酒所用，故谓之玄酒。"⑥《礼记·郊特牲》："酒醴之美，玄酒明水之尚，贵五味之本也。"郑注："明水，司烜氏用阴鉴所取于月之水也。"⑦具体取用方法，《淮南子·天文》"方诸见月则津而为水"下，高诱注记载比较明确，即"方诸阴燧，大蛤也。熟摩令热，月盛时以向月下，则水生，以铜盘受之，下水数滴"⑧。祭飨用明水，《司烜氏》所载已较明确。

再如《周礼·秋官·大司寇》祭祀时"奉其明水火"，《大戴礼记·礼三本》中"大飨尚玄尊，俎牲鱼，先大羹，贵饮食之本也"⑨，《礼记·礼运》

①　（清）方苞：《周官析疑》，《续修四库全书本》第79册，上海古籍出版社，2002年，第277页。
②　（清）孔广林：《周官肊测》，《续修四库全书》第80册，上海古籍出版社，2002年，第402页。
③　（清）孙诒让：《周礼正义》，王文锦、陈玉霞校点，中华书局，1987年，第2361页。
④　（清）王先谦：《荀子集解》，沈啸寰、王星贤校点，中华书局，1988年，第351页。
⑤　《周礼注疏》卷三六，第297页。
⑥　《礼记正义》卷二一，第3066页。
⑦　《礼记正义》卷二六，第3151页。
⑧　何宁：《淮南子集解》，中华书局，1998年，第172页。
⑨　（清）王聘珍：《大戴礼记解诂》，王文锦点校，中华书局，1983年，第17页。

中"玄酒在室，醴盏在户，粢醍在堂，澄酒在下"①，《礼记·乐记》中"大
飨之礼，尚玄酒而俎腥鱼，大羹不和，有遗味者矣"②等，均用到玄酒。
《仪礼》一书中，冠、婚、射、聘、祭、乡饮酒、燕等均有玄酒之设。《礼
记·玉藻》："凡尊，必上玄酒。唯君面尊，唯飨野人皆酒。"孔疏："飨野
人，谓蜡祭时也。野人贱，不得比士，又无德，又可饱食，则宜贪味，故
唯酒而无水也。"③君子有不忘本之德，故用水而不尚味，野人地位低微，
无德无本方重味而有酒。《礼记·乡饮酒义》："尊有玄酒，贵其质也。"
"尊有玄酒，教民不忘本也。"④《荀子·礼论》："大飨尚玄酒，俎生鱼，
先大羹，贵饮食之本也。飨，尚玄尊而用酒醴，先黍稷而饭稻粱。"⑤前
"大飨"指祫祭祖先，后"飨"指飨食。两者共用玄尊至为明显。可以说，
无论祭飨还是宾飨，用明水或玄尊，同样犹如古人饮酒饭食前之"祭先"，
乃为缅怀造物主的功绩而设，故不尚味而尚质，有不忘本之意。王国维则
认为古人设玄酒并非尚质不尚味，而是有实用目的，即为防止饮酒过多，
醉倒后导致废礼之事发生。⑥

6. 用器同

《周礼·春官·小宗伯》载小宗伯之职掌云："辨六彝之名物，以待祼
将。辨六尊之名物，以待祭祀、宾客。"又曰："凡祭祀、宾客，以时瓒
祼。"⑦六彝，指鸡彝、鸟彝、斝彝、黄彝、虎彝、蜼彝；六尊，指献尊、
象尊、壶尊、著尊、大尊、山尊。具体仪节用尊、彝或不同，但祭与飨均
会用到，却毫无疑问。《礼记·坊记》："敬则用祭器。"郑注："祭器，笾、
豆、簠、铏之属也。有敬事于宾客则用之，谓飨食也。盘盂之属，为燕
器。"⑧与盘盂仅为燕器不同，六尊六彝，祭与飨同用之，郑玄已有明言。
《礼记·曲礼下》："凡家造，祭器为先，牺赋为次，养器为后。"⑨祭器与
养器相对，而无飨器，可能因与祭器本属一体之故。《国语·周语中》周
定王飨士会"奉其牺象，出其尊彝"，正可说明飨用尊彝。两者备物为何

---

① 《礼记正义》卷二一，第 3066 页。
② 《礼记正义》卷三七，第 3313 页。
③ 《礼记正义》卷二九，第 3198 页。
④ 《礼记正义》卷六一，第 3652、3656 页。
⑤ （清）王先谦：《荀子集解》，沈啸寰、王星贤校点，中华书局，1988 年，第 351 页。
⑥ 王国维：《说盉》，《观堂集林》，中华书局，1959 年，第 152 页。
⑦ 《周礼注疏》卷一九，第 1654 页。
⑧ 《礼记正义》卷五一，第 3516 页。
⑨ 《礼记正义》卷四，第 2724 页。

相同，许维遹的解释最为精彩："祭礼所以交于神明，非同于安乐者也。在飨礼所以敬于宾客，非同于所饮食之亵器也。笾豆之荐，牲俎之羞，不敢用亵味，而贵备物。"①通过备物的相同，飨神与飨宾共同体现出的神圣含义，昭露无遗。神与贵宾在礼仪上具有相同地位。《左传·僖公三十年》："冬，王使周公阅来聘，飨有昌歜、白黑、形盐。辞曰：'国君，文足昭也，武可畏也，则有备物之飨，以象其德；荐五味，羞嘉谷，盐虎形，以献其功。吾何以堪之？'"②器以象德，是古人惯常的做法。出土青铜器中，可以发现一器既可用于人，也可以用于神。宝鸡出土西周晚期伯公父爵的铭文有"伯公父作金爵，用献，用酌，用享，用孝"③，讲此爵之功能有四，很明显既可以飨人，也可以飨神。曾伯陭壶铭文："用自作醴壶，用作飨宾客，为德无暇，用享用孝。"(《集成》9712)也是飨宾与飨神同用。

7. 用乐同

前引《周礼·大司乐》已提示宾飨与祭飨用乐，虽有小差别，但最主体部分相同。《周礼·春官》中常见同类记载，例如：

> 凡祭祀、飨、射，共其钟笙之乐。(《笙师》)
> 凡祭祀，帅其属而设笋虡，陈庸器。飨、食、宾射亦如之。(《典庸器》)
> 大祭祀，登歌，击拊；下管，击应鼓；彻，歌。大飨亦如之。
> 大祭祀，帅瞽登歌，令奏击拊，下管播乐器，令奏乐棘……大飨亦如之。(《大师》)
> 凡祭祀、飨食，奏燕乐。(《钟师》)
> 掌金奏之鼓。凡祭祀，鼓其金奏之乐。飨、食、宾射亦如之。(《镈师》)
> 大祭祀，王出入则令奏《王夏》，尸出入则令奏《肆夏》，牲出入则令奏《肆夏》，牲出入则令奏《昭夏》。大飨不入牲，其它皆如祭祀。
> 飨食诸侯，序其乐事，令奏钟鼓，令相，如祭之仪。(《大司乐》))
> 祭祀则鼓羽籥之舞。宾客飨、食，则亦如之。(《籥师》)

---

① 许维遹：《飨礼考》，《清华学报》1947 年第 1 期。
② 《春秋左传正义》卷一七，第 3974 页。
③ 陕西周原考古队：《陕西扶风县云塘、庄白二号西周铜器窖藏》，《文物》1978 年第 11 期。

上揭经文足以证明，神与宾经常在一起被言说和对待，宾飨与祭飨用乐也大多类同。具体的用乐仪节见于《礼记》。《礼记·祭统》："大尝禘，升歌《清庙》，下而管象。"①《礼记·仲尼燕居》："两君相见……升歌《清庙》，示德也。下而管象，示事也。"②大尝禘为祭飨，两君相见为宾飨，两者均是歌《清庙》而管象。《礼记·郊特牲》："宾入大门而奏《肆夏》，示易以敬也。卒爵而乐阕，孔子屡叹之，奠酬而工升歌，法德也。"③所载为宾飨中奏《肆夏》之乐。汉代杜子春指出："王出入奏《王夏》，尸出入奏《肆夏》，牲出入奏《昭夏》，四方宾来奏《纳夏》，臣有功奏《章夏》，夫人祭奏《齐夏》，族人侍奏《族夏》，客醉而出奏《陔夏》，公出入奏《骜夏》。"④宾飨与祭飨均用"夏"节礼，区别仅在于用其中某篇而已。⑤《国语·周语下》："姑洗，所以修洁百物，考神纳宾也。""蕤宾，所以安神靖人，献酬交酢也。"韦昭注："考，合也……合致神人，用之享宴，可以纳宾也。"⑥祭神与纳宾，均用到姑洗或蕤宾，也证明两者在用乐方面有某些一致性。

8. 主敬同

《论语·八佾》载："祭如在。祭神如神在。子曰：'吾不与祭，如不祭。'"⑦众所周知，孔子重视祭祀者的内在情感，过于外在之礼器、礼仪。祭而无诚敬之心，犹如不祭。宾飨与祭飨一样，主敬而不主味，要求所有与礼者具有诚敬之心。散斋七日，致斋三日，目的在于摒除人的杂念，以培育诚敬之心，好参与祭祀。《礼记·郊特牲》："诸侯为宾，灌用郁鬯，灌用臭也。大飨尚腶脩而已。"⑧此段话之前，所言正为祭飨之事，祭飨乃"至敬不飨味而贵气臭也"。祭飨之后接着讲宾飨，已显示出《礼记·郊特牲》的编撰者完全知晓两者的亲密关系。郑注："亦不飨味也。此大飨，飨诸侯也。"祭飨、宾飨之裸，均贵气而不飨味，一目了然。干肉加姜桂捶打而成腶脩，属笾豆之食。所谓"大飨尚腶脩而已"，指宾飨虽有太牢

① 《礼记正义》卷四九，第 3489 页。
② 《礼记正义》卷五〇，第 3502 页。
③ 《礼记正义》卷二五，第 3133 页。
④ 《周礼·钟师》郑注引。
⑤ 关于"九夏"的具体讨论，可参看王子初《先秦〈大夏〉〈九夏〉乐辨》(《音乐研究》1986 年第 1 期)、许兆昌《"九夏"考述》(《古代文明》2008 年第 4 期)两文。
⑥ 徐元诰：《国语集解（修订本）》，王树民、沈长云校点，中华书局，2002 年，第 115 页。
⑦ 《论语注疏》卷三，第 5358 页。
⑧ 《礼记正义》卷二五，第 3129 页。

之馔，但在陈设时，先设殷脩于筵前，后乃设余馔。"尚"指陈设顺序，而非指大飨以殷脩为贵，与裸礼"无笾豆之荐"并不矛盾。孔颖达至孙希旦、朱彬等，均认定此因宾飨"不尚味"的缘故。① 此观点殊为允当。宾飨备物陈设所体现出的诚敬之意，文献所载多见。《国语·周语中》载飨士会时，周定王大谈飨宴备物所展示的礼仪功能：

> 今我王室之一二兄弟，以时相见，将和协典礼，以示民训则，无亦择其柔嘉，选其馨香，洁其酒醴，品其百笾，修其簠簋，奉其牺象，出其樽彝，陈其鼎俎，净其巾幂，敬其祓除，体解节折而共饮食之。于是乎有折俎加豆，酬币宴货，以示容合好。胡有孑然其效戎狄也？②

诸侯即所谓"一二兄弟"来朝者，天子设飨以招待之，备物无不择其最美好，内心无不具备诚敬。正因如此，天子与诸侯方能和协典礼，示民训则，且这是与戎狄相区别的重要手段。《左传·成公十二年》郤至说："享以训恭俭，宴以示慈惠。"杜预注："享有体荐，设几而不倚，爵盈而不饮，肴干而不食，所以训恭俭。"③飨重礼容，虽有体荐，但不食用；虽有几，但须站立，不能依靠；虽酒爵满盈，但不能饮用。这与朝聘正礼饥不能食，渴不能饮，倦不能坐，属同一道理。之所以如此，原因在于宾飨须使人有恭俭之心。

正因宾飨与祭飨均主诚敬，故行礼中若稍有差错，即为失礼行为。《礼记·曲礼上》："临祭不惰。"郑注："为无神也。"④祭祀时表露懈惰之情，就有渎神之嫌。与之相对，宾飨时若懈惰，亦会遭到士君夫子们的嘲笑。《左传·襄公二十八年》载，郑简公设飨招待自晋国归的蔡景公。飨礼过程中，蔡景公表露不敬之情。子产讥讽曰："蔡侯其不免乎！日其过此也，君使子展往劳于东门之外，而傲。吾曰犹将更之。今还，受享而惰，乃其心也。君小国，事大国，而惰傲以为己心，将得死乎？"⑤蔡小而郑大。蔡景公作为小国之君，大国之卿劳之而有骄傲之情，大国之君飨之而有懈惰之心，故子产认为，其必不得善终，并预测其"恒有子祸"。两

---

① （清）朱彬：《礼记训纂》，饶钦农校点，中华书局，1996 年，第 382 页。
② 徐元诰：《国语集解（修订本）》，王树民、沈长云点校，中华书局，2002 年，第 58 页。
③ 《春秋左传正义》卷二七，第 4148 页。
④ 《礼记正义》卷三，第 2707 页。
⑤ 《春秋左传正义》卷三八，第 4340 页。

年后，蔡景公被世子班所弑，正好验证子产的预言。《左传·成公十四年》卫定公飨苦成叔，苦成叔傲慢无礼。宁惠子曰："苦成家其亡乎！古之为享食也，以观威仪、省祸福也。故《诗》曰：'兕觥其觩，旨酒思柔。彼交匪傲，万福来求。'今夫子傲，取祸之道也。"①宁惠子所引《诗》前两句来自《大雅·丝衣》。《丝衣》为周王祭神的歌舞诗，刘向《五经通义》认为丝衣即尸所穿的衣服。② 宁惠子引祭飨歌诗来引证宾飨，表明春秋时代之人无祭飨、宾飨决然不同的偏见。所以"观威仪、省祸福"，正是宾、祭二飨的共同特点。由此可以看出，无论是宾飨还是祭飨，均应持一颗诚敬之心，傲慢无礼者必遭世人讥讽。

二、祭飨与宾飨的不同点

《礼记·礼器》："一献之礼，不足以大飨；大飨之礼，不足以大旅；大旅具矣，不足以飨帝。"③一献指宾主之间的一轮献酢酬。大飨上公以九为节，有九献。大旅、飨帝均为飨神之礼。《礼记·礼器》所载已隐含出祭飨与宾飨在仪节上的某些差别。《淮南子·说山》："先祭而后飨则可，先飨而后祭则不可。"高诱注："礼，食必祭，示有所先。飨，犹食也；为不敬，故曰不可也。"④虽为汉代说法，但已揭示出宾飨与祭飨并非完全等同。两者的差异亦是显而易见的。具体而言，有如下几条。

1. 对象有异

祭飨的直接对象是尸，而尸又是神的"代理人"，⑤ 故最终对象是神。宾飨的对象就是人。一飨神、一飨人，是两者最为本质的区别。正是有此差异，决定了祭飨多有降神、告神之举，而宾飨无之。宾飨的谋宾、戒宾、速宾之礼仪功能，或类似降神。例如，前者裸在室，后者裸在堂；前者入牲告杀，后者杀之庙门外；前者告血荐毛升首，后者仅用腥而已，等等，不可枚举。不过，虽有神人不同，却均是主人之宾，以主宾之礼招待神灵与宾客。孙诒让曰"祭祀主于事尸，大飨主于事宾，故以宾如尸礼"⑥，洵

---

① 《春秋左传正义》卷二七，第4153页。
② （唐）杜佑：《通典》，王文锦等校点，中华书局，1988年，第1240页。
③ 《礼记正义》卷二四，第3124页。
④ 刘文典：《淮南鸿烈集解》，冯逸、乔华校点，中华书局，1989年，第551页。
⑤ 中国古代礼制中常用"代理人"，如《尚书·顾命》中之太保、《尚书·燕礼》中之献主、《尚书·士昏礼》中之使者，宾飨中之大宗伯、小宗伯等。虽使用缘由各异，却均是代理主人以与对方行礼。
⑥ （清）孙诒让：《周礼正义》，王文锦、陈玉霞校点，中华书局，1987年，第1782页。

为卓识。"以神为宾"是中国古代礼制的常见观念，但历代以来不曾受到学者的重视。

2. 地点有异

除去特殊神灵（如山川）外，祭飨——特别是飨先祖于庙中行礼，历代无异议。传统的礼制研究亦认为宾飨于庙中举行。《周礼·春官·大宗伯》贾疏："飨，享大牢以饮宾，献依命数。"宋李如圭《仪礼集释》："飨食在庙，燕在寝。"周聪俊指出："飨在野当是权宜，在庙是礼常。"[①]但甲骨文、金文甚至《左传》所载，均与此有冲突。宾飨的行礼地点并非必于庙中，而是呈现出多样化的特点。

对殷墟卜辞所载飨礼地点，宋镇豪已有很好的研究。据宋氏所列，殷商飨礼地点包括太室、北宗、宗、阚宗、阚太室、庭、召庭、召大庭、召宫、祊西、穷，甚至"野宴或在外地设宴的"[②]。除太室、宗类外，其他的地点很难说必位于太庙内。可以断言，自殷商时期，宾飨地点多样化趋势已经非常明显。《墨子·非乐上》载夏启"野于饮食"，与历史事实基本相符。

金文载行飨地点，同样多样。如穆公簋铭文"王夕飨醴于太室"，师遽父方彝铭文"王在康宫飨醴"。宫与太室，虽有广狭之别，[③]但具体行礼时可能均在其内的庙中。《公羊传·文公十三年》："世室者何？鲁公之庙也。周公称大庙，鲁公称世室，群公称宫。"[④]记载周天子参与飨礼的金文有13篇之多。其中，早期器4件，中期器9件，晚期器1件，虽远非其时飨礼的全部，但明显能看出，行礼频率的高低与王权草创、兴盛及衰微的过程，大致吻合。可见周天子行飨礼，与王权的强弱有关，是毋庸置疑的事情。其中行礼地点用表2-1列出。

表2-1　西周金文所见飨礼简表

器名	制器者与天子的关系	行礼地点	时代	出处
天亡簋	佑王	天室	武王	《集成》4261
征人鼎	征人受天君赏赐	斤	早期	《集成》2674
天君簋	受天君飨，受赏赐	斤？	早期	《集成》4020

① 周聪俊：《飨礼考辨》，台湾文史哲出版社，2011年，第87页。
② 宋镇豪：《商代社会生活与礼俗》，中国社会科学出版社，2010年，第234~239页。
③ 唐兰：《西周铜器断代中的康宫问题》，《考古学报》1962年第1期。
④ 《春秋公羊传注疏》卷一四，第4934页。

续表

器名	制器者与天子的关系	行礼地点	时代	出处
逨簋	逨御王，受赏赐	莽京	穆王	《集成》4207
师遽方彝	师遽蔑历侑王	周康寝	恭王	《集成》9897
大鼎	作守卫有功，受王赏	糧𠊱宫	夷王	《集成》2807
三年𤔽壶	王飨礼，受赏赐	郑、句陵	懿王	《集成》9726
穆公簋	穆公佑，受赏赐	大室	穆王①	《集成》4191
长由盉	穆王蔑长由以逨即邢伯	下减应	穆王	《集成》9455
效卣	公东宫纳飨于王，受王赏	东宫	恭王	《集成》5433
应侯视工簋	应侯视工侑王，受赏	𤔲	厉王②	《新收》79
夨簋	夨御，受王赏	周康宫	中期	《新收》1958
虢季子白盘	受王飨、赐	周庙宣𤔽	宣王	《集成》10173

表 2-1 已清楚地显示，西周时代，行飨礼地点中，宗庙虽占有重要地位，但并不是唯一的。莽京③、糧𠊱宫④、周康寝⑤、周康宫⑥、周庙宣𤔽⑦，或是周王宫室，或是周王宗庙。而斤、社、郑、句陵，宣𤔽，则很难与天子宗庙联系起来，或许是当地诸侯的宗庙。

---

① 李学勤：《穆公簋盖在青铜器分期上的意义》，《文博》1984 年第 2 期。

② 李学勤：《论应侯视工诸器的年代》，《青铜文化研究》2005 年第 4 辑；又载氏著《文物中的古文明》，商务印书馆，2008 年，第 252~257 页。

③ "莽"读为"旁"，自阮元、王国维、徐同柏、吴式芬、郭沫若以来无异议。只是其具体所指稍有不同。实际上，据金文中周王在"莽京"祭祀、习射、飨礼、刑审、告庆等高规格的活动来看，大概是都城附近的某宫室。李仲操认为是"旁于岐周"，大致可信。参见李仲操：《莽京考》，《人文杂志》1983 年第 5 期；《王作归盂铭文简释——再谈莽京为西周宫室之名》，《考古与文物》1998 年第 1 期。又刘雨认为"莽"指镐京附近的"方"，亦可略备一说。见刘雨：《金文莽京考》，《考古与文物》1982 年第 3 期。

④ 马承源云："糧𠊱宫，宫名。糧辰，即文献之归脤。归，馈，脤，祭祀所用生肉。……糧𠊱，就是天子将祭祀过的肉馈赐同姓诸侯。糧𠊱宫，可能是特行此礼的处所。"见马承源：《商周青铜器铭文选》卷三，文物出版社，1988 年，第 270 页。作为祭祀周天子祖先的宫庙，大概不会把其地封赐给其他诸侯，脱离其直接的控制范围。

⑤ 周康寝，指康宫中的后寝。《尔雅·释诂》："无东西厢有室曰寝。"颜师古注《汉书》引如淳说："庙之前曰朝，半以后曰寝。"

⑥ 周康宫问题，学界有争论，一派认为指"康王之庙"，以罗振玉、唐兰为代表；另一派认为康为懿美之辞，以郭沫若、陈梦家为代表。据飨礼于庙中举行的原则，罗、唐二氏的说法较可信。

⑦ 𤔽即榭。《春秋·宣公十六年》"夏，成周宣榭火"，西晋杜预注："榭，讲武堂。"孔颖达引服虔云："宣扬武威之处。"虢季子白盘载周王于榭飨有战功的虢季子白，与杜预等说应相吻合。

春秋时代，行飨地点的多样化趋势并未减弱。《左传》庄公四年，夫人姜氏享（飨）齐侯于"祝丘"；庄公二十一年，郑厉公飨周惠王于"阙西辟"；襄公十九年，鲁襄公飨晋六卿于"蒲田"；襄公二十五年，齐侯飨莒子于"北郭"；襄公二十六年，宋太子飨楚客于"野"；襄公二十七年，郑简公飨赵武于"垂陇"；昭公七年，楚灵王飨鲁昭公于"新台"；昭公二十七年，公子光飨吴王僚于"堀室"；定公八年，阳虎飨季氏于"蒲圃"。诚然，其中有不少是阴谋违礼行为，但出现如此之多非宗庙中飨礼，在一定程度上说明，宗庙并非飨礼地点的唯一选择。春秋时代行礼，礼仪上的原则规定与现实中的施行之间有冲突，也是重要特点之一。

3. 问卜有异

祭飨问卜，主要包括卜日与卜牲，上文已有详论。宾飨问卜，则无严格规定。殷商时期虽凡事必卜，但行宾飨礼，卜后可因特殊情况临时取消，具有一定的机动性。例如：《合集》6095"贞，舌〔方〕出，王勿飨，十一月。王飨"。辞意是，因邛方出侵的缘故，商王停止行飨礼；到十一月，才重新行飨礼。飨因邛方的出侵而中断。因祭飨"卜日"，即通过贞问神灵，而求得具体日子；日子确定后，不太可能随便更改，否则有渎神嫌疑。那么，此条卜辞所载飨礼，应属宾飨而非祭飨。此条卜辞还可与《英藏》543"贞，舌方出，王自飨，受有佑。五月"对照来看。后者谈到"受有佑"，即受到祖先的护佑。那么，前所谓"飨"应为祭飨。虽同为"邛方出"，祭飨则"王自飨"，正是祭飨不能被中断的最佳例证。如此来看，卜辞中宾飨之礼，即使通过了贞问，仍然有随时更改的可能，其严肃性明显低于祭飨。那么所谓宾飨问卜，在殷商时代，机动性较强，并无严格限制。

西周金文中不见宾飨问卜的记载。《左传·哀公十四年》载，宋景公与桓魋之间的矛盾已不可调和，双方均欲借飨对方以"行谋"。于是，约定"以日中为期"，即把行飨礼的时间定在正午。"定期"一定程度上，与祭飨"卜日"存在相似性。但此为阴谋之事，是否符合礼制，有待辨析。西周以迄春秋时代，所载飨礼举行的时间，多在朝礼、聘礼、婚礼、射礼等之后，所谓独立的"定期"仪式，并无依托。例如，婚礼中"舅姑共飨妇""舅飨送者""姑飨妇人送者"及"婿飨妇送者丈夫、夫人"的时间，已被婚礼的举行时间卡定，无须另外卜日。

最明显的例证，来源于《礼记·曲礼下》"大飨不问卜"。此"大飨"，郑玄、孔颖达认为是祭飨五帝于明堂之礼。郑玄注："祭五帝于明堂，莫适卜也。"孔颖达疏："若卜其牲日，五帝总卜而已，不得每帝备卜。若其一一卜，神有多种，恐吉凶不同。"①在孔颖达看来，祭飨五帝，若每帝卜，有可能出现吉凶不同的情况，到时何去何从会成为问题，导致废礼情况出现。但此种说法，自贾公彦起，已遭学界质疑。贾公彦认为，此"大飨"与"大飨不入牲"同，均是宾飨。②宋陈祥道云："然则不问卜者，特飨宾之礼也。考之《大射》《燕》《觐》之礼，前期有戒而已。则飨不问卜可知。"严陵方悫指出此大飨乃"天子飨诸侯之大飨而已"③。至清代，万斯大、孙希旦主之。万氏指出："此言不问卜，乃之两君相见，及凡宾客之礼也。宾客既行朝聘当飨即飨，牲、日皆不卜。"④孙氏据《周礼·太宰》祀五帝、祀大神、享先王，皆前期十日而卜日，《大宗伯》"凡祀大神、享大鬼，祭大示，率执事而卜日"等为证，认为凡祭祀必卜，而此大飨不卜，则必为宾飨而非祭飨。⑤综合而言，祭飨必问卜，而宾飨因多与其他礼制组成一个"组合"，无时间亦无必要再行问卜。

三、"《飨礼》已亡"辨

《仪礼》中有无《飨礼》，历代以来分成两派意见。

第一，《仪礼》十七篇乃古礼残余，《飨礼》乃其中已亡之篇。此说自郑玄以来，孔颖达、朱熹、王应麟、黄以周、孙诒让、诸锦等均从之，乃学界主流意见。现代学者沈文倬认为，古代用文字记录下各种礼书，其中《仪礼》十七篇，乃其残存部分。礼书中若干篇目在秦火中亡佚，其中包括郊礼、社礼、禘礼、殷礼、烝礼、朝礼、飨礼等。⑥

第二，《仪礼》篇目首尾完备，并无《飨礼》。明郝敬认为《仪礼》所载虽止大夫士礼，但天子诸侯及庶人礼可据义加减之，"《仪礼》十七篇大较备矣"⑦。十七篇是完整的，当然就没有遗失《飨礼》之说。清惠士奇认为《燕礼》《大射仪》中"以我安"前所行为飨礼，"以我安"后彻俎乃行燕礼，得出"《飨礼》不亡，尽在《燕礼》矣"的结论。⑧朱大韶撰《燕飨通名说》发

---

①　《礼记正义》卷五，第 2749 页。

②　《周礼·春官·大司乐》贾疏。

③　（宋）卫湜：《礼记集说》卷一四，清通志堂经解本。

④　（清）万斯大：《礼记偶笺》，《续修四库全书》第 98 册，上海古籍出版社，2002 年，第 610 页。

⑤　（清）孙希旦：《礼记集解》，沈啸寰、王星贤校点，中华书局，1989 年，第 159 页。

⑥　沈文倬：《略论礼典的实行和〈仪礼〉书本的撰作》，《菿闇文存》，商务印书馆，2006 年，第 7~15 页。

⑦　（明）郝敬：《仪礼节解》卷一一，廖明飞点校，崇文书局，2022 年，第 326 页。

⑧　（清）惠士奇：《礼说》卷五，文渊阁《四库全书》第 101 册，台湾"商务印书馆"，1986 年，第 495 页。

挥惠氏之说，认为"饮射之礼，皆飨礼也，故燕亦通名飨"①。

实质上，通过前文对祭飨、宾飨以及两者异同的讨论，再加上其他的证据，可知古有飨礼而未必有《飨礼》。飨礼存在于《仪礼》一书中，并未亡佚。

第一，以上第一种说法，实误解礼制为礼书。礼制乃礼仪制度，有此制度未必有此书。礼书则指具体的某篇文章或某部书。《仪礼·公食大夫礼》："设洗如飨。"②具体的意思指行食礼时，洗的摆设同于飨礼。"飨"乃礼制而非礼书。《仪礼》中飨礼常见。如《士昏礼》舅姑飨新妇、送者，《聘礼》中"大夫来使，无罪，飨之""有大客后至，则先客不飨、食，致之"等。可见"《飨礼》已亡"的观念，未能在《仪礼》中找到内证，相反飨礼却尚存于其中。

第二，宾飨见于《士昏礼》《聘礼》等篇；祭飨之馈食部分见于《特牲馈食礼》《少牢馈食礼》两篇。如上所论，宾飨乃飨宾客之礼，《士昏礼》之新妇、送者，《聘礼》之使者正是被飨之宾客；祭飨乃飨神尸之礼，《特牲馈食礼》《少牢馈食礼》所载正是待尸之礼。只是因《仪礼》为士礼，故只有馈食而无天子、诸侯之"肆献祼"。

第三，宾飨礼尚存于《燕礼》中。清惠士奇首发《大射仪》"以我安"前为飨礼部分。飨主敬必以立成，燕主欢必以坐成。《国语·周语中》："王公立饮，则有房烝。"③立饮即飨礼。④《燕礼》"脱屦升坐"站立行礼，且有俎食。《礼记·聘义》："酒清人渴而不敢饮，肉干人饥而不敢食也，日暮人倦，齐庄整齐，而不敢懈惰，以成礼节。"⑤《左传·昭公五年》："设机而不倚，爵盈而不饮；宴有好货，飨有陪鼎。"⑥则聘中之飨，同样以立成，不饮不食。⑦《燕礼》所载先飨后燕，与《左传》中之"礼终乃宴"正好吻合。

《左传·昭公元年》："夏四月，赵孟、叔孙豹、曹大夫入于郑，郑伯兼享之。……乃用一献，赵孟为客，礼终乃宴。"⑧郑伯先以飨礼招待赵孟、叔孙豹、曹大夫等，飨礼毕后又举行燕礼，即所谓"礼终乃宴"。

① （清）朱大韶：《实事求是斋经说》卷二《燕飨通名说》，《续清经解》第3册，上海书店出版社，1988年，第850页。
② 《仪礼注疏》卷二五，第2335页。
③ 徐元诰：《国语集解（修订本）》，王树民、沈长云点校，中华书局，2002年，第58页。
④ 《左传正义·宣公十六年》曰："王公立饮，即享礼也。"
⑤ 《礼记正义》卷六三，第3678页。
⑥ 《春秋左传正义》卷四三，第4434页。
⑦ 所谓"不饮不食"，指仅飨先或略微尝一下而已，告旨后奠于地，或放回俎上。
⑧ 《春秋左传正义》卷四一，第4389页。

《国语·晋语四》："秦伯享公子如享国君之礼，子余相如宾……明日宴。"①可见，相续而行的飨燕之礼，不必在同一日。《周礼·秋官·大行人》郑注："飨设盛礼以饮宾。"贾公彦疏："盛礼者，以其飨有食有酒，兼燕与食，故云盛礼。是燕不得为飨，而飨则又兼燕与食矣。"②贾疏完全混淆燕、飨界限，不可取，但先飨后燕于春秋时代乃常见礼制，殆无疑义。

　　概括言之，因飨既可飨神，又可飨人，若以一篇文献言之，则难于区隔，故古代并不存在统一的《飨礼》。所谓"《飨礼》已亡"的说法，并不可从。《仪礼》中虽无《飨礼》，却有飨礼。作为礼仪制度，飨礼之宾、祭两部分列在《仪礼》各篇中。宾飨的部分仪节，见于《燕礼》之前部，《士昏礼》《聘礼》之一部。祭飨之馈食部分见于《特牲馈食礼》《少牢馈食礼》两篇。至于祭飨之馈食前仪节，因《仪礼》所载为士礼，故未有明言。

　　综上所述，祭飨与宾飨均是飨礼。"飨"字"象飨食时宾主相向之状"，确为卓识。只不过，"宾主"不仅包括人，而且包括神灵在其内。古人飨食与祭祀，均带有一定的神圣性，这与其时整个社会被神灵信仰笼罩，理性意识不发达有关。所谓"原始社会人们祀天祭地享祖先，氏族首领把祭食分给族人共食，大概可视为筵宴的滥觞"③，虽已道出部分真实，但认为祭祀为先、飨食在后，进而得出前者产生后者的结论，稍显武断。④《礼记·礼运》："夫礼之初，始诸饮食。其燔黍捭豚，尊而抔饮，蒉桴而土鼓，犹可以致其敬于鬼神。"⑤礼始于饮食，非始于飨祭鬼神。郭沫若说："礼之起，起于祀神。其后扩展而为对人，更扩展而为吉、凶、军、宾、嘉等仪制。"⑥这明显不符合历史事实。远古蒙昧，理性未兴，人神未有必然区隔。⑦"绝地天通"之前的"民神杂糅"时代，正是这种现象的真

① 徐元诰：《国语集解（修订本）》，王树民、沈长云点校，中华书局，2002年，第338页。
② 《周礼注疏》卷三七，第1926页。
③ 宋镇豪：《夏商社会生活史（上）》，中国社会科学出版社，1994年，第479页。
④ 原始人多是"万物有灵论"的信徒，这决定了他们并不会特意区分出哪些是神灵，而哪些不是神灵。J. G. 佛雷泽在《金枝》一书中指出，"在未开化的原始人看来，一饮一食都带有特别危险；因为饮食之际灵魂可能从口中逃逸，或者被在场的敌人以巫术摄走"（徐育新等译，新世界出版社，2006年，第199页）。我们虽然未从宾飨中找到类似的巫术或信仰，但饮食本身与神灵不可完全分割，这在原始人的信仰中，应是毫无疑问的事情。
⑤ 《礼记正义》卷二一，第3065页。
⑥ 郭沫若：《十批判书·孔墨的批判》，东方出版社，1996年，第96页。
⑦ 可参看黄玉顺《绝地天通：天地人神的原始本真关系的蜕变》中对"民神异业"前"民神杂糅"的相关讨论（《哲学动态》2005年第5期）。

实反映。飨神包括帝、天、万物及祖先，飨人包括诸侯、臣属、使者、戚属、朋友、邑子、士庶子。两者行礼虽对象、地点不同，有一占卜、一不占卜的差异，但却具有更大的相似性，如均有裸礼、馈食礼，均礼终再行燕礼，均用腥、明水，所用礼器、音乐均相同等。所有的这一切都在暗示，古人持一颗诚敬之心对待神灵与宾客，拥有类似心理。事神如事宾，事宾如事神。

　　"飨"的对象原本包括神灵，但自战国后，其逐渐淡出世人的眼界，甚至归于湮灭，致使后人仅以宾飨指称"飨礼"，造成礼学研究上的一大误会。究其缘由，一是与整个燕飨礼在战国后衰落的历史命运息息相关。当飨礼与日常生活渐行渐远后，误会与陌生感必然应运而生。二是某些礼学家并未回到殷商、西周的具体历史语境、用词习惯下讨论问题，而是以后代的偏义代替真实的历史。故飨礼失去飨神之义，成了必然的宿命。三是片面理解《周礼·春官·大宗伯》"以飨燕之礼，亲四方之宾客"①，把飨礼限制在嘉礼内。造成的后果之一，乃是后人失去了得知祭祀神灵与燕飨宾客之间真实关系的机会。揭开重重迷雾后，可以得知"飨"所象飨食的宾主，其身份既可指人，又可指神。换言之，祭飨时是人神相向行礼，宾飨时是人人相向行礼，神与人均可作为主人之宾而参与行礼。

―――――――

① 《周礼注疏》卷一八，第 1640 页。

第三章　燕礼：在"醉不忘礼"与
"不醉无归"之间

燕礼以饮酒为主，不用饭食，主宾之间甚至以醉为度，严肃庄敬不如飨礼，表达宾主间亲近欢娱之意。在醉与礼之间，燕礼有较大的弹性。

第一节　燕礼概述

燕礼在《仪礼》一书中有所记载，是一种在寝中举行的饮酒礼，其规格低于飨礼，有折俎而无饭食。

对于燕礼的种类，清儒秦蕙田分作天子燕礼与诸侯燕礼两大类。其中天子燕礼又有六小类：一燕来朝诸侯；二燕有功诸侯；三燕群臣；四燕有功之臣；五燕亲戚故旧；六燕诸侯之聘客。诸侯燕礼有五小类：一两君相燕；二燕群臣；三卿大夫有王事之劳，以及因聘而还而燕之；四燕四方聘客；五燕天子之使。[①] 秦蕙田的分类是以被燕者的身份为标准的，这致使他所分之类虽细致，但并不全面。

结合秦蕙田的分类，以主办燕礼方为标准，可把燕礼分作五大类，即天子燕礼、诸侯燕礼、卿大夫燕礼、乡党燕礼、宗族内燕礼。其中天子、诸侯燕礼内部的再细分，可以参照秦蕙田的分类法。卿大夫燕礼，于《左传》中常见；而乡党燕礼，指在乡党内所举行的所有燕礼，包括乡饮酒礼、乡射礼内的燕礼活动；宗族内燕礼，包括宗子无事燕族人，以及祭祀后燕族人等礼仪。

燕礼仪节，存于《仪礼·燕礼》一文中，其节目大体如下：

第一，燕前准备。凡六小节：（1）告戒设具；（2）君臣各就位次；

---

① （清）秦蕙田：《五礼通考》卷一五八，文渊阁《四库全书》本，台湾"商务印书馆"，1986年，第810页。

(3)命宾;(4)命执事者;(5)纳宾;(6)拜宾至。陈设燕礼时所需礼器,任命燕礼中具体执事、从旁助礼的人;君臣就位后,在众臣中选择大夫作为燕礼的主宾。宾在未被选定前是臣,选定后为正宾,故正宾须出朝廷大门,再次以宾的身份被迎接进来,且主人对之行拜礼。这一连套的礼仪行为,严格来讲,只能当作燕礼前的准备阶段。

第二,初燕礼成。凡八小节:(1)主人献宾;(2)宾酢主人;(3)主人献公;(4)主人自酢;(5)主人酬宾;(7)二人举爵于公;(8)旅酬。此为第一番献,包括完整的献酢酬。因《燕礼》中主人是诸侯之宰夫,为代君行献的献主,故有主人献公及主人不敢、君必酢他,而自酢的礼节。初献完成后,众宾中的二人同时举爵于公,为第一次旅酬。所谓"旅酬",即众宾按次序上西阶,与主人交互劝酒。

第三,再燕礼成。凡三小节:(1)主人献孤、卿;(2)二大夫再媵爵;(3)公为诸公卿举旅。再燕为燕孤、卿,亦包括完整的献酢酬之礼。完成后,是第二番的旅酬,不过这次旅酬的发起者为公。

第四,三燕礼成。凡四小节:(1)主人献大夫;(2)升歌;(3)献工;(4)公三举旅。初燕献正宾,再燕献孤卿,三燕献大夫,同样是献酢酬一献之礼。此节不同的是,有乐正升堂唱歌一节,所唱者为《鹿鸣》《四牡》《皇皇者华》三诗篇。乐正唱完后,主人献之。最后公举爵于大夫,以大夫行旅酬毕,为三燕礼成。

第五,用乐礼成。凡三小节:(1)奏笙;(2)献笙;(3)歌笙间作,合乡乐。此为燕礼用乐仪节,先堂下奏笙,所奏为《南郊》《白华》《华黍》。奏完后,主人献奏笙者,接着堂上唱歌与堂下奏笙间作,交替而行,最后歌乡乐而礼成。间歌与合乡乐,均有特定的诗篇。

第六,四燕礼成。凡四小节:(1)立司正安宾;(2)主人徧献士及旅食;(3)宾举爵于公,为士旅酬;(4)主人献庶子以下于阼阶。前主人燕正宾、孤卿、大夫,公三举爵、三旅酬,升歌奏笙等用乐亦已备,但燕礼并未完成。此节在整个燕礼流程中,有两个功能:一是献士及士以下的士庶子,表明只要参与燕礼者,均会受献;二是燕礼三正献虽已成,但后面还有礼仪未完成,故立司正以安宾,维护好秩序,以便为将要举行的礼仪创造条件。

第七,燕礼告备。凡三小节:(1)无算爵;(2)无算乐;(3)宾出。"无算爵",即所有参与燕礼者,喝多少,和谁喝,都没有规定,爵行无数,唯意所动,直到喝醉为止。"无算乐",即升歌、奏笙、合乡乐,同样不规定乐歌之数量,只求欢乐。宾出大门奏《陔》乐,整个燕礼结束。

上述仪节为礼经所记燕礼的一般性程序，实际举行时，可能鉴于时间、地点以及与之前后衔接的礼仪的不同，而增饰删减，略有不同。如《左传·昭公元年》中，郑伯享赵孟，"礼终乃宴"后行礼，双方均赋诗言志，这在《仪礼·燕礼》中是不见的。

甲骨文中也有"饮"：

　　乙卯夕卜，子弜往田？用。
　　乙卯夕卜：子弜饮？用。《花东》7
　　乙巳卜：子其□〔多〕尹阝饮若？用。
　　乙巳卜：于□饮若？用。
　　乙巳卜：于入饮？用。《花东》355
　　乙卯卜：子其自饮，弜速。用。《花东》454
　　壬子卜：子弜速，呼饮。用。《花东》475

此"饮"即是宴饮。"速"，意为"召"，① 也作"肃"或"宿"，即邀请宾来参与礼仪活动，在《仪礼》之《士冠礼》《乡饮酒礼》《燕礼》等中常见。《花东》475"呼饮"，似与《士冠礼》《乡饮酒礼》中的"戒宾"类似。速宾，相当于给宾发邀请；戒宾，则是在饮酒当日再去提醒宾来行礼，即呼饮。《花东》中有"呼飨"。呼飨、呼饮，或仪式上也有类似处。殷商时期，作为臣属或子属的"子"能够占卜贞问、邀请、招呼商王武丁来为宾作客饮酒。② 这与周以后的"天子无客礼"有根本的区别。

金文中的燕礼，最初以"饮""酒"的形式出现。如：塱方鼎"公归塱于周廟，戊辰饮秦饮"（《集成》2739），仲师父壶"仲师父作□壶，仲师父其用友，众以朋友饮"（《集成》9672），小盂鼎"三左三右多君入服酒"（《集成》2839），燹卣盖"王饮西宫"（《集成》5431），毛公鼎"我用饮厚众我友"（《集成》2724）等。燕礼以饮酒为主，无疑这种"饮""酒"类礼仪，即是燕礼。最早明确记载燕礼的，属西周晚期的鄂侯御方鼎："王南征伐角僪，唯还自征在坏，鄂侯御方纳壶于王，乃祼之，御方侑王，王休宴乃射，御方卿王射，御方休阑王扬饮……"（《集成》2810）周王南征时，鄂侯在还地

---

①　陈剑：《说花园庄东地甲骨卜辞的"丁"——附：释"速"》，《故宫博物院院刊》2004 年第 4 期。
②　刘源认为，"花东非王卜辞'子'很可能是王室分衍出来的一族"。参见刘源：《花园庄卜辞中有关祭祀的两个问题》，《揖芬集：张政烺先生九十华诞纪念文集》，社会科学文献出版社，2002 年，第 179 页。

献壶于王。周王于是与鄂侯先行燕礼，后又行射礼。这与《礼记·射义》
"诸侯之射也，必先行燕礼"①，正可相互印证。春秋后，记载燕礼的金文
大量出现，如邾公华钟"以宴士庶子"（《集成》245），王子婴次钟"王子婴
次自作游钟，永永宴喜"（《集成》52）。

燕礼与飨礼一样，可与其他礼相结合，组成一个更复杂的礼仪活动。
如乡射、大射前行一献之燕礼，酬谢参与射礼的宾与众宾。祭祖后举行燕
礼，以亲兄弟族人。《诗·小雅·楚茨》"诸父兄弟，备言燕私"，郑笺：
"祭祀毕，归宾客豆俎。同姓则留与之燕。所以尊宾客，亲骨肉也。"②所
言即是。朝聘礼中，亦有燕礼的举行，《仪礼·聘礼》："燕与羞，俶献，
无常数。"③聘礼正礼及飨宾礼完毕后，用珍馐及四时新物燕宾。于此亦可
见，燕礼与飨礼虽均属招待宾客之礼，但因等级、功能不同，两者并不冲
突，可以相继举行。

贾公彦曾用最简单的语言，对其加以论述："燕礼其牲用狗，行一献
四举旅，降脱屦升堂，无算爵，以醉为度。"④燕礼所用牲为狗，低于飨礼
之太牢，大夫祭礼之少牢、士祭礼之特牲；行礼地点在寝，不如在庙更为
庄肃。而所谓"一献"，指主宾之间仅行"一献之礼"，即主人献宾，宾酢
主人，主人酬宾；"四举旅"，指主人献宾、献孤卿、献大夫、献士后，
均会单独行旅酬礼，四献即有四次旅酬。"脱屦升堂"，指行礼者脱屦燕
坐于堂上，表相亲近之心。总的来说，燕礼在所用器物、所行仪节、行礼
地点等方面，低于祭、飨等其他礼。这是由其礼仪目的在于尽情欢心，甚
至"以醉为度"决定的。贾公彦所言，虽非燕礼全部，但已指出燕礼区别
于其他礼的根本所在。

飨礼与燕礼，均是宗周贵族间的待宾之礼。飨礼主敬，在庙中举行，
行礼双方，在庄敬的仪容中献酢酬，但又不饮不食。燕礼则主欢，在寝中
举行，行礼双方以饮酒为主，以醉为度，表达主宾欢乐之意。作为礼典，
燕飨礼均可单独举行，但在大多数情况下，是与其他礼组合而行的，如聘
礼、觐礼、军礼、婚礼、祭礼等。值得注意的是，飨礼与燕礼，亦不相互
排斥，在飨礼毕后，接着再举行燕礼，在宗周礼乐系统中也是常见的
现象。

燕礼最明显的特点，如上所论，是通过一定的仪式，表明主宾之间有

---

① 《礼记正义》卷六二，第 3662 页。
② 《毛诗正义》卷一三，第 1008 页。
③ 《仪礼注疏》卷二二，第 2302 页。
④ 《周礼注疏》卷一八，第 1641 页。

亲近之意、欢乐之心。整个行礼场面，较其他礼"轻松"。那么现在的问题是，在宗周礼乐文明中，燕礼的具体情况如何？

　　郑玄、贾公彦曾把燕礼分作诸侯无事而燕、卿大夫有王事之劳而燕、卿大夫有聘而来还与之燕、四方聘宾与之燕四类。清秦蕙田又分作天子燕礼与诸侯燕礼两大类，其中天子燕礼下再分作六小类，诸侯燕礼分作五小类。① 大致而言，郑、秦等氏的分类法，依据在于参与燕礼者的身份，这种分类法的优点在于能清晰地展示哪些人能够举行或者参与燕礼，缺点在于看似细致，但不能展示燕礼多与其他礼配合而行的特点。现依据行礼场合，揭示燕礼与其他礼配合而行的构成"礼仪组合"的几种情况。

第二节　射礼与燕礼

　　《礼记·射义》载："古者诸侯之射也，必先行燕礼；卿、大夫、士之射也，必先行乡饮酒之礼。"②燕礼与射礼配合而行的具体仪节，《仪礼》之《乡射礼》《大射仪》均有明确的记载。唐孔颖达曾把射礼的起源追溯到黄帝时代，但因资料缺乏，他只能认定夏商时代无射礼记载，直到周代才礼制完备，即所谓"夏殷无文，周则具矣"③。孔疏左支右绌的局面，在殷墟卜辞中见到射礼、燕礼的明确记载后，已得到全面改观。一般而言，周代射礼可分作大射、燕射、宾射、乡射四种类型。④ 所谓"大射"指天子、诸侯为祭祖及选贤与能而行的射礼；"燕射"指息燕之射，娱乐性质较强；"宾射"指与来聘宾而所行之射；"乡射"指州长在春秋两季以礼会民于序而行之射。射中必有燕饮，是一般通则。那么，殷商是否亦如此，值得进一步探讨。此节先论述殷商射礼与燕礼，再集中论述周代射前后之燕饮。

一、殷商射礼与燕

　　殷商时期射礼，学界已有丰富的研究成果，⑤ 如有学者指出"晚商时

---

① （清）秦蕙田：《五礼通考》，文渊阁《四库全书》第 138 册，台湾"商务印书馆"，1986 年，第 810 页。
② 《礼记正义》卷六二，第 3662 页。
③ 《礼记正义》卷六二《射义》孔疏。
④ 胡新生认为西周时期有三种性质不同的射礼。一是具有军事性质的"主皮之射"，二是以集体娱乐为主的射礼，三是与大型祭祀配合，象征首领猎获牺牲的射牲仪式。参见胡新生：《周代的礼制》，商务印书馆，2016 年，第 215 页。
⑤ 韩江苏：《从殷墟花东 H3 卜辞排谱看商代学射礼》，《中国历史文物》2009 年第 6 期。

期的射礼，尽管尚维持着与祖先祭礼的种种联系，但社会化趋向的世俗因素已明显偏重，成为贵族子弟必须谙习的基本技能"①。可见殷商射礼已较成熟。据《礼记·射义》载，自诸侯直至士，若要举行射礼，必先举行燕礼。殷墟卜辞中，不见卿、大夫、士级别的射礼；商王及诸侯的射礼，则较为常见。例如：

> 戊子卜，在麗，子其射，若。
> 戊子卜，在麗，子弜射于之，若。《花东》2
> 癸亥卜，子䚄用丙吉弓射，若。《花东》149
> 辛卯卜，即贞，叀多生射。《合集》24140
> □子卜，即〔贞〕，祖辛岁，叀多生射。《合集》24141
> 〔庚〕寅卜，□〔贞〕，翌辛〔卯〕岁，叀多生射。《合集》24143
> 甲寅，贞，又升岁，呼射？
> 弜呼射？《合集》34306

花园庄东地 H3 甲骨系 1991 年在殷墟发现，属武丁时期的非王卜辞。占卜主体为"子"，李学勤认为是其时的重要朝臣，称类如"箕子""微子"等。② 据花东卜辞记载，此"子"能够祭祀祖甲、祖乙等商王，那么合理推测其或为商的同姓贵戚，甚至诸侯。③ 上揭卜辞言"子其射"，则是商代高级贵族间的射礼，甚至可看作诸侯级别射礼的滥觞。"多生"与"多子"常有对贞情况，裘锡圭认为"多生"与"百姓"义同，为王族人。④ 商王级别的射礼，如：

> 丁丑，贞，王其射，获，御。《合集》29084
> 己卯卜，宁贞，翌甲申用射䍐以羌自上甲。八月。《合集》277

---

① 宋镇豪：《从新出甲骨金文考述晚商射礼》，《中国历史文物》2006 年第 1 期。
② 李学勤：《从两条"花东"卜辞看殷礼》，《吉林师范大学学报》（人文社会科学版）2004 年第 3 期。
③ 据沈建华的研究，此子族率领众家臣"多御""多臣""多尹""多宁"等，向"丁"与"妇好"进献贡品，且"子"拥有独立的山林与分邑，与王室供奉共同的祖先，从而得出此子族内部职官制度，本质上与王室职官制度没有太大的区别，"子"是隶属王室大宗分立下的一个宗主，并在王朝中担负马政职务的大臣。沈建华：《从花园庄东地卜辞看"子"的身份》，《中国历史文物》2007 年第 1 期。
④ 裘锡圭：《古代文史研究新探》，江苏古籍出版社，1992 年，第 318 页。

□寅卜，王其射🦌白犾，湄日亡🗡。《屯南》86①

癸卯，贞，射🦬以羌，用□父丁。《合集》32026

　　上揭商王卜辞，射后均施行祭祖礼。同类卜辞，不胜枚举。《礼记·射义》载："是故，古者天子以射选诸侯、卿大夫、士。"②《仪礼·大射仪》郑注："诸侯将有祭祀之事，与其群臣射，以观其德者也。"③意指通过行射礼选贤与能，决定参与天子祭祖大礼的人选。实际上不仅如此，为祭祖准备所用牺牲，即所谓"射牲"亦是射礼的重要功能。"王其射，获，御"，正好体现出这一点。《仪礼》记载的乡射礼、大射礼中，有专门的"获者"唱获，以示射中。如《仪礼·乡射礼》："获者坐而获。"郑注："射者中，则大言获。获，得也。射，讲武田之类，是以中为获也。"④《周礼·司常》："凡射共获旌。"郑注："获旌，获者所持旌。"⑤获者之设，在射礼中应是常态。这条卜辞讲商王行射礼，得中后，以射牲用于祭祀。

　　再如殷商金文、甲骨文中"彘"字，象一矢贯穿豕身形，如彘觚中作"🀄"，形象而具体（《集成》6654）。甲骨文中有"贞叀矢彘""贞娉矢彘"等辞例（《合集》15942、15943），杨树达云："甲文彘字著矢之形，知彘必以矢射得之，故辞云矢彘，犹言射彘也。"⑥豕为祭祀必备之牲。以豕身中矢为彘，谓彘是射时所得，杨树达所云可谓确论。"射🦬""射🦌白犾"等，均可以看作射牲的例证。由此得出，殷商时代，行射礼后，以所得之物作牺牲，用来祭祀祖先，与宗周礼制所载并无本质上的差异。又据学者研究，殷商时代的射礼除有"射牲"外，还有"射侯""射帝""弓矢竞射"与"王射"等类型。⑦可见殷商时代行射礼，已是较普遍性的礼制现象。宋镇豪还指出，殷商贵族通常习射于水泽原野处，连天累日地于特定建筑内举行，已有"丙弓""迟弓""疾弓"等用弓之法，注重仪式性。⑧有学者认为这类似于西周射礼中的"三番射"。⑨从殷商射礼的普遍性与仪式性来看，

---

① 中国社会科学院考古研究所编：《小屯南地甲骨》，中华书局，1980年。
② 《礼记正义》卷六二，第3663页。
③ 《仪礼注疏》卷一六，第2222页。
④ 《仪礼注疏》卷一二，第2161页。
⑤ 《周礼注疏》卷二七，第1785页。
⑥ 杨树达：《卜辞求义》，上海古籍出版社，2007年，第72页。
⑦ 袁俊杰：《两周射礼研究》，科学出版社，2013年。
⑧ 宋镇豪：《从新出甲骨金文考述晚商射礼》，《中国历史文物》2006年第1期。
⑨ 章秀霞、齐航福、曹建墩：《花东子卜辞与殷礼研究》，中华书局，2017年，第290~298页。

射礼在殷已较成熟，说周代射礼源于殷，应不会有大的问题。

至于殷商燕礼，卜辞记载有两种形式：一种直接称作"燕"，另一种称作"酓"。例如：

> 己酉卜，翌庚子呼多臣燕见丁。用。不率。《花东》34
> 丁酉卜，呼多方叔燕。《合集》21479
> 辛未卜，于乙亥燕。《合集》20822
> 甲申卜，殻贞，勿呼妇井以燕，先于祷。《合集》6344
> 贞呼妇井以燕。《合集》8992
> 乙未卜，呼逆燕见。用。《花东》290
> 庚戌卜，子呼多臣燕见。用。不率。
> 庚戌卜，弜呼多臣燕。《花东》454

上揭卜辞所言均为"燕"。被燕的对象有文武群臣，如多臣、逆；有四方诸侯，如"多方叔"；有王妇，如"妇井"。是否邀请（即"呼"）某人参与燕礼，商王或子姓贵族均要特加占卜以确定。据此可以得知燕饮在殷商时代，是一项较为隆重的事情。

"酓"即"饮"，为商代燕礼的另一种形式：

> 庚戌卜，唯王令余呼燕若。
> 壬子卜，子丙速。用。丁各，呼酓。《花东》420
> 庚戌卜，子呼多臣燕献。用。不率。
> 庚戌卜，弜呼多臣燕。
> 乙卯卜，子其自酓，弜速。用。
> 乙卯卜，子其酓，弜速。用。《花东》454

殷人好饮以至亡国，历史闻名。上第一则卜辞，庚戌日占卜商王令余邀请臣下参加燕礼是否吉利；第三日后，即壬子日再次卜云云。此次占卜的内容很有意思，需详加解释。"速"，原隶作"遬"，陈剑释为"速"。《仪礼·特牲馈食礼》"乃宿尸"，郑注："宿，读为肃。肃，进也。进之者，使知祭日当来。古文宿皆作羞。凡宿或作速，记作肃。《周礼》亦作宿。"①《礼记·祭统》："宫宰宿夫人。"郑注："宿读为肃。肃，犹戒也。戒轻，肃重也。"①可见"宿""肃""速"三字通用，意为邀请。"子丙速"，指子丙为商王的使者邀请宾客去燕饮。"子丙"还见于《花东》294、475 中，其辞云"壬子卜，子丙其作丁宫钺""乙卯卜，子丙速，不用"。据卜辞中"子某"的一般通例，子丙应为王室成员，为丁服务。"丁"即武丁，已为学界共识。再加上花东卜辞的占卜主体为"子姓"贵族。那么可以推测，子丙邀请的对象应该就是此子姓贵族，否则很难解释若纯为王室之事，此子姓贵族为何得亲自占卜。

至此《花东》420 条卜辞，可作一个通畅的解释：庚戌日，子姓贵族占卜，问商王命令名叫余的人来邀请自己参与燕礼是否吉利；三日后的壬子日，他再次占卜，问商王是否派子丙来邀请自己参与燕饮；占卜内容得到证实，武丁到后，即呼唤自己去参与燕饮。与此相对应，《花东》454 条卜辞内容类似，只是此次非商王邀请"子"参与燕饮，而是"子"邀请"多臣"参与燕饮，占卜的结果虽"用"，却"不率"，故"弜速"，②即未邀请"多臣"来参与燕饮。"子"最终只好"自饮"。

由上揭两条卜辞，可以得出商代燕礼至少存在三个特点。第一，能否行燕礼，以及邀请谁参与燕礼，都得事先占卜，若不吉，宁愿独自饮酒，亦不会邀请卜甲不允许者。第二，燕以饮酒为主。《花东》420 前"呼燕若"、后言"呼酓"，《花东》454 先载"呼多臣燕"、后"子其自酓"，所言正好体现了这一点。第三，邀请宾客来行燕礼，有事先"速"这一仪节。《花东》420 中，子姓贵族三天内，两次占卜商王是否邀请自己参与燕饮，更是体现出殷商时期，贵族参与王室活动的急切心理。值得注意的是，这三点，除第一点外，其他两点在周代燕礼中均能找到踪迹。《礼记·燕义》"设宾主，饮酒之礼也"，郑注"饮酒以合会为欢也"，贾公彦疏"燕以醉为度"等，体现的均是燕以饮酒为主。再如《礼记·燕礼》先有"小臣戒与者"，郑注"谓留群臣也"，即确定哪些人能够参与燕饮之礼；再有"命宾"，即在众与者中确定谁为主宾；最后"射人请宾"，即诸侯的助礼者射人出寝门邀请主宾入内行礼。《礼记·燕礼》记载仪式的完整程度自然超过殷墟卜辞，但占卜谁为宾、是否邀请宾等仪节，两者却具有很大的相似性。即使第一点占卜确定行礼日期，不见《燕礼》记载，但《仪礼》之《特牲

①　《礼记正义》卷四九，第 3480 页。
②　"弜"意与"不""弗"相近，表示"不要"，有否定义。参阅裘锡圭：《释"弜"》，《古文字论集》，中华书局，1992 年，第 117 页。

馈食礼》《少牢馈食礼》中均有"筮日"仪节，同样是周代礼制的常见节目。殷礼与周礼具有很大的延续性，殷商燕礼是周代燕礼的滥觞。

上已概述了殷商射礼与燕礼的一些内容。现在的问题是，两者是否如周代射礼一样，必与燕配合而行？殷墟甲骨中，有则商王赐"多射"燕的卜辞：

贞，翌乙亥赐多射燕。《合集》5745

"多射"于卜辞中常见，如《合集》5734 正"贞，翌乙未勿令多射众♀……"，《合集》5735"丁卯卜，宁贞，翌己未令多射众♀于□"，《合集》5738"乙酉卜，争贞，令夕♀氏多射先陟自"，《合集》5748"癸亥卜，贞乎多射衒"。"多射"应与"多子""多臣"等辞例性质类似，有学者认为是"武官的群称"。[1] 商代武官有"多马""马""多亚""卫""戍""牧""射""三百射"等称号，多根据实际职掌之事而命名。"射""三百射"与"多射"职掌为射事，应指负责射事的武官。一般而言，射事分作战争射敌与参与射礼。上揭卜辞"赐多射燕"，没有明言何种射事，两种可能性均存在。遗憾的是，燕"多射"卜辞只见此一条，仅为殷商存在射礼与燕礼配合而行提供了一种可能，很难成为笃定的证据。

安阳侯家庄 1003 大墓出土一件殷商时期的石簋，簋铭云："辛丑，小臣兹入禽，宜在矕，以簋。"铭文记载的是射牲献禽，用于祭祀。[2] 入禽，即《周礼》所谓"致禽礼"。类似情况也见于作册般铜鼋。

2003 年，中国国家博物馆入藏名为"作册般铜鼋"的殷商青铜器。据李学勤的介绍，器作鼋形，首尾四足伸出，颈侧及背上插四箭，均仅露箭羽。鼋体系一次铸成，箭为分铸，仅有尾端嵌接在鼋表面的凹穴处，表明箭已深入鼋体。[3] 在鼋脊背部铸铭文 4 行 33 字。自此器公布后，李学勤、裘锡圭、王冠英、朱凤瀚、宋镇豪、袁俊杰等对器形、铭文释读、记事均著文进行了讨论。[4]

作册般铜鼋有两点值得注意：一是器形，二是铭文所记之事。鼋身中

① 宋镇豪：《商代生活与礼俗》，中国社会科学出版社，2010 年，第 230 页。
② 高智群：《献俘礼研究（上）》，《文史》第 35 辑，中华书局，1992 年，第 3 页。
③ 李学勤：《作册铜鼋考释》，《中国历史文物》2005 年第 1 期。
④ 李学勤：《作册铜鼋考释》，《中国历史文物》2005 年第 1 期。朱凤瀚：《作册般鼋探析》，《中国历史文物》2005 年第 1 期。王冠英：《作册般铜鼋三考》，《中国历史文物》2005 年第 1 期。裘锡圭《商铜鼋铭文补释》，《中国历史文物》2005 年第 6 期。

四箭，让人很容易联想到以豕身贯矢为象形的"彘"字。"彘"与射礼有关，前文已谈到。那么此铜鼋中箭是否与射礼相关？庆幸的是，鼋脊所载铭文证实了这一点。现据李学勤所作释文，并参考诸家意见，具列入下：

> 丙申，王迖于洱，获。王一射，叔射三衛亡废矢。王命寝馗贶于作册般，曰："奏于庸。"作母宝。

"迖"读为"过"，意思是"至"；"叔"读为"赞"，有赞助、辅助义；"衛"通"率"，"三率"即"三循"。①《仪礼》之《乡射礼》《大射仪》以"番"计算射的次数，"三率"应该就是"三番射"。此段铭文记商王在丙申日，到洱水行射礼，有所斩获。其过程是，王先行一番射礼，佐助者（据文意或是器主般）接着行三番射，四射全部中的，无废矢。于是商王命令寝馗把所斩获的鼋赐给作册般，并说"奏于庸"。作册般为纪念此事，为母亲铸作此器。其中，"奏于庸"，诸家解释最为纷纭。裘锡圭断句"奏于庸作，勿宝"，训"奏"为"进"，"庸"为"庸徒"。"庸作"连读，意为"庸之所作"。"勿宝"为"勿宝"，即不用把鼋甲视作宝贝。鼋在古代或为神异之物，或为美味。《史记·周本纪》言褒姒之母因沾染伭鼋之漦而受孕；《左传·宣公四年》载楚献鼋于郑灵公，灵公烹于鼎。公子宋未得允许擅自"染指"以尝"异味"，惹怒灵公，而导致一出宫廷杀戮。若鼋非为宝贝，商王为何要赐予作册般？赐予后又嘱托献给地位低下的庸徒，两者存在明显的矛盾。商王认为自己赐予之物非可以宝物相待，更令人难以理解。这既与作册般特意制器纪念不符，也与鼋本身的神异或美味特性不符。可见，"庸"指"庸徒"之说，不可从。

朱凤瀚根据"奏于庸"的语法特点，认为"庸"当为《周礼·春官·典庸器》之"庸器"。郑注："庸器，伐国所藏之器，若崇鼎、贯鼎，及以其兵物所铸铭也。"②郑特别举出"崇鼎""贯鼎"等周天子伐其国、夺其重器的例证。至于"以其兵物所铸铭"，贾疏谓是"钟鼎之属"，《周礼·春官·叙官》下郑引《左传》鲁国以齐国之兵作林钟而铭功以证之。那么，所谓"庸器"，指战争中从战败国俘获过来的别国之器，此种器物必定为已成品。《左传·宣公二年》鲁国取得郜国大鼎，并陈列于祖庙。杜预注："郜国所

---

① 李学勤：《作册铜鼋考释》，《中国历史文物》2005 年第 1 期。
② 《周礼注疏》卷二四，第 1732 页。

造器也，故系名于郜。"①此郜鼎应是庸器之属；或指利用俘获的兵器熔铸而重新制作的礼器，鲁国"林钟"即是。总的来说，"庸器"必为敌国所来之物。"作册般铜鼋"与这些均不相符。由此看来，简单地认为"奏于庸"就是在庸器上书写，是很难成立的。

可见若要正确地理解"奏于庸"，得另辟蹊径。李学勤利用《逸周书·世俘解》记载，武王伐纣事"王入，奏庸，大享，一终，王拜授稽首。王定，奏庸，大享，三终"，及孔晁注"奏庸，击钟"，认为"庸即镛，即大钟，甲骨文屡见奏庸"。李先生的这种提法，为我们提供了一个正确的思路。战争后，击钟奏乐，接着行大飨之礼。这与传世文献及西周金文中常见的战胜后，为庆功行赏而行饮至礼，有很大的可比性。《世俘解》虽未明言，但"大享"很有可能就是饮至礼。那么，把"奏于庸"理解为商王行射礼后，接着命令作册般主持击钟奏乐，以行燕飨之礼，有一定的根据。《作册般铜鼋》所记的射礼，包括了"射鼋"与"奏于庸"两个部分。与传世《乡射礼》《大射仪》正射"射侯"后，"奏《驺虞》以射""奏《陔》以出"以及释服饮酒等相比，所记虽然较为简略，但也存有类似之处。至于"奏于庸"辞例于语法上不常见，王冠英认为其具体意思当作"奏之于庸"解，很具有启发意义。

综上所述，殷商射礼与燕礼，均已发展到较为成熟的程度。周代礼制与殷礼有很大相似性。周代礼制继承、发展了殷商礼制，应该是没有疑问的事实。殷周之际的变革，应不如王国维《殷周变革论》中论述的那般剧烈。具体到射礼与燕礼的关系上，周代射礼与燕礼相配合而行是普遍的礼仪规则，但在殷商时期，虽然射前或射后行燕礼存在某些蛛丝马迹，有萌芽的趋势，但很难据以确证殷商射礼与燕礼相配合而行，已是较为流行的礼仪规则。殷商"射燕"的存在与否及发展程度如何，有待更多新材料的发现与新理论的运用。

二、周代射前燕礼

《礼记·射义》载有孔门师弟行射礼的情况：

> 孔子射于矍相之圃。盖观者如堵墙。射至于司马，使子路执弓矢出延射，曰："贲军之将、亡国之大夫与为人后者，不入，其余皆入。"盖去者半，入者半。又使公罔之裘、序点扬觯而语。公罔之裘

---

① 《春秋左传正义》卷五，第3780页。

扬觯而语曰："幼壮孝悌，耆耋好礼，不从流俗，修身以俟死，者不？在此位也。"盖去者半，处者半。序点又扬觯而语曰："好学不倦，好礼不变，旄期称道不乱，者不？在此位也。"盖仅有存者。①

郑注："先行饮酒礼，将射，乃以司正为司马。"司正监察饮酒，司马监察行射礼，是同一人根据仪式进程而转换成相应的身份。"射至于司马"，说明饮酒已毕，司正变为司马，即将行射礼。不过，此次射礼的特别之处是，因观礼者众，孔门师弟在饮酒毕后，欲从观众中选择愿意参与者，以扩大社会影响，达到施教化之效，故通过子路、公罔之裘、序点特增加饮酒内容。子路等邀请宾客，贬斥排除一部分人，褒奖挽留一部分人，通过公开选宾仪式，展示的即是射礼深厚的人文教化功能。值得注意的"扬觯而语"，即举起饮酒之觯邀请宾客，更是说明在未射之前，行饮酒礼是很常见的事情。

射礼中会行燕饮之礼，自西周以来，就常见于传世文献与出土金文中。昭王时代《令鼎》载周天子在諆田举行籍农大典后，"飨，王射，有司罪师氏、小子鄉射"（《集成》2803）。"飨"读为"觞"，"古人觞、射二事往往相因"，"此射以乐宾，因燕而有射也"。② 令鼎很好地记录了燕射礼与籍田礼。③ 根据令鼎，有学者得出"在射礼之前举行宴飨礼是一种惯例"④。《说文·角部》："实曰觞，虚曰觯。"觯装满酒为觞。酒满觯，目的在于饮，故觞又有饮酒义。《礼记·投壶》在投壶礼卒后饮酒，"命酌曰：'请行觞。'酌者曰：'诺。'当饮者皆跪奉觞"⑤。《庄子·徐无鬼》："仲尼之楚，楚王觞之，孙叔敖执爵而立，市南宜僚受酒而祭曰：古之人乎！於此言已。"⑥《吕氏春秋·达郁》："管仲觞桓公，日暮矣，桓公乐之而徵烛。"⑦《令鼎》所载"觞"，应即籍田礼后，大射礼前的宴饮之礼。《长甶盉》载：

　　　　唯三月初吉丁亥，穆王在下减应。穆王飨醴，即邢伯大祝射。穆

① 《礼记正义》卷六二，第3664页。
② 杨树达：《令鼎跋》，《积微居金文说》，上海古籍出版社，2007年，第28页。
③ 袁俊杰：《两周射礼研究》，科学出版社，2013年，第169页。
④ 王龙正：《令鼎与射礼中的车战》，《黄盛璋先生八秩华诞纪念文集》，中国教育文化出版社，2005年。
⑤ 《礼记正义》卷五八，第3616页。
⑥ （清）郭庆藩：《庄子集释》，王孝鱼点校，中华书局，2012年，第848页。
⑦ 许维遹：《吕氏春秋集释》，梁运华整理，2009年，第564页。

王蔑长由以逨即邢伯。邢伯氏弥不奸。长由蔑历，敢对扬天子丕显
休，用肇作尊彝。**长由盉，《集成》9455**

周穆王在下减应，先行饮酒礼，再行射礼。《周礼·春官·司服》：
"享先公、飨射则鷩冕。"郑玄注："飨射，飨食宾客与诸侯射也。"[1]李亚
农认为长由盉所载，印证了《礼记·射义》"古者诸侯之射也，必先行燕
礼"[2]的记载。

厉王时代鄂侯鼎载周王南征，在返回途中与鄂侯御方行礼情况：

> 王南征伐角僪，唯还自征在矿，鄂侯御方纳壶于王，乃祼之。御
> 方侑王。王休宴乃射。御方卿王射，御方休阑。王扬，咸饮。王亲赐
> 御〔方玉〕五彀，马四匹，矢五〔束，御〕方拜手稽首，敢〔对扬〕天子
> 丕显休，蔑〔用〕作尊鼎，其万年子孙永用宝。**《集成》2810**

鄂侯鼎是目前所见较早明确记载周代燕礼的青铜器。"王休宴乃射"，
充分地说明了在射礼前，周王曾举行燕礼。鄂侯也很可能在燕礼中充当周
王的助礼者，即"侑王"。"▉"，各家均隶作"卿"。该字另见上引令鼎、
静簋及义盉盖等青铜器铭文中，所言均为射事。其中义盉盖云"王在鲁，
卿即邦君、诸侯、正、有司大射"，可见是射礼中常用仪节。李学勤、马
承源读为"会"，但不能找到相关的礼制文献作为证据。唐兰读为"合"，
所言甚是。[3]《周礼·夏官·大司马》："及师，大合军，以行禁令。……
若大射，则合诸侯之六耦。"郑注："王射三侯，以诸侯为六耦。"[4]耦，即
射耦。《左传·襄公二十九年》"射者三耦"，杜预注："二人为耦。"[5]行射
礼时，二人一组为耦，以决胜负。"合"本有偶之义，《尔雅·释诂》：
"偶、妃、匹、会，合也。"[6]转相为训，"卿"读为"合"，所讲乃御方为周
王之"耦"而行射礼。《仪礼·大射仪》饮不胜者仪节，郑注："诸公、卿、
大夫相为耦者，不降席，重耻，尊也。"[7]公有为耦之礼。那么鄂侯与天子
为耦，在西周礼制中，应不成问题。

---

① 《周礼注疏》卷二一，第 1686 页。
② 李亚农：《长由盉铭文注解》，《考古学报》第 9 册，1955 年。
③ 唐兰：《西周青铜器铭文分代史征》，中华书局，1986 年，第 357 页。
④ 《周礼注疏》卷二九，第 1812 页。
⑤ 《春秋左传正义》卷三九，第 4355 页。
⑥ 《尔雅注疏》卷一，第 5586 页。
⑦ 《仪礼注疏》卷一八，第 2249 页。

"休阑"指射礼结束。① 在射礼结束后，接着行宴饮之礼。"王扬，咸饮"，扬即"扬觯"。《礼记·射义》"序点扬觯而语"，邀请宾客。《仪礼》中"扬觯"为发动旅酬之始。《礼记·乡饮酒义》："一人扬觯，乃立司正焉。"② 立司正，表明即将饮酒。"扬觯"又称"举觯"。《仪礼·乡饮酒礼》："司正降，复位。使二人举觯于宾、介。"③ 宋李如圭《仪礼集释》："二人举觯，为无算爵之始。"④ 礼仪中，一人扬觯为旅酬之始，二人举觯为无算爵之始。鄂侯鼎"扬觯"与《仪礼》的区别在于，前扬觯者为周王，后扬觯者为主人之有司。射礼毕，周王举觯，而参与者"咸饮"，正体现出饮酒礼的两个仪节，即旅酬与无算爵。无算爵时所有参与者，喝酒无算，喝多少，和谁喝，均无严格限制。有学者指出"咸饮"为"饮咸"的倒文，表示饮酒告终，虽能讲通，但过于迂曲，不可从。⑤

周代"饮"的铭文还见于屦卣：

　　唯十又二月……辰在庚申，王饮西宫，登，咸釐。尹赐臣爵，屦扬尹休，高对，作父丙宝尊彝。屦卣，《集成》5431

周在西宫燕饮屦，还命尹赐爵。屦颂扬尹的功德。此处是王燕饮屦，但屦却颂扬尹的功德。或许如《仪礼·燕礼》所载，君主虽是真正的主人，但为避免屦与天子分庭抗礼，尹在仪式中是事实的代主，代替君王赐宴。尊卑过于悬殊，屦不能与天子分庭抗礼，行宾主之道，只能与尹行礼如仪。𣄴卣载：

　　唯王九月，辰在己亥，芮公献王鏾器，休无遣。内尹右，卒献。公饮在馆，赐𣄴马，曰：用肇事。𣄴拜稽首，对扬公休，用作父己宝尊彝，其子子孙孙永保用。戈。

大概𣄴助芮公献周王鏾器有功，故芮公完成献礼归来后，在馆中行饮酒礼表彰𣄴，并赏赐马匹。西周时期的宗人簋也为燕礼提供了例证：

---

① 马承源主编：《商周青铜器铭文选》，文物出版社，1990年，第281页。
② 《礼记正义》卷六一，第3655页。
③ 《仪礼注疏》卷一〇，第2134页。
④ (宋)李如圭：《仪礼集释》卷四，文渊阁《四库全书》第103册，台湾"商务印书馆"，1986年。
⑤ 马承源主编：《商周青铜器铭文选》，文物出版社，1990年，第281页。

> 唯正月初吉庚寅，伯氏召祭伯飲溃，①醂，纳乐。伯氏命宗人舞。宗人卒舞，祭伯乃赐宗人爵。伯氏侃宴，乃赐宗人干、戈……②

飲字义同"食"。溃是一种牛肉。《礼记·内则》："溃取牛肉，必新杀者，薄切之，必绝其理，湛诸美酒，期朝而食之，以醢若醯醷。"③醂，曹锦炎释为"酺"。《说文》："酺，王德布，大饮酒也。"朱凤瀚认为，伯氏即宗子，宗族之长。祭伯，或为伯氏封域内小领主。④ 有学者认为这是家族内的家礼。⑤ 但伯氏、祭伯，均为伯，似乎一家之内不当有二伯。此"伯氏"实针对周天子而言。"伯氏"是天子的伯氏，故能召祭伯饮，地位比较高。如《左传·昭公十五年》："王曰：'伯氏，诸侯皆有以镇抚王室，晋独无有，何也？'"⑥此"伯氏"指荀踬，也称文伯。宗人簋所载为王朝礼的可能性更大。综言之，伯氏召集祭伯一起食肉、饮酒，并伴随奏乐。祭伯身在周廷，天子不能亲自饮之以酒，而命伯氏代己作献主，以祭伯为宾而饮之。⑦ 这与清华简《耆夜》周公为献主、《仪礼·燕礼》宰夫为献主类似，均是君主不亲自为主。其间伯氏还命宗人舞蹈，也与周公命人赋诗类似。宗人舞蹈后，祭伯赏赐爵，伯氏也有赐宴和其他赏赐。宗人簋铭文包括了食礼与燕礼，也体现出"君不为主"的观念。

射与燕配合而行，还见于《诗·小雅·宾之初筵》。此诗缘何而作，存在两种不同意见。毛序："幽王荒废，媟近小人，饮酒无度。天下化

---

① 吴雪飞：《释宗人簋铭文的"溃膆"》，《汉字汉语研究》2020 年第 2 期。

② 曹锦炎：《宗人簋铭文与西周时的燕礼》，《古文字研究》第 31 辑，中华书局，2016 年，第 101 页。

③ 《礼记正义》卷二八，第 3180 页。

④ 朱凤瀚：《宗人诸器考——兼及再论西周贵族家族作器制度》，《青铜器与金文》第 2 辑，上海古籍出版社，2019 年，第 28 页。韩巍：《新出"宗人"诸器所反映西周的宗族关系》，《岭南学报》2018 年第 2 期。

⑤ 韩巍认为，伯氏是宗人的大宗之长，"宗人簋铭文记录了一个重要家族的大宗之长在家中设宴款待另一大族的首脑"。贾海生认为"宗人"是"都宗人"的简称。"从宗人簋铭文来看，祭伯身为畿内大都之地的诸侯，在礼典中必是受款待的嘉宾，而宗人在礼典中以乐舞行礼，与其职掌大都之礼事的职责相符，可证铭文中的宗人就是王朝所置都宗人。铭文简略，故称其职官为宗人，礼书明职官之所掌，故称其职官为都宗人，其实是一。"若从韩巍，所载为家族礼；从贾海生，所载为王朝礼。"唯器与名，不可以假人"，王畿之内，两家族长行礼，赏赐有爵、戈等名器，不可能。有学者认为是一家族内的宴饮，那更是不可能。一个家族内，不可能有两个"伯"，即伯氏与祭伯，不可能同属一个家族内的宗子。若伯氏代表周王行礼，则较为合理。

⑥ 《春秋左传正义》卷四七，第 4511 页。

⑦ 贾海生、张懋学：《宗人簋铭文所见飨礼》，《中国经学》2021 年第 2 期。

之，君臣上下沈湎淫液。武公既入，而作是诗也。"①卫武公讥刺时事而作
此诗，此说唐孔颖达从之。《后汉书·孔融传》注引《韩诗序》认为是卫武
公饮酒悔过而作，宋朱熹《诗集传》从之。② 现今，从诗中"宾既醉止，载
号载呶"讥讽宾的"失礼"行为来看，若为悔过之作，卫武公当自为主人，
不当仅讥讽宾客饮酒失礼，而不自讥。毛序所说，与诗义更为接近。《宾
之初筵》共五章，毛传认为前两章所言为"古燕射之礼，次二章言今王燕
之失"，郑笺认为前两章所讲为古大射行祭之事，次两章是今王祭末行燕
礼。毛、郑的区别是，前者认为《宾之初筵》所讲射礼为燕射，后者以为
是大射。现引诗的第一章如下，再论毛、郑是非。诗曰：

> 宾之初筵，左右秩秩。
> 笾豆有楚，殽核维旅。
> 酒既和旨，饮酒孔偕。
> 宾之初筵，左右秩秩。
> 钟鼓既设，举酬逸逸。
> 大侯既抗，弓矢斯张。
> 射夫既同，献尔发功。
> 发彼有的，以祈尔爵。③

　　此章所讲可分作两部分来看。从"宾之初筵"至"举酬逸逸"讲燕饮之
事，"大侯既抗"至"以祈尔爵"讲射礼之事。宾主入座谦让有节，笾豆俎
食、珍肴佳酿陈列有方，酒是如此美好，宾主间一派祥和、欢乐之态，在
钟鼓声伴奏中，觥筹交错。对燕饮礼的描述，真切有序。接下来"大侯既
抗，弓矢斯张"，明显地提示即将进行射礼。就《宾之初筵》第一章而言，
射前行燕礼，已生动地展露无遗。毛、郑均认为第一章所言为古之射礼，
那么应与宗周礼制相符，而非失礼之事。至于"燕射""大射"之争，清代
马瑞辰列出三点理由以支持郑说。

　　第一，《礼记·射义》"古者诸侯之射也，必先行燕礼"④，引诗"以燕
以射"，皆谓大射先行燕礼。此诗首章先言"举酬""饮酒"，乃言"大侯

---

①　《毛诗正义》卷一四，第 1039 页。
②　(宋)朱熹：《诗集传》，王华宝整理，凤凰出版传媒集团，2007 年，第 191 页。
③　《毛诗正义》卷一四，第 1040 页。
④　《礼记正义》卷四六，第 3662 页。

既抗"，与大射之先燕后射合，此可证其为大射。第二，《正义》言"燕射之礼，自天子至士皆一侯，上下共射之，惟大射则张三侯"，《仪礼·大射仪》"前射三日，司马命量人，量侯道，以狸步，大侯九十，参七十，干五十"是也。诗言大侯以统参、干侯，此可证其为大射。第三，将祭而射，谓之大射。首章笺云"下章言'烝衎烈祖'，其非祭与"，此可证其为大射者三也。①

马瑞辰所列的第一条理由，以射前"饮酒""举酬"等仪节，证明《宾之初筵》所讲为大射，应属误解。据《礼记·射义》载，射礼前，诸侯与卿大夫、士虽有用燕礼或乡饮酒礼之别，但凡射必先"饮酒""举酬"，并无异样。所以，马氏以此作为区分大射、燕射的证据，并无充足的理由。除此之外，马氏所列的其他两条理由，即燕射用一侯而大射有三侯，燕射后无祭祖而大射后必祭祖，均是证明《宾之初筵》所载射礼为大射的佳证。另外，王先谦《诗三家义集疏》引齐诗说，谓《宾之初筵》所载为大射，证明马瑞辰所说不误。②

根据上文的讨论，宗周礼乐文明中，射礼必先行燕饮之礼，为礼制通例，已无疑问。那么，射前燕饮的具体仪节到底如何？《仪礼·乡射礼》所载为大夫射礼，《仪礼·大射仪》所载为诸侯射礼，两者虽有等级尊卑差异，主要仪节却大致相同。故本节据《仪礼·乡射礼》所载，并参考《仪礼·大射仪》，对射前之燕礼仪节略加论述。

第一，主宾一献。包括主人献宾、宾酢主人及主人酬宾三个仪节。（1）主人献宾。主人下堂为宾洗爵、实爵，宾跟从主人下堂辞。主人盥洗毕后，与宾"一揖一让"升堂，西北面在宾之席前献宾。宾在西阶上，北面答拜主人，回到自己南面之席前受爵，最后又返西阶。值得注意的是，射礼于序中举行，宾位在堂上南面，相当于庙内堂上户牖之间，为尊位。主人席宾于此，表示尊宾；宾受爵后返西阶位，不敢居南面之位，则表示谦让。不过，宾正式饮此主人所献之酒时，因为是正礼，故又回南面之位。因正礼不敢不处正位。宾所处之位，在西阶与堂上南面位间转移，充分体现出主人尊宾之意与宾谦让之心。（2）宾酢主人。此与主人献宾仪节大致相同，只是主人饮毕"不告旨"，郑注："酒己物。"酒为自己之物，主人若告旨，赞酒美，有夸耀之嫌。（3）主人酬宾。酬礼相对而言较轻，故

① （清）马瑞辰：《毛诗传笺通释》，陈金生校点，中华书局，1989 年，第 745 页。
② （清）王先谦：《诗三家义集疏》，吴格校点，中华书局，1987 年，第 782 页。

饮酒不用爵而用觯。主人先酌酒自饮，后再酌酒酬宾。此酬酒，宾不饮，而是"奠觯于荐东"。

第二，献众宾。《仪礼·乡射礼》"众宾之长升，拜受者三人"，郑注："长，其老者。言三人，则众宾多矣。国以德行、道艺为荣，何常数之有乎？"①则经文虽只言三人升堂受献，但实际上可以根据具体情况以增减。众宾地位次于宾，只有主人献礼，而无众宾酢主人之礼。主人于众宾席前一一献酒，荐脯醢。

第三，献大夫。大夫为乡中之尊者，爵位高于宾、众宾，但因礼非专为其而设，故献大夫在献宾、众宾之后。大夫"席于尊东"，郑注："尊东，明与宾夹尊也。不言东上，统于尊也。"宾位在尊西，大夫位在尊东，故言"夹尊"。主人献大夫、荐脯醢，礼均杀于献宾，故大夫祭先时虽如宾礼，但不啐肺、不啐酒、不告旨。与献众宾不同的是，献大夫仪节，有大夫酢主人、主人酬大夫之礼。

第四，合乐。《仪礼·燕礼》中有"升歌""奏笙""间歌""合乐""无算乐"等用乐仪节。《乡射礼》燕饮仪节稍简于《燕礼》，但仍有"合乐"。郑注："不歌不笙不间，志在射，略于乐也。"因乡射礼的主要目的在于射，故用乐之事稍加减省。所合之乐为《周南》之《关雎》《葛覃》《卷耳》，以及《召南》之《鹊巢》《采蘩》《采𬞟》。所用篇目，与《燕礼》所载完全相同。值得注意的是，《大射仪》所载用乐情况，与《乡射礼》完全不同。《大射仪》没有完整的"合乐"仪节，而是把用乐插入具体的燕饮仪节内，配合饮酒礼而行。例如，从"奏《肆夏》"至"乐阙"仪节，为主人献宾礼，《肆夏》之乐一直配合而行没有停止，至宾酢主人时方才停止。再如，公拜受主人所献之爵时，又伴奏《肆夏》。在献礼完毕后，"乃歌《鹿鸣》三终""乃管《新宫》三终"，与《燕礼》《乡饮酒礼》《乡射礼》用乐均不同。郑玄解释为："歌《鹿鸣》三终，而不歌《四牡》《皇皇者华》，主于讲道，略于劳苦与谐事。"②所谓"讲道"，或与大射选贤与能相关。这决定了其所用之乐与《燕礼》等有异。

第五，献工。"正歌备"后，为酬谢乐工，亦得献。只是仪节较为简略。

第六，立司正。献工完毕后，若依一般燕饮规则，应立司正以安宾，

---

① 《仪礼注疏》卷一一，第 2148 页。
② 《仪礼注疏》卷一七，第 2234 页。

行旅酬、无算爵。《乡射礼》亦立司正。旅酬、无算爵代表整个仪节的结束。但射前燕饮，仅是准备阶段，射礼才刚刚开始。司正受主人之命，"请安于宾"，降自西阶，立于中庭北面，执觯自饮，并未发起旅酬。接下来则是司射准备行射礼。

射前燕饮与《燕礼》所载相比，礼仪骨干的"四燕"，即所谓献宾、众宾、孤卿大夫、士，两者均具备。只是因等级差异，不一定有献孤卿之礼。再则《燕礼》有"射人"，负责告具、请宾、纳宾等燕饮前的准备工作。燕礼为何用"射人"？郑玄的解释是"射人主此礼，以其或射也"，更突出了射与燕之间的亲密关系。除此之外，它们一主燕饮，一主射，目的不同，礼仪设置也有一定的差距。最明显的是，《燕礼》献宾、献孤卿、献大夫、献士后，接着会举行旅酬之礼；仪式的结尾，会举行无算爵、无算乐等礼。但是，射礼前燕饮，并无旅酬、无算爵，而是被射礼从中截断。旅酬、无算爵，变成了射后燕饮节目。

三、周代射后燕礼

鄂侯鼎载御方与周王射礼结束后，"王扬，咸饮"，体现的是燕饮中的旅酬与无算爵。"王扬"指周王举爵发动旅酬；"咸饮"指所有参与此次礼仪活动者，唯己所欲，饮酒无算。鄂侯鼎所载礼仪活动与传世礼典文献，特别是《仪礼》所记射礼，已非常接近：射前有燕饮仪节，射后行旅酬、无算爵。射礼中的燕礼，被"射"分为两个部分。因鄂侯鼎记载简略，射后宴饮的具体仪式，不可考知，幸《仪礼》之《乡射礼》《大射仪》对此有详细记载。

大致而言，射后燕饮可分作四个仪节，即旅酬、无算爵、无算乐与息司正。

第一，旅酬。凌廷堪《礼经释例》云："凡正献既毕之酒，谓之旅酬。"[①]正献既毕，可分作两种情况。其一，一次正献既毕，即行旅酬。如《燕礼》献宾后，即行旅酬；接着献众宾后，再行旅酬；献大夫后，三行旅酬；献士后，四行旅酬。《大射仪》所载与此大致相同。其二，所有正献既毕，再行旅酬，《乡饮酒礼》所载正是这种情况。《乡射礼》载正献在射礼之前，旅酬在射礼之后，也属第二种情况。据《乡射礼》载，宾首先"坐取俎西之觯"以酬主人。所谓"俎西之觯"，实正献时主

---

① （清）凌廷堪：《凌廷堪全集》，纪健生校点，黄山书社，2009 年，第 100 页。

人酬宾，先自酌自饮，后再酌而未饮，奠于俎西之觯。此时，宾取以酬主人，乃旅酬之第一番礼。此后，宾、主人、大夫及众宾，按以尊酬卑的秩序，使卑者升自西阶接受尊者的酬酒。《乡射礼》郑注："旅酬下为上，尊之也。"①至旅酬时，盛礼已毕，为尊敬参与礼者，地位虽卑，亦必先酬之。至于旅酬"下为上"突破一般礼仪的尊卑原则，展现出燕礼区别于其他礼的特性。

第二，无算爵。旅酬在饮酒秩序与人数上还有一定的限定，至无算爵则所有限定已"荡然无存"。以"二人举觯"为开始，所有参与行礼者，包括主人之有司、众宾之党等，交错而行酬礼，饮酒无算，以醉为度。郑注："错者，实主人之觯，以之赐宾也；实宾长之觯，以之次大夫也；其或多者，迭饮而已。皆不拜受者，礼又杀也。"旅酬时"下为上"，卑者先受酬酒，有一定秩序；而无算爵则根本无此秩序，堂上之人和谁喝，喝多少，无严格限制，所谓"迭饮"而已。

淮阴高庄出土战国铜盘，上有射宴图刻纹。射侯上有点点分布，应为已中之箭矢，表明射礼已结束。下有一群人，每个人都手持觚，相互献酒，是为射后之宴饮。凤翔高王寺镶嵌射壶，也生动记载了射礼与宴饮的场面。这些都是射后燕饮的直接证据。河南辉县出土战国刻纹铜奁上的纹饰，巫鸿认为是"神山为中心的自然世界"与"礼仪为中心的人类社会"的二元组合，当然不能说错。② 但仔细追究起来，前者应该是射礼现场，准备祭祀所用牺牲；后者就是举行祭祀、燕飨与乐舞等场景。所谓礼仪世界与山林世界的对立互动，是系列礼仪在不同地点举行的组合。关于"山林"的描述，也并非与人类文明隔绝的自然世界，而是人类在山野之地举行射礼的体现。只是以较为夸张的手法，用图画的形式表现出来。

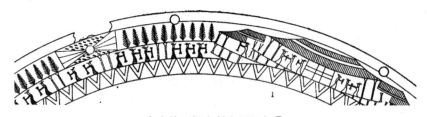

高庄战国铜盘射宴图局部③

---

① 《仪礼注疏》卷一二，第 2172 页。
② 巫鸿：《天人之际：考古美术视野中的山水》，生活·读书·新知三联书店，2024 年，第 40 页。
③ 淮阴市博物馆：《淮阴高庄战国墓》，《考古学报》1988 年第 2 期。

高王寺镶嵌射壶射礼与宴饮图局部①

第三，无算乐。无算乐与无算爵性质类似。乡射礼前只用合乐，所用的诗篇仅限定在《周南》三篇、《召南》三篇内；大射用乐，所谓伴奏《肆夏》，"乃歌《鹿鸣》三终""乃管《新宫》三终"等，亦有严格规定，不能超越。《仪礼·燕礼》篇记载用乐情况较详细，有"升歌""奏笙""间作""合乡乐"四个仪节，可用表 3-1 具列如下：

表 3-1　《仪礼·燕礼》用乐简表

升歌	《鹿鸣》《四牡》《皇皇者华》
奏笙	《南陔》《白华》《华黍》
间作	歌《鱼丽》、笙《由庚》 歌《南有嘉鱼》、笙《崇丘》 歌《南有台山》、笙《由仪》
合乡乐	《周南》：《关雎》《葛覃》《卷耳》 《召南》：《鹊巢》《采蘩》《采蘋》

从表 3-1 来看，燕礼正礼用乐的篇目与秩序均有严格的规定，不能僭越杂用。通过所歌所笙用乐用诗表达的礼义，无不是酬乐友爱嘉宾。《仪礼·乡饮酒礼》郑玄注：

《鱼丽》言太平年丰物多也，此采其物多酒旨，所以优宾也。
《南有嘉鱼》言太平君子有酒，乐与贤者共之也，此采其能以礼下贤者，贤者累蔓而归之，与之燕乐也。

①　韩伟、曹明檀：《陕西凤翔高王寺战国铜器窖藏》，《文物》1981 年第 1 期。

《南山有台》言太平之治以贤者为本，此采其爱友贤者，为邦家之基，民之父母，既欲其身之寿考，又欲其名德之长也。①

笙歌的用乐用诗，展现出和乐融洽、彬彬有礼的行礼场面。至"无算乐"时，升歌、间作、合乡乐的顺序与次数已无严格限定，惟己所欲。燕礼通过最后的"无算爵"与"无算乐"，造就了一个"狂欢"的礼仪场面，是一种仪式性的"差别消除"。与礼者在饮酒与奏乐中，尽情欢乐，以醉为度，甚至还可以"执烛夜饮"。《仪礼·燕礼》"宵，则庶子执烛于阼阶上，司宫执烛于西阶上，甸人执烛于庭，阍人为大烛为门外"，记载的正是秉烛夜饮的场面。穆公簋铭文有"王夕飨醴于太室"，也是晚上还飨燕的证据。"隐，王呼宰利赐穆公贝廿朋。"隐，午夜人定时。② 飨到午夜时分结束之后，天子接着赏赐参与助礼之人。无论是正歌阶段，还是无算乐阶段，演奏乐者均为乐工。据胡宁研究，春秋时期宴飨赋诗，以无算乐阶段为礼仪背景，③ 歌诗以言志，歌诗以娱宾，主要在主宾之间。既是无算乐，也是无算爵，主宾歌舞齐声，狂欢痛饮，不醉无归。

无算乐后，燕饮结束，"宾出，奏《陔》"，郑注："陔之言戒也，终日燕饮，酒罢，以《陔》为节，明无失礼也。"④经过"无算爵""无算乐"一定程度的"失序"后，秩序重整提上议程。曲终奏陔，是礼仪秩序的重新恢复。失序是暂时的，有序才是礼仪的本质。是则无算爵、无算乐仪式里不醉无归的"狂欢"场面，本质上还是在礼的约束范围之内。唯酒无量不及乱，醉不忘礼，时时刻刻记在行礼人的心中。燕饮中的"狂欢"是有节制的、清醒的，是文质彬彬的狂欢。

第四，息司正。司正是饮酒时的监察者，若行射礼，则司正转为司马。《仪礼·乡射礼》"作相为司正""司正为司马""司马反为司正"，所载正是司正根据仪式进程而不断转换身份，目的均在监察失礼行为。《诗·小雅·宾之初筵》："凡此饮酒，或醉或否。既立之监，或佐之史。彼醉不臧，不醉反耻。"毛传："立酒之监，佐酒之史。"郑笺："凡此时天下之人也，饮酒于有醉者，有不醉者，则立监使视之。又助以史，使督酒。欲令皆醉也。彼醉则已，不善人所非恶，反复取未醉者耻罚之。言此者，疾

① 《仪礼注疏》卷九，第2128页。
② 冯时：《殷代纪时制度研究》，《考古学集刊》第16辑，科学出版社，2006年。
③ 胡宁：《楚简诗类文献与诗经学要论丛考》，中华书局，2021年，第81页。
④ 《仪礼注疏》卷一〇，第2136页。

之也。"①"立监""立史"，即相当于立司正以监察饮酒。《国语·晋语一》：
"公饮大夫酒，令司正实爵与史苏。"韦昭注："司正，正宾主之礼者
也。"②所谓"正"，即是使宾、主行礼符合规范。春秋时代立司正监察饮
酒，并不少见。《左传·昭公十六年》载郑定公设宴招待晋国韩起，行礼
过程中孔张失礼，不知其位，被"执政"拒绝，生动地体现出监察礼仪者
在礼仪中发挥的作用：

> 晋韩起聘于郑，郑伯享之。子产戒曰："苟有位于朝，无有不共
> 恪！"孔张后至，立于客间，执政御之；适客后，又御之；适县间。
> 客从而笑之。③

"执政"，杜预注："掌位列者。"清俞正燮《〈左传〉"执政"解》认为，
执政即主司其事，并举《仪礼·大射仪》"为政请射"为据，指出司射即"为
政"，亦即"执政"。④大射、乡射之礼，均有司马、司射。《大射》郑注：
"为政，谓司马也。司马，正官，主射礼。"可见，俞氏所言"执政"指主司
其事，是正确的，但认为它相当于大射之司射，则失之偏颇。《左传》之
"执政"，相当于《仪礼》之"司正"，而非"司射"。

韩起为正宾，位当在堂上户牖间，介即副宾，当在西序下；郑定公为
主人，位在阼阶。孔张为郑国之臣，即主人之党。因孔张在礼仪中具体身
份没有明确记载，其具体位次亦不可据定，但作为主人之党，位在东方，
西面北上，是毫无疑问的。孔张立于客间，跑到西阶宾客中间，明显不符
合礼仪，故执政拒绝之；孔张又后退到客后，再退到悬乐器的中间，均非
其所应在之位，所以"客从而笑之"，讥笑其张皇失措的失礼行为。在整
个过程中，"执政"即司正，发挥了重要作用，一步步地拒绝孔张，正其
失礼行为。《说苑·善说》出现的"觞政"，也类似"司正"的角色：

> 魏文侯与大夫饮酒，使公乘不仁为觞政，曰："饮不嚼者，浮以
> 大白。"文侯饮而不嚼。公乘不仁举白浮君，君视而不应。侍者曰：
> "不仁退！君已醉矣。"公乘不仁曰："《周书》：'前车覆，后车戒。'
> 盖言危。为人臣者不易，为君亦不易。今君已设令，令不行，可

---

① 《毛诗正义》卷一四，第 1046 页。
② 徐元诰：《国语集解（修订本）》，王树民、沈长云校点，中华书局，2002 年，第 249 页。
③ 《春秋左传正义》卷四七，第 4514 页。
④ （清）俞正燮：《俞正燮全集（壹）》，于石等校点，黄山书社，2005 年，第 88 页。

乎?"君曰:"善!"举白而饮,饮毕,曰:"以公乘不仁为上客。"①

　　乡射饮酒监察礼仪者为司正,射时司正变为司马,同样执行监察任务。郑注:"兼官由便也。立司正为涖酒尔。今射,司正无事。"大射为诸侯之礼,设官多,故不须兼官,司正为燕礼监察者,射时司马不从司正转换而来,另有专人负责。诸侯、卿大夫设官有尊卑差异,而司正、司马均是监察礼仪者却无疑问。《史记·齐悼惠王世家》载吕后召集宴饮,朱虚侯刘章为酒吏,申请以军法监督饮酒,并借机诛杀吕氏有不尊酒令者,吕后也无计可施。② 此"酒吏"也是担任司正职务。明袁宏道编辑《觞政》提道:"凡饮以一人为明府,主斟酌之宜。酒懦为旷官,谓冷也;酒猛为苛政,谓热也。以一人为录事,以纠坐人,须择有饮材者。材有三,谓善令、知音、大户也。"③后来"酒纠""酒司令"也是如此。④ 饮酒有监察者,是一直存在的传统。《红楼梦》中,鸳鸯常做饮酒令官。《红楼梦》第四十回,鸳鸯做令官,先自饮一杯,说道:"酒令大如军令,不论尊卑,惟我是主。违了我的话,是要受罚的。"这段内容非常形象地体现了酒令的职责。

　　"无算乐"后,宾出奏《陔》为第一天燕礼的终点,也是燕正礼的终点。第二天,主人为感谢助己行礼的司正,乃设礼以司正为宾,饮酒劳之。《仪礼·乡射礼》:"主人释服,乃息司正。"郑注:"释服,说朝服,服玄端也。息,犹劳也。劳司正,谓宾之与之饮酒,以其昨日尤劳倦也。"⑤同类的记载,亦见于《仪礼·乡饮酒礼》,《燕礼》《大射仪》中不见,但据《仪礼》详略互见的撰述特点,则燕、大射后也当有"息司正"。可见所谓"息司正",是燕礼后第二天常见节目。"息司正"因已非正礼,据经文与郑注来看,主人虽以司正为正宾与之饮酒,谢其倦劳,但与燕正礼仍然有很大的差异。

　　第一,燕正礼主人服朝服,此时服玄端。朝服为礼盛时之服,卿、大夫、士祭祖时所服即为朝服。《仪礼·少牢馈食礼》:"主人朝服,即位于阼阶东,西面。"郑注:"为将祭也。"⑥相对而言,玄端为燕居之服,较

---

① 向宗鲁:《说苑校证》,中华书局,1987年,第276页。
② 《史记》卷五二《齐悼惠王世家》,第2000页。
③ (明)袁宏道著、钱伯城笺校:《袁宏道集笺校》,上海古籍出版社,2018年,第1539页。
④ 尚秉和:《历代社会风俗事物考》,江苏古籍出版社,2002年,第93页。
⑤ 《仪礼注疏》卷一三,第2180页。
⑥ 《仪礼注疏》卷一六,第2596页。

轻。《礼记·玉藻》："卒食，玄端而居。"郑注："天子服玄端燕居也。"①
玄端为燕居时所服，自天子至士莫不皆然。主人所服服制等级的高低，已
明白宣示"息司正"已不隆重。

第二，息司正无介，正燕有介。介为副宾，见于《仪礼》中《乡饮酒
礼》《燕礼》《聘礼》《特牲馈食礼》《少牢馈食礼》《有司彻》等篇所载饮酒
礼。《乡射礼》《大射》因主于射，射前燕饮无介，射后"息司正"亦无介，
大概是射礼的通例，明显较其他宴饮简略。郑注"劳礼略也，司正为宾"，
所言正是。

第三，正燕其牲用狗，息司正不杀牲。《乡饮酒礼》《燕礼》均载"其牲
狗也，亨于门外东方"。"亨"即"烹"，在大门外东方烹煮狗肉。贾公彦亦
把牲用狗当作燕礼区别于其他礼的主要特点之一。② 可见燕礼有杀牲之
礼，但"息司正不杀"。郑注："无俎故也。"③息司正不仅不杀牲，甚至连
俎亦不设。所用之物"羞惟所有"，即主人有什么就准备什么，而不特意
安排。

第四，迎司正礼简。正礼迎宾，主人之相一人迎于门外。宾入庭升堂
时，主人与宾行"三揖三让"之礼，迎司正无此盛礼。

第五，献司正礼简。"息司正"时，"宾酢主人，主人不崇酒，不拜众
宾。既献众宾，一人举觯，遂无算爵"；与正礼四番轮献，"祭先""告旨"
"崇酒"等烦琐仪节相比，"息司正"礼简省了许多。

"息司正"是正式燕礼的第二天，为感谢司正的助礼行为而特设之礼。
通过与正燕礼相比，得知"息司正"的仪式虽大大被简化，但并没有脱离
燕礼的范畴。《乡射礼》载"息司正"之礼，亦是宗周射后燕礼之一种。

射礼后的"旅酬""无算爵""无算乐""息司正"，是射前燕礼的继续。
只有结合这两部分，才能构成一个完整的燕礼仪式。

综合前文对射礼中燕礼的讨论，可以归纳出如下两点结论：

第一，殷商时期，射礼与燕礼均已发展到较成熟的程度，甚至某些细
微仪节处与周代礼制相比已有很大的相似性。

第二，宗周时代，燕礼与射礼配合而行已是非常普遍的行礼方式。因
主要目的是行射，所以射中之燕，往往存在两个特点。一是仪式较正式燕
礼简化。二是完整的燕礼被射分割为两部分：射前行正献之礼与射后的旅

---

① 《礼记正义》卷二九，第 3193 页。
② 《仪礼·燕礼》贾疏。
③ 《仪礼注疏》卷一三，第 2180 页。

酬、无算爵、无算乐，以及为感谢助礼者而行"息司正"之礼。传世礼典文献对射与燕礼的记载，已得到出土青铜器铭文的证实。西周厉王时期的鄂侯鼎所记射礼，与传世文献记载相比，虽较为简洁，但主要仪式基本相同。射前"王休宴"，射后"王扬，咸饮"等，正是"正献""旅酬""无算爵"在金文中的体现。

第三，"息司正"是正燕礼后，第二天为酬谢司正而特意举行的燕司正之礼。"息司正"在整个结构上与正燕无太大差别，只是仪式得到简化，如不杀牲、无助礼之介、献礼不崇酒等。

第三节　祭祖后燕兄弟、宗人

祭祀是中国古人的重要宗教行为。据《仪礼》之《特牲馈食礼》《少牢馈食礼》《有司彻》等祭祖礼典文献记载，一个完整的祭祖礼典，不仅包括对祖先的献祭，而且应包括祭后的燕饮活动。一般而言，献祭为人与神之间的交流，燕饮为人与人之间的交流，前者的庄严肃穆与后者的相对"轻松"，共同构成了古人的祭祖行为。而且只有通过"献祭"与"燕饮"两部分礼仪的通力合作，才能够充分体现出祭祖的"收族合宗"功能。遗憾的是，因古礼资料大多残缺不全，学术界往往过于重视献祭，而轻视甚至忽视献祭后的燕饮。这造成了现今我们片面地认为祭祖只有祭而无燕，以至于推广到所有祭祀均是如此。实际上，"献祭"与"燕饮"的关系，就如"射礼"与"燕礼"，同样构成一个礼仪组合，在实践中配合而行，发挥重要作用。

周代贵族在祭祖后，常与诸父兄弟及一般族人举行燕饮活动，在既欢庆又雍和的气氛中结束祭祖典礼，以收取收宗统族之效。《诗·小雅·楚茨》是一首描写贵族献祭祖先及祭后燕饮的乐歌，也被认为是"多声部的仪式戏剧剧本，以供在宗庙中上演"。[1] 其第五章和第六章如下：

礼仪既备，钟鼓既戒。孝孙徂位，工祝致告。
神具醉止，皇尸载起。钟鼓送尸，神保聿归。
诸宰君妇，废彻不迟。诸父兄弟，备言燕私。

① ［美］宇文所安：《剑桥中国文学史（上卷）》，生活·读书·新知三联书店，2013年，第51页。

乐具入奏，以绥后禄。尔肴既将，莫怨具庆。

既醉既饱，小大稽首。神嗜饮食，使君寿考。

孔惠孔时，维其尽之。子子孙孙，勿替引之。①

　　诸父兄弟在大宗的带领下，祭祖礼成之后，领取馂肉，食用神馔，共享祖先的福佑；也在音乐、酒食的辅助下，于醉饱的欢欣中超越严格的等级礼教，宽纵、欢酣中，了无嗟怨，强调了彼此间同族的情感。

　　第三章"或燔或炙，君妇莫莫。为豆孔庶，为宾为客。献酬交错，礼仪卒度。笑语卒获，神保是格"，描写了宾客间燕饮的旅酬。主妇恭敬地端上一道道佳肴，宾客举杯称欢，觥筹交错间，言笑有度。古人祭祖时，庄严肃穆，除了祝嘏之辞外，不得随便交谈。《仪礼·乡射礼》载"古者于旅也语"，"旅"指燕饮时的旅酬，意思是说行礼到旅酬时，主宾方能开始说话。在此之前，除必要的礼辞陈述外，人们都是沉默的。《楚茨》此章既云"献酬交错"，又云"笑语卒获"，所载礼仪必已到了"旅酬"阶段。第五章则描写正祭及宾客间的旅酬均已完毕，有司撤去祭品后，诸父兄弟开始"合家燕饮叙天伦"。② 诗曰：

　　　　诸宰君妇，废彻不迟。诸父兄弟，备言燕私。

　　毛传："燕而尽其私恩。"郑笺："祭祀毕，归宾客之俎，同姓则留与之燕，所以尊宾客，亲骨肉也。""备言燕私"正是祭祖后宗人、兄弟燕饮的真实写照。这在《仪礼·特牲馈食礼》《仪礼·有司彻》"馂余礼"中尚能见到踪迹。所谓"馂余礼"，即正祭后，主人撤去堂上庶羞，设于西序之下，与族人燕于堂下，吃掉祭祖时"尸"剩下的祭品。同宗兄弟参与此礼，以亲炙先祖之惠，知先祖之德。主人通过此礼，一为酬谢诸父兄弟参与祭祖之礼，更重要的是在祖先恩惠的名义下以"亲骨肉"，教化诸父兄弟。③ 食馂之后，又有赐俎赐胙之礼。赐俎的范围更为扩大，"贵者不重，贱者不虚"，人人有分，甚至看门的"阍"等小吏都能获得一份胙肉。《礼记·祭统》："惠均则政行，政行则事成，事成则功立，功之所以立者，不可不知也。"④食馂、赐胙或赐俎礼的施行，均有深厚的宗

① 《毛诗正义》卷一三，第 1008 页。

② 程俊英：《诗经译注》，上海古籍出版社，2004 年，第 359 页。

③ 《仪礼·特牲馈食礼》郑注。

④ 《礼记正义》卷四九，第 3484 页。

教政治伦常价值。①

　　宴饮有亲骨肉，笃亲亲之和的效果。《诗经》中宴饮兄弟，最著者为《小雅·常棣》。毛序："《常棣》，燕兄弟也。"郑笺："周公吊二叔之不咸，而使兄弟之恩疏。召公为作此诗，而歌之以亲之。"《常棣》以"死丧祸乱"与"安宁和平"两种不同环境下，朋友、妻子与兄弟的关系对比，认为"凡今之人，莫如兄弟"，突出兄弟的重要性。在宗法制度下，父兄是支撑贵族政治、宗教权力的最重要力量，兄弟不和，统治基础自然不牢。《小雅·頍弁》载：

　　　　尔酒既旨，尔殽既嘉，岂伊异人？兄弟匪他。

　　据毛诗序，此诗为讽刺周幽王暴戾无亲，不能宴乐同姓，亲睦九族，最终导致败亡而作。周幽王有美酒佳肴，却不能与兄弟一起分享。郑笺："王当所与宴者，岂有异人疏远者乎？皆兄弟与王。'无他'言至亲，又刺其弗为也。"②将周幽王之失败，归结于不能亲近兄弟。不亲近兄弟的重要表现，乃不能与兄弟一起举行宴饮活动，足见西周之时宴饮在亲宗统族上的重要性。③

　　除上述诗篇强调宴饮兄弟的重要性外，出土铭文中记述贵族制作礼器，宴诸父诸兄，屡见不鲜。春秋早期曾子仲宣鼎载：

　　　　曾子仲宣寝用其吉金，自作宝鼎，宣丧用饎其诸父诸兄，其万年无疆，子子孙孙永宝用享。《集成》2737

　　"寝"，杨树达读为"肇"，系发声辞，无义。"丧"读为"尚"，表希望之意。④"饎"作名词时，指熟食。《孟子·滕文公》："贤者与民并耕而食，饔飧而治。"赵岐注："饔飧，熟食也。朝曰饔，夕曰飧。"张衡《西京

---

① 《礼记·祭统》："凡馈之道，每变以众，所以别贵贱之等，而兴施惠之象也。是故以四簋黍见其修于庙中也。庙中者，竟内之象也。祭者，泽之大者也。是故上有大泽，则惠必及下，顾上先下后目，非上积重而下有冻馁之民也。是故上有大泽，则民夫人待于下流，知惠之必将至也，由馈间之矣。故曰：'可以观政矣。'"

② 《毛诗正义》卷一四，第 1033 页。

③ 丘睿《诗·伐木》云："此诗可见人君之于臣下、非但有大燕飨，若夫闲暇之时，其于诸父诸舅朋友故旧，亦必有燕饮，以笃其恩义。"转引自秦蕙田：《五礼通考》卷一五八，文渊阁《四库全书》本，台湾"商务印书馆"，1986 年，第 805 页。

④ 杨树达：《曾子仲宣鼎跋》，《积微居金文说》，上海古籍出版社，2007 年，第 183 页。

赋》："酒车酌礼，方驾授饔。"作动词时，为烹煮义。《周礼·天官》有"内饔""外饔"，负责内外祭祀、燕饮时的食物供应与烹调。"饔"在曾子仲宣鼎的含义明显是指，曾子在祭祀宴饮活动中，用此鼎烹制食物招待父兄。类似铭文，还见于下列金文中：

舍武于戎功，灵闻用乐嘉宾、父兄、大夫、朋友。嘉宾钟，《集成》51

八月初吉，日唯己未，王子婴次自作堵钟，永用宴喜。王子婴次钟，《集成》52

唯正月初吉丁亥，齐鲍氏孙□择其吉金，自作龢钟，俾鸣攸好，用享以孝……用宴用喜，用乐嘉宾及我朋友。齐鲍氏孙□钟，《集成》142

唯正月初吉丁亥，鄯子将师择其吉金，自作铃钟，终翰且扬，元鸣孔煌，穆穆龢钟，用宴以喜，用乐嘉宾、大夫及我朋友。鄯子将师镈，《集成》153

作厥龢钟……以宴皇公，以受大福，纯鲁多釐，大寿万年，秦公其畯命在位，膺受大命，眉寿无疆，抚有四方，其康宝。秦公钟，《集成》263

以追孝先祖，乐我父兄，饮飤歌舞，子孙用之，后民是语。余赎逨儿钟，《集成》183

用宴以喜，用乐嘉宾、父兄及我朋友。王孙遗者钟，《集成》261

子璋择吉舍自作龢钟，用宴以喜，用乐父兄诸士。子璋钟，《集成》113

自作商句鑃，以乐嘉宾及我父兄。姑冯昏之句鑃，《集成》424

以宴宾客，以乐我诸父兄□宝用之先人，是语。配儿句鑃，《集成》427

余文公之母弟，余罴静朕配远□，用宴乐诸父兄弟，余不敢困穷。余龚好朋友厥尸仆。文公之母弟钟，《新收》1479

颤择吉金，铸其反钟……歌乐自喜，凡及君子父兄，千岁鼓之。颤镈，《新收》491

杕氏福及……吾以为弄壶……吾以宴饮，于我室家。杕氏壶，《集成》9715

据"饮飤歌舞""以宴以喜""以乐父兄"等辞例，可知贵族制作礼器，目的在于以宴乐待父兄等人。春秋晚期，贵族制作礼器以待父兄非常盛行。更值得注意的是余赙逨儿钟先载"追孝先祖"，后言"乐我父兄"，明显体现出此件乐器的两项功能，即用来祭祖与燕乐父兄。两项功能的合二为一，正是祭祖典礼中，献祭与燕饮作为一个礼仪组合，在祭祖礼中的反映。余赙逨儿钟现象，在青铜器铭文中并非孤例，如西周晚期的叔钟载：

> 唯王正月初吉丁亥，叔作宝钟，用追孝于己伯，用享大宗，用泺好宾，叔耶蔡姬永宝，用邵大宗。《集成》88

"用泺好宾"即"用乐嘉宾"，表示燕饮礼典中，奏钟供宾客宴乐。叔钟所载先言"追孝于己伯，用享大宗"，再言"用乐好宾"，表达的意思与余赙逨儿钟如出一辙。类似的铭文还见于春秋晚期的齐鲍氏钟。其铭曰：

> 唯正月初吉丁亥，齐鲍氏孙□择其吉金，自作龢钟卑鸣，攸好用享，以孝于佁皇祖文考，用宴用喜，用乐嘉宾及我朋友，子子孙孙永保鼓之。《集成》142

可以说齐鲍氏钟所载"孝于佁皇祖文考"，生动体现出对祖先的献祭。而"用宴用喜，用乐嘉宾及我朋友"，正是祭毕后主人招待嘉宾、朋友以行燕饮的真实体现。青铜器中常见自作"饮壶"之类，或也可以见出其时制作铜器以燕饮亲戚诸友者，如伯戜自作饮壶（《集成》6454）、邢叔作饮壶（《集成》6457）、冀仲作佣生饮壶（《集成》6511）、伯作姬饮壶（《集成》6456）等。

周代贵族的祭祖典礼，不仅"诸父兄弟"等地位高者可以参与，一般的族人亦能参与。《仪礼·特牲馈食礼》"子姓兄弟，如主人之服，立于主人之南，西面北上"，郑注："所祭者之子孙。言子姓者，子之所生。小宗祭，而兄弟皆来与焉。宗子祭，则族人皆侍。"①"子姓兄弟"相当于我们所说的"诸父兄弟"，祭祖时他们所穿之服与主人一样。小宗祭祖因规模较小，故只需要最亲直系子孙参加即可；而宗子祭祖规模已大，事务必多，故一般的族人亦得参与帮忙。

《礼记·文王世子》："若公与族燕，则异姓为宾，膳宰为主人，公与

---

① 《仪礼注疏》卷四四，第2554页。

父兄齿。"孔疏："此明公与族人燕食之礼。"①《尚书大传·酒诰》："燕私者何也？祭已而与族人饮也。宗子燕族人于堂，宗妇燕族人于房，序之以昭穆。"②据此，所谓"燕私"即祭祖后宗子与族人的燕饮，与《楚茨》"备言燕私"同义。

妇人能参与宴饮之礼，同样见于文献记载。《礼记·坊记》："礼非祭，男女不交爵。以此坊民，阳侯犹杀缪侯，而窃其夫人，故大飨废夫人之礼。"③夫人不参加大飨，乃后世之变礼。《管子·中匡》载桓公饮管仲酒，"公执爵，夫人执尊"，可作旁证。④ 春秋晚期林氏壶载："以宴饮盱我室家。"（《集成》9715）所谓"室家"，即指妻孥。《左传·桓公十八年》："女有家，男有室。"⑤《诗·周南·桃夭》："之子于归，宜其室家。"孔疏："室家，谓夫妇也。"⑥《诗·小雅·常棣》："宜尔家室，乐尔妻帑。"郑笺："族人和，则得保乐其家中大小。"⑦那么，"以宴饮盱我室家"，指以宴饮之礼使夫妇和睦，家族兴旺。⑧ 妇人能参加宴饮，清晰可见。

燕礼以亲宗统族，不醉无归，甚至有夜饮的习俗。《诗·小雅·湛露》："厌厌夜饮。"毛序："厌厌，安也。夜饮，燕私也。宗子将有事，则族人皆侍。不醉而出是不亲也，醉而不出是泄宗也。……夜饮必于宗室。"郑笺："天子燕诸侯之礼亡，此假宗子与族人燕为说尔。族人犹群臣也。其醉不出，不醉而出犹诸侯之仪也。饮酒至夜犹云不醉无归，此天子于诸侯之仪。燕饮之礼，宵则两阶及庭门皆设大烛焉。"⑨燕饮须饮酒至醉，醉不乱礼是基本要求。以醉为度，方显得宗亲间相亲相爱。惠士奇《礼说》："飨在朝，燕至夜。"飨礼主敬，质明行事，日中就要礼成结束；燕礼则可以尽欢至夜。许维遹《飨礼考》也说："飨主敬，燕主欢，敬当在昼，欢当在夜。"⑩

综上而言，周代贵族在祭祖后，与诸父兄弟及一般族人燕饮，是一种常见的礼制行为。一族之内，宗子除了通过祭祖以确定其威严，确定统领

① 《礼记正义》卷二〇，第3049页。
② （清）皮锡瑞：《尚书大传疏证》，吴仰湘点校，中华书局，2022年，第250页。
③ 《礼记正义》卷五一，第3520页。
④ 黎翔凤：《管子校注》，梁运华整理，中华书局，2004年，第383页。
⑤ 《春秋左传正义》卷七，第3819页。
⑥ 《毛诗正义》卷一，第587页。
⑦ 《毛诗正义》卷九，第873页。
⑧ 《大雅·既醉》："其类维何？室家之壶。"《国语·周语下》叔向引《既醉》诗云："壶也者，广裕民人之谓也。"
⑨ 《毛诗正义》卷一〇，第900页。
⑩ 许维遹：《飨礼考》，《清华学报》1947年第1期。

本族的合法性外，亦通过祭后的燕饮，来融洽与宗人之间的关系。《礼记·曲礼上》："贤者狎而敬之，畏而爱之。"①敬畏过度，则关系疏远，必以狎爱补救。周幽王不能宴饮兄弟，以致多有怨愤之诗。宴饮借助酒的功能，柔化了宗族内的上下等级。《诗·小雅·楚茨》正祭祖祢后行燕私之礼，言"尔肴既将，莫怨具庆。既醉既饱，小大稽首。神嗜饮食，使君寿考"②。兄弟族人欢乐宴饮后，美酒佳肴已尽，心中没有怨言、愤怒，只有欢庆，于是长幼咸集，稽首祝福主人寿考多福。主人以宴饮亲宗统族，以致与族人的关系达到雍容和洽的境地。至于祭后燕饮的具体仪节，相对于一般燕饮而言仅稍微简化而已，《仪礼》之《特牲馈食礼》《有司彻》篇后均有详细记载。

第四节　燕尸之礼：傧尸

前文已论，古人祭飨必立尸。《国语·鲁语下》："公父文伯饮南宫敬叔酒，以露睹父为客。羞鳖焉，小。睹父怒。相延食鳖，辞曰：'将使鳖长而后食之。'遂出。文伯母闻之，怒曰：'吾闻之先子曰：祭养尸，飨养上宾。鳖于何有，而使夫人怒也！'遂逐之。"韦昭注："言祭祀之礼，尊养尸；飨宴之礼，养上宾也。"此处似把飨与祭并列称之，以显示两者的区别与关联。但实际上，此处关键在"养"，尸与上宾均在"养"之列，即招待之中。尸是祭中之宾，上宾是飨宴之宾。

《礼记·礼器》："夏立尸而卒祭，殷坐尸，周旅酬六尸。"③据孔颖达的疏解，尸虽是神灵的代理，但三代礼制质文有异，损益不同，对尸神性的理解亦不同。如夏代礼制，尸只有在接受主人献祭时是神，在两次献祭中的间隙阶段却被认为是人，所以尸不可以久坐神灵之位，即所谓"夏立尸而卒祭"。殷商重鬼尊神，整个正祭过程中，不论献祭与否，尸即神灵，坐神位而不立，即"殷坐尸"。周代礼制渐趋繁复，袷祭时群庙之祖与后稷均有尸，即"周旅酬六尸"。④ 尸与尸之间，相互宴乐酬酢，显示"尸"在周代的神灵色彩较殷商时明显减弱。"尸"在夏商周礼制中神性色彩虽有差别，但毕竟为人所扮，正祭完后，终究会复原为"人"。正是在

① 《礼记正义》卷一，第 2661 页。
② 《毛诗正义》卷一三，第 1009 页。
③ 《礼记正义》卷二四，第 3116 页。
④ 《礼记·礼器》孔疏。

这种情况下，主人为酬谢"尸"在正祭过程中扮演祖先接受祭祀的辛劳，往往以尸为宾客与之燕饮，即所谓的"傧尸礼"。①

一、绎祭与傧尸

傧尸礼的举行时间必定在正祭后，但因主人爵位不同，亦有差异。《仪礼·有司彻》贾疏引郑玄《三礼目录》云："大夫既祭，傧尸于堂之礼。祭毕，礼尸于室中。天子诸侯之祭，明日而绎。"贾疏："言'大夫既祭傧尸于堂之礼'者，大夫室内事尸，行三献，礼毕，别行傧尸于堂之礼。又云'祭毕礼尸于室中者'，据下大夫室内事尸行三献，无别行傧尸于堂之事，即于室内为加爵礼尸。即下文云'若不傧尸'以下是也。"②

上大夫正祭后，当日就在堂上行傧尸礼。下大夫因爵位较低，正祭后只在室内"礼尸"，而无傧尸之礼。天子、诸侯，爵更尊，第二天再行傧尸礼，即"明日而绎"。可见，下大夫只能室内礼尸，上大夫及以上爵者才有资格堂上行傧尸礼。且卿大夫以下均须当天完成，只有为君之诸侯、天子才能延及第二日。《仪礼·特牲馈食礼》无傧尸礼的记载，而《仪礼·有司彻》的记载却很详细，正说明了此点。《礼记·礼器》："季氏祭，逮暗而祭，日不足，继之以烛。……他日祭，子路与，室事交乎户，堂事交乎阶，质明而始行事，晏朝而退。"郑注："室事，祭时。堂事，傧尸。"③季氏爵属卿，其祭祖，虽事务繁多，但献祭与傧尸，均在同一日内完成，白日时间不够，就点灯加烛，夜以继日，而不能拖到明日。孔子在得知子路帮季氏如此行礼后，大加赞赏，曰："谁谓由也而不知礼乎！"天子、诸侯因爵位更高，礼仪更繁复，所以只能到第二日才能酬谢尸，行傧尸礼。《春秋·宣公八年》："辛巳，有事于大庙，仲遂卒于垂。壬午，犹绎。"壬午是辛巳的翌日。杜预注："绎，又祭。陈昨日之礼，所以宾尸。"④仲遂为卿而卒，不当有绎礼。《礼记·檀弓下》记载同一件事，后附有孔子的批评："非礼也。卿卒不绎。"⑤卿大夫献祭与傧尸同日与礼制相符合，但是若隔天行绎，则属非礼行为。天子、诸侯可在祭祀第二日举行傧尸礼，或绎祭。何休《公羊传解诂》云："礼，绎继昨日事，但不灌地降神尔。天子、诸侯曰绎，大夫曰宾尸，士曰宴尸，去事之杀也。必绎者，尸属昨日

---

① "傧""宾"通用，故"傧尸"有时又写作"宾尸"。
② 《仪礼注疏》卷四九，第 2615 页。
③ 《礼记正义》卷二四，第 3124 页。
④ 《春秋左传正义》卷二二，第 4067 页。
⑤ 《礼记正义》卷一〇，第 2837 页。

先祖食，不忍辄忘，故因以复祭。"①何氏认为士之宴尸同为绎祭，与郑玄不同。绎祭侯尸，有点类似射礼后息司正，都是正礼结束之后，主人再设酒宴感谢辛苦帮助自己完成礼典之人，所以大多安排在正礼结束的第二天。即使在现代社会，婚庆丧葬之后，主家往往也会设宴感谢帮助自己操办礼典者，或还存其遗意。人心与礼义，古今无大异。

《诗·大雅·凫鹥》载有燕尸礼仪：

> 凫鹥在泾，公尸来燕来宁。尔酒既清，尔殽既馨。公尸燕饮，福禄来成。
>
> 凫鹥在沙，公尸来燕来宜。尔酒既多，尔殽既嘉。公尸燕饮，福禄来为。
>
> 凫鹥在渚，公尸来燕来处。尔酒既湑，尔殽伊脯。公尸燕饮，福禄来下。
>
> 凫鹥在潀，公尸来燕来宗。既燕于宗，福禄攸降。公尸燕饮，福禄来崇。
>
> 凫鹥在亹，公尸来止熏熏。旨酒欣欣，燔炙芬芬。公尸燕饮，无有后艰。

郑笺："祭祀既毕，明日又设礼而与尸燕。成王之时，尸来燕也，其心安，不以己实臣之故自谦。言此者，美成王事尸之礼备。"郑氏之说，后人多从之。孔颖达疏："言公尸来燕，则是祭后燕尸，非祭时也。燕尸之礼，大夫谓之宾尸，即用其祭之日，今《有司彻》是其事也。天子诸侯则谓之绎，以祭之明日。"②朱熹进一步认为此燕尸即绎祭。③近人高亨认为此诗乃周代贵族行宾尸礼时所唱的歌。④据诗之文意，古人燕尸以酒，祈求福禄之意展露无遗。虽正祭已毕，尸的神性已大大减弱，但尸仍然不自谦而充当主人之宾。所谓事宾如尸，事尸如宾，于此可见一斑。《小雅·信南山》："以为酒食，畀我尸宾。"⑤正好体现此点。

《诗·周颂·丝衣》序云："《丝衣》，绎宾尸也。"郑笺："绎，又祭

---

① 《春秋公羊传注疏》卷一五，第 4952 页。
② 《毛诗正义》卷一七，第 1157 页。
③ （宋）朱熹：《诗集传》，王华宝整理，凤凰出版传媒集团，2007 年，第 194 页。
④ 高亨：《诗经今注》，上海古籍出版社，2009 年，第 410 页。
⑤ 《毛诗正义》卷一三，第 1011 页。

也。天子、诸侯曰绎，以祭之明日。卿大夫曰宾尸与祭日同。周曰绎，商曰肜。"①胡培翚曰："卿大夫有宾尸而无绎祭，故此经但云宾尸，不明绎也。后人读此注谓审，辄谓宾尸即绎祭，非矣。"②可见"宾尸"必包括绎祭，而绎祭是高级别的"宾尸"。卿大夫宾尸与祭同日，诸侯以上宾尸为祭之第二日；至于士，因爵卑位贱，故无此礼。

二、尸的身份

整个祭祖过程中，尸的身份决定了礼仪的属性。若尸为神，则所举之礼必为祭；若尸为人，则表示祭的中止或结束。可以说，尸的身份是决定"宾尸"是祭祀还是燕饮的最关键因素。

天子、诸侯祭祖礼因已亡佚，仅在《小雅·楚茨》《大雅·凫鹥》及《周颂·丝衣》中有零星的描述，其具体宾尸之仪已不可确知。③ 卿大夫级别的宾尸礼，《仪礼·有司彻》一文记载最为明确，虽"尸"称名未变，但其身份通过礼仪的改变，透露出与正祭已有很大的不同。凌廷堪《礼经释例》指出："盖正祭以神事尸，绎与宾尸则以宾客之礼事尸也。"这正反映出宾尸时，尸的身份实为宾主人之宾客。现据《仪礼·有司彻》所记，通过对某些仪节的讨论，对宾尸礼中主人以尸为宾而设宴饮酒的礼仪属性加以论述。

第一，正祭后，尸出庙门；至宾尸时，尸以宾客的身份接受主人的邀请，参与宾尸礼。尸出庙门之前为神，再回来后就是人。《仪礼·少牢馈食礼》有祝告利成（即宣布祭祀结束）后，引导尸走出庙门的仪节，郑注："事尸之礼，迄于庙门。"则尸出庙门，就不再具有神性，故不须以神礼事之。《仪礼·有司彻》："尸与侑，北面于庙门之外，西上。主人出迎尸，宗人摈。"郑注："宾客尸而迎之，主人益尊。"尸与侑在庙门外等待主人的再次邀请。主人出庙门迎尸，用的却是迎宾客之礼，即把尸当作宾客，而非祖先神灵。那么可以看出，"出庙门"是尸的身份由神转变为人的关键点。未出庙门，尸为神，故尊于主人；出庙门后，尸还原为人的身份，故主人尊而尸卑。

黄淦曰："尸者，神之所凭。凭之则神，离之则人也。宾尸者，处乎神与人之间，始犹疑乎神之，终则全乎人者也。士之宾尸，未出庙门，则疑乎神未离之，故尸不与乎旅酬，尸尊也。大夫宾尸，尸出庙而复入，

---

① 《毛诗正义》卷一九，第 1300 页。
② （清）胡培翚：《仪礼正义》，段熙仲校点，江苏古籍出版社，1993 年，第 2319 页。
③ 《丝衣》为绎祭时宾尸之歌，自汉以来，为多家共说。东汉蔡邕《独断》云："《丝衣》，绎宾尸之所歌也。"蔡氏此说源自鲁诗，毛序亦从之。

则疑乎神既离之，故尸亦与旅酬，尸卑也。正祭主人不延尸，以伸尸之尊。宾尸则延之，以尸同宾客也。"①黄淦认为神与尸相合，则尸为神，尸与神相离，则尸为人，且指出存在一个由神到人的转变过程，无疑是正确的。但此说仍然存在两个误点：其一，旅酬是燕饮中仪节，若如黄淦所言士既有"宾尸"，但却不参与旅酬，明显存在矛盾。士祭祖本无傧尸之礼，所以黄氏认为士有宾尸，但不参与旅酬是错误的。实际上，黄氏所言"士之宾尸"，应当理解为主人于室内举行的"礼尸"。据《仪礼·特牲馈食礼》载，尸九饭后，主人、主妇、宾等在室内均有献尸之礼。此献尸即"礼尸"。黄氏明显混淆了"礼尸"与"傧尸"的区别。"礼尸"时，尸神未分，故尸不参与旅酬。其二，大夫以上祭祖，尸出庙门后，复入庙登堂接受主人宴饮酬劳，神尸已完全分离。黄氏言"疑乎神既离之"，即认为傧尸时节，尸仍有神性，这是不对的。傧尸之礼，尸之所以卑，在于其已还原为人的身份。所以说，傧尸时，尸纯为宾客，不带神性，地位低于主人。

第二，迎尸仪节，与迎宾仪节同。正祭之时，祝迎尸于庙外，主人降立于阼阶东。主人并不亲自迎尸，但到傧尸仪节，"主人出迎尸，宗人摈。主人拜，尸答拜。主人又拜侑，侑答拜。主人揖，先入门，右。尸入门，左。侑从，亦左。揖，乃让。主人先升自阼阶，尸、侑升自西阶，西楹西，北面，东上"②。主人亲自迎尸、侑于庙门之外，郑注"宾客尸而迎之，主人益尊"。此仪节与《仪礼·乡饮酒礼》所载主人迎宾之仪，几无异处。《仪礼·乡饮酒礼》："主人一相迎于门外，再拜宾。宾答拜。拜介。介答拜。揖众宾。主人揖先入。宾厌介，入门，左。介厌众宾，入。众宾皆入门，左，北上。"郑注："相，主人之吏，摈赞传命者。"③李如圭曰："主人立相，乃出迎也。"④清张尔岐曰："主人于群吏中，立一人以相礼，与之迎宾于庠门外。"⑤《仪礼·乡饮酒礼》之"相"相当于傧尸之"宗人"，职责都是辅助主人迎宾。再如《仪礼·公食大夫礼》"公如宾服，迎宾于大门内"，郑注："不出大门，降于国君。"⑥公食大夫礼为国君食大夫之礼，

---

① （清）黄淦：《仪礼精义》，清嘉庆十二年慈溪养正堂刻本，第56页。
② 《仪礼注疏》卷四九，第2616页。
③ 《仪礼注疏》卷八，第2117页。
④ （宋）李如圭：《仪礼集释》，文渊阁《四库全书》第103册，台湾"商务印书馆"，1986年，第90页。
⑤ （清）张尔岐：《仪礼郑注句读》，《钦定四库全书荟要》，吉林出版集团有限责任公司，2005年，第36页。
⑥ 《仪礼注疏》卷二五，第2335页。

宾为大夫，爵位低于国君，故公迎宾在门内。则主宾之礼，主必亲迎。地位若敌，迎于门外，若不敌，迎于门内。正祭时，以神道事尸，故主人不亲迎；傧尸时，以宾道事尸，故主人迎尸于门外。

第三，安坐尸于堂，与《仪礼》之《燕礼》《乡饮酒礼》等中安坐宾于堂，仪节相同。正祭时，尸席位于室内西南的奥处，东面。傧尸时，司宫布尸席于堂上户西，南面。又布侑西于西序，东面。此布席之法与《乡饮酒礼》布宾、介之席同。又《仪礼·有司彻》："主人先升自阼阶，尸、侑升自西阶，西楹西，北面东上。"郑玄注："东上，统于其席。"①堂上站位以东为上，堂上之席亦以东为上，郑玄仅云"统于其席"。更准确的说法，应是统于主人。主人位在东方，堂上尊处以主人之位为依违。尸、侑之席，统于主人，则尸卑而主尊，尸属人道而非神道无疑。

第四，傧尸时，尸的助手为侑。正祭之时，助尸行礼者为祝与佐食。祝属神职人员，毫无疑问。佐食负责帮助献祭时尸的九饭或十一饭，则亦属神职人员。与此相对，傧尸礼尸的助手却为"侑"。《左传·庄公十八年》："虢公、晋侯朝王，王飨醴，命之侑。"②清盛世佐曰："尸之有侑，犹宾之有介也，皆副二之义。"③《仪礼义疏·有司彻》："上篇正祭，以神道事尸于室，故用祝与佐食，皆室事也。此篇宾尸，以宾礼接尸于堂，故不用祝与佐食，而另立侑以辅尸，皆堂事也。"④"室事"与"堂事"之别，正象征着神道与人道之分。综合而言，侑是宾的主要助手，职责在于帮助、劝道宾进食与饮酒，很明显不属神职人员。傧尸时用"侑"，而不用"祝"或"佐食"作为尸的助手，说明尸的身份已转变为主人之宾，完全脱离了神性。

第五，设尸几之法，与设神几不同。主人从宰的手中接过几后，授几于尸。尸设几之仪，《仪礼·有司彻》云：

> 主人西面，左手执几，缩之，以右袂推拂几三，二手横执几，进授尸于筵前。尸进，二手受于手间，主人退。尸还几，缩之，右手执外廉，北面奠于筵上，左之，南缩，不坐。⑤

---

①　《仪礼注疏》卷四九，第 2616 页。
②　《春秋左传正义》卷九，第 3847 页。
③　(清)盛世佐：《仪礼集编》，文渊阁《四库全书》第 111 册，台湾"商务印书馆"，1986年，第 635 页。
④　(清)方苞：《钦定仪礼义疏》，文渊阁《四库全书》第 107 册，台湾"商务印书馆"，1986年，第 354 页。
⑤　《仪礼注疏》卷四九，第 2617 页。

上有两点可注意：一是尸二手从主人持几的中间处受几，郑玄认为是尸谦让的缘故，尸若纯为神，必尊，何必与主人谦让？所以尸受几不是谦让，而是因身份低于主人不得不如此。二是尸设几"左之"，郑注："左之者，异于鬼神。生人阳，长左。鬼神阴，长右。不坐奠之者，几轻。"尸设几异于鬼神，说明虽有尸名，但已与鬼神无关。古人设几之法，又分为两类：为人设几，几在人之左；为神设几，几在神之右。《仪礼·士昏礼》女父将以女许人，设几敬告先祖，"主人筵于户西，西上，右几"，此所设为神几。使者至后，女父"彻几改筵，东上"①，此所设为使者之席。"东上"，则几在使者之左。《仪礼·有司彻》尸设几在左，则所设为人几无疑。胡培翚云："上篇正祭，是以鬼神之礼事尸，故祝设于筵上，右之，此傧尸，以宾客之礼事尸，故奠几于筵上，左之，与彼异也。云生人阳长左鬼神阴长右，是申言左之之义。宾客是生人，生人阳，故尚左。鬼神阴，故尚右也。"②胡氏深得郑注之意，此处"以尸为宾"最为明显。

三、傧尸仪节

傧尸是以尸为宾的燕饮礼，其基本仪节与《仪礼》之《燕礼》《乡饮酒礼》所载饮酒礼大致相同，只在某些细微处存在差别。现据《仪礼·有司彻》所记，对其仪节勾勒如下：

（1）扫堂。

撤去正祭时室内摆放的俎、豆，重新打扫、清理堂上堂下，温热已冷却的酒与食物，为行傧尸礼作准备。

（2）选侑。

侑是傧尸时，尸的主要助手，相当于《仪礼·燕礼》中宾之介。从宾中选侑，故侑必为异姓。郑注："必用异姓，广敬也。"③元敖继公云："以异姓，谓于众宾中择之也。必以异姓者，以尸既同姓，故侑须用异姓。"④以异姓之侑辅助同姓之尸，表达主人更加敬重尸之意。侑被选定之后，走出庙门，在外等待主人亲迎，并与尸重入行礼。

（3）举鼎、俎入庙陈设。

---

① 《仪礼注疏》卷四，第 2074~2076 页。
② （清）胡培翚：《仪礼正义》，段熙仲校点，江苏古籍出版社，1993 年，第 2334 页。
③ 《仪礼注疏》卷四九，第 2616 页。
④ （元）敖继公：《仪礼集说》卷一七，吉林出版集团有限责任公司，2005 年，第 588 页。

（4）主人一献尸、侑。

主人献尸：主人进几于尸，并酌酒献尸，主妇荐笾豆。"从献"尸有五，即笾豆、羊俎、羊匕滑、羊肉滑、羊燔。所谓"从献"，通俗地讲即"下酒菜"，其数量多少与尊卑相关。主人献侑：主人酌酒献侑，主妇同样荐笾豆。"从献"侑降于尸，只有三种，即笾豆、羊俎、羊燔。尸酢主人：尸酌酒酢主人，主妇荐笾豆。主人"从献"与尸一样共五种。从"从献"的数量来看，主人与尸，符合一般的主宾关系，地位相对平等。侑为尸的副二，"从献"有三，符合礼制上"降杀以两"的原则。

（5）主妇二献尸、侑。

主妇献尸：主妇酌酒献尸，"从献"亦是五种，即铏、糗修、豕匕滑、豕胾、豕燔。主妇献侑：主妇酌酒献侑，"从献"降为三，即糗脩、豕胾、豕燔。主妇致爵主人：主妇酌酒敬主人，"从献"与献尸同。尸酢主妇：尸酌酒回敬主妇，礼节基本与尸酌主人同。只是主妇之席在房，故入房祭先，而回到堂上主人之北，西面而卒爵。

（6）上宾三献尸。

上宾酌酒献尸，尸拜受爵而不饮。凌廷堪《礼经释例》云："此爵至主人酬尸，主人献长宾于西阶上、辨献众宾、自酢与长宾、献兄弟于阼阶上、献内宾于房中、献私人于阼阶上毕，尸乃作三献之爵。卒爵后，宾献侑，致爵于主人及受尸酢，于是三献礼成，而神惠均于堂上及房中矣。"① 那么，尸奠此爵不饮，实际上是等所有献礼完成后，用之以酢宾，象征所有与礼者均得到神的恩惠。

（7）主人酬尸。

主人先酌爵自饮，再酌爵酬尸。尸拜受爵而不饮。此爵的功能与上宾三献之爵一样，等到最后让所有人都得到神惠。这样一来，尸席前共有两杯未饮之爵。

（8）进羞于主人、主妇、尸、侑。

宰夫与司士把房中之羞及庶羞进献给主人、主妇、尸、侑。房中之羞包括糗饵、粉餈、酏食、糁食等。庶羞包括羊臐、豕膮等。进此二羞的目的在于尽欢心。

（9）主人献其他人员。

具体包括主人献长宾、众宾、兄弟、内宾、私人等。

① （清）凌廷堪：《凌廷堪全集》，纪健生校点，黄山书社，2009年，第369页。

（10）三献礼成。

尸利用前未饮之爵，作爵自饮；上宾接着献侑；上宾致爵于主人；最后尸利用另一杯未饮之爵酢上宾。至此三献之礼，全部结束。

（11）旅酬与无算爵。

旅酬共分为三节。第一节以二人举觯分别酬尸、侑始，接着是尸酬主人，主人酬侑，侑酬长宾，并及众宾、兄弟与私人。第二节主要是兄弟中年少者举觯酬年长者。第三节主要是上宾加献于尸，次宾接着举爵酬尸，并及众宾、兄弟与私人。

无算爵是饮酒礼的最后"狂欢"仪节。宾、兄弟，甚至地位最低的私人亦能参与其中，交错以酬，爵行无算。无算爵礼毕后，傧尸即告结束。

旅酬与无算爵，较前面的三献之礼已较轻松，参与者已经惠及堂上堂下的所有人。至于旅酬与无算爵之间的差别，清盛世佐曾归纳出有三点。第一，旅酬以尊卑之次，自尸而主，再到侑、宾，最后才轮到兄弟与私人；而无算爵宾党与主党交错相酬，并不以尊卑秩序。第二，无算爵只有席位在堂下者参与，堂上者如上宾、主人均不参与。概言之，即地位较贱者参与无算爵，地位尊者则不参与。第三，旅酬只有用一觯，而无算爵因是交互相酬，所以是两觯并行。[1] 盛氏所言甚是。

另外有一点值得注意，士祭祖室内"礼尸"环节，亦有旅酬无算爵，但尸并未参加。《仪礼·有司彻》所载的大夫祭祖傧尸礼，尸参与了旅酬，而未参与无算爵。如前所论，士祭祖，尸不参与旅酬。因尸是神，非主人之宾，为尊神道，所以尸不与旅酬。大夫祭祖，绎祭时，尸已具人道，故参与旅酬，至于其不参与无算爵，实乃因其位在堂上之故，而无算爵礼只有堂下者参加。同样是尊尸，前者因其神的身份，后者因其为主人之宾，地位尊贵。

综上所述，傧尸礼是周代上大夫以上的高等贵族，祭祖后以祖先之尸为宾客，设宴招待，酬谢其辛劳的礼仪制度。它是标准的祭祀之后的燕饮活动，与献祭构成了一个完整的礼仪组合。具体而言，正祭后，以出庙门为节点，尸的身份已逐渐由神转变为人。傧尸时节，不论是主人迎尸之法，还是设几之法，甚至行礼地点，已与一般饮酒燕饮无异。所谓"傧尸"，犹如射礼后之"息司正"，均是主人通过燕饮的方式酬谢正礼者的礼制。

---

[1] （清）胡培翚：《仪礼正义》，段熙仲校点，江苏古籍出版社，1993 年，第 2400 页。

第五节　落礼后的燕饮

所谓"落礼"，又称作"考"，乃宫室等建筑工程完工后所行的落成典礼，它常与衅礼、宴饮等仪式相伴举行。《礼记·檀弓下》载：

> 晋献文子成室，晋大夫发焉。张老曰："美哉轮焉！美哉奂焉！歌于斯，哭于斯，聚国族于斯。"文子曰："武也，得歌于斯，哭于斯，聚国族于斯，是全要领以从先大夫于九京也。"北面再拜稽首。君子谓之善颂善祷。①

此记赵文子新室方成时，晋大夫前往朝贺之事。张老讽谏赵武过度奢侈，认为祭祀、死丧、燕会礼仪，就此宫室足以成之，防其再度建设。赵文子则借之祈祷，言若能保此宅，以行祭祀、死丧、宴会等礼终余年，不被罪讨，免于诛戮，最后跟从其父祖葬于九原。② 此处儒门后学称赞的张老善于讽谏，文子善于祈祷，均应发生在落礼举行过程之中。

西周早期荣仲方鼎也记载了建宫殿后的庆贺与宴饮之礼：

> 王作荣仲宫。在十月又二月生霸吉庚寅，子贺荣仲璋瓒一、牲太牢。己巳，荣仲速芮伯、胡侯、子，子赐白金钧，用作父丁𪔅彝。史。《新收》1567

周天子为荣仲建设宫殿，荣仲的宗子带着礼物来庆贺。③ 庆贺过程中，有可能就包括"考"的仪节在内。过后的己巳这天，荣仲再次邀请芮伯、胡侯、宗子前来为宾作客，应是行宴饮以示感谢。这次宗子赏赐荣伯白金。人有喜庆之事，前来庆贺，渊源有自，其来甚远。

关于落礼的记载，还见于《礼记·杂记》"成庙则衅之"，"路寝成，则考之而不衅。衅屋者，交神明之道也"。孔疏："宗庙初成，则杀羊取血以衅之，尊而神之也。"④即用牲血涂抹、浇饰新成的宗庙，使具有神性。

---

① 《礼记正义》卷一〇，第 2846 页。
② 《礼记·檀弓下》郑注："晋大夫之墓地在九原，'京'盖字之误，当作'原'。"
③ 关于"子"的身份，有"王子""国子""宗子"诸说，本书认为作"宗子"于文最易理解。
④ 《礼记正义》卷四三，第 3402 页。

《大戴礼记·诸侯衅庙》载衅庙后，"宗人请就燕，君揖之乃退"。清王聘珍曰："就燕者，就燕寝也。"①实就燕寝以行燕饮之礼。宗庙为寄放祖先神位之处，故要取血衅宫，以起神明；路寝为生人所居，只考不衅。

"考"即落礼，在宫室落礼之正礼完后，又有宴饮活动，完整的落礼应该包括宴饮礼。服虔云"宫庙初成祭之名为考"，而郑玄认为"考"是"设盛食以落之"。②《左传·隐公五年》："九月，考仲子之宫，将万焉。"③万舞为祭祀时举行的舞蹈，《诗·商颂·那》"万舞有奕"④，即为祭祀成汤。此处将"考"与"万"并举，或表明整个落礼过程中，既设有盛食，又有舞蹈。南朝经学家庾蔚之云"落谓与宾客燕会，以酒食浇落之，即欢乐之义"⑤，只讲对了其中一部分。落礼既有交神明的严肃之祭，又能宴会宾客，表达欢乐之意。杨华也指出："落考之礼是在欢乐的气氛中举行的，有歌乐相伴。"⑥可见，落礼与燕是不能分开的，主人邀请宾客参加新成宫室的落成典礼后，主宾欢聚一堂，饮酒作乐。

《左传·昭公七年》记载了楚国举行的一次落礼：

> 楚子成章华之台，愿以诸侯落之。大宰薳启疆曰："臣能得鲁侯。"……楚子享公于新台，使长鬣者相。好以大屈。既而悔之。⑦

楚灵王篡夺侄子之位而自立于王，不得天下人之心。灵王欲借举行落礼之机，以笼络诸侯，体现出楚人利用礼制的灵活性与实用性。鲁昭公果如薳启疆所言，亲自前往参与落礼之会。后灵王在新建章华台上为鲁昭公举行飨燕之礼，且用具有美须者作相礼之人，送鲁昭公以大屈之弓，以示夸耀。不过，灵王事后后悔，又追回了大屈宝弓。此段材料显示出两点值得注意，第一，楚国落礼后，有宴之礼，与中原落礼无甚差别。第二，楚灵王故意好新，以向诸侯炫耀，以及赏人礼物后又后悔的反复无常行径，体现出楚人的不遵礼制。有意思的是，1987 年，考古工作者在潜江龙湾发现一大型遗址，整个遗址有 200 万平方米，其中已发掘的放鹰台遗址，海拔 32.7 米，高出地面 5 米，为一东南向西北倾斜的岗地，长 300 米，

---

① （清）王聘珍：《大戴礼记解诂》，王文锦校点，中华书局，1983 年，第 203 页。
② （清）洪亮吉：《春秋左传诂》，李解民校点，中华书局，1987 年，第 6 页。
③ 《春秋左传正义》卷三，第 3746 页。
④ 《毛诗正义》卷二〇，第 1339 页。
⑤ 《礼记·杂记》孔疏引。
⑥ 杨华：《先秦衅礼研究——中国古代用血制度研究之二》，《江汉论坛》2003 年第 1 期。
⑦ 《春秋左传正义》卷四四，第 4448～4450 页。

宽 100 米，发掘有红砖墙、曲形垛侧门、贝壳路、大型方形柱穴等。位于岗地最东面的第一号台基，南北长 75 米，东西宽 60 米。所有的证据显示，此处应属楚国的一处大型宫殿遗址。① 其与谭其骧考证章华台在潜江境内，亦相吻合，② 且又得到考古学者的确证。③ 考古与文献的印证，加深了楚灵王建章华台的可信度。

《上海博物馆藏战国楚竹书(四)》中《昭王毁室》，提到在楚国举行的一次落礼：

> 昭王为室于渭之浒。室既成，将落之，王戒邦大夫以饮酒。既🐛落之，王入将落，有一君子丧服蹒庭，将蹯闺。寺人止之，曰……简1④

上述简文，多从整理者的释读。其中"落"，整理者释为"格"，训为"至"，已被孟蓬生、董珊等学者指出有误。⑤ 此篇简文的大意为，楚昭王新筑宫殿完工后，邀请大夫参加落成典礼。在一番祭祀典礼后，昭王进宫殿准备开始宴饮的仪节，结果一位穿丧服的"君子"越过中庭，欲进入内门，被寺人阻止。当然，故事的进一步发展，原来是昭王的新宫殿竟是在该男子父亲的墓地上起建的，宫殿的建成妨碍了此人合葬父母遗骨，于是引起一番官司辩论。昭王得知具体情况后，毁弃了刚建成的宫殿，并改换了宴饮之地。

从《昭王毁室》所载落礼来看，其主要的仪节亦分为两部分，即"🐛落之"与"饮酒"。"🐛"，整理者隶定为"劓"，其义无说。黄人二读为"荆"，且认为后漏失一"王"字，荆王为见于新蔡葛陵的"三楚先"。⑥ 此说过于迂曲，不可从。实则"🐛"当据董珊等学者释作"刑"，读为"衈"，⑦ 其仪式为"杀牲涂血"⑧。至于"饮酒"，即祭祀后的君臣宴饮活动。《昭王毁室》所载楚

① 荆州地区博物馆、潜江县博物馆：《湖北潜江龙湾发现楚国大型宫殿基址》，《江汉考古》1987 年第 3 期。
② 谭其骧：《云梦与云梦泽》，《复旦学报》1980 年第 8 期。
③ 方酉生：《楚章华台遗址地方初探》，《江汉考古》1989 年第 4 期。
④ 马承源主编：《上海博物馆藏战国楚竹书(四)》，上海古籍出版社，2004 年，第 182 页。
⑤ 孟蓬生：《上博竹书(四)间诂》，简帛研究网，2005 年 2 月 15 日。董珊：《读上博藏战国楚竹书(四)杂记》，简帛研究网，2005 年 2 月 20 日。
⑥ 黄人二：《上博藏见〈昭王毁室〉试释》，《考古学报》2008 年第 4 期。
⑦ 董珊：《读上博藏战国楚竹书(四)杂记》，简帛研究网，2005 年 2 月 20 日。
⑧ 杨华：《先秦衈礼研究——中国古代用血制度研究之二》，《新出简帛与礼制研究》，台湾古籍出版有限公司，2007 年，第 207 页。

国落礼，与中原落礼之既有祭祀仪式，又有宴饮活动，是一致的。

第六节 君臣私宴

清华简《厚父》说："民式克敬德，毋湛于酒。民曰惟酒用肆祀，亦惟酒用康乐。"①酒既可以用于祭祀，更可以用于康乐享受。《史记·殷本纪》载纣王："以酒为池，悬肉为林，使男女倮相逐其间，为长夜之饮。"②《说苑·反质》："纣为鹿台、糟邱、酒池、肉林，宫墙文画，雕琢刻镂，锦绣被堂，金玉珍玮，妇女优倡，钟鼓管弦，流漫不禁，而天下愈竭，故卒身死国亡，为天下戮。"③上博简《容成氏》批评纣王："或为酒池，厚乐于酒，溥夜以为淫。"④《尚书·酒诰》把殷灭亡的原因归咎在"用燕丧威仪"上。⑤ 寥寥数句，纣王已被永久地钉在耻辱柱上。作为与纣"齐名"的亡国之君，夏桀亦受到类似指责。《大戴礼记·少闲》："桀不率先王之明德，乃荒耽于酒，淫佚于乐，德昏政乱，作宫室高台。"⑥《韩非子·十过》师旷为晋平公奏乐，"平公提觞而起，为师旷寿"⑦。《新序·刺奢》："桀作瑶台，罢民力，殚民财。为酒池糟堤，纵靡靡之乐，一鼓而牛饮者三千人。"⑧桀纣之恶，历史闻名。综合来看，桀、纣均好纵饮，沉溺于酒乐之中。若撇开道德评判，桀纣豪饮，正是古代君臣私宴的最早记录。

殷人好酒以亡国，周承殷鉴，厉行禁酒。西周时代，君臣除在"旅酬""无算爵"等礼中以喝醉为尚外，少见君臣间的私宴私饮，更难见纵酒狂欢的记载。但周室东迁，"礼崩乐坏"，礼对人的束缚明显减弱。君臣私宴、私饮便大规模地出现。《左传·文公十七年》："秋，周甘歜败戎于邥垂，乘其饮酒也。"⑨蛮夷不知礼乐，大敌当前，尚在饮酒。《左传·宣

① 李学勤：《清华大学藏战国竹简(伍)》，中西书局，2015 年，第 110 页。

② 《史记》卷三《殷本纪》，第 105 页。

③ 向宗鲁：《说苑校证》，中华书局，1987 年，第 515 页。

④ 马承源主编：《上海博物馆藏战国楚竹书(贰)》，上海古籍出版社，2002 年，第 285 页。

⑤ 桓占伟：《"燕丧威仪"与殷商亡国》，《北京师范大学学报》(社会科学版)2021 年第 2 期。

⑥ (清)王聘珍：《大戴礼记解诂》，王文锦校点，中华书局，1983 年，第 218 页。

⑦ (清)王先慎：《韩非子集解》，中华书局，2016 年，第 69 页。

⑧ 石光英：《新序校释》，陈新整理，中华书局，2001 年，第 789~790 页。

⑨ 《春秋左传正义》卷二〇，第 4039 页。

公十年》："陈灵公与孔灵、仪行父饮酒于夏氏。公谓行父曰：'征舒似女。'对曰：'亦似君。'征舒病之。公出，自其厩射而杀之。"①征舒乃夏姬之子。陈灵公君臣三人共淫于夏姬，并饮酒于其家，玩笑嬉戏不回避征舒。征舒怒而杀灵公。灵公君臣私宴之荒淫，可比之桀纣，故同遭杀戮命运。《左传·成公十七年》晋厉公田猎时"与妇人先杀而饮酒，后使大夫杀"②，杀指猎射禽兽。妇人无权参与田猎之礼，晋厉公让妇人先射更是违礼至极。厉公欲借此使郤至犯错而欲除之。此"饮酒"，同属私宴私饮，而非正规燕飨。《左传·定公二年》："邾庄公与夷射姑饮酒。私出。"③饮酒之时，可私出小便，似非燕飨所能容，故属私宴。《左传·哀公十四年》："公与妇人饮酒于檀台。"④此毫无疑问属诸侯之私宴。《诗·秦风·车邻》赞美秦先祖秦仲君臣之间各得其位又和乐美好，讲"既见君子，并坐鼓瑟"，"既见君子，并坐鼓簧"。郑玄笺："并坐鼓瑟，君臣以闲暇燕饮相安乐也。"⑤君臣间的燕饮不必然是剑拔弩张，更可能是闲暇、从容、安乐且合乎礼的。

有叫"醧"者，见《说文·酉部》："醧，宴私饮也。"段玉裁注："饮之礼大于宴醧，故饮主于敬，宴醧主于私。饮必立成，宴醧必坐。饮在昼，宴在夜。饮必屦而升堂，宴醧必跣。饮以建大德、昭大物，公之至者，不得云私。宴醧主饮酒以亲亲，故曰宴私。且《周语》分别其礼曰：'王公立饮，则有房烝。亲戚宴飨，则有殽烝。'是则王公立饮，同姓皆在焉，不专亲戚。宴醧则惟同姓而已。"⑥段玉裁把饮与醧两者的异同分析得已很清晰，可参考。另外，《初学记》引《韩诗外传》："不脱屦而即席谓之礼。跣而上坐谓之宴。能饮者饮，不能者止，谓之醧。齐颜色、均众寡谓之沉。闭门不出客，谓之湎。"⑦则醧是宗族内众人间的私饮，脱屦升堂坐者饮酒，且能饮者饮，不能饮者不饮，自由度较大。

春秋时代的私宴私饮最能展示人的个性。《说苑·复恩》中记载了楚庄王宴会上"绝缨"的故事：

楚庄王赐群臣酒，日暮，酒酣，灯烛灭，乃有人引美人之衣者，

① 《春秋左传正义》卷二二，第 4071 页。
② 《春秋左传正义》卷二八，第 4172 页。
③ 《春秋左传正义》卷五四，第 4631 页。
④ 《春秋左传正义》卷五九，第 4720 页。
⑤ 《毛诗正义》卷六，第 784 页。
⑥ （清）段玉裁：《说文解字注》，上海古籍出版社，1988 年，第 749 页。
⑦ （唐）徐坚：《初学记》，中华书局，2004 年，第 348 页。

美人援绝其冠缨，告王曰："今者烛灭，有引妾衣者，妾援得其冠缨，持之，趣火来上，视绝缨者。"王曰："赐人酒，使醉失礼，奈何欲显妇人之节而辱士乎？"乃命左右曰："今日与寡人饮，不绝缨者不欢。"①

楚庄王宴会群臣至日暮酒酣，可见宴饮时间之长。饮酒过程中，有人借灯烛被灭时机，骚扰庄王之妾，庄王以非常聪明的办法解决了危机。此次宴会，把庄王心胸的宽广及尊贤重才的德行展示无遗。《左传·襄公三十年》载郑国上卿伯有嗜酒的著名事迹，则是一个反面例证：

　　郑伯有嗜酒，为窟室，而夜饮酒，击钟焉。朝至，未已。朝者曰："公焉在？"其人曰："吾公在壑谷。"皆自朝布路而罢。既而朝，则又将使子皙如楚，归而饮酒。庚子，子皙以驷氏之甲伐而焚之。伯有奔雍梁，醒而后知之。遂奔许。②

伯有在地下室作长夜之饮，几误朝见国君大事。带着醉意行朝礼，处理政务后，归而继续饮酒。结果有人发动政变，伯有遭到驱逐。在驱逐途中，酒才方醒，遂逃至许国。一个"醉鬼"形象，被《左传》描述得栩栩如生。如伯有者，并不少见。甚至有卿大夫主动招待君主饮酒，夜以继日。《左传·庄公二十二年》载：

　　（公子完）饮桓公酒，乐。曰："以火继之。"辞曰："臣卜其昼，未卜其夜，不敢。"君子曰："酒以成礼，不继以淫，义也。以君成礼，弗纳于淫，仁也。"③

公子完宴饮齐桓公，桓公高兴，想晚上掌灯继续饮酒，结果被公子完劝解。公子完的行为，受到了"君子"的赞许。《晏子春秋》中常见齐国君臣一起饮酒的记载，如"景公饮酒酣，愿诸大夫无为礼，晏子谏"，"景公饮酒醒三日而后发，晏子谏"，"景公饮酒七日不纳弦章之言，晏子谏"，"景公饮酒不恤天灾，致能歌者，晏子谏"，"景公也听新乐而不朝，晏子谏"，"景公燕赏无功而罪有司，晏子谏"，等等。《管子·小称》载：

---

① 向宗鲁：《说苑校证》，中华书局，1987年，第125页。
② 《春秋左传正义》卷四〇，第4370页。
③ 《春秋左传正义》卷九，第3852页。

桓公、管仲、鲍叔牙、宁戚四人饮，饮酣，桓公谓鲍叔牙曰："阖不起为寡人寿乎?"鲍叔牙奉杯而起曰："使公毋忘出如莒时，使管子毋忘束缚在鲁也，使宁戚毋忘饭牛车下也。"桓公辟席再拜，曰："寡人与二大夫能无忘夫子之言，则国之社稷必不危矣。"①

此则故事，《吕氏春秋·直谏》《新序·杂事四》有类似记载。君臣四人一起饮酒，至兴奋处，桓公突然想让鲍叔牙"举觯上寿"敬酒。所谓"举觯上寿"，就是用双手端着满杯酒，并以歌、舞、言词或礼物在饮酒前后祝福对方，② 类似后世的"敬酒"或"端酒"。不过鲍叔牙来了个"措手不及"，给桓公、管仲和宁戚各一段谏言。英明如桓公者，马上避席再拜以示接受。《礼记·乐记》载：

> 是故先王之制礼乐也，非以极口腹耳目之欲也，将以教民平好恶而反人道之正也……夫豢豕为酒，非以为祸也，而狱讼益繁，则酒之流生祸也。是故先王因为酒礼，一献之礼，宾主百拜，终日饮酒而不得醉焉，此先王所以备酒祸也。故酒食者所以合欢也，乐者所以象德也，礼者所以缀淫也。③

《礼记·乐记》还在坚持儒家的"醉不及乱"的饮酒原则，但也点出"酒祸"的问题，表明春秋战国之时饮酒生祸之事必不少见。《左传·襄公二十八年》："齐庆封好田而嗜酒，与庆舍政。则以其内实迁于卢蒲嫳氏。易内而饮酒。"④庆封作为执政大臣好酒忘政，并发展到交换妻妾的地步，

---

① 黎翔凤：《管子校注》，梁运华整理，中华书局，2004 年，第 611 页。
② 彭美玲对"举觯上寿"仪式，归纳为四点。第一，"上寿"流行于秦汉以后，然"上寿"之礼却早在《豳诗》时代已存在。第二，行礼时两造皆必饮酒，而所饮之酒必由施礼者亲酌，待来人致辞祝寿，受礼者并无异议，双方随即一饮而尽。第三，上寿者必须在相礼人员的导引之下，亲自为对方与己方酌酒。第四，"举觯上寿"例由卑下行于尊者，亦不乏平辈或是上对下的种种情形。叶国良认同其中的第一、四点，对于第二、三点有异议，认为先秦上寿之礼，不一定两造皆饮，也不能证明上寿之人须在相礼者的导引之下亲自酌酒。但是叶氏也认为，上寿时起立捧杯至人前敬酒祝福，说明了上寿之礼乃是在无算爵阶段进行。礼无不答，对方既然敬酒祝福，受祝者亦当饮酒。参见彭美玲：《说"举觯上寿"》，收入台湾大学中文系编：《张以仁先生七秩寿庆论文集》，台湾学生书局，1999 年，第 521~555 页。叶国良：《清华简〈耆夜〉的饮酒方式》，《中国经学》第 22 辑，2018 年，第 5 页；另收入氏著《礼学研究的诸面向续集》，台湾"清华大学"出版社，2017 年，第 209 页。
③ 《礼记正义》卷三七，第 3313~3326 页。
④ 《春秋左传正义》卷三八，第 4342 页。

荒淫已至极点。《新序·刺奢》载"赵襄子饮酒，五日五夜不废酒"，"齐景公饮酒而乐，释衣冠，自鼓缶"。① 前者连饮五日，后者饮酒高兴后，脱衣击缶，全无仪态可言。再如《史记·滑稽列传》载，齐威王"好为淫乐长夜之饮，沉湎不治，委政卿大夫"②。齐威王"长夜之饮"，被淳于髡进谏而止，但其实淳于髡本人饮酒，较之威王有过之而无不及：

> 威王大悦，置酒后宫，召髡赐之酒。问曰："先生能饮几何而醉？"对曰："臣饮一斗亦醉，一石亦醉。"威王曰："先生饮一斗而醉，恶能饮一石哉！其说可得闻乎？"髡曰："赐酒大王之前，执法在傍，御史在后，髡恐惧俯伏而饮，不过一斗径醉矣。若亲有严客，髡卷鞲鞠，侍酒于前，时赐馀沥，奉觞上寿，数起，饮不过二斗径醉矣。若朋友交游，久不相见，卒然相睹，欢然道故，私情相语，饮可五六斗径醉矣。若乃州闾之会，男女杂坐，行酒稽留，六博投壶，相引为曹，握手无罚，目眙不禁，前有堕珥，后有遗簪，髡窃乐此，饮可八斗而醉二三。日暮酒阑，合尊促坐，男女同席，履舄交错，杯盘狼藉，堂上烛灭，主人留髡而送客。罗襦襟解，微闻芗泽，当此之时，髡心最欢，能饮一石。故曰酒极则乱，乐极则悲，万事尽然。"言不可极，极之而衰，以讽谏焉。齐王曰："善。"乃罢长夜之饮，为髡为诸侯主客。宗室置酒，髡尝在侧。③

淳于髡描述了不同场合的饮酒量与醉的程度，表面上滑稽可笑、放纵无妨，实际上根据不同情况来饮酒，也暗含"礼"在其中。他自言饮酒之乐及最后之状，乃是饮酒无算、杯盘狼藉、男女杂坐等，而且悟出"酒极生乱，乐极生悲"的大道理，最后说服齐威王罢了长夜之饮。《韩非子·难二》："齐桓公饮酒醉，遗其冠，耻之。三日不朝。"④齐桓公及时醒悟，避免亡国之祸。《韩非子·外储说左上》："楚厉王有警鼓，与百姓为戒。饮酒醉，过而击。民大惊。使人止之，曰：'吾醉而与左右戏而击之也。'民皆罢。居数月，有警，击鼓而民不赴，乃更令明号而民信之。"⑤楚厉王饮酒犯大罪，视军国大事如儿戏。《韩非子·说林上》："绍绩昧醉寐而亡其

① 石光英：《新序校释》，陈新整理，中华书局，2001年，第814~815页。
② 《史记》卷一二六《滑稽列传》，第3197页。
③ 《史记》卷一二六《滑稽列传》，第3199页。
④ （清）王先慎：《韩非子集解》，钟哲点校，中华书局，1998年，第359页。
⑤ （清）王先慎：《韩非子集解》，钟哲点校，中华书局，1998年，第287页。

裘，宋君曰：'醉足以亡裘乎?'对曰：'桀以醉亡天下……常酒者，天子失天下，匹夫失其身。'"①这是因饮酒大醉导致失德失信，亡国亡身。

清华简《厚父》"酒非食，惟神之飨。民亦惟酒用败威仪，亦惟酒用恒狂"②，指出过度饮酒会败坏威仪，更会使人狂乱，并告诫"民式克敬德，毋湛于酒"。《吴越春秋》说"饮之以酒，以视其乱"③。晏子警告齐景公"今一日饮酒而三日寝之，国治怨乎外，左右乱乎内"④。上博简四《曹沫之阵》载，鲁庄公听从曹沫的谏言后"不昼寝，不饮酒，不听乐"⑤。商纣王饮酒而亡国，成为难以磨灭的史鉴，时时萦绕在君主心中。能够及时醒悟者，方能避免身死国灭的命运。这种历史叙述模式，在典籍中并不少见。《吕氏春秋·长攻》："襄子谒于代君而请觞之，马郡尽，先令舞者置兵其羽中数百人，先具大金斗。代君至，酒酣。反斗而击之，一成，脑涂地。舞者操兵以斗，尽杀其从者。"⑥赵襄子拜访代君，请之饮酒，醉而后杀之，尽夺其国。代君饮酒而醉，陷入赵襄子设计的圈套，身死国灭，正所谓乐极生悲。

商纣王与妲己酒池肉林的故事，已人人耳熟能详。事实上，与妇人饮酒乃其时日常生活，天下之恶尽归之纣，实有不公。《史记·齐太公世家》："公与妇人饮酒于檀台。"⑦《史记·魏公子列传》："与宾客为长夜饮，饮醇酒，多近妇女。"⑧与妇人饮酒，也是其时君臣日常私宴所常见的。

综合言之，如果说桀纣之君，巫风弥漫、神灵充斥之际，酒池肉林，作纵欲之态，纯属个人恶德的话，西周禁酒则正是对"恶德"的匡正，所谓"殷鉴不远"即如此。历史大势，并不止于此。周室东迁，"诸侯争霸"而至"七国兼并"，伴随的是"礼崩乐坏"。失去礼的约束，人性得到纾解，感官享受再次成为某些人的终极追求。魏文侯听古乐昏昏欲睡，听郑卫之音则不知疲倦，⑨道出的事实正是时人面对旧礼与新知，内心无所适从，

① （清）王先慎：《韩非子集解》，钟哲点校，中华书局，1998年，第176页。
② 李学勤主编：《清华大学藏战国竹简（伍）》，中西书局，2015年，第110页。
③ （汉）赵晔：《吴越春秋》，周生春辑校汇考，中华书局，2019年，第135页。
④ 张纯一：《晏子春秋校注》，梁运华校点，中华书局，2014年，第8页。
⑤ 马承源编：《上海博物馆藏战国楚竹书（四）》，上海古籍出版社，2005年，第250页。
⑥ 许维遹：《吕氏春秋集释》，梁运华整理，中华书局，2009年，第335页。
⑦ 《史记》卷三二《齐太公世家》，第1510页。
⑧ 《史记》卷七七《魏公子列传》，第2384页。
⑨ 《礼记·乐记》："魏文侯问于子夏曰：'吾端冕而听古乐，则唯恐卧；听郑卫之音，则不知倦。敢问古乐之如彼，何也? 新乐之如此，何也?'"《孟子·梁惠王下》中，齐宣王直接说："寡人非能好先王之乐也，直好世俗之乐耳。"

只有新的刺激才能激发兴趣。故有学者认为"郑卫之音仅满足人的耳目之欲，而忘记了平和，实乃扰人心者"①。《庄子》反对以礼饮酒，直接突破了孔子的"醉不违礼"的界限，也表达出饮酒不仅可以愉悦身心，饮醉更是可以神全，可以入道。如《庄子·人间世》："以礼饮酒者，始乎治，常卒乎乱，大至则多奇乐。"《渔父》："饮酒则欢乐，处丧则悲哀。"《达生》："夫醉者之坠车，虽疾不死。骨节与人同而犯害与人异，其神全也，乘亦不知也，坠亦不知也，死生惊惧不入乎其胸中，是故杵物而不慑。彼得全于酒而犹若是，而况得全于天乎？"②饮酒追求的是身心的愉快。商鞅甚至提到饮酒使人愉悦会影响劳作的积极性，也会影响大臣的工作效率，建议加重赋税。③ 到战国末期，李斯借助音乐论述用人政策，提到秦国要放弃自己的秦声而用郑卫之乐的缘由是"快意当前，适观而已矣"④。这也从另一方面看出其时之人追求快感之普遍。

甚至到春秋之世，制作青铜器的目的之一，就在于"乐己"。如邾公轻钟载："以乐其身，以宴大夫，以喜诸士。"（《集成》150）遲邠钟载："我以题以南，中鸣是好，我以乐我心，它它巳巳，子子孙孙。"（《铭图》15520）作器者更加在乎自己身心的愉悦，表面的感官刺激更能模糊掉"大争之世"对人内心造成的剧烈冲击。陈灵公君臣、伯有、赵襄子、庆封、齐景公、齐威王、淳于髡毫无节制地饮酒作乐，当然与其品德个性有关。但是春秋以降，同类之人大量出现，与社会现实必然脱离不了干系。淳于髡所言"酒极生乱，乐极生悲"，北大秦简所载"饮不醉非江汉也，醉不归夜未半也"，⑤ 体现的正是时代冲击下，个人内心的忧戚与哀怨，只能通过求醉得到抚平。再如经典的"荆轲刺秦"故事，《战国策·燕策三》载：

> 遂发，太子及宾客知其事者，皆白衣冠以送之。至易水上，既祖，取道。高渐离击筑，荆轲和而歌，为变徵之声。士皆垂泪涕泣。又前而为歌曰："风萧萧兮易水寒，壮士一去兮不复还！"复为忼慨羽声，士皆瞋目，发尽上指冠。⑥

① 魏鸿雁：《商周铭文叙事文体演变》，中华书局，2023年，第349页。

② （清）王先谦：《庄子集解》，中华书局，1987年，第39、275、157页。

③ 《商君书·垦令》："贵酒肉之价，重其租，令十倍其朴。然则商贾少，农不能喜酣奭，大臣不为荒饱。商贾少，则上不费粟。民不能喜酣奭，则农不慢。"

④ 《史记》卷八七《李斯列传》，第2544页。

⑤ 王庆环：《对秦代认知大为扩展》，《光明日报》2010年10月25日。

⑥ 何建章：《战国策注释》，中华书局，1990年，第1193~1194页。

易水边的饯别，悲壮与哀悼并存，个人在浩荡历史洪流中的慷慨、无奈、不甘与悲愤之情，表现得淋漓尽致。《史记·刺客列传》也有类似记载："荆轲嗜酒，日与狗屠及高渐离饮于燕市，酒酣以往，高渐离击筑，荆轲和而歌于市中，相乐，已而相泣，旁若无人。"①燕太子丹和荆轲的易水之别，在饮酒与悲伤的音乐之声中，显示出旧制度的没落，以及在此制度下个人的悲壮与无可奈何。这与从容文雅、内敛节制的宗周礼制相比，有了很大的区别，甚至后来形成了"悲音为美"的新传统。个人越来越需要表达出情感，庄子"箕踞鼓盆而歌"，列子"饯于郊衢，抚节悲歌"，或许也可作此观。个人情感的表达，少了外在礼制的约束，喷涌而出。慷慨悲歌者有之，泣数行下者有之，杯盘狼藉者更有之。

除了文字记载的宴饮活动外，兴起于战国时代青铜器上的"图像纹"，对采桑、宴饮、乐舞、宫室、射猎、攻战等有详细描绘，其中的宴饮图是战国时代宴饮活动的形象化见证。在图像纹中，宴饮与其他活动一起，构成一个图像的组合。这与燕礼举行过程中，与其他礼构成组合是一样的。如故宫博物院藏的宴乐渔猎攻战纹铜壶，自口下至圈足，被五条斜角云纹带划分为四区，内容包括采桑、射礼、宴享乐舞、水陆攻战等。②成都百花潭中学也出土了类似铜壶③，画面也分四层，依然包括习射、采桑、宴乐武舞、水陆攻战、狩猎等内容。类似的还有辉县出土燕乐射猎铜鉴④、上海博物馆藏燕乐画像椭杯⑤、美国华尔特美术馆藏铜豆⑥、陕西凤翔高王寺藏铜壶⑦、山西襄汾出土铜壶⑧等。它们以热闹、拥挤、繁忙的画面，生动反映了战国时代俗世的日常生活。宴饮图部分所见的楼台、钟磬、歌舞以及饮酒酬酢，为理解宴饮活动提供了视角化的证据。

如上所论，基本可以确定"祭祀加燕饮"是先秦礼典中较为常见的礼仪组合。献祭的等级森严及礼仪的极端严肃，自然可以促使献祭者与观礼者对被祭神灵产生崇拜甚至畏惧之情，从而使礼典活动处于神灵信仰的氛围之中；而献祭后的燕饮，则把与礼者从神灵世界拉回了人的世界，主宾之间觥筹交错，以及其他参与礼者的旅酬、无算爵等，在一定程度上构成

① 《史记》卷八六《刺客列传》，第2528页。
② 见故宫博物院官方网站文字介绍，文物号：故00077464。
③ 四川省博物馆：《成都百花潭中学十号墓发掘记》，《文物》1976年第3期。
④ 中国科学院考古研究所编著：《辉县发掘报告》，科学出版社，1956年，第115页。
⑤ 马承源：《漫谈战国青铜器上的画像》，《文物》1961年第10期。
⑥ 陈梦家：《美国所藏中国铜器集录》，金城出版社，2016年，第655～660页。
⑦ 韩伟、曹明檀：《陕西凤翔高王寺战国铜器窖藏》，《文物》1981年第1期。
⑧ 田建文：《三件战国文物介绍》，《文物季刊》1996年第3期。

了对尊卑等级秩序的突破。燕饮的行礼氛围，相对于献祭来说轻松了许多，处在"醉不忘礼"与"不醉无归"之间，使人与人之间的亲密度得到了较好的提高。周代贵族正好利用了这点，在宗族内收宗统族，在宗族外燕饮民众，休养生息。具体而言，得出了如下结论：

第一，在同宗共族之内，主人除了通过祭祖等礼仪以确定其威严外，还通过燕饮来融洽与诸父兄弟及一般宗人的关系。周幽王不能宴兄弟，以致多有怨愤之诗。相反，若善于宴兄弟族人，在一番饮酒欢乐后，族人往往能够融消怨言与愤怒，从而既能增强族人对本宗族的认同感，又使宗子的政治、宗教权力得到强化。

第二，周代贵族祭祖后的傧尸，是主人特意为感谢尸扮演祖先接受献祭的辛劳而设的燕饮礼。尸已完全脱离神道，还原其原本身份。可以说，在礼仪属性上，"傧尸"与射礼后的"息司正"，没有太大的差别。

第三，落礼又称作"考"，是宫室初成的祭祀之名。行落礼时，常舞万舞，或用血衅宫室之门。此为与神明的交往之道。在祭后，主人亦常常设宴招待参与落礼的宾客，与之饮酒。落礼中"祭祀加燕饮"的行礼模式，不仅在传世文献中有记载，在出土文献《昭王毁室》中，楚昭王先杀牲取血以衅庙，后燕饮群臣，也得到了确证。

第四，春秋之后，社会发生激烈变化。个人命运在历史洪流中飘摇无定，君臣之间追求个人感官享受的行为变得越来越普遍。君臣私宴的"去仪式化"倾向，一方面为今人了解古人的日常娱乐提供了线索，另一方面令今人思考"醉而无礼"背后反映的社会转型背景下时人内心的剧烈冲突。历史文献所载，几乎所有求醉狂欢者，或身死国灭族诛，或流亡国外，最后均命运悲惨；只有其中少有的幡然醒悟者，如齐景公，才能侥幸逃过。文献的编撰者，似特意借类似故事训诫时人，以实现道德教化的目的：远离狂饮纵酒，以求得身安国平，甚至是内心的协和。但是，求醉者是否都是"不赦醉鬼"？子贡曾言："纣之不善，不如是之甚也。是以君子恶居下流，天下之恶皆归焉。"①对春秋已降的纵酒之徒，可同作此观。礼制约束的松弛，个人的慷慨悲歌与泣数行下，也是人性觉醒与社会转型的体现。当然这也要求礼乐自身追求变异或新生。

总之，宗周以后，古人对于酒的情感是复杂与矛盾的，既离不开，又时刻保持警惕，"既醉以酒，既饱以德""百礼之会，非酒不行""非酒无以

---

① 《论语注疏》卷一九，第 5503 页。

为礼"等观念盛行。但盛放酒壶的台子又命名为"禁"①，喝酒设司正监督，奏《陔》乐，营造出只要饮酒，耳边就响起周公"禁酒令"的气氛。②尊贵者饮酒之爵容量小，卑贱者饮酒爵大，用"以小为贵"体现高贵者的节制与教养，以少饮为美德。又道在器中，盛酒之"尊"与饮酒之"爵"，成了最重要的等级身份之辞。③ 酒深度形塑了当时的社会结构。周公之后，酒承担了过多的宗教道德责任。"酒诫"之论，代有传人，不绝于书。④

"德将无醉"，饮酒之人的精神是紧张与纠结的。《战国策·魏策二》载鲁君语："昔者，帝令仪狄作酒而美，进之禹，禹饮而甘之，遂疏仪狄，绝旨酒，曰：'后世必有以酒亡其国者。'"⑤真有因酒亡国者，如商纣王。梁惠王请鲁君饮酒，酒酣之后，鲁君在举杯之际说出这一番话，内心的矛盾郁结难以化解。此处禹、仪狄应该都是战国时人的借托，反映其时人的思想。酒是好东西，也是祸害。考古学已证明饮酒是远古就有的传统，如"海岱地区在距今 6200—4600 年的酿酒传统……制作精致的磨光黑陶高柄杯是饮酒器，红陶杯和灰陶瓶也与酒有关"⑥。周公之后，酒在礼乐文明中是"必不可少之恶"。

祭祖祭神离不开酒，爵之尊卑又在酒，赐之轻重还在酒，宴乐也在酒，所以只能拟出"醉不忘礼"的原则，在"醉不忘礼"与"不醉无归"之间保持平衡。这是燕礼的重要特征。

---

① 《仪礼·士冠礼》郑玄注："禁，承尊之器也，名之为禁者，因为酒戒也。"
② 今人吸烟，烟盒上印制"吸烟有害健康"，也是遵循同一逻辑。
③ 阎步克：《酒之爵与人之爵：东周礼书所见酒器等级礼制初探》，生活·读书·新知三联书店，2023 年，第 35、259 页。
④ 西晋葛洪《抱朴子外篇》有《酒诫》专篇。
⑤ 何建章：《战国策注释》，中华书局，1982 年，第 882 页。
⑥ 刘莉、王佳静、陈星灿、梁中合：《山东大汶口文化酒器初探》，《华夏考古》2021 年第 1 期。

第四章　尊君与燕飨礼

《礼记·郊特牲》："大夫而飨君，非礼也。大夫强而君杀之义也，由三桓始也。① 天子无客礼，莫敢为主焉。君适其臣，升自阼阶。不敢有其室也。"②此段经文所讲，指天子、诸侯在其权力范围内，均无客礼。若君（包括天子）到臣之家，升降由阼阶，自立为主。臣须放弃主人之位，而就宾位。诸侯因仅为一国之主，在其国内，至高无上，臣不得以飨礼待之。但出国之后，有地位更高的天子飨之，地位平等之诸侯亦可飨之，则诸侯在天下范围内有为宾客之礼，《郊特牲》"诸侯为宾，灌用郁鬯"③，可为确证。与之相对，天子作为天下共主，无内无外。《诗·小雅·北山》："普天之下，莫非王土；率土之滨，莫非王臣。"④《左传·昭公七年》："天子经略，诸侯正封，古之制也。封略之内，何非君土？食土之毛，谁非君臣？"⑤天子自称"余一人"，无人能够与之分庭抗礼，更无人敢作为天子之主，待之以宾。即天子任何时候都不能以宾客的身份参与燕飨礼及其他任何礼仪活动。简言之，天子无客礼。

"大夫而飨君非礼"及"天子无客礼"看似两个问题，实际上只是因天子、诸侯等级的差异而形成的两种表述，本质上体现的均是尊君意识：飨礼所展现的主宾关系，不能完整地体现在天子、诸侯身上，他们只主动地

---

① "大夫强而君杀之义也，由三桓始也"，与历史事实又不符，历代经学家解释纷呈。王引之认为"义"当为"故"，"由三桓始也"涉下而衍入者。这一解释并不能令人满意。李慈铭在其《越缦堂读书笔记》中提出，此九字当连读，"杀"读去声，降杀之杀。那么，大意是，大夫过于强大的话，君应该削弱他们的权力。鲁公与三桓的关系正是如此，只是鲁公最后没有成功而已。李说较为合理。见(清)李慈铭：《越缦堂日记》，由云龙辑，中华书局，2006 年，第 71~72 页。
② 孔颖达疏引此语时"不敢"前有"臣"，当确。陈澔说"不敢有说，言人臣不敢以此室为主故也。适臣而升自主阶，是为主之义"，可为孔疏提供旁证。参见(元)陈澔：《礼记集说》，万久富整理，凤凰出版社，2010 年，第 201 页。
③ 《礼记正义》卷二五，第 3129 页。
④ 《毛诗正义》卷一三，第 994 页。
⑤ 《春秋左传正义》卷四四，第 4447 页。

飨地位较低的臣子，而不能被臣子所飨，或只有地位相等的诸侯相飨。即使在这样的情况下，君飨臣子，不得不参加仪式之时，也会在礼仪现场寻找"代理人"。用代理人行礼，是君主行礼的常见现象。与《礼记·郊特牲》类似论述，还见于《礼记》《荀子》中。

《礼记·曲礼下》："凡挚，天子鬯，诸侯圭，卿羔，大夫雁，士雉，庶人之挚匹，童子委挚而退。"郑注："挚之言，至也。天子无客礼，以鬯为挚者，所以唯用告神为至也。"① "挚"通作"贽"。诸侯以下有圭、羔、雁等礼物，用来行贽见礼，表明宾主地位相当，或者宾对主的"委质为臣"。② 但天子所用挚为鬯，明显不同。郑玄的解释是，鬯只用于告神，而非天子自为宾，以见主人。③ 这正是"天子无客礼"在"贽见礼"中的体现。天子用贽时，是与神打交道，非与人打交道。《礼记·礼器》："天子无介。"郑注："天子无介，无客礼也。"④介是朝聘时的副使。天子无介，意指天子无为正使之礼。不能为正使，即不能为宾为客。《荀子·君子篇》："天子无妻，告人无匹也。四海之内无客礼，告无适也。"杨倞注："告，言也。妻者，齐也。天子尊无与二，故无匹也。适，读为敌。"⑤据杨注，天子至尊无二，无人可告、无人可敌，故四海之内，天子无为宾客之礼。

但上引《礼记》《荀子》均是战国中后期的文献，礼崩乐坏后，孔门后学总结的"大夫不能飨君""天子无客礼"等礼义原则，在多大程度上反映了宗周礼乐制度的实际情况，值得注意。众所周知，《左传》"郑伯飨王于阙西辟"等臣飨君的记载，在先秦文献中并不少见。清孙希旦又认为"天子可以祭天，则臣可以飨君，然当就君所而设飨礼，犹天子祭天于南郊，就阳位也"，以天子祭天比拟臣飨君。⑥ 据孙氏逻辑推理，臣可飨君则也可飨天子！孙希旦的说法，是否又能得到礼乐制度的证实？

针对上面提出的问题，现在讨论主要从如下几个方面展开：第一，"天子无客礼"是孔门后学的礼仪想象，还是宗周礼制的实际情况？若属后者，那在礼仪运作过程中，是如何体现的？第二，"臣飨君"在历史实

---

① 《礼记正义》卷五，第 2750 页。

② 杨宽：《"贽见礼"新探》，《西周史》，上海人民出版社，2003 年，第 790~819 页。

③ 《通典》卷七五载："天子无客礼，亦有赞者，明有事神祇之道，故须贽以表心。故巡狩至于山川，有所告之，用鬯酒，盛以大璋、中璋。"

④ 《礼记正义》卷二三，第 3102 页。

⑤ （清）王先谦：《荀子集解》，沈啸寰、王星贤校点，中华书局，1988 年，第 449~500 页。

⑥ （清）孙希旦：《礼记集解》，沈啸寰、王星贤校点，中华书局，1989 年，第 678 页。

际情况中屡见不鲜，这能否视为违礼行为，折射出何种时代消息？第三，无论是"大夫不能飨君"，还是"天子无客礼"，体现的均是尊君意识。这种尊君意识，是周初以来就特别显著，还是经过了后代礼学家的强化？"不以公卿为宾"，作为尊君意识的一种体现，与"大夫不能飨君"有异曲同工之处，那么这条礼义原则，是否符合历史实际？第四，《仪礼·燕礼》所记为诸侯燕臣之礼，但作为"正主"，诸侯不亲自献宾之酒，而以"代主"献之，这有何种礼制深意？

第一节　"天子无客礼"考辨

一、《尚书·顾命》中康王的身份

《尚书·顾命》记载成王登遐，康王即位之事。王国维指出，《顾命》"质而重，文而不失其情……古礼佚失，后世得考周室一代之大典者，惟此篇而已"①。郭沫若亦据以考证小盂鼎"三左三右"的身份。② 王、郭二氏，熟稔于金文，以之与《顾命》互相发明，对《顾命》的真实性及历史价值给予了充分的肯定。再者，就《尚书》的辨伪史来看，自清阎若璩《尚书古文疏证》，到顾颉刚、刘起釪《尚书校释译论》，均未否定《顾命》的可靠性。③ 近年来，记载周文王遗言的清华简《保训》发表，引起学界的热烈讨论。④ 文王病笃，遗训太子发，勉励其恭行中道，正与《顾命》前部载成王殁前，交代后事，性质类似。这在一定程度上可证明《顾命》所载礼制，符合周初的实际情况。《顾命》文献的真实性，是选作分析范例的根基。其所载行礼各方的位次如下：

> 牖间南向，敷重篾席，黼纯，华玉仍几。西序东向，敷重底席，缀纯，文贝仍几。东序西向，敷重丰席，画纯，雕玉仍几。西夹南向，敷重笋席，玄纷纯，漆仍几。……王麻冕黼裳，由宾阶隮。卿

---

① 王国维：《周书顾命考》，《观堂集林》，中华书局，1959 年，第 50 页。
② 郭沫若：《周官质疑》，《金文丛考》，人民出版社，1954 年。
③ （清）阎若璩：《尚书古文疏证》，黄怀信、吕翊欣校点，上海古籍出版社，2010 年。顾颉刚、刘起釪：《尚书校释译论》，中华书局，2005 年。
④ 胡凯、陈民镇：《清华简〈保训〉集释》，复旦大学出土文献与古文字研究中心网站，2011 年 9 月 19 日。

士、邦君麻冕蚁裳，入即位。太保、太史、太宗，皆麻冕彤裳。太保承介圭，上宗奉同、瑁，由阼阶隮。太史秉书，由宾阶隮，御王册命。①

据上可知，行礼人主要有康王、太保、太史、太宗及其他卿士与邦君。其中，"牖间南向"下，伪孔传有"因生时几，不改坐。此见群臣觐诸侯之坐"。《仪礼·觐礼》所载诸侯觐见时，天子之位，亦正如此。座次之设透露成王虽崩，但牖间南向之位还是为其而安排的，与生时无异。堂上其他三席，即西序东向席、东序西向席、西夹南向席，与牖间席亦形成了一个"四面之坐"。据伪孔传，它们分别是为"旦夕听事者""被飨养之国老、群臣""私宴之亲属"而设。可见这个"四面之坐"并非为即将登位的康王所设，而是复原了成王生时处理朝政的场面。成王虽崩，在象征意义上，却未"缺席"康王的即位典礼。

如果说席位的设置主要为了隐喻成王的"在场"，那么康王以下升阶的方式与面向，就体现出他们的真实身份。

"王麻冕黼裳，由宾阶隮"，太子钊还未完成登位礼，为何称"王"？《白虎通·爵》："父殁称子某者何？屈于尸柩也。……天子大殓之后称王者，明民臣不可一日无君也。故《尚书》曰：'王麻冕黼裳。'此大殓之后也。何以知不从死后加王也？以上言迎子钊，不言迎王也。王者既殡而即继体之位何？缘民臣之心，不可一日无君也。故先君不可得见，则后君继体矣。"②宋吕祖谦《书说》："仪物既备，然后延康王受顾命焉，自是而始称王。"③王国维则说："变言王者，上纪成王崩日事，系于成王，故曰子。此距成王崩已八日，称王无嫌也。"④诸家意见，虽然致思的方向不同，但均认可称王的合理性。仔细斟酌后，我们发现，席位的设置已象征了成王的"在场"，那么康王未王而称王，岂不形成了一个二王并立的局面？可见太子钊此时称王，只是便宜行事而已，其本质身份并非王，故只能"由宾阶隮"。伪孔传云"用西阶升，不敢当主"，孔颖达疏"礼，君升自阼阶。此用西阶升者，以未受顾命，不敢当主也"，清皮锡瑞云："若即位后，当升阼阶。《文王世子》'成王幼，不能涖阼'。此经下曰'由宾阶隮'，是

① 《尚书正义》卷一八，第508页。
② （清）陈立：《白虎通疏证》，吴则虞校点，中华书局，1994年，第26~35页。
③ （宋）吕祖谦：《增修书说》卷三一，文渊阁《四库全书》第57册，台湾"商务印书馆"，1986年，第432页。
④ 王国维：《周书顾命考》，《观堂集林》，中华书局，1959年，第51页。

犹未忍当主礼。"①所谓"不敢""未忍",实不能也。尚未正式称王,受瑞信之器,何敢径直以王道自许?此时太子钊的身份,与平常一样,并无变化。但是通过接下来的仪节,钊的身份由太子变为康王,就清晰可见了。

"太保承介圭,上宗奉同、瑁,由阼阶陟。"太保即昭公奭,是主持成王丧事的顾命大臣。② 上宗,孔颖达认为即太宗,为宗伯之卿,此处为太保的副手。介圭、同、瑁,为天子之瑞信,是王权的象征,受此瑞信,方是合法的继承人。这里最值得注意的地方是,太保、上宗由阼阶而登堂。伪孔传云"用阼阶升,由便不嫌",顾命大礼,怎能只顾方便,而不避嫌疑?可见此说不通。孔颖达疏通缝补伪孔传之说,也未得的旨。到宋蔡沈《书集传》时,认为"太保、宗伯以先王之命,奉符宝以传嗣君,有主道焉,故升自阼阶"③,确为的论,但亦有未尽之处。王国维撰《周书顾命考》,才焕然而通:

> 大保摄成王,为册命之主。大宗相之、大史命之,皆以神道自处,故纯吉也。王由宾阶陟者,未受册,不敢当主位也。大保由阼阶者,摄主故由主阶。④

太保穿麻冕彤裳纯吉之服作摄主,王国维认为他们是"以神道自处",乃千古巨论。许倬云同样认为此处太保是"圣职人员"。⑤ 成王虽然通过堂上席位而"在场",但毕竟已殁为神,仅具象征意义,不能亲自传位给康王,唯一的可能就是通过太保、太宗、大史的中间转授。⑥ 那么,太保等必然需要与成王的神灵,亦即户牖间的席位交接为礼,才能完成转授任务。与成王神灵交接后,作为成王的代理人,以神道自处,就顺理成章。太保等实际上是成王的礼仪代理人。成王是主,故代理人也有为主之道。在现实的礼仪场合中,太保升自东阶,立于东序,东面而册命康王,以主

---

① (清)皮锡瑞:《今文尚书疏证》,陈抗、盛冬铃校点,中华书局,1986年,第424页。
② 顾颉刚、刘起釪:《尚书校释译论》,中华书局,2005年,第1738页。
③ (宋)蔡沈:《书集传》,钱宗武、钱忠弼整理,凤凰出版社,2010年,第235页。
④ 王国维:《周书顾命考》,《观堂集林》,中华书局,1959年,第52页。
⑤ 许倬云:《西周史(增补二版)》,生活·读书·新知三联书店,2012年,第220页。
⑥ 太保、太宗、太史只是成王的代理人,成王的"在场"是通过太史宣读的册命文书得到明证的:"皇后凭玉几,道扬末命,命汝嗣训,临君周邦,率循大卞,燮和天下,用答扬文、武之光训。"皇后即成王,其所凭玉几,正好是户牖间南向之"华玉仍几",太史称引之说明成王"在场"。成王凭坐在玉几上"道扬末命,命汝嗣训",说明命康王者是成王,太史宣读、太保东西面,只是中转代理而已。

道自居，亦是逻辑的必然结果。

至于太史为何由宾阶升，王国维据《礼记·祭统》认为，太史为太保之佐，在太保之右。但顾命康王时，太保已先升阼阶，西面，太史后升，不可能再越过太保而趋其右，故转而由宾阶升。简言之，即"由便"的结果。① 王国维所说可信。

从上面的讨论可以得出，行顾命之礼时，实际主角有三，即成王、康王和太保。成王虚席而处户牖间南面天子之位，通过堂上的"四面之坐"，表明了自己象征性的存在。康王升自宾阶，太保升自阼阶，似乎构成了一项完整的宾主之礼。太保为主，康王为宾。或者成王为正主，太保为摄主，康王为宾。"天子无客礼"，在此好像就可加以否决。

但事实并非如此简单。无论是成王还是太保，他们的主要目的，是授康王以瑞信，让其荣登大宝。堂上设置的"四面之坐"，构成的礼仪空间，象征成王生时处理朝政的场面。不改其生时之位，说明成王的"在场"，在礼仪上并未驾崩。"仪式本质上是一个身体经历的过程"②，成王亲自参加授命康王即位是非常重要的。但事实上，成王已崩，做不到了，只能模拟成王的在场。太保作为摄主，仅仅是对驾崩事实的一种"礼仪救助"，本质上也是成王的化身，可以合二为一。就如祭祖时，主人所立之尸，与祖先神灵是合二为一的混合体；《仪礼·燕礼》中君设宰夫为献主，只是君的代理人而已。③

《尚书·顾命》中复杂的礼仪活动，除其枝叶，能够简化成一个礼仪模式。这个模式，可以称为"代际交替模式"④，且于礼经文献中常见。现在略举几例如下：

第一，冠嫡子礼。据《仪礼·士冠礼》载，嫡子未冠之前，升降自西阶，但行冠礼时位在阼阶；"适子冠于阼，以著代也。明庶子不于阼，非

---

① 太史在顾命大礼中，显然仅是辅佐太保而已，故其由便，并非不可。太保是行礼的主要一方，他如果只顾方便的话，于礼就不可解了。

② ［美］兰德尔·柯林斯：《互动仪式链》，林聚任、王鹏、宋丽君译，商务印书馆，2012年，第87页。

③ 在此，并非否定代理人的礼仪地位与价值。实际上，代理人介入礼仪活动，同样蕴含着深刻的礼义观念，值得深入探讨，如《仪礼·燕礼》以宰夫为献主，明显是为了尊君。但是，作为礼仪模式，必然要除去旁支，直达根本。毕竟《顾命》所载礼仪，终极目的是成王传位给康王。《仪礼》中，《特牲馈食礼》《少牢馈食礼》是宗子祭祖，而非祭尸；《燕礼》是君宴饮臣，而非宰夫宴饮大夫；《士冠礼》是父为子行冠礼，而非宾为子行冠礼。太保、尸、宰夫、宾，都是行礼的礼仪代理人。

④ 李志刚：《孺慕之孝：上古中国礼俗中的"亲前不称老"与代际交替》，《孔子研究》2015年第4期。

代故也"。① 著，明也。著代，即表明嫡子有为主之道，将承宗继祖。但毕竟此时父尚在，嫡子并非真正主人，故行醮礼时，又到了户牖间的客位。由西阶到阼阶，嫡子冠礼蕴含的代际交替，虽因客观情况还未成现实（父尚在，乃目前的主人，继承父之位是将来事），但存在可能性是属显而易见的事情。冠礼中的宾，同样只是主人邀请的代理人。

第二，舅姑飨新妇礼。据《仪礼·士昏礼》，婚礼第二日，新妇面见舅姑，升自西阶。舅姑醴妇，妇席亦在户牖间。与之相对，舅姑席均在阼阶。那么，此时新妇有为宾之道，舅姑有为主之道。但在舅姑共飨新妇以一献之礼后，"舅姑先降自西阶，妇降自阼阶"。郑注："授之室，使为主，明代己。"②整个礼仪过程，新妇先升自西阶，后降自阼阶，身份从"宾"变为"主"。舅姑席先在阼阶，而后降自西阶，身份从"主"变为"宾"。礼仪背后的礼义表明，舅姑把作为一室之主的权力交给了新妇。这正符合代际交替的礼仪模式。

第三，孝子变为丧主礼。《礼记·奔丧》载奔亲丧，"至于家，入门左，升自西阶"。《礼记·聘礼》载外出使者家有丧事，"归，执圭复命于殡，升自西阶，不升堂"③。此等均是殡礼后之事，因属奔丧，孝子未亲与殡礼，故仍以亡亲为主，自己升自西阶为宾。《礼记·奔丧》又云："殡东，西面坐，哭尽哀。括发、袒，降，堂东即位，西乡哭，成踊。袭绖于序东，绞带，反位，拜宾成踊。送宾，反位。"④奔丧之孝子，通过哭、括发、袒等礼仪动作，可"堂东即位，西乡哭"。堂东之位即主人之位；西乡哭，亦是主人哭位面向。通过这套礼仪，子从宾到主的变化过程清晰可见。反之，亡亲由主到宾的过程亦可得知。

康王未受命前升自西阶。受命后，《顾命》虽未明言降自阼阶，但此时已为天下主，升降自阼阶是必然结果。⑤ 若把作为代理人的太保隐去，《顾命》蕴含的"代际交替"仪式就清晰可见。行礼中，真正的关键，只有成王与康王双方而已。成王是父与现任天子，康王是子与继任天子。康王以子的身份升自宾阶，成王以父、君的身份席于户牖之间。成王作为鬼神不能处理实际事务，故借助代理人太保、太宗、太史，而命康王为君，授

---

① 《仪礼注疏》卷三，第 2065 页。
② 《仪礼注疏》卷五，第 2090 页。
③ 《仪礼注疏》卷二三，第 2312 页。
④ 《礼记正义》卷五六，第 3588 页。
⑤ 正式顾命时，康王"乃受同、瑁"，伪孔传"王受瑁为主，受同为祭"。可见康王受瑁后，自为天下主。

予瑞信。在整个过程中，只存在一个天子——太保授瑞信、太史读册命之前，成王是天子；之后，康王是天子。所以说，康王升自西阶，与太保升自阼阶，看似是一个以天子为宾的礼仪活动，实际上，康王升自宾阶时，并非天子，太保亦并非主，成王席于户牖间，亦并非宾。"天子无客礼"，于《顾命》中得到确证。

二、金文载飨礼中天子的身份

现在据西周金文中载燕飨礼的有关材料，对天子有无客礼的问题，展开进一步的讨论。[①] 值得注意的是，因金文记载事件过于简略的特性，往往不见行礼各方所处具体位次与面向，给讨论造成了困难，但《礼记·郊特牲》云"君适其臣，升自阼阶。不敢有其室也"[②]，显然在暗示，天子、诸侯离开自己的宫室，到臣民之家，亦是以主自居。而金文中，常见天子远离王畿之地，甚至进入诸侯封国境域而行飨礼的记载。这为讨论的展开提供了契机。

西周金文载天子飨礼，制器者多是周天子飨礼的参与者。为方便讨论，现胪列如下：

乙亥，王有大礼。王汎三方，王祀于天室，降。天亡佑王，衣祀于王丕显考文王，事喜上帝。文王监在上……丁丑，王飨大宜。天亡簋，《集成》4261

丙午，天君飨襏酒，在斤，天君赏厥征人斤贝。征人鼎，《集成》2674

癸亥，我天君飨饮酒，赏贝厥征斤贝，用作父丁尊彝。天君簋，《集成》4020

唯六月既生霸，穆穆王在荠京，呼渔于大池，王飨酒，通御亡遣，穆穆王亲赐镊，通拜稽首……通簋，《集成》4207

唯正月既生霸丁酉，王在周康寝，飨醴，师遽蔑历侑王，呼宰利赐师遽瑚圭一环，璋四，师遽拜稽首……师遽方彝，《集成》9897

唯十又五年三月，既生霸丁亥，王盩辰宫，大以厥友守王飨醴，王呼膳夫……大鼎，《集成》2807

---

① 周天子参加的其他礼仪，如祭祖、祭天、册命、献俘等，因礼仪内容，决定了天子必定是礼仪活动的主要一方，不会有"客礼"形式的存在。而燕飨礼本为宾客之礼，这为天子有无客礼留下了讨论的空间。

② 《礼记正义》卷二五，第3135页。

唯三年九月丁巳，王在郑飨醴，呼虢叔召瘌，赐羔俎。己丑，王
在句陵飨逆酒，呼师寿召瘌，赐彘俎。拜稽首……　三年瘌壶，
《集成》9726

唯王初如🐒，迺自商师复还至于周。王夕飨醴于大室。穆公佑
尸。王呼宰利，赐穆公贝廿朋。穆公对扬王休，用作宝皇簋。　穆公
簋，《集成》4191

唯三月初吉丁亥，穆王在下减应。穆王飨醴，即邢伯大祝射。穆
王蔑长由以逮即邢伯。邢伯氏弥不奸。长由蔑历，敢对扬天子丕显
休，用肇作尊彝。　长由盉，《集成》9455

唯四月初吉甲午，王观于尝。公东宫纳飨于王。王赐公贝五十
朋。公赐厥涉子效王休。贝二十朋。效对公休，用作宝尊彝。呜呼！
效不敢不万年夙夜奔走，扬公休亦其子子孙孙永宝。　效卣，
《集成》5433

唯正月初吉丁亥，王在瓎，飨醴。应侯视工侑，赐玉五珏、马四
匹、矢三千。……　应侯视工簋，《新收》79

唯十又一月既生霸戊申，王在周康宫飨醴。夹御，王蔑厥老夹
历，赐玉十又二瑴、贝廿朋。夹拜稽首……　夹簋，《新收》1958

唯十又二年正月初吉丁亥，虢季子白作宝盘。丕显子白，壮武于
戎功，径维四方，搏伐玁狁于洛之阳，折首五百，执讯五十，是以先
行，趄趄子白献馘于王。王孔嘉子白义。王格周庙宣榭爰飨。王曰：
"白父孔颗有光。"王赐乘马，是用佐王。赐用弓，彤矢其央。赐用钺，
用征蛮方。子子孙孙万年无疆。　虢季子白盘，《集成》10173

上所载天子飨礼，可分作两种情况。一是作为天子飨礼的辅助者，即
"佑""侑"或"御"参与其礼，[1] 最终因辅助有功而受到天子的赏赐。在 13
件青铜器中，这类占据半数，有天亡簋、遹簋、师遽方彝、穆公簋、应侯
视工簋、夹簋。在礼仪活动中，作为辅礼者，同样非常受天子重视。《仪
礼》之《乡饮酒礼》《乡射礼》载，礼毕后的第二日，"乃息司正"，以司正
为宾，饮之以酒。郑注："司正，庭长也。"[2]胡匡衷《仪礼释官》曰："司
正，正宾主之礼者，其职无常官。"[3]则司正为行礼时主人的辅助者，负责

---

[1] "御"，《礼记·曲礼》"御食于君"，郑注："劝侑曰御。"御与侑、佑，意思相近，均有辅助之意。

[2] 《仪礼注疏》卷一〇，第 2138 页。

[3] (清)胡匡衷：《仪礼释官》卷一，景印《续修四库全书》本，第 323 页。

监察主宾双方是否行礼如仪。乡中大夫对司正地位的重视，大概与天子重视辅助礼者属于同一性质。

二是因有功，天子待之以飨礼，赞许其功劳，赐其礼物。例如，大鼎记载，大与僚友在天子行飨礼之际，[①] 作守卫有功，而受到天子的赏赐。长由盉记穆王先举行飨礼，后又到邢伯处与邢伯行射礼，而长由在其中辅助有功。[②] 虢季子白盘载虢季子白帮助王室经营四方，且与猃狁作战有功，天子特意在"周庙宣榭"举飨礼，奖其战功，赐其马、弓、彤矢、钺，赋予更大的权力。总的来说，能参与天子飨礼且受到赏赐的各级大臣，均有一定的功绩。唯一的区别是，功小者仅陪受赏赐与得到赞许。功大者，如虢季子白战功卓著，天子则特意举礼，以之为行礼的主要方之一（即"宾"），飨之以酒食，赐之以重器。不过，最明显的事实是，周天子在整个飨礼中，占据了绝对主动的地位，臣子作为行礼的一方，只能被动地按天子的意见行事，受到赏赐后，或"拜稽首"，或"拜手稽首"，[③] 高扬天子的功德，并铸之于鼎簋，传之子孙万世。天子的主动与臣子的被动，形成了鲜明的对比。在这种情况下，天子不可能有为客之礼。西周晚期后，天子行飨礼逐渐减少，正体现出其与臣子（包括各级诸侯）行礼的主动权受到了很大的削弱。王权萎缩的同时，臣权在膨胀。

接着是行礼的地点问题。可以把行礼地点分作两个类别。一是举礼在周天子直接控制的地理范围内。天亡簋载，乙亥，周王"祀于天室"，第二日，即丁丑，"王飨大宜"。那么大致可以推定第二日的飨礼，应在天室举行。天室即太室，贾逵、服虔、杜预均认为是"大庙之室"，[④] 为周王宗庙中最大者，于省吾从之。[⑤]《尚书·洛诰》"王入大室裸"，地点在新成的都城洛邑，则周王太室必在王畿内。穆公簋载"乃自商师，复还至于

---

① 杨树达：《大鼎跋》，《积微居金文说》，上海古籍出版社，2007 年，第 435 页。

② "逨"，马承源读为"勑"，意为"劳也"。"穆王蔑长由以逨即邢伯"，即长由因王命而就邢伯之所而有功，受到穆王赞美。参见马承源主编：《商周青铜器铭文选》卷三，文物出版社，第 105 页。又陈剑认为"逨即"读为"仇伏"，为辅助义。转见王辉：《商周金文》，文物出版社，2006 年，第 108 页。实际上，不论为"劳"还是为"辅助"，所指的事实是一样的，即长由接受穆王的命令，而到邢伯处，辅助穆王与邢伯行射礼。

③ "拜礼"的含义及其演变过程，可参看胡新生：《周代拜礼的演进》，《文史哲》2011 年第 3 期。

④ 杨伯峻：《春秋左传注》，中华书局，1990 年，第 593 页。

⑤ 于省吾：《关于天亡簋铭文的几点论证》，《考古》1960 年第 8 期。不过，有学者认为此"天室"指天室山，即嵩山，今不从。详参蔡运章《周初金文与武王定读洛邑》（《中原文物》1987 年第 3 期）、曲英杰《先秦都城复原研究》（黑龙江人民出版社，1991 年，第 127 页）、林沄《天亡簋"王衣祀于天室"新解》（《史学集刊》1993 年第 3 期）、王辉《商周金文》（文物出版社，2006 年，第 35 页）等。

周，王夕飨醴于大室"，自商还至周后，飨醴于太室，正好证明了这一点。三年㝬壶载周王在相隔一个月内，分别在郑、句陵两地行飨礼。学者一般认为，此"郑"指"西郑"，地望为今凤翔县，乃穆王以下所在都邑。①㝬壶出土于周原扶风县白村南。㝬是微氏家族中一员，而微氏家族几代人的青铜器均出土在此，说明微氏世居周原。从凤翔到扶风，地理距离并不远，故周天子要求虢叔去周原召㝬来参与飨礼。一个月后，周天子在句陵，又要求师寿去召㝬来饮酒，句陵与周原相距大概亦不会太远。郑、句陵，均在天子的直接管辖范围内。在这样的地点内举行飨礼，周天子自为主，这是顺理成章的事情。

周王若到了诸侯的领地，还自为主，就值得特别注意。而且这种情况，在上述金文中存在好几例。征人鼎载天君在斤地行飨礼，且赏征人斤地之贝。② 长由簋载周王在下减应行飨礼后，又到邢伯处行射礼。减应，又见于师旂簋，卢连成、王辉认为地望在今凤翔县南；③ 则下减应与西郑相距不远。问题在于周王先在下减应行飨礼后，又进入邢伯的封地，与邢伯、太祝行射礼。按铭文来看，④ 在邢伯封地内，为主者并非邢伯自己，而是天子。进入诸侯封地，天子还自为主，最明显的见于宜侯夨簋、效卣的记载。

宜侯夨簋载"王𣿝于宜，入社，南向，王令虞侯夨"云云，周王进入宜国之社，南向发布命令，赏赐宜侯礼物。这也清晰体现出周天子作为天下之主，进入分封诸侯国的属地，仍然自以为主，鹊巢鸠占。

效卣载王到尝地观游，尝地具体地方不明。但后云"公东宫纳飨于王，王赐公贝五十朋。公赐厥涉子效王休"，意指公在东宫之地接受了王的飨礼，⑤ 受到王五十朋贝的赏赐，公又把贝转赐给其涉子，亦即世子效。⑥ 这

---

① 李仲操：《也谈西郑地望》，《文博》1998 年第 5 期。吕亚虎：《周都"西郑"地望考》，《中国历史地理论丛》2007 年第 2 辑。

② 有学者认为"天君"指王后，可备一说。见陈梦家：《西周铜器断代》，中华书局，2004年，第 61 页。

③ 卢连成：《周都减郑考》，《古文字论集（一）》，《考古与文物丛刊》第 2 号，1983 年。王辉：《西周畿内地名小记》，《考古与文物》1985 年第 3 期。

④ 周王主动夸奖邢伯不奸，有诚信，可见周王高高在上的姿态仍然存在。"邢伯氏弥不奸"，马承源解释为"是诚而不伪"。参见马承源主编：《商周青铜器铭文选》卷三，文物出版社，1990 年，第 105 页。

⑤ "东宫"，郭沫若、马承源认为即曶鼎之"东宫"，为人名。杨树达认为与臣卣等所载铭文中"西宫"类似，为宫室名。今从后者。见杨树达：《效卣再跋》，《积微居金文说》，上海古籍出版社，2007 年，第 434 页。

⑥ "涉"与"枼"古同音，"枼"与"世"又相通，所以"涉子"意为"世子"。参见杨树达：《效卣跋》，《积微居金文说》，上海古籍出版社，2007 年，第 160 页。

里"公"，指具有独立封地的某诸侯，尝在其封地之内，东宫为其宫室。周王参访"公"之封地，在"公"之东宫，燕飨"公"，并赏赐礼物，表面上给人"喧宾夺主"的感觉，但是与《礼记·郊特牲》"君适其臣，升自阼阶。不敢有其室也"，若合符契。"公"在自己的封地、宫室，不敢自己为主飨燕来访的周王，而只能接受被飨。

宣王时期的鄂侯鼎，记载了周王南征与鄂侯御方宴饮之事：

> 王南征，伐角、僪。唯还自征在矿，鄂侯御方纳壶于王，乃祼之。御方侑王，王休宴乃射，御方卿王射，御方休阑王扬饮，王亲赐，御〔方玉〕五珏，马四匹，矢五〔束，御〕方拜手稽首，敢〔对扬〕天子丕显休，釐〔用〕作尊鼎，其万年子孙永宝用。《集成》2810

周王南征角、僪，回到矿地后，鄂侯御方献壶给周王，并且辅助周王先行宴饮之礼，后又行射礼；王亦饮鄂侯酒，赐其玉、马、弓矢等礼物；鄂侯高扬天子之德，铸此事于鼎，表示感谢。对鄂国位于何地，学界有三种看法。第一，王国维认为矿，即《说文》之"坏"，指大伓山，今河南荥阳汜水镇西北。① 第二，徐中舒认为，"鄂"为西鄂，在今河南邓县。② 第三，陈梦家据青铜器出土地点，认为鄂在湖北。③ 随着大量载有鄂国信息的青铜器在随州附近出土，陈梦家说逐渐得到学界的认可。李学勤认为："鄂国的范围是比较大的，北界应和曾国接壤，故鄂贵族器物出土于随州。曾即随国，为汉阳诸姬之长，鄂则属于异姓。昭王南巡，王师屯于曾、鄂，正是南国的门户地带。"④张昌平根据随州羊子山出土的青铜器指出："鄂国地望仍在随州一带。"⑤可以说，周王南征角、僪，回到矿，正好进入鄂侯的封地之内。鄂侯亲自面见周王，并献壶。周王在鄂国行燕飨之礼，鄂侯只能作为辅助行礼者，正是鄂侯纳首称臣的表现。周天子"喧宾夺主"，在此得到了进一步的证明。

貉子卣载："唯正月丁丑，王格于吕苑，王牢于阙。咸宜，王命士道归貉子鹿三，貉子对扬王休，用作宝尊彝。"（《集成》5409）纪侯貉子朝聘

① 王国维：《鄂侯御方鼎跋》，《王国维遗书》第4册《观堂别集》，上海古籍出版社，1983年。
② 徐中舒：《禹鼎的年代及相关问题》，《考古学报》1959年第3期。
③ 陈梦家：《西周青铜器断代》，中华书局，2004年，第71页。
④ 李学勤：《论周初的鄂国》，《中华文史论丛》2008年第4期。
⑤ 张昌平：《论随州羊子山新出噩国青铜器》，《文物》2011年第11期。

天子，天子在苑囿之阙以牢礼飨之，飨之后馈赠貉子礼物。这记载了朝聘礼中的天子飨诸侯礼。同样，在霸伯盂的铭文中，霸伯前来朝聘天子，"王使伯老蔑尚历"①。霸伯尚自称为宾朝见天子，但与霸伯为礼的都是伯老，而非天子。伯老代天子行事，犹如燕礼中代替君主燕臣的代主。天子不与霸伯互称宾主明矣。《穆天子传》中讲"祭公饮天子酒"，似有祭公以天子为宾之意，但接着就讲天子命歌诗。祭公献酒后亲自歌诗，天子则否。② 天子仍然不与祭公分庭抗礼。

天子进入诸侯封地，自立为主，传世文献除前引《礼记·郊特牲》"君适其臣，升自阼阶，不敢有其室也"外，还见于《礼记·礼运》：

> 故天子适诸侯，必舍其祖庙，而不以礼籍入，是谓天子坏法乱纪。诸侯非问疾吊丧而入诸臣之家，是谓君臣谑。③

天子不按礼进诸侯的祖庙，被认为是"坏法乱纪"，用词之严重，可见事体重大。郑注："以礼籍入，谓大史典礼、执简记、奉讳恶也。天子虽尊，舍人宗庙，犹有敬也。"郑注意在天子尊敬诸侯之祖先，故须籍礼以行，历代礼学家多从之。实质上，诸侯一国之内，最严肃高贵之处乃祖庙，天子舍其祖庙，是因其他处均不能体现出天子的身份与权威。元陈澔云："庙尊于朝，故天子舍之。"④可谓略得礼意。天子舍祖庙，与天子以圭为贽"唯用告神"，有异曲同工之妙。诸侯不能与天子相匹敌，为天子主。故天子到诸侯国之后，住在诸侯的祖庙里，只与神道交，避免了诸侯与天子分庭抗礼的尴尬。

又《仪礼·士丧礼》君吊臣之丧，"君升自阼阶，西向"。《礼记·杂记》："君若载而后吊之，则主人东面而拜，门北面而踊。"郑注："主人拜踊于宾位，不敢迫君也。"⑤《白虎通·崩薨》引《礼杂记》载君吊臣礼更具体："君吊臣，主人待于门外，见马首不哭。宾至，主人先入。君升自阼阶，西向哭。主人居中庭，从哭。"⑥从这记载来看，君去臣家行吊礼，升自阼阶、西面，以主道自居；主人（即孝子）反而西面，或居中庭，或在

---

① 李学勤：《翼城大河口尚盂铭文试释》，《文物》2011 年第 9 期。

② 王贻樑、陈建敏校释：《穆天子传汇校集释》，中华书局，2019 年，第 232 页。

③ 《礼记正义》卷二一，第 3071 页。

④ （元）陈澔：《礼记集说》，万久富整理，凤凰出版社，2010 年，第 174 页。

⑤ 《礼记正义》卷四一，第 3373 页。

⑥ （清）陈立：《白虎通疏证》，吴则虞校点，中华书局，1994 年，第 544 页。

门右北面，以宾道自居，主宾正好颠倒过来。可见，臣不能以君为宾，是礼经通例。自西周金文到《仪礼》《礼记》，莫不皆然。

《礼记·曲礼下》说："天子不言出。"①天子以四海为家，当然无"出境"之说。"天子无出""王者无外"，均是此类观念的反映。《战国策·东周策》记载温人到周地之事，也能反映天子无客礼。其曰：

> 温人之周，周不纳，客即对曰："主人也。"问其巷而不知也，吏因囚之。君使人问之曰："子非周人，而自谓非客，何也？"对曰："臣少而诵《诗》。《诗》曰：'普天之下，莫非王土；率土之滨，莫非王臣。'今周君天下，则我天子之臣，而又为客哉？故曰主人。"君乃使吏出之。②

此事也见载于《韩非子·说林上》，文字稍有出入。③ 时至东周，周天子也不懂礼乐，故被温人钻了空子。周君无可奈何，只能将其驱除出境而已。这件事生动地反映了理念上的"天子无客礼"与现实中周君权势的衰落。

综上所述，行顾命大礼中，真正的关键，是成王与康王双方。成王是父与现任天子，康王是子与继任天子。康王以子的身份升自宾阶，成王以父、君的身份席于户牖之间。成王借助代理人太保、太宗、太史，而命康王为君，接受瑞信。在整个过程中，只存在一个天子：太保授瑞信、太史读册命之前，成王是天子；之后，康王是天子。所以说，康王升自西阶与太保升自阼阶，看似一个以天子为宾的礼仪活动，实际上康王升自宾阶时并非天子，太保处东阶并非正主，成王席于户牖间，亦非宾。

记载天子飨礼的西周金文中，就天子与制器者的关系而言，天子处于绝对的主动地位，臣子或作为辅助礼者，受天子的飨礼与赏赐，或因功勋卓著而直接被天子待之以宾，行飨礼；就飨礼的地点而言，在周天子直接控制的范围内，天子为主以飨臣，是毫无疑问的事实。更进一步的事实是，天子即使进入诸侯封地，在诸侯的宗庙、宫室行飨礼时，亦是"反客为主"，自居主位以飨臣，而诸侯却只能"反主为客"，作为辅助者，处于被飨的宾位。

可以说，通过前面的讨论，传世文献与出土文献的"二重证据"，均

① 《礼记正义》卷五，第 2744 页。
② 何建章：《战国策注释》，中华书局，1990 年，第 21 页。
③ （清）王先慎：《韩非子集释》，中华书局，1998 年，第 173 页。

显示"天子无客礼"是自周初以来的历史事实。①《尚书·洪范》："天子作民父母，以为天下王。"②作为王天下者，天子在任何时候、任何地点不具备为宾客的身份。《仪礼》记载的具体仪节、《礼记》总结的礼仪通例，在"天子无客礼"上，不仅具有经学上的意义，为秦汉后过度尊君、强化皇权提供了理论依据，还具有历史意义，反映了宗周礼乐制度的实际情况。

第二节　"臣飨君"问题

前已论及，"臣飨君非礼"与"天子无客礼"仅是同一问题广狭稍异的论述。君自然包括天子在内。既然上文已确证"天子无客礼"于礼制与历史具有双重真实性，那么臣飨君非礼，按逻辑可推定得之。但是，因君包括诸侯以下直至卿大夫所有有地者，③ 问题的复杂性呈现无疑。再则，孙希旦以天子祭天比拟臣可飨君，可见问题并没有得到完全解决。④ 更重要的是，臣飨君的事例在春秋战国时期大量出现，体现的主要是诸侯与卿大夫之间的关系，那么在新的历史形势下，"臣飨君"即以君为宾，又蕴含了什么样的时代消息？

先评析孙希旦以天子祭天比拟臣可飨君观点的正误。周之前，殷人所尊崇的最高神为帝，天只具自然属性。殷周革命，周人用天代替帝，作为自己最重要的神灵。⑤ 据此，天子只可能是周人独有的概念。⑥ 殷墟甲骨

---

① 殷商时期似乎无此原则。花园庄东地甲骨有两版卜辞，记载"子劳君"。《花东》480 记载："丙寅卜，丁卯子劳辟，再齍圭一、珥九，在刚，来狩自羿。"《花东》363 也有类似卜辞："丁卯卜，子劳［辟，再齍］圭，在刚，狩［自］羿。"此为武丁时期的非王卜辞。根据李学勤先生的研究，"两辞所卜问的，是作为占卜主体的子，即以为朝臣贵族，怎样'劳辟'的事项。'辟'意为君，指商王武丁，他从在羿狩猎归来，旅行疲顿，所以这位'子'迎接慰劳"。参见李学勤：《从两条〈花东〉卜辞看殷礼》，《吉林师范大学学报》（人文社科版）2004 年第 3 期。这与鄂侯驭方迎接周王类似。但在鄂侯驭方这里，周王反客为主。"子劳辟"似无此问题，商王仍是慰劳的对象。
② 《尚书正义》卷一二，第 403 页。
③ 《仪礼·丧服传》："君谓有地者也。"郑注："天子、诸侯及卿大夫有地者，皆曰君。"
④ 天子飨天，是与神灵酬酢之间互为宾主，这在前"以神为宾"部分已讨论。天子驾崩后，称作"龙驭上宾"。崩殂的天子，进入天庭，成了天神的宾客。甲骨文中，新近逝世的先王宾于更早的先王，也有类似意思。总之，君王与神灵可以互为宾主，但与人之间，尊卑差异明显，就难以分庭抗礼。
⑤ 郭沫若：《先秦天道观之进展》，《青铜时代》，中国人民大学出版社，2005 年，第 6 页。［美］顾立雅（Herrlee G. Greel）：《释天》，《燕京学报》1936 年第 18 期。
⑥ 郑慧生：《"天子"考》，《历史教学》1982 年第 11 期。王灿：《"天子"新考》，《文化学刊》2011 年第 1 期。

未发现"天子",正好证明了这一点。《尚书·召诰》:"皇天上帝,改厥元子,兹大国殷之命。"①周王既认为受到上帝的特殊保护,又认为受命于天,故能打败殷人而王天下。清华简《程寤》载:"王及太子发并拜吉梦,受商命于皇上帝。"②周初反思殷鉴不远,上帝与天两个概念同时出现,说明"以天换帝"意识形态的转变尚未最终完成。最重要的是,周人认为周王是天之"元子",即嫡长子,与天有血缘关系,才具备受命于天的资格。天子与天的关系,于此可见明白。天予王权以神道属性,合法化其周革殷命。③ 在这种情况下,作为"元子"的周王,为巩固自己的统治,表达不忘本之意,常常于郊祭天。《礼记·郊特牲》:"郊之祭也,迎长日之至也,大报天而主日也。"④天子祭天既报赛天之恩,又借天自助,有神化自身的意味存焉。孙希旦以天子祭天,具有下级主动与上级行礼的性质,显然是误解。天子是天之嫡长子,具有的是"血缘"关系,以及王权神授的政治、宗教诉求。祭天是强化王权,而臣飨君是弱化王权,二者不能同类比拟。孙氏之说不可信。

西周时代,臣下只能飨君之使臣。前文讨论宾飨使者时,已谈到臣子只能飨天子的使者而不是飨天子本身,作为家族荣耀铸在鼎簋上。如果能够直接飨天子,相信其时之人更愿意把"飨天子"而不是"飨使者"铸写在青铜器上。这体现的是臣子均无飨王的资格,只能求其次而飨王的使者。现在再举一例,以证成其是。西周中期叔趯父卣载:

> 叔趯父曰:余考,不克御事,唯汝焂其敬夑乃身,毋尚为小子。余兄为汝兹小郁彝,女其用飨乃辟軝侯逆复出入使人。呜呼,焂,敬哉!兹小彝妹吹!见余,唯用其徝福汝。《集成》5428

此铭带有浓厚的家训色彩。叔趯父年老,不能处理政事,训斥其弟要谨慎修身,务再年少轻为。叔趯父并为其弟焂制作"小郁彝"之铜卣,以飨其君軝侯所派出入的使者。有学者在"用飨乃辟"后断句,造成臣下可飨君上的误会,不可从。李学勤指出"用飨乃辟軝侯逆复出入使人"为西

---

① 《尚书正义》卷一五,第450页。
② 李学勤主编:《清华大学藏战国竹简(壹)》,中西书局,2010年,第136页。
③ 《尚书·大诰》:"天休于宁王,兴我小邦周。"《尚书·召诰》:"上下勤恤,其曰:我受天命,丕若有夏历年,式勿替有殷历年。"《尚书·康诰》:"王应保殷民,亦惟助王宅天命,作新民。"大盂鼎铭文:"王受天有大令。"《诗·周颂·昊天有成命》:"昊天有成命,二后受之。"《小雅·十月之交》:"民莫不逸,我独不敢休。天命不彻,我不敢效我友自逸。"
④ 《礼记正义》卷二六,第3146页。

周习语，类似卫鼎铭文"乃用飨王出入使人"，甚是。①

公元前 770 年，周平王避犬戎之祸，在秦襄公、郑桓公的护送下，东迁洛邑，西周灭亡，是为东周。王室避祸东迁，周原、周民落入犬戎、秦之手，在现实面前，"普天之下，莫非王土；率土之滨，莫非王臣"，宣告了彻底的破产。近百年后，公元前 673 年，周王室发生内乱，郑厉公又以调停者的身份参与其间。《左传·庄公二十年》："二十年春，郑伯和于王室，不克。夏，郑伯遂以王归。"调停不果，郑厉公竟把周王带回本国，后又与周王一起攻入王都，助其夺回王位。正是在这种历史情境下，发生了史料所见最早的"臣飨君"事件。《左传·庄公二十一年》载：

> 郑伯享王于阙西辟，乐备。王与之武公之略，自虎牢以东。②

"享"通"飨"，历代注家无异议。此处行礼地点，最值得注意。《左传》前言郑厉公、周惠王、虢叔"同伐王城"，并入城内斩杀叛乱者，那么行礼的大地点在王城内，应无疑问。进入天子王城后，周惠王接受郑厉公的飨礼，由主变为客。与之相对，厉公却反客为主。这与西周时，天子进入诸侯封地飨诸侯，仍自立为主，位势刚好颠倒。不仅如此，行飨礼的具体地点在"阙西辟"。阙又称"观"或"象魏"。天子、诸侯宫门皆筑台，台上有屋谓之台门。台门两旁特建高出门屋之上者即为阙，类似现今的城楼。"阙西辟"，即西边之阙。③ 与飨礼多在宗庙、宫内举行，严肃庄重相比，此次飨王之礼，天子并未得到应有的尊敬。故宋儒魏了翁斥之为"乱世非正法"。④ 郑伯虽然帮助周王夺回王位，却未真心尊王。在飨礼中，厉公遍奏六代之乐，周王被逼重新赐予郑失去之地。天子受郑伯的迫蹙，显而易见。⑤ 故王室之卿原伯讥讽云："郑伯效尤，其亦将有咎!"不久厉公驾崩，正好印证了原伯的预言。

在天子权势衰落的背景下，由郑国来打破"天子无客礼"的原则，使"臣飨君"成为现实，有其历史必然性。王室东迁，郑桓公是主要功臣之

---

① 李学勤、唐元明：《元氏铜器与西周邢国》，《考古》1979 年第 1 期。

② 《春秋左传正义》卷九，第 3850 页。

③ [日]竹添光鸿：《左传会笺》，天工书局，1988 年，第 253 页。杨伯峻：《春秋左传注》，1990 年，第 217 页。

④ (宋)魏了翁：《礼记要义》卷一一《诸侯无飨君礼君有迎诸侯礼》，宋淳祐十二年刻本。

⑤ 《左传·庄公二十一年》载，郑厉公与虢叔是勤王的两大功臣，且厉公应得首功，但天子赐郑厉公仅是王后的"鞶鉴"，赐虢叔为"爵"，与功劳明显不符，轻重判然有别。"郑伯由是始恶于王"，周王对郑伯的不尊礼行为，是表达愤懑不满之意。

一，且桓、武二公均贵为王室卿士，位处执政大臣。《左传·隐公三年》："王二于虢。"平王暗中将部分卿权交给虢君，企图削弱庄公的权力。郑庄公察觉后，质问平王，而平王不敢承认。周郑交恶，产生了严重的信任危机，于是才出现历史上著名的"周郑交质"事件。春秋初期，郑国远交齐鲁，国力强盛，庄公时代甚至形成小霸局面。周、郑之间，既相互利用，又互不信任。这一方面使郑国有机会插手王室之事，另一面促使国力强盛的郑产生迫蹙周王的骄横情绪。厉公时代，郑虽渐衰落，但余威尚在，王室内乱，其仍然是主要的勤王之师。在郑伯面前，天子狼狈逃窜之相，无所掩藏，其神圣权威必然消失殆尽。郑伯借此机会炫耀自己的权势，实现"臣飨君"的礼仪突破，变得顺理成章。

"郑伯享王于阙西辟"，象征着西周以来"天子无客礼"原则的破灭。周天子在一系列政治、军事失败后，礼仪渐失去天下共主的优势。孔子作《春秋》，把晋文公召周襄王参与盟会粉饰霸权的事件，隐讳为"天王狩于河阳"，事实上的被动受召变为著述中的主动巡狩，[1] 与此"郑伯飨王于阙西辟"一样，均受到士君夫子们的讥讽。事实表明，礼崩乐坏的时代，周天子权威下移至诸侯，只得被迫接受为客为宾的现实。这是一种无可奈何的选择。与之相对，作为"从周""尊王"的儒家，也只能通过撰述表达对西周"王天下"的追忆，以及对现实王权衰落、臣权膨胀的不满。

面对王权的衰落、诸侯的窃礼，不仅有孔子发表"郁郁乎文哉！吾从周"的感叹，对周礼表现出浓厚的兴趣，还有不少持保守主义的卿大夫如履薄冰，不敢僭越周礼。《左传·文公四年》载：

> 卫宁武子来聘，公与之宴，为赋《湛露》及《彤弓》。不辞，又不答赋。使行人私焉。对曰："臣以为肄业及至也。昔诸侯朝正于王，王宴乐之，于是乎赋《湛露》，则天子当阳，诸侯用命也。诸侯敌王所忾，而献其功，王于是乎赐之彤弓一、彤矢百、玈弓矢千，以觉报宴。今陪臣来继旧好，君辱贶之，其敢干大礼以自取戾？"[2]

---

[1]《左传·僖公二十八年》："晋侯召王，以诸侯见，且使王狩。仲尼曰：'以臣召君，不可以训。故书曰天王狩于河阳，言非其地也，且明德也。'"《史记·晋世家》："孔子读史记至文公，曰：'诸侯无召王，王狩河阳者。'《春秋》讳之也。"以臣召君，犯了诸侯自立为主，以天子为宾的大忌。这在西周时代，是不可想象的。所以，当春秋初期出现此类现象的时候，令人惊愕，不为一般遵从周礼者所接受。

[2]《春秋左传正义》卷，第3995~3996页。

宁武子属卫侯之臣，相对于天子而言属陪臣。鲁文公用天子宴诸侯之礼待陪臣，明显是僭越之举。宁武子不敢辞、不敢答，只得在私下场合向鲁人解释自己的所为，表达了对王权的尊重与对诸侯僭礼的不安。新旧交替的时代，过度违礼与完全尊礼可能同时出现。

可惜宁武子"守旧"之举，未得时人的理解。① 天子权势衰落后，历史并没有就此止住。《论语·季氏》载孔子语："天下有道，则礼乐征伐自天子出。天下无道，则礼乐征伐自诸侯出。自诸侯出，盖十世希不失矣。自大夫出，五世希不失矣。陪臣执国命，三世希不失矣。"②这清楚地勾勒出，天下从有道到无道，"礼乐征伐"的权力自天子到诸侯，再到大夫，直至陪臣的转移过程。"征伐"即发动战争的权力，"礼乐"即行使文化活动的权力。孔子所言并非虚语。天子权力转移到诸侯，郑伯飨周王的例子已足够说明问题。诸侯以下权力的转移，许倬云的《中国古代社会史论》中有详细的论述。

许倬云把班固《古今人物表》所见于《左传》中，记载的春秋时代最为活跃的 516 人进行分类研究，得出：春秋早期公子阶层最为活跃，他们位高权重，常能参与君位竞争，甚至可以废黜君主。但随着时间的推移，政府中占据重要地位的公子越来越少；相对地，卿大夫的权力不断上升，他们一般是强宗重族，分割、掏空公室资源，最后强大到足够取代执政的位置，如鲁国的"三桓"、晋国的"六卿"、宋国的"七穆"等。在卿大夫地位上升同时稍后，士阶层活跃起来，他们为卿的家宰、家臣等，逐渐展开与卿的竞争过程，最后到春秋末、战国初，取得了相对于卿的优势地位。③许先生的论述虽在某些细微点尚有不精确处，但就变化总趋势来看，"诸侯→公子→卿大夫→士"的权力转移模式，基本与孔子所论吻合。"臣飨君"的事例，正好体现出"礼乐"权力的转移。

卿大夫飨君，首次见于《左传·庄公二十二年》：

> （公子完）饮桓公酒，乐。曰："以火继之。"辞曰："臣卜其昼，未卜其夜，不敢。"君子曰："酒以成礼，不继以淫，义也。以君成

---

① 就像宋襄公不鼓不成列，不擒二毛，不重伤，得不到时人的理解一样。旧有的观念、制度与礼法，与急剧变化的现实不相适应。在这样的时代，越是传统思想文化积累深厚者，越难以适应新时期的变化，造就了一批批悲壮的失败者。

② 《论语注疏》卷一六，第 5477 页。

③ 许倬云：《中国古代社会史论——春秋战国时期的社会流动》，邹水杰译，广西师范大学出版社，2006 年，第 27～43 页。

礼，弗纳于淫，仁也。①

　　故事大意为，公子完宴饮齐桓公，桓公高兴，想晚上掌灯继续饮酒，结果被公子完劝解。公子完的行为，受到"君子"的赞许。仅就此看，《左传》似未谴责公子完飨君的非礼行为。东汉服虔曰："臣将飨君，必卜之，示戒慎也。"②杜预注："齐桓贤之，故就其家会，据主人之辞。故言饮桓公酒。"③要么不承认飨君非礼，要么否定公子完饮桓公酒的事实，均不能令人信服。④《吕氏春秋·达郁》："管仲觞桓公。"高诱注："觞，飨也。"⑤实质上，就燕礼而言，晚上饮酒并非违礼行为。《仪礼·燕礼》载"无算爵""无算乐"时说："宵，则庶子执烛于阼阶上，司宫执烛于西阶上，甸人执大烛于庭，阍人为大烛为门外。"《诗·湛露》："厌厌夜饮。"这些都是明证。按之原文，"君子"赞扬的是"酒以成礼，不继以淫"，关键点落在"淫"，即不过度上。凡行礼必卜，此为常识。公子完并未就晚上行礼进行占卜（或仅为借口），故天黑即止，为不过度。那么，"君子"并未就公子完以臣飨桓公的非礼行为进行评论，就显而易见了。秦蕙田曰"大夫飨君谓之非礼，则诸侯飨天子，其非礼可知矣"⑥，一并否定了所有臣飨君的合礼性。当然，另一种可能是，公子完为列国公子新来者，非世族旧臣，这也有可能是"君子"不谴责其以臣的身份行飨君的原因之一。⑦

　　1978 年，河南淅川下寺 M2 楚墓出土王孙诰钟，同一墓中还出土了楚国令尹子庚鼎 7 件。子庚为楚庄王的儿子，康王时为令尹，死于公元前 552 年，据此推测王孙诰钟必为春秋时器。其铭文曰："阑阑和钟，用匽以喜，以乐楚王，诸侯嘉宾，及我父兄诸士。"⑧"匽"通作"宴"。此铭文更重要的信息是，王孙诰制此钟的目的之一乃是"以乐楚王"。楚王成为

---

① 《春秋左传正义》卷九，第 3852 页。
② （清）洪亮吉：《春秋左传诂》，李解民点校，中华书局，1987 年，第 252 页。
③ （西晋）杜预：《春秋左传集解》，上海古籍出版社，1997 年，第 181 页。
④ 杜预为调和臣飨君之非礼，以桓公入公子完家，是桓公为饮酒主，只是为尊重公子完的贤能，而故意据公子完立言。《礼记·礼运》："诸侯非问疾吊丧而入诸臣之家，是谓君臣为谑。"实际上，按礼诸侯只有问疾吊丧才能如臣子家，而不能随便出入，桓公入公子完家已经违礼。可见杜注的调和不能信。
⑤ 陈奇猷：《吕氏春秋校释》，上海古籍出版社，2002 年，第 1383 页。
⑥ （清）秦蕙田：《五礼通考》，文渊阁《四库全书》第 138 册，台湾"商务印书馆"，1986 年，第 812 页。
⑦ 公子完饮桓公酒的故事，在后世又得到演绎。如《晏子春秋·内篇杂上》"晏子饮景公酒，公呼具火，晏子称诗以辞第十五"条，把公子完的事挪到了晏子身上。
⑧ 赵世纲：《淅川楚墓王孙诰钟的分析》，《江汉考古》1986 年第 3 期。

王孙诰宴乐对象，则在楚人眼里高级贵族宴乐楚王并非不可能。

《左传·昭公元年》载秦后子享晋侯，"造舟于河，十里舍车，自雍及绛，归取酬币，终事八反"①。后子为秦桓公子，景公母弟，因权宠过重，不得不避祸国外。后子取悦晋侯，入境晋国，飨礼晋侯之酬币尽显奢华，规模超过了史料所见任何西周天子飨臣之礼。

如果说公子完飨桓公还有一种其乐融融的气氛存在，后子飨晋侯也仅是取悦诸侯的话，那么公子光飨吴王僚，就显得剑拔弩张了。《左传·昭公二十七年》载：

> 夏四月，光伏甲于堀室而享王。王使甲坐于道，及其门。门、阶、户、席，皆王亲也，夹之以铍。羞者献体改服于门外，执羞者坐行而入，执铍者夹承之，及体以相授也。光伪足疾，入于堀室。鱄设诸置剑于鱼中以进，抽剑刺王，铍交于胸，遂弑王。阖庐以其子为卿。②

公子光为夺取王位，设宴飨吴王僚。吴王为防万一，从过道到门口皆安排带甲武士，在周围都安排亲信，但百密一疏，公子光让刺客扮作进献食物者，把剑置诸鱼腹，接近吴王而弑之。一场飨燕之礼，主宾双方，费尽心机，最后以吴王僚完败告终。公子光即位，是为吴王阖庐。公子争夺君主之位，通过燕飨礼而实现了其目的。"宴席是这种凶杀发生的理想场合，宴会的形式为犯罪赋予了'集体'意义，宾客们成为主人被'食物'处死的观众。"③吴王僚在清楚公子光野心的情况下，还不得不参与其设之礼，君在强卿重族的迫蹙下，显得毫无神圣威仪可言。吴王僚不仅仅被公子光弑杀，而且当着众宾与臣子之面，在宴席上被大家一起见证了弑杀。

哀公十四年，宋国亦发生了一场飨君谋君的事件。宋桓魋恃宠骄纵，已妨害到了宋景公的地位。景公派遣其夫人邀请桓魋来参加飨礼，借机讨伐。结果，桓魋先行一步，提出以自己的鞍地与宋公的薄邑交换，借交邑之机飨宋公而作乱。经过一番周折后，桓魋提出飨君，以约定"日中为期"。这个故事有趣的地方在于，君臣双方，均希望通过自己设宴飨对方，而达到讨伐对方的目的。君臣之间还就此类事"讨价还价"，阴谋诡

---

① 《春秋左传正义》卷四一，第4391页。
② 《春秋左传正义》卷五二，第4596页。
③ [法]让·马克·阿尔贝：《权力的餐桌：从古希腊宴会到爱丽舍宫》，刘可有、刘惠杰译，生活·读书·新知三联书店，2010年，第66页。

计充斥在礼仪活动中，毫无礼本身应具有的庄敬雍容、严肃认真。这也印证了孔子所言，君不君者，臣不臣。

臣子的野心，常常通过燕飨君来实现。上公子光飨君而弒之，桓魋飨君而谋之，即是。又《左传·定公十三年》载，卫国公叔文子因富有，而欲卫君亲临其家，增加自己的荣耀，于是借朝君的机会，提出"请飨灵公"。卫灵公竟然答应其要求。哀公二十五年，《左传》追记卫国弥子瑕"饮公酒，纳夏戊之女"①，既以公为宾饮酒，又献美女于公，以取媚卫出公。卫国臣子之间，借飨君饮酒以取媚求荣，似较常见。《礼记·礼运》："是故礼者，君之大柄也。"②而实际上，君臣之间，为了实际利益，已经没有这种观念。

同样的臣飨君事件，还见于尊重、熟悉周礼的鲁国。《左传·哀公二十五年》载：

> 六月，公至自越。季康子、孟武伯逆于五梧。郭重仆，见二子，曰："恶言多矣，君请尽之。"公宴于五梧，武伯为祝，③ 恶郭重，曰："何肥也！"季孙曰："请饮彪也。以鲁国之密迩仇雠，臣是以不获从君，克免于大行，又谓重也肥。"公曰："是食言多矣，能无肥乎？"饮酒不乐，公与大夫始有恶。④

此时已到春秋末期，记载了鲁哀公与季康子、孟武伯二卿交恶之事，末世之相毕现。鲁哀公从越国回，二卿到五梧迎接，并且就地宴君。此时鲁公已没有了任何权势，只能借机暗中讽刺季康子、孟武伯的多次失言行为。鲁公的命运完全掌握在卿的手中，无可奈何。

上述讨论，集中在卿大夫飨君事，充分展示了诸侯与卿大夫之间权力斗争的激烈程度。双方常借燕飨礼来实现置对方于绝地的目的，而君往往处于劣势，说明了春秋时代"臣飨君"式的以君为宾，不论就礼仪的规定布局来看，还是就历史现实来看，君都是受压制的一方。当然只有强卿重族才能飨君，一般卿大夫，除非公子完、后子等列国公子，是不见飨君的

---

① 《春秋左传正义》卷六〇，第4738页。
② 《礼记正义》卷二一，第3071页。
③ 杨伯峻注："祝，向鲁哀上酒祝寿。"古代祭祖时，尸的助手即为"祝"，而我们已知尸为主人之宾，此时鲁哀公有祝，似可证明此次燕礼，鲁哀公乃客，季孙子为主。另外从季孙子主动罚武伯饮酒亦可略知。
④ 《春秋左传正义》卷六〇，第4739页。

记载的。这种局面，等到春秋末期士阶层的崛起，又全面改观了。

前已论到，春秋时代一个重要特色就是士阶层的兴起。"陪臣执国命"，士飨君、飨卿大夫的事例，亦能见到。《左传·定公八年》载，阳虎为去三桓，更牢固地掌握鲁国的权力，"将享季氏于蒲圃而杀之"。阳虎为季氏家臣，身份仅为士，此时他不仅设宴"招待"其直接之君季氏，且实实在在地"陪臣执国命"，成为鲁国的实际掌权者。

综上而言，"臣飨君非礼"与"天子无客礼"一样，是战国中后期礼学家总结的礼义原则。这个原则基本符合西周的礼乐传统。刘师培认为"酋长之酋，由绎酒引申，则古代以酒食饷民者，人民即推为元首"，同样指出所谓"飨"是上级待下级之礼。① 但是到春秋礼崩乐坏的时代，臣飨君、以君为宾的事例大量产生。在燕飨礼的权力博弈中，君臣之间，君常处于劣势一方。臣权在逐渐膨胀，君权受到了进一步的削弱。《论语》朱子注"今诸侯大夫皆陵其上"，所言正如此。② 从郑伯飨周天子开始，卿大夫飨诸侯，直到士飨卿大夫，一层一层地递进，位尊权重者被下属待之以宾以客，充分展示了春秋时代"礼乐"权力转移的状态。可见，"臣飨君"并不仅仅是独立的礼仪活动，它们根植于其时的社会现实，透露出社会各阶层上下流动、此消彼长、兴衰往复的时代消息。

第三节　"不以公卿为宾"问题

《礼记·燕义》："设宾主，饮酒之礼也。使宰夫为献主，臣莫敢与君亢礼也。不以公卿为宾，而以大夫为宾，为疑也，明嫌之义也。"③这里涉及了两个问题。一是君与臣行燕礼，不亲献而以宰夫为献主代献，理由是臣不能与君亢礼。此问题较复杂，留待后文详细讨论。另一问题是，君燕臣，不能以公卿为宾，而仅能以大夫为宾。现在详细讨论这个问题。

与《礼记·燕义》类似的记载，还见于《仪礼·燕礼·记》中："与卿燕，则大夫为宾；与大夫燕，亦大夫为宾。"④公，郑注"孤也"。王引之

---

① 刘师培：《论中土文字有益于世界》，李妙根编：《刘师培文选》，上海远东出版社，1996年，第294页。
② （宋）朱熹：《四书集注章句》，中华书局，1983年，第171页。
③ 《礼记正义》卷六二，第3670页。
④ 《仪礼注疏》卷一五，第2215页。

认为，孤为六卿之首。①"孤"有两义，一指六卿之长，二指诸侯，如《礼记·曲礼下》"庶方小侯，入天子之国曰某人，于外曰子，自称曰孤"云云。②那么《礼记·燕义》所记不以公卿为宾，就天子而言，即不以诸侯、卿为宾。就诸侯而言，即不以卿为宾。至于其理由，历代注家有两种解释。

《礼记·燕义》郑注："公卿尊矣，复以为宾，则尊与君太近。"孔颖达对此的解释更为明晰："公卿，朝臣之尊，宾又敌主之义，若以公卿为宾，疑其敌君之义，为其嫌疑，故所以使大夫为宾，明其远嫌疑之义也。"③这一解释基本延续《燕义》"臣莫敢与君亢礼"的说法，目的在尊君抑臣。后代儒者，如陈澔、朱彬等多遵从此说。入清后，孙希旦另立新说。他认为公为四命之孤，卿为上大夫，燕礼是为了尽宾主宴饮之欢，"燕礼之为宾者劳，故凡燕皆不以所为燕者为宾，优之也"④。公、卿位尊身贵，行燕礼为劳事，体恤之故不以为宾。孙氏之说，别开生面。郑、孔主于尊君，孙主于优待公卿，立意不同，清晰可见。

《礼记·燕义》为释《仪礼·燕礼》之作，"不以公卿为宾"不管理由为何，其源头均基于《燕礼》。在大量西周金文出现的情况下，《燕礼》所记、《燕义》所释，是否亦如上"天子无客礼""臣飨君非礼"一样，是自西周以来的礼仪传统，符合宗周礼乐文明的实际情况？

一、西周时期存在"以公卿为宾"

在前文罗列载西周飨礼的金文中，能清楚得知为周天子所飨，即被周王待之以宾的诸侯有穆公簋中的穆公、长由盉中的邢伯、效卣中的"公"、应侯视工簋中的应侯以及虢季子白盘中的虢季子白等。这些内外诸侯，均接受周天子的飨礼，说明仅就天子级别的飨礼来说，不以公卿为宾，在西周很难成立。

---

① "孤"的所指，《周礼·掌次》郑玄注以为，"王之孤三人，副三公论道者"，亦即《大戴礼记·保傅》所言的"三少"——少保、少傅、少师，并与六卿合称作"九卿"。但是郑玄这种说法，在清代受到了王引之、孙诒让等人的驳斥，王引之认为"全经言孤者凡二十一，无言三孤者，则孤之数必非三人，未可以《保傅篇》之三少当之"，并旁征博引，证明孤实指"六卿中秉国政者"，因位独尊故称为"孤"。孙诒让《周礼正义》亦持此说。参见王引之：《经义述闻》，江苏古籍出版社，2000年，第193页。孙诒让：《周礼正义》卷一，王文锦、陈玉霞校点，中华书局，2013年，第17页。
② 《礼记正义》卷五，第2739页。
③ 《礼记正义》卷六二，第3670页。
④ （清）孙希旦：《礼记集解》，沈啸寰、王星贤校点，中华书局，1989年，第1452页。

　　较早明确记载燕礼的鄂侯鼎载，鄂侯先助周王行宴饮之礼，后又行射礼，接着王又饮鄂侯酒。这是周天子以诸侯，即以公为宾行燕礼的明确记载。

　　据刘雨《西周金文中的飨与燕》一文的研究，在鄂侯鼎前，金文中已有关于燕礼的记载，只是所用辞为"饮""酒""言"等。此观察无疑是正确的。燕礼尽欢乐主饮酒，用"饮""酒"代替燕，不会有问题。又"言"古音元部疑母，"宴""匽"古音元部影母，音近可以通假。① 实质上，通过文辞的对比，亦可确定这一点。伯矩鼎"伯矩作宝鼎，用言王出内使人"、𤔲卣"𤔲作旅彝，孙子用言出入"，与此相对𤔲簋"𤔲作宝簋，用飨王逆覆事"、伯者父簋"伯者父作宝簋，用飨王逆覆"、仲爯簋"仲爯作又宝簋，用飨王逆徲"。一为"言"使者，一为"飨"使者，很清楚地显示，"言礼"应该就是"燕礼"。

　　著名的小盂鼎记载了康王时代征伐成功后，献俘庆赏饮酒之礼。虽残泐过甚，但因载有周初古礼古史，小盂鼎历来受学界重视。这里主要的关注点为其中的饮酒仪节：

> 惟八月既望，辰在甲申，昧爽，三左三右、多君入服酒。明，王格周庙，[赞王、邦]宾，延。邦宾尊其旅服，东向。……宾即位，赞宾，王呼𩰊□以□□□逆宾。大采。三周入服酒。王格周庙。祝徙□□□□□邦宾不裸。《集成》2839

　　小盂鼎记载的仪节可以分为七个部分。第一，在宗庙，向王和邦君献酒，邦宾尊其旅服。第二，盂用旂负鬼方首级，进入南门，向王报告斩获数目。第三，盂将鬼方三酋带进大庭，王命荣审讯，斩杀三酋。第四，盂带俘虏和馘进门，进献于西方道上，并在宗庙举行燎祀。第五，盂率领部属进入三门，依次向王报告战绩，向邦君献酒，王命人向盂等献酒。第六，在宗庙，祀先王，向邦宾献酒；王命人使盂送各种玉。第七，次日在宗庙，向王和邦宾献酒，并赏赐盂。② 除去其中第二、三、四、五项所记以盂为核心的献俘礼仪节，剩下饮酒礼的核心人员是周王与邦宾。可见虽然小盂鼎的主要内容是庆祝盂的战功，但饮酒时却不以盂为主宾，而以邦宾为主宾。盂的身份，李学勤据大盂鼎言其官司军政，职相当于小司马，则为大夫。李先生还认为，邦宾即《周礼·司几筵》《礼记·丧

---

① 刘雨：《西周金文中的飨与燕》，《金文论集》，紫禁城出版社，2008 年，第 68 页。
② 李学勤：《小盂鼎与西周制度》，《历史研究》1987 年第 5 期。

大记》的"国宾"。① 而所谓"国宾"，东汉郑司农认为是老臣；郑玄认为是"诸侯来朝、孤卿大夫来聘"者；孙诒让从郑玄之说，认为在王国则为二王后，在侯国则当为他国之君来朝及王人来聘者。② 小盂鼎的邦宾应为周友邦之君。郑玄之说，无疑是正确的。那么小盂鼎所记饮酒礼，不仅以孤卿为宾，而且作为有主要功劳者的大夫盂，还被排斥在主宾之外。西周中期的师眉鼎载："觊厥师眉，鳶（荐）王为周客，赐贝五朋，用为宝器，鼎二、簋二，其用享于厥帝考。"（《集成》2705）师眉荐于王为周邦之客，说明师氏群体可以为周王之宾客。

据金文来看，西周时期存在"以公卿为宾"，是毫无疑问的事实。清华简《耆夜》篇记载武王八年戡黎后举行饮至礼，且以毕公为宾客，为周初存在以公卿为宾又提供了一条证据：

> 武王八年，征伐耆，大戡之。还，乃饮至于文太室。毕公高为客，邵公保奭为介，周公叔旦为主，辛公諫甲为位。作册逸为东堂之客，吕尚父命为司正，监饮酒。王举爵酬毕公，作歌一终……③

武王大破耆国后，在祭祀文王的太室行庆功饮至之礼，与小盂鼎的记载类似。毕公高为客，即主宾。《史记·周本纪》："武王即位，太公望为师，周公旦为辅，召公、毕公之徒左右王，师修文王绪业。"④毕公即毕公高。《尚书·康王之诰》："毕公率东方诸侯入应门右。"⑤毕公为分陕二伯之一，孔颖达认为其职在太师，地位之高可以想见。《史记·魏世家》："魏之先，毕公高之后也。毕公高与周同姓。武王之伐纣，而高封于毕，于是为毕姓。"⑥那么，《耆夜》所记毕公即分封于毕的姬周同姓，既为一国诸侯，又常在周王左右任太师。在饮至礼中，以之为宾。著名的召公奭只能作为他的辅助者。⑦ 可见周初以公卿为宾，不会成为问题。

---

① 李学勤：《小盂鼎与西周制度》，《历史研究》1987 年第 5 期。

② （清）孙诒让：《周礼正义》，王文锦、陈玉霞校点，中华书局，1987 年，第 1555 页。

③ 陈民镇、颜伟明：《清华简〈耆夜〉集释》，复旦大学出土文献与古文字研究中心网站，2011 年 9 月 20 日。

④ 《史记》卷四《周本纪》，第 120 页。

⑤ 《尚书正义》卷一九，第 518 页。

⑥ 《史记》卷四四《魏世家》，第 1835 页。

⑦ 至于为什么以毕公为宾，李学勤认为毕公与周公一样，是武王之弟，且在伐耆战役中可能战功最大（《清华简〈郜夜〉》，《光明日报》2009 年 8 月 4 日）。但据小盂鼎，盂战功卓著，却不为饮酒主宾，可见毕公为宾为客，不一定是因战功。

　　有意思的是，除了行礼者的身份过高外，《耆夜》所记各方行礼者，多与《仪礼》相合。如"邵公保奭为介"，介即辅助主宾行礼者，《仪礼》中常见；"周公叔旦为主"，主即《燕礼》中代君作献主者；"辛公諫甲为位"及"吕尚父命为司正，监饮酒"，所谓"为位""司正"，大概与《仪礼》中《乡饮酒礼》《乡射礼》《大射仪》之"司正""司射"的职能相似，为安宾饮酒、监察各方行礼如仪、正各方之位者。《周礼·春官·小宗伯》"凡王之会同、军旅、甸役，肄仪为位"，可为例证。

　　令人疑惑的是"作册逸为东堂之客"，既为客，何以在东堂？丁进认为"若是'西堂之客'则符合礼制。在宴饮中，地位或者功劳仅次于'介'的可以作为'众宾'坐在主宾的西边"，对此问题亦是疑惑不解。① 马楠提供了就目前来看相对可行的解释。他认为，东堂之位应即《仪礼·燕礼》之"孤"以及《仪礼·聘礼·记》燕聘宾时之"卿"所在的"阼阶西，北面"位，犹如《左传·昭公二十五年》"叔孙昭子聘于宋"，"明日宴，饮酒乐，宋公使昭子右坐"。②《仪礼·乡饮酒礼》中作为卿大夫的"僎者"，所处之位正在此处。《礼记·乡饮酒义》："坐僎于东北，以辅主人也。"③但是，孤、卿、僎者，均属行礼时身份高于宾者，因或尊宾或抑卿的特殊需要，才安排在阼阶北面位。作册逸的身份，明显不会高于毕公，不会为了尊毕公而抑之在东堂。可见马楠的说法，虽在《仪礼》中找到了可供类比的例子，但两者毕竟不同，问题并没有得到彻底的解决。

　　这里试作一推测。作册逸，即史佚，见于《尚书·洛诰》，常代周王宣读诰命，为周王左右的主要辅助者之一。此时武王在阼阶，作册逸位东堂，即东序之东，东夹之南，相当于阼阶西，有可能是作为武王的辅礼者。《尚书·顾命》："太史秉书，由宾阶隮，御王册命。"④太史由宾阶升堂之后，辅助王行册命。实际上，《尚书·顾命》里成王已崩殂，真正的行礼主人是太保。太史辅助的人是太保，太史在太保之右。太保先由阼阶升堂，面向西方。太史若跟从太保也由阼阶升堂，就会绕过太保就位。由尊者前绕道而行不合礼，故太史由宾阶升堂就位。太保之右的太史之位，正好就是《耆夜》中作册逸的位置。这与作册逸也是史逸的身份正相吻合。可见作册逸虽所处位和僎者类似，但是以"史"的身份辅助武王行礼。在

① 丁进：《清华简〈耆夜〉篇礼制问题述惑》，《学术月刊》2011 年第 6 期。
② 马楠：《清华简〈耆夜〉礼制小札》，《清华大学学报》（哲学社会科学版）2009 年第 5 期。
③ "僎"即"傧"。参见杨华：《傧的"复古"与乡饮酒的流变》，彭林主编：《中国经学》第 22 辑，广西师范大学出版社，2018 年，第 11~20 页。
④ 《尚书正义》卷一八，第 511 页。

"四面之坐"中，毕公为宾，在户牖间，召公为介在西阶，周公为代主在西阶稍东，武王为正主在阼阶，作册逸为武王辅助者在阼阶西，东堂。主人与主宾，都有一位行礼辅助者。代主周公，本也是武王的替代者，故无须设辅助之人。吕尚父为司正，监督饮酒。丁进以为东堂之客，类似《仪礼·燕礼》中的"小臣师"，即负责整个典礼的小臣的副手，是辅佐小臣的。徐渊从之。① 从作册逸的站位和身份来看，未必如此之低。辛公"为位"，司职类似小臣。明显作册逸不是服务辛公的。作册逸服务的对象应该直接是周王，而非某位臣。作册逸虽称作"东堂之客"，但并非宾、众宾或傅者，而也是佐礼之人，这点是明确的。②

如上所论，《耆夜》在礼制结构上与《仪礼》大致相同。但《仪礼·燕礼·记》《礼记·燕义》所载"不以公卿为宾"的原则，在《耆夜》中找不到证据。西周早期周公东征鼎记载周公东征归来后行饮至礼，"戊辰，饮臻饮，公赏塱"③，西周甲骨"王饮秦"④，同样看不出有不以公卿为宾的迹象。

《左传·宣公十六年》周定王所说的一句话，更是一个直接的证据。王室内乱，晋景公命正卿士会(即范武子)去调解矛盾。成功后，周定王设飨礼招待士会，并使原襄公为相礼者。士会对飨礼中设着肴不理解，私下问原襄公缘故。定王听见后说："王享有体荐，宴有折俎。公当飨，卿当宴。"⑤由周天子口中说出"公当享，卿当宴"，应该是可信的，说明即使到了春秋时代，王室内也保留了自西周以来的礼乐传统。士会不懂周礼，一方面说明周礼在诸侯国内已败坏，另一方面反证王室之礼远来有自。故士会归国后，"讲求典礼，以修晋国之法"。

总之，从西周金文及清华简《耆夜》来看，西周初期礼制的发展已较为成熟，在某些方面甚至与《仪礼》所载相吻合，但若说其时已存在"不以公卿为宾"的现象，则与传世礼典文献相抵触。甚至，与之相反，西周时天子以公卿为宾往来行礼，明显超过了以大夫为宾的频率。而且从文字学

① 徐渊：《从清华简〈耆夜〉饮至礼典推测其成书年代》，北京师范大学中国优秀传统文化研究与传播中心编：《古典学志》，广州出版社，2021年，第14～23页。
② 徐渊以《周礼·秋官·掌客》之"掌客"名称与职守解释为何称作"东堂之客"，很具卓识。
③ 谭戒甫：《西周〈■鼎铭〉研究》，《考古》1963年第12期。
④ 王宇信：《西周甲骨探论(增订本)》，中国社会科学出版社，2023年，第111页。
⑤ 古代祭祀、宴会时，杀牲置于俎上曰炙。置未熟的全牲于俎上，为全炙，用于祭天；置半牲于俎上曰房炙，亦称作体荐，用于飨礼。折俎是连肉带骨置于俎上，节解了的牲体，亦称作肴炙。飨礼不得饮酒食肉，故体荐以半牲置于俎上而不节解。与之相反，燕礼可以食肉饮酒，故用节解了牲体的折俎。

角度而言，飨、卿二字同源，更说明在早期的飨礼中为宾的主角是卿，而不是大夫士。简言之，西周时代存在"以公卿为宾"。

二、君不为主与卿不为客

《周礼·秋官·司仪》记载司仪之职是辅助周天子行宾客之礼，其中"及其摈之，各以其礼：公于上等，侯于中等，子男于下等"，郑玄注："诸侯各于其等奠玉，降，拜，升，成拜，明臣礼也。"①郑玄以为，公侯见天子奠玉后，以"降阶、升成拜"等仪节表明臣子之礼。诸侯见天子，本是行宾客之礼，诸侯却不敢真自认是天子之宾，与天子分庭抗礼，而是要降阶下堂，行为臣之拜礼。但天子这时却派人推辞，故诸侯虽已降阶，但未完成拜礼，而是再次升堂后才行拜礼，即"升成拜"。为宾一方的臣，不敢专任作宾；为主一方的君，也不敢专任作君。宾主君臣之间的这番辞让，蕴含着君臣宾主之间复杂的身份认同。天子的辞让，表明了尊宾之意；诸侯们的"升成拜"，表明了尊君之道。郑玄为什么说"明臣礼也"？大概因为这本是宾客之礼，尊宾是本分，尊君才是变态。再如，在《仪礼》中记载宾常有"辟""辟位"的动作，郑玄注为"逡遁""不敢当君拜也""不敢当其礼""不敢当盛"等，② 这都是宾为尊君故，③ 不安其位的表现。"升成拜""辟"之类的细微动作，蕴含着丰富的礼义。在尊君意识强化的背景下，为宾之人在行礼实践中，虽表示谦逊，但已有不安之心，身份变得不稳固。

同为尊君的缘故，天子以膳宰为献主，诸侯以宰夫为献主，真正的主人天子、诸侯不亲自参与献礼。《周礼·天官·膳夫》："王燕饮酒，则为献主。"④膳夫掌王的饮食之事，若王有宴饮活动，替王作献主。《仪礼·觐礼》："飨礼乃归。"郑注："礼，谓食、燕也。王或不亲以其礼币致之，

---

① 贾公彦疏："必知有'降，拜，升，成拜'者，亦约燕礼，臣得君酬，皆降，拜，君使小臣辞之，乃升，成拜。明此王礼亦然。言成拜者，向于下拜之时，王使人辞，下拜之不成，故于升乃更成前拜。故云成拜是敬上之礼，故云明臣礼也。"贾公彦认为诸侯见天子之礼中，诸侯不敢自认为宾，与燕礼中君与宾行酬酢时，宾也降阶升成拜，不敢专任，是一样的。《周礼注疏》卷三八，第 1939 页。
② 例如，《仪礼·公食大夫礼》："宾入门左。公再拜。宾辟，再拜稽首。"郑注："左，西方，宾位也。辟，逡遁，不敢当君拜也。"《仪礼注疏》卷二五，第 2335 页。
③ 曹伯庐卒，公子喜时更有资格继位，但公子负刍抢先成为丧主，"公子喜时见公子负刍之当主也，逡巡而退"。春秋赞赏喜时能让国。"逡巡而退"，表明喜时承认负刍的君位。"逡巡"或"逡遁"是为臣之礼，目的在尊君。《春秋公羊传注疏》卷二三，第 5050 页。
④ 《周礼注疏》卷四，第 1422 页。

略言飨礼，互文也。"①觐礼乃诸侯朝觐天子之礼，正礼完诸侯回国前，有天子设下的宴飨之礼，郑注云天子或不亲自参与，那必有献主替天子行献礼。此为天子级的礼仪。西周晚期的宗人簋铭文"记载了祭国之君身在王朝而王朝为其所行饮酒致欢的飨礼，呈现了飨礼的主要仪节"②，但实际上"伯氏召祭伯飮𤴐"，"伯氏侃宴，乃赐宗人册戈"。伯氏代替周天子作献主，以祭伯为宾，这与"君不为主"是吻合的，但与"卿不为客"不符。这一点上宗人簋的铭文与《耆夜》是相契合的。

至于诸侯礼，《仪礼·燕礼》所记最为详细。《燕礼》"纳宾"仪节："射人纳宾，宾入，及庭，公降一等揖之。公升就席。"射人邀请宾进入庭中时，公从堂上降一级台阶而揖之，接着升堂回到自己的席上。郑玄注："以其将与主人为礼，不参之也。"③宾与"主人"行礼，君并不参与。可见君燕大夫，而自己不为主人。《礼记·燕义》载：

> 诸侯燕礼之义，君立阼阶之东南，南乡，尔卿大夫，皆少进，定位也。君席阼阶之上，居主位也。君独升，立席上，西面特立，莫敢适之义也。设宾主，饮酒之礼也。宰夫为献主，臣莫敢与君亢礼也。不以公卿为宾而以大夫为宾，为疑也，明嫌之义也。宾入中庭，君降一等而揖之，礼之也。④

从上揭引文可知，第一，君主不参与燕礼，仅有席在阼阶之上，居主位而不行主人之礼。第二，诸侯燕大夫，以宰夫为献主，即《仪礼·燕礼》所言"主人"，代君行礼。第三，以宰夫为献主的缘由是，臣不敢与君分庭抗礼。据《周礼》，宰夫为大宰之属，身份为下大夫，⑤ 其职责是在朝觐、会同、宾客等礼仪活动中，"以牢礼之法，掌其牢礼、委积、膳献、饮食、宾赐之飧牵，与其陈数"⑥可见宰夫掌宾客饮食之事，诸侯用之为献主代替自己行燕礼，亦合乎情理。问题是，宰夫虽然有主人之名，行主人之事，却无主人之实。《仪礼·燕礼》："宾升自西阶。主人亦升自西阶，宾右，北面，至再拜。宾答再拜。"主人升降阶与宾同自西阶，而非

---

① 《仪礼注疏》卷二七，第 2362 页。
② 贾海生、张懋学：《宗人簋所见西周飨礼》，《中国经学》2021 年第 2 期。
③ 《仪礼注疏》卷一四，第 2196 页。
④ 《礼记正义》卷六二，第 3670 页。
⑤ 《周礼·天官·大宰》："大宰，卿一人；小宰，中大夫二人；宰夫，下大夫四人。"贾疏："宰夫是大宰之考。"
⑥ 《周礼注疏》卷三，第 1412 页。

东阶，可见其无主人之实。宾酢主人，"主人坐祭，不啐酒，不拜酒，不告旨"，郑注："辟正主也。未荐者，臣也。"①宋李如圭云："凡献则荐。宰夫代君行礼，虽受酢而不荐，至献大夫乃荐于其位。"宰夫行礼避免把自己当作真正的主人，而是以臣自居。"君恒以大夫为宾""以宰夫为献主"两种现象，清晰地表明《仪礼》一书具有强烈的尊君意识。《仪礼·燕礼》体现的这两条礼仪原则，是自西周始就有的，还是在后来的发展过程中加入的，不仅关系到本节的主题"以臣为宾"的讨论，甚至对《仪礼》的成书年代考证都有一定的参考价值。

《左传》宣公十六年，晋士会调和周王室内部的矛盾后，定王设礼招待他，以原襄公为相礼者从旁协助，并设有肴烝。士会不解为何如此安排，私下向原襄公问缘故，定王听见后，解释道："王享有体荐，宴有折俎。公当享，卿当宴。王室之礼也。"②《国语·周语》中对此事的记载，更为详细，可参考。③古代祭祀、宴会，杀牲以置于俎上曰烝。置全牲于俎上，且不煮熟，为全烝，但仅用于祭天；置半牲于俎上，曰房烝，亦称作体荐；至于折俎，乃是节解牲体，连肉带骨置于俎上，亦称作肴烝，即此次定王宴士会所设。根据周定王的解释，王招待诸侯用享礼，设体荐，招待卿用宴礼，设折俎，有明确的礼仪规定。招待士会设折俎，所用为待卿的燕礼，说明周王室礼中，虽然亦有礼的等级，但天子不另设献主，能亲自宴卿。可见《左传》的这则材料与《仪礼·燕礼》所记有明显的差异。定王特别强调，此为王室之礼，似可理解为，此礼仪原则是王室自西周就传承下来的，以至于士会回到晋国后，讲求典礼，加以借鉴，把王室礼传播到了晋国。

值得注意的是，士会为晋国正卿，据《周礼·春官·典命》所记命数，④大国之上卿三命，于天子只相当于上士，是否有可能定王是以上士之礼燕士会？但是，我们从《左传》甚至《诗经》中，能发现大量的天子、诸侯燕卿的记载。

《左传》襄公四年，"穆叔如晋，报知武子之聘也。晋侯享之"⑤。穆

---

① 《仪礼注疏》卷一四，第2196~2197页。
② 《春秋左传正义》卷二四，第4100页。
③ 徐元诰：《国语集解（修订本）》，王树民、沈长云点校，中华书局，2002年，第57~61页。
④ 《周礼·春官·典命》："公之孤四命，以皮帛视小国之君；其卿三命，其大夫再命，其士一命。其宫室、车旗、衣服、礼仪各视其命之数。侯伯之卿、大夫、士亦如之。子男之卿再命，其大夫一命，其士不命。其宫室、车旗、礼仪各视其命之数。"
⑤ 《春秋左传正义》卷二九，第4192页。

叔即叔孙豹，为鲁"三桓"之一，身份为卿。襄公八年，晋范宣子来聘，鲁襄公享之。范宣子为士会之孙，为中军将，职掌国政，身份为卿。襄公十九年，季武子到晋国拜师，晋国享之。昭公六年，季武子又到晋国拜莒田，晋侯享之，且设有加笾。季武子为鲁国正卿。昭公十六年，韩起出使郑国，郑伯飨之。韩起即韩宣子，晋国"六卿"之一。同类例子，在《左传》中不胜枚举。诸侯宴飨别处出使之卿，在春秋时期，应是常见之礼。而诸侯宴饮自己的卿，亦能在《左传》中见到。哀公二十六年，季康子、孟武伯出迎自楚国归国的鲁哀公，哀公即在五梧这个地方设宴招待季康子一行。有学者论道燕礼更多属于社交礼仪与私人领域，但仍然显示出鲜明而强烈的尊君意识。① 燕礼被认为是私人领域礼仪，属于误解，但已体现出尊君意识，确为的论。

三、"不以公卿为宾"仅见于《仪礼》及相关文献

如前所述，表述"不以公卿为宾"，最为明确的是《仪礼·燕礼·记》与《礼记·燕义》。其他的传世文献，如《诗经》《左传》《国语》中，天子、诸侯行燕飨礼时的宾客，都较为庞杂，很难总结出如此观点鲜明的礼义原则。可以大致确定，"不以公卿为宾"只存在于《仪礼》及相关文献中。在《仪礼·燕礼》中为"命宾"仪节：

> 小臣纳卿大夫，卿大夫皆入门右，北面，东上。士立于西方，东面，北上。祝史立于门东，北面，东上。小臣师一人在东堂下，南面。士旅食者立于门西，东上。公降立于阼阶之东南，南乡，尔卿。卿西面，北上。尔大夫，大夫皆少进。射人请宾。公曰："命某为宾。"②

此段郑注："某，大夫也。"从上述记载看，虽然戒宾时，卿亦在列，但最后命为宾者，仅为大夫。《礼记·燕义》："不以公卿为宾，而以大夫为宾，为疑也，明嫌之义也。"郑注："公卿尊矣，复以为宾，则尊与君大近。"孔颖达疏："公卿，朝臣之尊；宾又敌主之义。若以公卿为宾，疑其敌君之义，为其嫌疑，故所以使大夫为宾，明其远嫌之义也。" ③明郝敬

---

① 雷戈：《秦汉之际的政治思想与皇权主义》，上海古籍出版社，2006年，第416页。
② 《仪礼注疏》卷一四，第2195页。
③ 《礼记正义》卷六二，第3670页。

云："卿不为宾，嫌逼也。宾出，以宾礼更入也。"①大夫被选为宾后，即出门，方便以宾的身份再次进入庭堂。历代礼学家众说一词，表明不以卿为宾，实质是为尊君。卿的地位已高，若再升为与君相敌的宾位，则有逼君之嫌；而大夫地位较低，即使提升其地位，亦无防君之尊。

更有甚者，君欲燕卿，亦得以大夫为宾。《仪礼·燕礼·记》："与卿燕，则大夫为宾，与大夫燕，亦大夫为宾。"郑注："不以所与燕者为宾者，燕为序欢心，宾主敬也。公父文伯饮南宫敬叔酒，以路堵父为客，此之谓也。君恒以大夫为宾者，大夫卑，虽尊之犹远于君。"②这就造成了一种非常吊诡的局面，真正的主人与主宾，即诸侯与卿，均不亲自参与献礼。诸侯派宰夫，卿派大夫，作为代理人参与行礼。这种曲折的安排同样是为了尊君。

那么，卿在燕礼中如何安排？一种情况是，作为众宾参与正献后的礼仪活动。据《仪礼·燕礼》记载，在主宾献酢酬毕后，"宾以旅酬于西阶上"。郑注："旅，序也，以次序劝卿大夫饮酒。"③旅酬为宾、众宾与主人交错劝酒的礼仪，其仪节的重要性明显低于正献。又"初燕礼成"后，"主人洗，升实散，献卿于西阶上。司宫兼卷重席，设于宾左，东上。卿升，拜受觚。主人拜送觚。卿辞重席……射人乃升卿。卿皆升，就席。若有诸公，则先卿献之，如献卿之礼"④。是则，卿所能参与之礼，均在主宾行完正礼之后，抑卿之意是非常明显的。同理，地位高于卿的孤，亦在受抑之列。在此可以回应孙希旦的"优卿"说，就《燕礼》来看，它难以成立。

另一种情况是，若燕聘宾，以聘宾之上介为宾，聘宾为苟敬，席于阼阶之西。《仪礼·燕礼·记》："若与四方之宾燕，则公迎之于大门内，揖让升。宾为苟敬，席于阼阶之西，北面。有脀，不哜肺，不啐酒。其介为宾。"⑤《仪礼·聘礼·记》："燕则上介为宾，宾为苟敬。"⑥诸侯燕国外使者，不以正使即聘宾为宾，而以副使即上介为宾。聘宾身份为卿，介为其副使，身份为大夫。燕聘宾以介为宾，正合乎"君恒以大夫为宾"的原则。

问题是，历代礼学家对"苟敬"的理解歧义纷呈，导致对聘宾的地位理解各异。这不仅涉及正宾与卿之间地位的问题，也关涉君对卿的态度。

① (明)郝敬：《仪礼节解》，廖明飞点校，崇文书局，2022年，第140页。
② 《仪礼注疏》卷一五，第2215页。
③ 《仪礼注疏》卷一四，第2201页。
④ 《仪礼注疏》卷一五，第2204~2205页。
⑤ 《仪礼注疏》卷一五，第2214页。
⑥ 《仪礼注疏》卷二四，第2325页。

《仪礼·燕礼》郑注："苟，且也，假也。主国君飨时，亲进醴于宾。今燕，又宜献焉。人臣不敢亵烦尊者，至此升堂而辞让，欲以臣礼燕，为恭敬也。于是席之如献诸公之位。言苟敬者，宾实主国所宜敬也。"①飨时，主国君已亲自进醴于聘宾，今升堂又举行燕礼，聘宾为了恭敬主国君，表明自己为臣，不敢再麻烦主君与自己行礼，故辞退宾位，席于阼阶西，让副使上介以宾的身份参与燕礼。燕礼以尊者为宾，既然副使已为宾，那么聘宾的敬自然就要减少一些，即郑玄所谓的"小敬"。

元敖继公曰："苟，诚也，实也。苟敬者，国君于外臣所燕者之称号也，其类亦犹《乡饮酒》之介遵矣。此燕主为宾而设，宾于是时虽不为正宾，而实为主君之所敬。"②敖氏认为，燕时聘宾苟敬，实如《乡饮酒》的介遵，即乡中致仕的孤卿大夫，参与燕礼，虽不是正宾，却受到主人敬重。敖氏把聘宾比作《乡饮酒》之介遵，又云"燕主为宾而设"，据其意，此"宾"为聘宾，那么《仪礼·聘礼》燕时之介，仅是聘宾的代理；以此类推，《仪礼·乡饮酒礼》岂不是为介遵而设？事实并非如此，《仪礼·乡饮酒礼》乃乡大夫于乡中选贤之礼，主为贤者而设，贤者为宾，介遵身份虽高，旅酬后方能升堂入席，不得干扰主人正礼。且介遵之有无不定，若乡中无致仕的孤卿大夫，岂不是不行乡饮酒礼？可见敖氏之说不通。

戴震认为"苟敬"当作"苟敬"，提出了一种新的说法。戴氏引《说文》曰："'苟，自急敕也，音棘，从芊省。'与苟且字不同。苟敬者，自急敕而敬宾也。"黄以周亦从戴氏之说，认为"但以经言之，苟敬之苟当从芊省为正字。苟，自急敕也。自急敕为不自安之义。四方之宾既受飨矣，于其燕也，不自安君之重敬己，故辞为宾，命曰苟敬"③。言聘宾于阼阶西，乃是因受到主君尊重，但是自己又非正宾，不敢自安尊位，这种矛盾的状态就叫"苟敬"。④ 黄氏之说过于迂曲，不可从。

---

① 《仪礼注疏》卷一五，第2214页。
② （元）敖继公：《仪礼集说》，《钦定四库全书荟要》，吉林出版集团有限责任公司，2005年，第196页。
③ （清）黄以周：《礼书通故》，王文锦校点，中华书局，2007年，第1052页。
④ 不过，文献中有"苟"是"苟"之讹的案例存在。例如，《礼记·大学》"苟日新，日日新，又日新"，有学者认为此"苟"就是"苟"字的讹误。清代学者钱泳在《履园丛话》卷三《考索·苟》认为，《大学》"苟日新"之"苟"，朱熹《章句集注》解释为"诚"是错误的，应将"苟"当作"苟"，训为"亟"（《履园丛话》，中华书局，1979年，第64页）。近人裴学海《大学疑义订解》中认为："'苟日新'云云者言速日新，日日新，又日新也。下文云'是故君子无所不用其极'，'极'亦与'亟'同。速也，急也。言君子之于新，无所不用其急速也。"高小方、蒋来娣在《汉语史语料学》中认为："苟当作'苟'，形近而误。"

若要正确理解"苟敬",确定经文是"苟"还是"苟",是必要的。《说文·苟部》:"自急敕也。……义与善美同意。"《玉篇》:"苟,居力切,亦作亟。"则"苟"与"亟"通。《广雅·释诂》:"亟,敬也。"清王念孙云:"亟者,《说文》敬肃也,从攴、苟。苟,自急敕也。……《说文》'伋,谨重儿',苟、亟、伋并同义。"①俞樾《群经平议》亦从此说,并认为"学者多见敬,少见苟,因加攴作敬耳"②。可见苟与亟、敬是通假字,意义相同,均可训作恭敬。那么,经文若作"苟敬",两相通假之字同时运用,难成辞例。

更重要的是《武威汉简》所见《仪礼·燕礼》作"苟敬"。1957 年,甘肃武威发掘的汉简中有甲、乙、丙三种《仪礼》,其中甲本有《燕礼》残简,正巧存此字,据整理者陈梦家考释,正作"苟敬"。③ 这就提供了版本学上的依据,从根本上否定了戴震、黄以周的说法。

那么,"苟敬"到底是什么意思?是加重尊敬聘宾,还是对聘宾的敬有所减少?宋李如圭曰:"苟者,聊且粗略之意。苟敬,犹曰杀敬也。"清王引之曰:

> 主人于宾惟主恭敬而少欢心。今宾既辞为宾而就诸公之位,则欢心多而敬少。既不可专事恭敬,又不可全不敬,故谓之苟敬也。……苟敬者,主人所以小敬也。是苟敬有崇恩杀敬之义。若训为诚敬及自急敕而敬宾,则与正宾之全敬者无异,非经旨也。④

王引之的驳斥敖、戴二氏之说,认为若对聘宾为诚敬或自急敕而敬,那么与行燕礼的正宾的敬毫无差异,这与经旨不符。燕礼以序欢心为主,当敬者为正宾,那么对待聘宾只能崇恩杀敬。所谓崇恩,即是席于阼阶西,且有俎,即烝;所谓杀敬,就是不以为正宾,而是以臣的身份就诸公之位。

王引之的说法与郑注是相符合的。《仪礼·燕礼》献卿时,"席于阼阶西,北面,东上,无加席",郑注:"席孤北面,为其大尊,屈之也。亦

① (清)王念孙:《广雅疏证》,江苏古籍出版社,2000 年,第 13 页。
② (清)俞樾:《群经平议》卷一七,清光绪《春在堂全书》本。
③ 甘肃省博物馆、中国科学院考古研究所编:《武威汉简》,中华书局,2005 年,第 120 页。
④ (清)王引之:《经义述闻》,江苏古籍出版社,2000 年,第 244 页。

因阼阶西位近君，近君则屈，亲宠苟敬私昵之坐。"[1]阼阶西之位，靠近君，郑玄认为是"亲宠苟敬私昵之坐"，一是为亲近孤卿，二是屈其尊位。对聘宾的敬只能聊且表示一下。屈孤卿之尊，则相对地提高君之尊，加之以身份较低的上介为宾，尊君抑臣非常明显。为尊君抑臣，君恒以大夫为宾，卿被排斥在宾之外，尊大夫而远卿。

从《仪礼·燕礼》及相关的《礼记·燕义》等文献来看，"不以公卿为宾"的主要目的是为了尊君抑卿。卿的地位已高，若再以之为宾，与君分庭抗礼，以相酬酢，则尊卑等级之分，有被僭越之嫌。所以《燕礼》以后的文献，为了突出君的尊位，取消了自西周以来天子、诸侯可以以公卿为宾的传统。

值得特别注意的一个问题是，《燕礼》中诸侯行燕礼，选择大夫为宾，而放弃了以卿为宾，仅仅是一种仪式的展示，尚未总结出一个礼义原则。但是附载于《燕礼》后的"记"，则明显不同，提出了"与卿燕，则大夫为宾，与大夫燕，亦大夫为宾"的礼仪通则。最后《礼记·燕义》更加简洁地提出"不以公卿为宾"的原则，问题终于浮出水面。这为我们展示出"不以公卿为宾"的演变历程：从西周时代的不存在，到《燕礼》的仅在仪式上展示，到《燕礼·记》的初步提出，最后到《燕义》总括其成，在时代上有一个逐步递进的过程，而且正与历史上"尊君"意识的增强相吻合。从这个角度，是否可为反思《燕礼》的成书年代，以及《燕礼·记》与《燕礼》之间的关系，[2] 提供一个思考的方向？后代儒者注疏《仪礼》《礼记》等经典文献时，往往对经文提出的礼义原则遵循不疑，忽略其演变过程，在现今或应重加检讨。

总之，鉴于春秋时代君权旁落、天下纷争，到战国时代"尊君"意识有个高涨阶段，并一直持续到秦汉皇权的建立。《仪礼》所载燕飨虽然亦能体现出君臣宴乐，但尊君的色彩也是非常浓厚的。《仪礼》中的尊君意识，为极端专制皇权的到来提供了一定的思想基础。但也需特别注意的是，尊君笼罩一切的"黑暗"时代到来之前，即使只有一丝的尊宾重道，也应分外珍视。这将是下一章要讨论的问题。

---

① 《仪礼注疏》卷一五，第 2205 页。
② 《仪礼》后所附的"记"，历代儒者多认为与正经文是两个相互区别的存在，但具体关系却聚讼纷呈。参见刁小龙：《论清代学者关于〈仪礼〉篇末记问题研究》，彭林主编：《清代经学与文化》，北京大学出版社，2005 年，第 65~76 页。就本书的分析来看，可以推测沈文倬认为记与经无别的观念是明显有误的。"记"产生的年代，明显后于经。

第四节　《仪礼·燕礼》中的“主人”身份

前文提到《礼记·燕义》“不以公卿为宾”，有可能是战国中后期礼学家为尊君而提出的礼制命题，并不符合宗周礼制。在此原则之前，《燕义》还提到诸侯行燕礼时“使宰夫为献主”，缘由是臣不能与君相抗礼。同样是尊君抑臣，前者通过压抑位尊身贵的公卿，使之不能与君分庭抗礼，后者通过派地位较低的宰夫代替自己为献主，与宾相酬酢。《周礼·天官·膳夫》：“王燕饮酒，则为献主。”郑司农云：“主人当献宾，则膳夫代王为主。君不敌臣也。”①膳夫又名膳宰。《礼记·燕义》郑注：“宰夫，主膳食之官也。天子使膳宰为主人。”②天子、诸侯行燕礼，均不亲献，而以膳夫、宰夫为献主。既然“不以公卿为宾”并不符合宗周礼制，那么这个原则是否符合？所谓“献主”，在天子、诸侯燕礼中又是何种身份？这是本节要回答的问题。

《仪礼·燕礼》虽未出现“命宾”类的君命献主仪节，但文中所言“主人”即是“献主”。真正的主人以“公”的身份，位于阼阶席上，在献主与宾行一献之礼后，方才举觯酬宾。因有君在，主人常常自抑，不敢以“主人”自居。《仪礼·燕礼》：“宾升自西阶。主人亦升自西阶。”③主人升降均自西阶，与宾同，在其他礼仪活动中这种情况是不存在的。这是因尊君需要而造成的礼与名分上的混乱。

至于“主人”的具体身份，学界存在着两种不同的看法。一为“宰夫说”，以郑玄为代表，贾公彦、褚寅亮、黄以周等从之。二为“膳宰说”，由清胡匡衷首倡。但《仪礼·燕礼》已出现“膳宰具官馔于寝东”，膳宰负责准备酒、牲等，有具体的职责，且未见诸侯命膳宰为主人仪节。加上《礼记·燕义》明确提出“使宰夫为献主”。有此等经文为证，“膳宰说”不可取。《仪礼·燕礼》郑注“膳宰，天子曰膳夫”，《周礼》载天子燕饮以膳夫为献主，所言均为天子之礼。胡氏举《春秋》经传中例证，认为宰夫即膳宰，膳宰即宰夫，二者异名同实，亦不可信。至于宰夫与膳宰是否即二为一，黄以周在《礼书通故》中有详细论述。黄氏以为：

---

① 《周礼注疏》卷四，第 1422 页。
② 《礼记正义》卷四七，第 3670 页。
③ 《仪礼注疏》卷一四，第 2196 页。

《周官》宰夫掌"朝觐、会同、宾客之牢礼、委积、膳献、饮食、宾赐之飧牵，与其陈数"，膳夫则掌"王之食饮膳羞"而已，此二职之别也。《经·聘礼》《公食大夫礼》食异国之大夫，使宰夫设飧，归乘禽、具馔，设黍稷，膳稻。《燕礼》为君燕其臣，则膳宰具馔，荐脯醢，设折俎，请羞诸公卿。是侯国之宰夫掌四方宾客之饮食与天子宰夫同，膳宰主君之饮食与天子膳夫亦同也。《春秋传》称"宰夫将解鼋""宰夫和之"之类，皆膳宰事，而使宰夫主之，是春秋时以掌朝聘膳献之宰夫，亦主人君之膳羞，其职与膳宰不分，其名亦遂相淆。故《左传》云"膳宰屠蒯"，而《礼记》则云"蒉宰夫"，《传》又称"宰夫臑熊蹯不孰"，而《公羊》则称"膳宰"。胡氏《释官》论此甚详，而以《燕礼》之主人为膳宰，非宰夫，则非也。①

黄以周以为，宰夫掌朝聘、会同等四方宾客之事，而膳宰掌诸侯饮食具陈之事，二者所掌明显不同。虽都与膳食有关，但前者偏重"外交"场合，后者偏重内政部分。此在《周礼》《仪礼》《礼记》中甚为明白。《春秋》经传中二者的混淆，乃春秋时事。胡匡衷以春秋史事决断《仪礼·燕礼》中献主为膳宰，于礼制难通。

虽然大部分经学家赞同"宰夫说"，但宰夫的爵位是大夫还是士，亦有争论。争论源于郑注《仪礼》前后含糊。郑玄注："《燕礼》宾，大夫也。主人，宰夫也。"②在此之后，郑又云："主人，大夫之下。先大夫荐之者，尊之也。不于上者，上无其位也。"③"大夫之下"似不包括大夫。基于此，后代经学家产生了两种观点。

一种观点为"大夫说"。贾公彦疏："宰夫为主人，是大夫，明宾亦是大夫。"清褚寅亮更引而申之：

> 荐主人不于宾酢时者，公未献也。不于献卿时者，爵卑于卿也。荐于献大夫时者，亦大夫也。同爵而先荐者，则如注所云尊之也。于此经而知主人谓之大夫也益决。既是大夫而注云上无其位者，堂上非本无位也。按《大射仪》注云因辟正主，故不荐于上。④

① （清）黄以周：《礼书通故》，王文锦校点，中华书局，2007年，第1449页。
② 《仪礼注疏》卷一四，第2195~2196页。
③ 《仪礼注疏》卷一五，第2206页。
④ （清）褚寅亮：《仪礼管见》，《续修四库全书》第88册，上海古籍出版社，2002年，第407页。

褚寅亮据宾荐主人的时秩以为，荐主人在献大夫之时，则爵应同于大夫，至于为何先于大夫，则如郑注所云乃尊主人之故。

另一种观点认为宰夫为士。持此说最力者为胡匡衷、黄以周。胡氏认为诸侯宰夫爵为上士。黄氏以为"天子宰夫下大夫，诸侯之臣降等，则宰夫士也"①。

根据《周礼》"膳夫，上士二人，中士四人，下士八人"②的记载，天子之膳夫，爵为士。天子之献主为士，诸侯之献主岂能高于士而为大夫？仅有的可能是天子、诸侯之献主，均为士。以《周礼》准之《仪礼》，献主爵为士，似更有依据。礼制中卿大夫因爵位与君相差不大，为尊卑之故，无论是衣服、动作还是进退周旋等，均要与君远别之，以避免有上凌君之嫌。而士爵位远卑于君，某些礼制反而常常能与君相同，无所避嫌。例如，《仪礼·士昏礼》中主人送送亲使者："若异邦，则赠丈夫送者以束锦。"郑注："赠，送也。就宾馆。"李如圭云："聘宾去，至郊而赠，知此亦就其馆也。古者大夫不外娶，嫌外交。士卑，不嫌，故有异邦送者。"士可以取别国之女，而卿大夫不可，这也是士卑不避嫌之例。同样的例子，《仪礼》中常见。

更为重要的证据是，胥荐主人于堂下洗北时，郑注"不于上者，上无其位也"。堂上主人无席位，所以只能在堂下接受胥的荐食。《仪礼·大射仪》郑注对此的解释是"避正主"。堂上有公之正主位，故宰夫献主位无处安放，"避正主"说可行。但燕礼脱屦升坐，行旅酬礼时，"主人洗，升，献士于西阶上。士长升，拜受觯"。郑注："献士用觯，士贱也。"③宋李如圭说："士堂上无位，故燕坐乃献之。"可见燕礼正礼，凡士堂上均无正位。主人为献主而无位，除了避嫌正主外，其士的身份，也决定了其堂上不可能有席位。清华简《耆夜》中，周公实际上也是献主，但爵位为公，堂上必有位。

通过上文的讨论，已揭示出天子、诸侯行燕礼时，以献主为主人，自己并不参加正献之礼，而献主的身份均仅为士。《仪礼·燕礼·记》："与卿燕，则大夫为宾，与大夫燕，亦大夫为宾。"④这样一来，若诸侯燕卿，就会出现一个奇怪的现象：真正的主宾双方均不亲自参与正礼献酢，而是以代理人进行实际的酬酢。诸侯以宰夫为献主，卿以某大夫代己受献。这

---

① （清）黄以周：《礼书通故》，王文锦校点，中华书局，2007年，第1450页。
② 《周礼注疏》卷一，第1376页。
③ 《仪礼注疏》卷一五，第2210页。
④ 《仪礼注疏》卷一五，第2215页。

么严密的礼仪制度是否在西周时已有出现？前已说明，在西周时公卿是可以为宾的，那么西周时代是否有献主存在？

鄂侯鼎记载周王与鄂侯的宴饮之礼，言："御方侑王，王休宴乃射，御方卿王射，御方休阑王扬饮，王亲赐，御方玉五毂，马四匹……"此处明言王亲赐鄂侯御方礼物，不存在有献主的情况。夷王时代的大鼎载周王行飨礼时，"王呼膳夫骉召大以厥友入玟。王召走马雁令取雅鸥卅二赐大"，其中虽有膳夫骉，但与走马雁一样，仅是奉行王命的任役之人，并非代周王为献主者。

清华简《耆夜》为问题的讨论提供了转机。武王为庆祝伐耆功成，归而行饮至礼，其中提到"周公叔旦为主"。因文字残渺，李学勤原释作"命"。马楠认为周公旦"为命"，即宥酒之命辞，亦即《左传·庄公十八年》"虢公、晋侯朝王，王飨醴，命之宥"①。伏俊琏、冷江山二氏认为，"为命"就是发布命令。②但释作"命"实为误解。《清华大学藏战国竹简（壹）》正式出版后，整理者改释为"宝"，即"主"。③改释已得到学术界的认可。在有武王参加的饮酒礼中，周公旦为主，应即献主。那么周公为主，毕公为客，召公为介，武王为真正主人，基本上构成了与《仪礼·燕礼》类似的宾主结构。但是，我们必须看到，周公位列三公，并非膳夫，而代武王为献主，与礼经文献所载并不完全相符。膳夫取代三公，成为天子行燕礼的献主，这也是尊君抑臣的结果。

《耆夜》所载史事，表明西周初期天子行饮酒礼，以臣下为献主的仪节就已经存在。但以周公之尊为献主，明显又与后世所言以膳夫、宰夫等位卑者为献主，避嫌尊君有很大的差异。可以说，通过《耆夜》，不仅得出了"不以公卿为宾"在西周初期并不存在的结论，即使是"天子以膳夫为献主"在西周初期存在萌芽，但还远没有达到《仪礼》《周礼》《礼记》所记载的那般严密的程度。或许正因"献主"仪节并未成熟，宣王时期的鄂侯鼎载宴饮活动，未见用献主仪节。

通过以上的讨论，得出如下结论：

第一，"天子无客礼"是自殷周以来通行的礼仪规则。作为普天之下的共主，无论在自己直接控制的王畿之内，还是畿外诸侯的境地，天子永远为主而不为客。具体表现在，天子进入诸侯之国，舍于诸侯之祖庙，直

① 马楠：《清华简〈耆夜〉礼制小札》，《清华大学学报》（哲学社会科学版）2009 年第 5 期。
② 伏俊琏：《清华简〈耆夜〉与西周时期的"饮至"典礼》，《西北师大学报》（社会科学版）2011 年第 1 期。
③ 李学勤主编：《清华大学藏战国竹简（壹）》，中西书局，2010 年，第 151~152 页。

接与神交接，而不与诸侯为敌体；设飨行礼时，诸侯虽为"东道主"，但只能接受天子之飨，而不能飨天子，即诸侯由主变为客，天子由客变为主。"天子无客礼"不仅体现在飨礼上，而且在朝聘、吊唁、传位等礼中同样如此。《尚书·顾命》所载为成王崩，康王即位之礼。在整个礼典过程中，成王以神灵处正主之位，太保以代理人身份处摄主之位，康王以太子身份处宾客之位。整个仪式过程以授瑞信为转折点。之前成王是天子，故处南面位为主；之后康王是天子，故降自阼阶为主。王位的传承，实际上是变相的"主位"传承。为子为宾时升降自宾阶处宾位，为父为君时升降自阼阶出主位。这种传位方式，在冠子、飨新妇、奔丧等礼仪中均能见到，故本书称之为仪式的"代际交替模式"。

第二，与"天子无客礼"相应，"臣飨君"实际上是臣处主位而君处宾位。只不过此"君"包括一切的"有地者"，即自天子直至士。故"臣飨君"是非礼行为，而非某些礼学家所谓的如天子祭天一样合乎礼仪。但周室东迁后，天子权威衰落，郑厉公因有勤王之功，在周王室以飨天子，首开臣飨君的先例。自此之后，整个春秋时代，臣飨君已较普遍。"臣飨君"的兴起，与礼乐制度的崩坏、权力结构的重组息息相关。

第三，"不以公卿为宾"同样是战国礼学家总结出的一个礼仪规则。但考诸西周早期，发现其与历史事实并不相符。整个西周时代，是天子与诸侯行礼最为频繁的时代，以诸侯、贵卿为宾是其时常态。所谓"不以公卿为宾"，主要见诸《仪礼·燕礼》及相关文献之中，并且有一个逐渐清晰的过程。《仪礼·燕礼》仅仅以仪式展示不以公卿为宾，到《仪礼·燕礼·记》初步提出概念，再到《礼记·燕义》时则总括其成，明确提出这个礼义原则。"不以公卿为宾"概念的提出，与历史上"尊君"意识的逐渐增强相吻合。实际上是先秦礼学家面对君权衰落的社会现实，提出的一项补救措施。

第四，天子、诸侯燕臣子，自己不亲自参与献，而以献主代献，是自西周初以来就存在的礼义原则。具体而言，天子以膳夫为献主，诸侯以宰夫为献主，两者爵均仅至于士。正主不与献，而以献主代献，实际上是尊君意识造成的结果。臣不可与君分庭抗礼，但现实中又需要时常燕臣，故找个"代理人"代替，以解决此项冲突。不过，《耆夜》所载西周早期故事，周天子以周公为献主，爵位远高于士，与《周礼》《仪礼》所载有异，似暗示周初尊君意识未有极端化倾向。这或许为《耆夜》的成书年代早于《周礼》《仪礼》，从礼制变迁角度，提供了一个思考依据。

第五章　尊宾与燕飨礼

自专制主义中央集权建立以来，"三纲五常"已成为政治制度建设的指导思想。[①] "君者，出令者也。臣者，行君之令而致之民者也"[②]，君臣之间，出令与行令职权清晰，显示君臣地位的悬殊。但存在两千年之久的君君臣臣式的君臣关系，是否就是历史的唯一真相？

事实上，仅就君臣关系而论，先秦思想家的论述已经非常丰富。有学者总结其时有"君臣道义论""君臣惠忠论""君臣逸劳论""君臣尊抑论"等模式，涉及儒、墨、道、法家等。[③] 这足以说明，在前中央集权时代，君臣关系存在多元化倾向，臣对君的绝对服从并非天经地义。更有学者提出，君臣关系必须通过"策名委质"的仪式，方能正式确定，否则两者不构成君臣关系。[④]

众所周知，自西周以来，礼乐制度已渗透到两周社会的各个层面。考诸文献，常能发现先秦时期"分庭抗礼"式的活动中，君臣、父子、夫妇、

---

① 陈寅恪《王观堂先生挽词序》谈到"吾中国文化之定义，具于《白虎通》三纲六纪之说，其意义为抽象理想最高之境，若希腊柏拉图所谓 Eidos 者"。参见陈寅恪：《陈寅恪集·诗集》，生活·读书·新知三联书店，2001年，第12页。

② 屈守元、常思春：《韩愈全集校注》，四川大学出版社，1996年，第2663页。

③ 边树本：《晏子君臣观浅论》，《管子学刊》1993年第4期。宋秀丽：《韩非论君臣关系》，《贵州大学学报》1993年第3期。于雪棠：《〈庄子〉寓言故事中师友型君臣关系模式》，《东北师大学报》（哲学社会科学版），1996年第6期。查昌国：《友与两周君臣关系的演变》，《历史研究》1998年第5期。王国良：《从忠君到天下为公——儒家君臣关系论的演变》，《孔子研究》2000年第5期。黄谷秀：《论君臣关系中的纳谏行为——中国古代法律文化初探》，《船山学刊》2001年第3期。王世舜：《论孔子的"君臣观"》，《聊城大学学报》（社会科学版）2003年第3期。陈琛：《〈韩非子〉之君臣关系浅论》，《贵州文史丛刊》2003年第3期。陈秀平：《先秦儒、墨、道、法家君臣关系理论浅析》，《三峡大学学报》（人文社会科学版）2005年第5期。王杰：《孟子的社会分工说：以君臣关系为例的个案分析》，《人文杂志》2006年第4期。

④ 杨宽：《"贽见礼"新探》，《西周史》，上海人民出版社，2003年，第813页。甘怀真：《皇权、礼仪与经典诠释：中国古代政治史研究》，华东师范大学出版社，2008年，第310页。

兄弟等人伦关系，被主宾关系替代。主宾间的觥筹交错、周旋揖让，使森严的尊卑等级受到相对平等的礼制安排的冲击。换言之，"以臣为宾"的大量出现，体现了前中央集权时代尚存在一种被学界所忽略的"宾道"观念。对礼仪制度所蕴藏"宾道"观念的揭示，自然有利于学界重新检视中国古代的君臣关系。

何谓"宾道"？"宾道"相对于"君道"与"臣道"而言，是本书自拟的一个概念。①《孟子·离娄上》："欲为君，尽君道；欲为臣，尽臣道。二者皆法尧舜而已矣。"②《荀子》中有《君道》《臣道》两篇，所讲乃为君为臣之法，总体上不脱君臣上下尊卑之域。宾者，客也。与"臣"的身份相比，"宾"的身份具有更大的能动性。王国维分析"宾"字结构时谈到，"宾上从屋，下从人从止，象人至屋下"，会人来为客之意。③ 罗振玉亦指出"宾"字："象足迹在室外，主人跽而迎宾，与客字构造法同。"④《礼记·乡饮酒义》："宾者，接人以义者也。"⑤《礼记·仲尼燕居》："食飨之礼，所以仁宾客也。"⑥《说文·贝部》："宾，所敬也。"段玉裁注："君为主，臣为宾。"⑦主客关系相对君臣关系而言，尊卑色彩较轻。人来为客是为宾。简而言之，所谓"宾道"是以人为宾客，待之以义，尊之敬之。《礼记·燕义》"设宾主，饮酒之礼也"，即说明"宾道"存在于燕飨之饮酒仪式中。

第一节　宾主的面向与位次

礼仪中主人与宾客所处空间，无不与其身份相称。所谓"礼仪空间"，有学者指出主要分为"向"与"位"两大类。⑧ "向"指人与物在礼仪过程中

---

① 所谓"自拟"，并非向壁虚造。实际上，古人间或亦用到此词。如清张芳《黛史》云："男女之遇，有宾道焉。礼文缱绻，重之固之，荟合烛出，取于昏夜，事如寐矣。"（《檀几丛书》二集卷三四，康熙霞举堂刊本）以"宾道"说明婚礼中的男女关系，表达相亲相敬之意。

② 《孟子注疏》卷七，第5911页。

③ 王国维：《与林浩卿博士论〈洛诰〉书》，《观堂集林（上）》，中华书局，1959年，第43页。

④ 于省吾主编：《甲骨文字诂林》第3册，中华书局，1996年，第2017页。

⑤ 《礼记正义》卷六一，第3653页。

⑥ 《礼记正义》卷五〇，第3501页。

⑦ （清）段玉裁：《说文解字注》，上海古籍出版社，1988年，第281页。

⑧ ［日］妹尾达彦：《唐长安的礼仪空间——以皇帝礼仪的舞台为中心》，［日］沟口雄三、小岛毅编：《中国的思维空间》，黄正建译，江苏人民出版社，2006年，第467～498页。沈睿文：《唐陵的布局：空间与秩序》，北京大学出版社，2009年。

的朝向，主要指东向、西向、南向、北向。"位"指人与物所处或经过的位置、场所。① 礼书中常见的东阶、西阶、牖下、户西、堂中、庭中等，既是宫室的物质构成，又是礼仪现场中人与物形成的相对位次。"宾"的身份可通过"向"与"位"而得到体现。

一、宾主的面向

《礼记·燕义》："诸侯燕礼之义：君立阼阶之东南，南向，尔卿大夫，皆少进，定位也。君立阼阶之上，居主位也。"② 此所言乃燕礼中君主的位次与面向。君处阼阶之东南，南面而靠近卿大夫，卿大夫皆向前进一步，以接近君主。此中之"卿大夫"乃臣而非宾，故与君同在庭中东方。③《仪礼·燕礼》"卿大夫皆入门右，北面"④，即是如此。君南向、臣北向，乃君臣朝向之节；而宾则是入门如左，东面。"宾"的面向与君主及卿大夫正好相反。

《史记·孝文本纪》载文帝谦让天子之位："代王西乡让者三，南乡让者再。"《史记集解》引如淳曰："让群臣也。或曰宾主位东西面，君臣位南北面，故西向坐，三让不受，群臣犹称宜，乃更回坐示变，即位之渐也。"⑤《资治通鉴》卷一三"高后八年"，胡三省注："余谓如说以代王南乡坐为即君位之渐，恐非代王所以再让之意。盖王入代邸而汉廷群臣继至，王以宾主礼接之，故西乡；群臣劝进，王凡三让，群臣遂扶王正南面之位，王又让者再；则南乡非王之得已也，群臣扶之使南乡耳。遽以为南乡坐，可乎！"⑥此故事非常形象地表明出堂上东西向为宾主之礼，南面向为君臣之礼。代王首先在东方西向辞让，实际是以主人身份，辞掉汉中央朝廷使者的劝进请求，把汉庭劝进之人当作宾。请求不得后，再南向以君臣之礼接受了即皇帝位的要求。所以如淳说，这是"即位之渐"，先东西行宾主礼，再南北行君臣礼。代王自己的身份也从地方诸侯王，升格为了天

---

① 童强：《先秦礼仪的空间代码及其功能》，《南京大学学报》2008 年第 4 期。
② 《礼记正义》卷六二，第 3670 页。
③ 徐州邳州车辐山出土一方画像石，刻周公辅成王、孔子见老子图，形象展示君臣、宾主不同的位次与面向。画面左边，成王南面而立，左右有人持华盖，右则周公斜身向成王拱手磬折而立，这是君臣礼；画面右边是孔子见老子，老子手拄鸠杖，东向拱手而立，孔子身佩长剑，西向躬身拱手而立。孔子虽敬老子，但所行是宾主相见之礼。在一方石内同时见到君臣礼、宾主礼，实在难得。参见徐州汉画像石艺术馆编著：《徐州画像石》，江苏凤凰美术出版社，2019 年，第 165 页。
④ 《仪礼注疏》卷一四，第 2195 页。
⑤ 《史记》卷一〇《孝文本纪》，第 416 页。
⑥ （宋）司马光编著、（元）胡三省音注：《资治通鉴》，中华书局，2011 年，第 439 页。

下之主。文帝可谓擅于用礼者！

《仪礼》一书中，常见主人迎宾仪节，正好可以体现出宾的面向。如《士冠礼》："主人迎，出门左，西面再拜。宾答拜。……主人升，立于序端，西面。宾西序，东面。"①《士昏礼》："主人以宾升，西面。宾升西阶，当阿，东面致命。主人阼阶上，北面，再拜。"②《聘礼》："宾升，西楹西，东面。"郑注："与主君相向。"③《特牲馈食礼》："宾及众宾即位于门西，东面北上。"④宾、主入门、升堂仪节，宾由门左，经左堂途，升自西阶，必东面；主人由门右，经右堂途，升自阼阶，必西面。可见，宾东面，主人西面，是宾主面向的一般通则。

宾东向，主西向，为礼之通例。但根据具体情况，亦有变例存在。如上引《士昏礼》"主人阼阶上，北面，再拜"，即主人阼阶上拜时，变为北面。《士冠礼》记孤子行冠礼时云："凡拜，北面于阼阶上。宾亦北面于西阶上答拜。"⑤孤子自为主人，北面于阼阶上拜宾，宾于西阶上亦北面答拜。宾、主答拜，不相向而行，而是同北面。同样的例子，如《士昏礼》中"纳采"时，"宾致命，主人阼阶上北面，再拜"；"醴宾"时，"主人北面，再拜。宾西阶上北面，答拜"。⑥《乡饮酒礼》中"拜宾至"时，"主人阼阶上当楣北面再拜，宾西阶上当楣北面答拜"等。⑦ 凌廷堪《礼经释例》把这种现象总结为"凡门外之拜，皆东西面；堂上之拜，皆北面"⑧。宾、主门外行拜礼时，皆东西面，即宾东面，主西面（实际上，庭中拜亦如此），但到堂上行拜礼时，宾、主皆北面而拜。其缘由，叶国良解释为因古代房屋皆坐北朝南，堂上北面拜，意指向全家族行礼，故隆重其事。⑨杨天宇解释为，堂上之拜皆北面，实际上是尊对方于北面上位而拜之。⑩北面向全家族行礼，于礼经文献，无确切证据，不大可信。"尊对方于上位"与《礼记·曲礼》记授受礼"向与客并，然后受"，郑注"于堂上则俱南面，礼敌者并授"及礼有"以南为上者"相抵触。⑪ 可见杨氏之说亦不可

① 《仪礼注疏》卷二，第 2053~2054 页。
② 《仪礼注疏》卷四，第 2075 页。
③ 《仪礼注疏》卷二〇，第 2279 页。
④ 《仪礼注疏》卷四四，第 2257 页。
⑤ 《仪礼注疏》卷三，第 2065 页。
⑥ 《仪礼注疏》卷二，第 2074~2075 页。
⑦ 《仪礼注疏》卷八，第 2118 页。
⑧ （清）凌廷堪：《礼经释例》，彭林校点，北京大学出版社，2012 年，第 34 页。
⑨ 叶国良：《论凌廷堪的〈礼经释例〉》，《台大中文学报》2008 年第 28 期。
⑩ 杨天宇：《释〈仪礼〉"凡堂上之拜皆北面"之义》，《史学月刊》2009 年第 11 期。
⑪ 钱玄：《三礼通论》，南京师范大学出版社，1996 年，第 521 页。

信。本书推测，北面为室所在方位，而室常为祖先神灵所在之地。北面拜之，实乃尊敬神灵的缘故。婚礼纳采在庙中进行，主人曾为祖先神灵"施几筵"，以祖先之子孙许嫁于人，能不北上拜之乎？孤儿自己行加冠礼，祖先之子孙终于成年，也当北面拜以告之。堂上北面拜，有宾主双方北拜以告神之意。

宾亦有南面的情况。《士昏礼》中醴使者："主人彻几改筵，东上。"郑注："彻几改筵者，向为神，今为人。"贾疏："为神则西上，为人则东上。"①神席西上、人席东上，则俱南面无疑。此使者为宾，则宾可以南面。《乡射礼》："乃席宾，南面东上，众宾之席继而西。"②此所记为乡射前的饮酒礼，宾及众宾之席均在南面。《燕礼》："司宫筵宾于户西，东上。"③《公食大夫礼》："宰夫设筵，加席几。"郑注："设筵于户西，南面而左几。"④户西，即户牖之间。⑤《士昏礼》："赞醴妇，席于户牖间。"郑注："室户西牖东，南面位。"贾疏："礼子、礼妇、礼宾客皆于此，尊之故也。"⑥堂上户牖之间为尊位，席宾于此，为尊宾之故。《大射仪》："小臣设公席于阼阶上，西向。司宫设宾西于户西，南面。"⑦宾位户牖间南面时，主人位阼阶，则西面。

另宾主堂上授受礼物时，同为南面。《士昏礼》："授于楹间，南面。"郑注："授于楹间，明为合好，其节同也。南面，并授也。"⑧此言使者与主人在堂上楹间，俱南面而授受。《聘礼》："宾自碑内听命，升自西阶，自左南面受圭，退负右房而立。"郑注："听命于下，敬也。自左南面，右大夫且并受也。必并受者，若向君前耳。"⑨此乃主国国君派大夫还玉于聘宾仪节。聘宾与大夫在堂上，俱南面，且聘宾在大夫之左而受圭。必为南

① 《仪礼注疏》卷四，第2076页。
② 《仪礼注疏》卷一一，第2144~2145页。
③ 《仪礼注疏》卷一四，第2194页。
④ 《仪礼注疏》卷二五，第2335页。
⑤ 孙星衍据《大戴礼记·明堂》"凡九室，一室而有四户八牖"，认为每室皆有二牖夹户，用设牖扆。而所谓"牖间"，指两牖之间，正中设屏处。这种解释，与历代注家释"户牖间"为室户与牖之中间，明显不同。实际上，明堂的形制问题，千年聚讼，未有确解，但《大戴礼记》言明堂有九室，与寝、庙二房夹室，或东房西室，还是有明显区别的。王氏以明堂户牖构成，附会寝、庙户牖形制，不甚确当。今不从。参见孙星衍：《尚书今古文注疏》，陈抗、盛冬铃校点，中华书局，第489页。
⑥ 《仪礼注疏》卷五，第2089页。
⑦ 《仪礼注疏》卷一六，第2226页。
⑧ 《仪礼注疏》卷四，第2075页。
⑨ 《仪礼注疏》卷二三，第2306页。

面者，郑玄认为是"若向君前耳"，宋李如圭亦云"并受者，若在主国君前
受也"。① 再郑玄注《礼记·曲礼》"向与客并，然后受"时，云"于堂上则
俱南面"。据此，则在堂上时，授受俱朝南，以南为尊。②

堂下授受则同宾主均北面。《聘礼》："宰执书，告备具于君，授使
者。使者受书，授上介。"郑注："其授受皆北面。"③《聘礼》："使者受圭，
同面，垂缫以受命。"郑注："同面者，宰就使者，北面并授之。凡授受
者，授由其右，受由其左。"④此两处是聘宾受己国君书与圭的仪节，国
君在负依处，同北面授受意是向君，与堂上南面授受向君同。同样的例
子，《聘礼》中还见"士受马者，自前还牵者后，适其右，受"。郑注："适
牵者之右而受之也。此亦并授者。"李如圭曰：

> 马在庭，北面西上。牵者各在其西，士受马者从东方来，由牵者
> 之前绕其后，于人东马西受马。受不由其左者，欲牵者已授马右还而
> 出，便也。⑤

此处是同北面授受马，但却非"授由其右，受由其左"的授受通例，
即非授方在受方的右边，而是受方在授方的右边，因为要方便授方（即牵
马者）在授讫后右还（实左转）而出。此是授受礼通例中的变例。

综合而言，主宾面向存在着三种情况：一是宾主相向行礼，宾东面、
主西面，此为礼的一般通例；二是宾主同向行礼，如堂上拜俱北面，授受
俱南面，堂下授受俱北面；三是宾南面、主西面，这种情况主要存在于主
人饮酒醴宾的仪节中。

二、宾主的位次

上文讨论宾、主面向时，已涉及位次的问题，现再详加讨论。古人宫
室内，有东西二阶。《尚书·顾命》："大辂在宾阶面，缀辂在阼阶面。"⑥

---

① （宋）李如圭：《仪礼集释》，文渊阁《四库全书》第 103 册，台湾"商务印书馆"，1986
年，第 249 页。
② 《仪礼》诸篇堂上所设东西向席，以席南为上。
③ 《仪礼注疏》卷一九，第 2262 页。
④ 《仪礼注疏》卷一九，第 2264 页。
⑤ （宋）李如圭：《仪礼集释》，文渊阁《四库全书》第 103 册，台湾"商务印书馆"，1986
年，第 232 页。
⑥ 《尚书正义》卷一八，第 508 页。

《礼记·檀弓上》："周人殡于西阶之上，则犹宾之也。"①丧礼大敛过后，于西阶埋棺停殡，表达丧主以死去的父祖为宾客之意。西阶即为宾阶，东阶或阼阶即主阶。宾、主行礼，宾由门左入，升自西阶，主由门右入，升自阼阶。《仪礼·士冠礼》云：

> 主人迎，出门左，西面再拜。宾答拜。主人揖赞者，与宾揖，先入。每曲揖；至于庙门，揖入；三揖，至于阶，三让。主人升，立于序端，西面；宾西序，东面。②

主人立于序端，西面，则其所升，必为东阶；同理，宾立于西序东面，所升必为西阶。凌廷堪云："凡宾、主，礼盛者专阶，不盛者不专阶。"③意思是说，宾、主以敌体行盛礼，则各自登阶，分庭抗礼。若不为盛礼，则不能独专一阶。敖继公也说："凡堂上之献、酢，皆分阶而拜者，宾主二人而已，其余则否。"④《仪礼·士相见》："凡燕见于君，必辩君之南面。若不得，则正方，不疑君。君在堂，升阶无方阶，辨君所在。"⑤燕居时，臣参见君主，非礼之盛者，仅为了方便，故不论东阶、西阶，以君所近处，登阶升堂。实际上，这已是臣见君之礼，而非主宾相见之礼。凌廷堪讲"凡宾主"云云，并不确切。鸿门宴中，项羽东向坐，范增南向坐，刘邦北向坐，张良西向侍。余英时据此座次，认为刘邦实际上接受了把项羽当作上级，甚是。⑥ 室内项羽东向坐为主人与君，范增南向坐犹如乡饮酒礼之宾，刘邦北向为臣。君臣关系，通过座次已展露无遗。假如刘邦西向坐的话，则属主宾分庭抗礼，君臣关系或未确立。与之相对，汉惠帝与齐悼王燕饮时，却是变君臣为宾主或兄弟。"孝惠二年入朝，帝与齐王燕饮太后前，置齐王上坐，如家人礼。"颜师古注："以兄弟齿列，不从君臣之礼，故曰家人也。"⑦齐王年长于惠帝，惠帝置之上座。"上座"即"东向座"。惠帝敬齐悼王为兄，故以之为主东向，自己为宾西向。

东阶、西阶，在区别行礼身份与礼之等次方面，具有的特别功能，于

① 《礼记正义》卷七，第2779页。
② 《仪礼注疏》卷二，第2053~2054页。
③ （清）凌廷堪：《礼经释例》，彭林校点，北京大学出版社，2012年，第73页。
④ 转见（清）盛世佐：《仪礼集编》，袁茵点校，浙江大学出版社，2021年，第173页。
⑤ 《仪礼注疏》卷七，第2109页。
⑥ 余英时：《汉代的饮食——人类学与历史学的透视》，《汉代贸易与扩张》，李彤译，上海古籍出版社，2005年，第209页。
⑦ 《汉书》卷三八《齐悼惠王传》，第1987页。

《仪礼》一书，可以得到证实。《仪礼·燕礼》中，在"命宾"前，"小臣纳卿大夫。卿大夫皆入门右，北面，东上。……公降立于阼阶之东南，南向，尔卿。卿西面，北上。尔大夫，大夫皆少进"。卿大夫从门右而入，西面北上，是以臣的身份行礼如仪。君立阼阶下南面，作出靠近卿大夫的姿态，体现非以主人身份，而是以君的身份对卿大夫加以慰问。但是，在公"命宾"后，被命为宾者，独自出门，如"宾出，立于门外，东面"，"宾入，及庭。公降一等揖之"，"宾升自西阶"。从这些仪节来看，与前卿大夫入门、及庭相比，在进门方位、升阶方式上有了显著的不同：北面、西面变为东面，门右入变为门左入，立在阼阶下变为升自西阶。这些看起来烦琐的细微变化暗示着，作为卿大夫中一员时，宾入门是臣的身份，在被公命为宾后，再次入门升堂时，已不是臣，而是能够与主人分庭抗礼的"宾"，身份有了质的变化。"命宾"即获得宾的身份，是其中转折的关键。汉学家柯马丁曾提道："仪式行为展示、再现、肯定并更新着同时存在于其自身内外的秩序。仪式是一个信号，也就是说，它具有指示性。"[①]聘宾在这里所处位次、所站方位、所行礼仪，不仅在强化与指示自己的身份与地位，更在于确定与君之间的关系，何时为臣，何时为宾。确如柯马丁所言，仪式的繁文缛节并非毫无意义。"仪式作为一种交流形式，其本身也属于一种语言形式"[②]，细微的周旋揖让与位次面向，都传递了丰富的信息。

　　与《仪礼·燕礼》类似的记载，亦见于《仪礼·聘礼》中。正聘之时，聘宾因代表本国君行礼，故"宾入门左"，郑注"由宾位也"，"公事自阃西"。阃为门中所树短木，阃西即门左。《礼记·曲礼上》："大夫、士出入君门，由阃右。"贾疏引卢植注："门以向堂为正，主人位在门东，客位在门西。今此大夫士是臣，臣皆统于君，不敢自由宾，故出入君门恒从阃东也。"[③]所以"阃西""阃东"区分主宾身份的功能与"门左""门右"是同样的，它们仅是因界定方位的标的物而略有差异而已。由阃西进者为宾，阃东进者为臣。正聘之时，聘宾代表本国君行礼是公事，所以由门左阃西而入，升自西阶，以宾的身份与主国君，分庭抗礼。但是，正聘之后，盛礼已毕，聘宾行觌见主君之礼，"宾觌，奉束锦，总乘马。二人赞，入门右，

①　[美]柯马丁：《表演与阐释：早期中国诗学研究》，杨治宜等译，生活·读书·新知三联书店，2023 年，第 2 页。

②　[德]瓦尔特·伯克特：《古希腊献祭仪式与神话人类学》，吴玉萍、高雁译，社会科学文献出版社，2021 年，第 25 页。

③　《礼记正义》卷二，第 2681 页。

北面奠币，再拜稽首"，郑注："入门而右，私事自阑右，奠币再拜，以臣礼见也。"①觌为聘宾面见主君之礼是私事，较轻。② 宾入门右，郑注以为聘宾想以臣礼面见主国君，至确。有趣的是，主国君不愿受聘宾的臣见之礼，使赞礼之摈者辞。于是，摈者把聘宾所奠之币，所牵之马，请出庭外，重新还给聘宾，并让聘宾再次以宾的身份觌见主君，"宾奉币，入门左。介皆入门左，西上"。这一次，聘宾改为"入门左"，其副手介亦入门左，以宾礼见，与前以臣礼见，判然可别。聘宾觌见主君先以臣礼，被辞后用宾礼，与燕礼时宾未命前用臣礼，受命后用宾礼，入门方位、升堂方式，如出一辙。可见宾主之礼，自有其固定程式。如此繁缛仪节，也喻示其时行礼之人，不论对君臣礼还是宾主礼，都非常重视，对其左右方位所表达的礼义也是了然于心。

即使在丧礼中，宾主关系亦能见到一二。前引《礼记·檀弓上》已见殡父祖于西阶时，有待之以宾的礼义存在。再如，孝子的奔亲丧礼仪，可见父祖身份由主转换为宾，而孝子则由宾转换为主。《礼记·奔丧》中载奔亲丧，"至于家，入门左，升自西阶"③。《仪礼·聘礼》载外出使者家有丧，"归，执圭复命于殡，升自西阶，不升堂"④。此等均是殡礼后之事，但因属奔丧，孝子未亲与殡礼，故仍以亡亲为主，自己升自西阶为宾。《礼记·奔丧》又云："殡东，西面坐，哭尽哀。括发、袒，降，堂东即位，西乡哭，成踊。袭绖于序东，绞带，反位，拜宾成踊。送宾，反位。"⑤奔丧孝子，通过哭、括发、袒等礼仪动作，可"堂东即位，西乡哭"。堂东之位即主人之位；西乡哭，即主人哭位面向。通过成套的礼仪，子从宾到主的变化过程清晰可见。反之，亡亲由主到宾的过程亦可得而知。

东阶、西阶蕴含的主宾身份，通过上文的讨论，已较清晰。那么升堂之后，主宾所处位次，是否亦有明确的界定？通检礼书，大致可以得出堂上宾主位次存在着两种情况：一是宾、主分庭抗礼，而又略重于敬主人时，宾西序下东面，主人东序下西面；二是尊宾稍强于敬主时，常席宾于

① 《仪礼注疏》卷二一，第 2286 页。
② 这里所谓"私事"，并非完全是聘宾个人之事，实指此时聘宾不再代表本国君身份行礼，而是以自己的名义与主国君行礼，只是相对于"致命授圭"礼较轻而已，本质上仍是国与国交聘的公事。真正的"私事"，要到聘礼快结束时，主国之君或卿大夫为感谢聘宾为两国交好作出的贡献，以行燕饮之礼。所以觌见之礼，主国君为尊敬聘宾，不敢以臣礼接待。
③ 《礼记正义》卷五六，第 1653 页。
④ 《仪礼注疏》卷二三，第 1069 页。
⑤ 《礼记正义》卷五六，第 1653 页。

堂上户牖之间，南面，主人位东序下，西面。①

先说宾位西序下，主人位东序下，相向行礼的情况。《仪礼·聘礼》中载聘宾为卿，主人为诸侯，身份悬殊，宾应敬主。但因公事，聘宾代理本国国君行礼，所以在正聘"致命"礼盛之时，"宾升，西楹西，东面……宾致命。公左还，北向。摈者进。公当楣再拜。宾三退，负序"②。此处"致命"，指聘宾把行聘信物圭，授给主国之君，说明两国交聘之意，是聘礼中最隆重的仪节。宾西楹西，东面，则必立于西序下。授圭礼毕，主国君北面拜后，"宾三退负序"，所负之序即西序。"公左还北面"，"还"通作"旋"，段玉裁释"左旋"为自东向西的旋转，类似现在的"右转"。那么在"左还"前，公必西面。③两国国君行此礼时，体现的亦是这种情况。《左传·成公六年》载：

> 六年春，郑伯如晋拜成，子游相，授玉于东楹之东。士贞伯曰："郑伯其死乎！自弃也已。视流而行速，不安其位，宜不能久。"④

此处虽是以西楹、东楹为界定礼仪空间的标的物，但本质上与东西序并无二致。郑悼公与晋景公皆为一国之君，地位相当。宾主若地位相当，授玉时进位到两楹之间，即中堂。若宾客身份低于主人，授受在中堂与东楹之间，即东楹之西。对于堂上的授受之礼，清胡培翚《仪礼正义》分作四种情况，作了清晰的总结。他说："一为宾主敌体，在两楹间，宾面卿，是也。一为宾主虽敌体，而所趋者君命，则在堂中西向，归饔饩于聘宾，受币堂中西，宾问卿堂中西，是也。一为宾臣主君，则直趋君位，当东楹。宾觌，进授币，当东楹。公礼宾，受币当东楹，是也。一为宾主虽君臣，而所执者君之器，则在中堂与东楹之间。聘宾致命，公侧袭受玉于中堂与东楹之间，是也。"⑤郑伯虽可尊晋侯为霸主，授玉也只应到东楹之

---

① 宋张载说："坐位，宾主不相对，礼不主于敬主，欲以尊贤也。若相对，则主于敬主矣。"换言之，主宾相向行礼，一东序下，一西序下，主宾虽分庭抗礼，但敬主的成分更浓些；若主宾不相对，即宾户牖下，主阼阶上，则尊宾重于敬主。张载的这种说法得到了清万斯大的高度赞许，亦可信。参看(清)万斯大：《学礼质疑》卷二《乡饮酒礼席次》，《清经解》第1册，上海书店出版社，1988年，第325页。

② 《仪礼注疏》卷二〇，第2279页。

③ (清)段玉裁：《左旋右旋说》，《经韵楼集》，钟敬华校点，上海古籍出版社，2008年，第361页。

④ 《春秋左传正义》卷二六，第4130页。

⑤ (清)胡培翚：《仪礼正义》，段熙仲校点，江苏古籍出版社，1993年，第155页。

西，却授玉在东楹之东，远离其所应在之位，且"视流行速"无谦和雍容之态，所以士贞伯讥其自弃其位，预测其必死。郑悼公过于自卑，远离其所站位次，被认为是弃礼自弃的行为，受到了批评与讥讽。然则在先秦时期古人行礼，所站立的位次，要以身份尊卑的差异而定，是确定无疑的事情。

再说主人为尊宾，席宾于户牖之间，己位于阼阶的情况。这种情况，《仪礼》中习见。如《士昏礼》中主人醴使者、舅姑飨新妇，《乡饮酒礼》《乡射礼》《大射仪》《燕礼》中主人饮宾，《公食大夫礼》中公食大夫，《聘礼》中主人飨宾、介，《特牲馈食礼》《有司彻》中主人饮尸等，均是主宾酬酢而尊宾之礼，宾位于户牖之间，主人位在阼阶。因《乡饮酒礼》所记宾主饮酒礼较为全面，下即据以对这种情况略加论述。

据郑玄《三礼目录》，《仪礼·乡饮酒礼》所记乃三年大比之时，乡大夫为选贤能之才输送给国君，于乡中以贤才为宾，饮之以酒之礼。可见乡饮酒的目的在于尊宾重贤。这决定了行礼双方虽同是主宾关系，但与《仪礼·聘礼》中的主宾仍有稍许差异，且主要体现在宾所处的位次上。《仪礼·乡饮酒礼》"乃席宾、主人、介"，郑注：

> 席，敷席也。……宾席牖前，南面。主人席阼阶上，西面。介席西阶上，东面。①

郑注非常清晰地展示了宾、主及介在乡饮酒礼中的位次。《礼记·乡饮酒义》"宾必南向，介必东向，主人必居东方"，亦证明郑说不误。尊宾为何要席宾于户牖之间，南面，《礼记·乡饮酒义》对此有作解释：

> 宾主，象天地也。介、僎，象阴阳也。三宾，象三光也。让之三也，象月之三日而成魄也。四面之坐，象四时也。天地严凝之气，始于西南而盛于西北，此天地之尊严气也，此天地之义气也。天地温厚之气，始于东北而盛于东南，此天地之盛德气也，此天地之仁气也。主人者尊宾，故坐宾于西北，而坐介于西南以辅宾。宾者，接人以义者也，故坐于西北。主人者，接人以仁以德厚者也，故坐于东南，而坐僎于东北以辅主人也。仁义接，宾主有事，俎豆有数，曰圣。②

---

① 《仪礼注疏》卷八，第2116页。
② 《礼记正义》卷六一，第3653页。

介为副宾，三宾为众宾。郑注"贤者为宾，其次为介，又其次为众宾"，所言即此。僎，亦可写作傅，为乡中致仕之卿大夫。宾位西北，即户牖之间；主位东南，即阼阶之上；介位西南，即西阶上；僎位东北，即宾之东方。这样正好形成了一个"四面之坐"。堂上宾、主、介、僎四者形成的饮酒位次，象征着天地宇宙。而他们饮酒酬酢蕴含的道义及各方的关系，象征着天地间流行的各式之"气"。通过这种比附，《礼记·乡饮酒义》构筑了一个完整的"天人相应"模式，使饮酒礼的位次具有了神圣特性，这当然有孔门后学过度发挥的成分存在。但是，在一定程度上，主宾饮酒礼仪背后隐喻的礼义，却更为形象地展露在世人眼前。宾象天，主象地，天尊地卑，宾的地位在此得到了最大程度的尊重。

综上言之，礼仪现场中，对于宾主的面向与位次，可以勾勒出一个大致的图线：门外之时，宾位于门左阑西，主位于门右阑东，相向行礼，即宾东面，主西面。入门后，宾左转由左边堂途升自宾阶，主右转由右边堂途升自阼阶，揖让周旋，亦相向行礼。升堂后，宾立西序下，主立东序下，以分庭抗礼。不过，堂上正式交酬行礼时，仪式渐趋复杂，根据不同的情况而有所变化。简言之，他们的面向有三种，一是宾主相向行礼，二是宾主同向行礼，三是宾南向、主西向。位次有两种，主宾之间，略敬主人时，宾位西序下，西楹西，主位东序下，东楹东；略重宾时，宾位户牖间，南面，主位阼阶，东面。可以说在礼仪过程中，"面向"与"位次"勾勒出宾主间"分庭抗礼"的局面。正是这种"分庭抗礼"，虽然不能完全抹去尊卑色彩，但是与君臣间的等级森严相比，更多地体现的是一种平等关系。宾道观就蕴藏在类似的"繁文缛节"中。

第二节　宾主授受礼

两周时贵族间的婚嫁、聘飨等，均必执礼物以相见。所执礼物称作"贽"。杨宽曾称执贽相见之礼为"贽见礼"。[①] 相授礼物之际亦有一套礼仪，即"授受礼"。[②] 由于主宾双方尊卑的不同，所站位次、礼容、方式等方面均有不同。现根据文献所载恢复"授受礼"的某些礼仪，并阐述其间所体现的礼义。

---

① 杨宽：《"贽见礼"新探》，《西周史》，上海人民出版社，2003 年，第 790 页。
② 钱玄：《三礼通论》，南京师范大学出版社，1996 年，第 540~542 页。

一、堂上授受礼

《左传·成公六年》载：

> 六年春，郑伯如晋拜成，子游相，授玉于东楹之东。士贞伯曰："郑伯其死乎！自弃也已。视流而行速，不安其位，宜不能久。"①

郑悼公与晋景公皆为一国之君，地位相当。郑伯在东楹之东授玉于晋侯，士贞伯讥其"自弃""不安其位"，并预测其必死。郑悼公在东楹之东授玉，何以是不安其位？

缘则古代堂上有东西两大柱子，即为东楹、西楹。堂上为礼，宾客东向，近西楹；主人西向，近东楹。东西楹之中，即是中堂。宾、主若地位相当，授受时位于两楹之间；若宾客身份低于主人，授受在中堂与东楹之间，即东楹之西。郑伯虽可尊晋侯为霸主，授玉也只应在东楹之西，今却授玉在东楹之东，远离其所应在之位，且"视流行速"，显示内心急躁未安，无谦和安详之态，所以士贞伯讥其自弃其位，预测其必死。郑悼公远离其所站位次，过于自卑，被认为是弃礼自弃的行为，受到了批评与讥讽。然则在先秦时期，古人于授受之际所站立的位次，要以身份尊卑的差异而定。

《仪礼·士昏礼》中"纳采"时，使者与主人"授于楹间，南面"，郑玄注："授于楹间，明为合好，其节同也。南面，并授也。"②婚礼为两姓合好之时，所以"节同"，授受于主宾地位等同的两楹之间。

对于堂上的授受位次，清儒胡培翚据《仪礼·聘礼》总结有四：

> 一为宾主敌体，在两楹间，宾面卿，是也。一为宾主虽敌体，而所趋者君命，则在堂中西向，归饔饩于聘宾，受币堂中西，宾问卿堂中西，是也。一为宾臣主君，则直趋君位，当东楹。宾觌，进授币，当东楹。公礼宾，受币当东楹，是也。一为宾主虽君臣，而所执者君之器，则在中堂与东楹之间。聘宾致命，公侧袭受玉于中堂与东楹之间，是也。③

① 《春秋左传正义》卷二六，第 4130 页。
② 《仪礼注疏》卷四，第 2075 页。
③ （清）胡培翚：《仪礼正义》，段熙仲点校，江苏古籍出版社，1993 年，第 155 页。

胡培翚所言第一点，因聘宾也是卿，与主国卿尊卑同，授受时即在东西楹之间。第二点，主国卿以君命馈送饔饩给聘宾时，虽两卿地位等同，但聘宾必在中堂与东楹之间受。此时因在聘宾之馆，主人实是聘宾。第三点，宾主地位悬殊，则主不动，宾直接趋进到君前受。第四点，宾为臣、主为君，但是宾所执器为己国国君之器，则授受之法与第二点同，表明宾仅为使者，实为两国国君相授受。

从上文可知，堂上授受的地点，以东楹、西楹、中堂为节，无不体现着尊卑秩序。授受之时，尊卑同则双方位移同，均到楹间堂中授受；若尊卑异，则卑者位移大于尊者，就尊者授受；若尊卑过于悬殊，卑者直趋尊者处，尊者不动，相授受。但是若一方为使者，则以其所代表主人的身份与对方相授受。

礼除堂上授受外，亦有在他处施行者。《仪礼·士相见礼》："主人揖，入门右，宾奉贽，入门左。主人再拜，受。宾再拜，送贽，出。"郑玄注："右，就右也。左，就左也。受贽于庭，既拜送则出矣。不受贽于堂，下人君也。"①此处双方身份为"士"，授受在庭中。另亦有阶上授受者，如《仪礼·士冠礼》宾西阶上降一等，执冠者升一等授受冠。

总的来说，堂上授受应为"授受礼"之最隆重者。而授受双方在堂上的位次，无不体现着尊卑秩序的差异。礼所以别尊卑，于此所见尤其明显。

二、授受礼容

前揭郑悼公事，士贞伯讥其"视流而行速"，章太炎据《贾子·容经》，认为"视流"即是不端视，流而不端，"行速"即是不从容。②杨伯峻亦认为郑悼公快步过谦，视流如水，不端正，东张西望。③郑悼公与晋景公行礼时，不仅所站位次有误，其礼容也不正。古人在行授受礼时，若违背礼容，也要遭到讥讽。

《左传·僖公十一年》载：

天王使召武公、内史过赐晋侯命，受玉惰。过归，告王曰："晋侯其无后乎？王赐之命，而惰于受瑞，先自弃也已，何继之有？礼，

---

① 《仪礼注疏》卷七，第 2106 页。
② 章太炎：《春秋左传读》，上海人民出版社，1982 年，第 436 页。
③ 杨伯峻：《春秋左传注》，中华书局，1990 年，第 826 页。

国之干也；敬，礼之舆也。不敬，则礼不行；礼不行，则上下昏，何以长世？"①

《国语·周语上》所记与此类似，其言晋惠公"执玉卑，拜不稽首"②。"受玉惰"与"执玉卑，拜不稽首"意思相同。授受之际的礼容，郑玄在注《仪礼·聘礼》时曰："受授不游手，慎之也。"孔颖达疏："游暇一手，不慎也。"③"不游手"意为不能单手授受，使另外一手"游暇"。杨宽以晋惠公受玉时执得很卑下，释"受玉惰"，甚确。"授受游手"与"执玉卑下"俱为失礼行为。玉乃受命信物，晋惠公却对之不敬，内史过讥其"先自弃"也就不难理解。晋惠公遭到的讥讽，与郑悼公如出一辙，均在授受玉器时礼容出现了问题。

对古人在"执玉"时的礼容，杨宽已有精到的论述。④《仪礼·士相见礼》："凡执币者不趋，容弥蹙以为仪。执玉者则唯舒武，举前曳踵。"郑玄注："不趋，主慎也。以进而益恭为威仪耳。惟舒武者，重玉器，尤慎也。"⑤此等可见，在"授受"前的"执玉"阶段，正如杨先生所言，其身体的姿势、神色、脚步，都要郑重其事、战战兢兢，合乎一定的规矩。《左传·定公十五年》载邾隐公朝见鲁公时两公执玉的方式，亦被子贡作为预测两公命运的依据：

> 十五年春，邾隐公来朝。子贡观焉。邾子执玉高，其容仰。公受玉卑，其容俯。子贡曰："以礼观之，二君者，皆有死亡焉。夫礼，死生存亡之体也。将左右、周旋、进退、俯仰，于是乎取之；朝、祀、丧、戎，于是乎观之。今正月相朝，而皆不度，心已亡矣。嘉事不体，何以能久？高仰，骄也；卑俯，替也。骄近乱，替近疾。君为主，其先亡乎！"⑥

邾隐公、鲁定公相朝授受玉器时，邾隐公执玉太高，且容貌仰昂，子贡认为是骄傲的表现；而鲁定公执玉过低，容貌卑俯，被认为是废惰有病

---

① 《春秋左传正义》卷一三，第 3911 页。
② 徐元诰：《国语集解（修订本）》，王树民、沈长云点校，中华书局，2002 年，第 31 页。
③ 《仪礼注疏》卷二○，第 2273 页。
④ 杨宽：《"贽见礼"新探》，《西周史》，上海人民出版社，2003 年，第 81 页。
⑤ 《仪礼注疏》卷七，第 2111 页。
⑥ 《春秋左传正义》卷五六，第 4673 页。

的表露。过于仰昂或过于卑俯，均不合于礼仪，故子贡预测二君皆不能长久，且还认为因鲁公为主失礼，必先亡。

有意思的是，无论是郑悼公、晋惠公，还是邾隐公、鲁定公，在《左传》中均为预测所测中。由礼容预测施礼者的命运，足见其在春秋时期的重要性。其所依以判断的根据，见本书第八章第二节。

三、授受方式

《礼记·曲礼上》："授立不跪，授坐不立。"郑玄注："为烦尊者俯仰受之。"① 《礼记·少仪》："受立授立，不坐。"郑注："由便。"② 授物于尊者时，尊者站立，不跪着授；尊者跪坐时，不站立授。授受双方应保持同一姿势。实际上，"授受礼"中，授受双方的面向、接受物品的方式有多种。

1. 同面并授受

清凌廷堪说："凡授受之礼，同面者谓之并授受。"③ 凌氏所言甚是。同面并授受，包括两种，即同南面授受与同北面授受。前引《仪礼·士昏礼》"授于楹间，南面"，郑注："授于楹间，明为合好，其节同也。南面，并授也。"④ 此言使者与主人在堂上楹间，俱南面而授受。再如《仪礼·聘礼》："宾自碑内听命，升自西阶，自左南面受圭，退负右房而立。"郑注："听命于下，敬也。自左南面右大夫，且并受也。必并受者，若向君前耳。"⑤ 此为主国国君使大夫还玉于聘宾的仪节。聘宾与大夫在堂上，俱南面，且聘宾在大夫之左而受圭。必为南面者，郑玄认为是"若向君前耳"，李如圭亦云"并受者，若在主国君前受也"。⑥ 《礼记·曲礼上》"向与客并，然后受"，郑注云"于堂上则俱南面，礼敌者并授"，⑦ 则在堂上时授受俱朝南，以南为尊。

堂下则同北面授受，此在文献中较为常见。《仪礼·聘礼》："宰执

---

① 《仪礼注疏》卷二，第 2682 页。
② 《礼记正义》卷三五，第 3275 页。
③ （清）凌廷堪：《凌廷堪全集》，纪健生校点，黄山书社，2009 年，第 60 页。
④ 《仪礼注疏》卷四，第 2075 页。
⑤ 《仪礼注疏》卷二三，第 2306 页。
⑥ （宋）李如圭：《仪礼集释》，文渊阁《四库全书》第 103 册，台湾"商务印书馆"，1986 年，第 249 页。
⑦ 《礼记正义》卷二，第 2693 页。

书，告备具于君，授使者。使者受书，授上介。"郑注："其受授皆北面。"①再如《仪礼·聘礼》："使者受圭，同面，垂缫以受命。"郑玄注："同面者，宰就使者，北面并授之……凡授受者，授由其右，受由其左。"②聘宾受已国君书与圭的仪节，国君在负依处，宰与使者同北面授受。同样的例子，《仪礼·聘礼》中还见"士受马者，自前还牵者后，适其右，受"，郑注："适牵者之右而受之也。此亦并授者。"③宋李如圭曰：

> 马在庭，北面，西上。牵者各在其西，士受马者从东方来，由牵者之前绕其后，于人东马西受马。受不由其左者，欲牵者已授马，右还而出，便也。④

此处亦是同北面授受马，但却非"授由其右，受由其左"的授受通例，即非授方在受方的右边，而是受方在授方的右边。因为方便授方（即牵马者）在授讫后右还（实左转）而出，属授受礼通例中的变例。

2. 讶授

讶，《尔雅》云"迎也"。《诗·召南·鹊巢》："之子于归，百两御之。"陆德明《经典释文》："御本亦作讶，又作迓。"⑤言以百辆之车迎娶新妇。《周礼》有"掌讶""讶士"等官，贾公彦认为其职为掌迎宾客。凌廷堪云："凡授受之礼，相向者谓之讶授受。"⑥凌氏所言甚是，讶授即为迎面而相授受。

《仪礼·聘礼》"劳宾"节："劳者奉币入，东面致命。宾北面听命，还，少退，再拜稽首，受币。"郑玄注："北面听命，若君南面然。"⑦此时劳者奉主国国君命来慰劳聘宾，虽主国国君不在，但聘宾仍得如君在之礼授受。李如圭曰："劳者授币当南面，卑北面讶受之。凡卑者讶受，敌者并受。"⑧

---

① 《仪礼注疏》卷一九，第2262页。
② 《仪礼注疏》卷一九，第2264页。
③ 《仪礼注疏》卷二一，第2287页。
④ （宋）李如圭：《仪礼集释》，文渊阁《四库全书》第103册，台湾"商务印书馆"，1986年，第232页。
⑤ 《毛诗正义》卷一，第596页。
⑥ （清）凌廷堪：《凌廷堪全集》，纪健生校点，黄山书社，2009年，第62页。
⑦ 《仪礼注疏》卷一九，第2268页。
⑧ （宋）李如圭：《仪礼集释》，文渊阁《四库全书》第103册，台湾"商务印书馆"，1986年，第218页。

授受双方地位同，则同面并相授受，若尊卑不同，则以讶授。李氏所言本自郑玄、贾公彦。但清儒凌廷堪对此稍有异议，其认为"授受之例，统观《礼经》全文，当云：行礼于尊者之前则同面受；不于尊者之前，则讶相授受"。授受的方式，不是据授受当事人的身份，而是据授受时是否有尊者在场。凌氏此说实有不确之处，且自己也有疑惑：

> 惟《士昏礼》纳采，授雁"于楹间，南面"，注以为"并受"。此非行礼于尊者之前，而亦并受，则与此例不合。然《聘礼》傧归饔饩使者，宾面卿，经文皆云"受币于楹间，南面"，与《士昏礼》纳采同。而注又以为授者北面，受者南面，非并受。经同注异，窃疑《士昏礼》之注非也。盖郑贾之说以讶受为尊卑相受之法，并受为敌者相受法；敖氏之说则以讶受为行礼之事，并受为相礼之事。皆与经不合。今仍依郑氏注释之，而附鄙见于此，俟深于礼者择焉。①

凌氏因《仪礼·士昏礼》与《仪礼·聘礼》经文俱言"受币于楹间，南面"，但郑注一言"并授"、一言"讶授"，故怀疑郑注有误。实际上，《士昏礼》的纳采，前已言使者仅为中介，真正行授受礼的为双方主人。双方主人地位相当，故同南面并授。《聘礼》此处郑注明言"尊君之使"，此处使者亦是君与聘宾的中介，实则乃是君归聘宾饔饩。郑注并非有误，"尊君之使"实乃尊君。君的地位高于聘宾，故讶授。

3. 侧授

关于侧授，《仪礼·聘礼》所记最为明确。如"公侧授宰玉"，郑玄注："使藏之，授于序端。"再如"公侧授宰币，皮如入，右首而东"，"公升，侧受几于序端"，"宾降，出。公侧授宰币，马出"等，授受均在君与宰之间施行，且地点在序端。

君尊，授受之时多有相者赞助。《仪礼·聘礼》"公侧袭，受玉于中堂与东楹之间"，郑玄注曰："侧犹独也。言独，见尊宾也。他日公有事，必有赞为之者。"②据此郑注，此侧授为公无相之授，其目的在于尊宾。侧有独义，此在经文中常见。如《仪礼·士冠礼》"侧尊一瓶醴"，郑注：

---

① （清）凌廷堪：《凌廷堪全集》，纪健生校点，黄山书社，2009年，第64页。
② 《仪礼注疏》卷二〇，第2279页。

"侧，犹特也。无偶曰侧。"①此处侧，为一、特义。《仪礼》有《特牲馈食礼》篇，特牲即只用豕一种牲。君为尊重聘宾而亲力亲为，是可以理解的。

4. 不起身而相授受

前引《曲礼》与《少仪》两篇，均谓授受双方要么同立，要么同跪，无一立一跪者。但翻诸《仪礼》，也有例外之处。

《仪礼·聘礼》："贾人西面坐，启椟，取圭垂缫，不起而授宰。"②授受之礼一跪一立，是为不起而授受之例。此例还见于《仪礼·有司彻》中：

> 主妇自东房荐韭、菹、醢，坐奠于筵前，菹在西方。妇赞者执昌菹、醢以授主妇。主妇不兴，受……妇赞者执白、黑以授主妇。主妇不兴，受……兴，退。③

主妇与妇赞者之间的不起而授受之例，《仪礼·有司彻》中多见，不过与《仪礼·聘礼》中贾人与上介间的授受还有稍微不同。后者是受方站立、授方跪坐，前者是授方站立、受方不兴。

前文已讨论的并受、讶授、侧受，授受双方均是同时站立授受，与《礼记》所记相合，但此处何以有不起而授受之例？

郑玄注《仪礼·聘礼》时认为："授圭不起，贱不与为礼也。"④贾人仅是"在官知物价者"，而上介乃大夫，两者地位过于悬殊，不宜相为抗礼。《仪礼·有司彻》在"尸酢主妇"仪节有同为卑者"不起而授受"之例，曰："妇人赞者执爵、膴以授妇赞者。妇赞者不兴，受。"⑤《有司彻》为《少牢馈食礼》的下篇。《仪礼·少牢馈食礼》为大夫礼，若妇从夫爵，妇赞者的地位低于主妇，为士一级或更低。妇人赞者，郑玄注以为是"宗妇之少者"，则地位亦不会为高。此妇人赞者与妇赞者的"不起而授受"，不仅是不能参与抗礼，更是无礼可言。"礼不下庶人"，或可释此例。地位过于悬殊的两人，不能分庭抗礼，反而没有了繁文缛节。

---

① 《仪礼注疏》卷二，第 2052 页。
② 《仪礼注疏》卷一九，第 2264 页。
③ 《仪礼注疏》卷四九，第 2617 页。
④ 《仪礼注疏》卷二〇，第 2278 页。
⑤ 《仪礼注疏》卷四九，第 2624 页。

5. 不亲相授受

《礼记·坊记》"男女授受不亲"，郑玄注："不亲者，不以手相与也。"①男女之间，不能亲相授受。《内则》又云："非祭非丧，不相授器。其相授，则女受以篚。其无篚，则皆坐奠之，而后取之。"②男女若要授受，必以篚为中介。若无篚则授方先奠放在地上，受的一方再取。不过除丧祭在例外之中。

关于男女授受不亲，讨论最为热烈者，见于《孟子·离娄上》：

> 淳于髡曰："男女授受不亲，礼与?"孟子曰："礼也。"曰："嫂溺，则援之以手乎?"曰："嫂溺不援，是豺狼也。男女授受不亲，礼也。嫂溺援之以手者，权也。"③

孟子用礼的经、权理论，破解礼制规定与人性人情的矛盾。礼经规定男女授受不亲，但是突发情况下，如嫂溺于水中，则要求权变，必须以手救之于危难之中，否则人与豺狼无异。在《仪礼》一书中，除了男女不相因袭爵外，不相授受的例子亦能见到。《仪礼·士昏礼》载"妇见舅姑"节：

> 妇执笲枣栗，自门入，升自西阶，进拜，奠于席。舅坐抚之，兴，答拜。妇还，又拜。降阶受笲腶脩，升，进，北面拜，奠于席。姑坐，举以兴，拜，授人。④

妇见舅所执的枣栗，见姑所执的腶脩，均是先奠于席上，舅姑方才或抚之，或举以兴。妇与舅姑没有亲相授受。此处妇与舅的授受，合乎男女授受不亲的原则。但妇与姑亦授受不亲，令人费解。

郑玄对舅、妇不亲相授受的解释是"舅尊不敢授"，对姑、妇不亲授受没有解释，似亦可以"姑尊不敢授"推之。姑尊稍低于舅，故仪节多于舅，先坐下再拿起腶脩站起来，授于有司，而舅只坐下抚摸一下，再由宰

---

① 《礼记正义》卷五一，第 3521 页。
② 《礼记正义》卷二七，第 3168 页。
③ 《孟子注疏》卷七，第 5920～5921 页。
④ 《仪礼注疏》卷五，第 2088 页。

撤走。李如圭云"姑举之，若亲受之"①，正是此意。姑尊于妇，但又稍低于舅，所以只能是若亲受，而实未亲受。

因尊卑不同而不亲相授受，于《仪礼·觐礼》中亦有所见："侯氏入门右，坐奠圭，再拜稽首。王抚玉。"郑玄注："卑者见尊，奠挚而不授。"②诸侯觐见天子，授王以玉。但是诸侯并没有亲授王以玉，而是奠玉于地上，王也没有亲受，只是抚摸一下而已，与妇见舅礼同。《仪礼·乡饮酒礼》中"一人举觯"为旅酬之始，献宾时，"坐奠觯于荐西。宾辞，坐受以兴"。此处主人之吏与宾，没有亲相授受，而是吏把觯放在荐的西边，宾坐下来后再取。郑注："举觯不授，下主人也。"③郑玄以为是，吏的级别低于主人，不能够与宾分庭抗礼，亲相授受。盛世佐说："礼敌者亲授，卑于尊则奠而不授，不敢也。主人酬宾，亦奠而不授，礼之杀也。于献固尝亲授矣，今举觯者之奠而不授，自是卑于尊法，初不因礼之杀。"④尊卑太过者，不亲相授受。由上可以看出，不相亲授受者，似有两种情况：一为性别差异，男女不亲相授；二为尊卑差异。但却有一疑问：明言"男女授受不亲"的《礼记》与《孟子》均为战国时期文献，"男女授受不亲"是否源于战国儒家的总结，在春秋或春秋以前，并无特别的强调？

《仪礼》中有男女不相因爵的规定，而关于"不相亲授受"，既有舅妇式的不相亲授受，亦有姑妇式的不相亲授受，更有君臣式的不相亲授受，强调尊卑差异明显浓于性别差异。且我们发现，《诗经》中有大量男女之间赠送礼物的记载，如《邶风·静女》："静女其娈，贻我彤管。"⑤在偏僻的城隅，男女约会相见，难以想象赠送彤管时，会存在男女授受不亲的情况。再如《郑风·遵大路》："遵大路兮，掺执子之祛兮。……掺执子之手兮。"⑥传统认为此是求贤之诗，朱熹却认为是"淫妇为人所弃，故于其去也，揽其袪而留之"，"亦是男女相悦之词也"。⑦若祛除伦理道德色彩，此诗或如葛兰言所云实乃男女情歌。⑧在执袪、执手之际，更不会有"男

① （宋）李如圭：《仪礼集释》，文渊阁《四库全书》第 103 册，台湾"商务印书馆"，1986 年，第 69 页。
② 《仪礼注疏》卷二六，第 2357 页。
③ 《仪礼注疏》卷九，第 2126 页。
④ （清）盛世佐：《仪礼集编》，袁茵点校，浙江大学出版社，2021 年，第 177 页。
⑤ 《毛诗正义》卷二，第 655 页。
⑥ 《毛诗正义》卷四，第 718 页。
⑦ （宋）朱熹：《诗集传》，中华书局，1958 年，第 51 页。
⑧ ［法］葛兰言：《古代中国的节庆与歌谣》，赵丙祥、张宏明译，广西师范大学出版社，2005 年，第 51 页。

女授受不亲"之事。

从上述讨论可以得出：男女间的授受不亲在战国时期得到儒家的特别提倡，因而闻名于史籍；春秋前的不亲相授受者，似更强调尊卑，到后世过度强调男女之大防，性别因素才得到特别强化。

四、授受礼与尊卑观念

尊卑观念是中国古人的重要思想观念，主要表现有天尊地卑、父尊子卑、君尊臣卑，男尊女卑等；在方位上，有尚右、尚左、尚东、尚西；个人地位上，有尚德、尚爵、尚齿。观念必通过制度、礼仪来表现。尊卑观念是古礼的核心观念之一。"授受礼"是在人与人之间的交接、周旋中，把尊与卑展露无遗。

前讨论的堂上"授受礼"，就谈到授受双方在堂上的位次全依其身份而定，若尊卑同就授受于两楹间；若授方为客、受方为主，授方卑于受方，就授受于东楹之西，靠近受方主人处。堂上尊者位移小，卑者位移大，以卑者就尊者为礼。礼体现着尊卑，郑悼公过于自卑，越过其应站位次，又神态游移，不合尊卑法度。郑隐公与鲁定公执玉姿势不中，容貌不是过于傲慢，就是过于卑俯，更是违礼行为。

"授受礼"中体现尊卑最为明显者，实乃授受的方式。授受的方式，有同面并受、讶授、侧授、不起而相授受与不亲而相授受等五种。地位尊同者则同面并受，南面或者北面仅据堂上、堂下而定。后四种，均是尊卑不同者之间的授受，其中的不同，又以地位悬殊程度而定。相差不大则讶授；若一方地位低到是庶人，双方不以抗礼，则不起而相授受；侧授用于君与宰之间；不相亲授受，用在君臣之间或男女之间。

总之，无论"授受礼"举行时所站位次，还是施礼者的容态，抑或授受的方式，均是古人尊卑观念的体现。周人以"尊尊"纲纪天下，制定礼仪。

第三节　尊宾与尚贤

宾主关系相对君臣关系而言较为平等，故而古人常借燕飨宾客，以表达自己尊贤之意。西周金文中就常见"飨宾"类记载。甲盂："甲作宝尊彝，其万年用飨宾。"（《集成》9131）欹簋："欹作厥簋两，其万年用飨宾。"（《集成》3745）鲜钟："用作皇考林钟，用侃喜上下，用乐好宾，用祈多福子孙永宝。"（《集成》143）据此铭文，可以看出在西周时期，飨宾乐宾与向祖先祈求福佑具有同等重要的地位。《周易·中孚》："九二：鸣鹤在阴，其子和之；我有好爵，吾与尔靡之。"焦延寿《易林·蛊之干》："我有好爵，与汝相迎。"①君主热烈邀请臣子来共饮美酒。到春秋时期，同类的金文更是常见。兹略具几例：

用自作醴壶，用作飨宾客，为德无瑕。　曾伯陭壶，《集成》9712
用征以迮，以御宾客，子孙是若。　簠大史申鼎，《集成》2732
以宴以喜，以乐嘉宾及我父兄、庶士。　沇儿镈，《集成》203
自作商句鑃，以乐嘉宾及我父兄。　姑冯昏之句鑃，《集成》424
自作句鑃，以宴宾客，以乐我诸父兄。　配儿句鑃，《集成》427
用乐我嘉宾及我正卿，扬君灵，君以万年。　郘公钎钟，《集成》102
用宴以喜，用乐嘉宾、大夫及我朋友。　鄬子孟白镈，《集成》153
用宴用喜，用乐嘉宾及我朋友。　齐鲍氏钟，《集成》142

从上揭金文来看，饮食之器用"用飨宾客""以御宾客"，而乐器用"以乐嘉宾"，体现出古人制作礼器时用辞的规律。不过，无论飨、御或乐，在铭文中的含义，应该都表明制作礼器者想用此器在燕飨礼仪活动中致欢乐于宾客。特别是宾客多与"父兄""庶士""朋友"甚至"正卿"相提并论，更是体现出古人对宾客之道的重视。郭店简《语丛一》："宾客，清庙之文也。"②文为装饰之意，以宾客装饰宗庙，即言作为主人应广纳贵宾贵客，③ 在宗庙中以祭祖，以宴飨，光耀门庭，荣耀先祖。金文"以乐嘉宾"之所以常见于宗庙重器，想必亦正存此意。古人正是通过宴飨礼仪中觥筹交错、鼎俎推换、声歌并作等礼仪，以安宾致欢，而主宾和乐自然亦水到渠成。

诚然，上述飨宾还不能完全与尚贤观念对等起来，但作为其中之一义，应该是没有疑义的。《仪礼·乡饮酒礼》所载为择贤之礼，主人"戒宾"时"宾拜辱"，清盛世佐云："主人，乡大夫也。宾，处士也。主人戒宾，当如先生异爵者请见礼。先生异爵者请见，先见之，不敢拜迎。而此乃云拜辱者，当宾兴大典，主人好善忘势，而宾亦以道自重，故以处士而俨然与大夫抗礼，不为骄也。"④主人作为乡大夫，地位崇高。宾作为处士

---

① （汉）焦延寿：《焦氏易林》，中华书局，1985年，第81页。
② 刘钊：《郭店楚简校释》，福建人民出版社，2005年，第194页。
③ 《仪礼·少牢馈食礼》"宗人遣宾就主人"，李如圭云："此臣也而曰宾者，祭以得宾客之助为荣也。"
④ 转见（清）黄淦：《仪礼精义》，清嘉庆慈溪养正堂刻本。

而无权无势，故主人至宾家邀请自己时，拜其自屈辱至己门。这里涉及一个礼义原则，即地位过于悬殊者不得相互为礼。主人"放弃"自己的权势亲自登门，宾却"以道自重"与大夫抗礼，不仅相互为礼，而且有位势颠倒之嫌。之所以如此，正是因宾为贤能之士，主人亲自登门有尚贤观念存焉。故胡培翚云："以君临臣，则君为尊，臣为卑，谓之辱。以宾临主，则宾为尊，主为卑，谓之辱。此主人，乡大夫也。宾，处士也。主人至宾家戒之，则主人为宾，宾为主人，故为以卑称尊之词，而拜其子屈辱也。"①乡大夫到宾家邀请宾客来参与饮酒礼，自己反而变成了宾，自屈曲是为了尊重贤能之士。

再如，《仪礼·乡饮酒礼》在"正歌备"后，将举行旅酬之礼，主人立司正以留宾。其仪节为：

> 主人升，复席。司正洗觯，升自西阶，阼阶上北面受命于主人。主人曰："请安于宾。"司马告于宾，宾礼辞，许。……主人曰："请坐于宾。"宾辞以俎。……脱屦，揖让如初，升，坐。……

此"安宾"，即是盛礼过后留宾以参加旅酬、无算爵、无算乐等礼。主人请宾坐下燕饮，宾请主人彻去俎。郑注："请坐者，将以宾燕也。俎者，肴之贵者。辞之者，不敢以礼杀当贵者。"②清俞正燮云："请安者，俱欲宾安坐尽欢。"③是则安宾仪节，已没有举行正礼时的肃敬、威严，主宾之间在轻松的氛围中饮酒奏乐，甚至以醉为尚。

在正礼结束后第二天，宾朝服以见乡大夫，感谢前一日的饮己之礼。《仪礼·乡射礼》："宾朝服以拜赐于门外，主人不见，如宾服，遂从之，拜辱于门外，乃退。"④宾穿朝服去见乡大夫，乡大夫不见。宾遂改穿宾服以见，乃见。穿朝服者，宾以君臣礼见乡大夫，表达上下尊卑秩序。乡大夫的目的在尊贤，拒绝行君臣尊卑之法。宾改穿宾服，以主宾之礼见，乡大夫才接受。这非常清晰地表达了主宾之礼有尊贤的礼义存焉。《仪礼·乡饮酒礼》的记载相对简略，但与此内容是一致的。

与《乡饮酒礼》类似的记载，还见于《仪礼》的其他篇章。如《燕礼》

---

① （清）胡培翚：《仪礼正义》，段熙仲校点，江苏古籍出版社，1993年，第284页。
② 《仪礼注疏》卷九，第2130页。
③ （清）俞正燮：《仪礼行于春秋时义》，《俞正燮全集（壹）》，黄山书社，2005年，第90页。
④ 《仪礼注疏》卷一三，第2180页。

《大射仪》正礼后的安宾之仪，君命"无不醉"，宾及卿大夫答曰"敢不醉"。又《诗经》中的《宾之初筵》《鹿鸣》《南有嘉鱼》《湛露》《楚茨》《既醉》等篇中，亦有主宾之间，应爵无算、乐无算，不醉无归的记载。

如《诗·湛露》"厌厌夜饮，不醉无归"，毛传："不醉而出，是不亲也。醉而不出，是渫宗也。"孔颖达疏："若宗子不饮之酒，使不醉而出，是不亲族人也。"①明郝敬云："饮以昏夜，情主于合也。"②《湛露》之族人，按郑玄之说，亦即"群臣"，只是天子燕诸侯之礼亡，假借宗子燕族人为说。据此，则要求宾"不醉无归"的缘由，乃是留下宾客以尽欢愉，具有亲厚宾客之意，以达到融洽主宾关系的目的。

西周晚期郑邢叔钟载："郑邢叔作灵龢钟用妥宾。"（《集成》21）《说文》失"妥"字，段玉裁补"安也，从爪女，与安同意"③。《殷周金文集成释文》读为"绥"，绥为登车之辔，段玉裁云"绥以妥会意"。杨树达驳阮元、方睿益"妥宾为律吕之蕤宾"说，认为妥古训安坐，引申训为安，妥宾即《周礼·大司乐》之"以安宾客"。④ 又《诗·南有嘉鱼》："嘉宾式燕绥之。"绥，即安宾之意。邢叔作钟以妥宾，想必是在宴飨礼仪中用此钟奏乐，以安宾尽欢。传世礼典文献正可与此相印证。《诗·鹿鸣》载：

> 呦呦鹿鸣，食野之苹。我有嘉宾，鼓瑟吹笙。吹笙鼓簧，承筐是将。人之好我，示我周行。
> 呦呦鹿鸣，食野之蒿。我有嘉宾，德音孔昭。视民不恌，君子是则是傚。我有旨酒，嘉宾式燕以敖。
> 呦呦鹿鸣，食野之芩。我有嘉宾，鼓瑟鼓琴。鼓瑟鼓琴，和乐且湛。我有旨酒，以燕乐嘉宾之心。⑤

君所飨燕，则谓之宾。毛序认为《鹿鸣》所载为燕群臣嘉宾，孔颖达则认为是飨食群臣，两说大同小异。燕饮礼中，群臣即君之嘉宾。"以燕乐嘉宾之心"，体现的正是对贤能嘉宾的重视。再如《诗·小雅·彤弓》载：

---

① 《毛诗正义》卷一〇，第 900 页。
② （明）郝敬：《毛诗原解》卷一八，王孙涵之点校，崇文书局，2022 年，第 245 页。
③ （清）段玉裁：《说文解字注》，上海古籍出版社，1988 年，第 626 页。
④ 杨树达：《郑井叔钟跋》，《积微居金文说》，上海古籍出版社，2007 年，第 153~154 页。
⑤ 《毛诗正义》卷九，第 865~867 页。

　　　　彤弓弨兮，受言藏之。我有嘉宾，中心贶之。钟鼓既设，一朝
　　飨之。

　　　　彤弓弨兮，受言载之。我有嘉宾，中心喜之。钟鼓既设，一朝
　　右之。

　　　　彤弓弨兮，受言櫜之。我有嘉宾，中心好之。钟鼓既设，一朝
　　酬之。①

　　《彤弓》所载为飨还是为燕，历来有二说。郑笺："诸侯敌王所忾而献其功，王飨礼之，于是赐彤弓一，彤矢百，玈弓矢千。凡诸侯，赐弓矢然后专征伐。"清孙诒让曰："首章飨，即主人献宾，次章右，即谓宾酢主人，三章酬，即谓主人酬宾。"即在孙氏看来，《彤弓》所载正好是"一献之礼"。② 杜预则认为是燕礼。③ 朱子曰："此天子燕有功诸侯，而锡以弓矢之乐歌也。"《左传·文公四年》载卫国宁武子来聘，鲁文公设宴招待，并赋诗《湛露》与《彤弓》。宁武子不辞又不答，认为此属天子待诸侯之礼，自己乃陪臣，不配"以觉报宴"。则春秋时代，宁武子认为《彤弓》所载属燕礼。不过，无论属飨还是燕，"我有嘉宾"而"贶之""喜之""好之"，并"飨之""右之""酬之"，尊宾之意非常明显。

　　《诗·小雅·南有嘉鱼》同样有反映出乐宾、尊宾的意象：

　　　　南有嘉鱼，烝然罩罩。君子有酒，嘉宾式燕以乐。
　　　　南有嘉鱼，烝然汕汕。君子有酒，嘉宾式燕以衎。
　　　　南有谬木，甘瓠累之。君子有酒，嘉宾式燕绥之。
　　　　翩翩者鵻，烝然来思。君子有酒，嘉宾式燕又思。

　　《毛诗序》："《南有嘉鱼》，乐与贤也。大平之君子至诚，乐与贤者共之也。"④《仪礼·乡饮酒礼》郑注："南有嘉鱼，言太平君子有酒，乐与贤者共之也。能以礼下贤者，贤者累蔓而归之，与之燕乐也。"⑤ 朱熹《诗集传》曰："此亦燕飨通用之乐。故其辞曰：南有嘉鱼，则必烝然而罩罩之矣；君子有酒，则必与嘉宾共之，而式燕以乐矣。此亦因所荐之物，而道

---

① 《毛诗正义》卷一〇，第 902 页。
② （清）孙诒让：《籀顨述林》，雪克校点，中华书局，2010 年，第 70 页。
③ 《左传·文公四年》杜注："歌《彤弓》者，以明报功宴乐，非谓赐时设飨礼。"
④ 《毛诗正义》卷一〇，第 896 页。
⑤ 《仪礼注疏》卷九，第 2128 页。

达主人乐宾之意也。"①魏源《诗古微》也说:"《南有嘉鱼》,乡饮而宾贤能也。作于武王命周公分陕,二《南》行化之时,故《南有嘉鱼》与《樛木》《乔木》同兴。"②

前已引楚庄王宴会上"绝缨"故事,可见庄王尊重贤能之事。所谓"赐人酒,使醉失礼,奈何欲显妇人之节而辱士乎"③,正是这种观念的真切展现。与之相反,若飨食礼中,主人不尊宾重贤,有可能导致燕饮不顺利,甚至主宾交恶的事情发生。《左传·襄公十四年》载,卫献公邀请孙文子、宁惠子参加饮食之礼。因献公"不释皮冠而与之言"的失礼行为,孙文子、宁惠子认为受到侮辱,合谋以弑卫献公。《左传·哀公二十五年》记载,哀公在宴饮中讥讽三桓食言,以致君臣交恶。

春秋时代以降,诸侯争霸到列国兼并,各国诸侯均希望得到贤能之士辅助自己建立不朽功业,招贤纳士成为其时风尚。④《史记·孟子荀卿列传》载邹子身重天下,各国诸侯无不愿意纳归己有,"是以驺子重于齐。适梁,惠王郊迎,执宾主之礼。适赵,平原君侧行撇席。如燕,昭王拥彗先驱,请列弟子之座而受业,筑碣石宫,身亲往师之"⑤。虽然这里并未言及国君设燕飨之礼以待邹子,但国君或与邹子执"宾主之礼",或"侧行撇席"自屈尊位,⑥ 或执弟子礼尊之为师,可以看作先秦时代尊贤的最佳表率之一。

与贤者执宾主之礼而非君臣之礼,史非孤例。《孟子·万章下》中孟子说:"舜尚见帝,帝馆甥于贰室,亦飨舜,迭为宾主,是天子而友匹夫也。"⑦天子与匹夫在飨礼中迭为宾主,是儒者的愿望与理想。⑧ 燕昭王求

---

① (宋)朱熹:《诗集传》,王华宝整理,凤凰出版社,2007年,第128页。
② (清)魏源:《诗古微》,岳麓书社,2004年,第651页。
③ 向宗鲁:《说苑校证》,中华书局,1987年,第125页。
④ 钱穆《魏文侯礼贤考》说:"人君以尊贤下士为贵,贫士以立节不屈为高。自古贵族间互相维系之礼,一变而为贵族平民相对抗之礼,此世变之一端也。"见钱穆:《先秦诸子系年》,九州出版社,2011年,第139页。
⑤ 《史记》卷七四《孟子荀卿列传》,第2345页。
⑥ 《史记索隐》引张揖《三苍训诂》云:"撇,拂也。谓侧而行,以衣撇席为敬,不敢正坐当宾主之礼也。"可见平原君尊重邹子,已达到自己不敢为主的地步。
⑦ 《孟子注疏》卷一〇,第5966页。
⑧ 用宾主身份,则可以迭为宾主,身份可以互换。君臣之间,则不能迭为君臣。君臣上下之际,严禁太阿倒悬。齐、晋鞌之战中,逢丑父是齐顷公的车右,且相貌、衣服与顷公类似。顷公被晋军包围,逢丑父与顷公互换位置,且让顷公去取水而借机逃脱。逢丑父自己假冒国君,让真国君得以突围,自己死难。逢丑父内心在保护国君,行为上假冒国君,也陷君于不义之境,春秋并不贤。董仲舒甚至认为逢丑父"欺而不中权,忠而不中义"。参见黄铭:《推何演董:董仲舒〈春秋〉学研究》,生活·读书·新知三联书店,2023年,第301~306页。

贤于郭隗。郭隗云：“帝者与师处，王者与友处，霸者与臣处，亡国者与役处。”①待贤如师能取得帝业，待贤如友能取得王业，待贤如臣仅能取得霸业；若仅是为了役使贤才，则会亡国。类似表达在战国文献中常见。②对待贤才的态度，决定君侯功业的大小。尊贤重才已被郭隗推到登峰造极的地步。燕昭王听从郭隗建议，筑黄金台以待贤才，结果乐毅、邹衍、剧辛等均往之。《史记·范雎蔡泽列传》中范雎入秦，昭王与之执“宾主之礼”。③《汉书·货殖传》载子贡“结驷连骑，束帛之币享诸侯，所至，国君无不分庭与之抗礼”，颜师古注：“为宾主之礼。”④子贡以一介士的身份周游列国，与国君分庭抗礼，一方面显示出子贡的外交才能与财富势力，另一方面则表明列国诸侯对子贡的尊重。

《论语·八佾》中，定公问：“君使臣，臣事君，如之何？”孔子对曰：“君使臣以礼，臣事君以忠。”⑤以“宾主之礼”代替“君臣之礼”，国君的“自委屈”换来的是贤士环绕。这是在时代潮流的影响下，贤士与国君相互利用的结果。西周以来的严格等级制度与尊卑秩序，已破坏殆尽，新的秩序尚处于重构之中。大批游士成为自由职业者，他们怀才求货，售于尊贵之家，而各国国君正需要这些贤士的辅助。相互的需要，使贤士与国君的结合具有更多的自由选择的色彩。正因如此，贤士具有了更多的自由意志，而国君为了能够得到更多贤才，也往往屈尊就下。后汉时期，陈元上疏言：“师臣者帝，宾臣者霸。”意思是以臣为师者能成就帝业，以臣为宾者能成就霸业，尚是郭隗思想的继承发展。

第四节　宾谏、不纯臣与宾道

殷商时期燕飨礼集中在天子的周围，体现的是天子的权威与近亲大臣的高贵。至春秋时代“礼崩乐坏”，天子失去了礼乐的绝对控制权，燕飨礼在更广泛的范围内举行，自诸侯而卿而大夫而士，臣下的权力迅猛提升。拥有“为宾”资格的人越来越多，权力在下移。针对此局面，如《仪

---

① 范祥雍：《战国策笺证》，上海古籍出版社，2006年，第1685页。
② 《荀子·臣道》：“用圣臣者王，用功臣者强，用篡臣者危，用态臣者王。”《荀子·君道》：“人主不可以独也。卿相辅佐，人主之基杖也，不可不早具也。故人主必将有卿相辅佐足任者然后可。”
③ 《史记》卷七九《范雎蔡泽列传》，第2406页。
④ 《汉书》卷九一《货殖传》，第3684页。
⑤ 《论语注疏》卷三，第5360页。

礼》类学派逐渐兴起尊君意识，以期挽救王权于既倒，重构社会秩序。"尊君"与"重臣"在历史潮流中此消彼长。就燕飨礼而言，只要主宾式的行礼方式没有彻底改变，君臣间地位的悬殊就有缓和的空间。特别是春秋以后直到战国，士人阶层觉醒，积极主动地参与政治军事活动，加之君主争霸对人才的迫切需要，"主宾"式的礼仪关系在尊贤重才的潮流中，塑造了新式的君臣关系。

一、宾谏

古代中国有重谏的传统。[①] 虚怀纳谏、言路畅通是政治清明的重要指标。关于谏的讨论也时常见诸文献。《白虎通·论五谏》："人怀五常，故知谏有五。其一曰讽谏，二曰顺谏，三曰窥谏，四曰指谏，五曰陷谏。"[②]谏有五种类型。《公羊传·庄公二十三年》何休注稍异："谏有五：一曰讽谏，二曰顺谏，三曰直谏，四曰争谏，五曰赣谏。"[③]《孔子家语》载孔子言："忠臣之谏君，有五义焉。一曰谲谏，二曰戆谏，三曰降谏，四曰直谏，五曰风谏。唯度主而行之，吾从其风谏乎？"[④]《说苑·正谏》则指正谏、降谏、忠谏、赣谏、讽谏。[⑤]《册府元龟·谏诤部》中分为直谏、规谏、讽谏、强谏、遗谏。[⑥] 所言"五谏"大同小异，不同处，字词也可相通。如指、直、正，可互训；赣、戆、陷，[⑦] 降与顺，义有相近。谏诤的内容、方式及双方的身份意识，值得仔细琢磨。特别须注意的是，"五谏"所论主要指君臣。君臣之外的宾主之谏，是否尚有可议之处？揭示"宾谏"所蕴藏的内涵，对深入理解古代中国政治思想文化具有重要意义。

《礼记·檀弓下》载有晋国知悼子卒而未葬，晋平公饮酒作乐，杜蒉进谏之事：

---

① 于汉人而言，一部《诗经》就是一部谏书。时至宋代，士大夫文化活跃，进谏更是责任与荣誉之事。范仲淹著名的"三光"故事，令人惊叹。即使是《清明上河图》这样的绘画之作，经过学者研究，也认为其主题表达的是"隐忧与曲谏"。参见余辉：《隐忧与曲谏：〈清明上河图〉解码录》，北京大学出版社，2015年，第171~193页。
② （清）陈立：《白虎通疏证》，吴则虞点校，中华书局，1994年，第235页。
③ （清）陈立：《公羊义疏》，刘尚慈点校，中华书局，2017年，第893页。
④ （清）陈士珂：《孔子家语疏证》，崔涛点校，凤凰出版社，2017年，第97页。
⑤ 向宗鲁：《说苑校证》，中华书局，1987年，第206页。
⑥ （宋）王钦若等编：《册府元龟》，凤凰出版社，2006年，第5936~5937页。
⑦ 朱晓海：《汉赋史略新证》，陕西人民出版社，2004年，第52页。

知悼子卒，未葬。师旷、李调侍，鼓钟。杜蒉自外来，闻钟声，曰："安在？"曰："在寝。"杜蒉入寝，历阶而升，酌，曰："旷饮斯。"又酌，曰："调饮斯。"又酌，堂上北面坐饮之。降，趋而出。平公呼而进之曰："蒉，曩者尔心或开予，是以不与尔言。尔饮旷何也？"曰："子卯不乐，知悼子在堂，斯其为子卯也大矣。旷也大师也，不以诏，是以饮之也。""尔饮调何也？"曰："调也，君之亵臣也，为一饮一食，亡君之疾，是以饮之也。""尔饮何也？"曰："蒉也，宰夫也。非刀匕是共，又敢与知防，是以饮之也。"平公曰："寡人亦有过焉，酌而饮寡人。"杜蒉洗而扬觯。公谓侍者曰："如我死，则必无废斯爵也。"至于今，既毕献，斯扬觯，谓之杜举。①

《左传·昭公九年》对此事亦有详细记载。晋平公有大臣之丧，而与群臣燕饮酒违礼，杜蒉不便直接进谏，而借献酒之机隐讳谏之。杜蒉献酒有四：第一，酌酒而献师旷；第二，酌酒而献李调；第三，酌酒北面而自饮；第四，扬爵献君。此四次酌酒，据杜蒉自己的解释，实乃罚爵。师旷奏乐司聪，君违礼而不谏，故饮酒以罚之。李调主管饮食而贪酒，不谏君非，同样罚之。第三杯，实乃杜蒉的自罚。杜蒉乃宰夫，宰夫在君行燕礼中为献主，代君行献。杜蒉认为自己同样有失职之嫌，故饮酒自罚。晋平公听了杜蒉的解释后，知道了自己的过失，故请杜蒉亦罚其饮酒。此则故事有意思之处，乃是杜蒉以罚爵的方式进谏，虽隐讳，却取得了非常好的效果。

汉赋中常见一种叙述模式，作者预设宾主对答，游猎宴乐，酒酣之后，为宾者突然发表一通劝谏议论，而作为主人的君王，常欣然接受，默然应许。杂赋类甚至有专门的"客主赋十八篇"，② 可惜内容已失。这当然是文人的想象。但这些赋献给君王后，却也能起到一定作用。司马相如、东方朔、枚乘等受到重视，说明了此点。这也应看作宾谏。把君臣关系转变为宾主关系以劝谏，说话更为直接，说理更为深入。蒋晓光论汉代以"七"命名的赋体，提到"《七发》是在影写上古确立的诸侯交聘之礼，其结构是则从'上公七介''七介传命'的使臣规制而来"③，特具卓识。《七发》如此，《子虚赋》《上林赋》《长杨赋》《两都赋》同样如此，说话者为虚构之

---

① 《礼记正义》卷九，第 2826~2827 页。
② 《汉书》卷三〇《艺文志》，第 1752 页。
③ 蒋晓光：《汉赋与汉代礼制》，中华书局，2022 年，第 134 页。

"客"。这是典型的借宾主之礼劝谏君王之事。① 现实中，文士奏文于皇帝，是君臣关系；而所奏之文内，展示的是主宾关系。臣借宾之口说了平时不敢说的话。君臣间是下旨与接旨，最多是发问与答问，② 而宾主间则可以自由地往复辩论，在辩论中把道理层层递进，讲得更清楚深刻。诚如学者所论，"讽谏乃是赋自一开始就内具的使命，并非外铄后乃以充门面者"③。

　　汉赋采用宾主论辩的叙述模式，既为了讽谏，也为了更好地铺张成文。东方朔《答客难》设客提问，自己处于被动回答问题的地位，反而能较少顾忌地说出心中所想。造成非己欲说，乃不得已而说的效果，实现了美刺的目的。④ 贾谊《鵩鸟赋》所谓"野鸟入室，主人将去"，问鵩鸟己将何去，吉凶如何。鸟虽不能言，但假托鵩鸟入室成赋，也暗含宾主关系。枚乘《七发》设置"楚太子"与"吴客"的对话，一为楚国太子，一为来自吴国的客人，故意撇开了君臣关系，模仿先秦诸侯国间行聘礼的痕迹最为明显。这样吴客针对楚太子之病，方能畅所欲言，文章才能铺张纵横、汪洋恣肆。扬雄《长杨赋序》言："是时，农民不得收敛。雄从至射熊馆，还，上《长杨赋》，聊因笔墨之成文章，故借翰林以为主人，子墨为客卿以风。"清人何焯评《长杨赋》说："客卿之谈，正论也；主人之言，微辞也。正论多忤，微辞易入，所以为风。借客卿口中以入正论，此正妙于风谏处也。"⑤正是借用主客模式，因笔墨而成文章，实现讽谏天子奢华而农民不得收敛的目的。班固《两都赋》设置"东都主人"与"西都宾"论辩长安、洛

---

①　历史中还有一种决然相反的模式可以达到劝谏的目的，这种模式不需要提高劝谏人的地位，以与被劝谏人分庭抗礼，而是极度压低劝谏人的身份，甚至贬入倡优之列、滑稽之伦。以倡优之身与姜妇之道劝谏君王，反而少了顾忌，可能起到良好效果。这两种模式表面虽类似，但本质有别。宾谏尚须尊宾，所谓以道事君者也。倡优之劝，自卑以尊人，降低身份，减弱冒犯力，让君王觉得安心。最终君王以高姿态的宽容接受了意见。所谓"枉己而正人"，为孟子所讥。当然在万马齐暗之时，有姜妇之劝，也属可贵。王权主义兴盛的秦汉之后，倡优之劝盛而宾谏衰。《史记》卷八四《屈原列传》载："屈原既死之后，楚有宋玉、唐勒、景差之徒，皆好辞而此赋见称，然皆祖屈原之从容辞令，终莫敢直谏。"屈原与宋玉之徒所从事，正在于宾谏与倡优之谏。
②　即使皇帝尊重人才，搞贤良方正时，也是皇帝提出一个问题，贤良自己回答，而不是辩论式递进。汉武帝与董仲舒的"天人三策"模式也是如此。
③　朱晓海：《汉赋史略新证》，陕西人民出版社，2004 年，第 4 页。
④　预设有宾客提问，作者以主人身份应答释疑，也是西汉已降常见的赋体形式，如东方朔《答客难》、班固《答宾戏》、应场《释宾》、曹植《客问》、傅玄《客难》、陆喜《娱宾》、郭璞《客傲》、庾凯《客咨》等。还有些标题虽未现"宾""客"，但也暗含之，如崔寔《答讥》、蔡邕《释诲》、张华《应难》等。宾主问答往复，推动文章铺陈开去。
⑤　费振刚、仇仲谦、刘南平：《全汉赋校注》，广东教育出版社，2005 年，第 273、284 页。

阳之优劣，排铺成文，辨析入微。假若不是宾主，而是东都君与西都臣，或者反之，可能就变成"诚惶诚恐顿首顿首死罪死罪""昧死言""天王圣明臣罪当诛"之类的腔调，① 效果必大不同。这与杜蒉本身是臣，讽谏时却把自己转变为宾，在逻辑与结果上是一样的。宾主之间地位几近平等，论辩析理较少顾忌，可层层深入，非如君臣间地位悬殊，动辄得咎。②

《仪礼·乡射礼》《仪礼·大射仪》中有饮比射不胜者之酒，亦称为"罚爵"。射礼中，宾党与主党构成一耦而比射，双方的身份乃宾主关系，故即使君主不胜同样罚之，与杜蒉罚晋平公饮酒，有异曲同工之妙。实质上，无论是燕礼还是射礼，双方并非以君臣关系，而是以宾主关系行礼。身份相对平等，故而宾或臣能够借机讽谏，而君主并不以为忤。《左传·隐公元年》载颖叔考借郑庄公与之"食"而谏之，解决了庄公的心病。臣以宾的身份进谏即是"宾谏"。

《礼记·玉藻》也记载了孔子的"宾谏"。"孔子食于季氏，不辞，不食肉而飧。"郑注："以其待己及馔非礼也。"清儒孙希旦说："孔子于季氏，降等之客也，礼宜执食兴辞，今孔子不辞。凡食，先食殽胾，既饱乃飧。今孔子不食肉而飧，盖以季氏失礼，故以此示其意也。"③孔子通过否定自己饮食礼的程序，表达对季氏失礼的不满。行礼当中，通过自己的"非礼"行为来否定本次所行之礼的不合礼，似乎是孔门师弟经常做的事情。这是乱世之中，儒者的不得已。

同样的例子，还见于晏婴与齐侯的饮酒礼中。《说苑·反质》亦载：

> 晏子饮景公酒，日暮，公呼具火。晏子辞曰："诗曰'侧弁之俄'，言失德也；'屡舞僛僛'，言失容也；'既醉以酒，既饱以德，既醉而出，并受其福'，宾主之礼也；'醉而不出，是谓伐德'，宾主

---

① 东汉许慎遣子许冲上书献《说文解字》，开头语"召陵万岁里公乘草莽臣冲稽首再拜，上书皇帝陛下"，落款"臣冲诚惶诚恐，顿首顿首，死罪死罪。臣稽首再拜，以闻皇帝陛下"。汉末蔡邕《独断》有详细的奏疏格式总结可参考。君臣之间的文书交流，与宾主之间的论辩往来，差别大矣。

② 汉赋常有"悲士不遇"的论调。细思士内心深处，必不愿君王以俳优奴才或爪牙畜己，匍匐顿首于前，而是想遇到"坐而论道""起而能行"，既尊重又重用，以宾相待，分庭抗礼，礼遇有加，燕昭王式君王。所谓"遇"，根源处或类《周礼·小行人》所言"凡四方之使者，大客则摈，小客则受其币而听其辞。使适四方，协九仪宾客之礼：朝、觐、宗、遇、会、同，君之礼也"之"遇"，本身是宾礼的一部分。在专制皇权独尊、宾礼逐渐衰亡的时代，这无疑变成士的幻想，不得实现后产生悲愤怨怼之情也就难免。"士不遇"也是影写聘问之礼。

③ （清）孙希旦：《礼记集解》，沈啸寰、王星贤点校，中华书局，1989 年，第 826 页。

之罪也。婴以卜其日，未卜其夜。"公曰："善！"举酒而祭之，再拜而出。曰："岂过我哉！吾托国于晏子也，以其家贫善寡人，不欲其淫侈也，而况与寡人谋国乎。"①

《晏子春秋·内篇谏上》《说苑·反质》尚见几条同类故事。如"景公饮酒酣，愿诸大夫无为礼，晏子谏"，"景公饮酒醒三日而后法，晏子谏"，"景公饮酒七日不纳弦章之言，晏子谏"，"景公饮酒不恤天灾，致能歌者，晏子谏"，"景公也听新乐而不朝，晏子谏"，"景公燕赏无功而罪有司，晏子谏"等，均发生在燕饮礼中。晏子直接以"宾主"之礼劝谏齐景公的失礼行为，而景公同样欣然接受。著名的淳于髡借饮酒讽谏齐威王，威王待之为"诸侯主客"，与晏子之举如出一辙。《礼记·曲礼下》："为人臣之礼，不显谏。"郑注："为夺美也。显，明也。谓明言其君之恶，不几微。"②为臣之礼，要保全君主的尊严，谏君并非是无限制的。③ 但在饮酒礼中，君为主，臣为宾，尊卑色彩得到一定程度的冲淡，故不必过于拘泥于君臣关系，而能够轻易谏君主之非。

《左传·成公三年》载，晋景公飨齐顷公礼，韩厥竟然能够在曾与齐顷公在战场相见，此时他又认出自己的情况下，直接登堂举爵献酒，并言"臣之不敢爱死，为两君之在此堂也"，坦言自己英勇作战的目的，在于两君于宴会上和好。在此宴会中，韩厥的地位明显低于主与宾，只是主人晋侯的臣属，越位而对，并无失礼行为，可见燕飨礼仪虽重大，毕竟不如"祀与戎"庄敬严肃，可以明白讲话。

《管子·小称》载：

> 桓公、管仲、鲍叔牙、宁戚四人饮，饮酣，桓公谓鲍叔牙曰："阖不起为寡人寿乎?"鲍叔牙奉杯而起曰："使公毋忘出如莒时，使

---

① 向宗鲁：《说苑校证》，中华书局，1987年，第5275页。
② 《礼记正义》卷五，第1267页。
③ 为臣之礼走向极端，臣毫无尊严而言，生杀予夺全凭君王。臣即使无私心，也可能招杀身之祸。《韩非子·二柄》记载了一个典型案例："昔者韩昭侯醉而寝，典冠者见君之寒也，故加衣于君之上。觉寝而说，问左右曰：'谁加衣者?'左右对曰：'典冠。'君因兼罪典衣杀典冠。其罪典衣，以为失其事也；其罪典冠，以为越其职也。非不恶寒也，以为侵官之害甚于寒。故明主之畜臣，臣不得越官而有功，不得陈言而不当。越官则死，不当则罪。守业其官，所言者贞也，则群臣不得朋党相为矣。"所谓以臣畜之，臣自有为臣之本职本分，不得有分毫变化。见(清)王先慎：《韩非子集解》，钟哲点校，中华书局，1998年，第41页。越官有功、陈言不当，是为臣之大忌，但可能是为宾之优势。

管子毋忘束缚在鲁也，使宁戚毋忘饭牛车下也。"桓公辟席再拜，曰：
"寡人与二大夫能无忘夫子之言，则国之社稷必不危矣。"①

君臣四人饮酒乐后，鲍叔牙举觯上寿的直谏，桓公避席再拜，表示
接受。

战国时代，宴饮中臣子甚至可以随时讽谏。《战国策·魏策一》载：

> 魏文侯与田子方饮酒而称乐。文侯曰："钟声不比乎？左高。"田
> 子方笑。文侯曰："奚笑？"子方曰："臣闻之，君明则乐官，不明则
> 乐音。今君审于声，臣恐君之聋于官也。"文侯曰："善，敬闻命。"②

经义中有"王者有师"的论说系统，能王者必尊师。③ 魏文侯与田子方
的关系处于师友之间。在此饮酒中，田子方借音乐劝说魏侯，恐其"聋于
官"，耽于享乐，荒于政事。从杜溃的暗藏讽谏，变成了直言陈说。《说
苑·善说》载：

> 魏文侯与大夫饮酒，使公乘不仁为觯政，曰："饮不釂者，浮以
> 大白。"文侯饮而不釂。公乘不仁举白浮君，君视而不应。侍者曰：
> "不仁退！君已醉矣。"公乘不仁曰："《周书》：'前车覆，后车戒。'
> 盖言危。为人臣者不易，为君亦不易。今君已设令，令不行，可
> 乎？"君曰："善！"举白而饮，饮毕，曰："以公乘不仁为上客。"④

魏文侯与大夫饮酒，设"觯政"专门监督饮尽与否。觯政类似后世的
酒司令，觯政直言不仅没有受到处罚，反而尊为上客。《吕氏春秋·自
知》中魏文侯邀请能够直谏的宾客参加宴饮，"皆令诸大夫论己"，让他们
评论自己。⑤ 到了汉代有一个极端的例子。《史记·齐悼惠王世家》记载，
吕后召集诸吕与刘氏等宴饮，以朱虚侯刘章为酒吏。刘章以自己为"将
种"申请用军法行酒。刘章酒酣且歌舞。席间有吕氏家族的一人违反酒令

① 黎翔凤：《管子校注》，梁运华整理，中华书局，2004年，第611页。
② 何建章：《战国策注释》，中华书局，1990年，第812页。
③ 汉章帝于白虎观会即云："（王者）虽有自然之性，必立师傅焉。"见《白虎通德论》卷四《辟雍》。
④ 向宗鲁：《说苑校证》，中华书局，1987年，第276页。
⑤ 陈奇猷：《吕氏春秋校释》，学林出版社，1995年，第1601页。

规则，刘章行军法斩杀之。吕太后因已许诺刘章可以行军法，故也无可奈何。① 从这个例子中可以看出，在宴饮中监督饮酒的"酒吏"，只要在礼仪规范内或主人许诺的范围内，拥有较大的权力，甚至诛杀违礼之人也不以为罪。

宴饮颂诗，同样有讽谏功能。《左传·襄公十四年》："史为《书》，瞽为《诗》，工颂，大夫规悔，士传言，庶人谤。"②《诗经》所载飨燕诗言贵族失礼行为，应看作宾谏之举。《诗·楚茨》毛序："刺幽王也。政烦赋重，田莱多荒，饥馑降丧，民卒流亡，祭祀不飨，故君子思古焉。"③《诗·颊弁》毛序："诸公刺幽王也。暴戾无亲，不能宴乐同姓，亲睦九族，孤危将亡，故作是诗也。"④《左传·昭公十二年》载：

> 将适费，饮乡人酒。乡人或歌之曰："我有圃，生之杞乎！从我者子乎，去我者鄙乎，倍其邻者耻乎！已乎已乎！非吾党之士乎！"⑤

南蒯叛乱后到费地，召集乡人饮酒。乡人借歌讽谏其叛离季氏无耻，已到"肆无忌惮"的地步。著名政治家子产关于"舆人之诵"与"不毁乡校"的典故，也形象地展示了郑人用诗歌的美与刺，表达对子产的批评和爱戴。用诵诗议政，子产欣然接受，表现了子产宽阔的胸襟。

"宾谏"同样见于吊唁丧礼中。鲁国赵武"外举不避仇，内举不避子"，擅长推荐人才于国君。赵武死后，来吊唁之人均"各就宾位"，⑥ 以示对赵武的尊敬及对其继承人的承认。《礼记·檀弓上》载卫国贵族司寇惠子去世，于家中举行丧礼。按礼，将嗣位者主持丧礼为丧主，来吊唁者则为宾。宾客与丧主分庭抗礼以行吊丧之礼。惠子的嗣子虎应为丧主，主持丧礼，但惠子之兄文子自己做起了丧主。孔子弟子子游作为惠子好友，穿重服"麻衰，牡麻绖"去吊丧，暗地讥讽文子的非礼行为。文子不察其意，表示不敢接受重服之吊，请辞。子游答曰"礼也"，表示坚持。不仅如此，"子游趋而就诸臣之位"，进一步加以讥讽。文子终于察觉出子游的用意，"扶适子南面而立"，子游也"趋而就客位"。⑦ 吊丧者于丧主而言，即为

---

① 《史记》卷五二《齐悼惠王世家》，第 2000 页。
② 《春秋左传正义》卷三二，第 4251 页。
③ 《毛诗正义》卷一三，第 1003 页。
④ 《毛诗正义》卷一四，第 1032 页。
⑤ 《春秋左传正义》卷四五，第 4481 页。
⑥ （清）王先慎：《韩非子集释》，钟哲点校，中华书局，2016 年，第 330 页。
⑦ 《礼记正义》卷七，第 2784 页。

宾。子游就诸臣之位，通过否定自己宾客的身份，间接否定了丧主的身份，即不承认文子为丧主，从而加以讥讽。文子觉察后，立嗣子虎为丧主；子游乃就客位，亦是通过承认自己宾客的身份，间接承认嗣子虎的丧主身份。这里，从"诸臣之位"到"客位"，历代注家解释纷纭，王文锦认为"他（子游）不就西面朝东的客位，而跑到门东面朝北的家臣的位置"，较为可信。仪式犹如语言，子游通过其行礼空间的变化，成功劝谏了文子的违礼行为。子游深得孔子之传。

通过饮酒礼确定参与各方的身份，以决定继嗣者，实质上是另一种形式的"宾谏"。《左传·襄公二十三年》载：

> 季武子无适子，公弥长，而爱悼子，欲立之……访于臧纥。臧纥曰："饮我酒，吾为子立之。"季氏饮大夫酒，臧纥为客。既献，臧孙命北面重席，新尊洁之。召悼子，降，逆之。大夫皆起。及旅，而召公鉏，使与之齿。季孙失色。①

季武子欲废长立少，臧纥通过"饮酒"之礼，为其解决了问题。饮酒之时，季武子为主人，臧纥为上宾。主宾一献后，对悼子，臧纥设北面重席之位，重洗酒尊，亲自降阶迎之入位；对公鉏，则在旅酬之时，召之使与人齿，位列众人之中。臧纥通过对悼子和公鉏不同的礼仪待遇，无形之中已经确定了他们的身份。《仪礼·乡饮酒礼》："公三重，大夫再重。"②臧纥为悼子设重席，表明悼子身份为大夫。《仪礼·乡饮酒礼》："既旅，士不入。"③沈钦韩说："士入当旅酬节也。旅而召公鉏，以士礼待之，明其不得嗣爵。"④臧纥在旅酬时召公鉏入位，并使之与众人齿，表明公鉏身份为士。一为大夫，一为士，谁可嗣季武子之位，昭然若揭。田乞为立阳生为齐国国君，召群大夫会饮，也演绎了一遍臧纥的故事："盛阳生橐中，置坐中央，发橐出阳生，曰：'此乃齐君矣。'大夫皆伏谒。"⑤田乞利用祭祀后的宴饮机会，完成了一场政治阴谋的策划与实施，当然相对于臧纥立悼子，显得更为剑拔弩张和用心深险。

---

① 《春秋左传正义》卷三五，第4293页。
② 《仪礼注疏》卷一〇，第2137页。
③ 《仪礼注疏》卷一〇，第2140页。
④ （清）沈钦韩：《春秋左氏传补注》，郭晓东等点校，上海古籍出版社，2016年，第264页。
⑤ 《史记》卷三二《齐太公世家》，第1507页。

战国四公子之一的信陵君尊礼侯生、大置酒会的事，也可一说：

> 魏有隐士曰侯嬴，年七十，家贫，为大梁夷门监者。公子闻之，往请，欲厚遗之。不肯受，曰："臣修身洁行数十年，终不以监门困故而受公子财。"公子于是乃置酒大会宾客。坐定，公子从车骑，虚左，自迎夷门侯生。侯生摄敝衣冠，直上载公子上坐，不让，欲以观公子。公子执辔愈恭。侯生又谓公子曰："臣有客在市屠中，愿枉车骑过之。"公子引车入市，侯生下见其客朱亥，俾倪，故久立与其客语，微察公子。公子颜色愈和。当是时，魏将相宗室宾客满堂，待公子举酒。市人皆观公子执辔，从骑皆窃骂侯生。侯生视公子色终不变，乃谢客就车。至家，公子引侯生坐上坐，遍赞宾客，宾客皆惊。酒酣，公子起，为寿侯生前。侯生因谓公子曰："今日嬴之为公子亦足矣。嬴乃夷门抱关者也，而公子亲枉车骑，自迎嬴于众人广坐之中，不宜有所过，今公子故过之。然嬴欲就公子之名，故久立公子车骑市中，过客以观公子，公子愈恭。市人皆以嬴为小人，而以公子为长者能下士也。"于是罢酒，侯生遂为上客。①

信陵君与侯生在酒会中，都有特意表演的成分在，但又相互成就，达成了各自的诉求与目的。信陵君博得了"礼贤下士"的名声，侯生也在权势满堂的酒会中，提高了声望与地位。

"吃饭的方式也可成为一种巧妙的政治手段。"②法国学者让·马克·阿尔贝《权力的餐桌》中认为："餐桌的艺术是一种统治的艺术，餐桌是一个特别的场所，围绕着吃，可以产生决策，可以张扬势力，可以收纳，可以排斥，可以论资排辈，可以攀比高低，吃饭简直成了最细致而有效的政治工具。吃饭是一种特别的社交方式，是身体与灵魂的结合点，是物质与精神的结合点，是外在与内在的联系。按现在的说法，叫做'礼义共鸣'。"③臧纥作为季武子之宾，他不是通过言语劝说，而是通过行礼过程中具体的礼仪安排，成功地实现了季武子废长立少的目的，很好地通过宴会场合的程序设计，与所有在场的人实现了"礼义共鸣"。通过这个例子，

① 《史记》卷七七《魏公子列传》，第 2378~2379 页。
② 余英时：《汉代的饮食——人类学和历史学的透视》，收入《汉代贸易与扩张》，上海古籍出版社，2005 年，第 209 页。
③ [法]让·马克·阿尔贝：《权力的餐桌——从古希腊宴会到爱丽舍宫》，刘可有、刘惠杰译，生活·读书·新知三联书店，2012 年第 1 页。

可以确知燕飨活动中的各项礼仪，并不是无意义的烦琐仪节。相反，这些细小的仪节，透露的是行礼人身份的贵贱、地位的高低。人的身份的确定，在礼仪实践中，通过向众人展示而具有了社会性意义。臧纥正是通晓宴飨礼仪的此种功能，成功地解决了季武子的难题。楚国左史倚相论述讽谏的重要性时，提到"宴居有师工之诵"①，即使在燕居非正规的礼仪场合，君主听音乐也是求得谏言。拒绝谏言，会有舆论方面的压力。②

二、不纯臣

西周以来，君臣之间所谓的"仇匹"关系，③ 已体现了君臣之间的某种对等性。王国维《殷周制度论》指出："自殷以前，天子、诸侯君臣之分未定也……周初亦然，于《牧誓》《大诰》皆称诸侯曰'友邦君'，是君臣之分亦未全定也。"④周初邦君尚可称为天子之友。"未全定"即逐渐有了臣的色彩，但未彻底奴化、臣化，也属"不纯臣"。天子需要三公重臣以辅政，学者认为是"贵族专制政体中的原始民主遗存"。重臣作为君之"辅贰"，拥有驳议、立君、摄政等重要权力。"辅贰制下最高执政与君主之间的敌体关系，同阶级社会形成之后君权逐渐强化、君臣间尊卑悬隔逐渐加大的趋势在性质上是相反的。"⑤甚具卓识！那么"仇匹"与"辅贰"虽仍处在君臣关系之内，但天子又不能够完全以一般的君臣关系待之，这是"不纯臣"在西周时候的体现。"储贰"之人，在天子行礼时，常以宾的身份出现。

"不纯臣"在秦汉专制皇权独尊之前，并不是孤立现象。《公羊传·隐公元年》何休注曰："王者据土与诸侯分职，俱南面而治，有不纯臣之义，故异姓谓之伯舅叔舅，同姓谓之伯父叔父。"⑥何休认为周天子分封诸侯，无论是同姓还是异姓，彼此之间都有血缘或者姻亲关系，故以伯父叔父或

---

① 徐元诰：《国语集解（修订本）》，王树民、沈长云点校，中华书局，2002 年，第 502 页。

② 韩高年：《礼乐制度变迁与春秋文体演变研究》，商务印书馆，2021 年，第 259～260 页。

③ 其实在绝对君主制建立之前强调尊君，不意味着不尊宾，或臣的地位就必然低下。尊君与重宾可以同时存在，这在先秦应该是常见的现象。只有到秦始皇建立极端独裁体制后，"尊君卑臣"之法才成为常态。"仇匹"体现西周时期君臣间的对等性，应该是没有大问题的。否定这种对等性的存在，不符合历史实际。参见龚伟：《由出土文献看西周君臣"仇匹"关系》，《理论月刊》2019 年第 6 期。程浩：《西周王臣附属初命王的观念与君臣彝伦的重建》，《史学月刊》2022 年第 8 期。

④ 王国维：《观堂集林》，《王国维全集》第八卷，浙江教育出版社，2009 年，第 311～312页。

⑤ 徐鸿修：《周代贵族专制政体中的原始民主遗存》，《中国社会科学》1981 年第 2 期。

⑥ 《春秋公羊传注疏》卷一，第 4772 页。

伯舅叔舅相称，自然待之以不纯臣之礼。《周礼·天官·大宰》载："以八统诏王驭万民：一曰亲亲，二曰敬故，三曰进贤，四曰使能，五曰保庸，六曰尊贵，七曰达吏，八曰礼宾。"①孙诒让说："凡诸侯来朝会，王待以不纯臣，故谓之礼宾。"②《诗经·周颂·臣工》中"嗟嗟臣工，敬尔在公。王釐尔成，来咨来茹"条下，郑玄笺："诸侯来朝天子，有不纯臣之义。"孔颖达解释道："天子之于诸侯，谓之为宾。宾者，敌主之辞，是不纯臣之义也。"③纯臣是指普通的臣僚，与君主尊卑分明；不纯臣，则有宾主之道，而非全为君臣尊卑关系。《通典》记载尧舜之子丹朱、商均，被后续君王封有疆土，以奉先祀，待之宾礼，"以客礼，不臣也"④。宋同于周亦为客，而非臣。客礼明显尊于臣礼，喻示平等、尊崇与不屈。⑤

礼乐传统中的"不纯臣"较普遍。《礼记·学记》："师严，然后道尊。道尊，然后民知敬学。是故，君之所不臣于其臣者二。当其为尸则弗臣也，当其为师则弗臣也。"⑥为师者不为臣，祭祀之时作尸也不为臣。《孟子·万章上》载咸丘蒙与孟子有关于"臣臣君""子臣父"的讨论，其中有引语"盛德之士，君不得而臣，父不得而子"的说法。《白虎通》中也有详细总结，如：天子"二王之后"、妻之父母、夷狄、祭尸、授受之师、将帅用兵、三老、五更不臣或暂时不臣，诸侯也不是天子的纯臣；始封诸侯不臣诸父兄弟。⑦所谓"普天之下，莫非王土；率土之滨，莫非王臣"，无论在历史还是礼制中，均找不到事实依据。不臣或不纯臣，天子或诸侯如何待之？曰：待之以宾客之礼。《白虎通·诸侯不纯臣》载：

> 凡不臣者，异于众臣也。朝则迎之于著，觐则待之于阼阶，升阶自西阶，为庭燎，设九宾，享礼而后归。⑧

诸侯之于天子在不纯臣之列，故迎送之礼备至，待之以宾客，受飨而归。不纯臣或不臣者被天子或诸侯待之以宾客之道。"宾者，敌主人之

① 《周礼注疏》卷二，第1392页。
② （清）孙诒让：《周礼正义》，王文锦、陈玉霞校点，中华书局，1987年，第78页。
③ 《毛诗正义》卷一九，第1272页。
④ （唐）杜佑：《通典》卷七四《宾礼·三恪二王后》，王文锦等校点，中华书局，1988年，第2025页。
⑤ 徐美莉：《中国古代的客礼》，《孔子研究》2008年第4期。
⑥ 《礼记正义》卷三六，第3302页。
⑦ （清）陈立：《白虎通疏证》，吴则虞点校，中华书局，1994年，第316~324页。
⑧ （清）陈立：《白虎通疏证》，吴则虞点校，中华书局，1994年，第320~321页。

称"，天子诸侯以及后来的卿大夫根据燕飨礼仪的宾主之道而所行之礼，未被古代礼制专家列入"不臣"或"不纯臣"之列，但燕飨宾主关系必然是"不纯臣"的重要内容。顾炎武在《日知录》"君有馈焉曰献"中详细论述了古之君主有所不臣之道：

> "仕而未有禄者，君有馈焉曰献，使焉曰寡君"，示不纯臣之道也。故哀公执贽以见周丰，而老莱子之于楚王自称仆，盖古之人君有所不臣，故九经之序先尊贤而后敬大臣。尊贤，其所不臣者也。至若武王之访于箕子，变年称祀，不敢以维新之号临之，恪旧之心，师臣之礼，又不可以寻常论矣。[1]

古之人君，并非事事人人皆以臣待之，为尊贤之故，也会以宾客之礼而非君臣之际接之。至三国魏时，曹丕为得到士族支持，欲尊重累世太尉的杨彪，赐以几杖，待以宾礼："夫先王制几杖之赐，所以宾礼黄耇褒崇元老也。"[2]杨彪耻为魏臣，称疾在家。曹丕以宾礼而非臣礼待之，面对曹丕的政治姿态，杨彪坚辞不就。既然以宾而非臣礼待杨彪，曹丕也得尊重其志向，不能够强夺其志。宾礼蕴含了更多的平等含义，也可见一斑。缪哲研究汉画像石中的几杖之赐，提到几杖是助年老者，但于君上前称老乃越礼的做法。故几杖之赐使礼的脚本发生了变化，即由"君—臣仪"变为了"王—师仪"。[3] 即几杖之赐后，君臣关系被宾主关系所替代。

臣下之所以能够在燕飨礼中直言或暗言讽谏君上，最主要的原因即此时的行礼双方并非君臣，而是宾主。[4] 地位的相对平等，给予了臣下更多的自由空间。借助此类礼制资源，一方面，在上者的君主能够借助宾主之道表达其尊贤用能的胸怀；另一方面，臣下拥有与君主相对平等的地位，能进一步争取与君主分庭抗礼。

---

[1] (清)顾炎武著、黄汝成集释：《日知录集释》，栾保群、吕宗力校点，上海古籍出版社，2006年，第355页。

[2] (三国·魏)曹丕著、魏宏灿校注：《曹丕集校注》，安徽大学出版社，2009年，第167页。

[3] 缪哲：《从灵光殿到武梁祠——两汉之交帝国艺术的遗影》，生活·读书·新知三联书店，2021年，第59页。

[4] 《韩诗外传》卷六"齐桓公见小臣"载，齐桓公三往而不得见后，仍然坚持认为："布衣之士，不欲富贵，不轻身于万乘之君。万乘之君，不好仁义，不轻身于布衣之士。纵夫子不欲富贵可也，吾不好仁义不可也。"士阶层掌握仁义，君主掌握富贵，但仁义高于富贵。君有求于臣，甚于臣有求于君。在此种君臣关系下，士拥有更大的主动权。参见许维遹：《韩诗外传集释》，中华书局，1980年，第202页。

《史记·孟子荀卿列传》载：

> 是以驺子重于齐。适梁，惠王郊迎，执宾主之礼。适赵，平原君侧行撤席。如燕，昭王拥彗先驱，请列弟子之座而受业，筑碣石宫，身亲往师之。①

驺子名动天下，列国诸侯礼敬之至，齐惠王执宾主之礼，迎至郊外；平原君"侧行撤席"，只能"侧而行，以衣襒席为敬，不敢正坐当宾主之礼也"。《史记·范雎蔡泽列传》载范雎受到秦国君王的礼敬：

> 昭王至，闻其与宦者争言，遂延迎，谢曰："寡人宜以身受命久矣，会义渠之事急，寡人旦暮自请太后；今义渠之事已，寡人乃得受命。窃闵然不敏，敬执宾主之礼。"范雎辞让。是日观范雎之见者，群臣莫不洒然，变色易容者。②

《汉书·货殖传》载子贡事：

> 子赣既学于仲尼，退而仕卫，发贮鬻财曹、鲁之间。七十子之徒，赐最为饶……子赣结驷连骑，束帛之币聘享诸侯，所至，国君无不分庭与之抗礼。③

颜师古注"分庭抗礼"即为"为宾主之礼"。同类事情自春秋时期变得常见。诸侯争霸需要大量人才为之服务，而其延纳贤才的重要手段之一即招待贤能的人才，且以宾主之礼相待。这成为诸侯们纳才重能的金字招牌。《孟子·万章下》："费惠公曰：吾于子思，则师之矣。吾于颜般，则友之矣。王顺、长息，则事我者也。"④国君对贤能之士以师友待之，持积极主动的姿态。

孟子说"将大有为之君，必有所不召之臣"⑤，并以伊尹之于商汤，管仲之于齐桓例比之。"不召之臣"，即不在纯臣之列。纯臣者，召之即来，

① 《史记》卷七四《孟子荀卿列传》，第 2345 页。
② 《史记》卷七九《范雎蔡泽列传》，第 2406 页。
③ 《汉书》卷九一《货殖传》，第 3684 页。
④ 《孟子注疏》卷一〇，第 5966 页。
⑤ 《孟子注疏》卷四，第 5859 页。

挥之即去。孟子更以天下达尊有三——爵、齿、德，君占其一，己占其二，傲视齐宣王，不受其召。孟子具有非常清醒的于君之外的独立意识。春秋以降，士阶层觉醒与崛起，开始向君主积极争取自己独立的政治思想地位。他们对"宾主之道"推崇备至，以获得与君主相等甚至更高的地位，在行动与思想论述中都留下了丰富的记载。为方便论述，先胪陈如下：

> 孔子对曰："君使臣以礼，臣事君以忠。"（《论语·八佾》）
>
> 所谓大臣者，以道事君，不可则止。（《论语·先进》）
>
> 臣君者，岂为其口实，社稷是养。故君为社稷死，则死之，为社稷亡，则亡之。若为己死而为己亡，非其私昵，谁敢任之？（《左传·襄公二十五年》）
>
> 君之视臣如手足，则臣视君如腹心；君之视臣如犬马，则臣视君如国人；君之视臣如土芥，则臣视君如寇仇。（《孟子·离娄下》）
>
> 以顺为正者，妾妇之道也。（《孟子·滕文公下》）
>
> 缪公亟见于子思，曰："古千乘之国以友士，何如？"子思不悦，曰："古之人有言：曰事之云乎，岂曰友之云乎？"子思之不悦也，岂不曰："以位，则子，君也；我，臣也。何敢与君友也？以德，则子事我者也，奚可以与我友？"千乘之君求与之友而不可得也，而况可召与？（《孟子·万章下》）
>
> 舜尚见帝，帝馆甥于贰室，亦飨舜，迭为宾主，是天子而友匹夫也。（《孟子·万章下》）
>
> 请问为人君，曰：以礼分施，均遍而不偏。（《荀子·君道》）

从上述材料来看，此时的士人已不甘心只作为诸侯的臣子，而追求一种与君主"分庭抗礼"的平等地位。君臣地位的均等，在师友宾主关系内得到体现。

《战国策·燕策一》载：

> 燕昭王……卑身厚币，以招贤者，欲将以报仇……郭隗先生对曰："帝者与师处，王者与友处，霸者与臣处，亡国与役处。"……于是昭王为隗筑宫而师之。[1]

---

① 范祥雍：《战国策笺证》，上海古籍出版社，2006 年，第 1684 页。

郭隗以帝、王、霸之道游说燕昭王：若想行帝道，得待自己为师，行王道待自己为友，行霸道则以臣下视之，当然若待贤能如杂役，则离亡国不远了。郭隗站在一个较为主动的位置上，为燕昭王"列清单"，而昭王也只能"卑身厚币"以筑黄金台，以师道待之。

长沙马王堆汉墓帛书《称》非常形象地描述了不同类型的帝王处理君臣关系的情况："帝者臣，名臣，其实师也。王者臣，名臣，其实友也。霸者臣，名臣也，其实［宾也。危者］臣，名臣也，其实庸也。亡者臣，名臣也，其实虏也。"①成就帝业者以臣为师，成就王业者以臣为友，成就霸业者以臣为宾，而让国家处于危险境地者以臣为仆庸，让国灭亡者以臣为俘虏。为师为友为宾，都表达出君王对臣下的尊重。而以奴才视臣，予取予夺者，必然会身死国灭。《说苑·君道》中也有类似表达，②可见这种观念在当时普遍流行。《史记·乐毅列传》："乐毅为魏昭王使于王，燕王以客礼待之。毅辞让，遂委质为臣。"③燕王以宾礼表示对乐毅的尊重，乐毅则以臣礼表达忠心。臣礼与客礼存在本质区别。《资治通鉴》卷二《显王三十六年》胡三省注："秦有客卿之官，以待自诸侯来者，其位为卿而以客礼待之。"④战国时期的"以臣为宾"，完全是诸侯与士人相互需要而进行合作的结果。《后汉书·陈元传》陈元上疏曰："臣闻师臣者帝，宾臣者霸。故武王以太公为师，齐桓以夷吾为仲父。"李贤注："言以臣为师，以臣为宾也。"⑤可见到东汉，专制皇权建立已久，尚有此类观念的孑遗。以臣为宾师，改变了一般意义上的君臣关系。

"不纯臣"局面的形成，有深远的历史根源。既来自殷商时期"以臣为宾"的燕飨礼仪制度，又有现实政治的需要。春秋的争霸战争与战国的统一战争，使诸侯不得不借重士人阶层的配合。这导致战国时期，列国诸侯卑身厚币迎纳士人，形成了不小的高潮。正在此时，诸子百家兴起，中国文明进入了辉煌时期。《礼记·儒行》说："儒有上不臣天子，下不事诸侯。慎静而尚宽，强毅以与人，博学以知服；近文章，砥厉廉隅；虽分国，如锱铢。不臣，不仕。"⑥儒者上不作天子之臣，下不作诸侯之臣。儒者臣与不臣，仕与不仕，都是自主自由的。

---

① 裴锡圭主编：《长沙马王堆汉墓简帛集成》第4册，中华书局，2014年，第176页。
② 向宗鲁：《说苑校注》，中华书局，1987年，第16页。
③ 《史记》卷八〇《乐毅列传》，第2427页。
④ （宋）司马光编著、（元）胡三省音注：《资治通鉴》，中华书局，1956年，第68页。
⑤ （南朝·宋）范晔：《后汉书》卷三六《郑范陈贾张列传》，中华书局，1965年，第1233页。后文引《后汉书》（含《续汉书》），不再标注版本信息。
⑥ 《礼记正义》卷五九，第3627页。

后代一些杰出思想家从古代礼乐中寻找资源，发出了思想自由的幽光。王安石在《虔州学记》说："道隆而德骏者……虽天子北面而问焉，而与之迭为宾主。"①士人若是道德高尚之辈，则可与天子"迭为宾主"。同样是以主宾关系代替君臣关系，表现出高度的精神自觉和独立自主意识，是非常宝贵的思想资源。顾炎武《日知录》卷一《鸿渐于陆》："古之高士，不臣天子，不友诸侯，而未尝不践其土、不食其毛也。其行高于人君，而其身则与一国之士偕焉而已。"②黄宗羲在《明夷待访录·原君》中亦表达出类似思想。清儒姚祖恩也说："古者君臣之礼相去不甚悬绝：立见群臣，郊劳宴享，伯父伯舅之称，敬慎有加。"③如此之类，已显示出君尊臣卑之术的根基已动摇，独立平等意识正在萌发之中。

随着中央王权的强化，"不纯臣"的范围日益缩小。到了西汉时期，见诸《西汉会要》"宾礼"目下，就只剩关于"二王三恪"及孔子后代行宾礼的内容。④ 随着社会结构与政治制度的演变，"三纲五常""天王圣明，臣罪当诛"，则成为政治论述的主流，乾纲独断促使"以臣为宾"，更多只能体现在国际交往或天下扰乱之际，⑤ 或演变为嘉礼的一部分，⑥ 至于待朝臣如师如友如宾，几成绝响。⑦

"尊宾"观念大致反映了秦汉专制君主制建立之前，君臣关系并非仅是垂直式的臣对君之绝对服从，而是在道义、权力结构上，均构成了互动关系。《左传·宣公四年》在总结"书法"时谈道，"凡弑君，称君，君无道也；称臣，臣之罪也"⑧。君非"绝对正确"，臣亦非完全"臣罪当诛"。君

---

① (宋)王安石：《王文公文集》卷三四，唐武标校点，上海人民出版社，1974 年，第 402 页。
② (清)顾炎武著、黄汝成集释：《日知录集释》，栾保群、吕宗力校点，上海古籍出版社，2006 年，第 33 页。
③ (清)姚祖恩：《史记菁华录》，台湾联经出版事业公司，1977 年，第 166 页。
④ 姬丽君认为："王者不臣"理念糅合了儒家尊尊、尊亲、尊贤等三条古老的政治原则，以求运用一种温和的礼制方式对君主权力进行有效限制，充满了人文关怀与政治温情，展示出君主不可自专的儒家政治精神与追求。参见姬丽君：《"王者不臣"：礼制精神制约下的汉代君臣关系》，《河北学刊》2022 年第 2 期。
⑤ 吴丽娱：《试论晚唐五代的客将、客司与客省》，《中国史研究》2002 年第 1 期。朱溢：《北宋宾礼的建立及其变迁》，《学术月刊》2014 年第 4 期。朱溢：《中古中国宾礼的构造及其演进》，《中华文史论丛》2015 年第 2 期。
⑥ 任爽：《唐代礼制研究》，东北师范大学出版社，1999 年，第 91~92 页。
⑦ 《铁围山丛谈》载"国朝仪制，天子御前殿，则群臣皆立奏事，虽丞相亦然。后殿曰延和、曰迩英，二小殿乃有赐坐仪。既坐，则宣茶，又赐汤，此客礼也"，尚见部分遗存。参见蔡絛：《铁围山房丛谈》卷一，中华书局，1983 年，第 20 页。
⑧ 《春秋左传正义》卷二一，第 4058 页。

主以臣为宾并尊宾，正是春秋时代甚至更早的时候君臣关系的一面镜子。清儒邵懿辰说："礼尚往来，礼无不答。十七篇无不具宾主者，礼之于宾主，有性焉。无宾主，是无礼也。"①正因如此，朱子批评叔孙通用朝仪致使汉初群臣屈服，刘邦知"为皇帝之贵"，认为"叔孙通为棉蕝之仪，其效至于群臣震恐，无敢喧哗失礼者。比之三代燕享群臣气象，便大有不同，盖只是秦人尊君卑臣之法"。② 可见在朱子看来，"三代燕享"与"秦人尊君卑臣"是有绝大差异的。

当然，过分夸大"宾道"的功能，亦不符合历史事实。宗周礼乐制度的核心原则，仍然是"尊尊""亲亲"。只不过，战国后至秦汉时，燕飨礼走向衰微，在时代的激荡博弈下，"尊宾"的思想观念逐渐不被一般人重视，"尊尊"却借助皇权，在此后两千年帝制时代不断强化。

三、宾道

尧、舜、禹的三代，被认为是天下为公的黄金时期。禅让制之下的温情，维持的也是一种宾主关系。《尚书大传·虞夏传》有过描述："歌者三年，昭然乃知乎王世，明有不世之义。《招》为宾客，而《雍》为主人。……舜为宾客，而禹为主人。乐正进赞曰：尚考大室之义，唐为虞宾。至今衍于四海，成禹之变，垂于万世之后。"清皮锡瑞注："舜既使禹摄天子之事，于祭祀避之，居宾客之位，献酒则为亚献也。……谓祭大室之礼，尧为舜宾也。"③禅让之后，尧是舜之宾，舜是禹之宾。生时是主宾关系，死后祭祀之时也是主宾关系。尧、舜、禹之间互为宾主，是历史的事实，还是战国后礼学家的构想，现在还无法得出明确的答案。但三代禅让作为黄金时代的政治理想，却深入文化骨髓，影响深远。后代遵循"二王三恪"为宾礼，或根源于此。比如《左传·僖公二十五年》载郑国之卿皇武子答郑伯之问，以何礼接待宋成公时说："宋，先代之后，于周为客，天子有事膰焉，有丧拜焉。丰厚可也。"④天下有无法以君臣礼相待者，就以宾主礼待之。

君臣是一种统治式关系，基于恐惧、服从、暴力与忠诚；宾主更像是伙伴或僚友，基于热情、平等、协作与友爱。以宾主关系代替君臣关系，

① （清）邵懿辰：《礼经通论》，张氏适园丛书本，第 4 页。
② （宋）黎靖德编：《朱子语类》，王星贤校点，中华书局，1986 年，第 3222 页。
③ （清）皮锡瑞：《尚书大传疏证》，吴仰湘编：《皮锡瑞全集》，中华书局，2015 年，第 66 页。
④ 《春秋左传正义》卷一五，第 3947 页。

在较轻松的礼仪中，通上下之情，和同侪之谊，尽忠告之益，这是燕飨礼的重要功能，也是其区别于其他礼制的重要特征。商周时期以来，能够进入君的燕飨范围内飨臣为宾，莫不体现出君臣之际，除了严敬之外尚存一定程度上的平等关系。冯天瑜说，先秦时代的"五伦"较多地保留了氏族民主遗存和封建分权之义，蕴蓄着血亲温情，讲究的是"情理"。[①]"五伦"如此，"宾主"更是如此。

燕飨的演变与衰落深刻地影响到了君臣双方的地位。顾炎武言"春秋时犹宴会赋诗，而七国则不闻矣"，虽所言绝对，但仍然以敏感的视角，揭示出时代急剧变化的消息。《仪礼·士冠礼》郑玄注："古者有吉事，则乐与贤者欢成之。有凶事，则欲与贤者哀戚之。"[②]与贤者欢成哀戚吉凶之事，就是以宾主之礼进行的互动，而成为宾的也是贤者。《通典·嘉礼》载，晋朝君臣讨论策拜诸侯王有无奏乐事，尚书顾和说："古之燕飨有乐者，以畅宾主之欢耳。"[③]宋代学者王应麟也说："君臣之分以严为主，朝廷之礼以敬为主。然一于严敬，则情或不通，无以尽忠告之益，故制为宴飨之礼，以通上下之情，于朝曰君臣焉，于燕曰宾主焉。先王以礼使臣之厚于此见矣。"[④]宾主分庭抗礼，纳行礼双方处于一个相对平等的模式中，相对于严敬的君臣之礼，臣下在宾主礼中获得了更多的自由与尊重。这种"以臣为宾"的行礼模式更多地存在于秦汉专制皇权尚未笼罩一切的先秦时代，而在极端君权建立后，宾主一伦逐渐式微。

"宾道"观念在先秦礼仪制度甚至具体的政治实践中存在，是毫无疑问的事实。君臣间以宾主身份分庭以抗礼，无论面向还是位次，均体现出双方具有某种意义上的"对等"地位。梁启超曾用"相人偶"解释"五伦"中的"相互对等关系"，甚为确当。[⑤]与后世皇权笼罩一切相比，先秦时代的"宾"最起码能够保持一定的超脱。

正是因为"宾道"体现了一定程度上的平等，所以在上位的王者，为了尊贤重道，往往设礼以宾客的身份对待贤能之士，礼仪过程中变君臣关系为主宾关系。特别是春秋战国时代，贤者能者在争霸战争中的作用越来越重要，王侯待之以宾师，更为普遍。而作为宾的贤能之士，同样表现

---

① 冯天瑜：《"五伦"说先于"三纲"说》，《文化困知录》，广东人民出版社，2023年，第18页。
② 《仪礼注疏》卷一，第2041页。
③ （唐）杜佑：《通典》卷七一《嘉礼·策拜诸王侯》，中华书局，1988年，第1959页。
④ （宋）王应麟：《玉海》卷七三，江苏古籍出版社，1987年，第1357页。
⑤ 梁启超：《先秦政治思想史》，《饮冰室合集》第9册，中华书局，1989年，第75页。

出独立的身份意识，能够以道自重，甚至借助宾的身份，更加巧妙地对君王进行"宾谏"，争取得到君王的尊重。令人遗憾的是，战国秦汉已降王权主义胜出，"海内皆臣"成为政治现实，①帝王是政治运行和政治思想文化的绝对主导者。王权是至上的，无限的，全能的。②在这种情况下，"宾道"意识逐渐淡出多数人的眼界，只有少许大儒高德如王安石者，尚能意识到以宾道抗衡君权。可以说，揭示先秦礼仪制度中的"宾道"观念，为思考中国古代的君臣关系提供了一种新的视角。

王安石所说"若夫道隆而德骏者，又不止此，虽天子，北面而问焉，而与之迭为宾主"③，是儒者道德意识觉醒，具有高度的责任感与自信的表现。臣下依据其所拥有的道德，使天子北面以礼事之，与天子迭为宾主，这正是宋代士大夫与天子共治天下，有较强政治主体意识的体现。正如余英时所言，宋代士大夫的政治主动性，较前之汉唐，后之元明清，更为突出。④这也从反面说明了，秦汉以后士大夫在君权的控驭下，主动性总体上不突出。宋代士大夫与天子"共治天下"，以及与天子"迭为宾主"，正是在追寻"三代之治"的政治文化诉求下，对先秦"宾道"意识的袭存与发挥。《孟子·尽心下》："仁之于父子也，义之于君臣也，礼之于宾主也，知之于贤者也，圣人之于天道也，命也。"⑤宾主与父子、君臣并列，被认为是"命"的体现。命者，即人之所必需，不可更改，不可须臾无之，且被纳入了仁、义、礼、知、圣五行系列。《礼记·王制》有所谓"七教"，即"父子、兄弟、夫妇、君臣、长幼、朋友、宾客"，宾客居其一。孙希旦说："宾客即朋友之类，然同志者乃谓之朋友，而宾客则所该者广，故分宾客于朋友而为二。"⑥宾客非臣属，而是朋友与同志之类。比之后世，宾客在先秦拥有更高的地位。宾主一伦，虽被后世排除出"五伦"，但在先秦是最重要的伦常关系之一。

龚自珍撰《宾宾》一文，即《古史钩沉论四》，非常有创见，突出强调

---

① 《诗经·小雅·北山》中的"普天之下，莫非王土；率土之滨，莫非王臣"，在西周尚属政治理想，现实中有众多"宾"与"非臣"存在；而秦始皇统一天下，十六字砖铭文"海内皆臣，岁登成熟，道毋饥人，践此万岁"大量出现，理想变为了现实。
② 刘泽华：《中国的王权主义》，天津人民出版社，2019年，第2页。
③ （宋）王安石：《王文公文集》卷三四，唐武标校点，上海人民出版社，1974年，第402页。
④ 余英时：《朱熹的历史世界：宋代士大夫政治文化的研究》，生活·读书·新知三联书店，2011年，第1页。
⑤ 《孟子注疏》卷一三，第6039页。
⑥ （清）孙希旦：《礼记集解》，沈啸寰、王星贤校点，中华书局，1989年，第398页。

了"宾"在古代中国历史与政治思想史上的地位。其所言如："宾也者，三代共尊之而不遗也。""宾也者，异姓之圣智魁杰寿耇也。"宾非燕私之仆妾、狗马，非供笑之滑稽、俳优，而是身任礼乐道艺、斯文在兹之人。所争非"枉己而正人"，而是大道直行。一姓一朝可灭，而"道诚异，不可降；礼乐诚神灵，不可灭也"，宾不能降，不可灭。龚自珍把身任道艺的宾，提到超越王朝政治的地步。"故夫宾也者，生乎本朝，仕乎本朝，上天有不专为本朝而生是人者在也。是故人主不敢骄。"宾非一姓一朝之臣子，而是文明的承担者。斯文自任的孔子，在周为宾，"夫非王者不屑籍古之道也，又非王者敢灭前古之人民，独不敢灭其礼乐与道艺也"。王者异代而兴也得尊重道艺与礼乐，故须尊宾，不可尽天下之人而臣之。当然，龚自珍更从反面提到嬴刘秦汉之主为何骄横，在于其时"宾籍阙也"。这是秦汉皇权专制独裁导致的结果。① 龚自珍突破了王朝政治之窠臼，从礼乐道艺、文明传承的角度，突出"宾"的超越地位，把"宾"提到前所未有的高度，既惩于清季皇权的独裁与文明的衰弱，也是振臂而呼，为政教人心之更新作振铎者。当然，从历史的角度而言，"宾宾"寄托了龚自珍的理想，也如本书所言，在秦汉皇权极端独裁之前，这也是历史的真实状况。定庵先生所言"宾宾"也即本书所言"宾道"。

总之，先秦时代的尊宾与尚贤，大概具有如下两个特点：

第一，在位者尊宾重道。天子、诸侯以及乡大夫，甚至族长，都在燕飨礼中暂时"放弃"其尊贵身份，以等级色彩不浓的"主人"身份参与其中，表达亲贤尚能之意。当子、臣、族人，被父、君、族长以宾相待时，严格的尊卑上下秩序，被温情平等的主宾所代替，人与人之间显得更加亲密，感情交流更加容易。特别是战国时代，各国诸侯为招纳贤才，往往对某贤能之士，不以为臣，而以为宾，以宾礼待之。这正是"宾道"意识在战国时代的反映与发展。

第二，在下者暂时性突破严格的等级制度，以宾自处，与高位者分庭抗礼，酬酢劝酒，展示出较独立的身份意识。值得注意的是，"宾道"在秦汉后社会仅有稍许遗存，而兴盛于秦汉专制主义建立之前的社会中，这反映出君臣、官民等尊卑等级明显的关系可被"主宾"关系暂时性代替，并非一种偶然存在的现象。宗周礼乐制度中蕴含的这种"宾道"意识，反映的是其时社会权力结构并没有后世想象的那么森严与不可逾越。其时不是皇权专制形态下的皇帝独断一切、高高在上，以及臣子唯唯诺诺、奉命

---

① （清）龚自珍：《龚自珍全集》，王佩净校，上海古籍出版社，1999年，第27~28页。

行事。

　　甚至可以说，主宾是相对平等的"伙伴"，是五伦之外的"第六伦"。①从另一个角度讲，君臣、父子、夫妇、兄弟、朋友五伦的定型，是战国后儒者对社会关系窄化的结果。宾主交接，必寄托于礼。祭祀之人神，朝聘之君臣，冠礼之父子、婚礼之夫妇、相见礼之兄弟与朋友等，② 行礼之时都"相敬如宾"，以宾主论之。宾主之道深藏于宗周礼乐的方方面面。

---

①　近年来学者在传统资源挖掘的基础上，结合时代需求，提出了"五缘""六伦""七伦""九伦"等概念。比如"九伦"包括国家与公民，夫妻之伦，父母子女，师生，干群，同学，同事，战友，一般朋友与陌生人，宗教人士与非宗教人士，公民与外国公民。这些都是非常积极的探索。参见吴根友、崔海亮：《"五伦"与"新五伦"之探索》，《南京师大学报》(社会科学版) 2020 年第 2 期。

②　就夫妻而言，可以"对坐而食"，犹如宾主，分庭抗礼；也可以"同坐而食"，妻无独立位置，附属于夫，体现夫为妻纲。夫妻东西向对坐，在汉画像石中比较常见；夫妻同向同坐，则在唐宋以后的墓室壁画中多有出现。不过唐宋之后夫妻同向而坐，除了反映夫尊妇卑的意识外，更主要的是以"父母"身份共同面向前来祭祀的子女，重点不在夫妻而在父子，虽然子的形象在壁画中没有展现。夫妻东西向对坐，重点在夫妻，即使出现小孩，也是附属，徐州贾汪青山泉出土的"家居安乐图"形象地展示了此点。参见徐州画像石艺术馆编著：《徐州汉画像石》，江苏凤凰美术出版社，2019 年，第 57 页。

第六章　变异与新生：汉代的燕飨礼

刘邦以泗上亭长入咸阳胜项羽，"奋布衣以登皇极"①，数年而登天子位，此乃亘古未有之事。汉初逐渐形成了无赖帝王与布衣卿相的政治局面。② 刘邦虽不知礼、不懂礼，但"居马上得之，宁可以马上治之乎"的著名辩论，③ 使他很快意识到诗书礼乐的重要性——礼乐制度有利于皇权的巩固。新形势下如何利用礼乐缘饰权力、巩固皇权，成为刘邦集团面临的重要问题。而礼乐是否仅沦为工具被人利用，而毫无自我发展的能动性，或是否能主动影响权力，也是需要思考的问题。

有学者把汉代礼制的发展分为三个阶段，即从秦汉之际到宣帝时期、元帝至新莽时期、光武至章帝时期。第一阶段是"秦礼"的暂时性退场与再次升华；第二阶段是儒生以复古"周礼"为号召，限制皇权；第三阶段是"汉礼"规模的奠定。④ 现讨论的主要涉及第一、第二阶段，即成规模"汉礼"尚未奠定之前的成长阶段。⑤ 学者论道："政治上结束战国是在秦

---

① 班固《东都赋》语。费振刚、仇仲谦、刘南平：《全汉赋校注》，广东教育出版社，2005年，第495页。

② 清赵翼说，汉初诸臣，唯张良出身最贵，其他人多小吏或平民出身，故发出"盖秦汉间为天地一大变局"的感叹，也发现"汉初妃后多出微贱"。参见赵翼：《廿二史札记》，凤凰出版社，2009年，第30、51页。

③ 《汉书·郦陆朱刘叔孙传》载：(陆)贾时时前说称《诗》《书》。高帝骂之曰："乃公居马上得之，安事《诗》《书》!"贾曰："马上得之，宁可以马上治乎？且汤武逆取而以顺守之，文武并用，长久之术也。昔者吴王夫差、智伯极武而亡；秦任刑法不变，卒灭赵氏。乡使秦以并天下，行仁义，法先圣，陛下安得而有之？"高帝不怿，有惭色，谓贾曰："试为我著秦所以失天下，吾所以得之者，及古成败之国。"贾凡著十二篇。每奏一篇，高帝未尝不称善，左右呼万岁，称其书曰《新语》。

④ 蒋晓光：《汉赋与汉代礼制》，中华书局，2022年，第8页。

⑤ 关于第三阶段，制礼是否成功，汉礼是否最终奠定，学界也有争论。王尔认为，东汉前期出现"汉当自制礼"的呼吁及实践。东汉认为西汉承秦礼阙，没能接续中断的先王之道，唯有制作"汉"礼，方能验证儒学意义上的王朝受命，而这一使命须由"新汉"来完成。借助制"汉"礼，东汉谋求实现比肩三代的政制教化，继承先王之道而超越西汉。"汉自制礼"反映了制作者对汉与三代、两汉关系的想象和重置，为东汉拟构了"以示百代"的理想方向。汉礼最终的流产，原因主要是操之过急的章帝和曹褒改变了光武帝注重协商的制礼路线。随着章帝的离世，制礼之事也烟消云散。从这里来看，东汉虽启动了制礼作乐的行动，但最终也未成功，成建制的汉礼也未成型。参见王尔：《"汉当自制礼"：东汉前期"制汉礼"的逻辑理路及失败原因》，《中国文化研究》2021年第3期。

代，而文化上结束战国却是在汉代。"①或类似"后战国时代"。② 在这个时期，汉处"秦余"之后，无赖帝王与布衣卿相构成的汉初高层政治集团，无论是知识还是情感方面，对于礼乐是疏远和陌生的，但出于巩固皇权的需要，又不得不用礼乐以缘饰之。③ 西汉政治高层对于礼，完全采取实用主义、功用主义立场。叔孙通的制礼作乐，让刘邦感受到了君尊臣卑，皇权独尊的威仪所在。礼乐只是权力的附属物，故得不到正统儒生的认同，叔孙通有曲学媚权之讥。在这种政治背景下，君臣间的饮酒，体现出两种极端状态：要么如朝礼中，置以法酒，群臣莫敢不匍匐，以显皇帝尊严；要么是君臣聚饮求乐，争权夺利，借机泄愤，甚至如刘邦者赋《大风歌》后"忼慨伤怀，泣数行下"，情感不得节制。④ 汉武帝所以仍在感叹礼乐崩坏，未建立起完备的礼乐制度。⑤《汉书·礼乐志》载："大汉继周，久旷大仪，未有立礼成乐，此贾谊、仲舒、王吉、刘向之徒所谓发愤而增叹也。"⑥这确实说出了汉礼乐的部分事实。学者也观察到，汉代君臣渴望制礼作乐，却久旷大仪，是一种隐痛。⑦ 清儒王鸣盛认为，"汉实无所为礼乐，实无可志"⑧。但仔细梳理后，也发现汉代礼乐自有一番特色。班固《两都赋序》："昔成康没而颂声寝，王泽竭而诗不作。大汉初定，日不暇给。至于武宣之世，乃崇礼官，考文章，内设金马石渠之署，外兴乐府协

---

① 胡宝国：《〈史记〉与战国文化传统》，《汉唐间史学的发展（修订版）》，北京大学出版社，2014 年，第 8 页。
② 李开元首先提出"后战国时代"的概念，不过他主要指"秦末汉初七十年"，参见李开元：《汉帝国的建立与刘邦集团——军功受益阶层研究（增订版）》，生活·读书·新知三联书店，2022 年，第 280 页。
③ 赵翼发现，汉代存在皇帝"汉诏多惧词"、大臣"上书无忌讳"等现象，"两汉之衰，但有庸主而无暴君，亦家风使然也"（《廿二史札记》，凤凰出版社，2009 年，第 36、42 页）。皇帝的诏书战战兢兢，大臣的奏疏却没有忌讳，似乎与专制皇权不符，这种现象或说明汉代皇权毕竟还是在礼乐与神权之下，有所节制。礼乐缘饰权力到一定程度后，也会发挥切实效果，不能一概用虚文无用视之。
④ 秦铁柱认为："两汉初年，皇权强盛，皇帝举行的公权宴饮不断增多，国家秩序得到了强化；两汉末年，皇权衰微，统治阶级举行的公权宴饮逐渐减少，而私权宴饮则逐渐增多，最终导致这一国家秩序分崩离析。这使汉代宴饮陷入了一种二律背反定律之中，它既塑造了公权意义下的国家秩序，同时又腐蚀、动摇、破坏了这一秩序。"秦铁柱：《汉代宴饮与国家秩序结构》，《民俗研究》2018 年第 3 期。
⑤《汉书·礼乐志》载，元朔五年，汉武帝下诏曰："盖闻导民以礼，风之以乐，今礼坏乐崩，朕甚悯焉。故详延天下方闻之士，咸荐诸朝。其令礼官劝学，讲议洽闻，举遗兴礼，以为天下先。太常其议予博士弟子，崇乡党之化，以厉贤材焉。"
⑥《汉书》卷二二《礼乐志》，第 1075 页。
⑦ 高瑞杰：《"久旷大仪"：东汉前期的制礼实践兴衰考辨》，《中华文史论丛》2022 年第 4 期。
⑧（清）王鸣盛：《十七史商榷》，上海古籍出版社，2013 年，第 122 页。

律之事，以兴废继绝，润色鸿业。"①武宣之后，汉兴起大规模的礼乐制作。元代郝经说："至梁刘昭捃拾汉典，补注礼仪、舆服、祭祀、百官等篇，汉之遗制犹可见也，大抵质而不佻，情而少文，有夏后氏之忠、殷人之敬，亦足为一代之典，非后世所及也。"②汉人重情朴质，非如周人之繁缛典雅。

第一节　朝礼与宴饮

即皇帝位后，探索皇权巩固之道是高祖刘邦首先要思考的问题。《史记·高祖本纪》载，高祖五年置酒洛阳南宫，说："列侯诸将无敢隐朕，皆言其情。吾所以有天下者何？项氏之所以失天下者何？"③这里刘邦以宴饮的形式寻求谏言，与战国魏文侯设酒招待田子方等并无不同。特别是高起、王陵说刘邦慢而侮人、项羽仁而爱人的"直言不讳"，似乎也继承了先秦以来的宾谏传统。功臣说刘邦能够与天下同利的告诫，实质上是要求与刘邦分权。皇帝的隐忧无处不在，巩固皇权的新问题，以君臣间的这一番"旧"作为展现出来。建设以皇帝为核心的权力秩序，尚在摸索之中。

刘邦与其父太公关系的重构，是皇权建设的重要一步。刘邦初以家人父子之礼，五日一朝太公。太公家令对太公言："天无二日，土无二王。今高祖虽子，人主也。太公虽父，人臣也。奈何令人主拜人臣。如此则威重不行。"太公听后，高祖再朝见，"太公拥彗，迎门却行"。太公的谦卑令刘邦大惊，连忙下扶起太公。太公说："帝，人主，奈何以我乱天下法。"④君臣之礼占据上风，父子之礼谦退。刘邦尊太公为"太上皇"，是君臣父子之礼的折中之举。高祖赐家令黄金五百斤，说明在刘邦内心深处也必然是君臣关系占据首要位置。⑤《史记·高祖本纪》载九年未央宫落成，高祖设酒大朝群臣：

> 高祖奉玉卮，起为太上皇寿。曰："始大人常以臣为无赖，不能治产业，不能如仲力。今某之业所就孰与仲多？"殿上群臣皆称万岁，

---

① （梁）萧统编、（唐）李善注：《文选》卷一，上海古籍出版社，1986年，第1页。
② （元）郝经：《续后汉书》卷八七，文渊阁《四库全书》第386册，台湾"商务印书馆"，1986年，第1078页。
③ 《史记》卷八《高祖本纪》，第380~381页。
④ 《汉书》卷一《高帝纪》，第62页。
⑤ 《史记》卷八《高祖本纪》，第382页。

大笑为乐。①

即位九年后，高祖给太公献酒，还对其父往年对自己的轻视耿耿于怀，炫耀现在产业巨大。从群臣大笑的反响来推测，饮酒现场，太公必然是唯唯诺诺，在儿子皇帝的威严之下表现得既尴尬又卑下。太公地位的明确，是皇帝秩序建设的重要一环，奠定了刘邦为汉家天下始祖的地位。

著名的鸿门宴是刘邦的噩梦，也是其皇权成功路上重要的一步。刀光剑影、暗藏杀机的鸿门宴，宾主按坐入席，各有位次，"项王、项伯东向坐，亚父南向坐。亚父者范增也。沛公北向坐，张良西向侍"。项羽、项伯叔侄东向坐，② 以尊者自居；范曾面朝南坐，仅次于项羽；张良面朝西，属于第三；刘邦面朝北，地位最低。③ 杨树达说："秦汉坐次，自天子南面不计外，东向最尊，南面次之，西面又次之，北面最卑，其俗盖承自战国。"④当然，这主要讲的是寝或室内行礼的面向与位次尊卑秩序。在堂上行礼，则又有另外一套秩序。宴饮多在寝举行。鸿门宴，或也如此，故项羽自己东向坐，为最尊。项羽通过席次的安排，明确了自己的霸主地位。刘邦接受安排，也表明"臣服"之心。⑤ 但持实用主义立场的刘邦，自然不会长久受礼制与规矩的约束，更不会主动听从"老贵族"项羽的安排，以"如厕"为借口，龙归大海，逃之夭夭。

稳固皇权最重要的是收纳骄兵悍将群体，重建君臣秩序。《史记·叔孙通列传》载："群臣饮酒争功，醉或妄呼，拔剑击柱。高祖患之。"⑥乱哄哄的朝堂之上，布衣帝王与卿相饮酒争功，处于无序的状态。重建尊卑等级秩序，确定、稳固刚得到的皇权，是急需解决的问题。叔孙通制定大朝会仪节，正好助汉高祖解决燃眉之急。对此，《史记·叔孙通列传》与《汉书·叔孙通传》中均有较详实的记载。《汉书·叔孙通传》载：

---

① 《史记》卷八《高祖本纪》，第387页。
② 汉画像石"周公辅成王图"，成王东向立，周公在成王身后，也东向立，跪拜者向西而拜。西向拜是臣服者。成王、周公的位向与项羽、项伯同。参见徐州画像石艺术馆编著：《徐州汉画像石》，江苏凤凰美术出版社，2019年，第29页。
③ 杨华：《杯酒释礼：中国古代礼制中的饮酒》，收入《古礼再研》，商务印书馆，2021年，第404页。
④ 杨树达：《积微居小学述林全编》，上海古籍出版社，2007年，第281284页。
⑤ 余英时：《说鸿门宴的座次》，《余英时文集》第一卷《史学、史家与时代》，广西师范大学出版社，2004年，第70~77页。
⑥ 《史记》卷九九《刘敬叔孙通列传》，第2722页。

汉七年，长乐宫成，诸侯群臣朝十月。仪：先平明，谒者治礼，引以次入殿门，廷中陈车骑步卒卫官，设兵，张旗志。传曰"趋"。殿下郎中侠陛，陛数百人。功臣列侯诸将军军吏以次陈西方，东乡；文官丞相以下陈东方，西乡。大行设九宾，胪句传。于是皇帝辇出房，百官执戟传警，引诸侯王以下至吏六百石以次奉贺。自诸侯王以下莫不震恐肃敬。至礼毕，尽伏，置法酒。诸侍坐殿上皆伏抑首，以尊卑次起上寿。觞九行，谒者言"罢酒"。御史执法举不如仪者辄引去。竟朝置酒，无敢欢哗失礼者。于是高帝曰："吾乃今日知为皇帝之贵也。"①

叔孙通制定的朝礼，首次举行在汉七年十月元旦庆贺之时。大朝礼开始，首先由负责赞礼的官员"谒者"引导各级官员依次进入殿门，听到赞礼者发出"趋"的命令，他们严肃礼容，疾行就位。进入殿门之后，文武官员分列东西，交摈传胪朝见天子。湖北江陵张家山三三六号墓出土的汉简《朝律》有对"胪传"仪节的记载：

（1）趋。下就位　少府中郎进，
（2）并跪大行左。大行进跪曰
（3）后五步、北上，谒者一人立东陛者，南面、立定，典客言具，谒者以闻，皇帝出房，宾九宾、及朝者。②

新近公布的《荆州胡家草场西汉简牍选粹》有两枚属于朝律的简，其内容可供参考：

再拜，返位。郎中举璧。典客胪传："中二千石进。"大行拜如将军。典客胪传曰："诸侯王使者进。"至末宾，末宾出，引使者，使者趋、随入，并跪末宾左。典客复胪传如初。大行左出，使③

杨勇认为"至末宾"之"宾"读为"摈"，可从。④《仪礼·聘义》："卿

---

① 《汉书》卷四三《叔孙通传》，第 2127~2128 页。
② 黎虎：《汉代典客、大行、鸿胪递嬗与朝会司仪》，《东岳论丛》2010 年第 10 期。
③ 荆州博物馆、武汉大学简帛研究中心：《荆州胡家草场简牍选粹》，文物出版社，2021年，第 194 页。
④ 杨勇：《谈谈张家山 336 号汉墓竹简〈朝律〉中的"九宾"和"末宾"》，简帛网（http://www.bsm.org.cn/? hanjian/8961.html），2023 年 3 月 30 日。

为上摈，大夫为承摈，士为绍摈。"是为三摈传胪。《觐礼》为天子礼，有四摈传胪。秦时，陈设九宾，已是九摈传胪，更显示出皇权的威严。汉承秦制，也设九摈传胪。天子的话语，通过傧相层层传递下去，而不是宾主双方直接对话，凸显的是皇权的至高无上。从三摈、四摈到九摈的递增，也是周秦皇权加强的体现。张家山汉墓竹简三三六号墓公布了完整的《朝律》，对理解汉代岁朝仪式具有非常重要的价值，其中明确提道：奉常宣布"朝事毕，请就燕"。① 朝礼之后举行宴饮活动，是礼之常态。

在百官奉贺之后，来朝者"尽伏"，均跪拜臣服于天子的威仪。接下来是"复置法酒"，随后"诸侍座殿上，皆伏抑首，以尊卑次起上寿"。所谓"法酒"，颜师古注："法酒者，犹言礼酌，谓不饮之至醉。"张守义《史记正义》引姚察言："谓之法酒者，异于私燕之酒，言进止有礼法也。"法酒就是按礼饮酒、按法饮酒，是正规仪式内的饮酒，犹如"法见""法驾"。《史记·滑稽列传》："赐酒大王之前，执法在傍，御史在后。"②执法、御史、司正、酒吏等，均是监督饮酒礼者。文武百官个个跪伏其身，没有一人敢于平视皇帝。当谒者言"罢酒"时，"御史执法，举不如仪者，辄引去"。与先秦燕礼中的"唯酒无量不及乱""不醉无归"相比，已有很大的区别。诸位官员在皇帝确定的仪式规定和叔孙通的指挥下行礼，并非能够知礼懂礼、"分庭抗礼"之人，对所行之礼未能如春秋时期的人一样有清晰的体认，只是"演员"而已。正因文武百官无清晰的认识，反而在"无意识"中被叔孙通纳入了尊君卑臣的仪式。加之朝堂上设有专门监督仪轨的官员，于是朝礼中"无敢欢哗失礼者"，与昔日"拔剑击柱"之状形成了鲜明对照。学者论道："政治仪式承担了社会—政治秩序的生成、再造、反复确认、强化的基本任务，从而达成维持现存权力关系、整合社会的目的。"③汉高祖在大朝会结束之后，发出"吾乃今日知为皇帝之贵也"的感慨。"非专为饮食也，为行礼也"④，诚然！仗三尺剑可夺天下，但治天下还得依靠礼与经。

叔孙通制定的朝会礼仪，营造出皇权不可侵犯的礼仪氛围，使诸侯王和布衣卿相们慑服于皇权之下，从而制造出全新的皇帝权威。正如部分学者所言："统治阶级透过礼典符号的掌握和垄断而拥有礼容象征的身份与权力，礼仪中的象征转而成为权力阶层身份的神圣性与合法性的表征。"⑤

① 彭浩主编：《张家山汉墓竹简[三三六号墓]》，文物出版社，2022年，第213页。
② 《史记》卷一二六《滑稽列传》，第3199页。
③ 马敏：《政治仪式：对帝制中国政治的解读》，《社会科学论坛》2003年第4期。
④ （清）孙希旦：《礼记集解》，沈啸寰、王星贤点校，中华书局，1989年，第1427页。
⑤ 林素娟：《象征与体物：先秦两汉礼仪中的修身与教化观》，台湾大学出版中心，2021年，第103页。

人类学家大卫·科泽说："一个人从没有权威到获得权威的过程，必须通过仪式操演展现出来。""仪式的作用在于建构权力，而不仅是呈现早已存在的权力。""仪式满足了重要的组织需求，它在神秘化现实权力关系的同时，还为这种关系提供了合法性，即便在明显缺乏共识的地方它也能够促成公众团结，它还帮助人们以某种方式构想他们的政治世界。"①"知为皇帝之贵"，符合刘邦想要的政治世界，傲娇群臣的默许和顺从，显示出仪式展演现场强大的震慑力。刘邦与争功群臣在政治利益方面具有显著差异，但仪式促进了他们的团结。政治学家大卫·康纳汀说："仪式并非权力的面具，它本身就是一种权力。"②无论如何，"尽伏"之礼以及"法酒"等礼仪的设置，塑造了皇帝的神圣权力与权威。

叔孙通制礼是古礼与秦仪杂就之，君尊臣卑更加明显。正如朱熹所言："叔孙通为绵蕞之仪，其效至于群臣震恐，无敢喧哗失礼者。比之三代燕享群臣气象，便大不同，盖只是秦人尊君卑臣之法。"③朱熹所言一语中的。清代姚祖恩痛心疾首而言："叔孙通徒以高帝之难之，而遂痛绳其下而不复拘其主；是朝仪、法酒皆为臣设，而君不与焉。君为臣纲，君无礼而何以则其臣？于此，叔孙通希世之罪，万世莫能逭也。"④如前所言，在先秦燕飨礼制中，尚蕴含有"宾道"观念，尊宾重道的平等意识还是存在的。叔孙通的"制礼作乐"，建立了以皇帝为最高核心的君臣秩序。刘邦尝到当皇帝的滋味，获得了"非礼之礼"的特殊地位。⑤君尊臣卑的礼仪秩序，一方面强化了皇帝的权威，另一方面也疏远了父子、君臣关系。在朝会礼上的一趋一拜、一杯一盏中，皇权的独特地位得到凸显。君道独尊，臣道卑弱，逐渐渗入汉以后的制礼作乐中。⑥

---

① [美]大卫·科泽：《仪式、政治与权力》，王海洲译，江苏人民出版社，2021年，第38、39、214页。
② 转见自王海洲：《政治仪式：权力生产和再生产的政治文化分析》，江苏人民出版社，2023年，第46页。
③ （宋）黎靖德编：《朱子语类》，中华书局，1986年，第3222页。
④ （清）姚祖恩：《史记菁华录》，台湾联经出版事业公司，1977年，第167页。
⑤ 徐复观对叔孙通也是痛批："投机是出卖自己的良心与知识，其目的当然在取得现实的利益。由叔孙通所定的朝仪，在使皇权专制，取得了更明确的形式；使皇权对臣民的压迫，在此形势下取得'非礼之礼'的地位，因而成为此后无法改易的死结，这在中国政治史中是头一件大事。"参见徐复观：《论史记》，《两汉思想史（第三卷）》，九州出版社，2014年，第382页。
⑥ 学者从"广义礼仪"的角度认为，礼仪本质上是权力关系的表现，通过相关人物在官方场合的站立位置、动作先后、肢体语言，将他们之间抽象的政治、宗法关系，转化为具体的、可视的空间秩序和时间秩序。参见王贞平：《唐代宾礼研究：亚洲视域中的外交信息传递》，中西书局，2017年，第80页。

惠帝太子地位的巩固，也与一次燕礼相关。高祖宠幸戚夫人，欲废长立少。元老重臣多次劝谏，均无法打动刘邦。善机变如叔孙通者，甚至欲"抚剑将自杀"，以死谏之，表现出少见的刚毅，但"上佯许之，犹欲易之"。刘邦仍在敷衍，并未改变主意，最终的改变来自张良安排的一场燕礼。"及上置酒，见留侯所招客从太子入见，上遂无易太子志矣。"①张良所招之客即商山四皓。"及燕，置酒，太子侍。四人从太子，年皆八十有余，须眉皓白，衣冠甚伟。"②不愿臣服于刘邦的商山四皓，竟然能够跟随太子参加燕礼，显示出太子超高的号召力。张良的此番操作，基本是臧纥为季武子确定悼子为接班人故事的翻版。一个(群)德高望重的客人，一群参与行礼兼观礼的众宾，一系列仪式的运作，最终打动"主人"明确了接班人的地位。通过这则故事，可以得到以下两点认识。

一是"客"在汉初仍具有象征性的强大影响力。众多重臣无法说动刘邦，而四皓一出场就解决了问题。重臣地位再高，也是臣，属于"体制内"的力量；商山四皓因"义不为汉臣"，政治地位几乎为零，却充当燕礼之客，文化能量巨大，属于"体制外"的力量。四皓为客，类似前文所言的"宾谏"。张良的聪明之处在于把"臣谏"转变为了"宾谏"。既没有以下犯上的咄咄逼人，也没有奴颜婢膝的谄媚，而是显得彬彬有礼，刘邦自然更易接受。这也是君臣关系与主宾关系在性质上不同的一次生动展示。二是仪式的展演具有强大的力量。商山四皓跟在太子后面，"须眉皓白，衣冠甚伟"，在燕礼现场，众目睽睽之下，有很强的视觉冲击力。这属于后文要讨论的"观看"的力量。这种力量自然不是刘邦所能忽视与抗拒的。"在政治斗争中，仪式既被用来宣示对权力的占有，又被用来向公众传递讯息。"③银发飘飘的商山四皓跟在太子之后，强烈的现场仪式感传递出太子特有的政治魅力。很明显，刘邦适时接收到这个信息，从而放弃更换太子之心。

朝礼中的宴饮也在塑造诸侯王与天子之间的关系。《史记·梁孝王世家》载：

> 诸侯王朝见天子，汉法凡当四见耳。始到，入小见；到正月朔旦，奉皮荐璧玉贺正月，法见；后三日，为王置酒，赐金钱财物；后

①《汉书》卷四三《叔孙通传》，第2129页。
②《史记》卷五五《留侯世家》，第2047页。
③[美]大卫·科泽：《仪式、政治与权力》，王海洲译，江苏人民出版社，2021年，第147页。

二日，复入小见，辞去。凡留长安不过二十日。小见者，燕见于禁门内，饮于省中，非士人所得入也……今汉之仪法，朝见贺正月者，常一王与四侯具朝见，十余岁一至。①

汉代诸侯王和列侯到京师朝见天子，总共陛见四次。其间天子与诸侯王也设置饮酒活动。前后的两次"小见"，或许是汉家内部行家人礼的时候。中间的法见于后三日的饮酒，属于正式的朝见礼，与先秦觐礼类似。

关于朝礼的具体细节，《后汉书·礼仪志》有较为详细的记载：

每岁首正月，为大朝受贺。其仪，夜漏未尽七刻，钟鸣，受贺。及贽，公、侯璧，中二千石、二千石羔，千石、六百石雁，四百石以下雉。百官贺正月。二千石以上上殿称万岁。举觞御座前。司空奉羹，大司农奉饭，奏食举之乐。百官受赐宴飨，大作乐。其每朔，唯十月旦从故事者，高祖定秦之乐，元年岁首。②

这是东汉元会仪，分为两部分。前部是三公、诸侯以及各级百官分别向皇帝进献玉璧、羔、雁、雉，即行委贽之礼。委贽之礼源自先秦"策名委质"，代表百官对君主的臣服。"举行委贽为臣之礼，不仅表示确立君臣关系，并由此确定了臣下贡献财物的责任。"③而元会仪上的委贽之礼，也意味着在新年伊始之际更新君臣关系。④ 后部分是君臣的宴飨活动，上殿称万岁、举觞、宴乐。关于这部分内容，班固在《东都赋》里也有描述：

于是庭实千品，旨酒万钟。列金罍，班玉觞。嘉珍御，太牢飨。尔乃食举雍彻，太师奏乐。陈金石，布丝竹。钟鼓铿锵，管弦烨煜。抗五声，极六律，歌九功，舞八佾，《韶》《武》备，泰古毕。四夷间奏，德广所及，儌休兜离，罔不具集。万乐备，百礼暨，皇欢浃，群臣醉，降烟煴，调元气，然后撞钟告罢，百寮遂退。于是圣上睹万方之欢娱，又沐浴于膏泽，惧其侈心之将萌，而怠于东作也，乃申旧

---

① 《史记》卷五八《梁孝王世家》，第 2090 页。
② 《后汉书·礼仪志》，第 3130 页。
③ 杨宽：《"赘见礼"新探》，《古史新探》，上海人民出版社，2016 年，第 371 页。
④ ［日］渡边信一郎：《元会仪的建构》，［日］沟口雄三、［日］小岛毅主编：《中国的思维世界》，孙歌等译，江苏人民出版社，2006 年，第 369 页。

间，下明诏。命有司，班宪度。昭节俭，示太素。①

　　张衡《东京赋》也有类似描述："君臣欢康，具醉熏熏"，"上下通情，式宴且盘"。②《南都赋》："宾赋醉言归，主称露未晞。接欢宴于日夜，终恺乐之令仪。"正常的君臣关系，虽然等级森严、规规矩矩的，但也有欢乐融洽、饮酒至醉的轻松时刻。委贽为臣属于严肃刚性、等级森严的礼制。在此之后的燕飨，则是君臣欢乐，正所谓"皇欢浃，群臣醉"。这与先秦祭祀之后的燕饮、大射之后的燕饮一样，神圣与狂欢并存。君臣在严肃、活泼的氛围中，"君情通于下，臣情达于上"，达到了"国家安而臣欢乐也"的效果。班固、张衡用华丽铺张的辞藻，构筑了皇权的雄浑坚固，也描绘出君臣欢乐的一面。委贽和宴飨，实现了君臣关系的更新与调和。③ 不过，西汉燕飨向君敬酒，大臣匍匐在地，礼法更加森严；东汉则是"两千石以上上殿称万岁，举觞御座前"，不必伏地。④ 经过数百年的礼乐教化，东汉君臣的礼乐气象明显高于西汉，虽君尊臣卑仍是政治的主调，但多少经过了缘饰与柔化。

第二节　君臣私饮

　　汉高祖刘邦在饮酒中发生了很多有趣的故事。《史记·高祖本纪》记载了未发达时汉高祖的"神异故事"：

　　（高祖）好酒及色，常从王媪、武负贳酒，醉卧。武负、王媪见其上常有龙，怪之。高祖每酤留饮，酒雠数倍。及见怪，岁竟，此两家常折券弃责……高祖被酒，夜径泽中，令一人行前。行前者还报曰："前有大蛇当径，愿还。"高祖醉，曰："壮士行，何畏！"乃前，拔剑击斩蛇。蛇遂分为两，径开。行数里，醉，因卧。⑤

① （汉）班固：《东都赋》，（梁）萧统编：《文选》卷一，上海古籍出版社，1986年，第36~37页。
② （汉）张衡：《东京赋》，（梁）萧统编：《文选》卷三，上海古籍出版社，1986年，第110页。
③ ［日］渡边信一郎：《元会仪的建构》，［日］沟口雄三、［日］小岛毅主编：《中国的思维世界》，孙歌等译，江苏人民出版社，2006年，第405页。
④ 李俊芳：《汉代皇帝施政礼仪研究》，中华书局，2014年，第174页。
⑤ 《史记》卷八《高祖本纪》，第343~347页。

刘邦谎称"贺钱万"参加吕公的酒席，并坐上席且获娶妻，也同样有趣。汉家借此类饮酒故事，赋予了高祖天命所在的地位，为皇权披上了神圣外衣。"醉卧龙缠身""醉酒斩白蛇"及"骗吃骗喝"的典故，展现了一个出身底层社会，无周旋揖让之礼仪、温柔敦厚之礼教、庄严肃敬之礼容，无礼而肩负大任的真命天子的神异。仍然不脱一个泗上亭长、地方无赖的饮酒故事，与温润敦厚的燕飨礼相隔甚远。礼者，经国序民者也。礼乐在汉初特别是在刘邦夺取权力的路上，发挥的作用有限。

刘邦晚年的心情似更趋复杂。过沛饮酒赋诗，生动形象地体现出此点。《汉书·高帝纪下》载：

> 上还，过沛，留，置酒沛宫，悉召故人父老子弟佐酒。发沛中儿得百二十人，教之歌。酒酣，上击筑，自歌曰："大风起兮云飞扬，威加海内兮归故乡，安得猛士兮守四方!"令儿皆和习之。上乃起舞，忼慨伤怀，泣数行下。谓沛父兄曰："游子悲故乡。吾虽都关中，万岁之后，吾魂魄犹思沛。且朕自沛公以诛暴逆，遂有天下，其以沛为朕汤沐邑，复其民，世世无有所与。"沛父老诸母故人日乐饮极欢，道旧故为笑乐。十余日，上欲去，沛父兄固请。上曰："吾人众多，父兄不能给。"乃去。沛中空县皆之邑西献。上留止，张饮三日。沛父兄皆顿首曰："沛幸得复，丰未得，唯陛下哀矜。"上曰："丰者，吾所生长，极不忘耳。吾特以其为雍齿故反我为魏。"沛父兄固请之，乃并复丰，比沛。①

从《史记》《汉书》对此事的记载来看，这并不是一次设计好，按程序举行的礼仪活动，与礼典记载的燕飨活动有较大的差距。更像刘邦衣锦还乡后，临时起意与父老乡亲饮酒叙旧，与民同乐。与叔孙通制定的朝礼相比，更具有刘邦私人色彩，也更直接地表露出其个人的情感。刘邦不仅亲自击筑悲歌，还"泣数行下"。游子还乡、志得意满、悲壮豪情、不安与忧患等复杂情感交错在一起。刘邦此时的状态与春秋时期赵武的表现类似，甚至同样预感到了自己生命的终结。② 刘邦在饮酒赋诗，言"万岁之

① 《汉书》卷一《高帝纪下》，第74页。
② 周天子派遣刘定公犒劳赵武，且借表彰大禹的功绩，鼓励赵武继承大禹功绩，保护百姓。赵武对曰："老夫罪戾是惧，焉能恤远? 吾侪偷食，朝不谋夕，何其长也?"本当建功立业之时，却精神上萎靡不振，战战兢兢、朝不保夕。赵武的表现和其地位不符。刘定公回去后，向天子汇报说"赵孟将死矣"。

后，吾魂魄犹思沛"，回长安后第二年驾崩。

礼制的功能之一在于表达情感的同时又节制情感，不令放纵无归。刘邦在沛饮酒赋诗，有情而无礼。汉人喜好悲伤之调，似乎体现出汉人的重情而轻节制。他们在宴会中酒酣之后，常常悲从中来，唱奏挽歌，感叹生命无常。《薤露歌》《蒿里曲》《古诗十九首》是其中著名者。《风俗通·佚文》也载："灵帝时，京师宾婚嘉会，皆作魁櫑，酒酣之后，续以挽歌。"①汉镜铭文常见："秋风日起，吾志日悲，道路日远，侍前日稀"，"秋风起，心志悲，时念君，立徘徊，常客居，思不可为，游中国，时来归"。② 汉镜是民众日用品，铸此类铭文，表达道路辽远、客居他乡而"心悲""志悲"，反映的是时人的普遍心态。《后汉书·周举传》载，大将军梁商大会宾客于洛水边，"酣饮极欢，及酒阑倡罢，继以薤露之歌，坐中闻者，皆为掩涕"③。人生短暂，须当及时行乐，然而乐极生悲。嵇康批评"历世才士并为之赋颂，其体制风流，莫不相袭"，且"称其材干，则以危苦为上；赋其声音，则以悲哀为主；美其感化，则以垂涕为贵"。④ 这里以危苦、悲哀、垂涕为尚的历世才士，自然包括汉代士人在内。汉人与其他时代之人相比，拥有非常不一样的生命情调。自屈原以来的楚人发愤抒情，情感热烈外露且感伤，这与三晋、齐鲁之地，重法者冷峻，重礼者理性，内敛节制，是不同的。刘邦是楚人，在沛"泣数行下"，从地域文化的角度也能理解。汉人从情感最深处，继承了楚文化传统。转而要用礼治国，从情感角度而言，疏离且困难，不得已就只能采用功利主义态度。这也可见汉初的制礼作乐，任重而道远。

汉高祖的宴饮，少了礼仪规范，多了个人色彩。早年以无赖形象见于民间，但"民妇免酒钱""醉卧龙缠身""醉酒斩白蛇"等典故，又暗示皇权天命的依归。鸿门宴上以"如厕"名义，逃之夭夭，与无赖也相差无几。即皇帝位后，重建君臣秩序，巩固皇权，成为刘邦必须思考的问题。叔孙通制礼作乐，朝臣从"饮酒争功，醉或妄呼，拔剑击柱"到"竟朝置酒，无敢欢哗失礼者"，让刘邦尝到了皇帝的威仪。晚年的刘邦沛宫饮酒，赋《大风歌》，显示出真性情。刘邦不懂礼、不知礼，对礼持现实主义态度，有用则用之，无用则弃之。

---

① （汉）应劭撰、王利器校注：《风俗通义校注》，中华书局，1981年，第568页。
② 鹏宇：《汉镜铭文汇释》，云南人民出版社，2022年，第28页。
③ 《后汉书》卷六一《周举传》，第2028页。
④ 张亚新：《嵇康集详校详注》，中华书局，2021年，第267页。

　　皇帝驾幸臣子宅邸，表达宠信之意，是汉代君臣私宴的常见形式。① 君臣间形成了一种私人关系。这种关系在儒者看来是非礼非法的。处于这种关系中的臣，多被佞幸视之。文帝"常燕饮通家"。汉武帝祓霸上，还过平阳主家，在宴饮上首次见到卫子夫。窦太主、董偃为实现邀宴汉武帝的目的，寻找爰叔求得"见上之策"。窦太主称病不朝，在汉武帝问疾时，借机邀请武帝驾临宴饮："愿陛下时忘万事，养精游神，从中掖庭回舆，枉路临妾山林，得献觞上寿，娱乐左右。如是而死，何恨之有！"②这里充斥着求宠争权的阴谋与算计。极端君主专制建立后，所有权力与资源全部汇聚在皇帝一身，君臣之间的权力关系有逐渐私密化、个人化的倾向。与皇权攀上个人关系，是利禄之途的快车道。先秦礼仪型君臣关系有衰弱的趋势，宠信式君臣关系变得越来越普遍。③ 窦太主与董偃的设计，武帝心知肚明，愉快地接受了邀请。在宴饮当日，双方"饮大欢乐"。通过这次燕饮，窦太主与董偃的关系得以公开化，且得到皇帝的默许，最终也实现了"董君贵宠，天下莫不闻"。④ 这样的活动更像是高层贵族间的社交活动。东汉傅毅撰《舞赋》假托楚襄王和宋玉的故事："楚襄王既游云梦，使宋玉赋高唐之事。将置酒宴饮，谓宋玉曰：'寡人欲觞群臣，何以娱之？'"⑤君臣私饮，"娱之"是主要目的。

　　君臣间饮酒，经常能见到关于"上寿"的记载。《汉书·倪宽传》载：

　　　　（汉武帝）拜宽为御史大夫，从东封泰山。还登明堂。宽上寿曰："臣闻三代改制，属象相因。间者圣统废绝，陛下发愤，合指天地，祖立明堂辟雍……光辉充塞，天文粲然，见象日昭，报降符应。臣宽奉觞再拜，上千万岁寿。"制曰："敬举君之觞。"⑥

　　倪宽为儒家式大臣，不会不懂礼。他受命为御史大夫，参加封禅泰山，登明堂后，表示对功业大成汉武帝的敬意，给武帝奉觞上寿，颂其功业。汉武帝也乐意接受倪宽的敬意。这是君臣间饮酒互动的一段美好记忆。当然，于武帝而言也有举觞上寿，不太美好的记载。《汉书·车千秋

①　薛小林：《秦汉时期宴饮活动中的政治秩序与权力运作》，《中国史研究》2022 年第 1 期。
②　《汉书》卷六五《东方朔传》，第 2854 页。
③　侯旭东：《宠：信—任型君臣关系与西汉历史的展开》，北京师范大学出版社，2018 年。
④　《汉书》卷六五《东方朔传》，第 2855 页。
⑤　费振刚、仇仲谦、刘南平：《全汉赋校注》，广东教育出版社，2005 年，第 413 页。
⑥　《汉书》卷五八《倪宽传》，第 2632 页。

传》载：

> （车千秋）遒与御史、中二千石共上寿，颂德美，劝上施恩惠，缓刑罚、玩听音乐、养志和神，为天下自虞乐。上报曰："朕之不德，自左丞相与贰师阴谋逆乱，巫蛊之祸流及士大夫……朕媿之，其何寿之有？敬不举君之觞。"①

晚年经历巫蛊之祸后，心情郁结的刘彻，面对臣子们的上寿，已心生惭愧，没有饮用敬献之酒。君臣间的两次举觞上寿，一次接受，另一次没有接受，均与现实政治环境密切相关。

刘邦代表了汉代君臣群体的饮酒风格，即实用化与私人化，但礼的权力与政治色彩并未减少。《史记·齐悼惠王世家》载吕后召集群臣宴饮，朱虚侯刘章为酒吏，并申请以军法行酒：

> 朱虚侯年二十，有气力，忿刘氏不得职。尝入侍高后燕饮，高后令朱虚侯刘章为酒吏。章自请曰："臣，将种也，请得以军法行酒。"高后曰："可。"酒酣，章进饮歌舞。已而曰："请为太后言耕田歌。"……倾之，诸吕有一人醉，亡酒，章追，拔剑斩之而还，报曰："有亡酒一人，臣谨行法斩之。"太后左右皆大惊。业已许其军法，无以罪也。②

朱虚侯不满吕后用诸吕而压制刘氏人员。借助吕后燕饮被选为酒吏监督饮酒的机会，申请用军法，且在酒席斩杀一名吕姓人员。根据饮酒程序，献酢酬之后，有旅酬、无算爵。献酢酬主要发生在主人和主宾之间，讲尊卑秩序。旅酬则上下交互饮酒，尊卑色彩减弱。无算者，即不计算杯数、不计人数，饮酒无算，不醉无归，进入"纯粹"饮酒为乐的阶段。饮酒至酣，饮酒人均进入亢奋甚至醉酒的状态。《吕氏春秋·长攻》："代君至，酒酣。"③《汉书·高帝纪》："酒酣，上击筑。"④《史记·廉颇蔺相如列传》："秦王饮酒酣。"《说文·酉部》："酣，酒乐也。"曹丕《善哉行》"朝日乐相乐，酣饮不知醉"⑤，实际已醉。

---

① 《汉书》卷六六《车千秋传》，第 2883 页。
② 《史记》卷五二《齐悼惠王世家》，第 2001 页。
③ 许维遹：《吕氏春秋集释》，梁运华整理，中华书局，2009 年，第 335 页。
④ 《汉书》卷一《高帝纪下》，第 74 页。
⑤ （三国·魏）曹丕著、魏宏灿校注：《曹丕集校注》，安徽大学出版社，2009 年，第 24 页。

　　吕后召集的这次燕饮，至"酒酣"时，至少也到了无算爵阶段。无算爵者，饮多少可自便，饮酒无量不及乱而已。① 刘章在酒酣之后，因人已醉亡酒而斩杀之，严格来讲不符合礼制。那么使用军法，是否可以呢？任慧峰指出，先秦时期在战争中也会遵循礼仪原则，否则就会被讥讽为"非礼"，比如"不灭国""不越份""遵礼制"。② 战争中尚且不灭人之国，何以能在燕饮中杀人之命！《礼记·檀弓下》有段讨论杀人之礼的记载。在一次与吴国的战争中，楚国工尹商阳每射死一人，都要以手掩目，杀两人后说道："我属于上朝时没有座位，燕饮时不能参与。现在杀了三人，足够复命了。"孔子评论道："杀人之中，又有礼焉。"③即使战争中杀人都要符合礼制，不能以多杀贪功。那么据此推测，被杀之人在无算爵时，喝不喝，和谁喝，喝多少，有自主决定之权，并不违礼。反而是刘章在饮酒至酒酣之后，以军法为借口杀人，严重不合礼。吕后一党以为既然行军法，那么杀人或合理。从这里看出，无论是刘章还是吕后，对礼制的理解都有偏差，也是不太懂的。刘章事实上并不在乎是否符合军法礼仪，仅是借机泄愤，表达对诸吕的不满而已。赵翼也早就指出，西汉王侯多荒淫无礼。④ 这种功利主义的心态，与前论刘邦的实用主义并无本质区别，一定程度上也反映了汉初礼制的现状。

　　南越国太后也置酒谋杀宰相吕嘉，饮酒间充满了政治算计：

> 　　王、王太后亦恐嘉等先事发，乃置酒，介汉使者权，谋诛嘉等。使者皆东向，太后南向，王北向，相嘉、大臣皆西向，侍坐饮。嘉弟为将，将卒居宫外。酒行，太后谓嘉曰："南越内属，国之利也，而相君苦不便者，何也？"以激怒使者。使者狐疑相杖，遂莫敢发。嘉见耳目非是，即起而出。太后怒，欲鏦嘉以矛，王止太后。嘉遂出，分其弟兵就舍，称病，不肯见王及使者。乃阴与大臣作乱。⑤

　　南越太后借宴饮之礼座位的安排，"使者皆东向，太后南向，王北向，相嘉、大臣皆西向，侍坐饮"，表达自己的政治意见。太后南向，王

---

① 《仪礼·乡饮酒义》："说屦，揖让如初，升，坐。乃羞，无算爵、无算乐。"郑玄注："算，数也。宾主燕饮，爵行无数，醉而止也。""燕乐亦无数，或间或合，尽欢而止也。"

② 任慧峰：《先秦军礼研究》，商务印书馆，2015 年，第 137~147 页。

③ 《礼记正义》卷一〇，第 2839 页。

④ （清）赵翼：《廿二史札记》，凤凰出版社，2009 年，第 53 页。

⑤ 《史记》卷一一三《南越列传》，第 2972 页。

北向，体现出太后与王之间必有矛盾。太后有专权之嫌。南越小朝廷，可能分为两股政治势力，即太后党与王党。王与吕嘉可能是政治联盟。太后欲借汉庭势力，介入与儿子间的权力斗争，灭掉吕嘉，剪除王党势力。双方剑拔弩张，不欢而散，一场血雨腥风的政治斗争在饮酒间已开始酝酿。

西汉海昏侯墓出土十余枚记录礼仪行事的"礼仪简"。① 一简云"右方王会饮仪"，或为此批简的命名。简文有残损，为"……践登东堂。宾者、吏大夫皆反走复位。王西向定立。宾者、吏大夫"，记载了参与者的站位。昌邑王刘贺位在东堂，面向西。"宾者、吏大夫皆反走复位"，没有讲具体位置在哪里。根据《仪礼·燕礼》所讲宾的位置，应在西堂东向而立，与王分庭抗礼。"吏大夫"位置如众宾，这或是饮酒仪节的站位。到奏乐部分，位置又变了，昌邑王的位置变成了阼前南向，"……反走复位。王定立阼前，南乡向。皆复就位。礼乐进，曰：请令相行乐器"②。根据此批残损竹简，可以得出以下几点认识。第一，《仪礼·燕礼》命名为"礼"者，此命名为"仪"，或与叔孙通制作有关。第二，设有"宾"，与《仪礼·燕礼》一样。第三，奏乐时，王南向，与《仪礼·燕礼》异。第四，司乐者命名为"礼乐"者，在《仪礼·燕礼》中是"乐正"，两者有异。通过此批简可以得知，或许经过叔孙通制礼之后，西汉朝廷与王国内举行宴饮之礼，也有一个简约的礼仪手册作为指导。这个礼仪手册是根据《仪礼》之《燕礼》《乡饮酒礼》等改造而来的。

《汉书·齐悼惠王》记载有另一次燕饮活动："孝惠二年入朝，帝与齐王燕饮太后前，置齐王上坐，如家人礼。"颜师古注："以兄弟齿列，不从君臣之礼，故曰家人也。"③惠帝与齐王饮酒，不行君臣之礼，而行家庭兄弟之礼。因齐王年长，惠帝尊以上座。这也是汉代礼仪私人化的一个表现。与惠帝相反，武安侯田蚡"尝召客饮，坐其兄盖侯南乡，自坐东乡，以为汉相尊，不可以兄故私桡"④。田蚡在家举行燕饮，却自以为丞相，自己坐东向尊位，而让自己的兄长坐南向较卑位，理由是不能因兄弟之情而干扰国家制度。不论是惠帝的谦让，还是田蚡的傲娇，似乎都可以自由决定行礼是尚齿还是尚爵。行礼过于"机动化"，实际上是礼仪混乱、不成熟的一个表现。

---

① 江西省文物考古研究院等：《江西南昌西汉海昏侯刘贺墓出土简牍》，《文物》2018年第11期。
② 田天：《西汉海昏侯刘贺墓出土"礼仪简"述略》，《文物》2020年第6期。
③ 《汉书》卷三八《齐悼惠王》，第1987页。
④ 《史记》卷一〇七《魏其武安侯列传》，第2844页。

《史记·曹相国世家》载：

> 参代何为汉相国，举事无所变更，一遵萧何约束。择郡国吏木诎于文辞，重厚长者，即召除为丞相史。吏之言文刻深，欲务声名者，辄斥去之。日夜饮醇酒。卿大夫已下吏及宾客见参不事事，来者皆欲有言。至者，参辄饮以醇酒，间之，欲有所言，复饮之，醉而后去，终莫得开说，以为常。相舍后园近吏舍，吏舍日饮歌呼。从吏恶之，无如之何，乃请参游园中，闻吏醉歌呼，从吏幸相国召按之。乃反取酒张坐饮，亦歌呼与相应和。①

这是著名的"萧规曹随"的故事。曹参为汉相，自己不仅日夜饮酒不治事，还与吏员一起张坐设饮。在黄老道家无为而治的政治话语中，放纵饮酒不仅不会被道德批判，反而具有了与民休息不折腾的效果。曹参的饮酒既有私人色彩，也带上了汉初政治意识形态的光环。

《史记·魏其武安侯列传》曰：

> 夏，丞相取燕王女为夫人，有太后诏，召列侯宗室皆往贺。魏其侯过灌夫，欲与俱。夫谢曰："夫数以酒失得过丞相，丞相今者又与夫有郤。"魏其曰："事已解。"强与俱。饮酒酣，武安起为寿，坐皆避席伏。已，魏其侯为寿，独故人避席耳，余半膝席。灌夫不悦。起行酒，至武安，武安膝席曰："不能满觞。"夫怒，因嘻笑曰："将军贵人也，属之！"时武安不肯。行酒次至临汝侯。临汝侯方与程不识耳语，又不避席。夫无所发怒，乃骂临汝侯曰："生平毁程不识不直一钱，今日长者为寿，乃效女儿呫嗫耳语。"②

窦婴与田蚡的交恶和此次饮酒活动有密切关系。古时婚礼不贺，田蚡娶燕王女，根据太后的要求，诸侯宗师都来祝贺，见出婚礼在汉代已有很大的变化。在宴席饮酒进行到"酒酣"后，田蚡起身敬酒，大家都避席不敢当，表示对丞相田蚡的尊敬；而至窦婴起身敬酒时，只有窦婴故旧避席，其他人虽下席但膝仍然在坐席上。灌夫内心不悦。③ 起身行酒到田蚡

---

① 《史记》卷五〇《曹相国世家》，第2029页。
② 《史记》卷一〇七《魏其武安侯列传》，第2844页。
③ 尚秉和：《历代社会风俗事物考·汉人行酒时礼节》，江苏古籍出版社，2002年，第92页。

时，田蚡不离席且不能满杯。无所发作的灌夫只能借机骂临汝侯以泄愤。在婚礼席次上，不见先秦婚礼的踪影，宾客饮酒不是见风使舵、奴颜婢膝地讨好丞相田蚡，就是人走茶凉似的轻视失势的窦婴，或是如灌夫虽有打抱不平、仗义执言的行为，但也粗暴无礼，借机泄愤。汉代高层饮酒场合的不知礼，表现得淋漓尽致。

西汉高层政治人物的日常生活中，不懂礼的现象很常见。① 景帝为太子时，与吴太子刘贤饮酒下棋起争执，刘启竟然抢起棋盘砸死刘贤。此事与后来七国之乱的爆发，具有很大关联。广川王刘去"数置酒，令倡俳裸戏坐中，以为乐"，刘海阳"画屋为男女裸交接，置酒请诸父姊妹饮，令仰视画"。②《汉书·元后传》载，司隶校尉解光弹劾曲阳侯王根，"山陵未成，公聘取故掖庭女乐五官殷严、王飞君等，置酒歌舞，捐忘先帝厚恩，背臣子义"③。曲阳侯在先皇丧期内，未能遵守丧礼仪，而是招聚女乐，置酒歌舞，被解光认为是无人臣之礼，大不敬。在国丧期间宴饮遭到处罚，史不绝书。④ 刘贺被选为帝后，同样在昭帝丧期内，"大行在前殿，发乐府乐器，引内昌邑乐人，击鼓歌吹作俳倡。会下还，上前殿，击钟磬，召内泰一宗庙乐人辇道牟首，鼓吹歌舞，悉奏众乐"。刘贺与昌邑官奴在禁闼之内游戏，不居丧位，违背丧礼，最终失去继承帝位的资格。⑤ 光武帝时马武被评价为"武为人嗜酒，阔达敢言，时醉在御前面折同列，言其短长，无所避忌"⑥。秺侯商丘成"坐为詹事侍祠孝文庙，醉歌堂下曰：'出居，安能郁郁'"⑦。祭祀孝文帝后，竟然喝醉，还在堂下唱歌。更始帝之父刘子张与蔡阳国亭长喝酒，"釜亭候长醉詢更始父子张，子张怒，刺杀亭长"⑧。又是一起饮酒引起的命案。此为后来一系列复仇命案的开始。后来子张之子也就是后来的更始帝刘玄也加入了复仇队伍，广交宾客。《续汉书》载："时圣公聚客，家有酒，请游徼饮，宾客醉歌，言

---

① 韩信废为淮阴侯，拜访樊哙。"哙跪拜送迎，言称臣，曰：'大王乃肯临臣。'信出门，笑曰：'生乃与哙等为伍。'"韩信、樊哙同为汉之大臣，樊哙称臣于韩信，失礼太过。也可见汉初君臣间尚未建立起完善的礼制秩序。

② 《汉书》卷五三《景十三王传》，第 2431~2432 页。

③ 《汉书》卷六八《元后传》，第 4028 页。

④ （清）顾炎武著、黄汝成集释：《日知录集释（全校本）》，栾保群、吕宗力校点，上海古籍出版社，2006 年，第 918~919 页。

⑤ 李志刚、韩伟：《礼制的困境：汉昌邑王废立事件新论》，《华中国学》2019 年秋之卷，总第 13 卷，华中科技大学出版社，2020 年，第 35 页。

⑥ 《后汉书》卷二二《马武传》，第 1648 页。

⑦ 《汉书》卷一七《景武昭宣成功臣表》，第 663 页。

⑧ 《后汉书》卷一四《宗室四王三侯列传》李贤注引《续汉书》，第 564 页。

'朝亨两都尉，游徼后来，用调羹味'。游徼大怒，缚捶数百。"①宗室人员和地方亭长、游徼矛盾不断。汉代高层政治人物无礼之举，典籍中比比皆是。《汉书·盖宽饶传》载：

> 平恩侯许伯入第，丞相、御史、将军、中二千石皆贺，宽饶不行。许伯请之，乃往，从西阶上，东乡特坐。许伯自酌曰："盖君后至。"宽饶曰："无多酌我，我乃酒狂。"丞相魏侯笑曰："次公醒而狂，何必酒也。"坐者皆属目卑下至。酒酣乐作，长信少府檀长卿起舞，为沐猴与狗斗，坐皆大笑。②

在这次有丞相、御史等高层卿大夫参与的宴席上，除了大臣间的明争暗斗外，酒酣之后甚至有人起舞"为沐猴与狗斗"，逗引大家欢乐。当然也引起耿介的盖宽饶仰屋而叹。西汉君臣饮酒，特别是在私宴场合，少了礼仪的约束，多了功利主义。这虽能体现丰富活泼的个人性情，但毕竟与礼相隔甚远。③《汉书·东方朔传》："久之，伏日，诏赐从官肉。大官丞日晏不来，朔独拔剑割肉，谓其同官曰：'伏日当早归，请受赐。'"④东方朔以为伏日须早归，自己就在朝堂拔剑割赐肉。入《史记·滑稽列传》的东方朔，是不以礼为意的。汉代习俗伏日饮酒，东方朔可能想早归家饮酒，追求"酒食醉饱之娱乐"。⑤擅自割肉这样无礼的行为，东方朔以三寸不烂之舌的狡辩，反而得到了武帝"复赐酒一石，肉百斤"。

名儒王式征为博士，"既至，止舍中，会诸大夫博士，共持酒肉劳式"。新同事"人职"，免不了饮酒聚乐，况儒生们本通晓礼乐，置歌吹，颂诗篇，其中博士江公令歌《骊驹》，断章取义，即意客人欲去之歌，似不欢迎王式。王式借《曲礼》驳斥江公，江公再反唇讥"何狗曲也"，⑥最后弄得大家不欢而散。王式在宴会中受尽侮辱，谢病挂职而归。类似的例子，也发生在穆生与蔡邕身上。《汉书·楚元王传》："穆生不耆酒，元王

---

① 《后汉书》卷一一《刘玄刘盆子列传》李贤注引《续汉书》，第467页。
② 《汉书》卷七七《盖宽饶传》，第3245页。
③ 西汉初期，高层政治人物出于现实的政治需要，可能会假用礼乐以缘饰之，但其个人的日用伦常与思想观念中大多简略无礼。宣帝"霸王道杂之"的论断，实际上更偏向霸道而非王道。著名循吏韩延寿的罪证之一，于东郡太守任上"都试讲武"，韩延寿好古教化，推行礼乐，反而引起了宣帝的猜忌，得到"狡猾不道，天子恶之"而弃市的下场。
④ 《汉书》卷六五《东方朔传》，第2846页。
⑤ 尚秉和：《历代社会风俗事物考》，江苏古籍出版社，2002年，第341页。
⑥ 《汉书》卷八八《儒林传》，第3610页。

每置酒，常为穆生设醴。及王戊即位，常设，后忘设焉。穆生退曰：'可以逝矣！醴酒不设，王之意怠，不去，楚人将钳我于市。'"①穆生从楚王刘戊在宴饮中忘记设醴，推测出楚王态度的变化与自己将来的命运。穆生借机称疾不起，求去。蔡邕遇赦而归后，五原太守王智饯之，最后也不欢而散。② 两汉之时，即使儒林中人行礼乐，也少了春秋时代的从容典雅。

汉代饮酒作乐狂欢，似成为某些人的人生追求，有人甚至自鸣得意为酒徒。但是士人饮酒，无论饮酒狂到何种地步，还存在一种"清醒"，时时刻刻记着"醉不忘礼"的传统。汉武帝建柏梁台，常常设宴其上，且"诏群臣和诗，能七言诗者乃得上"③。君臣间的风流文雅渐见端倪。④ 经学大师郑玄也"饮酒一斛，秀眉明目，容仪温伟"⑤。文人作赋表现则最为明显。枚乘《七发》与司马相如《子虚赋》《上林赋》等汉赋在描述了铺张、奢华的游宴、校猎之后，常有突然"醒悟"的见道之语。类似《仪礼》所载乡饮酒、燕礼，无算爵与无算乐纵情欢乐之后，曲终奏《陔》，明无失礼，重回礼制轨道。⑥

枚乘设置"楚太子"与"吴客"的对话，讨论了楚太子因耽乐而身心欠佳的问题。前六"发"尽情铺张王侯日常人间娱乐，如音乐、车驾、胜游、校猎等，但太子之病未见好转。最后一"发"，客曰：

> 将为太子奏方术之士有资略者，若庄周、魏牟、杨朱、墨翟、便蜎、詹何之伦，使之论天下之精微，理万物之是非。孔、老览观，孟子持筹而算之，万不失一。此亦天下要言妙道也。太子岂欲闻之乎。⑦

无论是奢靡的游乐，还是铺张的文字，都戛然停止，回归至有节制的思辨和理性的文字。《七发》开出的"药方"虽主要还是方术，兼及儒家，

---

① 《汉书》卷三六《楚元王传》，第 1923 页。
② 《后汉书》卷六〇《蔡邕列传》，第 2003 页。
③ 何清谷：《三辅黄图校注》，中华书局，2005 年，第 281 页。
④ 汉君臣间从无礼到有礼，是一个逐渐演变的漫长过程，西汉末至东汉初是关键时期。顾炎武《日知录》卷一七《两汉风俗》说："汉自孝武表章六经之后，师儒盛而大义未明，故新莽居摄，颂德献符者遍于天下。光武有鉴于此，故尊崇节义，敦厉名实，所常用者莫非经明行修之人，而风俗为之一遍。"
⑤ 《后汉书》卷三五《郑玄传》，第 1211 页。
⑥ 《仪礼·乡饮酒礼》"宾出，奏《陔》"，郑注："《陔》，《陔夏》也。陔之言戒也。终日燕饮，酒罢以《陔》为节，明无失礼也。"
⑦ 费振刚、仇仲谦、刘南平：《全汉赋校注》，广东教育出版社，2005 年，第 37 页。

作为汉大赋开端之作，或仍受汉初黄老思想的影响。但楚太子一听，马上据几而起，愿意听"圣人辨士之言"，大汗淋漓之后，病就好了。讽谏美刺的落脚点最终回到圣人之道上。《上林赋》也有："于是酒中乐酣，天子芒然而思，似若有亡，曰：'嗟乎，此大奢侈！朕以览听余闲，无事弃日，顺天道以杀伐，时休息于此，恐后叶靡丽，遂往而不返，非所以为继嗣创业垂统也。'"①之后是大段赡氓隶、救贫穷、补不足、恤孤寡、省刑罚、改制度、易服色、革正朔、安天下的宏论。思想内容与语言风格都与之前的铺张绝然两异，回归理性与节制。

东方朔《非有先生论》，也在"吴王穆然，俯而深惟"之后，提出正朝位、举贤才、施仁义等系列仁政。②邹阳《酒赋》记载了酒的酿造过程，认为饮酒是"庶民以为欢，君子以为礼"，生动描写了时人的纵饮："召皤皤之臣，聚肃肃之宾。安广坐，列雕屏。绡绮为席，犀璩为镇。曳长裾，飞广袖。奋长缨，英伟之士，莞尔而即之。君王凭玉几，倚玉屏。举手一劳，四座之士，皆若哺梁焉。纵酒作倡，倾盎覆觞。右曰宫申，旁亦征征扬。乐只之深，不吴不狂。于是锡名饵，祛夕醉，遣朝醒。吾君寿亿万岁，常与日月争光。"③

东汉崔骃《七依》用夸张的语言描述食材之丰富与楼台之壮观，再言："于是置酒乎燕游之堂，张乐乎长娱之台。酒酣乐中，美人进以承宴。调欢欣以解容。回顾百万，一笑千金。振飞縠以舞长袖，褰细腰以务抑扬。纷屑屑以暖暖，昭灼烁而复明。当此之时。孔子倾于阿谷，柳下忽而更婚。老聃遗其虚静，扬雄失其太玄。此天下之逸豫，宴乐之至盘也。"④追求宴乐到了极点，甚至孔子、柳下惠都要更改其志。但后也有句"乃有上邑俊儒，俨然而造"，因文句残缺后不知何云，似也透露俊儒俨然到来，必有尊礼的劝谏。乐至极点，不忘讽谏，不忘礼。这是汉赋的重要特点。

班固《东都赋》也是详述君臣狂欢、万国来朝的奢华，"万乐备，百礼暨。皇欢浃。群臣醉。降烟煴，调元气。然后撞钟告罢，百僚遂退"，之后就是"于是圣上亲万方之欢娱，又沐浴于膏泽，惧其侈心之将萌"，⑤回到规规矩矩的简约之道、礼乐之途。

酒在君子可以行礼，在庶人可以为欢。行礼为欢，均是值得歌颂之

----

① 费振刚、仇仲谦、刘南平：《全汉赋校注》，广东教育出版社，2005年，第91页。
② 《汉书》卷六五《东方朔传》，第2872页。
③ 费振刚、仇仲谦、刘南平：《全汉赋校注》，广东教育出版社，2005年，第55页。
④ 费振刚、仇仲谦、刘南平：《全汉赋校注》，广东教育出版社，2005年，第455页。
⑤ 费振刚、仇仲谦、刘南平：《全汉赋校注》，广东教育出版社，2005年，第497页。

事，甚至可以上升到与日月争光的地步。喝酒不忘君忧，游乐不忘国治，这是儒者士大夫的传统。① 君子喝酒，虎躯一震，越喝越清醒。"汉人每当铺叙完宫室、声色、畋猎等巨丽壮观，总以指出向上一路作结。"②汉赋的这种叙事模式，与《燕礼》无算乐、无算爵后，"曲终奏陔"或"曲终奏雅"是一致的，重回礼制道德大道。被称作"后战国时代"的西汉，并未忘情于先秦礼制。

相传扬雄作《酒赋》，有"由是言之，酒何过乎"之言，为饮酒开脱，③但更多的是讽谏之言，针砭时局的道德色彩较为浓厚。孔臧《杨柳赋》记载朋友同好间的"论道饮燕，流川浮觞"，也要做到符合先王之道，即"赏恭罚慢，事有纪纲。洗觯酌樽，兕觥凄扬。饮不至醉，乐不及荒。威仪抑抑，动合典章"④。到汉末三国王粲、曹植写酒赋时，仍然坚持既要饮酒，也要行礼，所谓"无礼不入"也。王粲《酒赋》云：

> 帝女仪狄，旨酒是献。苾芬享祀，人神式宴。[麹蘖必时，良工从试。]辩其五齐，节其三事，醲沉盎泛，清浊各异。章文德于庙堂，协武义于三军。致子弟之孝养，纠骨肉之睦亲。成朋友之欢好，赞交往之主宾。既无礼而不入，又何事而不因。贼功业而败事，毁名行以取诟。遗大耻于载籍，满简帛而见书。孰不饮而罗兹，罔非酒而惟事。昔在公旦，极兹话言。濡首屡舞，谈易作难。大禹所忌，文王是艰。暨我中叶，酒流犹多，群庶崇饮，日富月奢。⑤

曹植作《酒赋》，也用华丽的语言描写王孙公子饮酒之乐：

> 尔乃王孙公子，游侠翱翔，将承欢以接意，会陵云之朱堂。献酬交错，宴笑无方。于是饮者并醉，纵横喧哗。或扬袂屡舞，或扣剑清歌；或謦蹴辞觞，或奋爵横飞；或叹骊驹既驾，或称朝露未晞。于斯时也，质者或文，刚者或仁。卑者忘贱，窭者忘贫。和睚眦之宿憾，

---

① 《楚辞·渔父》记载了屈原与渔父的一段对话。屈原说："举世皆浊我独清，众人皆醉我独醒。"渔父说："世人皆浊，何不淈其泥而扬其波？众人皆醉，何不哺其糟而歠其醨？"醉与醒，已成为中国文化中重要的议题。而拥有强烈社会责任感的人，总是要时时刻刻保持"醒者"的姿态。
② 朱晓海：《汉赋史略新证》，陕西人民出版社，2004 年，第 374 页。
③ 费振刚、仇仲谦、刘南平：《全汉赋校注》，广东教育出版社，2005 年，第 294 页。
④ 费振刚、仇仲谦、刘南平：《全汉赋校注》，广东教育出版社，2005 年，第 155 页。
⑤ （汉）王粲：《酒赋》，俞绍初辑校《建安七子集》，中华书局，2016 年，第 119 页。

虽怨仇其必亲。

　　王孙公子们仿效游侠纵横翱翔，饮酒无量，喧哗无度，夜以继旦，甚至卑者忘记了自己身份低微，贫者也忘记了自己的贫穷。"酒，百药之长，嘉会之好"①，平日有仇之人，饮酒后也变得亲近。饮酒之后，秩序已经颠倒，一切都改变了，进入了狂欢状态。真的是这样吗？曹植在赋的末尾，突然笔锋一转，写了"矫俗先生"的感叹：

　　　　于是矫俗先生闻之而叹曰："噫！夫言何容易！此乃淫荒之源，非作者之事。若耽于筋酌，流情纵逸，先王所禁，君子所失。"

　　　　叙嘉宾之欢会，惟耽乐之既阕。日晻暗于桑榆兮，命仆夫而皆逝。安沉湎而为娱，非往圣之所述。辟酒诰之明戒，同元凶于三季。②

　　刚还沉醉在饮酒作乐之中，矫俗先生一出现就否定了一切，贬之为荒淫之原。耽于饮酒成为先王所禁止、君子所排斥的行为。在赋中曹植追溯到了周公的《酒诰》，重点批判了酗酒之危害。纵情如曹植者，追根到底还是个绷着心的"享乐主义者"。陶渊明《闲情赋序》很好地总结了这种心态："始则荡以思虑，而终归闲正，将以抑流宕之邪心，谅有助于讽谏。"③"君子"们置酒高堂，最终目的还是"辩论释郁结，援笔兴文章。穆穆众君子，好合同欢康"④，不能忘情于庙堂与世务。王璨《公宴诗》也说："合坐同所乐，但愬杯行迟。常闻诗人语，不醉且无归。今日不极欢，含情欲待谁？"但接着又说："愿我贤主人，与天享巍巍。克符周公业，奕世不可追。"⑤饮酒纵欢与建一番功业并不矛盾。言在酒外，意在酒外。"醉不忘礼""饮酒不至变貌"是其思想与情感深处的底线，追求的还是一种有限度的狂欢。《湛露》"厌厌夜饮，不醉无归"，毛传："不醉而出，是不亲也。醉而不出，是湛宗也。"⑥"醉"与"不醉"辩证统一地结合在"礼"之中。所谓"狂欢"，也仅仅是其政治态度与思想的表象与装饰。

————————

　　① 《汉书》卷二四《食货志》，第 1183 页。

　　② （三国魏）曹植著、赵幼文校：《曹植集校注》，中华书局，2017 年，第 185 页。

　　③ （东晋）陶渊明撰、袁行霈笺注：《陶渊明集笺注》，中华书局，2003 年，第 448 页。

　　④ （汉）应玚：《公宴诗》，俞绍初辑校：《建安七子集》，中华书局，2016 年，第 198 页。

　　⑤ （汉）王璨：《公宴诗》，俞绍初辑校：《建安七子集》，中华书局，2016 年，第 99 页。

　　⑥ 《毛诗正义》卷一〇，第 900 页。

"不醉无归"是表，"醉不忘礼"是里。两者看似矛盾，却和谐地存在于"君子"的一己之身，正所谓"醉翁之意不在酒"。

有学者以为，"以礼饮酒，饮酒被仪式化。饮酒只是完整礼仪的一个环节，尽管不可或缺，但是，饮酒的实质已经被转换成个人品行的具体表现方式，变成了公共场合之个人表演。饮酒者关注的是自身饮酒行为是否恰当，是否在成礼中完成了自己的职责。饮酒行为中酒与人的直接关系被阻隔，酒对人的意味被竭力淡化"①。是为确论。

综合言之，在西汉初期，高层政治人物因多为布衣出身，对于礼乐并无多少素养，赤裸裸地宣示权力，借机泄愤，放纵饮酒之事多有发生。燕饮更多体现出私人化、实用化的特点。汉代中期后，特别在士人吟诗作赋之时，一种更为复杂的情感充斥其中。一方面仍然大力鼓吹饮酒作乐；另一方面，酒酣之后，却不忘重提"醉不忘礼"的先秦旧调。道德劝诫、针砭时弊与矫俗规时之类的话语，时时出现在饮酒欢乐之后。汉代赋家巧妙地利用燕礼既有"无算乐"、又有"曲终奏雅"的模式，重建礼乐秩序，意欲影响甚至教化皇权。在秦汉极端权力来临后，君尊臣卑走向极端，可供借助的资源已经很少。只有在这里，留下了臣子讽谏皇权的空隙，只是借用了宾客之口。或许这与儒家文化观念逐渐在士人文化圈的深入有关。

第三节　民众聚饮

汉初承秦之败，民生凋敝，丞相萧何制定律令"三人以上无故群饮酒，罚金四两"②。但这毕竟与人性喜乐恶劳相违背。随着经济的复苏和政权的稳定，民众追求欢乐而饮，逐渐得到了统治者的默许甚至鼓励。萧何的强制禁令，仅是漫长历史中的一瞬，很快就被时人抛诸脑后。

如果说清华简《耆夜》记载的是士大夫及以上阶层的饮酒之礼，那么北京大学藏秦简《酒令》记载的则是一般民众的饮酒之礼。前者遵循"醉不忘礼"的规矩，后者追求"醉不归"的欢乐。《酒令》写在一枚竹简和两枚木牍上，"歌中劝人畅饮，语言生动，充满情趣"③。其内容如下：

---

① 贡华南：《酒与礼法之争——汉代酒精神的演变脉络》，《社会科学战线》2020 年第 10 期。
② 《汉书》卷四《文帝纪》，第 110 页。
③ 朱凤瀚、韩巍、陈侃理：《北京大学藏秦简牍概述》，《文物》2012 年第 6 期。

东采泾桑，可以飤蚕。爰般适然，般独宴湛。飤般已就饮子湛。宁见子般，不见子湛。黄黄鸟乎，萃吾兰林。(竹简)

不日可增日可思，鬃鬃披发，中夜自来。吾欲为怒鸟不耐，良久良久，请人一杯。黄黄鸟邪，萃吾冬梅。(木牍一)

饮不醉，非江汉也。醉不归，夜未半也。趣趣驾，鸡未鸣也天为旦。一家翁孺年尚少，不大为非勿庸谯。心不禽禽，从野草游。(木牍二)

不饮 自饮 饮左 饮右 千秋 百尝 (令骰)①

三首酒令通篇押韵，生动可读。竹简所载虚构了子般、子湛两人互相欣赏宴饮的情景。他俩一见倾心，子湛心中只有子般，子般只请子湛吃饭。他俩你请我，我请你，终日厮混，形影不离，谁都离不开谁。② 般者，乐也；湛者，耽也。竹简通过两人的名字，暗含了沉湎酒乐、享受人生的意思。木牍则以饮者的名义，抒发及时行乐、今朝有酒今朝醉的情感。"饮不醉，非江汉也。醉不归，夜未半也"，饮酒的豪迈，不醉无归，可见一斑。《酒令》非常形象生动地描述了民间饮酒的习俗。

河北满城中山靖王刘胜的夫人窦绾墓中出土了四十枚行酒令钱和一枚精美的错金银镶嵌铜骰。郭沫若命名为"宫中行乐钱"。行酒令钱无廓方孔，铸序从"第一"至"第廿"。另二十枚每钱铸韵语一句，皆三字，且能联成一篇短文，列在下面(字从宽式)：

第一、圣主佐，第二、得佳士，第三、常毋苛，第四、骄恣已，第五、府库实，第六、五谷成，第七、金钱施，第八、珠玉行，第九、贵富寿，第十、寿毋病，第十一、万民蕃，第十二、天下安，第十三、起行酒，第十四、乐无忧，第十五、饮酒歌，第十六、饮其加，第十七、自饮止，第十八、乐乃始，第十九、田田妻鄙，第廿、寿夫王母。③

酒令告诫统治者不可行苛政，不要恣情于酒乐，只有这样才能天下太平，百姓蕃息富足。但是，富贵、寿考、欢乐又与饮酒挂钩，也有一点

---

① 李零：《北大藏秦简〈酒令〉》，《北京大学学报》(社会科学版)2015年第2期。

② 李零：《诗与酒——从清华楚简〈耆夜〉和北大秦简〈酒令〉想起的》，《湖南大学学报》(社会科学版)2015年第3期。

③ 卢兆荫：《满城汉墓》，生活·读书·新知三联书店，2005年，第162页。

"端着面孔"寻求欢乐的意味。这也是另一种形式的"醉不失礼"。

　　与行乐钱类似，投壶与六博也是汉代酒宴中常见的娱乐活动。投壶是先秦古礼，到汉代还非常流行。《后汉书·祭遵传》："遵为将军，取士皆用儒士，对酒设乐，必雅歌投壶。"①投壶礼寓教于乐，属于相对高雅的娱乐。有古歌云："东厨具肴膳，椎牛烹猪羊，主人前进酒，弹瑟为清商，投壶对弹棋，博弈并复行。"②投壶与宴饮往往相伴而行。南阳沙岗店出土投壶图的画像石，形象地反映了投壶礼的举行状况。③ 六博是汉代酒宴中更为常见的酒令游戏。现在既有博具实物出土，如长沙马王堆、江陵凤凰山；也在画像石中见到"六博宴饮图"，且分布的地域广泛。④ 投壶、六博都是汉代自高层至基层民众日常生活宴饮中借以助兴的常见娱乐方式。

　　睡虎地秦简《封诊式·毒言》中的一段材料反映出民众互相召饮的情况：

　　　　某里公士甲等廿人诣里人士伍丙，皆告曰："丙有宁毒言，甲等难饮食焉，来告之。"即疏书甲等名事关牒背。讯丙，辞曰："外大母同里丁坐有毒言，以卅余岁时迁。丙家即有祠，召甲等，甲等不肯来，亦未尝召丙饮。里即有祠，丙与里人及甲等会饮食，皆莫肯与丙共杯器。甲等及里人弟兄及它人知丙者，皆难与丙饮食。丙而不把毒，无它坐。"⑤

　　"毒言"，整理者解释为"口舌有毒，是当时的一种迷信"。则毒言是关于语言的巫术行为，能害人。有学者认为此段材料反映了古代关于防疫的记载，毒言是南方炎热地带流行的传染病，似乎更加贴切。⑥ 但这里不是讨论传染病的问题，而是关注乡里间相互召饮的行为。丙家因被认为染病，故他家有祭祀活动，邀请甲参与，被甲拒绝。甲也从不邀请丙去他家饮酒。乡里有公共的饮食活动时，所有人都不愿意与丙共用酒杯。这段材料除了是关于防治传染病的重要资料外，也反映了秦时乡间民众的普通日

① 《后汉书》卷二〇《祭遵传》，第742页。
② 丁福保编：《全汉诗》卷四，《全汉三国晋南北朝诗》，中华书局，1959年，第85页。
③ 南阳汉代画像石编辑委员会：《南阳汉代画像石》，文物出版社，1985年，第87页。
④ 朱存明等：《民俗之雅：汉画像石中的民俗研究》，生活·读书·新知三联书店，2019年，第170页。
⑤ 陈伟主编：《秦简牍合集释文注释修行本(壹)》，武汉大学出版社，2016年，第295页。
⑥ 魏晓立：《论先秦时期的防疫思想》，《南阳理工学院学报》2021年第3期。

常关系和生活。第一，某一家有事，会邀请乡里人来自己家聚会宴饮。第二，乡里有公共的事，所有乡里人可能会一起宴饮，甚至还共用酒杯。这段材料的特殊之处是，因丙染上了疾疫，大家不仅不愿和他一起饮酒，还告了官。乡民的警惕心还是蛮高的。

　　丙家有祠，即欲邀请乡人来饮酒；里有祠，乡里人则集体聚饮。祭祀之后饮酒，这与先秦"礼终则宴"一脉相承。里耶秦简 9-1009 有关于祭祀后撤酒的记载："祠窨余彻酒三斗。"①这或是祭祀地窨后，② 撤下祭祀酒，再用作参与人饮用。里耶秦简也有"☐为嘉平酒，唯勿☐……〔嘉〕平皆饮，臣独不得饮☐"③，嘉平就是腊祭。腊日大家都饮酒，唯一人不得饮，可能因此闹了矛盾。睡虎地秦简内类似的乡里矛盾，在社会上也是常见的。里耶秦简里载有小吏名恬因为没有得到官府奖励的酒而起诉的文书，也可见其时民众对酒需求的一般态度。④ 政府也经常以酒作为奖品赏赐给署中吏员，甚至民众。里耶秦简中也发现，迁陵县为举办活动向上级请示用酒数量及传舍为来往官吏备酒的文书。民众会制作药酒。⑤ 睡虎地秦简载，"丁酉制衣裳，以西又以东行，以坐而饮酒，矢兵不入于身，身不伤"⑥，认为于良辰吉日饮酒，甚至可以刀枪不入，兵戈不伤。《睡虎地秦简·日书》中有"丁酉生子，嗜酒"，"戊午生子，嗜酒及田猎"，⑦ 认为某些时辰出生的人喜欢饮酒。其时之人也追求制作出好酒。居延汉简中也有民众聚钱置酒肉办社祭活动的内容，在祠祀娱乐色彩日趋加浓的时期，民众社祭之后的宴饮活动也是必不可少的。⑧

　　《汉书·霍光传》载徐福上书宣帝，言霍光家族奢侈事。后霍氏族灭，告发者皆得封，而独徐福不得。有人上书为徐福鸣不平："臣闻客有过主人者，见其灶直突，傍有积薪，客谓主人，更为曲突，远徙其薪，不者且

---

① 陈伟主编：《里耶秦简校释（第二卷）》，武汉大学出版社，2018 年，第 241 页。

② 张春龙：《里耶秦简祠先农、祠窨和祠隄校券》，《简帛》第 2 辑，上海古籍出版社，2007 年。

③ 陈伟主编：《里耶秦简校释（第二卷）》，武汉大学出版社，2018 年，第 251 页。

④ 里耶秦简出土登记号：9-1082。湖南省文物考古研究所编：《里耶发掘报告》，岳麓书社，2007 年，第 216 页。

⑤ 里耶秦简出土登记号：12-448、10-383、8-1290。

⑥ 陈伟主编：《秦简牍合集释文注释修订本（壹）》，武汉大学出版社，2016 年，第 461 页。

⑦ 陈伟主编：《秦简牍合集释文注释修订本（壹）》，武汉大学出版社，2016 年，第 393、394 页。

⑧ 劳干：《汉代社祀的源流》，《"中央研究院"历史语言研究所集刊》第 11 本，1944 年，第 49~60 页。宁可：《汉代的社》，《文史》第九辑，中华书局，1980 年。王桂海：《汉简所见社与社祭》，《中国历史文物》2005 年第 2 期。薛小林：《汉代的民间宴饮与乡里社会》，《民俗研究》2020 年第 3 期。

有火患。主人默然不应。俄而家果失火，邻里共救之，幸而得息。于是杀牛置酒，谢其邻人，灼烂者在于上行，余各以功次坐，而不录言曲突者。人谓主人曰：'乡使听客之言，不费牛酒，终亡火患。今论功而请宾，曲突徙薪亡恩泽，燋头烂额为上客耶?'主人乃寤而请之。"①家中起火，邻里赶来灭火。事后，主人以牛酒设宴，酬谢灭火有功者。奋力灭火而被灼伤者奉为上宾，坐于上席，其他人依照功劳的大小而定座次。此则故事能够成为奏疏里面所具例证，应该是其时民间常行之事。邻里相助后，宰牛设酒以酬谢。

《岳麓书院藏秦简（肆）》有令文："里人令军人得爵受赐者出钱酒肉饮食之，及予钱酒肉者，皆赀戍各一岁。"②令文规定，因军功回归乡里的军人，里人不得要求他出钱出酒肉宴请，否则会受到处罚。令文真实地反映了耕战体制下军人的优先地位，但需要特别标明军人的此项特殊待遇，也说明其他人被要求出酒肉宴请乡人是较为普遍的做法。乡人里居间的互相宴请，是其时日常的基本生活方式。《淮南子·诠言》说："今有美酒嘉肴以相飨，卑体婉辞以接之，欲以合欢，争盈爵之间反生斗，斗而相伤，三族结怨，反其所憎，此酒之败也。"③美酒嘉肴在于合欢，若争强好胜，则不以为美。秦汉之时，日常生活中用酒数量必不在少数。东汉已降，墓葬衣物疏中常出现"醉酒身丧""醉酒不禄""醉酒物故""醉酒寿终""醉酒没故"等语。④ 用醉酒隐晦死亡，或与道教修仙思想有关。⑤ 醉酒昏睡如命终，正好暗喻死亡。这是饮酒习俗在后世宗教化的例证。

居延汉简中记载了一起军营内因饮酒斗殴的事件：

居延累山里年卅八岁姓周氏建武五年八月除为甲宦

渠斗食令史备寇虏盗贼为职至今月八日客民不审

让持酒来过候饮第四守候长原宪诣官候赐宪主官谭等酒酒尽让

① 《汉书》卷六八《霍光传》，第 2958 页。
② 陈松长主编：《岳麓书院藏秦简（肆）》，上海辞书出版社，2015 年，第 220 页。
③ 刘文典：《淮南鸿烈集解》，冯逸、乔华点校，中华书局，1989 年，第 485 页。
④ 江西南朝雷陔墓出土衣物疏，末尾书云："永和八年，七月戊子朔，五日壬辰，江州鄱阳郡鄱阳县□□□□□南昌令雷陔命妇鄱阳□涨北禺年八十六，即醉酒身丧，物疏如青诏书，不得志者。"长沙北门桂花园东晋墓出土衣物疏："公国典卫令荆州长沙郡临湘县都乡吉阳里周芳命妻潘氏，年五十八，以即日醉酒不禄。"参见江西省文物考古所、南昌市博物馆：《南昌火车站东晋墓葬群发掘报告》，《文物》2001 年第 2 期。史树青：《晋周芳命妻潘氏衣物券考释》，《考古通讯》1956 年第 2 期。
⑤ 白彬：《江西南昌东晋永和八年雷陔墓道教因素试析》，《南方文物》2007 年第 1 期。

欲去

　候复持酒出之堂煌上饮再行酒尽皆起让与候史候
　夏侯谭争言斗宪以所带剑伤谭匈一所广二寸
　长六寸深至骨宪带剑持官六石具弩一稾矢铜鍭十一枚持大
　稾一盛糒三斗米五斗骑马兰越隧南塞天田案宪斗 E. P. T68：
16-22 ①

　　客民让持酒拜会甲渠候。甲渠候邀请公务在此的第四守候长原宪、主官夏侯谭一起饮酒。几人将让带来的酒饮完后，准备各自离开，甲渠候觉得还未尽兴，又取酒继续豪饮。当酒再次饮尽行将结束时，原宪与夏侯谭争言口角。原宪持剑重伤夏侯谭后，窃货畏罪逃往匈奴。这本是一场私下朋友间的拜会燕饮活动，因饮酒过量而引发刑事争斗。这反映出汉代基层官僚间日常交往的一个侧面。

　　《淮南子·精神》载：

　　今夫穷鄙之社也，叩盆拊瓴，相和而歌，自以为乐矣。尝试为之击建鼓，撞巨钟，乃性仍仍然，知其盆瓴之足羞也。

　　"仍仍"，刘文典训作"不得志之貌"，又引《淮南子·本经》"愚夫蠢妇皆有流连之心，凄怆之心，乃使为之撞大钟，击鸣鼓，吹竽笙，弹琴瑟，失乐之本矣"为证。② 社本为男女聚会之所。《墨子·明鬼》："燕之有祖，当齐之社稷，宋之有桑林，楚之有云梦也，此男女之所属而观也。"③ 民众于社中，敲盆击瓶，相和而歌，狂欢一阵后，依依惜别，乐极生悲。《盐铁论·散不足》"贫者鸡豕五芳，卫保散腊，倾盖社场"，王利器注："贫穷之家不能如富裕之户，祈名山大川，杀牛屠养，鼓瑟吹笙，而只能于腊祭时饮酒作乐。"④ 民众聚集于社中，击鼓敲钟，饮酒作乐，其狂欢的程度足可与蜡祭"举国皆若狂"相比。《潜夫论·务本篇》道："养生顺志，所以为孝也。今多违志俭养，约生以待终，终没之后，乃崇饬丧纪以言孝，盛飨宾旅以求名，诬善之徒，从而称之，此乱孝悌之真行，而误

① 马怡、张荣强主编：《居延新简释校》，天津古籍出版社，2013 年，第 723 页。
② 刘文典：《淮南鸿烈集解》，冯逸、乔华点校，中华书局，1989 年，第 237 页。
③ 吴毓江：《墨子校注》，孙启治点校，中华书局，1993 年，第 332 页。
④ （汉）桓宽撰、王利器校注：《盐铁论校注》，中华书局，1992 年，第 382 页。

后生之痛者也。"①王符批评其时重葬习俗，但"盛飨宾旅以求名"正与宴饮图所载相吻合。《盐铁论·散不足》："今俗因人之丧以求酒肉，幸与小坐而责办，歌舞俳倡，连笑伎戏。"②《风俗通义·佚文》载："灵帝时，京师宾婚嘉会，皆作魁櫑，酒酣之后，续以挽歌。魁櫑，丧家之乐；挽歌，执绋相偶和之者。"③杨树达《汉代婚丧礼俗考》："丧家于来吊者，飨之以酒肉，娱之以音乐。"④汉代人对婚丧嫁娶的来访宾客格外重视。民众也更加注重娱乐与享乐。这与先秦时期婚丧礼中的周旋揖让、庄敬自重相比，已有巨大的变化。

郭茂倩《乐府诗集》中的《陇西行》描述了其时的待客情况：

> 好妇出迎客，颜色正敷愉。伸腰再拜跪，问客平安不。
> 请客北堂上，坐客毡氍毹。清白各异樽，酒上正华疏。
> 酌酒持与客，客言主人持。却略再拜跪，然后持一杯。
> 谈笑未及竟，左顾敕中厨。促令办粗饭，慎莫使稽留。
> 废礼送客出，盈盈府中趋。送客亦不远，足不过门枢。
> 娶妇得如此，齐姜亦不如。健妇持门户，一胜一丈夫。⑤

此诗描述一妇人既有美好颜容，又能够应门接待宾客，敬上酒食，迎送有礼，非常生动地展示出汉代人的日常生活。"健妇持门户，一胜一丈夫"，或就是其时之人的理想。再如，汉乐府《羽林郎》："昔有霍家奴，姓冯名子都。依倚将军势，调笑酒家胡。胡姬年十五，春日独当垆。……就我求清酒，丝绳提玉壶。就我求珍肴，金盘鲙鲤鱼……"⑥描写豪门恶奴调戏胡家美姬，也反映出长安城里胡人经营酒肆的独特风情。

普通民众对礼乐制度所具有的教化意义并不特别在乎，而年终岁尾，佳日良辰，辛苦劳作之后放松，获得短暂的休息与欢乐，是庶民的生活追求。《史记·乐书》："有大福，必有礼以乐之。"张守节《正义》："大福，祭祀者庆也。民庆必歌舞饮食，庶羞之礼使不过，而各遂欢乐，是有以乐

---

① （汉）王符著、（清）王继培笺、彭铎校正：《潜夫论笺校正》，中华书局，1985年，第20页。
② （汉）桓宽撰、王利器校注：《盐铁论校注》，中华书局，1992年，第353页。
③ （汉）应劭著、王利器注：《风俗通义校注》，中华书局，1981年，第569页。
④ 杨树达：《汉代婚丧礼俗考》，上海古籍出版社，2000年，第68页。
⑤ （宋）郭茂倩编：《乐府诗集》卷三七，中华书局，1979年，第542页。
⑥ （南朝陈）徐陵编、（清）吴兆宜注、程琰删补：《玉台新咏笺注》，中华书局，1985年，第23页。

之也。"① 祭祀之后，民众纵饮狂欢。《西京杂记》记载戚夫人侍女"佩茱萸，食蓬饵，饮菊花酒，令人长寿"②。出土铜镜上常有类似铭文记载。1996 年洛阳吉利区炼油厂 689 号西汉墓出土铜镜上铭文为："长富贵，乐毋事。日有喜，长得所喜，宜酒食。"类似铜镜铭文有："上东厢，入曲房，诸君卿，壹行觞"，"上高堂，临东厢，竽瑟会，酒食芳"，"纵酒东厢，长乐未央"，"纵酒高堂，投簿至明"，"置酒东厢，长毋见忘"，"心思大王，美人在旁，置酒高堂，投簿至明"。③ 铜镜为日用品，其上铸此类铭文，反映了时人的一般思想状态：饮酒纵欢，及时行乐，无相忘。辽阳三道壕东汉墓出土陶案，上有铭文："永元十七年三月廿六日，造作瓦案，大吉，常宜酒肉。"汉末王褒与僮仆订约，僮仆有义务在主人招待客人的时候，准备饮食与酒肉。"舍中有客，提壶行酤，汲水作餔，涤杯整桉。园中拔蒜，断苏切脯。筑肉臛芋，脍鱼炰鳖，烹茶尽具。"④ 汉焦延寿《易林》载："娅娅笑喜，相与饮酒，长乐行觞，千秋起舞，拜受大福。"⑤ 这与上引竹简上所说"饮不醉，非江汉也。醉不归，夜未半也"，没任何区别。

在重要节日内饮酒，汉时民众似乎也特别热衷。杜笃《被褐赋》描写王公富商玩乐的情况，所谓"用事伊雒，帷幔玄黄。于是旨酒嘉肴，方丈盈前，浮枣绛水，酹酒醼川"⑥。著名的兰亭修禊曲水流觞，也是流风余韵。王公、士大夫如此，一般百姓也不例外。东汉崔寔《四民月令》关于汉代过元旦习俗有详细的记载：

> 正月之旦，是谓"正日"，躬率妻孥，絜祀祖祢。前期三日，家长及执事，皆致斋焉。及祀日，进酒降神。毕，乃家室尊卑，无小无大，以次列坐于先祖之前；子、妇、孙、曾，各上椒酒于其家长，称觞举寿，欣欣如也。谒贺君、师、故将、宗人、父兄、父友、友、亲、乡党耆老。⑦

在元旦之日，首先要祭祀祖先。其次是家族内的宴饮活动。"称觞举

---

① 《史记》卷二四《乐书》，第 1200 页。
② (晋)葛洪：《西京杂记》，中华书局，1985 年，第 76 页。
③ 鹏宇：《汉镜铭文汇释》，云南人民出版社，2022 年，第 52 页。
④ (清)严可均编：《全汉文》，中华书局，1958 年，第 719 页。
⑤ (汉)焦延寿：《易林》，凤凰出版社，2017 年，第 80 页。
⑥ (清)严可均编：《全后汉文》，中华书局，1958 年，第 626 页。
⑦ (汉)崔寔撰、石声汉校注：《四民月令校注》，中华书局，1965 年，第 1 页。

寿，欣欣如也"，也与先秦一样是宗族内的燕饮，必然能够起到亲宗统族的作用。最后是拜会君师故旧、宗亲乡党等，必然也少不了饮酒为乐。十二月休农息役的时候，同样的仪节又要举行一次。①

对于节日内的宴饮，《荆楚岁时记》有详细的记载。关于元日，《荆楚岁时记》载："岁暮，家家具肴蔌，谓宿岁之储，以迎新年。相聚酣饮，请为送岁。留宿岁饭，至新年十二日，则弃之街衢，以为去故纳新，除贫取富也。"②年终岁暮，百姓除故纳新送岁，与现今的过年习俗几无大的变化。

类似记载还有："元日至于月晦，并为醋聚饮食。士女泛舟，或临水宴乐"，"三月三日，士民并出江渚池沼间，为流杯曲水之饮"，"六月，必有三时雨，田家以为甘泽，邑里相贺，曰贺嘉雨"，"九月九日，四民并籍夜饮宴"。③ 上巳日修禊，自王公之于庶民，皆乐于郊游玩乐。《荆楚岁时记》所载虽为荆楚之地，时间也延续到了南朝，但其习俗应该可以上溯至汉代。比如关于九月九日的宴会，隋时杜公瞻注：

> 九月九日宴会，未知起于何代，然自汉至宋未改。今北人亦重此节。佩茱萸，食饵，饮菊花酒，云令人长寿。近代皆宴设于台榭。又《续齐谐记》云："汝南桓景随费长房游学，长房谓之曰：'九月九日，汝南当有大灾厄。急令家人缝囊，盛茱萸系臂上，登山饮菊花酒，此祸可消。'景如言，举家登山。夕还，见鸡犬牛羊一时暴死。长房闻之曰：'此可代也。'"今世人九日登高饮酒，妇人带茱萸囊，盖始于此。

杜公瞻对九九重阳饮酒习俗起于何时并不确定，但还是指出从汉到南朝宋时，没有发生大的变化。在此节日中，民间有设宴台榭、赏菊佩茱萸、登高饮酒等习俗，且这些习俗到唐时仍然很兴盛。著名诗人王维的《九月九日忆山东兄弟》正是生动写照。

腊日宴饮是自先秦以来的传统。子贡参加"腊，冬至后三戌，腊祭百神"。《史记·天官书》："腊明日，人众卒岁，一会饮食，发阳气，故曰初岁。"④蔡邕《独断》说："腊者，岁终大祭，纵吏民宴饮。"杨恽也说：

---

① （汉）崔寔撰、石声汉校注：《四民月令校注》，中华书局，1965年，第74页。
② （梁）宗懔撰、姜彦稚辑校：《荆楚岁时记》，中华书局，2018年，第77页。
③ （梁）宗懔撰、姜彦稚辑校：《荆楚岁时记》，中华书局，2018年，第25、33、55、65页。
④ 《史记》卷二七《天官书》，第1340页。

"田家作苦，岁时伏腊，烹羊炰羔，斗酒自劳。"①《四民月令·十二月》："其明日，是谓小新岁，进酒降神。以其进酒尊长，及修刺贺君、师、耆老，如正日。"②《荆楚岁时记》引作"《四民月令》云：过腊一日，谓之小岁，拜贺君亲，进椒酒，从小起"。持续多日的祭祀后，在一年的辞旧迎新之际，社会上层与下层都默认参与民众间纵酒宴饮，以慰劳终年的辛苦。

《四民月令》《荆楚岁时记》里描述了为祭祀与宴饮而准备的丰富的物资以及宴饮中的热闹场面，从汉代墓葬中出土画像石、画像砖宴饮图与庖厨图中，可以得到更加具体与生动的画面。庖厨图大概包括屠宰、汲水、炊煮、切菜、拾猪、抬食物、置食物、酿酒、烤肉串等图像。③ 如山东嘉祥南武山汉画像石墓庖厨图包含炊煮、汲水、宰杀等图像。山东诸城汉墓画像石墓庖厨图有屠宰牛、羊、猪、鸡等宰杀场景，炊爨场景中有人劈柴、烧火、汲水、烧烤。④

山东诸城汉墓画像石墓庖厨图与宴饮图⑤

①　《汉书》卷六六《杨恽传》，第 2896 页。
②　(汉)崔寔撰、石声汉校注：《四民月令校注》，中华书局，1965 年，第 75 页。
③　杨爱国：《汉画像石中的庖厨图》，《考古》1991 年第 11 期。
④　霍艳洁：《汉代"庖厨图"研究——以画像石为中心》，西北师范大学硕士学位论文，2014 年。
⑤　任日新：《山东诸城汉墓画像石》，《文物》1981 年第 10 期。

河南密县打虎亭壁画中同时有庖厨图与宴饮图。"画面的上缘刻有垂帐，并垂有缓带，其下刻一个帐幕，帐内坐一人，似为墓主，其前刻有长方形大案，案上列有杯盘。画面左边刻四人，其居中一人，衣冠楚楚，作赴宴状。此人的左右各立一人：位于左边的一人双手捧杯；位于其右一人，以手示意，作迎宾状；其身后另立一人，冠带衣着与赴宴者相似，尾随其后，可能是从属。画面的左边刻一人，席坐，席前刻有杯盘，其右刻二人：其中一人右手端一盘走向墓主；其身后一人，回首看席坐者。画面的下方刻参加宴饮的宾客二人，皆席坐，作答话状，其右有一仆，正在整理炉、盘、杯、蹲。此人前后刻有竹筒、盆、壶诸器。"①汉代壁画中，宴饮图更为普遍。有学者统计，东汉后期发现的壁画墓38座，广泛分布在河南、山西、江苏、安徽、山东、河北、内蒙古、陕西、甘肃、辽宁等地，而有宴饮图的就有11座。② 宴饮图中能找到汉行乡饮酒与养老礼的证据。③

汉墓的主人大多是两千石左右官吏与一般富豪商人之间的广大中间阶层，④ 也有一般的百姓或中下级官吏，忙碌、热闹、物资丰富的庖厨图与宴饮图所显示的欢娱，代表了汉代人对美好生活的无限向往。满城汉墓中刘胜墓有两个灵座，正复原了刘胜夫妇生活中的真实场景。处于阳世，夫妇歌舞升平，纵酒作欢；处黄泉之下，则以空荡的灵座，权作象征，以替肉身，以凭灵魂，也可以纵观宴饮。延及后世"一桌二椅"的墓主夫妇对坐宴饮图，正是其生动的见证。⑤ 即使在黄泉之下，他们也在追求地下的幸福家园。⑥

汉代民众的私饮，有较为浓厚的岁时月令色彩。重要的节日后，民众一起饮酒纵歌，是对劳累终年的自我犒劳。乡亲聚饮，也能够起到和睦乡邻的作用。而民众饮酒的过程中，少有礼仪的束缚。

实际上，只要饮酒不过度，汉代的统治者是认同并且鼓励民间饮酒为

① 安金槐、王与刚：《密县打虎亭汉代画象石墓和壁画墓》，《文物》1972年第10期。
② 贺西林：《古墓丹青——汉代墓室壁画的发现与研究》，陕西人民美术出版社，2001年，第37页。
③ 汪小洋：《汉墓壁画宗教思想研究》，上海古籍出版社，2011年，第209~231页。
④ 罗伟先：《汉墓石刻画像与墓主身份等级研究》，《四川文物》1992年第2期。
⑤ 邓菲：《"香积厨"与"茶酒位"——谈宋金元砖雕壁画墓中的礼仪空间》，复旦大学文史研究院编：《图像与仪式：中国古代宗教史与艺术史的融合》，中华书局，2017年，第205~208页。
⑥ 巫鸿：《黄泉下的美术：宏观中国古代墓葬》，生活·读书·新知三联书店，2016年，第35~44页。

乐、和睦乡里的。薛宣任左冯翊时，僚属贼曹掾张扶不肯按常规休假，照常坐曹治事。薛宣对张扶说："盖礼贵和，人道尚通。日至，吏以令休，所由来久。曹虽有公职事，家亦望私恩意。掾宜从众，归对妻子，设酒肴，请邻里，一笑相乐，斯亦可矣。"①公职不废私恩。薛宣鼓励属下设酒肴善待妻子邻里。庶民的日常生活与官家事两不相防。张家山汉简《二年律令·赐律》："□□□□室毋以相飨者，赐米二石、一豚、酒一石。""毋爵者，饭一斗、肉五斤、酒大半斗、酱少半升。司寇、徒隶，饭一斗、肉三斤，酒少半斤，盐廿升一。"②简文有残缺，据文意推测，意若有人家室过于贫穷，无法参与正常的乡人间的饮酒活动，官家会给予米酒与肉。无爵的人也会收到酒肉的赏赐。可见汉代官方考虑到了民众的一般日常生活需求。而酒既是祭祀时所必需，也是人情往来所必备。汉代政府认同甚至鼓励民众间的饮酒庆贺，是认为其能够起到重塑基层秩序、稳定底层社会的作用。《汉书·食货志》载：

> 酒者，天之美禄，帝王所以颐养天下，享祀祈福，扶衰养疾。百礼之会，非酒不行。故《诗》曰"无酒酤我"，而《论语》曰"酤酒不食"，二者非相反也。夫《诗》据承平之世，酒酤在官，和旨便人，可以相御也。《论语》孔子当周衰乱，酒酤在民，薄恶不诚，是以疑而弗食。今绝天下之酒，则无以行礼相养。③

宣帝时期甚至专门发诏书，废黜禁止民间酒食苛政，充分认识到酒对统治天下的积极作用。《汉书·宣帝纪》载五凤二年（前56）八月诏曰：

> 夫婚姻之礼，人伦之大者也。酒食之会，所以行礼乐也。今郡国二千石，或擅为苛禁，禁民嫁娶不得酒食相贺召。由是废乡党之礼，令民亡所乐，非所以导民也。诗不云乎？"民之失德，干糇以愆。"勿行苛政。④

婚礼不庆贺是先秦时期的一条礼仪原则。《礼记·郊特牲》："婚礼不

① 《汉书》卷八三《薛宣传》，第3390页。
② 张家山二四七号汉墓竹简整理小组：《张家山汉墓竹简［二四七号墓］（释文修订本）》，文物出版社，2006年，第48~49页。
③ 《汉书》卷二四《食货志》，第1182页。
④ 《汉书》卷八《宣帝纪》，第265页。

贺，人之序也。婚礼不用乐，幽阴之义也。"①《礼记·曾子问》："孔子曰：嫁女之家三夜不息烛，思相离也。娶妇之家三日不举乐，思嗣亲也。"②汉代郡国禁止百姓婚嫁的时候饮酒庆贺，是符合经典文献的规定的。但宣帝以为，婚礼中的酒食相招聚，也是一种礼乐行为，符合人生大伦。郡国禁止百姓酒食贺召，废了乡党之礼，不利于引导百姓；且认定这种禁令是苛政，提出了严厉的批评。宣帝并没有以教条主义的态度对待经典文献，而是根据实际情况而调整。这也是汉代礼乐制度的现状。所谓"汉家自有制度，本以霸王道杂之"③，礼乐不是唯一的意识形态来源。民间百姓的宴饮，被认为是基层秩序建设的组成部分。

汉代统治者鼓励民众饮酒，获得与民休息、与民同乐的美名，借此以建立基层社会制度，最典型的做法就是针对百姓的赐酺与大酺活动。

《史记·文帝本纪》记载了汉代历史上第一次赐酺活动："文帝初即位，赐民酺五日。"文帝诏曰："朕初即位，其赦天下，赐民爵一级，女子百户牛酒，酺五日。"文颖注："三人以上无故群饮，罚金四两。今诏横赐令会聚饮食五日。"④汉初承秦制，严苛之法尚未废除。三人以上聚众饮酒还在禁止之列。汉文帝刚即位，为笼络民心，而赐民众聚饮五日。额外的赏赐，让民众感受到皇恩浩荡，与民更始，接受新皇帝的即位。《汉书·文帝纪》颜师古注："酺之为言布也，王德布于天下而合聚饮食为酺。"⑤百姓聚众饮酒是王德布于天下的体现。清王先谦《汉书补注》进一步追溯了赐酺的历史源头：

> 古者无事不饮酒。《酒诰》曰"祀兹酒"，故假祭名以饮酒，因谓赐民饮酒为酺。《礼器》注"合钱饮酒为酺。王居明堂之礼，仲秋乃命国酺"。贾公彦云："州长、党正饮酒礼，皆得官物为之。族师卑，不得官物为礼。郑据《礼器》明堂礼皆有酺法，以不得官酒，故须合钱耳。然则赐酺，即是合钱酺饮也。"⑥

周初禁酒后无事不饮酒。事，指祭祀之事。祭祀结束后"礼终则宴"，

① 《礼记正义》卷二六，第3115页。
② 《礼记正义》卷一八，第3104页。
③ 《汉书》卷九《元帝纪》，第277页。
④ 《史记》卷一〇《孝文本纪》，第417页。
⑤ 《汉书》卷四《文帝纪》，第110页。
⑥ (清)王先谦：《汉书补注》，上海师范大学古籍整理研究所整理，上海古籍出版社，2012年，第162页。

饮酒才是合礼合情合法的。百姓饮酒须官家假借祭祀之名，赐以钱财牛酒。或如郑玄所言，若未得到官家的赏赐，百姓则须"众筹"。

《周礼·地官·族师》："春秋祭酺。"郑注："酺者，为人物灾害之神也……族师无饮酒之礼，因祭而与其民，以长幼相献酬焉。"①郑玄认为"酺"是一种灾害之神。族师平时无聚民饮酒之礼，只能借祭祀酺神的机会，根据长幼之道与民献酬聚饮。孙诒让《周礼正义》引林颐山之语说得更加具体：

> 其故由于州长党正有饮酒礼，饮酒之钱皆官长供给，此之族师本无饮酒礼，特因祭酺而全钱饮酒，乃合民间私钱为制。②

党正有饮酒之礼，故能利用公家财物聚民饮酒。族师地位较低，无权独立主持饮酒之礼，只能借祭祀酺神的机会，利用民众自筹的财物聚众饮酒。酺者，即百姓自筹钱财聚众饮酒。赐酺，就是得到官家赏赐后再聚众饮酒。"官家"是谁？在《周礼》系统内是党正及以上的官员。当然先秦时期，也有诸侯甚至天子级别的赐酺之事。《史记·赵世家》载赵惠文王三年：

> 灭中山，迁其王于肤施。起灵寿，北地方从，代道大通。还归，行赏，大赦，置酒酺五日。③

惠文王灭中山国，归来后行赏，大赦，酺五日。这里赏赦赐酺的对象，是参与灭中山国的将领，还是普通民众，没有言明。若仅局限于有功之将领，则与先秦常见的饮至礼无甚差别。但若是面对国内百姓，则通过此事能见出新的历史转折时代的到来。似乎后者的可能性更大。赵秦同源，秦始皇也举行过大酺活动。《史记·秦始皇本纪》载，始皇二十五年（前222）：

> 大兴兵，使王贲将，攻燕辽东，得燕王喜。还攻代，虏代王嘉。王翦遂定荆江南地；降越君，置会稽郡。五月，天下大酺。④

---

① 《周礼注疏》卷一二，第 1548 页。
② （清）孙诒让：《周礼正义》，王文锦、陈玉霞校点，中华书局，1987 年，第 877 页。
③ 《史记》卷四三《赵世家》，第 1813 页。
④ 《史记》卷六《秦始皇本纪》，第 234 页。

　　与惠文王一样，始皇帝也是在灭人之国、降人之君后再行"大酺"，且为"天下大酺"。所以始皇帝的赐酺，突破了饮至礼的范围，扩展至全天下百姓。张守节《正义》云："天下欢乐，大饮酒也。"①始皇帝灭六国而统一天下，短时间解除"偶语"限制，令天下百姓聚众纵饮，迎接新时代。

　　酺是民众的聚饮，赐酺则强烈地体现了统治者的意志。有学者指出："皇帝的赐酺是对基层社会古老饮酒习俗的改造和利用，以此将国家权力的触角延伸到基层社会，干预和重构基层社区的秩序。"②天下一统的汉代，在政权逐渐稳定后，也每临朝廷大事，则赐酺天下，与民同乐。比如，文帝十六年，新垣平献"人主延寿"玉杯，文帝大喜，"令天下大酺"，③让天下人都分享皇帝的快乐。景帝后元年，因改元之故，景帝不仅下令"治狱者务先宽"，大赦天下，赐民爵，且"夏，大酺五日，民得酤酒"。④改元者也是与民更始，轻狱宽民，乐与民饮酒，且百姓还可以自由卖酒。而实际上就在三年前，汉景帝刚因天下大旱"禁酤酒"。汉代典籍中天子赐酺、令天下人聚饮的记载很是常见，如：

　　　　武帝元光二年，令民大酺五日。

　　　　元朔三年，城朔方，大酺五日。

　　　　太初二年，祠后土，令大酺五日。

　　　　太初三年，令天下大酺五日。

　　　　昭帝元凤四年，令天下酺五日。

　　　　宣帝五凤三年，大酺五日。

　　　　明帝永平十五年，令天下大酺五日。

　　　　章帝元和二年，令天下大酺五日。赐洛阳人当酺者布，户一匹，城外三户共一匹。

　　　　和帝永元三年正月甲子，帝加元服，大酺五日。庚辰，赐京师酺。

　　举凡新皇登基、册立太子、太子加冠大婚，改元、获军功、天降祥瑞、重要祭祀等，汉代皇帝均愿意下诏赐民大酺，伴随聚饮，还有大赦天下、赐爵、赐牛酒等。天子有哀，愿与天下人共之；有喜，更乐与天下人

---

① 《史记》卷六《秦始皇本纪》，第239页。
② 薛小林：《汉代的民间宴饮与乡里社会》，《民俗研究》2020年第3期。
③ 《汉书》卷四《文帝纪》，第128页。
④ 《汉书》卷五《景帝纪》，第150页。

享之。大酺天下，即纳天下人入皇权的统治范围内。百姓在聚众饮酒的欢乐中，感受到了皇帝的欢乐，进而与天子一心。这与饮至礼中仅参与战争的少数将领参与，不可同日而语。另外，"酺五日"说明饮酒有时间的限制。在此五日之外，能否饮酒是个问题。文颖注《史记》引"汉律，三人以上无故群饮酒，罚金四两"，说明群体性的狂欢只有得到统治者的许可才能施行。一禁一赐、一张一弛之中，皇帝的权威渗透进了百姓的日常生活。

另外值得注意的是，汉代早期高层政治人物与一般百姓私饮，并无大的禁忌，唯乐而已。皇帝甚至鼓励百姓饮酒，并常有赏赐。而具有儒学背景的人物，于饮酒之事，则时时处于精神紧绷的状态。君子行教化又离不开酒，只能在纵饮求乐与醉不忘礼中左右摇摆。这与先秦以来经典文献中塑造的明君与君子的形象一脉相承：酒使人沉醉，昏君纵酒，明君节制饮酒。喝酒有害于礼，而行礼又不得不用酒。于君子而言，酒既是离不开的祭祀用品，也是危险的生活用品。

第四节　养老与乡饮酒

有学者认为，汉代的赐酺就是行乡饮酒礼。实际上如前所论，酺是民众的自筹饮酒，赐酺则是官方赏赐后，再聚众饮酒，虽"长幼相酬"，但更强调与民同乐。"长幼相酬"，远不足以体现乡饮酒所具有的宾贤、养老等功能。大酺五日中的饮酒形式，应该更加简单，更趋平等，更像狂欢，与乡饮酒礼中所具献酢酬相比，也更具有民众性。汉代的乡饮酒礼另有形式，不必从赐酺中寻找。

《礼记·乡饮酒义》载：

> 乡饮酒之礼，六十者坐，五十者立侍，以听政役。所以明尊长也。六十者三豆，七十者四豆，八十者五豆，九十者六豆，所以明养老也。民知尊长养老，而后乃能入孝弟。民入孝弟，出尊长养老，而后成教，而教而后国可安也。君子之所谓孝者，非家至而日见之也，和诸乡射，教之乡饮酒之礼，而孝弟之行立矣。①

---

① 《礼记正义》卷四五，第 1683 页。

此种乡饮酒礼就是养老礼。孔颖达在《礼记·乡饮酒义》正义中总结了乡饮酒礼的四种类型：

> 一则三年宾贤能，二则卿大夫饮国中贤者，三则州长习射饮酒也，四则党正蜡祭饮酒。①

分而言之，第一种，三年大比之时，乡大夫向朝廷推举贤才，行饮酒礼，以被推荐者为宾。这种乡饮酒礼三年举行一次。第二种，卿大夫择国中贤能的人以之为宾而饮酒，目的在宾贤而非举才。第三种，州长举行射礼而行饮酒礼。射礼与饮酒礼配合而行，已见前文论述。射礼有春秋二射，则一年内也有两次州长级别的饮酒礼。第四种，党正举行蜡祭而行饮酒礼，属祭祀与饮酒礼配合而行的礼仪组合。蜡祭于每年十二月举行，党正饮酒一年一次。乡饮酒礼举行的频率，清孙希旦总结为"乡则三年一饮，州则一年再饮，党则一年一饮"。②

《仪礼注疏》也把乡饮酒礼分作与此类似的四种。③贾公彦的说法与孔疏区别不大，只是特别点出了《乡饮酒义》"六十者坐，五十者立侍"，属乡饮中的养老礼。元陈澔以为，"乡人凡有会聚，当行此礼，恐不特四事也"④。陈澔取广泛义，认为只要在乡举行的饮酒聚会都属乡饮酒礼。杨华综合孔颖达、贾公彦的意见，把四种归纳为两种，即"尊贤，即宾士贡才"与"养老，即序齿尊长"。⑤

降至汉代，乡饮酒礼的举行仍有"宾贤"功能。有学者指出，"汉代州郡举送人才之时，即有'以礼发遣'的仪式"，并指出是"周代乡饮酒礼'宾贤能'之意的延续"。这种说法无疑是正确的。但纵观汉代，乡饮酒"宾贤"却有衰微之势，⑥相反"养老"与"重学"表现得更为显著。⑦"宾贤"为

①《礼记正义》卷六一，第 1682 页。

②（清）孙希旦：《礼记集解》，沈啸寰、王星贤点校，中华书局，1989 年，第 1424 页。

③贾公彦疏："凡饮酒之礼，其名有四。案，此宾贤能，谓之乡饮酒礼，一也。又案，《乡饮酒义》云，六十者坐，五十者立侍。是党正饮酒，亦谓之乡饮酒礼，二也。乡射州长春秋射于州序，先行乡饮酒礼，亦谓之乡饮酒礼，三也。案，《乡饮酒义》又有乡大夫士饮国中贤者。用先饮酒礼，四也。"《仪礼注疏》卷一〇，第 980 页。

④（元）陈澔：《礼记集说》，万久富整理，凤凰出版社，2010 年，第 472 页。

⑤杨华：《朱熹与宋代的乡饮酒礼变革——兼论礼典设计对地方官僚政治的回应》，《武汉大学学报》(哲学社会科学版)2019 年第 3 期。

⑥"衰微"并非消亡，事实上从养老与重学中，也能见到尊贤、宾贤的影子。

⑦隋唐时期伴随科举制度的施行，"宾贤"意识似有上升趋势。参见王美华：《唐宋时期乡饮酒礼演变探析》，《中国史研究》2011 年第 2 期。

何在汉代衰微，或与秦汉中央集权统治建立，君臣一伦得到了前所未有的强调，而宾主一伦则相对弱化有很大的关系。君臣关系压制了宾主关系，所以"宾道"观念在秦汉时期有式微的趋势。

现就汉代乡饮酒礼中的"养老"与"重学"叙之。汉以孝治天下，尊老、养老是国家治理的重要理念。①《汉书·高帝纪》载："举民年五十以上，有修行，能帅众为善，置以为三老，乡一人。择乡三老一人为县三老，与县令丞尉以事相教，复毋摇戍。以十月赐酒肉。"②三老、五更制度的设立，奠定了汉代养老的制度基础。③汉文帝元年即有诏："老者非帛不暖，非肉不饱。今岁首，不时使人从问长老，有无布帛酒肉之赐，将何以佐天下子孙孝悌养其亲？今闻吏当受鬻者，或以陈粟，岂称养老之意哉！具为令。"④对于老者的生活关心备至，赏赐酒肉衣帛，正式纳入国家的律令制度。在令中详细规定不同年岁老者享受的相应待遇，如"年八十以上，赐米人月一石，肉十斤，酒五斗。其九十以上者，又赐帛人三匹，絮三斤"等，并设定专门的监督措施。文帝的养老重在对高年的人，即年纪在八九十岁的高寿之人。

十月而行养老礼，自高祖"以十月赐酒肉"后渐成常制。《白虎通·乡射乡饮酒》载：

> 所以十月行乡饮酒之礼何？所以复尊卑长幼之义。春夏事急，浚井次墙，至有子使父，弟使兄，故以事闲暇，复长幼之序也。⑤

《白虎通》明确讲述了行乡饮酒的目的是建立尊卑长幼的秩序。而十月是秋收之后的农闲时节，物丰人闲，正好借机行礼。《仪礼·乡饮酒礼》郑玄注："今郡国十月行此饮酒礼，以党正每岁邦索鬼神而祭祀，则以礼属民而饮酒于序，以正齿位之说……凡乡党饮酒，必于民聚之时，欲其见化，知尚贤尊长也。"⑥郑玄用汉代发生的事情去注解经典。《礼记·月令》"是月大饮烝"，郑玄注云："十月农功毕，天子诸侯与群臣饮酒于大学，以正齿位，谓之大饮，别之于他。其礼亡。今天子以燕礼，郡国以

---

① 《王杖十简》《王杖诏书令》的发现更是直接的证据。参见张德芳主编：《武威汉简集释》，甘肃文化出版社，2020年，第541~561页。

② 《汉书》卷一《高帝纪》，第34页。

③ 臧知非：《王杖诏书与汉代养老制度》，《史林》2002年第2期。

④ 《汉书》卷四《孝文纪》，第113页。

⑤ （清）陈立：《白虎通疏证》，吴则虞校点，中华书局，1994年，第247页。

⑥ 《仪礼注疏》卷八，第980页。

乡饮酒礼代之。"①在朝廷举行的名为燕礼，在郡国举行的名为乡饮酒礼，目的均在养老、尊老。《礼记·王制》："凡养老，有虞氏以燕礼，夏后氏以飨礼，殷人以食礼，周人修而兼用之。"周兼而用之，则燕礼也可以养老。这符合汉代的实际情况。"以正齿位"说明饮酒的原则是尚齿而非尚爵。清儒段玉裁撰有《乡饮酒礼与养老之礼名实异同考》一文，他认为"礼有二事名异实同，实不同而无大异者，乡饮酒礼与养老之礼是"②。汉代的乡饮酒礼与养老礼本质上无大的区别。盐铁会议上，儒生们谈道："乡饮酒礼，耆老异馔，所以优耆耄而明养老也。"③日本学者西嶋定生也以为："以正齿位而定的所谓乡党秩序，大概可以解释为来自氏族制社会依年龄阶层形成的社会秩序；而且，为维持这种秩序而举行的饮酒礼，可以跟所谓广泛流行于东亚的那种共同饮酒仪礼相比照。"④尚齿即尊老，源自更古老氏族制里的以年龄为原则确定社会秩序的制度。⑤

十月，郡国有乡饮酒的举行，在中央朝廷，天子、诸侯与大臣也会在大学饮酒。洪适《隶释》卷六《国三老袁良碑》："群司以君父子俱列三台，夫人结发，上为三老，使者□节安车，亲□几杖之尊，祖割之养，君宴飨之。"⑥也能与之印证。汉代非常明确记载的皇帝举行的养老礼是在东汉明帝时期。《后汉书·明帝纪》载，永平二年：

> 冬十月壬子，幸辟雍，初行养老礼。诏曰："光武皇帝建三朝之礼，而未及临飨。眇眇小子，属当圣业。间暮春吉辰，初行大射；令月元日，复践辟雍。尊事三老，兄事五更，安车软轮，供绥执授。侯王设酱，公卿馔珍，朕亲祖割，执爵而酳。祝哽在前，祝噎在后。升歌《鹿鸣》，下管《新宫》，八佾具修，万舞于庭。朕固薄德，何以克当？《易》陈负乘，《诗》刺彼己，永念惭疚，无忘厥心。三老李躬，年耆学明。五更桓荣，授朕《尚书》。《诗》曰：'无德不报，无言不

---

① 《礼记正义》卷二〇，第 1381 页。
② （清）段玉裁：《经韵楼集》，钟敬华校点，上海古籍出版社，2008 年，第 291 页。
③ （汉）桓宽撰、王利器校注：《盐铁论校注》，中华书局，1992 年，第 192 页。
④ ［日］西嶋定生：《中国古代帝国的形成与结构——二十等爵制研究》，武尚清译，中华书局，2004 年，第 416 页。
⑤ 顾涛根据《仪礼·乡饮酒礼》认为，乡饮酒礼的礼义为"宾主之间，礼让致敬；长幼之间，尊长身教；全乡官民，和乐凝聚"。乡饮酒礼是周代乡治精神的结晶。而汉唐以来重建的乡饮酒礼，与早先的乡饮酒礼虽名称相同、形式相似，内核却发生了显著变化。汉唐乡饮酒礼经历了两次"鹊巢鸠居"，一是养老礼的侵入，二是乡贡的侵入。参见顾涛：《礼制史上得鹊巢鸠居——乡饮的礼义及其历史演变》，《文史哲》2022 年第 2 期。
⑥ （宋）洪适：《隶释》，中华书局，1986 年，第 71 页。

酬。'其赐荣爵关内侯，食邑五千户。三老、五更皆以二千石禄养终厥身。其赐天下三老酒人一石，肉四十斤。有司其存耆耋，恤幼孤，惠鳏寡，称朕意焉。"①

　　汉明帝在十月份行幸辟雍，初次举行养老礼，这与郑玄所讲正相吻合。在行饮酒礼之前，先行大射礼，也继承了先秦时期"射礼+饮酒"的礼仪组合。养老的对象是三老与五更。"尊事三老，兄事五更"，天子以事父之礼待三老，以事兄之礼待五更。②对三老、五更是赏赐丰厚，享受皇帝的单独拜礼，几可以与天子分庭抗礼，尊显一时无比。③永平二年的这次养老仪节，《续汉书·礼仪志上》有详细的记载，可参考。④张衡《东京赋》也说："奉觞豆于国叟，降至尊以训恭，送迎拜乎三寿。"⑤值得一提的是，行礼中天子与三老五更揖让而分别升东西阶，宾主而分庭抗礼，这还尚存一丝以宾主之礼代替君臣之礼的意味。宾道观念虽式微，但没有彻底消亡，不过也正因为太尊显故，三老五更"诣阙谢恩"。第二天又回到了君臣关系，进殿谢恩，感谢皇帝的恩宠。

　　朝廷不仅以养老对待李躬、桓荣，更扩展至天下的三老，均有酒肉赏赐，并命地方有司优待之。中央在太学尊国之三老五更，扩展至郡三老、县三老、乡三老，地方有司必然也是尊而养之。正如郑玄所言，民间的养老是"郡国以乡饮酒礼代之"。也有学者以为本次饮酒礼是"中央开始向地方推行乡饮酒礼"，"乡饮酒礼开始了纳入国家礼制的漫长历程"。⑥

　　乡饮酒礼除体现在养老之外，也体现在重学上，举行的地点多在地方学校。陈澔《礼记集说》："行养老之礼必于学，以其为讲明孝弟礼义之所

---

①　《后汉书》卷二《孝明帝纪》，第 103 页。

②　《白虎通·乡射》："王者父事三老、兄事五更者何？欲陈孝悌之德，以示天下也。故虽天子，必有尊也，言有父也。必有先也，言有兄也。"

③　蔡邕《独断》说："天子事三老，使者安车软轮，送迎至家，天子独拜。"转引自高步瀛：《文选李注义疏》，中华书局，1985 年，第 675 页。

④　《续汉书·礼仪志上》："养三老、五更之仪，先吉日，司徒上太傅若讲师故三公名，用其德行年耆高者一人为老，次一人为更也。皆服都纻大袍单衣，皁缘领袖中衣，冠进贤，扶玉杖。五更一如之，不杖。皆斋于太学讲堂。其日，乘舆先到辟雍礼殿，御坐东厢，遣使者安车迎三老、五更。天子迎于门屏，交礼，道自阼阶，三老升自宾阶。至阶，天子揖如礼。三老升，东面，三公设几，九卿正履，天子亲袒割牲，执酱而馈，执爵而酳，祝鲠在前，祝饐在后。五更南面，公进供礼，亦如之。明日皆诣阙谢恩，以见礼遇大尊显故也。"《续汉书·礼仪志上》，第 3108 页。

⑤　费振刚、仇仲谦、刘南平：《全汉赋校注》，广东教育出版社，2005 年，第 681 页。

⑥　游自勇：《汉唐时期"乡饮酒"礼制化考论》，《汉学研究》2004 年第 22 卷第 2 期。

也。"①所谓的重学，也有一定的养老意义。主持地方学校中乡饮酒礼的，主要有两个群体：一是郡县长官，二是具有明显儒学特征的学者。

永平二年，汉明帝举行的养老礼，在郡国有进一步的礼仪活动。《续汉书·礼仪志上》载："郡、县、道行乡饮酒于学校，皆祀圣师周公、孔子，牲以犬。"②郡县学校中行乡饮酒礼，并且祭祀周公与孔子。这里乡饮酒的主人与主宾是谁虽未明说，但因是天子在辟雍行大射与养老饮酒之后，主人对应的应是地方郡守长官，主宾是郡县三老五更。因在学校举行并祭祀周孔，重学的意味也很浓烈。李尤《辟雍赋》对东汉和帝永元时期的辟雍行礼有所描述："喜喜济济，春射秋飨。王公群后，卿士具集。攒罗鳞次，差池杂沓。延忠信之纯一兮，列左右之貂珰。三后八蕃，师尹举卿。加休庆德，称寿上觞。戴甫垂毕，其仪跄跄。"③这里应包括辟雍行饮酒礼。《后汉书·儒林列传》记载，本初元年，梁太后下诏："大将军下至六百石，悉遣子就学，每岁辄于乡射月一飨会之，以此为常。"李贤注引《汉官仪》："春三月，秋九月，习乡射礼，礼生皆使太学学生。"④余嘉锡认为："然乡射及饮酒之礼是诸生相与讲习，度不过以博士临之而已。"⑤高明士以为，"月一飨"即每月举行乡饮酒礼。⑥ 如此之高的举行频率，使乡饮酒礼成了博士们教学的演习材料。

地方郡国中行乡饮酒之礼，以视重学，在汉代屡见不鲜。《汉书·礼乐志》记载河间献王修行雅乐，且在"春秋乡射，作于学官，希阔不讲"，将公孙弘、董仲舒等参与制作的雅乐在春秋二季的乡射礼中施行讲习，不过根据汉成帝时宋畺的叙述，似乎其时效果不佳，"自公卿大夫观听者，但闻铿鎗，不晓其意，而欲以风谕众庶，其道无由"。⑦ 百余年后德化仍未成。

汉代循吏重视礼乐教化的功能，常在学校中行饮酒射燕之礼。《汉书·韩延寿》载："韩延寿为东郡太守，修治学官，春秋乡射，陈钟鼓管弦，盛升降揖让。"韩延寿是著名的循吏，作东郡太守时期，在学校春秋均举乡射礼，以行礼乐。有类似举动的地方官员还有李忠、鲍德等：

① （元）陈澔：《礼记集说》，万久富整理，凤凰出版社，第112页。
② 《续汉书·礼仪志上》，第3108页。
③ 费振刚、仇仲谦、刘南平：《全汉赋校注》，广东教育出版社，2005年，第575页。
④ 《后汉书》卷七九《儒林列传》，第2547页。
⑤ 余嘉锡：《晋辟雍碑考证》，《余嘉锡文史论集》，岳麓书社，1997年，第126页。
⑥ 高明士：《唐代东亚教育圈的形成——东亚世界性城市的一侧面》，台北编译馆中华丛书编审委员会，第116页。
⑦ 《汉书》卷二二《礼乐志》，第1072页。

(李忠)以丹阳越俗不好学，嫁娶礼仪，衰于中国，乃为起学校，习礼容，春秋乡饮，选用明经，郡中向慕之。①

(鲍德)时岁多荒灾，唯南阳丰穰，吏人爱悦，号为神父。时郡学久废，德乃修起横舍，备俎豆黻冕，行礼奏乐。又尊飨国老，宴会诸儒。百姓观者，莫不劝服。②

丹阳民俗不好学，李忠在当地建学校，在春秋时节也举行乡饮酒之礼，并据此选用"明经"人才。鲍德在郡学行礼，令百姓纵观。"郡中向慕之""莫不劝服"说明行饮酒之礼，起到了教化的效果。《汉书·礼乐志》中，班固叙述圣人制礼作乐时说："有交接长幼之序，为制乡饮之礼……乡饮之礼废，则长幼之序乱，而争斗之狱番。"③乡饮酒礼本身具有很强的教化色彩。清儒段玉裁说："礼莫重于民之相亲，故乡饮、乡射原非专为六乡制此礼也。而必冠之以'乡'字，'乡大夫''乡先生'者，谓民所亲近者也。"④也有学者认为："仪式的作用是增强参与者之间的合作与凝聚力，让不同的个体一起参与共同身份的建构，这对于所有族群的生存来说都是不可或缺的。"⑤像韩延寿、李忠、鲍德这样的地方长官，即所谓"民所亲者"，热衷于组织乡射、乡饮酒，让流行于上层的礼乐文化向基层渗透，让国家权力延伸到了地方社会，在一定程度上建构了文明的基层秩序。

除了政府官员热衷于行乡饮之礼外，具有儒学背景的人士，也常借助乡饮之礼传达儒门理念，教化广大民众。这是礼乐寻求主动影响权力，改造政治与社会的一种努力，这从孔门师弟起就已经形成了一种传统。《礼记·射义》载有孔门师弟行射礼：

孔子射于矍相之圃，盖观者如堵墙。射至于司马，使子路执弓矢出延射，曰："贲军之将、亡国之大夫与为人后者，不入，其余皆入。"盖去者半，入者半。又使公罔之裘、序点扬觯而语。公罔之裘扬觯而语曰："幼壮孝悌，耆耋好礼，不从流俗，修身以俟死，者不？在此位也。"盖去者半，处者半。序点又扬觯而语曰："好学不倦，好礼不变，旄期称道不乱，者不？在此位也。"盖仅有存者。

① 《后汉书》卷二一《李忠传》，第756页。
② 《后汉书》卷二九《鲍永传》，第1023页。
③ 《汉书》卷二二《礼乐志》，第1027~1028页。
④ (清)段玉裁：《经韵楼集》，钟敬华校点，上海古籍出版社，2008年，第330页。
⑤ 田晓菲：《影子与水文：秋水堂自选集》，南京大学出版社，2019年，第29页。

在此次射礼与饮酒礼中，孔门师弟借助"择宾"仪节贬斥排除一部分人，褒奖挽留一部分人，表达褒贬，从而达到教化目的。乡射、乡饮礼成为儒门表达理念的工具，甚至在历史的关键时期，成为传达政治理念的工具。《史记·儒林列传》：

> 及高皇帝诛项籍，举兵围鲁，鲁中诸儒尚讲习礼乐，弦歌之音不绝。岂非圣人之遗化，好礼乐之国哉？……夫齐鲁之间于文学，自古以来，其天性也。故汉兴。然后诸儒始得修其经艺，讲习大射乡饮之礼。①

《史记·孔子世家》也载：

> 弟子及鲁人往从冢而家者百有余室，因命曰孔里。鲁世世相传以岁时奉祠孔子冢，而诸儒亦讲礼乡饮大射于孔子冢。②

在刘项争霸中，鲁中诸儒的政治光谱偏向项羽。刘邦大兵围鲁，儒生们仍弦歌不断，甚至汇聚到孔子冢周围，讲习大射、乡饮之礼。儒生们借助礼乐表达了对刘邦政权的蔑视与不服从。当然随着汉朝廷逐渐尊儒，在中央建立博士制度，把儒生纳入国家文化意识形态之中，儒生与朝廷的理念合流，博士们也在皇帝的支持下行起了饮酒之礼。③《汉书·成帝本纪》载，鸿嘉二年"行幸云阳，博士行饮酒礼，有雉飞集于庭，历阶升堂而雊，后集诸府，又集承明殿"④。接着成帝颁布了"选贤诏"，说明此次皇帝与博士的饮酒，有尊显、择贤的目的。《汉书·五行志》也记载了此事，把事情的来龙去脉讲得更加清楚。其时大臣把雉的降临比作灾变，代表上天对皇帝的谴责，要求皇帝"宜谋于贤知，克己复礼，以求天意，继嗣可立，灾变尚可销也"⑤，也有求贤的需求。行乡饮酒礼，就是求贤的具体

---

① 《史记》卷一二一《儒林列传》，第 3117 页。
② 《史记》卷四七《孔子世家》，第 1945 页。
③ 《后汉书·儒林列传》："（刘昆）王莽世，教授弟子恒五百余人。每春秋飨射，常备列典仪，以素木瓠叶为俎豆，桑弧蒿矢，以射菟首。每有行礼，县宰辄率吏属而观之。王莽以昆多聚徒众，私行大礼，有僭上心，乃系昆及家属于外黄狱。"刘昆行礼被王莽抓如大狱，不属于意识形态间的争斗，而属于权力争战。王莽本人也利用儒学攫取权力。王莽害怕刘昆势力坐大后有僭越之心。
④ 《汉书》卷一〇《成帝纪》，第 185 页。
⑤ 《汉书》卷二七《五行志》，第 1417 页。

措施。皇帝在其时舆论环境中，处于受批评的地位，被动接受大臣与博士们的要求。儒生们的政治态度与汉初已有天壤之别。到东汉的时候，伏湛主动向朝廷奏请行乡饮酒礼。儒生对礼的态度更加积极主动。① 儒生的教化理念逐渐融进国家的制度之中。

顾炎武说"汉自孝武表章六经之后，师儒虽盛，而大义未明"，"三代以下风俗之美，无尚于东京者"。② 陈戍国说："西汉礼仪多无定制，到东汉中期以后则多有定制。"③汉代的乡饮酒礼，在养老与重学方面均有一定程度的体现。自汉初建立三老、五更制度以来，养老逐渐有了制度基础。东汉明帝首次在中央举行养老之礼。养老与乡饮酒的结合，成为汉代饮酒礼的一大特色。随着儒家与朝廷的合作，具有儒家背景的学者与官员热衷于举行乡饮酒礼，表面上是"重学"，其实也是借此行教化。儒学化的官员化身为循吏，在地方上行礼施教化，也有利于礼乐深入民间。④ 不过相对而言，乡饮酒礼的"宾贤"功能，虽并未消逝，却逐渐式微。这与秦汉建立专制主义中央集权制度，君臣关系压倒宾主关系有很大的关系。养老是以孝治天下的国家战略下意识形态选择的必然。以养老行教化，建立了基层的文明秩序。

周秦之变，就礼制而言，就是由天子诸侯之礼变为皇帝之礼。以法为教、以吏为师与布衣卿相，国家的长治久安之策，时至汉初仍然在摸索之中。重建皇权秩序，以礼乐而文饰之，是摆在君臣面前的首要问题。高层政治人物的粗简不懂礼与现实政治统治的需要礼，两者的冲突与调和，共同塑造了汉代礼仪特色。东汉胡广说："汉承周秦，兼览殷夏，祖德师经，参杂霸轨。"⑤其实质是综合众家，唯有利则用之。所谓"杂霸王而用之"与"润色鸿业"，在强化皇权的背景下，以礼缘饰权力，功利主义与实用主义是汉代礼制运行的基本逻辑。

西汉初期，高层政治人物因多为布衣出身，在礼乐方面并无多少素养，赤裸裸地宣示权力，借机泄愤，放纵饮酒之事多有发生。宴饮更多体现出私人化、实用化的特点。汉代中期后，特别在士人吟诗作赋之时，一种更为复杂的情感充斥其中。一方面仍然大力鼓吹饮酒作乐；另一方面，

① 《后汉书》卷二六《伏湛传》，第895页。
② （清）顾炎武著、黄汝成集释：《日知录集释》，栾保群、吕宗力校点，上海古籍出版社，2006年，第752页。
③ 陈戍国：《中国礼制史·秦汉卷》，湖南教育出版社，1993年，第419页。
④ 余英时：《汉代循吏与文化传播》，《士与中国文化》，上海人民出版社，2003年，第117~189页。
⑤ 《后汉书》卷四四《胡广传》，第1506页。

酒酣之后，却不忘重提"醉不忘礼"的先秦旧调。道德劝诫、针砭时弊与矫俗规时之类的话语，时时出现在饮酒欢乐之后。这或许与儒家文化观念逐渐在士人文化圈的深入有关。皇权渗入民间，大酺天下，纳天下人入皇权的统治范围内。百姓在聚众饮酒的欢乐中，感受到了皇帝的欢乐，进而与天子一心。汉代民众的私饮，一方面有较为浓厚的岁时月令色彩。重要的节日后，民众一起饮酒纵歌，是对劳累终年的自我犒劳。乡亲聚饮，也能够起到和睦乡邻的作用。民众饮酒过程中，少有礼仪的束缚。另一方面，"酺五日"说明饮酒有时间的限制。群体性的狂欢，只有得到统治者的许可才能施行。一禁一赐、一张一弛之中，皇帝的权威渗透进了百姓的日常生活。

商周以降，酒就是矛盾的混合体。它既是灭国的罪魁，又是攫取祖宗福佑，治国安邦不可或缺之物。邹阳《酒赋》说酒是"庶民以为欢，君子以为礼"①。《汉书·食货志》说："酒者，天之美禄，帝王所以颐养天下，享祀祈福，扶衰养疾。百礼之会，非酒不行。"②汉家治天下仍然不可离开酒。就燕飨而言，少却了春秋时代吟诗作赋、温文儒雅的繁复与规整，增添了许多直抒心意与现实欢愉。"长乐未央，延年永寿昌"，"长相思，毋相忘，常贵福，乐未央"，汉人的个人生命诉求与国家建制，都融会其中。郝经所言"质而不佻，情而少文"，确为的论。燕飨礼在大一统皇帝专制的汉代发生了变异，催生了些许新意。

---

① 费振刚、胡双宝、宗明华辑校：《全汉赋》，北京大学出版社，1993 年，第 37 页。
② 《汉书》卷二四《食货志》，第 1182 页。

第七章　神圣与狂欢：燕飨礼的功能

结合传世的礼典文献与出土资料，本章着重从四个方面考察宴飨礼的功能。一是亲宗统族。各大小宗作为一宗之长，其政治、经济甚至宗教地位的取得与运行，无不需要同宗人的支持。宗子举办宴飨礼，让族人参与其中，在觥筹交错、欢笑妍妍之际，体现出宗子亲宗统族的考量。二是敬友。宴飨资料中常见的友、多友、朋友是同姓还是异姓，与作为"五伦"之一的"朋友"含义是否相同，同样均是悬而未决的问题。三是安宾。宴飨之礼，何人能作为主人之宾，也是值得思考的问题。四是乐民。宴飨礼除施行于上层贵族外，一般民众亦能举行。在大众狂欢之际，其形式与功能又是如何，也需要我们去探讨。

第一节　亲　　宗

宗，即宗族。《尔雅·释亲》"宗族"条所列，除世母、叔母、祖母、曾祖母等外族嫁入者为异姓外，其他均为同姓。《左传·昭公三年》杜预注："同祖为宗。"[①]父系一党即宗族所在。亲宗，即亲父党之人。宗子举办的宴飨活动中，宗族人员的参与，是其时的重要现象。

《诗·小雅·楚茨》："诸父兄弟，备言燕私。"毛传："燕而尽其私恩。"郑笺："祭祀毕，归宾客之俎，同姓则留与之燕，所以尊宾客，亲骨肉也。"[②]《仪礼》之《特牲馈食礼》《少牢馈食礼》"馂余礼"中尚能见到此礼的踪迹。所谓"馂余礼"，即正祭后，主人撤去堂上之庶羞，设于西序之下，与族人燕于堂下，吃掉祭祖时尸所剩下的祭品。同姓诸父兄弟参与此礼，以亲炙先祖之惠，知先祖之德。宗子通过此礼，一为酬谢诸

---

① 《春秋左传正义》卷四二，第4411页。
② 《毛诗正义》卷一三，第1008页。

父兄弟参与祭祖之礼，更重要的是在先祖恩惠的名义下以"亲骨肉"，以教化诸父兄弟。①

宴飨以亲骨肉，笃亲亲之和。《诗经》中宴飨兄弟，最著者为《小雅·常棣》：

> 常棣之华，鄂不韡韡。凡今之人，莫如兄弟。
> 死丧之威，兄弟孔怀。原隰哀矣，兄弟求矣。
> 脊令在原，兄弟急难。每有良朋，况也永叹。
> 兄弟阋于墙，外御其务。每有良朋，烝也无戎。
> 丧乱既平，既安且宁。虽有兄弟，不如友生？
> 傧尔笾豆，饮酒之饫。兄弟既具，和乐且孺。
> 妻子好合，如鼓瑟琴。兄弟既翕，和乐且湛。
> 宜尔室家，乐尔妻帑。是究是图，亶其然乎？②

毛序："《常棣》，燕兄弟也。"郑笺："周公吊二叔之不咸，而使兄弟之恩疏。召公为作此诗，而歌之以亲之。"此诗以死丧祸乱与安宁和平两种不同环境下，以朋友、妻子与兄弟的关系对比，认为"凡今之人，莫如兄弟"，特别突出兄弟的重要性。宗法制度下父兄是支撑各大小宗政治、宗教权力的最重要的力量，兄弟不和，必然导致统治基础不牢。再如《诗·小雅·頍弁》："尔酒既旨，尔殽既嘉，岂伊异人？兄弟匪他。"郑笺："王当所与宴者，岂有异人疏远者乎？皆兄弟与王。无他，言至亲，又刺其弗为也。"③周幽王暴戾无亲，不能宴乐同姓，亲睦九族，最终导致败亡，故诗以讽刺之。诗人把幽王的失败，归结于不能亲近兄弟。不亲近兄弟的重要表现，为有佳肴珍酒，却不能与兄弟一起享用，足见西周之时，宴飨礼仪在亲宗统族上的重要性。④ 丘睿于《诗·小雅·伐木》云：

---

① 林素娟认为："食用祖先受飨过的食物，在互渗的神秘交感下，即能与祖灵产生连结，而共食一物，往往能使共食者感应同样的身心状态和情感，能够互渗同体感。尤其共食祭祖之酒食，更具有领受祖先祝福而凝聚共同体的意义与神秘巫术义涵。"参见林素娟：《象征与体物：先秦两汉礼仪中的修身与教化观》，台湾大学出版中心，2021 年，第 306 页。

② 《毛诗正义》卷九，第 870 页。

③ 《毛诗正义》卷一四，第 1033 页。

④ 法国汉学家葛兰言说："中国古代节庆是盛大的集会，它们标志着社会生活的季节节律步调。它们是与短暂时期相对应的，在这些时期内，人们聚集到一起，社会生活也变得非常热烈。这些短暂时期与漫长时期相互交替，在这漫长时期中人们分散生活，社会生活实际上处于停滞状态。在每个这样的集会上，将小型地方集团组织成一个共（接下页）

"此诗可见人君之于臣下，非但有大燕飨，若夫闲暇之时，其于诸父诸舅朋友故旧，亦必有燕饮，以笃其恩义。"

《仪礼·特牲馈食礼》"彻庶羞，设于西序下"下郑注：

> 宗室有事，族人皆侍终日，大宗已侍于宾奠，然后燕私。燕私者何也已而与族人饮也。此彻庶羞置西序下者，为将以燕饮与？然则自尸祝至于兄弟之庶羞，宗子以与族人燕饮于堂内，宾宗妇之庶羞，主妇以燕饮于房。②

祭祀结束后，和同宗族人饮酒以尽亲情。《诗·小雅·伐木》似乎还把燕饮的范围扩散到外姓舅氏：

> 伐木许许，酾酒有藇。既有肥羜，以速诸父。
> 宁适不来，微我弗顾。于粲洒扫！陈馈八簋。
> 既有肥牡，以速诸舅。宁适不来？微我有咎。③

毛序云："《伐木》，燕朋友故旧也。自天子至于庶人，未有不须友以成者，亲亲以睦，友贤不弃，不遗故旧，则民德归厚矣。"朋友故旧均在燕饮之列。金文中能见到大量贵族制作礼器，用以宴请诸父诸兄，关于此类的讨论，已见第三章第三节，可参考。

总之，周代诸父兄及一般族人与异姓宗妇，均能参与宗子主持的燕飨之礼。周幽王不能宴飨兄弟，以致多有怨愤之诗。《诗·小雅·楚茨》载正祭祖祢之后的燕私之礼，言"尔殽既将，莫怨具庆。既醉既饱，小大稽首。神嗜饮食，使君寿考"④。《诗·大雅·既醉》："既醉以酒，既饱以

(转上页)同体的结合公约将在传统规定的飨宴中重新认可。在飨宴中，这些通常极其封闭的集团在集体激情的作用下暂时解除了它们各自的封闭性，它们由此允许每一个成员都有交换的可能。"在葛兰言看来，人们一般的生活处于某种程度的分散、封闭与停滞中，但借助节庆中的飨宴活动，人们的生活从分散走向聚集，从封闭走向交换，从停滞走向激情。飨宴在无形之中构造了一个共同体。这样的飨宴若在宗族中举行，自然会团结宗族。参见[法]葛兰言：《古代中国的节庆与歌谣》，赵丙祥、张宏明译，广西师范大学出版社，2005年，第195页。

① （清）秦蕙田：《五礼通考》卷一五八，文渊阁《四库全书》第138册，1986年，台湾"商务印书馆"，第805页。

② 《仪礼注疏》卷四六，第2580页。

③ 《毛诗正义》卷九，第878页。

④ 《毛诗正义》卷一三，第1009页。

德。君子万年，介尔景福。既醉以酒，尔殽既将。君子万年，介尔昭明。"[1]同宗与祭，祭后燕饮，借酒食的和谐融洽气氛弥补氏族分裂后治人与治于人的感情缺憾，提醒大家原同出于一宗氏，宜上下合作，勠力同心。[2] 兄弟族人欢乐宴饮后，美酒佳肴已尽，心中没有怨言与愤怒，只有欢庆，于是长幼咸集，稽首祝福主人寿考多福。宗子作为一族之长，除了通过祭祖确定其威严外，还须通过宴飨之礼融洽与宗人之间的关系。可以说，宗子以宴飨之礼亲宗统族，以致与族人的关系达到雍容和洽的境地。

第二节　敬　　友

从血缘上讲，宴飨同宗之人，以亲宗统族，目的是维护宗族内的伦常秩序，以及据伦常秩序形成的政治、宗教权力。但是人与人之间的关系，血缘仅居其一。在众多非血缘关系中，朋友关系为其中重要一项。西周昭王时期麦方鼎载：

> 唯十又一月，邢侯延献于麦，麦赐赤金用作鼎，用从邢侯征事，用飨多诸友。《集成》2706

麦用邢侯赏赐的铜，制成方鼎，除了用以从邢侯出征外，还用于宴飨多诸友。据唐兰的解释，"多诸友"即许多朋友。[3] 再如，西周早期先兽鼎载："先兽作朕考宝尊鼎，兽其万年用宝，用朝夕飨厥多朋友。"（《集成》2655）此"飨厥多朋友"与麦方鼎"飨多诸友"，意指相同。类似辞例，还见于西周中期的卫鼎"乃用飨王出入使人、众多朋友"（《集成》2733），恭王时期的十五年趞曹鼎"用作宝鼎，用飨朋友"（《集成》2784），西周晚期的叔妣簋"用侃喜百姓、朋友、众子妇，子孙用宝"（《集成》4137），等等。同类铭文，从西周初年到春秋晚期，均有发现，此不赘举。

值得注意的是，周人或特意制器以飨朋友，或为父祖制器，兼飨朋友，或所制纪念跟从国君出征之器，亦能飨朋友，显示出朋友身份的特殊性。这致使有些学者认为"朋友"的身份，为同族内的兄弟，甚至包

---

① 《毛诗正义》卷一七，第1153页。
② 杜正胜：《古代社会与国家》，台湾允晨文化实业股份有限公司，1992年，第403页。
③ 唐兰：《西周青铜器铭文分代史征》，中华书局，1986年，第256页。

括亲兄弟。①

　　但事实情况并非如此。《诗·小雅·常棣》："兄弟阋于墙，外御其务。每有良朋，烝也无戎。"②《易·兑·象传》："君子以朋友讲习。"③《周礼·地官·大司徒》："以本俗六安万民……五曰联朋友。"郑注："同师曰朋，同志曰友。"④《墨子·修身》："据财不能以分人者，不足与友。"⑤此等先秦文献，均无"朋友为族兄弟"之说。

　　那么金文能否支持此说？西周中期的伯申簋载："其用飤正、御事、朋友、尹人。"（《铭图》5100）与"朋友"并列的均为同僚职官。西周晚期膳夫克盨载："唯用献于师尹、朋友、婚媾，克其朝夕享于皇祖考。"（《集成》4465）"朋友"之前为"师尹"，之后为"婚媾"。"师尹"为周代常见的职官，《尚书·洪范》："王省惟岁，卿士惟月，师尹惟日。"⑥《诗·小雅·节南山》"赫赫师尹"，所指为三公之官。据张亚初、刘雨对金文职官的研究，"师类"职官在金文中有三类，即军事、行政及教育方面长官。⑦"婚媾"，指有婚姻关系的亲戚。"师尹""婚媾"均指外族人员，那么处在中间的"朋友"，应指异姓而言。恭王时期的乖伯簋有类似辞例：

　　　　归夆敢对扬天子丕显鲁休，用作朕皇考武乖几王尊簋，用孝宗庙，享夙夕，好朋友与百诸婚媾，用祈纯禄永命，鲁寿子孙，归夆其万年日用享于宗室。⑧

　　乖伯之父称王，则其为西周之异姓诸侯无疑。"用孝宗庙，享夙夕"，指早晚孝享宗庙，包括禴祭祖先神与在宗庙内宴飨同姓族人。"百诸婚媾"，指诸婚媾姻好之亲，必为异姓，则朋友也应属异姓。"好朋友与百诸婚媾"，指喜乐朋友与有婚姻之好的亲属。金文中，"孝"与"好"字正好分出同姓与异姓之别。

---

①　钱杭：《"朋友"考》，《中华文史论丛》第 8 辑，上海古籍出版社，1978 年，第 272 页。朱凤瀚：《商周家族形态研究》，天津古籍出版社，2004 年，第 298 页。

②　《毛诗正义》卷九，第 871 页。

③　《周易正义》卷六，第 143 页。

④　《周礼注疏》卷一〇，第 1521 页。

⑤　（清）孙诒让：《墨子间诂》，孙启治点校，中华书局，2009 年，第 10 页。

⑥　《尚书正义》卷一二，第 407 页。

⑦　张亚初、刘雨：《西周金文官制研究》，中华书局，1986 年，第 6 页。

⑧　"乖伯簋"的年代问题，历来诸说纷呈，此从罗运环说。参见罗运环：《论乖伯簋的年代及其国别》，楚文化研究会编：《楚文化研究论集》第 3 集，湖北人民出版社，1994 年，第 192 页。

更为重要的证据是西周晚期的叔多父盘。据学者研究，此盘与共和时期颂鼎接近，年代属西周晚期。其铭曰："利于辟王、卿事、师尹、朋友、兄弟、诸子、婚媾。"①同时出现"朋友"与"兄弟"，使朋友非指兄弟几成定谳。②那么，金文中的"友""朋友"具体所指为何？西周早期的师旂鼎载：

> 唯三月丁卯，师旂众仆不从王征于方雷。使厥友弘以告于伯懋父："在莽，伯懋父乃罚得、系、古三百爰，今弗克厥罚。"懋父命曰："宜播且厥不从右征。今毋播，其有纳于师旂。"弘以告中史书。旂对厥劾于尊彝。③

上揭金文的大意为：师旂的臣仆未参加征伐方雷之役，于是派其友弘将此事告诉伯懋父。弘讲："在莽的时候，伯懋父罚得、系、古三人三百爰，但到现在也没有缴纳。"伯懋父命令说："不从右军出征者，应该放逐。现在不需放逐，把罚金交给师旂即可。"弘将此事告诉中史，让其记载下来。此为纯粹的公务之事。得、系、古三人，为师旂之臣仆未参加征伐方雷者。弘为师旂的僚属而称为"厥友"，在伯懋父及中史之间往来穿梭，处理师旂交代之事。

"友"之意为僚属，在金文中是常见的。昭王时作册令方彝载："今我唯命汝二人兑众夨奭左右于乃僚以乃友事。"(《集成》9901)此"友"即指僚友。赵诚进一步认为："从铭文来看，僚与友对举而言，应有区别，僚似泛指同一部门的友官，友则泛指其他部门的友官。"④此观点虽带有推测之辞，但实属创见。孝王时师臣鼎"官守友"，与"膳夫""小臣"一起举称。西周中期的伯绅簋载"其用飤正、御史、朋友、尹人"(《铭图》5100)，所指均为职官，则朋友也当作僚友。共和时史颂鼎"𣥻友"与"里君""百姓"并举，⑤均非有血缘关系的兄弟。夷王时期的大鼎"大帅厥友守"(《集成》

---

① 李学勤：《叔多父盘与〈洪范〉》，《中国古代文明研究》，华东师范大学出版社，2005年，第103页。
② "朋友"与"父兄"同时出现在同一件器物的铭文中的情况，还见于春秋晚期徐王子旃钟、王孙遗者钟。
③ 隶定、断句从唐兰之说。参见唐兰：《西周青铜器铭文分代史征》，中华书局，1986年，第313页。
④ 赵诚：《金文的"友"》，《华学》第2辑，中山大学出版社，1996年，第43页。
⑤ "友"前之字不识，张亚初读为"姻"，则"𣥻友"为"姻友"，《说文·女部》"女之所因，故曰姻"，则属妻党一类，同为异姓之人。参见王晖：《商周金文》，文物出版社，2006年，第237页。

2807)，恭王时期的师奎父鼎"用司乃父官友"、① 君夫鼎"债求乃友"，②宣王时期的墚盨"用弼我一人，善教乃友纳辟，勿使暴虐从狱"③等，均为僚属之称。吕思勉指出，君臣常与朋友并言，所引文献为《诗·大雅·假乐》"之纲之纪，燕及朋友"，毛传"朋友，群臣也"等，④ 正可与金文相互发明。

无论在处理公共政务，还是处理宗族内事务时，"朋友"作为异姓同僚或属下，均是宗子重要的倚重对象。《诗·大雅·假乐》为周王宴饮群臣之诗，其"朋友"实指"百辟卿士"。金文中宴飨朋友的记载，很是常见，除上已论列外，再略举几例如下：

> 先兽作朕考宝尊鼎，兽其万年永宝，用朝夕飨厥多朋友。先兽鼎，《集成》2655
> 伯康作宝簠，用飨朋友，用裸王父王母。伯康簠，《集成》4160
> 于好朋友，用奉寿介永命。杜伯盨，《集成》4448
> 饮以弭仲受无疆福，诸友饮饮，俱訇弭仲具寿。弭仲簠，《集成》4627
> 穆穆龢钟，用宴以饎，用乐嘉宾、大夫及我朋友。郘子蔡白镈，《集成》153
> 余以享同姓九祀，以饮大福朋友。"九里墩鼓座，《集成》429

"飨朋友""乐朋友""好朋友"在金文中大量出现，真实地表达了古人对朋友关系的重视。春秋晚期徐国的徐王子旃钟载：

> 唯正月初吉元日癸亥，徐王子旃择其吉金自作龢钟。以敬盟祀，以乐嘉宾，朋友，诸贤，兼以父兄、庶士，以宴以喜。中翰且旸，元鸣孔煌，其音悠悠，闻于四方。韹韹熙熙。眉寿无期，子子孙孙，万世鼓之。徐王子旃钟，《集成》182

---

① 马承源解释为"任命你掌治你父亲所主司的官署中的僚友"。见马承源主编：《商周青铜器铭文选》第 3 册，文物出版社，1988 年，第 134 页。
② 据马承源的研究，"债"读为"睦"，"求"读为"逑"。见马承源主编：《商周青铜器铭文选》第 3 册，文物出版社，1988 年，第 235 页。
③ 马承源主编：《商周青铜器铭文选》第 3 册，文物出版社，1988 年，第 312 页。
④ 吕思勉：《吕思勉读史杂记》，上海古籍出版社，1982 年，第 250 页。

王子旃制作钟，不仅要用于祭祀场合，还要在外欢乐嘉宾、朋友、各类贤能之人，在内和乐父兄族人。举行宴会，借助音乐的力量，营造欢乐气氛。在徐王子旃铭文中，"朋友"列于"嘉宾"与"诸贤"之间，且与"父兄"分列，也见"朋友"属异姓之行。

古人的宴飨礼仪中，有主党、宾党。主党为同姓宗人及族内有司，宾党中则多为僚属之类。《礼记·文王世子》："若公与族燕，则异姓为宾，膳宰为主人，公与父兄齿。"① 《仪礼·士冠礼》"主人戒宾"下郑注："宾，主人之僚友。古者有吉事，则乐贤者劝成之。有凶事，则欲与贤者哀戚之。"② 《仪礼·有司彻》"乃议侑于宾，必以异姓"，郑注："必用异姓，广敬也。"③ 《仪礼·有司彻》所载为大夫岁时祭祖祢之礼。侑为正祭后主人傧尸时，助尸饮酒者，从宾党中产生。郑玄认为用异姓为侑，乃是"广敬"的结果，即不仅要敬亲同宗之人，亦得敬亲异姓之人。据此可知，金文中的"飨朋友"类辞，表明青铜器的制造者或其子孙，在祭祖及宴飨礼中，④ 必会以朋友为宾客，在觥筹交错之际、宴乐融融之时，表达其敬友之心。⑤

总之，"朋友"的身份为异姓僚属，而非同族兄弟。自周人而言，异姓不仅是婚姻的对象，也是共同服务于周王的臣民。分封制、宗法制导致社会结构的日渐复杂，于公的日常政务、军务，于私的宗族内各种事务，异姓贵族间的交往必然更加频繁。而那些关系更加密切的贵族成为同僚或属下，相互参与各自举行的宴飨礼仪，以表示敬意，融洽关系，这是不难理解的。在"神不歆非类，民不祀异族"的思想背景下，异姓朋友作为僚属参与宗子的祭祀与燕飨活动，无疑突破了血缘的桎梏，社会交往更趋多元化，权力基础也更加稳固。金文中"飨朋友"的辞例在西周已大量出现，正是古人重视僚属关系的反映。或许正是因为这种重视，以"从周"为理想的后世儒家才在继承的基础上加以改进，使"朋友"成为五伦之一。

---

① 《礼记正义》卷二〇，第 3049 页。
② 《仪礼注疏》卷一，第 2041 页。
③ 《仪礼注疏》卷四九，第 2616 页。
④ 祭祖礼后的旅酬、无算爵等礼仪，实亦属宴飨的仪节，异姓宾客亦可参与。详细记载可参《仪礼》之《特牲馈食礼》《少牢馈食礼》《有司彻》等。
⑤ 朱子云："人之所以至于失朋友之义者，非必有大故，或但以干糇之薄，不以分人，而至于有愆耳。故我于朋友，不及有无，但及闲暇，则饮酒以相乐也。"（宋）朱熹：《诗集传》，王华宝整理，凤凰出版传媒集团，2007 年，第 121 页。

第三节　安　宾

如上所论，宴飨礼具有亲宗、敬友的社会功能。值得注意的是，同宗之人、亲近僚属，只是构成上层贵族间一个很小的交际圈。周人的现实生活，早已突破熟悉的范围，进入了一个更加广阔的政治、军事、外交的生活圈络。表现在宴飨礼仪中，就是作为宾党一方的主宾、众宾，身份趋于多样化。《礼记·仲尼燕居》："食飨之礼，所以仁宾客也。"①

比如，就《左传》记载春秋时的宴飨活动而言，其中占大多数的是国内君臣之间，以及国与国之间诸侯与聘宾、卿大夫与卿大夫间的宴飨活动，远远超过宗亲、僚属的范围。又《仪礼》所载礼虽各有别，但在正礼中或正礼后，一般都有酬谢宾客、以尽欢乐的仪节。② 各种礼仪中"宾"身份相当复杂，例如：《士冠礼》中宾为主人之僚属；《士昏礼》中宾为使者，身份为群吏相往来者；《乡饮酒礼》《乡射礼》中宾为乡中贤能者；《燕礼》《大射仪》《公食大夫礼》中宾为大夫，卿及其他诸臣为众宾；《聘礼》中宾为外国使者；《觐礼》中宾为诸侯；《特牲馈食礼》《少牢馈食礼》《有司彻》中宾为有司来观礼者。大致而言，《仪礼》中宾可以分为四类：主人之僚属、乡中有贤能者、天子诸侯之臣属、别国之卿大夫。

在宾的身份日趋多样化的情况下，古人行礼的范围必然扩大，涉及的事务亦渐复杂，那么，主宾之间的交流是否顺利、融洽，对能否实现仪式的预期目的具有重要作用。我们发现，宴飨礼仪具有的"绥宾"功能，似乎为此提供了一种解决途径。

西周晚期郑井叔钟载："郑邢叔作灵龢钟用妥宾。"（《集成》21）"妥"，《说文》无，段玉裁补"安也，从爪女，与安同意"。③ 杨树达驳阮元、方濬益"妥宾为律吕之蕤宾"说，认为妥古训安坐，引申训为安，妥宾即《周礼·春官·大司乐》之"以安宾客"。④《诗·小雅·南有嘉鱼》："嘉宾式燕绥之。"绥，即安宾之意。郑井叔钟用以妥宾，想必是在宴飨礼仪中，

---

① 《礼记正义》卷五〇，第 3501 页。

② 《士冠礼》中，加冠之后有主人"醴宾以一献之礼"；《乡饮酒礼》《乡射礼》《大射》中有燕、旅酬、无算爵、无算爵等礼；《聘礼》《觐礼》中有飨礼；《特牲馈食礼》《有司彻》中有旅酬、无算爵、馂余之礼。

③ （清）段玉裁：《说文解字注》，上海古籍出版社，1988 年，第 626 页。

④ 杨树达：《郑井叔钟跋》，《积微居金文说》，上海古籍出版社，2007 年，第 153～154 页。

用此钟奏乐，以安宾尽欢。传世礼典文献正可与此相印证。

《仪礼·乡饮酒礼》"正歌备"后，将举行旅酬之礼，主人立司正以留宾。其仪节为：

> 主人升，复席。司正洗觯，升自西阶，阼阶上北面受命于主人。主人曰："请安于宾。"司马告于宾，宾礼辞，许……主人曰："请坐于宾。"宾辞以俎……脱屦，揖让如初，升，坐……

此"安宾"，即是盛礼过后留宾以参加旅酬、无算爵、无算乐等礼。主人请宾坐下燕饮，宾请主人撤去俎。郑注："请坐者，将以宾燕也。俎者，肴之贵者。辞之者，不敢以礼杀当贵者。"①清俞正燮云："请安者，俱欲宾安坐尽欢。"辞俎后，进入进羞，即上狗肉醢环节。郑注云："向设骨体，所以致敬也。今进羞，所以尽爱也。敬之，爱之，所以厚贤也。"②是则安宾燕饮仪节，已没有举行正礼时的肃敬、威严，主宾之间在轻松的氛围中饮酒奏乐，甚至以醉为尚。

与《乡饮酒礼》类似的记载，还见于《仪礼》其他篇章。如《燕礼》《大射仪》正礼后的安宾之仪，君命"无不醉"，宾及卿大夫答曰"敢不醉"。又《诗经》中的《宾之初筵》《鹿鸣》《南有嘉鱼》《湛露》《楚茨》《既醉》等篇中，亦有主宾之间，应爵无算、乐无算，不醉无归的记载。其中，《湛露》"厌厌夜饮，不醉无归"，毛传："不醉而出，是不亲也。"孔颖达疏："若宗子不饮之酒，使不醉而出，是不亲族人也。"《湛露》之族人，按郑玄之说，亦即"群臣"，只是天子燕诸侯之礼亡，假借宗子燕族人为说。据此，则要求宾"不醉无归"的缘由，乃是留下宾客以尽欢愉，具有亲厚宾客意，并以达到融洽主宾关系的目的。

《礼记·乐记》载：

> 夫豢豕为酒，非以为祸也，而狱讼益繁，则酒之流生祸也。是故先王以为酒礼。一献之礼，宾主百拜，终日饮酒而不得醉焉，此先王之所以备酒祸也。故酒食者，所以合欢也。③

---

① 《仪礼注疏》卷九，第2130页。
② （清）俞正燮：《仪礼行于春秋时义》，《俞正燮全集（一）》，黄山书社，2005年，第90页。
③ 《礼记正义》卷三八，第3326页。

　　饮酒的目的在于宾主欢乐，设置礼于其中是为了有所节制，不得过度饮酒。① 这也是"唯酒无量不及乱"意义的体现。也就是说，一献之礼饮酒中，宾主之间需要完成非常多的礼仪动作，表面上饮酒时间长，实际上喝酒并不多，仪式性、象征性的意义更为浓厚。人类学家李亦园曾把人类的行为分为三大类，即实用行为、沟通行为、宗教巫术行为。"所谓实用行为就是做一件事有实际直接的效果者，就如我们举起酒杯喝酒，喝下一口酒，其效果是满足饮酒的欲望，实际上饮到酒了。至于沟通行为，则是指行动的目的不一定在达成实际的效果，而其目的却在与他人交往沟通，例如举起酒杯向他人敬酒，其主要目的在向他人示敬，这就是一种沟通，至于是否真正把酒喝下，则属次要，有时根本只是把酒杯向嘴边一靠就算了，并未真正饮酒。"②所谓一献之礼的仪式中，既"尽情"饮酒又不及乱，正因其中存在融洽宾主双方关系，即"合欢"的沟通目的。

　　值得一提的是，古人在宴饮中，或因致欢愉，常有各种异常举动。如《左传·昭公十二年》，晋侯与齐侯宴后，投壶言志。《左传·定公十三年》，齐侯欲与卫侯同乘一辆战车，与之宴后，谎称晋军突袭，骗卫侯登上他的战车，飞奔而走。《说苑·复恩》载楚庄王宴会上"绝缨"的故事，亦为此类。

　　这些例子，表面看来似不合礼法，但在春秋之时，亦可能是主宾之间正礼完成后的娱乐之举。与尽欢愉相反的是，宴饮若不顺利，主宾亦可能交恶。《左传·襄公十四年》载，卫献公邀请孙文子、宁惠子参加饮食之礼。因卫献公"不释皮冠而与之言"的失礼行为，③ 孙文子、宁惠子认为受到侮辱，合谋以弑卫献公。《左传·哀公二十五年》载，鲁哀公在宴饮中讥讽三桓食言，以致饮酒不乐，君臣交恶。

　　从以上的讨论来看，在宴飨礼仪中，若能够做到安宾致乐，主宾之间可能在"不醉无归"的欢乐气氛中，顺利完成礼仪活动；若不能做到安宾致乐，以致主宾失和，甚至可能出现兵戎相见的严重后果。这恐怕正是宴飨礼在两周政治生活中占有重要地位的体现。

　　正因如此，古人对宴飨礼的重视程度，并不亚于其他礼。自西周开

---

① 盛世佐论行礼用酒的目的甚为精彩："酒者，所以养阳气，洽欢心，为人生所不可阙，然而无以节之，则必至于丧德乱仪，而其祸有不可胜言者，故圣人制为斯礼以节宣之，使之席末而啐，再拜而饮，司正以监之，奏《陔》以戒之，如此而犹有及于乱者，否矣，一张一弛，文武之道，其是之谓乎？"参见（清）盛世佐：《仪礼集编》，袁茵点校，浙江大学出版社，2021年，第215页。

② 李亦园：《说仪式》，《宗教与神话》，广西师范大学出版社，2004年，第36~37页。

③ 《春秋左传正义》卷三二，第4248页。

始，金文中就常见“飨宾”类的记载。如西周早期甲盉载：“甲作宝尊彝，其万年用飨宾。”(《集成》9431)欶簋载：“欶作厥簋两，其万年用飨宾。”(《集成》3745)西周晚期鲜钟载：“用作皇考林钟，用侃喜上下，用乐好宾，用祈多福子孙永宝。”(《集成》143)据此可以看出在西周时期飨宾乐宾与向祖先祈求福佑，具有同等重要的地位。到春秋时期，同类的金文更是常见。例如：

用自作醴壶，用作飨宾客，为德无暇，用享用孝。曾伯陭壶，《集成》9712

用征以迮，以御宾客，子孙是若。𪓐大史申鼎，《集成》2732

以宴以喜，以乐嘉宾及我父兄、庶士。沇儿镈，《集成》203

自作商句鑃，以乐嘉宾及我父兄。姑冯昏之句鑃，《集成》424

余毕恭畏忌，铸以龢钟二堵，以乐其身，以宴大夫、以饎诸士。邾公牼钟，《集成》150

邾公华择厥吉金……以恤其祭祀盟祀，以乐大夫，以宴士庶子。邾公华钟，《集成》245

祈年眉寿，用乐我嘉宾，及我正卿，扬君灵，君以万年。邾公钍钟，《集成》102

用宴用喜，用乐嘉宾及我朋友。齐鲍氏钟，《集成》142

以乐嘉宾，志劳赙诸侯。越王朱句钟，《集成》171

我以乐考、嫡祖、大夫、宾客，日日以鼓之。越王者旨于赐钟，《铭图》15417

仲师父作□壶，仲师父其用友，众以朋友饮。仲师父壶，《集成》9672

毛公旅鼎亦唯簋，我用饮厚众我友，匔其用侑，亦𢦚唯孝，肆毋弗顺，是用寿考。毛公旅鼎，《集成》2724

兽叔奂父作孟姑旅盨，用侑稻……粱，嘉宾用飨有饮，则万年无疆，子子孙孙永宝用。兽叔奂父盨，《新收》41

义叔闻肇作彝，用飨宾。义叔闻彝，《集成》3695

甲作宝尊彝，其万年用飨宾。甲盉，《集成》9431

弭仲作宝琏……用飨大正，歆王宾。弭仲簠，《集成》4627

自作飤簠，用会嘉宾、大夫及我朋友。封子楚簠，《铭续》0517

用宴以饎，用乐嘉宾、大夫，及我朋友。郘子𥂴𠂤镈，《集成》153

上揭金文中，饮食之器用"用飨宾客""以御宾客""用会嘉宾"类辞，而乐器用"以乐嘉宾"，似体现出古人制作礼器时用辞的规律。不过，无论飨、御或乐，在铭文中的含义，应该都表明制作礼器者想用此器在宴飨礼仪活动中，致欢乐于宾客。特别是宾客多与"父兄""庶士""朋友"甚至"正卿""嫡祖""大夫"相提并论，更是体现出古人对宾客之道的重视。甚至有学者提出："爵是应酬时的酒器，不同的爵表宴饮者的不同身份与地位。参与者的关系是主客。所以爵的关系类型是主客。"①如果是这样，宾客在古代政治社会中占据重要地位，甚至具有本源意义。

通过上文的讨论，可以推测两周人交往圈络的日趋多元化。他们丰富的政治、军事、外交生活，使其时的宴飨活动突破了宗族、朋友的范围，在上层贵族间更普遍地施行。那么以谁为宾，不仅关系着宴飨礼仪的性质，更为重要的是主宾双方均可以借此实现各自的目的。郭店简《语丛一》："宾客，清庙之文也。"②文有装饰之意，以宾客装饰宗庙，即言作为宗子应该广纳贵宾贵客参与宗庙中的祭祖与宴飨，以光耀门庭、荣耀先祖。在"神不歆非类，民不祀异族"思想的指引下，同姓之人更多因血缘关系得到重视，亲宗统族属题中之义。而"安宾""乐宾"，特别是异姓之宾的加入，无疑突破了血缘的桎梏，把异姓之人纳入"圈子"，这必然会扩大政治军事同盟，巩固多元化的权力基础。"以乐嘉宾"类铭辞之所以常见于宗庙重器，想必正有此意存焉。古人正是通过宴飨礼仪中的觥筹交错、鼎俎推换、声歌并作等礼仪，以安宾致欢，而主宾和乐自然亦水到渠成。③

第四节　乐　　民

在周代统治者举行的大型祭祀活动中，往往有民众的参与。正因如此，正祭之后经常有民众的燕饮。《礼记·杂记下》载一则子贡观蜡祭回

---

① 甘怀真：《皇权、礼仪与经典诠释：中国古代政治史研究（增订版）》，台湾大学出版中心，2022年，第10页。

② 刘钊：《郭店楚简校释》，福建人民出版社，2005年，第194页。

③ 法国学者让·马克·阿尔贝也认为："通过宴会，不同的宾客之间建立并加强了联系；久而久之，经常在一起聚餐的宾客间就会建立起一种仪式性的习惯，以维系这样的联系，同时对外界表现这一群体作为一个整体的强大实力。"参见氏著《权力的餐桌：从古希腊宴会到爱丽舍宫》，刘可有、刘惠杰译，生活·读书·新知三联书店，2010年，第49页。

来，孔子问他是否感到快乐的故事：

> 子贡观于蜡，孔子曰："赐也乐乎？"对曰："一国之人皆若狂，赐未知其乐也。"子曰："百日之蜡，一日之泽，非尔所知也。张而不驰，文武弗能也。驰而不张，文武弗为也。一张一驰，文武之道也。"[1]

蜡祭，即索祭，年终岁事完成，搜索群神而祭祀，以感谢与农事相关的神灵。《周礼·地官·党正》："国索鬼神而祭祀，则以礼属民而饮酒于序。"郑注："谓十二月大蜡之时，建亥之月也。"[2]《礼记·郊特牲》："岁十二月，合聚万物而索飨之也。蜡之祭也，主先啬而祭司啬也。祭百神以报啬也。飨农及邮表畷、禽兽，仁之至，义之尽也。……息田农夫也。……既蜡而收，民息已，故既蜡君子不兴功。"孔疏："蜡祭饮初，正齿位，及饮未醉，无不如狂者也。"[3]蔡邕《独断》云："腊者，岁终大祭，纵民宴饮。"[4]孙希旦指出，蜡祭非专行之于士以上，不须以礼节制，"蜡祭饮酒逮乎民，故恩泽浃洽，而醉饱有所不禁也"[5]。孙氏所云"不需以礼节制"，指饮酒时可以纵欢，无正祭时的庄敬严肃，并未完全否定党正饮酒的"礼仪性"。子贡在观蜡后，得出"一国之人皆若狂"的印象，正好说明了民众的狂欢程度。《礼记·礼运》："昔者仲尼与于蜡宾。"孙希旦集解："与于蜡宾，言与于蜡祭饮酒之宾也。"[6]孔夫子自己也参与蜡祭饮酒，难怪能够认同民众在蜡祭中的纵乐行为。"彼醉不臧，不醉反耻"，狂欢的氛围之下，若未醉，反不以为美。这是一种非常独特的状态，甚至贤如顾炎武者，都有误读之嫌。[7]值得特别注意的是，蜡祭由党正职掌，且饮酒于党中之序。党正饮酒，是蜡祭不可分割的一部分。汉焦延寿《易林》载："娅娅笑喜，相与饮酒，长乐行觞，千秋起舞，拜受大福。"[8]唯酒无量，不及乱。既要及时行乐，无醉不归，同样也要有礼有度。

---

① 《礼记正义》卷四三，第 3399 页。
② 《周礼注疏》卷一二，第 1547 页。
③ 《礼记正义》卷二六，第 3149 页。
④ （清）钱大昭：《广雅疏证》，中华书局，2016 年，第 717 页。
⑤ （清）孙希旦：《礼记集解》，沈啸寰、王星贤校点，中华书局，1989 年，第 1116 页。
⑥ （清）孙希旦：《礼记集解》，沈啸寰、王星贤校点，中华书局，1989 年，第 581 页。
⑦ （清）顾炎武著，黄汝成集释：《日知录集释》，栾保群、吕宗力校点，上海古籍出版社，2006 年，第 160、1606 页。
⑧ （汉）焦延寿：《易林》，凤凰出版社，2017 年，第 80 页。

　　蜡祭包括"索鬼神而祭祀"与"属民而饮酒于序"两部分，前属祭，后属燕饮，是典型的"祭祀加燕饮"的行礼模式。睡虎地秦简《封诊式·毒言》载某里社成员士伍丙擅长"毒言"的巫祝之术，故"里即有祠，丙与里之人甲等会饮食，皆莫肯与丙共杯器"①（简91-94）。此即民间祠祭之后，会组织宴饮会食活动的佐证。"搜索群神而祭祀"，应该是严肃、庄敬的。只有在祭祀完毕后，民众方才聚众饮酒。在程式上，与祭祖后同族之人一起"旅酬""无算爵""无算乐"，具有同样的性质。只是，因有广大民众的参与，场面显得更加宏大而已。所以蜡祭的祭祀加饮酒，应看作是燕饮礼仪与祭祀配合而行的例证，是上层礼仪活动向民间的扩散。有趣的是，子贡对民众的这种狂欢似乎无动于衷，不能理解，而孔子却给予了高度评价。可见蜡祭后的民众饮酒若狂，在儒家看来，非但不违礼，而且是"一张一弛"的必需之道，符合宗周礼乐制度。②

　　蜡祭后的民众饮酒，即是燕饮。其功能如上所论，可以让农夫休养生息，弛张有节。其内容，《诗·豳风·七月》略有涉及：

　　　　九月肃霜，十月涤场。
　　　　朋酒斯飨，曰杀羔羊。
　　　　跻彼公堂，称彼兕觥，万寿无疆！

　　此处飨为乡饮酒。孔颖达疏："乡人饮酒而谓之飨者，乡饮酒礼尊事重，故以飨言之。"则仅因此处乡饮酒较尊，故称之为飨，无飨即等同于乡饮酒的意思。公堂指学校，亦即《周礼·党正》"以礼属民而饮酒于序"之序。郑笺："十月民事男女俱毕，无饥寒之忧，国君闲于政事而飨群臣。"③以《七月》通篇而言，所讲皆农夫一年的劳动、生活情况，似与国君飨群臣关系不大。《周礼·春官·乐章》："国祭蜡，则吹豳颂，以息老物。"郑注："豳颂，亦《七月》也。谓之颂者，以其言岁终人功之成。"④则《七月》是蜡祭时所吹之乐歌，其描写的应是蜡祭之事。只是《礼记·郊特牲》所言蜡祭在十二月，《七月》所记在十月，时间上存在冲突。要解决这个问题，必须从夏、周所用历法不同的角度加以思考。郑玄注《礼记·郊

---

①　陈伟主编：《秦简牍合集释文注释修行本（壹）》，武汉大学出版社，2016年，第295页。
②　孙希旦也说："百姓终岁勤动，恐其倦怠，使之因蜡祭而聚会饮食，所以移其厌倦之心，而予以丰饶之乐，一张一弛之道也。"
③　《毛诗正义》卷八，第836页。
④　《周礼注疏》卷二四，第1731页。

特牲》曰"岁十二月，周之正数"，注《周礼·地官·党正》曰"谓十二月大蜡之时，建亥之月也"。据此可知蜡祭在十二月，所用为建亥的周历。周历十二月，相当于夏历十月。与之相对，《七月》除"一之日"到"四之日"所用为周历外，其他四月到十月皆用夏历。《逸周书·周月解》："亦越我周王，致伐于商，改正异械，以垂三统。至于敬授民时，巡狩祭享，犹自夏焉。"[①]至清代学界，周时虽改为周正，但民间农事仍沿用夏历，几成共识。[②]那么历法调整后，《七月》与《党正》《郊特牲》所载蜡祭在时间上的冲突，就迎刃而解。辛劳一年的农夫，到岁终事毕时(夏历十月，周历十二月，正秋收已完成的季节)，行蜡祭先以酬谢所有神灵；接着备酒宰羊，聚众燕饮，以休养生息。

与《七月》所载相比，《诗·小雅·甫田》也有类似记载：

> 以我齐明，与我牺羊，以社以方。我田既臧，农夫之庆。琴瑟击鼓，以御田祖。以祈甘雨，以介我黍稷，以谷我士女。
>
> 曾孙来止，以其妇子，馌彼南亩，田畯至喜，攘其左右，尝其旨否。禾易长亩，终善且有。曾孙不怒，农夫克敏。[③]

毛传："社，后土也。方，迎四方气于郊也。田祖，先啬也。"郑笺："秋祭社与四方，为五谷成熟，报其功也。臧，善也。我田事已善，则庆赐农夫。谓大蜡之时，劳农夫以休息之也。御，养也。设乐以应先啬，谓郊后耕也。"对"方"的理解，毛、郑不同。毛传以为是在郊迎四方气之礼，郑玄以为是祭四方之礼。到东汉时，蔡邕甚至以为是春夏祈谷于上帝之礼。[④]后代学者如马瑞辰、高亨、程俊英等多从郑说。[⑤]从"以社以方"的用辞结构来看，前为社祭、后为方祭，似更合原文意思。不过，郑玄对上引《甫田》前章礼制的理解，同样存在前后矛盾的问题。在郑玄看来，此章有两种礼，即秋后的祭社与四方礼和郊后始耕时的设乐祭先啬，且只有前者是蜡祭。但是，无论是《周礼·地官·党正》还是《礼记·郊特牲》，先啬均是蜡祭的主要神灵之一。郑玄既然认可《周礼》所记为蜡祭，那么

① 黄怀信：《逸周书校补注译》，三秦出版社，2006年，第251页。
② 程俊英：《诗经译注》，上海古籍出版社，2004年，第231页。
③ 《毛诗正义》卷一四，第1018页。
④ (清)王先谦：《诗三家义集疏》，沈啸寰、王星贤校点，中华书局，1988年，第763页。
⑤ (清)马瑞辰：《毛诗传笺通释》，陈金生校点，中华书局，1989年，第716页。高亨：《诗经今注》，上海古籍出版社，2009年，第329页。程俊英：《诗经译注》，上海古籍出版社，2004年，第365页。

祭先啬必在年终，而非在郊后始耕之时。这样看来，祭社、祭方以及祭田祖，为同时之祭，同属于蜡祭的内容。马瑞辰认为，蜡祭是合祭众神之祭，所谓的祈年、祠社等是同时之祭，并且举《礼记·月令》"祈来年于天宗"，来证明"祈甘雨""介黍稷""谷士女"只不过年终之时祈求来年有好的收成而已。① 这样说来，《甫田》此章所载全为蜡祭的正祭部分。正祭后即位燕饮，接下来的第二章正是如此。

"馌彼南亩，田畯至喜，攘其左右，尝其旨否"，郑笺："馌，指饷馈也。田畯，今之啬夫也。喜读为饎。饎，酒食也。"曾孙与农夫一起，或宰杀祭祀的羊，或弹瑟击鼓，甚至还到田间馈食饮酒农夫，为其亲尝酒食是否味美，呈现出一片和谐欢乐之象。"曾孙"在先秦文献中，常为天子、诸侯的称呼。《尚书·武成》周武王将伐纣，祭告天地、先祖，自称"曾孙周王发"；《左传·哀公二年》卫太子祷告先祖时，亦自称"曾孙蒯聩"；《礼记·射义》引佚《诗》曰"曾孙侯氏"，即把诸侯称作"曾孙"。可见《甫田》所载"曾孙"或以指代某些诸侯，或天子。郑玄确指周成王，是有一定道理的。那么，《甫田》上引两章所载，或是周成王在年行蜡祭后，亲自来到田间，馈送民众酒食，并与之燕饮。

大祭后，民众的聚集欢饮之礼，非仅蜡祭而言。《论语·先进篇》记载四子侍坐，孔子分别问其志向，曾点的问答中，有如下内容：

> 暮春者，春服既成，冠者五六人，童子六七人，浴于沂，风乎舞雩，咏而归。②

雩为古代祈雨之祭。《周礼·春官·司巫》："若国大旱，则帅巫而舞雩。"③《周礼·春官·女巫》："旱暵则舞雩。"④《说文·雨部》："夏祭乐于赤帝，以祈甘雨也。"周礼中有专门雩祭求雨的官职，说明雩祭同样在官方的主导之下。"咏而归"，有学者释为"歌咏一番，然后取道回家"，释"归"为归去、回家。⑤ 实际上，"归"古又作"馈"。《仪礼·聘礼》"归饔饩五牢""夫人归礼"，郑注均云："今文归或为馈。"刘宝楠亦从之，认

---

① （清）马瑞辰：《毛诗传笺通释》，陈金生校点，中华书局，1989 年，第 717 页。
② 《论语注疏》卷一一，第 5430 页。
③ 《周礼注疏》卷二六，第 1762 页。
④ 《周礼注疏》卷二六，第 1763 页。
⑤ 钱穆：《论语新解》，生活·读书·新知三联书店，2005 年，第 301 页。

为"馈，馈酒食也。鲁读馈为归，今从古"①。那么，"咏而归"的意思，应为咏歌后，行馈食之礼。王充《论衡·明雩》对曾点这段话的解释最为明确：

> 暮者晚也，春谓四月也。"春服既成"，谓四月之服成也。冠者、童子、雩祭乐人也。"浴于沂"，涉沂水也，象龙之从水中出也。"风乎舞雩"，风，歌也。"咏而馈"，咏歌馈祭也，歌咏而祭也。②

王充作为东汉人，对其时常行之雩祭，自然有所知晓，所作的解释应该可信。"馈食"，即是在庆祝歌舞后的燕饮之礼。刘宝楠在解释为何孔子独许曾点的观念时，认为"盖三子之僎，礼节民心也。点之志，由鼓瑟以至风舞咏馈，乐和民声也。乐由中出，礼自外来，故孔子独与点相契"③。那么，雩祭后的馈食之礼，恐怕亦如大蜡后的"饮酒若狂"。而孔子批评观蜡时，不能与民众共欢乐的子贡，以及独许雩祭中，咏歌后行燕饮馈食之礼，与民众共乐的曾点，形成了鲜明的对照，或正好说明了蜡祭的"一国之人皆若狂"与雩祭"咏而归"具有相似的含义。

社祭后亦能见到民众聚食聚饮的踪迹。《礼记·郊特牲》："唯为社事，单出里。唯为社田，国人毕作。唯社，丘乘共粢盛。所以报本反始也。"④社事指祭社，社田指在社中田猎。民众参与的程度是不同的，或一家出一人，或人人都得参与。但是不管怎么样，参加社的人数必定可观。《诗·周颂·载芟》"千耦其耘""为酒为醴，烝畀祖妣，以洽百礼"，毛序："春籍田而祈社稷也。"⑤《国语·周语上》："宰夫陈飨，膳宰监之。膳夫赞王，王歆太牢，班尝之，庶人终食。"⑥仔细陈述周行籍田礼后，从周天子到百官，最后庶人也参与饮食的行礼程序。此虽为籍田礼，但自崔灵恩以来，多有学者认为其间含有社祭，应该没有问题。⑦

从《国语》的记载来看，周王象征性地耕地后，即行祭地之礼。而参与的民众，亦能在周王、卿大夫飨食后，一同会食。当然，此时的民众，或因有周王参加，会有所节制，不能狂饮。而若属自发性地参与社中活

---

① （清）刘宝楠：《论语正义》，高流水校点，中华书局，1990年，第475页。
② 黄晖：《论衡校释》，中华书局，1990年，第674~676页。
③ （清）刘宝楠：《论语正义》，高流水校点，中华书局，1990年，第477页。
④ 《礼记正义》卷二五，第3138页。
⑤ 《毛诗正义》卷一九，第1298页。
⑥ 徐元诰：《国语集解（修订本）》，王树民、沈长云校点，中华书局，2002年，第16页。
⑦ 魏建震：《先秦社祀研究》，人民出版社，2008年，第248页。

动，情况或有所不同。

《淮南子·精神》载：

> 今夫穷鄙之社也，叩盆拊瓴，相和而歌，自以为乐矣。尝试为之击建鼓，撞巨钟，乃性仍仍然，知其盆瓴之足羞也。

民众于社中敲盆击瓴，相和而歌，狂欢一阵后，依依惜别，乐极生悲。《盐铁论·散不足》载"贫者鸡豕五芳，卫保散腊，倾盖社场"，贫穷之家不能如富裕之户，祈名山大川，杀牛屠羊，鼓瑟吹笙，但也能于腊祭时饮酒作乐。[1] 民众聚集于社中，击鼓敲钟，饮酒作乐，其狂欢的程度足可与蜡祭"举国皆若狂"相比。

蜡祭、雩祭、社祭后的宴饮，有一个重要的特点，是民众的大量参与。这导致主宾间一般意义上的献酢酬不可能发生。其另一个重要特点是，均以"祭祀加燕饮"的模式发生。祭祀时，严肃庄敬；燕饮时，饮酒纵欢。这当然与上层社会单纯以燕飨为目的宴饮宾客有一定的区别。人类学家也说："节日是一种得到允许的，甚至有组织的放纵，是对一种禁令的郑重的违犯。"[2]但是，我们不能因有民众的参与，就否认其礼仪的性质。举例而言，周天子行"籍田礼"后，民众接着饮酒，更像是"无算爵"礼在民间的扩大，官方主办的色彩仍然非常明显。"祭祀加燕饮"类的礼仪活动，均是在国家力量的介入或主办，民众与官方的共同合作的情况下，才得以完成。民众的狂欢，仍然处于国家的礼仪范畴之内。这也是为什么民众的狂欢行为，既得到了统治阶层的默许，又得到了儒家的推崇。[3]

值得注意的是，"狂欢"背后有深厚的礼仪存在。"狂欢"是借自俄罗斯文艺思想家巴赫金的一个概念。古希腊时，丰收时节，人们宰杀牛羊，于神庙中献祭酒神狄俄尼索斯，献祭毕后，群起到街上游行纵欢，开怀畅

---

[1]　王利器：《盐铁论校注（定本）》，中华书局，1992年，第382页。

[2]　[法]勒内·基拉尔：《祭牲与成神：初民社会的秩序》，周莽译，生活·读书·新知三联书店，2022年，第298页。

[3]　人类学家崔格尔说："公共祭仪展示作为掌控者的上层阶级的财物、权威和特权，但他们要求平民参与，使人类行为与宇宙和神谕秩序相契合。公共祭仪促进了宇宙的发展，又从中得到能量造福人类。他们重演了宇宙的创生，强化了人类社会和自然及超自然世界的年度周期的和谐。通过宣称以自然世界为范本，受到超自然力量的支持，社会秩序得以正名。"[加]布鲁斯·G.崔格尔：《理解早期文明：比较研究》，徐坚译，北京大学出版社，2014年，第364页。

饮，有"一种自由意识的突然放纵"，"心理的一种解脱，一种心灵的松弛，一种压迫被移除的快感"。① 人类学家弗雷泽也有详细描述古罗马的农神节的内容："自由民阶级和奴隶阶级之间的区分暂时废除了。奴隶可以骂他的主人，可以像他的上司一样醉酒，可以和他们同坐一起吃饭"，"农神节间自由民也可以拈阄、假充国王，享受一点微弱权力，跟奴隶们节间从奴隶主那里获得一点权力一样。中阄的人暂时拥有国王的称号，对他们的临时臣民发出的号令具有玩笑取闹的性质"。② 节日里临时造就了一个秩序颠倒与狂欢的世界。在这个"狂欢化"的世界，社会等级被暂时取消，乌托邦式的自由、平等，充盈在装疯卖傻、滑稽可笑、戏谑权贵的人群之中。民众获得暂时性的"解放"，权贵暂时"放弃"手中的权力，使"狂欢"时节，社会秩序被大大颠倒。与此同时，民众在狂欢中指向权贵们的发泄，缓解了平日阶层对立造成的矛盾。"狂欢"成了社会正常运作的减压阀，甚至是安全阀。③ 所以人类学家大卫·科泽说："虽然这种仪式性的降级活动看似有损当权者的权威，但实际上起到了相反的作用。""狂欢节具有重要的政治作用，但主要是被当作一种支持等级制政治秩序的手段。"④

巴赫金所说的"狂欢"是属于一般民众的，强调的是民众在狂欢情况下，对权贵的嘲弄与对社会秩序的暂时性颠覆。而当我们讨论燕飨礼时，发现严格的身份等级被"暂时性忘却"，不能享用的乐曲暂时可以享用，喝酒以醉为度，和谁喝、喝多少，都没有了限制，在其他礼中不能找到的仪式，在燕飨礼中却存在，这构成了燕飨礼区别于其他礼仪的特性。这说明，一定程度的"狂欢"是存在于燕飨礼中的。对这一现象的发掘，自然有利于进一步理解整个宗周礼乐制度。

但燕飨礼后或祭后的"狂欢"，与巴赫金描述的西方"狂欢节"存在一定的距离，这也是客观事实。

---

① ［俄］巴赫金：《拉伯雷的创作与中世纪和文艺复兴时期的民间文化》，《巴赫金全集》第六卷，李兆林等译，河北教育出版社，1998 年，第 267 页。

② ［英］J. G. 弗雷泽：《金枝：巫术与宗教之研究》，汪培基、徐育新、张泽石译，商务印书馆，2012 年，第 901~902 页。

③ 法国学者让·马克·阿尔贝提道："宴会后的酒会虽然是大家在一起的吃喝游戏，但是不能理解成一个放纵无度的阶段，这一阶段的人寻求行为的完美尺度，就如《荷马史诗》中军人在宴会上的表现那样，要达到恬然平静的理想境地，即'喧闹中的静修'（Hesychia）。"参见［法］让·马克·阿尔贝：《权力的餐桌：从古希腊宴会到爱丽舍宫》，刘可有、刘惠杰译，生活·读书·新知三联书店，2018 年，第 18 页。

④ ［美］大卫·科泽：《仪式、政治与权力》，王海洲译，江苏人民出版社，2021 年，第 81、209 页。

　　第一，燕飨礼的狂欢，是建立在神圣基础上的，仅仅是对"神圣"原则的小小突破，是有限性狂欢，本质上仍然是为神圣原则服务。《尚书·酒诰》说："饮惟祀，德将无醉。"饮酒仅仅是为了祭祀，以德行要求自己，不要过度饮酒以免失礼。郑玄《仪礼·燕礼》注云"醉不忘礼"，正是对这种情况的最佳诠释。孙星衍说："言众邦惟祀事侍于天子，或饮于大宗，得饮；又当以德相扶持，不至于醉。"①《仪礼·乡饮酒礼》记载在饮酒结束后"宾出，奏《陔》"。郑玄注："《陔》，《陔夏》也。陔之言戒也。终日燕饮，酒罢以《陔》为节，明无失礼也。"②即使饮酒尽欢，也会被时时刻刻提醒不要失礼。甚至饮酒时酒爵的大小，与人的尊卑存在关联。③ 喝酒的程度，也如此。孔颖达引韩诗，把"爵、觚、觯、角、散"饮酒五器之义解释为：爵，尽也，足也；觚，寡也，饮当寡少；觯，适也，饮当自适也；散，讪也，饮不能自节，为人所谤讪也。④ 韩诗此说赋予饮酒器浓烈的道德意义。若此说为确，饮酒五器之名，意在告诫饮酒之人少饮，与承酒器之台名"禁"提醒禁饮，异曲同工。饮酒当节制。《礼记·玉藻》提三爵之礼："君子之饮酒也，受一爵而色酒如也，二爵而言言斯，礼已三爵而油油，以退。"⑤君子饮酒三爵而止。饮过三爵，就该自觉放下杯子，退出酒筵。所谓"三爵"，指量足为止，这也是《论语·乡党》所说"惟酒无量不及乱"的意思。"不醉无归"与"醉不忘礼"，两者看似矛盾，却又和谐地蕴含在宗周礼乐体系中。

　　第二，燕飨礼仍然属于贵族间的礼仪活动，调节贵族内部尊卑上下等级秩序。即使燕飨礼以乡饮酒礼形式或其他变礼形式在民间社会传播时，仍然是以官方主办、主持或监督许可的形式存在，与民众的"自发性"无关。"夫酒以成礼，过则败德"⑥，无论如何狂欢，对于受过礼乐教化的人而言，总是留有一份清醒的。班固《东都赋》云"于是圣上睹万方之欢娱"，"群臣醉"是在皇帝的观看、允许、包容下进行的，⑦ 是皇帝体恤下臣、与民同乐，施仁政的表现。换言之，燕飨礼中的"狂欢"，即便具有调和贵族与平民之间矛盾的功能，也是体现在贵族自上而下地"关照"民众上，而不是相反。可以说，燕飨礼中的"狂欢"是在贵族的容忍、允许甚至参

---

① （清）孙星衍：《尚书今古文注疏》，陈抗、盛冬铃点校，中华书局，1986 年，第 376 页。
② 《仪礼注疏》卷一〇，第 2136 页。
③ 阎步克：《礼书"五献"的称谓原理：容量化器名》，《史学月刊》2019 年第 7 期。
④ 《礼记正义》二三，第 3103 页。
⑤ 《礼记正义》卷二九，第 3198 页。
⑥ 《三国志》卷六一（吴书·陆凯传），中华书局，1959 年，第 1406 页。
⑦ 费振刚、仇仲谦、刘南平：《全汉赋校注》，广东教育出版社，2005 年，第 497 页。

与下，一种"有限性的狂欢"。甚至到汉代后，虽然社会结构发生了很大变化，但其时之人在大讲纵饮狂欢时，仍然不知不觉地显露出"道德教化"的思想倾向。

台湾学者李丰楙讨论中国文化思维特性时，提出的"常"与"非常"的观点，在一定程度上亦为本书所参考。李先生认为，"常"与"非常"就是生产之镜与休闲之镜所映现的生活方式与意义。它们犹如习射弓箭之"一张一弛"，张弦而射，紧张有力象征效率与单调，驰弦则反映在节庆祭典中。优雅的行礼与纵放的狂欢并存的节日图像，嘉年华的游戏理论被理想化为颠倒、颠覆的反秩序。在李先生看来，"常"体现的是秩序，"非常"体现的是"反秩序"。但是它们同时存在于中国文化中，且"在儒家的礼制中自有其本土的文化意义，从日常生活的社会空间转化为行礼如仪的舞台，乃是阶级性身份的反复强调，经由仪式在非日常时空中不断强化其身份团体地位"。"常"与"非常"的并存，看似矛盾，体现的却是理想化的儒家生活哲学，同时指向了它们共同的社会功能，那就是强调人的身份，维护社团的地位。更值得重视的是，李先生解释了"非常"存在的真正原因及其功能，那就是"短暂的颠倒、颠覆秩序基于非常的心理需求，既可从心理学的人生经验寻求解释，也可从文化结构说明：短暂的'失序'何尝不是调整'秩序'的反面力量"。①

如上所论，由宗法制、分封制主导的周代社会中，周人的交往圈络日趋复杂化、多元化。在贵族的日常宗族生活和政治、军事、外交场合，都需要协调人与人之间，甚至国与国之间的关系。周代宴飨礼具有融洽人际关系的功能。

第一，在同宗共族之内，宗子作为一族之长，除了通过祭祖等礼仪以确定其威严外，还通过宴飨之礼来融洽与宗人之间的关系。周幽王不能宴飨兄弟，以致多有怨愤之诗。相反，若宗子善于宴飨兄弟族人，在欢乐宴饮后，一族之人融消怨言、愤怒，则是被称许的。宗子以宴飨之礼亲宗统族，与族人的关系达到雍容和洽。

第二，金文中的"朋友""友"等称呼，并非如部分学者认为的是同族兄弟，而是异姓僚属。对周人而言，异姓不仅是婚姻的对象，亦是共同服务于周王的臣民。而那些关系更加密切的贵族成为同僚，或属下，相互参与各自举行的宴飨活动，以表示敬意，融洽关系。金文中"飨朋友"辞例从西周已大量出现，正是古人重视僚属关系的反映。

① 李丰楙：《神化与变异：一个"常"与"非常"的文化思维》导论，中华书局，2010年。

第三，周人的现实生活，早已突破了熟悉的范围，进入了一个更加广阔的政治、军事、外交的生活圈络。表现在宴飨礼仪中，就是作为宾党一方的主宾、众宾，身份趋于多样化。古人正是通过宴飨礼仪以安宾致欢，使主宾关系和谐融洽。

第四，宴飨礼有时还突破了"礼不下庶人"的限制，比如蜡祭、雩祭、社祭后的宴饮活动，便有大量民众的参与。这时主、宾之间没有了一般意义上的献酢酬仪式，其狂欢活动更像是"无算爵"在民间的扩大。在特定的狂欢时节中，民众可以休养生息，而统治者亦可借机接触民众，化解矛盾。

饮酒可以融洽人与人之间的关系，塑造社会秩序，是自古以来的传统，甚至在酿酒术与酒器发明之初的新石器时代已开始。根据考古学者的研究，仰韶文化时期的尖底瓶可能既是酿酒器、贮酒器，也是饮酒器；而饮酒的方式之一就是多人用吸管一起饮用。用吸管群饮甚至现在还流行于中国西南羌族、藏族、土家族、黎族、苗族等少数民族地区，被称作"咂酒"。咂酒群饮的"价值取向是强调集体利益，团结向心，巩固联盟"[1]。社会学家柯林斯的"互动仪式"理论强调，仪式中，集体中的人分享共同的情绪或情感体验，可以获得"一种成员身份的感觉"。[2] 在仪式中的个人，都接收到集体的信号，仪式的社会凝聚功能表现得非常明显。咂酒群饮自然可以塑造群体的社会秩序。

总之，燕飨礼仪活动具有亲宗、敬友、安宾、乐民等多重功能，燕飨礼的参与者，从同宗到民众，从同姓到异姓，既体现出周人交往圈络的多元化，也表明在宗法制度下，周人的交往存在着由近及远、由小及大的现象。值得注意的是，众多的资料显示，蜡祭、雩祭、社祭等大型礼仪活动后便有民众参与的宴饮活动。这种"祭祀+宴饮"的行礼模式，说明"礼不下庶人"的原则在宴饮礼中已受到一定程度的冲击。献祭后的宴饮，把所有与礼者从神灵世界拉回到人的世界，主宾之间的觥筹交错，以及其他参与礼者的旅酬、无算爵等，在一定程度上构成了对尊卑等级秩序的突破。"在艺术的熏染和酒的沉醉里，其乐陶陶，化戾气为祥和，个体融入群体，实现了和谐群体团结乡里的政治目的。"[3]"象征毁灭与死亡的反结构或狂欢仪典，其实正有利于族群矛盾的消融及新的族

---

① 刘莉：《早期陶器、煮粥、酿酒与社会复杂化的发展》，《中原文物》2017年第2期。

② [美]兰德尔·柯林斯：《互动仪式链》，林聚任、王鹏、宋丽君译，商务印书馆，2012年，第80页。

③ 傅道彬：《乡人、乡乐与"诗可以群"的理论意义》，《中国社会科学》2006年第2期。

群连结的诞生。"①乡饮酒礼如此，燕飨礼也同样如此。正因如此的仪式设计，让燕飨礼在整个宗周礼制中独具特色。燕飨狂欢仪式的自我解构，相反却相成地维护了礼乐文明的长久运行。周代贵族正好利用了这点，在宗族内收宗统族；在宗族外，敬宾重友，宴饮民众，休养生息。"饮食可飨，和同可观"，对维持周代社会的稳定，缓和阶层间的矛盾起到了重要作用。

---

① 林素娟：《象征与体物：先秦两汉礼仪中的修身与教化观》，台湾大学出版中心，2021年，第100页。

第八章　礼以观命：礼容与命运

礼容是古礼的要素。①《礼记·中庸》讲"礼仪三百，威仪三千"，所谓"威仪"多指礼容，有时也称作"容"或"颂"。②《周礼·秋官》载司仪职掌，"掌九仪之宾客摈相之礼，以诏仪容、辞令、揖让之节"③。宾客的仪容神态、辞令言说以及周旋揖让，都是礼容的内容。《周礼·地官》保氏职掌："乃教之六仪：一曰祭祀之容，二曰宾客之容，三曰朝廷之容，四曰丧纪之容，五曰军旅之容，六曰车马之容。"郑玄注："祭祀之容，穆穆皇皇；宾客之容，严恪矜庄；朝廷之容，济济跄跄；丧纪之容，涕涕翔翔；军旅之容，阚阚仰仰；车马之容，颠颠堂堂。"④贾谊《新书·容经》将礼容分为朝廷之容、祭祀之容、军旅之容、丧纪之容四大类，并细分出立容、坐容、行容、趋容、跰旋之容、跪容、拜容、伏容等。⑤ 总而言之，行礼者在行礼过程中表现出来的言辞应对、容貌神态、威仪动作甚至喜怒哀乐，均是礼容包含的内容。

在"礼者，天地之序"的宏大叙事中，礼容长期被认作是饾饤琐碎之事、繁文缛节之礼，是礼乐文明中相对不重要的一部分。但所谓"颜色称其情，戚容称其服"，面容、神态、情感和礼器的内外相应相称，才是完整合适的礼仪活动。经典文献中关于礼容的记载也是连篇累牍，重要性不言而喻。贾谊甚至需要在《新书》中列"容经"专篇论述之。而"鲁徐生善为颂，为礼官大夫"，徐氏子孙世传家学，专门教习"颂貌威仪"而通身显贵。⑥ 研究礼容是深入研究中国古代礼制文化特色的重要切入点。

---

① 鲁士春：《先秦容礼研究》，台湾天工出版社，1998 年。彭林：《论郭店楚简中的礼容》，武汉大学中国文化研究院编：《郭店楚简国际学术研讨会论文集》，湖北人民出版社，2000 年，第 134~142 页。

② 张怀通：《商周礼容考论》，《古代文明》2016 年第 2 期。

③ （清）孙诒让：《周礼正义》，王文锦、陈玉霞点校，中华书局，1987 年，第 3624 页。

④ 《周礼注疏》卷一四，第 1575 页。

⑤ （汉）贾谊著、阎振益等注：《新书校注》，中华书局，2000 年，第 227 页。

⑥ （清）孙星衍等辑：《汉官六种》，中华书局，1990 年，第 89 页。

第一节　礼容的内与外

孔子非常注重礼容，曾说："居上不宽，为礼不敬，临丧不哀，吾何以观之哉？"①《论语·乡党》也详细记载了孔子参与不同礼仪活动中展现出的相应礼容：居乡里"恂恂如也，似不能言者"②，展现温恭信实、谦卑逊顺之貌，不以才智凌驾父兄族人之上。在宗庙和朝廷之上"便便言，唯谨尔"。便便，辩也。宗庙朝廷，国家大政大礼所在之地，若有所言，则不可不明辩之，当仍须存谨敬之心。在朝堂"与下大夫，侃侃如也。訚訚如也。君在，踧踖如也。与与如也"。侃侃，和乐貌；訚訚，中正有诤貌；踧踖，恭敬貌；与与，威仪中适之貌。钱穆译为："孔子在朝廷，当他和下大夫交谈时，侃侃然和气而又欢乐。当他和上大夫交谈时，訚訚然中正而又诤辩。君视朝时，孔子恭恭敬敬，但又威仪中适。不紧张，也不弛懈。"③《论语·乡党》中类似描述还有：

> 君召使摈，色勃如也，足躩如也。揖所与立，左右手。衣前后，襜如也。趋进，翼如也。宾退，必复命曰："宾不顾矣。"
>
> 入公门，鞠躬如也，如不容。立不中门，行不履阈。过位，色勃如也，足躩如也，其言似不足者。摄齐升堂，鞠躬如也，屏气似不息者。出，降一等，逞颜色，怡怡如也。没阶，趋进，翼如也。复其位，踧踖如也。
>
> 见齐衰者，虽狎，必变。见冕者与瞽者，虽亵，必以貌。凶服者式之。式负版者。有盛馔，必变色而作。迅雷风烈，必变。④

在不同的行礼场合，或恭敬，或谨慎，或欢愉，或哀戚，面容、手势、足仪、气息、言语及神情体态，都会根据不同的情况展现出不同的面貌，雍容合适。

《礼记·玉藻》载：

---

① 《论语注疏》卷三，第 5362 页。
② 《论语注疏》卷一〇，第 5416 页。
③ 钱穆：《论语新解》，生活·读书·新知三联书店，2005 年，第 250 页。
④ 《论语注疏》卷一〇，第 5416~5417 页。

凡行容惕惕，庙中齐齐，朝廷济济翔翔。

君子之容舒迟，见所尊者齐遬。足容重，手容恭，目容端，口容
止，声容静，头容直，气容肃，立容德，色容庄，坐如尸。燕居告温
温。凡祭，容貌颜色，如见所祭者。丧容累累，色容颠颠，视容瞿瞿
梅梅，言容茧茧。戎容暨暨，言容咯咯，色容厉肃，视容清明，立容
辨卑，毋诎，头颈必中，山立，时行，盛气颠实扬休，玉色。①

《礼记·玉藻》描述了一个君子为人处世时该有的礼容风貌。君子见
所尊者、平日燕居、参与丧祭礼和军礼，足如何行走、手放在何处、眼神
如何体现、说话的声音如何、头怎么放、以什么样的姿态站立等，都有明
确的规定。参与军旅之事，面色要肃厉，眼神要清明，头颈不能弯曲，站
立犹如山一样稳重刚毅，体现出昂扬的斗志和威武的神态。

《礼记·曲礼》也有关于礼容的详细记载，开篇即言"毋不敬，俨若
思，安定辞，安民哉"。凡事不能没有恭敬之心，态度要端庄持重、若有
所思，言辞要祥审确定。只有这样才能让人信服。《礼记·曲礼下》也载：

凡奉者当心，提者当带。执天子之器则上衡，国君则平衡，大夫
则绥之，士则提之。凡执主器，执轻如不克。执主器，操币圭璧，则
尚左手，行不举足，车轮曳踵。②

这里所载为执礼器的基本规范。若贵重之物奉着，与心要持平，表
示恭敬珍重之意；若提着，则要与腰带持平。拿天子之器的时候，要高
于心；拿国君之器，要与心相平；大夫之器，可低于心；士之器，提着
即可。拿主人的礼器，虽然很轻，但要表现出不能胜任的样子，表示主
人之器的贵重。以心为标准，根据持有礼器者的等级，执器的姿势上下
调整，显示恭敬之心的轻重有别，突出的也是礼容的内外相应。《论
语·乡党》"执圭，鞠躬如也，如不胜"③，也有相似记载。行走时，要
小步前行，拖着脚跟，足不能离地。执器之礼容，《礼记·玉藻》载："执
龟、玉，举前曳踵，蹜蹜如也。"④龟和玉是贵重之物，抬脚时拖着脚后
跟，小碎步快走。

文献中关于丧葬的礼容描述最为详细。孝子丧期内有不言或少言的要求：

> 三年之丧，言而不语，对而不问。(《礼记·杂记下》)
>
> 斩衰唯而不对，齐衰对而不言，大功言而不议，小功、缌麻议而不及乐。此哀之发于言语者也。(《礼记·间传》)
>
> 既葬，与人立。君言王事，不言国事；士大夫言公事，不言家事。(《礼记·丧大记》)

哀情积郁于心，言语必不畅顺，故不言或少言以节之。《礼记·杂记上》载："凡异居，始闻兄弟之丧，唯以哭对可也。"郑注："恻怛之痛，不以辞言为礼也。"孔颖达疏："初闻其丧，恻怛情重，不暇问其余事，唯哭对使者赴于礼可也。"①巨大的痛苦突然降临的时候，言辞难以表达，唯有哭以应之。哭与言辞，也是礼容。在丧期内关于言语都有相应的规定。三年丧内，只说自己的事情，不主动为别人说话，只回答问题，而不主动问别人问题。而且随着丧期的推进，在不同的礼仪阶段，悲痛的程度不一样，表现的戚容也是不一样的。丧葬礼容中除了言语的规定外，最重要是对哭容的描述。《礼记·问丧》有详细记载：

> 亲始死，鸡斯徒跣，扱上衽，交手哭。恻怛之心，痛疾之意，伤肾干肝焦肺，水不入口，三日不举火，故邻里为之糜粥以饮食之。夫悲哀在中，故形变于外也，痛疾在心，故口不甘味，身不安美也。
>
> 三日而敛，在床曰尸，在棺曰柩，动尸举柩，哭踊无数。恻怛之心，痛疾之意，悲哀志懑气盛，故袒而踊之，所以动体安心下气也。
>
> 其往送也，望望然、汲汲然如有追而弗及也；其反哭也，皇皇然若有求而弗得也。故其往送也如慕，其反也如疑。求而无所得之也，入门而弗见也，上堂又弗见也，入室又弗见也。亡矣丧矣！不可复见矣！故哭泣辟踊，尽哀而止矣。心怅焉怆焉、惚焉忾焉，心绝志悲而已矣。祭之宗庙，以鬼飨之，徼幸复反也。②

亲人刚死之际，为人子者要去掉平时的吉冠吉服，露出发髻，光着

---

① 《礼记正义》卷四一，第3369页。

② 《礼记正义》卷五六，第3594~3505页。

脚，把深衣前襟掖在腰带上，双手交替捶着胸口哭。五内如焚，不思饮食。悲痛至极点，但来不及有任何礼仪上的文饰和节制。不仅不能增加礼仪的文饰，而且"悲哀在中，故形变于外"，反而去掉平时固有礼仪装饰，返回到原初的自然状态。光脚垂发散衣，就是一种没有"礼容"的礼容。双亲刚逝，报本反始。《孝经·经孝行》："孝子之丧亲也，哭不哀。"唐玄宗注："气竭而息，声不委曲。"邢昺疏："言孝子之丧亲也，哭以气竭而止，不有余哀之声。"①孝子刚丧亲哭不出声，似乎不见哀，实则哀痛之心在内，无声无息，如似气竭，是一种极端无节制的痛。

　　三日而行小敛、大敛之礼时，需要移动死者尸体。每一次迁动都痛不欲生。但袒露左臂与踊脚痛哭，表明已有礼仪的节制，用来节制情绪，使痛苦得到发泄。亲始死的"交手哭"，是把痛苦压向内心，痛苦不得发泄，痛得最为深沉。三日敛的"踊哭"，已通过"捶胸顿足"的哭容，痛苦向外抒发，得到了缓解。② 礼者非限制人性，而是给人性提供节奏性输出的通道。

　　等到数月后的送葬，为人子者已经逐渐"接受"亲人死亡的事实，也经过停殡期间不断的啼哭，悲痛已缓解许多。但停殡之时，尚能见到亲人的棺柩，送葬则是"一去不复返"，真的要天人永隔了。《释名·释姿容》："望，茫也，远视茫茫也。"③此时"望望然、汲汲然"，怅然又焦急，追又追不上，亲人逐渐从眼帘内远去。这不是悲痛，而是丧失后的无奈。葬毕之后，棺柩掩入地下，生死异域，各有城郭，两不相见。亲人再也不见面，情感无所依托，神态是茫然而不知所措的。亲人葬毕且所有礼仪都结束后，忙碌的孝子闲下来，就会被巨大的虚空所笼罩，无依无靠。这不仅是痛苦，而是亲人不可见后的失落与茫然。这些都是形象具体又符合人内心感受的礼容规定。

　　下葬后，经历数月忙乱的丧礼，开始空闲下来。孝子回到了熟悉的家中，进门不见亲人，堂上不见亲人，入室还是不见亲人，突然醒悟到亲人真的永远走了，不可见了，剩下无限的惆怅，无限的悲伤，无限的恍惚，无限的感叹。空下来的时间与空间内又充满了痛苦的追忆，不自觉捶胸顿足地痛哭。但终归还是要回到现实，孝子开始通过祭祀逝世亲人的神灵来转化这种痛苦。通过祭祀来怀念亲人，期望其神灵降临和回

① 《孝经注疏》卷九，第5570页。
② 杨华：《踊辟礼综考》，《人文论丛（2001年卷）》，武汉大学出版社，2002年；收入氏著《新出简帛与礼制研究》，台湾古籍出版有限公司，2007年，第259页。
③ （清）王先谦：《释名疏证补》，中华书局，2008年，第82页。

归。这时，凶丧礼也慢慢转变为祭祀的吉礼。哀痛之情也转变为庄重的诚敬之情。

另根据与死者的亲疏远近，关于哭的声气都有详细规定。《礼记·间传》载："斩衰之哭，若往而不反；齐衰之哭，若往而反；大功之哭，三曲而偯；小功、缌麻，哀容可也。此哀之发于声音也。"①三年斩衰，嫡亲孝子哭时，声气好似一去而收不回来了。齐衰之亲的哭声，则要发出去而又收回来；大功之亲的哭声，则要拐几道弯而尚有余声。小功、缌麻之亲哭丧时，表现出哀戚之貌即可。②

丧礼中孝子的礼容是根据时间和礼仪程序而不断变化的。展露在外的礼容，或披头散发、袒衣跣足，或呼天抢地、茫然无措，与哀伤在内的痛苦或庄敬虔诚的内心情感是相应相合的。《汉书·礼乐志》载："哀有哭踊之节，乐有歌舞之容，正人足以副其诚，邪人足以防其失。"③外在的礼容要求，并不是无意义的，而是抒发内心情感的必要手段，是映照内心情感的无二镜鉴。

"颜色称其情，戚容称其服"，烦琐饾饤的礼容与内心的诚挚之情要一致。《礼记·表记》："是故君子衰绖则有哀色，端冕则有敬色，甲胄则有不可辱之色。"④身着衰绖丧服行丧祭之礼，脸有悲哀之色；身穿冠冕朝服行朝聘之礼，脸上是恭敬之色；身披甲胄行军礼，则脸露凌厉不可侵犯的刚毅之色。行什么礼，穿什么衣，就有什么样的礼容以应之。《礼记·问丧》："夫悲哀在中，故形变于外也，痛疾在心，故口不甘味，身不安美也。"⑤《礼记·祭义》："孝子之有深爱者，必有和气。有和气者，必有愉色。有愉色者，必有婉容。"⑥内心的深爱和外在的婉容相辅相成。根据内心的真实情感，结合具体的礼仪实践，展现出相应的礼容礼貌，这就是合符礼的，否则就是非礼、违礼。在一个普遍遵循礼乐的社会内，礼不仅是社会的评价标准，甚至也可以通过一个人外在的礼容，探寻其内心的秘密，并进而预测他的命运。这样的故事多次发生在春秋时期，记载在《左传》里。

---

① 《礼记正义》卷五七，第3603页。
② 《颜氏家训·风操》："礼以哭有言者为号，然则哭亦有辞也。江南哭丧，时有哀诉之言耳。山东重丧，则唯呼苍天。期、功以下，则唯呼痛深，便是号而不哭。"
③ 《汉书》卷二二《礼乐志》，第1028页。
④ 《礼记正义》卷五四，第3560页。
⑤ 《礼记正义》卷五六，第3594页。
⑥ 《礼记正义》卷四七，第3459页。

第二节　观容测命：失礼与命运

《左传·成公六年》载：

> 六年春，郑伯如晋拜成，子游相，授玉于东楹之东。士贞伯曰："郑伯其死乎！自弃也已。视流而行速，不安其位，宜不能久。"①

　　两君相见，在春秋时期是最为重要的朝聘礼。士贞伯通过观察悼公的礼容，准确地预测了他的死亡。悼公的失礼有两点。一是"不安其位"，即悼公行礼的位置不合适。郑悼公与晋景公皆为一国之君，地位相当。地位若相当，授玉时进位到两楹之间，即中堂；若宾客身份低于主人，授受在中堂与东楹间，即东楹之西。郑伯虽可尊晋侯为霸主，授玉也只应到东楹之西，实际上却跑到了东楹之东，远离其所应在之位。悼公为讨好晋景公，过于谦卑，放弃作为一国之君行礼的规格。为国君者，放弃了国君该有的身份，叫自弃其位，能持久乎！
　　二是"视流行速"，即眼神流窜，动作忙乱。与人行礼，眼睛放在什么地方，有明确规定。《仪礼·士相见礼》："凡与大人言，始视面，中视抱，卒视面，毋改。众皆若是。若父，则游目，毋上于面，毋下于带。若不言，立则视足，坐则视膝。"②根据与之行礼人的身份以及行礼的具体仪节，眼睛看向的地方不同。与地位高的人交谈，刚开始看他的面，表示自己在听；中间稍微避开正脸，容留时间让对方思考，看他的怀抱，表示恭敬之心；最后又回到正视对方的脸，且不再游动改变。所谓"毋改"，郑玄注："谓传言见答应之间，当正容体以待之，毋自变动，为嫌懈惰不虚心也。"换言之，即与人行礼时，眼神不能显露敷衍懈怠或傲慢之情。现今俗言"眼睛是心灵的窗户"，眼神流散无主，内心必然慌乱无措。为国君者身肩大位，自有谦和雍容之态。悼公作为一国之君，与晋景公相见时过度谦逊，眼神流窜无定，动作忙乱琐碎，弃位失礼，失去国君该有的风度。国君失礼则不能为君，不能为君离死不远矣。所以士贞伯讥其自弃其位，预测其必死。

---

① 《春秋左传正义》卷二六，第4130页。
② 《仪礼注疏》卷七，第2109页。

类似的案例，也见于晋侯。《左传·僖公十一年》载：

> 天王使召武公、内史过赐晋侯命，受玉惰。过归告王曰："晋侯其无后乎！王赐之命，而惰于受瑞，先自弃也已，其何继之有？礼，国之干也。敬，礼之舆也。不敬，则礼不行。礼不行，则上下昏，何以长世。"①

周天子派遣召武公和内史过册命晋惠公并赐玉。西周实行分封制以来，诸侯权力最终源自天子的册命。册命礼是西周以降最为隆重的礼典。金文中连篇累牍地记载臣子接受天子册命后，对扬天子丕显休鲁命，歌颂天子的赏赐与恩德，恭恭敬敬地铸在鼎上，传之子子孙孙永宝用。② 但晋惠公接受天子的瑞玉时全无恭敬之心，而是"受玉惰"式的精神懈怠。《国语·周语上》的记载更为详细："晋侯执玉卑，拜不稽首"。执天子之器当上衡，高过于心。受玉惰、执玉卑，不仅没高于心，而且还低于心。天子赏赐，而不行稽首拜礼，③ 更是目无天子。外在的礼容，反映了内心的真实态度。在内史过看来，这是不接受或不在乎天子册命，抛弃自己权力的最高合法性，是自我放逐。这样的国君如何长久，如何有后呢！

《左传·定公十五年》记载了子贡观察邾隐公、鲁定公行礼失容之事：

> 邾隐公来朝，子贡观焉。邾子执玉高，其容仰，公受玉卑，其容俯。子贡曰："以礼观之，二君者皆有死亡焉。夫礼，死生存亡之体也……今正月相朝，而皆不度，心已亡矣。嘉事不体，何以能久？高仰，骄也。卑俯，替也。骄近乱，替近疾。君为主，其先亡乎？"④

对古人在"执玉"时的礼容，杨宽已有精到的论述。⑤ 如《仪礼·士相见礼》曰："凡执币者不趋，容弥蹙以为仪。执玉者则惟舒武，举前曳踵。"郑玄注："不趋，主慎也。以进而益恭为威仪耳。惟舒武者，重玉器，尤慎也。"⑥在"授受"前的"执玉"阶段，身体的姿势、神色、脚步，

---

① 《春秋左传正义》卷一三，第3911页。
② 黄益飞：《西周册命礼的朝仪》，《青铜器与金文》第2辑，上海古籍出版社，2018年，第165页。
③ 曾亦：《拜礼研究》，上海古籍出版社，2019年，第73~87页。
④ 《春秋左传正义》卷五六，第4673页。
⑤ 杨宽：《"贽见礼"新探》，收入氏著《西周史》，上海人民出版社，2003年，第811页。
⑥ 《仪礼注疏》卷七，第2111页。

都要郑重其事，战战兢兢，合乎一定的规矩。

邾是鲁国的附庸国。邾隐公来朝，实乃附庸朝见宗主。但行礼交换聘玉时，邾隐公执玉高仰，态度傲慢；鲁定公执玉卑下，畏缩柔弱。位低者傲慢无礼，位高者卑弱失容，均失去了与身份相配的仪容。外在礼容失度，源自内心出了问题。难怪子贡观礼后，预言两君都将死亡。内史过评晋侯的依据是"礼，国之干也。敬，礼之舆也。不敬，则礼不行"，子贡的依据也是"夫礼，死生存亡之体也"，均高度推崇礼在治国理政与个人身心方面的价值，甚至拔高至生死存亡的境地。

行礼时懈惰与傲慢，在春秋时常见。《左传·成公十三年》载，晋侯派遣郤锜来鲁国乞师，郤锜"将事不敬"。有求于鲁国，反而傲慢无礼。孟献子说："郤氏其亡乎！礼，身之干也。敬，身之基也。郤子无基。且先君之嗣卿也，受命以求师，将社稷是卫，而惰，弃君命也。不亡，何为？"①为臣者，内无敬畏之心，外无视君主之命，离灭亡的时期不远了。成公十四年，卫侯燕飨苦成叔，宁惠子为相礼者。苦成叔傲。宁子评价说："今夫子傲，取祸之道也。"②参与国君的飨礼，傲慢无礼，无疑是自取其祸。

《左传·隐公七年》载陈国和郑国歃血为盟，达成和平协议。陈国的使者五父竟然在与郑庄公盟会的时候，忘了歃血这一最为重要的礼仪程序。泄伯评价说："五父必不免，不赖盟矣。"③五父就要死了。郑国的良佐到陈国与陈侯盟会的时候，也说陈国很快就要发生内乱。良佐的判断印证了泄伯的预言。歃血为盟是国之大事，五父作为陈国的全权代表竟然如此漫不经心，说明他内心根本没有把陈侯的使命放在心上。内心无君，必将犯上。犯上者能无死乎？初期就体现在忘记歃血一事之上。一国的君臣如此，内乱不可避免。

《左传·桓公九年》记载曹国的太子来朝，鲁国以上卿之礼设宴招待他。行初献礼后，曹太子"乐奏而叹"。在隆重的行礼场合，曹太子竟然"唉声叹气"。施父说："曹大子其有忧乎！非叹所也。"服虔注："古之为享食，所以观威仪、省祸福。无丧而戚，忧必仇焉。今大子临乐而叹，是父将死而兆先见也。"④不当叹气之时叹气，说明曹太子内心有不可排解、难以抑制的忧愁。太子有忧愁，那必然是政治地位的不稳固。太子为国

---

① 《春秋左传正义》卷二七，第 4154 页。
② 《春秋左传正义》卷二七，第 4149 页。
③ 《春秋左传正义》卷四，第 3761 页。
④ 《春秋左传正义》卷七，第 3809 页。

本，地位不稳固，不久的将来曹国也就要爆发政治动乱。《左传·昭公二十五年》载，宋元公和叔孙婼在燕飨中语相泣。作为佐礼的宋国官员乐祁事后评论道：

> 今兹君与叔孙其皆死乎！吾闻之："哀乐而乐哀，皆丧心也。"心之精爽，是谓魂魄。魂魄去之，何以能久？①

在燕飨礼中，宋元公和叔孙婼竟然说话间都哭起来了。失礼莫大耶！外在的哭容，反映了内在的"丧心"。所谓"丧心"而失去魂魄，表明其人处于可哀时而乐，可乐时而哀的癫狂式病态中。乐祁通过观察二人的失礼行为，得出其魂魄已去，生命必不能持久的断语。

《左传·襄公三十一年》载，滕成公参加鲁襄公葬礼"惰而多涕"。子服惠伯说："滕君将死矣。怠于其位，而哀已甚，兆于死所矣，能无从乎？"②前已提出，丧葬中的哭容与亲疏远近密切相关。滕成公作为一国之君，竟然哭异国的国君至流涕，与其该有的身份严重不符。哭非所哭。惰而多泣，哭泣无时，外而无礼，内心已乱。滕成公的非礼而哭，必是目睹襄公之死后哀痛自己的命运。所以，子服惠伯预测滕公也要死了。同一年内，穆叔从晋参加盟会回来后，与孟孝伯评论晋国的执政之卿赵武："赵孟将死矣，其语偷，不似民主。且年未盈五十，而谆谆焉如八九十者，弗能久矣。"大国之卿，年龄不到五十，却如九十高龄言语苟且啰嗦，老之过甚，离死也不远了。赵武不像大国之卿，表明其内心的苟且和生命力的耗竭。

穆叔讲赵武"语偷"，也记载在昭公元年周天子派刘定公犒劳赵孟的礼典中：

> 天王使刘定公劳赵孟于颍，馆于雒汭，刘子曰："美哉禹功！明德远矣。微禹，吾其鱼乎。吾与子弁冕端委，以治民、临诸侯，禹之功也。子盍亦远绩禹功，而大庇民乎？"对曰："老夫罪戾是惧，焉能恤远？吾侪偷食，朝不谋夕，何其长也？"③

---

① 《春秋左传正义》卷五一，第 4575 页。
② 《春秋左传正义》卷四〇，第 4374 页。
③ 《春秋左传正义》卷四一，第 4390 页。

刘定公犒劳赵孟，并在行礼中歌颂他的功绩，勉励他继续为民服务。但赵武的回答，没有大国之卿的威仪和志向，以"罪戾是惧""偷食""朝不谋夕"回应天子使节，精神上萎靡不振。赵孟的回答和其地位是不相符合的。故刘定公回去后，向天子汇报说"赵孟将死矣"。定公从赵孟的言语、神态、外貌观察，推测其命运与晋国霸主地位的丧失，并谋划应对方案。

《左传·昭公十六年》载郑定公设宴招待晋国韩起，行礼过程中孔张失礼，不知其位：

> 二月，晋韩起聘于郑，郑伯享之。子产戒曰："苟有位于朝，无有不共恪!"孔张后至，立于客间，执政御之；适客后，又御之；适县间。客从而笑之。事毕，富子谏曰："夫大国之人，不可不慎也，几为之笑，而不陵我？我皆有礼，夫犹鄙我。国而无礼，何以求荣？孔张失位，吾子之耻也。"①

子产更是贬斥孔张"已有著位，在位数世，世守其业，而忘其所"。孔张竟然忘记了自己家族世世代代上朝的朝位，这种严重失礼行为的出现，匪夷所思，可能反映孔张精神出现了问题。②

在著名的柯陵之会上，单襄公观晋厉公君臣失礼，并逐一作出精彩的点评，预测其命运，无不中之。《国语·周语下》载：

> 柯陵之会，单襄公见晋厉公，视远步高。晋郤锜见，其语犯。郤犨见，其语迂。郤至见，其语伐。齐国佐见，其语尽。鲁成公见，言及晋难及郤犨之谮。单子曰："君何患焉！晋将有乱，其君与三郤其当之乎！"鲁侯曰："寡人惧不免于晋，今君曰'将有乱'，敢问天道乎，抑人故也？"对曰："吾非瞽史，焉知天道？吾见晋君之容，而听三郤之语矣，殆必祸者也。夫君子目以定体，足以从之，是以观其容而知其心矣。目以处义，足以步目，今晋侯视远而足高，目不在体，而足不步目，其心必异矣。目体不相从，何以能久？夫合诸侯，民之大事也，于是乎观存亡。故国将无咎，其君在会，步言视听，必皆无

---

① 《春秋左传正义》卷四七，第4514页。
② 阎步克：《"三命而不齿"与"三命逾父兄"——先秦乡饮酒礼上得命数与席次》，《复旦学报》(社会科学版)2021年第3期。

谪，则可以知德矣。视远日绝其义，足高日弃其德，言爽日反其信，听淫日离其名。目以处义，足以践德，口以庇信，耳以听名者也，故不可不慎也。偏丧有咎，既丧则国从之。晋侯爽二，吾是以云。夫郤氏，晋之宠人也，三卿而五大夫，可以戒惧矣。高位实疾颠，厚味实腊毒。今郤伯之语犯，叔迁，季伐。犯则陵人，迁则诬人，伐则掩人。有是宠也，而益之以三怨，其谁能忍之！虽齐国子亦将与焉。立于淫乱之国，而好尽言，以招人过，怨之本也。唯善人能受尽言，齐其有乎？吾闻之，国德而邻于不修，必受其福。今君偪于晋而邻于齐，齐、晋有祸，可以取伯，无德之患，何忧于晋？且夫长翟之人利而不义，其利淫矣，流之若何？"鲁侯归，乃逐叔孙侨如。简王十一年，诸侯会于柯陵。十二年，晋杀三郤。十三年，晋侯弑，于翼东门葬以车一乘。齐人杀国武子。①

诸侯盟会上，视远步高，可能是左顾右盼，心不在焉。郤锜以言语陵犯人，郤犨说话啰嗦且不真实，郤至夸夸其谈，齐国佐口无遮拦。如单襄公之言，人的步言视听等礼容，都是德性的外在表现。礼容为人所观，观者可据此判断其吉凶存亡。所以，无论是郑悼公、晋惠公、邾隐公、鲁定公，还是晋厉公君臣，均被预测所测中。由礼容预测施礼者的命运，足见其在春秋时期的重要性。但其所依以判断的根据，似可从下两方面予以讨论。

第一，礼仍然是判断社会行为与个人行为正确与否的准则。春秋虽然是急剧变化的时代，但这种变化还未彻底颠覆礼作为正当性评判的价值标准。《左传》内类似记载非常普遍。如《隐公元年》："豫凶事，非礼也。"②《隐公五年》："公矢鱼于棠，非礼也。"③《隐公八年》："诬其祖矣，非礼也，何以能育。"《桓公二年》："取郜大鼎于宋。戊申，纳于大庙，非礼也。"④《桓公十五年》："天王使家父来求车，非礼也。诸侯不贡车服，天子不私求财。"⑤《庄公十八年》："虢公、晋侯朝王。王飨醴，命之宥。皆赐玉五珏，马三匹，非礼也。王命诸侯，名位不同，礼亦异数，不以礼假

①　徐元诰：《国语集解（修订本）》，王树民、沈长云点校，中华书局，2002年，第83～87页。
②　《春秋左传正义》卷二，第3728页。
③　《春秋左传正义》卷三，第3749页。
④　《春秋左传正义》卷五，第3778页。
⑤　《春秋左传正义》卷七，第3816页。

人。"①诸如此类，不胜枚举。礼容作为古礼的重要组成部分，自然是可以用来判断是否合礼的依据。

第二，礼容是施礼者内在性情的反映。《礼记·杂记》："颜色称其情，戚容称其服。"②即谓人的情感与外在礼制相称合。《周礼·地官·保氏》中把礼容分为六类，即祭祀之容、宾客之容、朝廷之容、丧纪之容、军旅之容、车马之容，郑司农对此六种仪容均有描述，如"祭祀之容，穆穆皇皇；宾客之容，严恪矜庄"等。③ 彭林据郭店简的《性自命出》《成之闻之》《语丛》诸篇等，再结合传世文献，在"性、情与礼容"方面，已有精彩的论述。其认为"一定的礼，都要体现一定的情感，如冠礼之喜悦、祭礼之诚敬、丧礼之哀痛等等，从而使中心之性外在化，使体态、容色、声音随之变化，舍此则不成为其礼"④。《礼记·乐记》："合情饰貌者，礼乐之事也。"在"据情以制礼"的理论下，可通过外在的失礼行为来推测施礼者内在性情的失序。内外合一，礼情交融，生命力是旺盛的。若外在礼容出现问题，则内在性情也必然发生变异，命运的灾变就可能随之而来。

第三节　观者与观看之道

《礼记·坊记》载孔子言："七日戒，三日斋，承一人焉以为尸，过之者趋走，以教敬也。醴酒在室，醍酒在堂，澄酒在下，示民不淫也。尸饮三，众宾饮一，示民有上下也。因其酒肉，聚其宗族，以教民睦也。故堂上观乎室，堂下观乎上。"⑤祭祀之时，礼仪之周旋揖让，礼容之庄敬虔诚，礼器之陈列摆设，通过公开展示而发挥"教敬""示民不淫""示上下""教民睦"等功效。堂上观室内，堂下观堂上，形成了一个观看的梯次结构。

《左传·文公七年》载郤缺论晋卫关系时提道："叛而不讨，何以示威？服而不柔，何以示怀？非威非怀。何以示德？"⑥所谓"示威""示怀"

---

① 《春秋左传正义》卷九，第 3848 页。
② 《礼记正义》卷四二，第 3385 页。
③ （清）孙诒让：《周礼正义》，王文锦、陈玉霞点校，中华书局，1987 年，第 1010 页。
④ 彭林：《论郭店楚简中的礼容》，收入《郭店楚简国际学术研讨会学术论文集》，湖北人民出版社，2000 年，第 138 页。
⑤ 《礼记正义》卷五一，第 3517 页。
⑥ 《春秋左传正义》卷一九，第 4007 页。

"示德"者，也预设有所示之对象。礼仪、礼器、礼容在特定空间内的公开展示，预设了观者的存在。① 又通过观者的预设，营造出一个公共性的礼仪空间。"堂上观乎室与堂下观乎上"，非仅是视觉方面的观看，实能通过"观"而营造出"礼仪卒度，笑语卒获"的其乐融融的和谐氛围。南朝梁人沈重说："在堂上者，观望在室之人以取法。谓在堂下之人，观看于堂上之人以为则。言上下内外，更相效法。"②尸在室内，代表祖先神灵；主人在堂上，乃宗族之长；众宾与宗族子弟在堂下。主人效仿已逝的祖先，喻示孝敬的表达与权力世代的传承；而众宾与宗族子弟效仿宗子，则起到收族统宗的功效。于此可见，礼制意义上的"观"，蕴含着丰富的政治宗教与文化含义。

　　上古中国的礼仪实践中，"观"乃常见现象，内容丰富。③ 傅道彬研究诗礼中的"观"指出，先秦时代"所观之事，或是总揽整体，或是涉及礼仪规范，或是观察一个邦国或个人的风俗与心志，或是结合礼乐活动的艺术与审美欣赏等重大事件"④。《穀梁传·隐公五年》："常事曰视，非常曰观。"⑤礼制上的"观"不仅是生物学意义上的看见，而是在礼仪实践与演示中，因存在"观与被观"对待关系，而造成某种程度的表演性与公共性。在"观"的对象与分类方面，傅先生导夫先路。"观"在中国文化中具有无比的重要性，所谓"观乎天文以察时变，观乎人文以化成天下"。礼以观德、礼以观志、礼以观命、礼以观政，礼器展陈与身份等级观念的表达，礼辞陈述与仪式展示中的情感表达，礼容展示与命运预测，礼仪演示与公共理念的表达，均是需要仔细探究的系列问题。

一、神灵之观

　　天神信仰是商周时期的重要信仰。⑥ 帝或天高处天庭，笼观四野，人

---

① 阎步克说："在'前行政时代'，整齐的品位序列、周密的升降规则还没衍生，尊卑贵贱的差异却早已存在了。这时的身份地位标识，采用了'可视化'与'物品化'的方式，体现于集会时的席次与礼次上，以及其有等级意义的物品之上。"见阎步克：《席位爵与品位爵：东周礼书所见饮酒席次与爵制演生研究》，上海古籍出版社，2023 年，第 38 页。据此也可得知，抽象的身份等级制度诞生之前，通过实实在在的礼器展陈，让大家看到，也能标识身份。对于"礼"来说，"看到"或"可视化"是比较重要的。
② 《礼记正义》卷五一，第 3517 页。
③ 李波等主编：《十三经新索引》"观"字条，中国广播电视出版社，2003 年。
④ 傅道彬：《诗可以观：礼乐文化与周代诗学精神》，中华书局，2010 年，第 189 页。
⑤ 《春秋穀梁传注疏》卷二，第 5141 页。
⑥ 朱凤瀚：《商周时期的天神崇拜》，《中国社会科学》1993 年第 4 期。

间祸福均在其监视范围之内。《尚书·高宗肜日》："惟天监下民。"①《尚书·微子》："降监殷民。"②天监视着殷民。《尚书·康诰》："予惟不可不监……爽惟天其罚殛我。我其不怨，惟厥罪。"③天监视着人间祸福，故行事不可不顾忌到天的反应。《诗·小雅·小明》："明明上天，照临下土。"④《诗·大雅·皇矣》："皇矣上帝，临下有赫。监观四方，求民之莫。"郑玄笺："临，视也。大矣，天之视天下赫然甚明。以殷纣之暴乱，乃监察天下之众国，求民之定，谓所归就也。"孔颖达疏："此在上之天，能照临于下，无幽不烛，有赫然而善恶分明也。"⑤《诗·大雅·大明》："明明在下，赫赫在上。天难忱斯，不易维王。天位殷适，使不挟四方。"⑥上帝烛照人间，人间行为祸福与之息息相关，所谓"无贰尔心"，时刻与神同在。周法高以为："省德二字皆于目上加上某种文饰之字也。……目上所加者，与媚蛊之媚字于目上加上特别之眉饰者，其意殆同，即为了某种咒的行为。……如此而行视，以其咒力以压服对手之威力曰德。"⑦在周法高看来，神灵命人以德，是先行视察，再施用咒力，故"德""省"之子均有"目"符。

商周观念中认为，与人间存在王庭相对应，天上亦存在一个以帝或上帝为主要神灵的天庭，且帝有帝使、帝臣。清华简《参不韦》里参不韦是天帝的使者，授予夏启"五刑则"，指导夏启设官建邦、修明刑罚、祭祀祝祷训、治国理政。⑧ 风雨雷电及祖先神均是天庭中的神灵，作为使者往来于天地间。⑨ 帝与人间的交往多由使者代劳，使者包括祖先神与天神。帝或上天能够监临人间祸福，作为王庭与天庭使者的祖先神灵同样观照人间，予以福佑。⑩ 作为帝使者的祖先神就显得特别重要。《诗·大雅·文王》："文王在上，于昭于天。"⑪天亡簋载："文王监在上，丕显王则省。"

① 《尚书正义》卷一〇，第372页。
② 《尚书正义》卷一〇，第375页。
③ 《尚书正义》卷一四，第435页。
④ 《毛诗正义》卷一三，第995页。
⑤ 《毛诗正义》卷一六，第1117页。
⑥ 《毛诗正义》卷一六，第1090页。
⑦ 周法高：《金文诂林补》，《"中央研究院"历史语言研究所专刊》之七十七，第一册，第606~611页。
⑧ 石小力：《清华简〈参不韦〉概述》，《文物》2022年第9期。
⑨ 陈梦家：《殷虚卜辞综述》，中华书局，1998年，第572页。冯时：《中国古代的天文与人文》，中国社会科学出版社，2009年，第66~86页。
⑩ 晁福林：《天命与彝伦：先秦社会思想探研》，北京师范大学出版社，2012年，第18~37页。
⑪ 《毛诗正义》卷一六，第1083页。

文王作为祖先神身处天庭，在帝左右，往来天上人间，监视后世的所作所为。

　　神灵不仅可以处于高高的天庭，同样能够与人同在，处于同样的礼仪空间内，参与或观看人间的礼仪活动。《尚书·顾命》载成王登遐后康王即位之礼。行礼时堂上席次安排为西序东向席、东序西向席、西夹南向席，与牖间席共同形成了一个空荡荡的"四面之坐"，复原了成王生时处理朝政的场面。成王的"四面之座"，保证了成王神灵的在场。成王虽崩殂，在象征意义上却并未"缺席"，而是"观看"了康王即位的整个典礼。神灵作为"旁观者"参与实际行礼，让礼制活动笼罩在浓郁的神灵观照氛围中。神灵参与人的礼乐活动，既能观看人间世，又被人间世观看。对于康王君臣而言，空荡荡的四面之座必然造成强烈的视角冲击，成王虽崩犹在。成王既观看了康王的即位之礼，又被康王君臣观看。在观与被观之间，世代的交替得以完成，康王的合法性得以保证。《左传·庄公三十二年》载，神降临于莘地。内史过答周惠王问："国之将兴，明神降之，监其德也。将亡，神又降之，观其恶也。"①国家兴盛，神灵降临以明其德；国家衰败，神灵降临，以观其恶。《礼记·中庸》亦言"国家将兴，必有祯祥；国家将亡，必有妖孽"②。国之命脉，神灵炯炯明眼了彻于心。

　　神灵参与礼制活动，有主动与被动两种情况。神降临莘地体现的是神的主动性。《左传·文公九年》载楚国子樾椒行聘礼，显露傲娇神态。叔仲惠伯评价道："是必灭若敖氏之宗。傲其先君，神弗福也。"③时人认为神灵拒绝赐福于失礼之人，是则神无时无刻不在关注人间的一举一动。但在更多的礼制中，神乃祭祀、祈求的对象，被动介入礼仪实践。《左传·文公十五年》载六月辛丑朔，有日食。天子不举礼乐，伐鼓于社，诸侯用币帛于社，而伐鼓于朝，目的在于"伐鼓于朝，以昭事神、训民、事君，示有等威"④。所谓"昭事神"，神灵被动地介入了攻解日食的礼俗中，且行礼被故意"昭显"，以供神人知晓观看。《尚书·泰誓》："天视自我民视，天听自我民听。"⑤天之观看视听的标准虽以民之观看视听的标准为转移，但天神能够观看人间世，则是其时之人的基本信仰。日本学者今道友信认为："典礼在本质上是人演神的剧，人在剧中必须把自己的意识投入

① 《春秋左传正义》卷一〇，第 3870 页。
② 《礼记正义》卷五三，第 3543 页。
③ 《春秋左传正义》卷一九，第 4010 页。
④ 《春秋左传正义》卷一九，第 4028 页。
⑤ 《尚书正义》卷一一，第 385 页。

到那种行动中，这就使意识中的内在东西进入了世界现实并且表现出来。"①或如妹尾达彦所言，"国家礼仪将宣扬宇宙秩序和地上秩序相对应的观念，以生动的形式视觉化"②。人行礼犹如面向神灵的表演，供其观看，获取福佑。神与参加行礼之人处于"观与被观"的双重对待关系内。

二、子孙之观

上古宗法传统中，守文垂体之君乃先祖之遗体，传先祖之重，属世代传递脉络中承上启下的一环。"个人埋没在宗族中，其一生不过是宗族生命长河中的一小片段而已。"③正因如此，不仅要对祖先负责，受其监督，也要受后世子孙的监督。《左传·庄公二十三年》载：

> 二十三年夏，公如齐观社，非礼也。曹刿谏曰："不可。夫礼，所以整民也。故会以训上下之则，制财用之节。……君举必书。书而不法，后嗣何观？"④

《国语·鲁语上》："夫齐弃太公之法而观民于社，君为是举而往观之，非故业也，何以训民？"⑤礼所以整民与训民，喻示民是礼的观者与受用对象。庄公到齐国观礼，乃失礼行为，必然也受到民的监督，属"示民"范畴。重要的是，此处之观进一步突破时空的限制，通过"君举必书"制度，让现任君主受后世子孙的监督。公观社，后世何以观公？李惠仪认为："曹刿要求庄公想象后世如何把他的行为记录看成奇观。"⑥君主所作所为，预设了后嗣子孙观看之眼，甚至观看时的神态反应。后世子嗣的看法，已是现任君主行为合礼与否的评判依据。臧哀伯谏鲁桓公置郜鼎于庙也说："君人者，将昭德塞违，以临照百官，犹惧或失之，故昭令德以示子孙。"⑦君主德行，需要展示与观看，好的君主往往被塑造成供人瞻仰观

---

① [日]今道友信：《东方的美学》，蒋寅等译，生活·读书·新知三联书店，1991年，第103页。
② [日]妹尾达彦：《唐长安城的礼仪空间——以皇帝礼仪的舞台为中心》，[日]沟口雄三、[日]小岛毅主编：《中国的思维世界》，江苏人民出版社，2006年，第467页。
③ 杜正胜：《从眉寿到长生——中国古代生命观念的转变》，《"中央研究院"历史语言研究所集刊》第六十六本第二分，1995年，第394页。
④ 《春秋左传正义》卷一〇，第3860页。
⑤ 徐元诰：《国语集解（修订本）》，王树民、沈长云点校，中华书局，2002年，第145页。
⑥ 李惠仪：《〈左传〉的书写与解读》，文韬、许明德译，江苏人民出版社，2016年，第103页。
⑦ 《春秋左传正义》卷五，第3780页。

看的模范。所谓"帅型祖考之德""仪刑文王"，祖考成为后世子孙效仿、学习、观看的典范。① 模范可供人观看、效仿，但若模范失序，同样会受人批判。

《诗·小雅·楚茨》详细描写了祭祖时后嗣与祖先觥筹交错、把盏言欢，与祖同乐的场景。《楚茨》："诸父兄弟，备言燕私。"毛传："燕而尽其私恩。"郑笺："祭祀毕，归宾客之俎，同姓则留与之燕，所以尊宾客，亲骨肉也。"②正祭祖祢之后的燕私之礼，言"尔肴既将，莫怨具庆。既醉既饱，小大稽首。神嗜饮食，使君寿考"。兄弟族人欢乐宴饮后，美酒佳肴已尽，心中没有怨言与愤怒，只有欢庆，于是长幼咸集，稽首祝福主人寿考多福。后嗣宗子与族人兄弟一起祭祀先祖，备言燕乐，其乐融融。所谓"堂上观室内，堂下观堂上，形成了一个观看的梯次结构"，族人表达了对祖先的尊崇与崇敬；宗子作为一族之长，通过祭祖确定其威严，融洽了与宗人之间的关系，收到统宗收族的效果。

后世子孙观看已逝祖先，亦可通过祭祖时设尸礼而实现。《礼记·礼器》："周坐尸，诏侑武方，其礼亦然，其道一也。夏立尸而卒祭，殷坐尸，周旅酬六尸。"③此言三代立尸为祭之礼。《白虎通·宗庙》："祭所以有尸者何？鬼神听之无声，视之无形，升自阼阶，仰视榱桷，俯视几筵，其器存，其人亡，虚无寂寞，思慕哀伤，无可写泄，故座尸而食之，毁损其馈，欣然若亲之饱，尸醉若神之醉矣。"④古代祭祀时，以孙之伦为尸以象祖先。尸即是祖先神的凭依与象征。《周礼·春官·守祧》："守祧掌守先王、先公之庙祧，其遗衣服藏焉。若将祭祀，则各以其服授尸。"⑤则尸所穿之服乃先公先王所遗留下的衣服。《礼记·祭义》："斋之日，思其居处，思其笑语，思其志意，思其所乐，思其所嗜。斋三日，乃见其所为斋者。祭之日，入室，僾然必有见乎其位。周还出户，肃然必有闻乎其容声。出户而听，忾然必有闻乎其叹息之声。"⑥《礼记·曾子问》："尸弁冕而出。"清任启运解释为："尸入庙则象乎神，故服先王先公之遗衣服。"⑦

① 罗新慧：《"帅型祖考"和"内得于己"：周代"德"观念的演化》，《历史研究》2016 年第 3 期。
② 《毛诗正义》卷一三，第 1008 页。
③ 《礼记正义》卷二四，第 3116 页。
④ (清)陈立：《白虎通疏证》，吴则虞点校，中华书局，1994 年，第 580 页。
⑤ 《周礼注疏》卷二一，第 1691 页。
⑥ 《礼记正义》卷四七，第 3455 页。
⑦ (清)任启运：《天子肆献裸馈食礼》卷上，文渊阁《四库全书》第 109 册，台湾"商务印书馆"，1986 年，第 836 页。

周代贵族祭祖，以尸象祖，并非抽象意义之象，而是在精神与外貌上均象之。就像四面之座是成王的物象化一样，神尸是祖先神灵的物象化与视觉化。祭祖时以孙之伦所设的尸，无论是外在打扮还是内在神态，犹如已逝祖先突降人间，举手投足之间，觥筹交错之际，后世子孙已观看无余。

汉学家柯马丁说："仪式表演不再是传统和记忆的舞台，这种舞台一度是'过去黄金时代'的因素能够被自由利用，服务于当前政治权威的需要；如今，仪式表演更像是提供了一种场所，以某些意识形态化的姿态，把宇宙秩序的系统向当地及当前转化。"①尸确实是联结过去与现在的枢纽，让子孙与遥远的祖先建立起联系。尸在祭祀现场的扮演，模拟了祖先与子孙的交往模式。②但扮演尸与祭祖仪式，不仅是为了模拟往昔祖先的样貌，更是为了当下，即在子孙与众宾的观看下，宗子实现了统族与收宗，仪式服务了现实的政治宗教权威。历史与现实纠缠在一起，仪式在其中承担着中介的作用。

《左传·成公二年》："楚师及宋，公衡逃归。臧宣叔曰：'衡父不忍数年之不宴，以弃鲁国，国将若之何？谁居？后之人必有任是夫，国弃矣。'"③现时的作为须考虑后人的反应。《礼记·祭统》："夫鼎有铭。铭者，自名也。自名以称扬其先祖之美，而明著之后世者也。为先祖者，莫不有美焉，莫不有恶焉，铭之义，称美而不称恶，此孝子孝孙之心也。唯贤者能之。铭者，论撰其先祖之有德善、功烈、勋劳、庆赏、声名列于天下，而酌之祭器。自成其名焉，以祀其先祖者也。显扬先祖，所以崇孝也。身比焉，顺也。明示后世，教也。夫铭者，壹称而上下皆得焉耳矣。是故君子之观于铭也，既美其所称，又美其所为。为之者，明足以见之，仁足以与之，知足以利之，可谓贤矣。贤而勿伐，可谓恭矣。"④借助鼎铭，一方面上崇先祖之德，显扬自己之孝；另一方面，自我作古，把自己塑造成模范，传之后世，示诸子孙。君子之举，通过鼎铭的展示，预设祖

---

①　[美]柯马丁著、郭西安编：《表演与阐释：早期中国诗学研究》，生活·读书·新知三联书店，2023年，第19页。

②　仪式表演与一般的表演也有不同之处。从表面上看，仪式表演的程序、语言与动作，每次都是相同的，没有什么变化，变了反而不为美，但每一次仪式表演都在创造新的内容。孝子的每一次祭祖，都更新与强化了自己与祖先的关系，也强化了宗子统族收宗的权能。太子即位，其仪式内容是不变的，但每一次仪式，都创造了一位新王。正是因为一次次的重复，象征着传承的不断创生。所以这样的仪式表演，虽演绎的是往昔的故事，但解决的是当下的问题。臧纥帮助季武子解决继承人的问题，即是如此。

③　《春秋左传正义》卷二五，第4119页。

④　《春秋左传正义》卷四九，第页。

先与子孙两方的评判之眼。

礼制实践中，想象后世子孙如何看待现时行为，较为常见。《尚书·召诰》："王伻殷乃承徐万年，其永观朕子怀德。"①《诗·楚茨》言"自昔何为"，又说"子子孙孙，勿替引之"，②现时之人作为祖先的子孙，追忆祖先往昔之所为，又想象未来的子孙勿替引之，如何对待现时。《左传·宣公十五年》："后之人或者将敬奉德义以事神人，而申固其命，若之何待之？"③《墨子·明鬼》："又恐后世子孙不能知也，故书之竹帛，传遗后世子孙。咸恐其腐蠹绝灭，后世子孙不得而记，故琢之盘盂，镂之金石，以重之。"④金文中常见铸鼎时期望"子子孙孙永宝用"，刻石纪铭又希望"垂示后嗣，万世不亡"，⑤均是预想自己的行为如何在后来者的意识中留下痕迹与反映，并期望获取永恒与不朽。⑥典范的自我塑造过程中，预设观众的存在，甚至观看的效果，属情理中事。

三、宾客之观

《左传·成公六年》载：

> 六年春，郑伯如晋拜成，子游相，授玉于东楹之东。士贞伯曰："郑伯其死乎！自弃也已。视流而行速，不安其位，宜不能久。"⑦

郑悼公与晋景公皆为一国之君，地位相当。宾主地位若相当，双方授玉时，应都进位到两楹之间，即中堂；若宾客身份低于主人，授受在中堂与东楹之间，即东楹之西。郑伯虽可尊晋侯为霸主，授玉也只应到东楹之西，却授玉在东楹之东，远离其所应在之位，且"视流行速"，无雍容之态，所以士贞伯讥其自弃其位，预测其必死。郑悼公讨好诣媚晋侯过于自卑，远离其所站位次，被认为是弃位弃礼行为，受到了批评与讥讽。然则

① 《尚书正义》卷一五，第460页。
② 《毛诗正义》卷一三，第1004~1009页。
③ 《春秋左传正义》卷二四，第4097页。
④ （清）孙诒让：《墨子间诂》，孙启治点校，中华书局，2001年，第236页。
⑤ （宋）洪适：《隶释 隶续》，中华书局，1985年，第75页。
⑥ 民国初，广西梁济在投水自杀前写遗书说："余尚须料理家事，检点装殓衣物，安排客厅字画，备吊者来观，以求知我家先德。"并旁注云："字画上有先德可征，故欲求来吊者观之。"见黄曙辉编校：《梁巨川遗书》，华东师范大学出版社，2008年，第67页。梁济预想到了来吊宾客的场景，故在客厅根据自己的意思装饰字画，以继续与宾客沟通，表达自己的思想。
⑦ 《春秋左传正义》卷二六，第4130页。

在先秦时期，古人行礼所站立的位次，要以身份尊卑的差异而定。

行礼者的动作威仪，方位面向，周旋礼容，通过行礼而得以在公共场合充分展示，故观者可以据此评论与预测。美国学者芬格莱特曾提出礼具有"神奇魅力"。行礼过程中"礼仪、姿态和咒语，获得了不可思议的力量"①。甘怀真也认为"统治者作为理想的人格者，借由其身体的仪态，包含语言以及与仪态配合的器物，以展示所谓威仪"②。威仪必须有公开的展示，所谓"有威而可畏谓之威，有仪而可象谓之仪"，方才"周旋可则""容止可观""德行可象"。"威仪"的作用在于展示与观看。顾涛通过研究乡饮酒礼，也认为："乡礼置于公共空间中展开，宾主之间的行止、言谈、威仪、饮食等各个方面，均外露在每一位参与和观摩礼典者的面前。德行丰沛充盈于内，举止典雅显露于外。宾主之间的礼让与敬意，在如此丰富的曲礼中袒露，一时的掩饰与伪装均不足以奏效。"③周旋揖让、俯仰进退、觥筹交错类繁文缛节的"曲礼"，内合符德，外展乎容。仪式通过身体的展示而获取了神奇魅力。《礼记·檀弓上》载：

> 司寇惠子之丧，子游为之麻衰，牡麻绖。文子辞曰："子辱与弥牟之弟游，又辱为之服，敢辞。"子游曰："礼也。"文子退，反哭。子游趋而就诸臣之位。文子又辞曰："子辱与弥牟之弟游，又辱为之服，又辱临其丧，敢辞。"子游曰："固以请。"文子退，扶适子南面而立，曰："子辱与弥牟之弟游，又辱为之服，又辱临其丧，虎也敢不复位。"子游趋而就客位。④

《礼记·檀弓上》载卫国贵族司寇惠子去世，于家中举行丧礼。按礼，惠子的嗣子虎应为丧主，主持丧礼，但惠子之兄文子自己做起了丧主。孔子弟子子游作为惠子好友，穿重服"麻衰，牡麻绖"去吊丧，暗地讥讽文子的非礼行为。文子不察其意，表示不敢接受重服之吊，请辞。子游答曰"礼也"，表示坚持。不仅如此，"子游趋而就诸臣之位"，进一步加以讥讽。文子终于察觉出子游的用意，"扶适子南面而立"，子游也"趋而就客

---

① [美]赫伯特·芬格莱特：《孔子：即凡而圣》，彭国翔译，江苏人民出版社，2010年，第3页。
② 甘怀真：《皇权、礼仪与经典诠释：中国古代政治史研究》，华东师范大学出版社，2008年，第12页。
③ 顾涛：《礼制史上得鹊巢鸠居——乡礼的礼义及其历史演变》，《文史哲》2022年第2期。
④ 《礼记正义》卷七，第2784页。

位"。吊丧者于丧主而言，即为宾。子游就诸臣之位，通过否定自己宾客的身份，间接否定了丧主的身份，即不承认文子为丧主，并加以讥讽。文子觉察后，立嗣子虎为丧主；子游乃就客位，亦是通过承认自己宾客的身份，间接承认嗣子虎的丧主身份。子游通过其行礼空间的变化，成功劝谏文子的违礼行为。子游作为参与行礼的宾客，通过承认与否定自己"宾客身份"的系列礼仪动作，劝谏举办礼仪活动的主人立嫡。

《左传·襄公二十三年》载：

> 季武子无適子，公弥长，而爱悼子，欲立之……访于臧纥。臧纥曰："饮我酒，吾为子立之。"季氏饮大夫酒，臧纥为客。既献，臧孙命北面重席，新樽洁之。召悼子，降，逆之。大夫皆起。及旅，而召公钼，使与之齿。季孙失色。①

季武子欲废长立少，臧纥通过"饮酒"之礼为其解决了难题。饮酒之时，季武子为主人，臧纥为上宾。主宾一献后，对悼子，臧纥设北面重席之位，重洗酒尊，亲自降级迎之入位；对公钼，则在旅酬之时，召之使与人齿，位列众人之中。臧纥通过对悼子和公钼不同礼仪的待遇，无形之中已经确定了他们的身份。《仪礼·乡饮酒礼》："公三重，大夫再重。"②臧纥为悼子设重席，表明悼子的身份为大夫。《仪礼·乡饮酒礼》："既旅，士不入。"③沈钦韩《春秋左氏传补注》："士入当旅酬节也。旅而召公钼，以士礼待之，明其不得嗣爵。论使与之齿，谓与旅者子姓兄弟为齿也。"④臧纥在旅酬时召公钼入位，并使之与众人齿，表明公钼身份为士。一为大夫，一为士，谁可嗣季武子之位，昭然若揭。臧纥作为季武子之宾，不是通过言语劝说，而是通过行礼过程中具体的礼仪安排，成功地实现了季武子废长立少的目的。臧纥所行犹如一场具有象征意义的仪式表演。"演即象，即通过形象的模仿和展演，表现重大历史事件的发展过程，模拟与形象替代了单纯的语言表达。"⑤通过这个例子，可以确知礼仪活动并非无意义的烦琐仪节，相反，这些细小仪节的展演，可透露行礼人身份的贵贱、

---

① 《春秋左传正义》卷三五，第4293页。
② 《仪礼注疏》卷一〇，第2137页。
③ 《仪礼注疏》卷一〇，第2140页。
④ （清）沈钦韩：《春秋左氏传补注》，郭晓东等点校，上海古籍出版社，2016年，第264页。
⑤ 傅道彬：《诗可以观：礼乐文化与周代诗学精神》，中华书局，2010年，第72页。

地位的高低与欲表达的礼义。季孙是观者，其他人也是观者。公开场合的展示，因为观看的存在，而被赋予了强大的象征力量。从现代政治学角度来看，此类仪式"对参与者和观众的政治情感、态度和价值观念等产生巨大的影响力"，实现了权力的生产与再生产，塑造和维护了权力系统的政治合法性。① 换言之，仪式创造新权力。臧纥正是通晓礼制的此种功能，成功地解决了季武子的难题，"创造"出一个新的权力继承人。

　　"宾客"在先秦礼仪中具有重要地位，整个行礼过程，往往分设主党与宾党，周旋揖让，分庭抗礼。且"宾"的参与往往能够突破血缘、地缘的限制，使身份更加多元化。《仪礼》所载礼虽各有别，但在正礼中或正礼后，一般都有酬谢宾客、以尽欢乐的仪节。《士冠礼》中宾为主人之僚属；《士昏礼》中宾为使者，身份为群吏相往来者；《乡饮酒礼》《乡射礼》中宾为乡中贤能者；《燕礼》《大射仪》《公食大夫礼》中宾为大夫，卿及其他诸臣为众宾；《聘礼》中宾为外国使者；《觐礼》中宾为诸侯；《特牲馈食礼》《少牢馈食礼》《有司彻》中宾为有司来观礼者。宾身份的多元化让礼仪处于更广阔的公共空间内。子游、杜篑、臧纥正是深知宾道的礼仪与力量，表达自己的礼仪诉求。

　　周旋揖让之际，宾客能够表达礼仪诉求，收到与平时不一样的效果。主人同样能够借助宾客之言，以荣耀门庭。金文中常见"用飨宾客""以御宾客""以乐嘉宾"类辞，表明制作礼器者对宾的重视与致欢乐于宾客的态度。郭店简《语丛一》："宾客，清庙之文也。"②文有装饰之意，以宾客装饰宗庙，宗子广纳贵宾贵客参丧祭宴飨，光耀门庭。延至汉代更为明显。根据史书记载，文官孔光的葬礼有一万辆车参加。大儒郑玄死后，"自郡守以下尝受业者，缞绖赴会千余人"。如："永平三年四月……□成，传于后世，敬白士大夫，愿毋毁伤，愿毋毁伤。"③"观者诸君，愿勿贩（攀）伤，寿得万年，家富昌。"④"诸君往来观者，下至□重□，勿败易，寿得千年，长乐未央。顿首，长累诸乡。"⑤"簿疏樟中，画观后当。"⑥"观者诸

---

①　王海洲：《政治仪式：权力生产和再生产的政治文化分析（修订本）》，江苏人民出版社，2023年，第4页。

②　刘钊：《郭店楚简校释》，福建人民出版社，2005年，第194页。

③　生克昭：《滕县金石志》，北京法源寺刊本，1944年，第29页。史语所藏拓本编号28111，见文物图像研究室汉代拓片整理小组：《"中研院"历史语言研究所藏汉代石刻画像拓本精选集》，台湾"中研院"历史语言研究所，2004年，第62、63、168页。

④　罗福颐：《芗他君石祠堂题字解释》，《故宫博物院院刊》1960年总第2期。

⑤　汪继基：《汉画题榜艺术》，朱青生主编：《中国汉画学会第九届年会论文集》，中国社会出版社，2004年，第535页。

⑥　山东省博物馆、苍山县文化馆：《山东苍山元嘉元年画象石墓》，《考古》1975年第2期。

君"包括了"贤仁四海士""士大夫"等社会各色人等，甚至"牧马牛羊诸
僮"也在其中。建造祠堂的赞助人清晰地意识到，这些祠堂虽是家庭祭
祀的中心，但因为暴露在乡野，无疑具有公共性，不可避免被人瞻仰、
观看或毁坏。山东苍山元嘉汉墓题记有"魂灵有知，怜哀子孙"，后言
"画观后当"，结语处有"其当饮食就太仓，饮江海，学者高迁宜印绶，
治生日进钱万倍。长就幽冥则决绝，闭圹之后不复发"①，期望死者在
死后世界享乐、升仙，生者在人间升官、发财。闭圹之后，生死决绝，各
自安好。那么这里的"观者"，或是祈望哀怜的子孙，当然也可能泛指一
切后来之观者。

郑岩提到，丧家和制作者预设了观者，并且为观者而制作，有了观者
的参与，画像的宗教、礼仪与社会功能才能实现。② 包华石指出，许多这
样的葬礼有着社会和政治目的。来宾之所以来参加葬礼，是因为他们与死
者曾经有过或认为自己与死者有过特殊的关系，并希望把这种关系公开
化。由于东汉时期墓地已变成社会生活的中心，因此葬礼就成了感情与政
治表白的最佳场合。③ 宾客与四方观者，宛如进入一个礼仪的表演场，主
宾之间觥筹交错、慷慨陈词，或相互观摩、相互取法、相互制约。

四、儒者之观

《礼记·檀弓下》："延陵季子适齐，于其反也，其长子死，葬于嬴博
之间。孔子曰：'延陵季子，吴之习于礼者也。'往而观其葬焉。"④季札为
其长子举丧礼，孔子往而观之。这种"观礼"与神鉴、示民与后嗣之观，
已有很大的区别。第一，季札为长子举丧礼，并未预设孔子为观礼者。即
孔子非季札所邀宾客，属行礼现场的"闯入者"。第二，孔子观礼基于季
札懂礼，带有强烈的学习目的。季札所行丧子之礼，已成为孔子的研习对
象。这是儒者观礼的重要特点。神鉴、示民与后嗣之观，尚蕴含神圣性，
孔子此处之观，则是知识上的研究与探索。这与孔子"入太庙，每事问"
"孔子问礼于老子"，以求学面目示人的形象相符。孔子也说："为礼不
敬，临丧不哀，吾何以观之哉？"⑤观礼是为了求学，获得知识上的进步。

---

① 方鹏钧、张勋燎：《山东苍山元嘉元年画象石题记的时代和有关问题的讨论》，《考古》
1980 年第 3 期。
② 郑岩：《关于汉代丧葬画像观者问题的思考》，《逝者的面具：汉唐墓葬艺术研究》，北
京大学出版社，2013 年，第 147 页。
③ 巫鸿：《中国古代艺术与建筑中的"纪念碑性"》，上海人民出版社，2017 年，第 286 页。
④ 《礼记正义》卷一〇，第 2843~2844 页。
⑤ 《论语注疏》卷三，第 5362 页。

礼教传统中的"观"和"问",是春秋士大夫知识学习的新门径。①

类似记载尚多。《礼记·檀弓上》:"孔子在卫,有送葬者,而夫子观之,曰:'善哉为丧乎!足以为法矣,小子识之。'子贡曰:'夫子何善而也?'曰:'其往也如慕,其反也如疑。'子贡曰:'岂若速反而虞乎?'子曰:'小子识之,我未之能行也。'"②孔子师徒在卫国偶遇送葬队伍,就去观看。这与观季札丧子礼的性质一样,属送葬队伍的旁观者与闯入者,非正式宾客。孔子在行礼现场为弟子上了一场"研讨课",认为送葬者行礼得当,"足以为法"。孔子师徒的往复讨论,显示孔门把送葬之礼当作可供学习、模仿的知识体系或行为规则。孔门的这种做法,开创了学礼、研礼的新传统。"学而时习之",把礼当作知识体系学习,并时常演习,争取充当礼学专家。时代的新消息,在这细微之处萌发。

观礼、习礼、研礼似是儒家师徒的传统。甚至孔子之丧,也吸引了远方观礼者。《礼记·檀弓上》:"孔子之丧,有自燕来观者,舍于子夏氏。子夏曰:'圣人之葬人与?人之葬圣人也,子何观焉?'"③自燕国来鲁国观看孔子之丧礼,可见其用心。无论观礼者是来观圣人葬人,还是人葬圣人,必然是欣慕于孔门师徒的懂礼,故来学习观摩。行礼之人未必预设这种观礼者的存在,故子夏对观礼者的到来有一定的抵触情绪。观孔子之丧礼者的心理逻辑与孔子观季札葬子礼是一样的,都是抱着学习的态度。

同样的事情再次发生在子思丧母之时。《礼记·檀弓上》:"子思之母死于卫,柳若谓子思曰:'子,圣人之后也。四方于子乎观礼,子盖慎诸!'子思曰:'吾何慎哉!吾闻之有其礼,无其财,君子弗行也。有其礼,有其财,无其时,君子弗行也。吾何慎哉!'"④虽说子思对丧母观礼者持豁达态度,但柳若言子思是圣人之后,四方必有观礼者,透露出观礼者同样是基于子思的圣人背景,礼学世家的缘故。《礼记·杂记下》:"恤由之丧,哀公使孺悲之孔子学士丧礼,《士丧礼》于是乎书。"⑤有可能恤由之丧的具体仪式操办就是孔子负责,孺悲也是在丧礼现场跟随孔子学习。孔门师弟在实践的基础上,把礼文本化。文本化后的礼,于孔门师弟而言,既是礼仪手册,是他们日常相礼的工作指南,也是开展教学的教

---

① 过常宝:《"观"与"问":春秋知识传播的两个途径》,《中国高校社会科学报》2016年第4期。
② 《礼记正义》卷七,第2779页。
③ 《礼记正义》卷八,第2798页。
④ 《礼记正义》卷八,第2796页。
⑤ 《礼记正义》卷四三,第3399页。

材，日后更进一步演化为寄托教化理想的圣典。

胡适曾论道，所谓儒者是殷民族的礼教教士，他们在殷商灭亡后，继续保存着殷人的宗教典礼，继续穿戴殷人衣冠。他们的职业是治丧、相礼与教学。① 徐中舒认为，专门替殷商奴隶主贵族主持宾祭典礼、祭祖、事神、办丧事、当司仪的人，才算是最早的儒家。② 《左传·昭公七年》记载孟僖子自恨不能相礼，"乃讲学之。苟能礼者，从之"③。孟僖子遗命他两个儿子跟着孔子"学礼焉以定其位"。哀公派遣孺悲到孔子处学习士丧礼，也证明以孔子为中心，形成了一个礼的学习与教育集团。春秋末以降，随着儒家的兴起，逐渐形成了一个学礼、观礼、行礼、传礼的专业性团体。学者认为儒家是一个"礼仪文教的共同体""私家学团""游团"，诚哉斯言。④ 儒家以典礼为职业，观礼习礼具有提高职业技能的专业主义倾向。⑤ 当然如果仅是专业性的功利主义，无超越时代性的精神追求，儒者也不成其为儒家，更不会成为华夏文明的精神内核。⑥ 儒者之观可以分为两种情况：一是儒者观礼论礼，二是儒者行礼的展示与传播。

儒者观礼论礼，在经典文献中很常见。《礼记·檀弓上》："将军文子之丧，既除丧，而后越人来吊，主人深衣练冠，待于庙，垂涕洟。子游观之，曰：'将军文氏之子，其庶几乎！亡于礼者之礼也，其动也中。'"⑦子游观将军文子之丧，见其不合礼仪，发表了一通议论。子游宛如一个礼学专家，对行礼合符规范与否，有清晰的判断标准。

《礼记·杂记下》载子贡观蜡祭回来，孔子问他是否感到快乐的故事：

---

① 胡适：《说儒》，《胡适文存（四）》，华文出版社，2013 年，第 29 页。
② 徐中舒：《论甲骨文中所见的儒》，《徐中舒历史论文选集》，中华书局，1998 年，第1219 页。
③ 《春秋左传正义》卷四四，第 4453 页。
④ 成祖明：《封建、郡县之变中儒学演进的历史考察：层累成长的古史与记忆重构中的今古文经学》，《文史哲》2017 年第 5 期。
⑤ 甚至到了汉代，孔子后学习礼的传统还一直延续。司马迁载自己的经历，"适鲁，观仲尼庙堂车服礼器，诸生以时习礼其家，余祇回留之不能去云"。孔子所留礼器、孔门所习礼仪，一定程度上成为了"文化景观"供人瞻仰，致使司马迁流连忘返。见《史记》卷四七《孔子世家》，第 1947 页。
⑥ 程苏东说："春秋后期至战国时期，知识人群体内部出现了重要的分化，以孔子为代表的一批知识人开始有意识地塑造其不同于祝、巫、史、乐师等传统知识人的'君子'形象，他们与祝、巫、史、乐师虽然阅读同样的文本，操演同样的仪典，但在孔子及其后学看来，他们旨在借助于这些古老的文本与仪典探求更具普遍性、实践性意义的'道'，而祝、史等传统知识人虽然是各类经典文本的熟习者，是各种礼乐仪典、卜筮技艺的操演者，但他们仅停留在'知识'或'技艺'的层面，缺少对于'义'的探求。"参见程苏东：《从六艺到十三经：以经目演变为中心》，北京大学出版社，2018 年，第 87 页。
⑦ 《礼记正义》卷七，第 2784 页。

子贡观于蜡，孔子曰："赐也乐乎?"对曰："一国之人皆若狂，赐未知其乐也。"子曰："百日之蜡，一日之泽，非尔所知也。张而不弛，文武弗能也。弛而不张，文武弗为也。一张一弛，文武之道也。"①

蜡祭即索祭，年终岁事完成，搜索群神而祭祀，感谢与农事相关的神灵。子贡观看蜡祭，举国狂欢而能保持清醒意识，可见其身心自外于蜡祭，处旁观地位。子贡的这种"观"与孔子观季札有相似性，只是在孔子看来，尚未学到观礼精华而已。孔子从学礼解礼的专业角度，对子贡提出批评建议。孔门师徒在蜡祭后的这番讨论，学术思想讨论的意味存焉。《礼记·檀弓上》载：

曾子袭裘而吊，子游裼裘而吊。曾子指子游而示人曰："夫夫也，为习于礼者，如之何其裼裘而吊也?"主人既小敛，袒、括发，子游趋而出，袭裘、带、绖而入。曾子曰："我过矣! 我过矣! 夫夫是也。"

曾子不理解子游先裼裘而吊及小敛后变为袭裘而吊的礼意，看到子游根据礼节不同而更换所穿之衣，不得不深表佩服。由裼裘到袭裘，宾客对丧事有个从不承认到逐渐承认的过程。"主人既小敛，袒、括发，子游趋而出，袭裘、带、绖而入"，程序的展示具有非常的视觉效果。子游通过公开场合服容的变化，来实现礼义的揭示。曾子、子游在此关注的同样是对礼深层次内涵的理解问题。

儒者研礼习礼除有为职业服务的现实功利目的外，高明处更在于他们有套完整的教化理念。儒家理念传播也寄托于观看与演示的礼仪研习中。《仪礼·乡射礼》载主人(州长)戒宾之际，宾不言"拜辱"，郑注解释的理由是"为习民以礼乐，不主为宾己"②。另也有司马"诱射"仪节，郑注："诱，犹教也。"③司马先自己表演一番射礼，劝宾射，也教民习射。故州长举行乡射礼，目的是教民礼乐，化民成俗。《礼记·射义》载有孔门师

---

① 《礼记正义》卷四三，第 3399 页。
② 《仪礼注疏》卷一一，第 2144 页。
③ 《仪礼注疏》卷一二，第 2160 页。

弟行射礼：

> 孔子射于矍相之圃，盖观者如堵墙。射至于司马，使子路执弓矢出延射，曰："贲军之将、亡国之大夫与为人后者，不入，其余皆入。"盖去者半，入者半。又使公罔之裘、序点扬觯而语。公罔之裘扬觯而语曰："幼壮孝悌，耆耋好礼，不从流俗，修身以俟死，者不？在此位也。"盖去者半，处者半。序点又扬觯而语曰："好学不倦，好礼不变，旄期称道不乱，者不？在此位也。"盖仅有存者。①

郑注："先行饮酒礼，将射，乃以司正为司马。"司正监察饮酒，司马监察行射礼。"射至于司马"，说明饮酒已毕，司正变为司马，即将行射礼。不过此次射礼的特别之处是，因观礼者众，孔门师弟在饮酒毕后，从观众中选择愿意参与者，以扩大社会影响，达到施教化之效，故通过子路、公罔之裘、序点特增加饮酒内容。子路等邀请宾客，贬斥排除一部分人，褒奖挽留一部分人，通过公开选宾仪式，展示的即是射礼深厚的人文教化功能。《礼记·乐记》："是故先王之制礼乐也，非以极口腹耳目之欲也，将以教民平好恶，而反人道之正也。"②儒者之礼，内心总有一种教化心理存焉。

前几种之观，观既是行礼的内容，也是行礼者的目的与对象。专业观礼者仅是借助行礼营造出的公共性空间，进行学习与模仿。春秋中后期，随着儒家的兴起，以孔子为中心形成了专业化的观礼团体。正是这个观礼团体把走向崩坏与衰退道路的礼乐文明，以另一种形式传播开去。以孔子为代表性的观礼团体既把礼当作治国经民的根本大法，又抽象化为哲学观念，更重要的是经过他们观礼习礼的思辨实践过程，礼已变成可以传承学习的知识体系与精神依托。从观礼角度去思考儒家的兴起，不失为一个新视角。所谓神灵之观、子孙之观与宾客之观，观者多处于被动消极的地位，多属被动观看。行礼者预设神观与民视，以实现其行礼目的，观者虽隐身而"在场"。专业化观礼团体或许未直接参与行礼，但因旁观而介入行礼营造的公共空间，获得某种中立性与客观性，能够积极评论行礼者的失礼与否，甚至模仿学习，挖掘礼更本质性的内涵，塑造出全新的知识体系。当然更能够在公开场所自主演习礼仪，以起到传道授业的教化功效。

---

① 《礼记正义》卷六二，第3664页。
② 《礼记正义》卷三七，第3313页。

五、"观看"的神奇力量

汉学家杰西卡·罗森认为,西周中期有次重要的礼制与信仰上的变革,表现在青铜器上是成套食器的出现,以及成套酒器的消退。西周早期青铜器较小且精细复杂,而之后变得更加粗犷。为何如此?罗森认为,较小且精细复杂,"要充分欣赏它们,就必须近距离观察",也有理由相信,"这时的礼仪可能是一种相对私人的活动,由与青铜器距离较近的少数人举行。后来的西周青铜器则通过巨大的数量和体积,由远距离观赏达到其效果"。"成排的大型青铜器场景和编钟音乐的影响,似乎暗示着在当时目睹仪式活动的人数比以前要更多,他们很可能恭敬地站在一定的距离之外。"① 这是非常敏锐和重要的观察。西周中期后,统治基础扩大,参与行礼的人变多,青铜器也变大。这不仅是重要礼制与礼器的变革,也是政治社会的变革。柯马丁也有类似表达:"一些体积更大、装饰更醒目的青铜容器,说明仪式的观众人数更多,不再限于关系亲近的成员。"② 因观看者人数变多,与青铜器型增大相反,"针刻铜器"出现"如发丝细"的刻纹,③ 必不是为众人观看准备的,而是为了私人化、个人化的观看。《韩非子》所载"客有为周君画荚"的故事,正显示了此点。④ 无论是西周青铜器体型增大,还是东周以下青铜器、漆器刻纹的变细,礼器的制作均因考虑到观看者的参与,而有了突破性的变革。

崩殂的成王成功传位于康王,子游、臧纥轻松劝服主人立嫡正位,儒者演习而行教化,天神、子孙"未在场"而力量无限,宾客旁观评骘古今,荣耀门庭。神奇魅力与不可思议的力量,来自何方?诗可兴观群怨。兴观群怨即是力量。礼可以观,观也是一种力量。⑤ 通过"四面之座"的陈设,

---

① [英]杰西卡·罗森:《祖先与永恒:杰西卡·罗森中国考古艺术文集》,邓菲等译,生活·读书·新知三联书店,2011年,第40~41页。

② [美]宇文所安主编:《剑桥中国文学史(上卷)》,生活·读书·新知三联书店,2013年,第36页。

③ 郭宝钧:《山彪镇与琉璃阁》,科学出版社,1959年,第64页。

④ 《韩非子·外储说左上》:"客有为周君画荚者,三年而成。君观之与髹荚者同状,周君大怒。画荚者曰:'筑十版之墙,凿八尺之牖,而以日始出时加之其上而观。'周君为之,望见其状尽成龙蛇禽兽车马,万物之状备具,周君大悦。此荚之功非不微难也,然其用与素髹筴同。"参见王先慎:《韩非子集解》,钟哲点校,中华书局,1998年,第270页。

⑤ 美国学者大卫·弗里德伯格研究眼睛的威力时提到"一尊偶像的观看者会不断发现自己被偶像的眼睛所控制,这种力量极强,使观者难以回避"。观看者与偶像对视,而被偶像控制,夺其眼睛即等于夺其生命。转引巫鸿:《眼睛就是一切:三星堆艺术与芝加哥石人像》,《礼仪中的美术》,生活·读书·新知三联书店,2005年,第79~83页。

众行礼之人观看到成王的在场，成王的神灵也依附神座而监观康王的即位。观与被观营构的礼仪空间具有的神奇魔力，赋予康王王位巨大的合法性。《礼记·王制》："爵人于朝，与士共之。刑人于市，与众弃之。"①"市"与"众"的结合，获得额外加持的合法性，被弃之人已在不赦之列，被尊崇之人则风光无限。既可与众弃之，也可与众共之。悼子继嗣地位的获得，是通过臧纥在公开行礼场合的仪式程序与动作演示，以及众宾客的观看而实现的。

《左传·隐公五年》载：

> 五年春，公将如棠观鱼者。臧僖伯谏曰："凡物不足以讲大事，其材不足以备器用，则君不举焉。君，将纳民于轨物者也。故讲事以度轨量谓之轨，取材以章物采谓之物。不轨不物，谓之乱政。乱政亟行，所以败也。故春蒐、夏苗、秋狝、冬狩，皆于农隙以讲事也。三年而治兵，入而振旅，归而饮至，以数军实，昭文章，明贵贱，辨等列，顺少长，习威仪也。鸟兽之肉不登于俎，皮革、齿牙、骨角、毛羽不登于器，则公不射，古之制也。若夫山林川泽之实，器用之资，皂隶之事，官司之守，非君所及也。"公曰："吾将略地焉。"遂往，陈鱼而观之。僖伯称疾不从。书曰"公矢鱼于棠"，非礼也，且言远地也。②

臧僖伯这段著名的言论，深刻体现出礼仪、礼器通过展示而呈现的威力。礼仪之展示，如"三年而治兵，入而振旅，归而饮至，以数军实"，通过演示而能够"昭文章，明贵贱，辨等列，顺少长"。礼器之展示，如"鸟兽之肉不登于俎，皮革、齿牙、骨角、毛羽不登于器，则公不射，古之制也"。所有这一切均通过仪式展陈在公共空间内，从而获取视觉性效果。林素娟说："在仪式场合中，其所处空间、衣裳、饮食，所用物之质材、颜色、数量，均具有表现身份和价值的象征功能，从而形构礼仪符号中的身份认同以及伦理位置（名分）。以仪式空间来看，不同的空间、方位在礼仪中往往具有不同的象征义涵，形塑了不同的身份认同和伦理关系。"③王健文也认为："人世间的权力结构，往往具体地呈现在空间格局

---

① 《礼记正义》卷一一，第 2873 页。
② 《春秋左传正义》卷三，第 3747~3748 页。
③ 林素娟：《象征与体物：先秦两汉礼仪中的修身与教化观》，台湾大学出版中心，2021 年，第 27 页。

之中。空间格局本身就体现了权力结构。"①而这个空间，多数是行礼的庭堂。日本学者高木智见提出，"庭"是一个具有巨大象征意义的空间：庭是仅有的对天地均开放的露天空间。处于当时建筑物里核心位置的庭，是与从根本上规范着中国人的祖先观念、天的思想相对应的设施。在庭里，祖先神会直接降临，天亦通过鸟、植物等具体的物质形态展现其意志。庭是人们与人间之外的存在进行交流并获取其意志的场所。②

实质上，不仅"庭"具有这样的功能，一切行礼场合如宗庙、墓室、祭坛、山岳、江河等，因仪式的赋予而成为神圣性空间，均可沟通天人。芬格莱特也认为，依"礼"而行就是向他人开放。因为礼仪是公共的、共享的和透明的，不依"礼"而行则是隐蔽的、暧昧的和邪恶的。③ 礼是开放的，要么向人开放，要么向神开放。三星堆出土青铜器凸出的眼睛，强调了神灵之观的威力。殷墟所见的砍头、肢解、焚烧、跪葬、捆绑等，同样具有供公众观赏的"表演性"。④ 欧洲中世纪举行臣属仪式要求有旁观者在场，"在象征物的空间中，旁观者建立了一个象征性的社会空间"，作为见证人与担保人，⑤ 旁观强化了相互间遵守承诺的威力。在神圣空间内举行礼仪活动，犹如一场面向神、人等观者的仪式汇演。观者与被观者，表演者与被观者，并不截然两分，而是共同笼罩在礼仪空间与氛围内，共享共同的礼仪信息。"我们参加礼仪是为了向自己传送集体信息"，诚哉斯言!⑥

仪式与器具，因公共空间的参与，预设众多观看之眼的加入，生动呈现出身份的尊卑，突出伦常的深层内涵。同样的例子，还见于《左传·桓公二年》臧哀伯的谏言。"昭其俭""昭其度""昭其数""昭其文""昭其声"，已昭示对象的存在。从臧哀伯的谏言来看，国君行礼"昭德塞违"的对象，有百官、子孙、祖先、义士等。礼仪、礼器展示出的"俭""度"

① 王健文：《奉天承运——古代中国的"国家"概念及其正当性基础》，台湾东大图书股份有限公司，1995年，第20页。
② [日]高木智见：《古代中国の庭のついて》，《名古屋大学东洋史研究报告》16，1992年，第41页。
③ [美]赫伯特·芬格莱特：《孔子：即凡而圣》，彭国翔译，江苏人民出版社，2010年，第12页。
④ 杨谦：《仪式与社会：商代晚期祭祀遗存的考古学研究》，上海古籍出版社，2023年，第135页。
⑤ [法]雅克·勒高夫：《臣属关系的象征仪式》，《试谈另一个中世纪》，周莽译，商务印书馆，2020年，第488~489页。
⑥ 埃德蒙·利奇语，转见[美]柯马丁：《表演与阐释：早期中国诗学研究》，郭西安译，生活·读书·新知三联书店，2022年，第42页。

"数""文""声"，服务于背后的政治伦理。国君只有通过行礼，向百官、子孙等展示出自己所欲表达的"俭"等礼义，而宣示拥有神圣权力。人类学家大卫·科泽说："没有仪式和象征，就没有国家。"①国家和权力都要借助仪式与象征，公开展示给神灵与人。

权力需要被展示和证明。巫鸿研究古代中国称作"观"的门阙时就提到，门阙的公开演示是以图解的方式，让秘密保持权力转变为公开展示权力。② 薛梦潇研究汉代郡守行春时，认为国家的威仪只有"被观看"才能深入人心。③ 行春如进入一个表演场，太守与吏民通过"观"与"被观"建立起国家与民众间的权力关系。仇鹿鸣研究唐代德政碑时，也提出了相似的观察："神道碑较之于墓志无疑是一种更具公共性的政治景观，是士人社会精英身份的一种界定物，碑文也拥有更多的读者与更大的传播范围"，"立碑于通衢要路之旁，使其能为更多的观者所睹，弘教化之任，成为各种纪念碑选择立碑时的首要考虑"。④

礼可以观，整个行礼场合作为一个整体，礼因观看而展示，因观看而存在，因观看而具备力量。观者通过互动仪式，影响甚至改变了行礼场的能量。在观与被观的对待关系中，古人行礼通过神圣空间的公开展示，构筑出巨大的象征与意义的王国。

第四节　共享的知识：礼作为一种生活方式

礼仪实践中，旁观者为什么能根据行礼者的动作威仪、方位面向、周旋揖让、言辞应对以及喜怒哀乐之情等，预判其命运的吉凶？

礼容是否合适，要看人是否尊礼。而礼根源于天地与人的命运以及古老的诗礼传统。传统的经典解释来自刘康公，《左传·成公十三年》刘子曰：

> 吾闻之，民受天地之中以生，所谓命也。是以有动作礼义威仪之

---

① [美]大卫·科泽：《仪式、政治与权力》，王海洲译，江苏人民出版社，2021 年，第 254 页。
② 巫鸿：《中国古代艺术与建筑中的"纪念碑性"》，上海人民出版社，2017 年，第 358 页。
③ 薛梦潇：《东汉太守"行春"考》，《中国史研究》2014 年第 1 期。
④ 仇鹿鸣：《权力与观众：德政碑所见唐代的中央与地方》，《唐研究》卷一九，北京大学出版社，2013 年，第 82~83 页。

则，以定命也。能者养以之福，不能者败以取祸。是故君子勤礼，小人尽力。勤礼莫如致敬，尽力莫如敦笃。敬在养神，笃在守业。国之大祀，在祀与戎。祀有执膰，戎有受脤，神之大节也。今成子惰，弃其命也。①

民之命源自天地，动作的礼义威仪是定命的外在表现。动作威仪得当是福，否则是取祸。宣公十五年，刘康公在评论赵同代表晋侯向周天子行献俘礼而不敬时，也说"不及十年，原叔必有大咎。天夺之魄矣"，把行礼不敬后的灾祸同样追究到了天的身上。若要得命长久、有福无祸，必须在行礼中内心有敬，外在动作威仪得当。内外相辅相成，著诚去伪，合符天命与人性，方得持久而不朽。

郭店楚简《语丛一》载：

> 凡有血气者，皆有喜有怒，有慎有庄。其体有容，有色有声，有嗅有味，有气有志。凡物有本有化，有终有始。②

人皆有七情六欲，喜怒哀乐。外在的礼容源自内心。《礼记·乐记》说："夫民有血气心知之性，而无哀乐喜怒之常，应感起物而动，然后心术形焉。"③真正的礼不是"吃人"的恶魔，而是抒发思想与情感的节奏器与显示器。《礼记·表记》："圣人之制行也，不制以己，使民有所劝勉愧耻，以行其言。"郑玄注："以中人为制，则贤者劝勉，不肖者愧耻。"④圣人制礼，以中人也即大多数人为标准。这样可以让贤者有所进取，让不肖之人因不及而愧疚。礼在多数人能够遵循的规范下运行，既不抹杀，也不过度。礼认同并遵循人的本性，过度违逆人性是非礼的。《管子·君臣》："戒心形于内，则容貌动于外矣。"⑤郭店楚简《性自命出》载："喜怒哀乐之气，性也。及其见于外，则物取之也。"⑥礼仪实践中内心的喜怒哀乐，展现在外就是礼容。内与外相称相应，相应则"诚"，不应则"伪"。《礼记·乐记》："著诚去伪，礼之经也。"⑦人之喜怒哀乐、庄敬虔诚、声色

---

① 《春秋左传正义》卷二七，第 4149~4150 页。
② 刘钊：《郭店楚简校释》，福建人民出版社，2005 年，第 181 页。
③ 《礼记正义》卷三八，第 3327 页。
④ 《礼记正义》卷五四，第 3560 页。
⑤ 黎翔凤：《管子校注》，梁运华整理，中华书局，2004 年，第 583 页。
⑥ 刘钊：《郭店楚简校释》，福建人民出版社，2005 年，第 88 页。
⑦ 《礼记正义》卷三八，第 3332 页。

言貌等均应内外协调，不可偏废。外在礼容的失度，自然也要追溯到内心喜怒哀乐之情的变化上。心性紊乱了，也必然反映到礼容的失态上，此正所谓"有本有化，有终有始"。

春秋时期，人们原始究终的评判依据，除了根据人的本性外，就是他们日常的生活经验和共享且古已有之的诗礼知识系统。根据已成为常识甚至习惯的诗和谚语，更易研判行礼者外在礼容反映的内心真实想法，作出合礼与否的判断。《汉书·艺文志》说："古者诸侯卿大夫交接邻国，以微言相感，当揖让之时，必称《诗》以喻其志，盖以别贤不肖而观盛衰焉。"①《礼记·仲尼燕居》详细描述相见之时的周旋揖让、奏乐之礼，所以孔子认为："古之君子，不必亲相与言也，以礼乐相示而已。"②君子的日常生活交接，依礼而行，不必靠多言。言行中礼，示于他人。他人也明其所思所想，志在何方。在礼乐圈子文化内，大家心照不宣，配合默契，所谓"观其舞知其志"是也。礼乐就是贵族的语言。

"诗"与"乐"在很早时期，就成为贵族子弟学习的必修科目。据董治安统计，《左传》引诗 279 条，《国语》引诗 38 条。③ 胡宁也曾详细论述春秋用诗和贵族政治之间的关系，值得参考。④ 春秋时人引诗，或作为证明事理的依据，或作为评人论事的依据，或作为劝谏或化讽、谴责的依据。《诗》所表述的事例名言，是人人遵奉的社会原则。孔子说学诗可以多识鸟兽草木虫鱼，获得生活常识。诗成为日常生活中不可少的知识宝库与生活指南。《尚书·尧典》："夔，命汝典乐，教胄子。直而温，宽而栗，刚而无虐，简而无傲。诗言志，歌永言，声依永，律和声。八音克谐，无相夺伦，神人以和。"⑤关于贵族的礼乐学习，丰富的记载来自《礼记》诸篇，如《王制》《玉藻》《月令》《学记》《内则》《经解》等，具体包括教育机构、学习科目、生源选拔、师资构成、考核方式、学成去向等。诗在如此大的群体中被广泛地记忆、诵读、引用与演绎，即使遭遇焚书之祸，也难彻底消亡。《礼记·内则》详细记载了一个贵族从接受教育、有室、出仕到退休的整个过程，自始至终都与礼乐相伴一生：

> 六年，教之数与方名。七年，男女不同席，不共食。八年，出入

---

① 《汉书》卷三〇《艺文志》，第 1755 页。
② 《礼记正义》卷五〇，第 3502 页。
③ 董治安：《先秦文献与先秦文学》，齐鲁书社，1994 年，第 45 页。
④ 胡宁：《春秋用诗与贵族政治》，北京大学博士学位论文，2014 年。
⑤ 《尚书正义》卷三，第 276 页。

门户，及即席饮食，必后长者，始教之让。九年，教之数日。十年，出就外傅，居宿于外，学书记，衣不帛襦袴，礼帅初，朝夕学幼仪，请肄简谅。十有三年，学乐，诵诗，舞勺。成童，舞象，学射御。二十而冠，始学礼，可以衣裘帛，舞大夏，惇行孝弟，博学不教，内而不出。三十而有室，始理男事，博学无方，孙友视志。四十始仕，方物出谋发虑，道合则服从，不可则去。五十命为大夫，服官政。七十致事。①

先秦经典文献中，关于贵族教育的记载并不少见。诗书礼乐是伴随一生的行事规则。杨宽曾详细考察西周太学制度，认为："西周大学不仅是贵族子弟学习之处，同时又是贵族成员集体行礼、集会、练武、奏乐之处，兼有礼堂、会议室、俱乐部、运动场和学校的性质，实际上就是当时贵族公共活动的场所。"②总之，通过系统的礼乐学习与实践，一个彬彬有礼的阶层应运而生。③

诗是春秋时贵族的基本常识。所以行礼人称诗以表明自己的志意，观礼人也能借此观看其贤与不肖，并推断其未来的盛衰命运。《左传·昭公二十一年》载：

> 三月，葬蔡平公。蔡大子朱失位，位在卑。大夫送葬者归，见昭子。昭子问蔡故，以告。昭子叹曰："蔡其亡乎！若不亡，是君也必不终。《诗》曰：'不解于位，民之攸墍。'今蔡侯始即位，而适卑，身将从之。"④

蔡国太子在葬其父平公的丧葬礼中行礼失位，所处位置不对。杜预

---

① 《礼记正义》卷二八，第 3186 页。
② 杨宽：《我国古代大学的特点及其起源》，《古史新探》，上海人民出版社，2016 年，第 200~221 页。
③ 钱穆曾说："春秋二百四十二年，一方面是一个极混乱紧张的时期；但另一方面，则古代的贵族文化，实到春秋而发展到它的最高点。春秋时代常为后世所想慕与敬重。大体言之，当时的贵族，对古代相传的宗教均已抱有一种开明而合理的见解。因此他们对人生，亦有一个清晰而稳健的看法。当时的'国际'间，虽则不断以兵戎相见，而大体一般趋势，则均重和平，守信义。外交上的文雅风流，更足表显出当时一般贵族文化上之修养与了解。即在战争中，犹能不失他们重人道、讲礼貌、守信义之素养，而有时则成为独有的幽默。……春秋时代，实可说是中国古代贵族文化已发展到一种极优美、极高尚、极细腻雅致的时代。"参见钱穆：《国史大纲》，商务印书馆，1996 年，第 71 页。
④ 《春秋左传正义》卷五〇，第 4556 页。

注："不在嫡子位，以长幼齿。"旧君已丧，太子为新君主丧，当以君臣序爵处尊位。蔡太子却序齿论长幼，处在卑位，充分显露其内心的不安和对君位稳定性的不确定。鲁国派遣送葬大夫回来后，告诉了昭子叔孙婼。昭子判断蔡国就要灭亡了，即使国家不灭亡，国君也不得善终，并引诗《大雅·假乐》证明之。"赋诗断章，余取所求"，虽然对诗的解释已可以根据自己的现实需求来增加，但是旁人还能听懂其所求为何，① 更说明了时人对诗的熟练程度。

基本的礼仪规范和诗礼传统早就深入人心。稍微的违礼，就如烛照一样，明晃晃的无所遁形。叔孙婼不是行礼现场的观看者，也未见过蔡侯，仅从二手信息就准确地预判了蔡侯的命运，也说明"不解于位"是礼的常态，失位是非常态。太子朱是将即位的国君，行礼时位置安排当序爵处高位，现在却序齿而处于众兄弟之间，说明太子未能获得稳定的继承权，即位存在危险。在惯常的渠道中，等待即位的太子在丧礼中为丧主，② 于柩前即位，按程序一切皆有定数。春秋时期，虽然已经出现了裂痕，总体而言整个社会体系还是沿着礼的固有轨道在运行。所以个人若违礼而偏离了轨道，旁人可以通过共享的体系进行预测和评论。

宁惠子评判苦成叔时，首先引用古有传统说法，即"古之为享食也，以观威仪、省祸福"，接着引用《诗·周颂·丝衣》"兕觥其觩，旨酒思柔，匪傲匪傲，万福来求"，最后得出"今夫子傲，取祸之道也"的结论。③ 惠子没有创造新的东西，依据的是古已有之的诗礼传统。享礼已经举行数百年，该有何种仪节，该配何种礼容，是明白的常识，若违背相应规定，会有何种结局，贵族们也早烂熟于心，成为经验之谈。

《左传·襄公二十四年》载，晋平公嬖臣程郑升任下军佐，高居六卿之位，却向郑国使节公孙挥请教降阶下人之道。郑大夫然明评论道："是将死矣，不然，将亡。贵而知惧，惧而思降，乃得其阶，下人而已，又何问焉？且夫既登而求降阶者，知人也，不在程郑，其有亡衅乎？不然，其有惑疾，将死而忧也。"孔颖达疏："知程郑以佞媚嬖幸得升卿位，非有谦退止足之心，今忽问降阶，是改其常度，以改其常，知其将死。"④贱而得贵位，贵后又请教如下人，说明程郑内心充满了忧戚和恐惧。这样时间久

① 过常宝：《春秋赋诗及"断章取义"》，《文艺研究》2019 年第 4 期。
② 杨华：《"谅阴不言"与君权交替——关于"三年之丧"的一个新视角》，《中国社会历史评论（第六卷）》，天津古籍出版社，2006 年，第 1~20 页。
③ 《春秋左传正义》卷二七，第 4153~4154 页。
④ 《春秋左传正义》卷三五，第 4300 页。

了，也离死不远了。《左传·昭公十二年》载，宋国华定聘鲁，鲁国"享之，为赋《蓼萧》，弗知，又不答赋。昭子曰：'必亡。宴语之不怀，宠光之不宣，令德之不知，同福之不受，将何以在？'"。①古有的诗礼传统中，贵有贵道，贱有贱位，两不相干。程郑依靠国君的宠幸，打破了这种平衡，结局可知。外交场合燕飨赋诗，既不知对方赋诗的含义，又不晓用何诗作答。如此缺乏常识，当然也是"必亡"。

令尹子围的案例，也很典型。《左传·襄公三十一年》载，卫国北宫文子载楚国看了令尹子围的威仪侯，跟卫侯说："令尹似君矣！将有他志，虽获其志，不能终也。"后来的形势正如北宫文子的预测。卫侯问他何以知之，文子引用大量诗句，论证子围虽为臣子，但却具备了君主的威仪。文子引用的诗句有："靡不有初，鲜克有终"，"敬慎威仪，惟民之则"，"威仪棣棣，不可选也"，"朋友攸摄，摄以威仪"，"大国畏其力，小国怀其德"，"不识不知，顺帝之则"。君有君的威仪，臣有臣的威仪，文子给了"威仪"一个明确的解释："君子在位可畏，施舍可爱，进退可度，周旋可则，容止可观，作事可法，德行可象，声气可乐，动作有文，言语有章，以临其下，谓之有威仪也。"②威仪就是礼容。外在的礼容与实际的地位不相称，说明子围有了篡逆之心，不得长久。北宫文子的知识来源于古已存在的知识体系以及其时普遍施用的日常礼仪实践活动。正是因为内心与外在礼容具有不可分割的联系，古人也逐渐发展出了一套"观人"的规律：

> 贤君用臣……饮之以酒以观其态。(《越绝外传·计倪》)③
> 故校之以礼，而观其能安敬也；与之举错迁移，而观其能应变也；与之安燕，而观其能无陷也；接之以声色、权利、忿怒、患险，而观其能无离守也。(《荀子·君道》)④
> 凡论人，通则观其所礼，贵则观其所进，富则观其所养，听则观其所行，止则观其所好，习则观其所言，穷则观其所不受，贱则观其所不为，喜之以验其守，乐之以验其癖，怒之以验其节，惧之以验其特，哀之以验其人，苦之以验其志。(《吕氏春秋·季春纪》)⑤

① 《春秋左传正义》卷四五，第4477页。
② 《春秋左传正义》卷四〇，第4377~4378页。
③ (汉)袁康撰、李步嘉校释：《越绝书校释》，中华书局，2013年，第270页。
④ (清)王先谦：《荀子集解》，沈啸寰、王星贤点校，中华书局，1988年，第241页。
⑤ 许维遹：《吕氏春秋集释》，梁运华整理，中华书局，2009年，第77页。

故论人之道，贵则观其所举，富则观其所施，穷则观其所不受，贱则观其所不为，贫则观其所不取。视其更难以知其勇，动以喜乐以观其守，委以财货以论其仁，振以恐惧以知其节，则人情备矣。（《淮南子·泛论》）①

这些都是古人知人论世总结出来的经验之谈。它们有一个共同的依据、统一的底线：需要言行一致，内外一致。而这种"一致"是深深浸润于漫长的诗礼传统中的。

诗礼既根源于人的本性，② 又是先王之政典，源自古老的传统，是春秋时人都能理解的常识，③ 是一种共享的知识，是日常的生活经验。④ 孔子说："不学诗，无以言"，"不学礼，无以立"，"使于四方，不能专对"。子贡评邾隐公命运的依据也是"以礼观之，二君皆有死亡焉"。正所谓"古之君子，礼乐未尝斯须去身"。⑤ 君子若不懂得根据不同的行礼场合表露不同的礼容，就无法从事基本的政治、宗教、军事与外交活动，难以行走在上层贵族之林，立足于天地之间。⑥ 对于其时人而言，这是生活的常识和基本技能，逐渐形成习惯，成为共享的知识。钱穆说："礼本为祭仪，推广而为古代贵族阶级间许多种生活的方式和习惯。此种生活，皆带有宗教的意味与政治的效用。宗教、政治、学术三者，还保着最亲密的联络。"⑦礼容是内外相应相称的。在成熟的诗礼传统中，相应的礼仪程序，

---

① 刘文典：《淮南鸿烈集解》，中华书局，1998 年，第 453 页。

② 郭店简《性自命出》："诗书礼乐，其始出皆生于人。诗，有为为之也。书，有为言之也。礼、乐，有为举之也。圣人比其类而论会之，观其先后而逆顺之，体其义而节文之，理其情而出入之，然后复以教。教，所以生德于中者也。"此段文字也见于上博简《性情论》。参见荆门市博物馆编：《郭店楚墓竹简》，文物出版社，1998 年，第 179 页。

③ 《春秋》"属辞比事"有所谓"常辞""常例"，这也是当时社会的常识。"常辞"体现的是基本的价值系统，是共同的底线。虽然在大争之世，底线经常遭到践踏，但并没有消亡，而且越发得到强调。见黄铭：《推何演董：董仲舒〈春秋〉学研究》，生活·读书·新知三联书店，2023 年，第 50 页。

④ 《史记·曹相国世家》记载，惠帝二年，丞相萧何去世，正在齐国的曹参催促舍人收拾行装，准备入朝为相，有学者认为"这并非曹参未卜先知或过于自信，而正来自汉初君臣间的共识"。见田天：《微小与永恒》，《读书》2022 年第 12 期。一个具有共识的社会，无论这种共识已经被明确言说，还是默默隐藏在每个人的心中，人们都会根据共识行事，"预测得中"也是理所当然的。

⑤ （清）盛世佐：《仪礼集编》，袁茵点校，浙江大学出版社，2021 年，第 204 页。

⑥ 程苏东认为："诗、礼、乐三位一体而与贵族的现实生活具有密切关联，是一套具有高度实践性与规范性的知识体系与仪式规范。"见程苏东：《从六艺到十三经：以经目演变为中心》，北京大学出版社，2018 年，第 42 页。

⑦ 钱穆：《国史大纲》，商务印书馆，1996 年，第 95 页。

有相应的礼容要求，且世世代代均如此，必然也期望行礼人表现出相似的礼容。若行礼的基本程序没有变化，行礼人的礼容却变了，自然是其内心也有了变化。或可言之，此为"不肖"。[1] 根据礼仪程序，肯定能够研判并预测他们的命运。礼于他们而言是一种生活方式，失礼是日常生活的变态，反而是一件更容易研判的行为。

春秋时期是新旧交错的转型时期。礼崩乐坏的另一面是礼乐兴盛。所谓"礼乐征伐自天子出""礼乐征伐自诸侯出""陪臣执国命"，春秋时期的"礼崩乐坏"，不是礼乐的崩坏，而是行使礼乐的权力的转移，或者说是"下移"。自天子转到诸侯，到卿大夫，最后转到士的手中，反而是让更广泛的人群进入了礼乐之中。这样，中国才逐渐成为一个"礼仪之邦"。[2] 在这种转移的过程中，虽然违礼事件不断出现，但是因行使礼乐的人数和场合更多元，行使礼乐更频繁，反而促进了礼乐的兴盛，让更多的人得到礼乐的教化。当然，因战争的频繁，权力斗争日趋激烈，国灭家亡之事时有发生，也给礼乐传统造成了裂缝。越来越多的人登上舞台，礼得到越来越多人的尊崇，也有越来越多的人违礼。春秋时人尚浸润于礼乐文明中，为礼乐所化。根据日常生活经验和政治常识，明显的违礼行为必然会带来某些可以预见的后果。

实质上，无论是尊礼还是违礼，令尹子围与北宫文子，都是西周以降礼乐传统中的人。他们的冠婚嫁娶是礼，军政大事是礼，周旋揖让、扫洒应对、日常交际、聘问朝贡、丧葬祭祀等，无一非礼，为礼所化。礼就是他们的生活方式。[3] 他们虽然也争权夺利、征伐杀戮，甚至尔虞我诈、勾心斗角，但还没有"奸诈"到完全脱离礼乐文明规范的地步。礼乐已内化于心，是集体的无意识。在这样的文化中熏陶出来的人，言行举止与礼略

---

[1] 《礼记·杂记下》载夫出妻之礼："妻出，夫使人致之曰：'某不敏，不能从而共粢盛，使某也敢告于侍者。'主人对曰：'某之子不肖，不敢辟诛，敢不敬须以俟命。'"被出之妻的父亲说"子不肖"，虽为谦辞，但也是说自己的女儿未尊礼。所谓"不肖子孙"，可以理解为在古老的传统中，现在的子孙所作所为不像以前的祖先，没有继承他们的传统，破坏了古老的规矩。不肖子孙的后果，也可以推测得知。于春秋而言，这个"古老的传统"就是诗礼传统。

[2] 杨华：《中国何以成为"礼仪之邦"》，见氏著《古礼再研》，商务印书馆，2021 年，第1~20 页。

[3] 提出"礼是一种生活方式"，参考了王汎森"思想是生活的一种方式"的说法。王先生界定"生活"时说："此处所谓的'生活'，包括的范围比较宽，其中当然也包括社会生活、经济生活、政治生活。"见王汎森：《思想史生活的一种方式：中国近代思想史的再思考》，北京大学出版社，2018 年，第 2 页。王先生还提出了"执拗的低音""风"等概念。实际上，礼对于春秋时期的高级贵族来说，就是他们生活中的"风"，弥漫在生活的方方面面。战国之后，礼乐下移到民间再化为"俗"，即"风俗"的源头。

有违背，内心稍有变化，礼容必与之相应，也必然会被旁人知晓。

总之，礼是春秋时期个人安身立命与治国理政的标准与依据，是默认的共同底线。在这套底线与规则之下的个人，当然可以被人们通过其外在的礼容，探测到内心的秘密，并预测其未来的命运。《左传》里屡次的预测得中，不是什么了不起的行为，而是社会转型时期，诗礼的传统保守主义者根据古有的知识和日常生活经验得出来的平常结论。① 在日常政治文化生活中，屡得验证，实属常态。违礼者是转型社会的偶尔脱轨者，本质上还是礼乐传统中的人，内与外还保持一致。战国后"道术将为天下裂"，礼乐遭到破坏过甚，共享的知识和共同的生活轨道被破坏殆尽，再也难以发挥合情饰貌的功能。②

礼是延续已久的古老知识传统，是共有的、共享的、普遍的生活方式。当新的生活方式出现后，时代也就要变了，礼最终也会发生变化。

---

① 汉学家柯马丁也有类似的看法。他说："在《左传》中，历史是一个道德的、可以预期的世界，是一个社会秩序与礼仪秩序的世界。对这一秩序的违背是可以辨认的，其后果也是可以预见的。"参见［美］宇文所安主编：《剑桥中国文学史（上卷）》，生活·读书·新知三联书店，2013 年，第 79 页。

② 《孙子兵法》提出"兵者，诡道也""兵以诈立"的口号，为诈术正名，不仅具有思想上的意义，更体现在社会心态的突变上。军礼转变为兵法，阴谋变为阳谋，不仅可以大行其道，而且还演化成一套完备的知识体系，教人如何更有效率地杀人之子，夺人之国。如有"诡道十二法"，即"能而示之不能，用而示之不用，近而示之远，远而示之近。利而诱之，乱而取之，实而备之，强而避之，怒而挠之，卑而骄之，佚而劳之，亲而离之"。

结　语

　　自殷商以降，作为待宾之道，燕飨礼有一个萌芽、兴盛及逐渐衰落的过程。通过对早期燕飨礼的对象、仪式及其与其他礼配合而行的组合模式，燕飨礼中展露出的思想观念的探讨，发现燕飨礼与社会权力结构的变迁、思想观念的演变密切相关。燕飨礼作为一面镜子，时时映射出其时政治、宗教、文化甚至民俗诸方面的真实情况。具体而言，可以得出如下几点认识：

　　第一，飨包括祭飨与宾飨两种基本形式。

　　飨既属人道，也可以归入神道。古人所谓"飨"，不仅包括飨人，而且包括飨神。"飨"通常作"𩝅"，罗振玉认为即象飨食时宾主相向之状。"飨"字两旁所从部首即象征行礼中的宾主，中间部分则象征盛酒食的礼器。加之甲骨、金文中"人""尸"二字，均象人弯倾貌，唯一的区别是"尸"的腿部稍曲折，象曲膝貌。在这种情况下，"飨"字两旁所从，不能简单地认为仅象征作为"人"的宾主或作为"尸"的神。据此可以推测行"飨"礼时，人、神均可参与。另外，殷墟甲骨、两周金文以及传世礼典文献，甚至后代注疏家，均认可飨的对象既有神灵、又有人，即飨礼包括祭飨与宾飨两种。"飨"的对象包括神灵的观点，自战国后逐渐淡出世人的眼界，致使后人仅以宾飨指称"飨礼"，造成礼学研究上的一大误会。

　　祭飨的对象，具体而言包括天神、地祇与人鬼。人面对无形无影的神灵时，很难直接行礼，所以古人化"虚无"为"实在"，立尸以象神，通过与尸的酬酢以实现祭祀神灵的目的。古人对所立之尸，不仅在其外貌上尽量做到惟妙惟肖，而且在神性上同样要做到交融无间。尸即是主人之宾，与飨人时所飨对象为主人之宾，属于同一性质。

　　中国古代天神、地祇与人鬼，所有祭祀均必立尸。尸既是人，又是神灵的象征与凭依，是神在礼仪实践中呈现形象的最佳载体。尸的形象与神的遭遇、地位、职能、性格、死因等密不可分，且遵循物象其类的原则。《山海经》中的神灵形象，多为祭祀礼仪中神尸的装扮形象。祭祖必立尸，祖神也借助尸身的形象获得再现。主祭之子与为尸之孙，通过祭前的斋戒与正规祭仪，加上血脉之躯与诚敬之心，无论在外在形态还是内心上，均重构与显现了父祖神灵的形象。有尸之时，神像借助尸身得以呈现。无尸之时，神像借由物象得以呈现。物象包括重、主、铭旌、衣物、宗庙、几筵之设、四面之座、屏摄之位等。所谓凭物以依神，神是静穆而无形的，也是没有个性的，是一种在行礼空间内实实在在地存在，而又无形无影的神灵之像。神像在尸中呈现，在子孙身上呈现，在物中呈现。神灵形象，只能是礼仪实践中的神灵形象。在这个意义上讲，礼创造了神。

与"祭飨"招待神以神为宾不同，"宾飨"是以人为招待对象，以人为宾之礼。殷商以降，宾飨的对象就包括诸侯、臣属、使者、戚属、朋友、邑子、士庶子等。殷周鼎革，周室东迁，诸侯争霸，权力结构的破坏与重组，理性意识的不断增强，使得作为最高待宾礼的宾飨之礼，随着社会的变迁而呈现出不同的面貌。通过对宾飨对象的探讨，我们发现春秋时代的"礼崩乐坏"本质上是"礼乐下移"。殷商、西周之时，行飨以天子、诸侯为中心。天子高高在上，作为主人能飨别人而不能被飨；春秋时代，天子之权首先下移至诸侯，再次下移至强宗贵卿，最后至大夫士。飨礼集中于诸侯与诸侯之间、诸侯与卿大夫之间举行，天子被冷落在一旁，且受辱被飨开始出现。这些充分地表明，权力的运作已由"天子+诸侯"转变为"诸侯+卿大夫"与"卿大夫+卿大夫"的模式。诸侯蚕食王室之权，卿大夫蚕食诸侯之权，相递发生。

祭飨与宾飨均是飨礼。"飨"字"象飨食时宾主相向之状"。只不过，所谓"宾主"不仅包括人，而且包括神灵。就目前掌握的资料而言，古人飨食与祭祀，均带有一定的神圣性，这与其时整个社会被神灵信仰笼罩，理性意识不发达有关。飨神包括帝、天、万物及祖先，飨人包括诸侯、臣属、使者、戚属、朋友、邑子、士庶子等。两者行礼虽有对象、地点的不同，有一占卜、一不占卜的差异，但却具有更大的相同性，如均有裸礼、馈食礼，均礼终再行燕礼，均用腥、明水，用的礼器、音乐均相同等。所有的这一切都在表明，上古之人事神如事宾，事宾如事神，对待神灵与宾客，拥有相同的心理。因飨既可飨神，又可飨人，若以一篇文献言之，则难于区隔，故古代并不存在一篇叫作《飨礼》的文献。所谓"《飨礼》已亡"的说法，并不可从。

第二，燕礼常与其他礼相配合而行。

殷商射礼与燕礼，均已发展到较为成熟的程度，甚至某些细微仪节处与周代礼制相比，已有很大的相似性。周代礼制继承、发展了殷商礼制，应该是没有疑问的事实。殷周之际的变革，应不如王国维《殷周变革论》中论述得那般剧烈。具体到射礼与燕礼的关系上，周代射礼与燕礼相配合而行是普遍的礼仪规则，但在殷商时期，虽然射前或射后行燕礼存在某些蛛丝马迹，有萌芽趋势，但很难据以确证殷商射礼与燕礼相配合而行，已是较为流行的礼仪规则。殷商"射燕"的存在与否及发展程度如何，有待更多新材料的发现与新理论的运用。宗周时代，燕礼与射礼配合而行已是非常普遍的行礼方式。西周厉王时期的鄂侯鼎所记射礼，与传世文献记载相比，虽较为简洁，但主要仪式基本相同。射前"王休宴"，射后"王扬，咸饮"等，正是"正献""旅酬""无算爵"在金文中的体现。

周代贵族在祭祖后，与诸父兄弟及一般族人燕饮，是一种常见的礼制行为。一族之内，宗子除了通过祭祖以确定其威严，获取其统治的合法外，亦通过祭后的燕饮来融洽与宗人之间的关系。敬畏过度，则关系疏远，必以狎爱补救。周幽王不能宴饮兄弟，以致多有怨愤之诗。兄弟族人欢乐宴饮后，美酒佳肴已尽，心中没有怨言、愤怒，只有欢庆，于是长幼咸集，稽首祝福主人寿考多福。主人以宴饮亲宗统族，以致与族人的关系达到雍容和洽的境地。

傧尸是周代上大夫以上高等贵族祭祖后，以祖先之尸为宾客，设宴招待酬谢其辛劳的礼制。它是标准的祭祀之后的燕饮活动，与献祭构成了一个完整的礼仪组合。具体而言，正祭后，以出庙门为界点，尸的身份已逐渐由神转变为人。傧尸时节，不论是主人迎尸之法，还是设几之法，甚至行礼地点，已与一般饮酒燕饮无异。傧尸是主人对祭祖时充当为尸之人的感谢。

蜡祭、雩祭、社祭后的宴饮，亦是祭祀后的燕礼。它们具有一个重要特点，就是民众的大量参与。祭祀时，严肃庄敬；燕饮时，饮酒纵欢。这当然与上层社会单纯以燕飨为目的宴饮宾客，有一定的区别。这种"祭祀加燕饮"类的礼仪活动，均是在国家力量介入或主办，民众与官方共同合作的情况下，才得以完成。民众的狂欢，仍然处于国家的礼仪范畴之内。这也是为什么民众的狂欢行为，既得到了统治阶层的默许，又得到了儒家的推崇。落礼可称作"考"，是宫室初成的祭祀之名。在祭后，主人亦常常设宴招待参与落礼的宾客，与之饮酒。落礼中"祭祀加燕饮"的行礼模式，不仅在传世文献中有记载；在出土文献《昭王毁室》中，楚昭王先杀牲取血以衅庙，后燕饮群臣，也得到了确证。

"祭祀加燕饮"是先秦礼典中非常常见的礼仪组合。献祭的等级森严及礼仪的极端严肃，自然可以促使献祭者与观礼者产生对被祭神灵的崇拜甚至畏惧之情，从而使礼典活动处于神灵信仰的氛围之中；而献祭后的燕饮，则把与礼者从神灵世界拉回了人的世界，主宾之间的觥筹交错，以及其他参与礼者的旅酬、无算爵等，在一定程度上构成了对尊卑等级秩序的突破。燕饮之际的行礼氛围，相对于献祭来说轻松了许多，从而使人与人之间的亲密度得到了提高。周代贵族正好利用了这点，在宗族内收宗统族；在宗族外，燕饮民众，休养生息。

春秋已降的君臣私宴多属个人的生活领域，已有"去仪式化"的倾向。但它与"无算爵"类的"醉不忘礼"不同，"醉而无礼"的背后反映的是社会转型背景下时人内心的剧烈冲突。剧烈的社会转型不可逆转，往日的礼乐制度、宗教信仰受到挑战，新的事物不断出现，纯粹的感官享受失去了束缚而向极端方向发展。君臣私宴在这种背景下大量出现，反映出燕礼作为一种礼制在逐渐衰落。

第三，燕飨礼体现了尊君观念。

"天子无客礼"是自殷周以来通行的礼义规则。作为天下共主，无论在自己直接控制的王畿之内，还是畿外诸侯的境地，天子永远为主而不为客。具体表现在，天子进入诸侯之国，舍于诸侯之祖庙，直接与神交接，而不与诸侯为平等行礼；设飨行礼时，诸侯虽为"东道主"，但只能接受天子之飨，而不能飨天子，即诸侯由主变为客，天子由客变为主。"天子无客礼"不仅体现在飨礼上，而且在朝聘、吊唁、传位等礼中，同样如此。《尚书·顾命》所载为成王崩，康王即位之礼。在行礼过程中，成王以神灵处户牖间的正主南面之位，太保以代理人身份处东阶摄主之位，康王以太子身份处西阶宾客之位。整个仪式过程以授瑞信为转折点。之前成王是天子，故处南面位为主；之后康王是天子，故降自阼阶为主。王位的传承，实际上是一个变相的"主位"传承。为子为宾时升降自宾阶处宾位，为父为君时升降自阼阶处主位。这种传位方式，在冠子、飨新妇、奔丧等礼仪中均能见到，故本书称之为仪式的"代际交替模式"。

与"天子无客礼"相应，"臣飨君"实际上是臣处主位而君处宾位。只不过，此"君"包括一切的"有地者"，即自天子直至士。故"臣飨君"是非礼行为，而非某些礼学家所谓的如天子祭天一样合符礼仪。但周室东迁后，天子权威衰落，郑厉公因有勤王之功，在周王室以飨天子，首开臣飨君的先例。自此之后，整个春秋时代，臣飨君已较普遍。"臣飨君"的兴起，与礼乐制度的崩坏、权力结构的重组息息相关。

"臣飨君非礼"与"天子无客礼"一样，是战国中后期礼学家总结的礼义原则，这个原则基本符合西周的礼乐传统。但到春秋礼崩乐坏的时代，臣飨君、以君为宾的事例大量产生。君臣之间在燕飨礼中的权力博弈，君常处于劣势一方。臣权在逐渐膨胀，君权受到了进一步的削弱。从郑伯飨周天子开始，卿大夫飨诸侯，直到士飨卿大夫，一层一层地递进，位尊权重者被下属待之以宾以客，充分展示了春秋时代"礼乐权力"转移的状态。"臣飨君"并非仅仅是独立的礼仪活动，它根植于其时的社会现实，透露出社会各阶层上下流动、此消彼长、兴衰往复的时代消息。

　　"不以公卿为宾"同样是战国礼学家总结出的一个礼义规则。但考诸西周早期，发现其与历史事实并不相符。整个西周时代，是天子与诸侯行礼最为频繁的时代，以诸侯、贵卿为宾是其时常态。所谓的"不以公卿为宾"，主要见诸《仪礼·燕礼》及相关文献之中，并且有一个逐渐清晰的过程。《燕礼》仅仅以仪式展示不以公卿为宾的事实，到《燕礼·记》初步提出概念，到《礼记·燕义》时则总括其成，明确提出这个礼义原则。"不以公卿为宾"概念的提出，与历史上"尊君"意识的逐渐增强相吻合。实际上，它是先秦礼学家面对君权衰落的社会现实而提出的一项补救措施。从西周金文，以及清华简《耆夜》来看，西周初期礼制的发展已较为成熟，在某些方面甚至与《仪礼》所载相吻合。但若说周初就存在"不以公卿为宾"，则与传世礼典文献相抵触。与之相反，西周时以公卿为宾明显超过了以大夫为宾的频率。换言之，西周时代存在"以公卿为宾"。

　　天子、诸侯燕臣子，自己不亲自参与献，而以献主代献，是自西周初以来就存在的礼义原则。具体而言，天子以膳夫为献主，诸侯以宰夫为献主，两者爵均仅至于士。君以献主代献，若与"不以公卿为宾"相结合，在春秋以降礼学家的眼里，甚至会造成一种非常吊诡的局面，即若君欲燕卿，君一方用膳夫或宰夫为献主，卿一方以大夫代理受献之宾，实际行礼双方均是"礼仪代理人"，真正的宾、主则均退居其后。之所以会造成这种局面，根本缘由在于君臣不可分庭抗礼的尊君观念。不过，《耆夜》所载西周早期故事，周天子以周公为献主，爵位远高于士，毕公高为客，未另有代理者，与《周礼》《仪礼》所载有异，似暗示西周初年尊君意识未有极端化倾向。

　　值得特别注意的一个问题是，《仪礼·燕礼》中诸侯行燕礼，选择大夫为宾，而放弃了以卿为宾，仅仅是一种仪式的展示，尚未总结出一个礼义原则。但附载于《燕礼》后的"记"则明显不同，提出了"与卿燕，则大夫为宾，与大夫燕，亦大夫为宾"的礼仪通则。最后，《礼记·燕义》更加简洁地提出"不以公卿为宾"的原则，问题终于浮出水面。这为我们展示出"不以公卿为宾"的演变历程：从西周时代的不存在，到《燕礼》的仅为仪式展示，到《燕礼·记》的初步提出，到最后《燕义》的总括其成，在时代上有一个逐步递进的过程，而且正与历史上"尊君"意识的增强相吻合。从这个角度，可为反思《燕礼》的成书年代，以及《燕礼·记》与《燕礼》之间的关系，提供一个致思的方向。

第四，燕飨礼蕴含宾道观。

燕飨礼行礼双方，通过以宾主身份置换君臣、父子、官属，甚至夫妇等身份，一定程度上解构了等级制度；行礼至旅酬、无算爵、无算乐后，所有与礼者可以"狂欢痛饮""不醉无归"，又冲淡了尊卑色彩。"宾道"蕴含的行礼双方身份的相对平等，致使燕飨礼区别于其他礼而具有的特点，一览无余。

"宾道"有两种含义。其一，在位者的尊宾重道。天子、诸侯及乡大夫，甚至族长，在燕飨礼中暂时"放弃"其尊贵身份，以等级色彩不浓的"主人"身份，参与其中，表达亲贤尚能之意。当子、臣、族人，被父、君、族长以宾相待时，严格的尊卑上下秩序为温情平等的主宾关系所代替，人与人之间显得更加亲密，感情交流更加容易。特别是战国时代，诸侯为招纳贤才，对某贤能之士，往往不以为臣而以为宾，以宾礼待之。这正是"宾道"意识在战国时代的反映与发展。其二，在下者暂时性突破严格的等级制度，以宾自处，与高位者分庭抗礼，酬酢劝酒，展示出较独立的身份意识。"宾道"在秦汉后社会仅有稍许遗存，兴盛却在秦汉专制主义建立之前的社会中，这反映出君臣、官民等尊卑明显的关系可被"主宾"关系暂时性代替，并非一种偶然存在的现象。相反，宗周礼乐制度中蕴含的这种"宾道"意识，反映的是其时社会权力结构并没有后世想象得那么森严与不可逾越。其时不是皇权专制形态下的皇帝独断一切、高高在上，以及臣子唯唯诺诺、奉命行事。

正是因为燕飨礼中宾主身份较为平等，运用到政治领域中，臣子就可以借助自己为宾的身份，而向君主大胆进谏。这种情况，被称为"宾谏"。宾谏君主常能达到预期目的，可以看作古人"不显谏"君主之非的一种灵活运用。

"宾道"观念反映了秦汉专制君主制建立之前，君臣关系并非仅是垂直式的臣对君的绝对服从，而是在道义、权力结构上均构成互动关系。主宾之间更像僚友或伙伴关系。《左传·宣公四年》在总结"书法"时谈到，"凡弑君，称君，君无道也；称臣，臣之罪也"①。君非"绝对正确"，臣

① 《春秋左传正义》卷二一，第4058页。

亦非完全"臣罪当诛"。君以臣为宾,并尊宾,正是春秋时代甚至更早时期君臣关系的一面镜子。顾炎武谈到"春秋时犹宴会赋诗,而七国则不闻矣",燕飨礼的衰落与新一轮的尊君意识的勃兴,是同时发生的。战国后至秦汉时,燕飨礼走向衰微,在时代的激荡博弈下,"尊宾"观念逐渐不被一般人重视,"尊尊"却借助皇权,在此后两千年帝制时代不断强化。

宾道观存在于礼制施行中的主宾关系中。主宾是先秦伦常的重要一环,化干戈为玉帛,变刀剑为樽杯,宾主周旋揖让之际,往来酬酢,分庭抗礼,同心共饮。战国后,随着"五伦"的定型而逐渐衰微。君臣、父子、夫妇、兄弟、朋友五伦之外,主宾是"第六伦"。[①] 本书对宾道观的揭示,可以帮助人们更深入地理解极端君权建立之前人伦关系的多样性。"第六伦"在后世的式微,平等意识的没落,也是权力高度集中、时代急剧变化的反映。

第五,燕飨礼在两汉发生了变异。

汉代朝礼中的宴饮,包括君臣间的私饮、民众的聚饮以及养老与乡饮酒礼。汉初高层政治集团,无论是知识还是情感方面,于礼乐是疏远和陌生的,但出于巩固皇权的需要,又不得不用礼乐以缘饰之。这种局面导致西汉政治高层对于礼完全采取实用主义、功用主义立场。礼乐是权力的附属物。养老与乡饮酒的结合,成为汉代饮酒礼的一大特色。随着儒家与朝廷的合作,具有儒家背景的学者与官员,特别热衷于举行乡饮酒礼。养老是以孝治天下的国家战略下意识形态选择的必然。以养老行教化,建立了文明的基层秩序。

第六,燕飨礼具备神圣与狂欢的双重特点。

燕飨礼具有亲宗、敬友、安宾、乐民等多重功能,对维持社会稳定、缓和阶层矛盾起到了重要作用。民众狂欢松弛,以休养生息,以亲民乐民,突破严格的等级秩序。身份等级被"暂时性忘却",不能享用的乐曲暂时可以享用,喝酒以醉为度,和谁喝、喝多少都没有了限制。燕飨礼仪推展到民间后,甚至起到了社会"安全阀"的作用。

宗周礼乐制度的"神圣"秩序瓦解后,有一个"俗化"的过程。于燕飨

---

① 唐代韩愈《原道》说:"其位:君臣、父子、师友、宾主、昆弟、夫妇。"宾主仍列其中。韩愈是古文运动的领袖,深得古人之意,可谓卓识。宋代石介撰《中国论》说:"中观于人,则君臣、父子、夫妇、兄弟、宾客、朋友之位在焉。……非君臣、父子、夫妇、兄弟、宾客、朋友之位,皆夷狄也……是悖人道也。"他把"宾客"和其他五伦之有无,提高到了是否合符人道的高度。参见(宋)石介:《徂徕石先生文集》,陈植锷点校,中华书局,1984年,第116页。

礼而言，就是"郑卫淫声"式的俗乐、俗声大量涌现，"仪式性"展示逐渐不被时人重视。贵族主要借饮酒以纵欢寻乐，而非要表达"经国家，定社稷，序民人，利后嗣"的治国经民大道。这一"俗化"过程启动于春秋时代，经战国动乱，直到秦汉。导致的结果是，至两汉时代，除庙堂及郡国乡校中尚留存少许踪迹外，燕飨礼逐渐失掉了"礼"的形式，变成了纯粹的饮酒活动。

"不醉无归"与"醉不忘礼"两个看似相互矛盾的观念，都蕴藏在燕飨礼制之中。对于高层贵族而言，饮酒是一门学问，也是一种生活，是宗教权力与政治权力施行的载体，是"爵"的象征。周人把承载酒壶的青铜器命名作"禁"，犹如"吸烟有害健康"的广告语一样，既纠结，又有智慧。礼尊重人的思想与情感，又对此加以限制，是人性的节奏器和显示器。醉与不醉，根据礼制需要而定，或许也是早期理性萌芽的催化剂。"文武之道，一张一弛"，这是孔子的教导，也是饮酒的智慧。

第七，礼是先秦时人的基本生活方式。

古人行礼设主宾二党以分庭抗礼，所谓天人、君臣、父子、夫妇、兄弟、朋友等伦常关系均融合于其中。身份与地位以及意义的表达，需要视觉化的展示与证明。行礼过程中，所预设的天神、子孙、宾客、百姓之眼，已深刻影响到礼器的陈设、礼辞的陈述、礼容的哀乐。整个行礼场合作为一个整体，礼因观看而展示，因观看而存在，因被观看而具备力量。行礼者在行礼过程中所表现出来的言辞应对、容貌神态、威仪动作甚至喜怒哀乐，均是礼容包含的内容。面容、神态、情感和礼器的内外相应相称，才是完整合适的礼仪活动。礼仍然是春秋时个人安身立命和治国理政的标准。在这套共同规则之下的个人，可以被人们通过其外在的礼容，探测到其内心的秘密，并预测其未来的命运。可以说，礼是先秦贵族的生活方式。

总之，对先秦人而言，礼不仅仅是治国安邦的制度设计，或玄思妙想的哲理，更为重要的是礼是共享的知识、共同的底线，是日常生活的方式。燕飨礼就是其中重要的一种，祭祀神灵、燕飨宾客，均不可离开。他们祭祀神灵，追求神圣的仪式；燕乐宾客，在"醉不忘礼"下狂欢。他们利用燕飨以尊君，神化权力，也在饮酒之中争权夺利，弑君犯上。他们尊宾重道，直言进谏，与君者分庭抗礼。在极端君主专制来临之前，也让君臣关系更加多元化，更趋平等。在独裁君权来临的汉代，他们又以功利主义态度纵乐奢华、文过饰非，宾主一伦遭到削弱与篡改、扭曲与压制，被逐出伦常主轨道。但以百年论升降，时过境迁后，到东汉之时，在不知不觉中受到礼乐的教化，成为君子，造就了礼仪文明之邦。"密涅瓦的猫头鹰在黄昏时起飞"，这是后话了。研究燕飨礼，让我们更深入地理解了礼制的丰富性与复杂性。

主要参考文献

一、基本史料

（汉）司马迁：《史记》，中华书局，1982 年。

（汉）班固：《汉书》，中华书局，1962 年。

（汉）崔寔撰，石声汉校注：《四民月令校注》，中华书局，1965 年。

（三国·魏）曹丕著、魏宏灿校注：《曹丕集校注》，安徽大学出版社，2009 年。

（三国·魏）曹植著、赵幼文校：《曹植集校注》，中华书局，2016 年。

（梁）宗懔撰、姜彦稚辑校：《荆楚岁时记》，中华书局，2018 年。

（晋）陈寿：《三国志》，中华书局，1982 年。

（晋）葛洪：《西京杂记》，中华书局，1985 年。

（南朝·宋）范晔：《后汉书》，中华书局，1965 年。

（唐）欧阳询：《艺文类聚》，上海古籍出版社，1982 年。

（唐）杜佑：《通典》，王文锦等校点，中华书局，1988 年。

（唐）徐坚等编：《初学记》，中华书局，2004 年。

（宋）司马光编著：《资治通鉴》，中华书局，2011 年。

（宋）陈祥道：《礼书》，光绪二年菊坡精舍本。

（宋）陈旸：《乐书》，文渊阁《四库全书》第 211 册，台湾"商务印书馆"，1986 年。

（宋）王安石：《王文公文集》，唐武标校点，上海人民出版社，1974 年。

（宋）苏轼：《苏轼文集》，中华书局，1986 年。

（宋）王应麟：《玉海》，江苏古籍出版社，1987 年。

（宋）吕祖谦：《增修书说》，文渊阁《四库全书》第 57 册，台湾"商务印书馆"，1986 年。

（宋）蔡沈：《书集传》，钱宗武、钱忠弼整理，凤凰出版社，2010年。

（宋）李昉编：《太平御览》，中华书局影印，1960年。

（宋）李如圭：《仪礼集释》，文渊阁《四库全书》第103册，台湾"商务印书馆"，1986年。

（宋）黎靖德编：《朱子语类》，王星贤校点，中华书局，1986年。

（宋）聂崇义：《新定三礼图》，丁鼎校点，清华大学出版社，2006年。

（宋）魏了翁：《古今考》，文渊阁《四库全书》第853册，台湾"商务印书馆"，1986年。

（宋）魏了翁：《礼记要义》，宋淳祐十二年刻本。

（宋）欧阳修等编：《新唐书》，中华书局，1975年。

（宋）徐天麟：《西汉会要》，中华书局，1957年。

（宋）徐天麟：《东汉会要》，上海古籍出版社，1978年。

（宋）朱熹：《诗集传》，王华宝整理，凤凰出版传媒集团，2007年。

（宋）朱熹：《四书章句集注》，中华书局，1983年。

（宋）杨复：《仪礼图》，文渊阁《四库全书》第104册，台湾"商务印书馆"，1986年。

（宋）张淳：《仪礼识误》，清武英殿聚珍版丛书本。

（宋）郑樵：《通志·二十略》，王树民校点，中华书局，1995年。

（宋）郭茂倩编：《乐府诗集》，中华书局，1979年。

（元）汪克宽：《经礼补佚》，《钦定四库全书荟要》，吉林出版集团有限责任公司，2005年。

（元）敖继公：《仪礼集说》，《钦定四库全书荟要》，吉林出版集团有限责任公司，2005年。

（元）陈澔：《礼记集说》，万久富整理，凤凰出版社，2010年。

（明）郝敬：《九部经解》，崇文书局，2022年。

（明）董说著、缪文远订补：《七国考订补》，上海古籍出版社，1987年。

（清）顾炎武著、黄汝成集释：《日知录集释》，栾保群、吕宗力校点，上海古籍出版社，2006年。

（清）龚自珍：《龚自珍全集》，王佩诤校，上海古籍出版社，1999年。

（清）万斯大：《学礼质疑》，上海书店出版社1988年影印《清经解》

本。

（清）惠士奇：《礼说》，文渊阁《四库全书》第 101 册，台湾"商务印书馆"，1986 年。

（清）惠栋：《惠氏读说文记》，清借月山房汇抄本。

（清）江永：《礼书纲目》，清光绪广雅丛书本。

（清）吴廷华：《仪礼章句》，文渊阁《四库全书》第 109 册，台湾"商务印书馆"，1986 年。

（清）顾栋高：《春秋大事表》，吴树平、李解民校点，中华书局，1993 年。

（清）秦蕙田：《五礼通考》，文渊阁《四库全书》第 138 册，台湾"商务印书馆"，1986 年。

（清）马瑞辰：《毛诗传笺通释》，陈金生校点，中华书局，1989 年。

（清）阮元校刻：《十三经注疏》清嘉庆刊本，中华书局，2009 年影印。

（清）孔广林：《周官肬测》，《续修四库全书》第 80 册，上海古籍出版社，2002 年。

（清）孔广森：《春秋公羊经传通义》，崔冠华校点，北京大学出版社，2012 年。

（清）段玉裁：《说文解字注》，上海古籍出版社，1988 年。

（清）段玉裁：《经韵楼集》，钟敬华校点，上海古籍出版社，2008 年。

（清）孙希旦：《礼记集解》，沈啸寰、王星贤校点，中华书局，1989 年。

（清）王聘珍：《大戴礼记解诂》，王文锦校点，中华书局，1983 年。

（清）诸锦：《飨礼补亡》，《丛书集成初编》本，商务印书馆发行。

（清）郝懿行：《尔雅义疏》，上海古籍出版社，1983 年。

（清）姚彦渠：《春秋会要》，中华书局，1955 年。

（清）孙楷：《秦会要》，杨善群校补，上海古籍出版社，2004 年。

（清）王引之：《经义述闻》，江苏古籍出版社，2000 年。

（清）金鹗：《求古录礼说》，《续清经解》第 3 册，上海书店出版社，1988 年。

（清）程瑶田：《程瑶田全集》，陈冠明等校点，黄山书社，2008 年。

（清）方苞：《仪礼析疑》，文渊阁《四库全书》第 109 册，台湾"商务印书馆"，1986 年。

（清）方苞：《钦定仪礼义疏》，文渊阁《四库全书》第 107 册，台湾"商务印书馆"，1986 年。

（清）方苞：《周官析疑》，《续修四库全书本》第 79 册，上海古籍出版社，2002 年。

（清）蔡德晋：《礼经本义》，文渊阁《四库全书》第 109 册，台湾"商务印书馆"，1986 年。

（清）褚寅亮：《仪礼管见》，《续修四库全书》第 88 册，上海古籍出版社，2002 年。

（清）陈寿祺：《五经异义疏证》，曹建墩校点，上海古籍出版社，2012 年。

（清）胡承珙：《毛诗后笺》，郭全芝校点，黄山书社，1999 年。

（清）胡培翚：《仪礼正义》，段熙仲校点，江苏古籍出版社，1993 年。

（清）洪兴祖：《楚辞补注》，白化文等校点，中华书局，1983 年。

（清）刘文淇：《春秋左氏传旧注疏证》，科学出版社，1959 年。

（清）刘宝楠：《论语正义》，高流水校点，中华书局，1990 年。

（清）陈澧：《陈澧集》，黄国声主编，上海古籍出版社，2008 年。

（清）陈立：《白虎通疏证》，吴则虞校点，中华书局，1994 年。

（清）凌廷堪：《凌廷堪全集》，纪健生校点，黄山书社，2009 年。

（清）洪亮吉：《春秋左传诂》，中华书局，李解民校点，1987 年。

（清）黄以周：《礼书通故》，王文锦校点，中华书局，2007 年。

（清）黄以周：《礼说》，清光绪二十年南菁讲舍刻本。

（清）俞正燮：《俞正燮全集》，于石等校点，黄山书社，2005 年。

（清）万斯大：《学礼质疑》，《清经解》第 1 册，上海书店出版社，1988 年。

（清）万斯大：《礼记偶笺》，《续修四库全书》第 98 册，上海古籍出版社，2002 年。

（清）王先谦：《荀子集解》，沈啸寰、王星贤校点，中华书局，1988 年。

（清）王先谦：《汉书补注》，上海师范大学古籍整理研究所整理，上海古籍出版社，2012 年。

（清）魏源：《诗古微》，岳麓书社，2004 年。

（清）盛世佐：《仪礼集编》，文渊阁《四库全书》第 111 册，台湾"商务印书馆"，1986 年。

(清)盛世佐：《仪礼集编》，袁茵点校，浙江大学出版社，2021年。

(清)孙诒让：《周礼正义》，王文锦、陈玉霞校点，中华书局，1987年。

(清)孙诒让：《墨子间诂》，孙启志校点，中华书局，1954年。

(清)孙诒让：《籀庼述林》，雪克校点，中华书局，2010年。

(清)李慈铭：《越缦堂日记》，由云龙辑，中华书局，2006年。

(清)林昌彝：《三礼通释》，北京图书馆出版社，2006年。

(清)皮锡瑞：《尚书大传疏证》，光绪二十二年师伏堂丛书本。

(清)孙星衍：《尚书今古文注疏》，陈抗、盛冬铃校点，中华书局，1986年。

(清)赵翼：《廿二史札记》，凤凰出版社，2009年。

(清)朱大韶：《实事求是斋经说》，《续清经解》第3册，上海书店出版社，1988年。

(清)张尔岐：《仪礼郑注句读》，吉林出版集团有限责任公司，2005年。

陈奇猷：《吕氏春秋校释》，学林出版社，1984年。

陈戍国：《礼记校注》，岳麓书社，2004年。

陈涛：《晏子春秋译注》，天津古籍出版社，1996年。

高亨：《诗经今注》，上海古籍出版社，1980年。

范祥雍：《战国策笺证》，上海古籍出版社，2006年。

傅亚庶：《孔丛子校释》，中华书局，2011年。

费振刚、仇仲谦、刘南平：《全汉赋校注》，广东教育出版社，2005年。

顾颉刚、刘起釪：《尚书校释译论》，中华书局，2005年。

金开诚等：《屈原集校注》，中华书局，1996年。

黄晖：《论衡校释》，中华书局，1990年。

黄怀信：《大戴礼记汇校集注》，三秦出版社，2005年。

黄怀信、张懋镕、田旭东：《逸周书汇校集注》，上海古籍出版社，2007年。

何宁：《淮南子集释》，中华书局，1998年。

何建章：《战国策注释》，中华书局，1990年。

缪文远：《战国策新校注(修订本)》，巴蜀书社，1998年。

刘师培：《礼经旧说》，宁武南氏校印本。

刘文典：《淮南鸿烈集解》，冯逸、乔华校点，中华书局，1989年。

黎翔凤：《管子校注》，梁运华整理，中华书局，2004年。

吕友仁：《周礼译注》，中州古籍出版社，2004年。

王利器：《风俗通义校注》，中华书局，1981年。

王利器：《盐铁论校注（定本）》，中华书局，1992年。

王贵民、杨志清：《春秋会要》，中华书局，2009年。

王贻樑、陈建敏：《穆天子传汇校集释》，华东师范出版社，1994年。

吴静安：《春秋左氏传旧注疏证续》，东北师范大学出版社，2005年。

吴则虞：《晏子春秋集释》，中华书局，1962年。

吴毓江：《墨子校注》，孙启志校点，中华书局，1993年。

吴云、李春台：《贾谊集校注》，天津古籍出版社，2010年。

钱穆：《论语新解》，生活·读书·新知三联书店，2005年。

石光英：《新序校释》，陈新整理，中华书局，2001年。

徐元诰：《国语集解（修订本）》，王树民、沈长云校点，中华书局，2002年。

许维遹：《韩诗外传集释》，中华书局，1980年。

徐复：《秦会要订补（修订本）》，中华书局，1959年。

向宗鲁：《说苑校证》，中华书局，1987年。

杨伯峻：《春秋左传注》，中华书局，1990年。

杨伯峻：《孟子译注》，中华书局，2005年。

杨宽、吴浩坤：《战国会要》，上海古籍出版社，2005年。

阎振益、钟夏：《新书校注》，中华书局，2000年。

袁珂：《山海经校注》，上海古籍出版社，1980年。

曾运乾：《尚书正读》，中华书局，1964年。

张纯一：《晏子春秋校注》，梁运华校点，中华书局，2014年。

［日］竹添光鸿：《左传会笺》，天工书局，1988年。

二、考古报告和出土资料

郭沫若主编：《甲骨文合集》，中华书局，1978—1982年。

彭邦炯、谢济、马季凡：《甲骨文合集补编》，语文出版社，1999年。

胡厚宣主编：《甲骨文合集释文》，中国社会科学出版社，1999年。

中国社会科学院考古研究所编：《殷墟花园庄东地甲骨》，云南人民出版社，2003年。

中国社会科学院考古研究所编：《小屯南地甲骨》，中华书局，1980年。

姚孝遂主编：《殷墟甲骨刻辞类纂》，中华书局，1989年。

于省吾主编：《甲骨文字诂林》，中华书局，1996年。

中国社会科学院考古研究所编：《殷周金文集成》，中华书局，1984—1994年。

中国社会科学院考古研究所编：《殷周金文集成（修订增补本）》，中华书局，2007年。

中国社会科学院考古研究所编：《殷周金文集成释文》，香港中文大学中国文化研究所，2001年。

刘雨、卢岩编著：《近出殷周金文集录》，中华书局，2002年。

钟柏生、陈昭容、黄铭崇、袁国华：《新收殷周青铜铭文暨器影汇编》，艺文印书馆，2006年。

马承源主编：《商周青铜器铭文选》，文物出版社，1986—1990年。

容庚：《金文编》，中华书局，1985年。

古文字诂林编纂委员会：《古文字诂林》，上海教育出版社，1999年。

刘庆柱、段志洪、冯时主编：《金文文献集成》，线装书局，2005年。

睡虎地秦墓竹简整理小组编：《睡虎地秦墓竹简》，文物出版社，1990年。

马承源编：《上海博物馆藏战国楚竹书（贰）》，上海古籍出版社，2002年。

马承源编：《上海博物馆藏战国楚竹书（肆）》，上海古籍出版社，2004年。

湖南省文物考古研究所编著：《里耶发掘报告》，岳麓书社，2007年。

陈伟等著：《楚地出土战国简册［十四种）》，经济科学出版社，2009年。

陈伟主编：《里耶秦简校释》第一卷，武汉大学出版社，2012年。

陈伟主编：《里耶秦简校释》第二卷，武汉大学出版社，2018年。

陈伟主编：《秦简牍合集释文注释修订本（壹、贰、叁、肆)》，武汉大学出版社，2016年。

陈梦家：《美国所藏中国铜器集录》，金城出版社，2016年。

李学勤主编：《清华大学藏战国竹简（壹）》，中西书局，2010年。

李学勤主编：《清华大学藏战国竹简（贰）》，中西书局，2010年。

李学勤主编：《清华大学藏战国竹简（肆）》，中西书局，2013年。

李学勤主编：《清华大学藏战国竹简（伍）》，中西书局，2015年。

北京大学出土文献研究所编：《北京大学藏西汉竹书》第一至五卷，

上海古籍出版社，2015—2016 年。

张家山二四七号汉墓竹简整理小组：《张家山汉墓竹简［二四七号墓）（释文修订本)》，文物出版社，2006 年。

徐州画像石艺术馆编著：《徐州汉画像石》，江苏凤凰美术出版社，2019 年。

荆州博物馆、武汉大学简帛研究中心编著：《荆州胡家草场西汉简牍选粹》，文物出版社，2021 年。

彭浩主编：《张家山汉墓竹简［三三六号墓)》，文物出版社，2022年。

三、学术专著

陈梦家：《殷虚卜辞综述》，中华书局，1988 年。

陈梦家：《西周青铜器断代》，中华书局，2004 年。

陈戍国：《中国礼制史·先秦卷》，湖南教育出版社，1991 年。

陈戍国：《中国礼制史·秦汉卷》，湖南教育出版社，1993 年。

陈致：《从礼仪化到世俗化——〈诗经〉的形成》，吴仰湘译，上海古籍出版社，2009 年。

陈韩曦编：《饶宗颐集》，花城出版社，2011 年。

陈飞飞：《戎祀之间：唐代军礼研究》，中国社会科学出版社，2021年。

晁福林：《夏商西周的社会变迁》，北京师范大学出版社，1996 年。

晁福林：《先秦民俗史》，上海人民出版，2001 年。

曹建墩：《先秦礼制探赜》，天津人民出版社，2010 年。

常金仓：《周代礼俗研究》，文津出版社，1993 年。

常金仓：《周代社会生活述论》，吉林人民出版社，2008 年。

程苏东：《从六艺到十三经：以经目演变为中心》，北京大学出版社，2018 年。

杜正胜：《编户齐民——传统政治社会结构之形成》，台湾联经出版事业公司，1990 年。

丁鼎主编：《三礼学通史》，人民出版社，2020 年。

付林鹏：《西周乐官的文化职能与文学活动》，中国社会科学出版社，2016 年。

冯天瑜：《文化困知录》，广东人民出版社，2023 年。

冯天瑜：《周制与秦制》，商务印书馆，2024 年。

甘怀真：《皇权、礼仪与经典诠释：中国古代政治史研究》，华东师范大学出版社，2008 年。

葛承雍：《酒魂十章》，中华书局，2008 年。

郭在贻：《郭在贻文集》，中华书局，2002 年。

郭玉娟：《先秦至西汉时期朝聘礼研究》，合肥工业大学出版社，2021 年。

管东贵：《从宗法封建制到皇帝郡县制的演变》，中华书局，2010 年。

郭旭东主编：《殷商文明论集》，中国社会科学出版，2008 年。

胡厚宣：《甲骨学商史论丛初集》，河北教育出版社，2002 年。

胡新生：《周代的礼制》，商务印书馆，2016 年。

胡宁：《楚简诗类文献与诗经学要论丛考》，中华书局，2021 年。

韩高年：《礼俗仪式与先秦诗歌演变》，中华书局，2006 年。

韩高年：《〈诗经〉分类辨体》，上海古籍出版社，2011 年。

韩高年：《礼乐制度变迁与春秋文体演变研究》，商务印书馆，2021 年。

何清谷：《三辅黄图校注》，中华书局，2005 年。

黄益飞：《西周金文礼制研究》，中国社会科学出版社，2019 年。

姜生：《汉帝国的遗产：汉鬼考》，科学出版社，2016 年。

姬秀珠：《〈仪礼〉饮食礼器研究》，台湾里仁书局，2005 年。

姬秀珠：《仪礼沃盥礼器研究》，台湾里仁书局，2011 年。

景红艳：《〈春秋左传〉所见周代重大礼制问题研究》，中国社会科学出版社，2015 年。

景红艳：《西周王室赏赐礼制研究》，中华书局，2022 年。

江林：《〈诗经〉与宗周礼乐文明》，上海古籍出版社，2010 年。

贾海生：《周代礼乐文明实证》，中华书局，2010 年。

蒋晓光：《汉赋与汉代礼制》，中华书局，2022 年。

吕思勉：《吕思勉读史杂记》，上海古籍出版社，1982 年。

鲁士春：《先秦容礼研究》，天工出版社，1998 年。

梁启超：《饮冰室文集》，中华书局，2015 年。

黎虎：《汉代外交体制研究》，商务印书馆，2014 年。

黎虎：《汉唐外交制度史（增订本）》，中国社会科学出版社，2019 年。

林惠祥：《文化人类学》，商务印书馆，1991 年。

林素娟：《象征与体物：先秦两汉礼仪中的修身与教化观》，台湾大学出版社中心，2021 年。

　　李无未：《周代朝聘制度研究》，吉林人民出版社，2005 年。

　　李学勤：《中国古代文明研究》，华东师范大学出版社，2005 年。

　　李学勤：《文物中的古文明》，商务印书馆，2008 年。

　　李学勤：《通向文明之路》，商务印书馆，2010 年。

　　李宏锋：《礼崩乐盛——以春秋战国为中心的礼乐关系研究》，文化艺术出版社，2009 年。

　　李俊芳：《汉代皇帝施政礼仪研究》，中华书局，2014 年。

　　李发：《甲骨军事刻辞整理与研究》，中华书局，2018 年。

　　李树军：《〈诗经〉与周代社会交往》，中华书局，2020 年。

　　李嘉妍：《从飨宴到丧祭：两汉至宋元墓葬家居随葬组合研究》，上海古籍出版社，2023 年。

　　刘师培：《清儒得失论》，中国人民大学出版社，2004 年。

　　刘善泽：《三礼注汉制疏证》，岳麓书社，1997 年。

　　刘雨：《金文论集》，紫禁城出版社，2008 年。

　　刘钊：《郭店楚简校释》，福建人民出版社，2005 年。

　　刘源：《商周祭祖礼研究》，商务印书馆，2004 年。

　　刘莉、陈星灿：《中国考古学：旧石器时代晚期到早期青铜时代》，生活·读书·新知三联书店，2017 年。

　　梁满仓：《魏晋南北朝五礼制度考论》，社会科学文献出版社，2009 年。

　　雷戈：《秦汉之际的政治思想与皇权主义》，上海古籍出版社，2006 年。

　　雷闻：《郊庙之外：隋唐国家祭祀与宗教》，生活·读书·新知三联书店，2009 年。

　　罗峰：《酒神与世界城邦：欧里庇得斯〈酒神的伴侣〉义疏》，商务印书馆，2020 年。

　　罗新慧：《周代的信仰：天、帝、祖先》，上海古籍出版社，2023 年。

　　毛振华：《〈左传〉赋诗研究》，上海古籍出版社，2011 年。

　　彭林：《中国古代礼仪文明》，中华书局，2004 年。

　　彭美玲：《古代礼俗左右之辨研究——以三礼为中心》，台湾大学文史丛刊之一○三，1997 年。

　　鹏宇：《汉镜铭文汇释》，云南人民出版社，2022 年。

　　蒲慕州：《早期中国的鬼》，新星出版社，2023 年。

钱钟书：《管锥篇》，中华书局，1986 年。

钱玄：《三礼名物通释》，江苏古籍出版社，1987 年。

钱玄：《三礼通论》，南京师范大学出版社，1996 年。

屈守元、常思春：《韩愈全集校注》，四川大学出版社，1996 年。

裘锡圭：《古代文史研究新探》，江苏古籍出版社，1992 年。

裘锡圭：《中国出土古文献十讲》，复旦大学出版社，2008 年。

尚秉和：《历代社会风俗事物考》，江苏古籍出版社，2002 年。

孙作云：《孙作云文集》，河南大学出版社，2003 年。

沈文倬：《菿闇文存》，商务印书馆，2006 年。

沈建华：《初学集——沈建华甲骨文学论文选》，文物出版社，2008 年。

宋镇豪：《夏商社会生活史》，中国社会科学出版社，1994 年。

宋镇豪：《商代社会生活与礼俗》，中国社会科学出版社，2010 年。

宋鼎宗：《〈春秋左氏传〉宾礼嘉礼考》，台湾花木兰文化出版社，2009 年。

缪哲：《从灵光殿到武梁祠：两汉之交帝国艺术的遗影》，生活·读书·新知三联书店，2021 年。

唐兰：《西周青铜器铭文分代史征》，中华书局，1986 年。

汤勤福总主编：《中华礼制变迁史》，中华书局，2022 年。

童书业：《童书业著作集》，中华书局，2008 年。

涂盛高：《秦汉谏议研究》，华夏出版社，2023 年。

闻一多：《闻一多全集》，湖北人民出版社，1993 年。

王国维：《观堂集林》，中华书局，1959 年。

王国维：《王国维全集》，浙江教育出版社，2009 年

王晖：《商周文化比较研究》，人民出版社，2000 年。

王辉：《秦汉的飨燕：中华美食的雄浑时代》，北京日报出版社，2022 年。

王贵民：《中国礼俗史》，文津出版社，1993 年。

王秀臣：《三礼用诗考论》，中国社会科学出版社，2007 年。

王乃俐：《〈左传〉论礼》，台湾花木兰文化出版社，2009 年。

王震中：《中国古代国家的起源与王权的形成》，中国社会科学出版社，2012 年。

王玉霞、丁桂莲：《大羹玄酒：先秦的宴饮礼仪文化》，北京理工大学出版社，2014 年。

王贞平：《唐代宾礼研究：亚洲视域中的外交信息传递》，中西书局，2017 年。

王汎森：《思想是生活的一种方式：中国近代思想史的再思考》，北京大学出版社，2018 年。

王海洲：《政治仪式：权力生产和再生产的政治文化分析（修订本）》，江苏人民出版社，2023 年。

吴十洲：《两周礼器制度研究》，五南图书出版公司，2004 年。

吴振烽：《金文人名汇编（修订本）》，中华书局，2006 年。

吴安安：《〈仪礼〉饮食品物研究》，台湾花木兰文化出版社，2010 年。

吴安安：《五礼名义考辨》，台湾花木兰文化出版社，2010 年。

吴飞：《人伦的"解体"：形质论传统中的家国焦虑》，生活·读书·新知三联书店，2017 年。

魏建震：《先秦社祀研究》，人民出版社，2008 年。

魏鸿雁：《商周铭文叙事文体演变》，中华书局，2023 年。

汪小洋：《汉墓壁画宗教思想研究》，上海古籍出版社，2011 年。

汪涛：《颜色与祭祀：中国古代文化中颜色涵义探幽》，上海古籍出版社，2013 年。

汪涛：《书写·图像·景观：汪涛自选集》，中西书局，2022 年。

巫鸿：《礼仪中的美术：巫鸿中国古代美术史文编》，郑岩等译，生活·读书·新知三联书店，2005 年。

巫鸿：《黄泉下的美术：宏观中国古代墓葬》，生活·读书·新知三联书店，2010 年。

巫鸿：《中国古代艺术与建筑中的"纪念碑性"》，上海人民出版社，2017 年。

巫鸿：《天人之际：考古美术视野中的山水》，生活·读书·新知三联书店，2024 年。

任爽：《唐代礼制研究》，东北师范大学出版社，1999 年。

任慧峰：《先秦军礼研究》，商务印书馆，2015 年。

唐文明：《与命与仁——原始儒家伦理精神与现代性问题》，商务印书馆，2020 年。

许地山：《道教的历史》，北京工业大学出版社，2007 年。

许倬云：《求古编》，新星出版社，2006 年。

许倬云：《中国古代社会史论——春秋战国时期的社会流动》，邹水杰译，广西师范大学出版社，2006 年。

许倬云：《西周史(增补二版)》，生活·读书·新知三联书店，2012年。

徐鸿修：《先秦史研究》，山东大学出版社，2002 年。

杨树达：《积微居金文说》，上海古籍出版社，2007 年。

杨向奎：《宗周社会与礼乐文明》，人民出版社，1992 年。

杨宽：《西周史》，上海人民出版社，2008 年。

杨宽：《战国史》，上海人民出版社，2008 年。

杨宽：《战国史料编年辑证》，上海人民出版社，2001 年。

杨宽：《古史新探》，中华书局，2016 年。

杨华：《先秦礼乐文化》，湖北教育出版社，1997 年。

杨华：《新出简帛与礼制研究》，台湾古籍出版有限公司，2007 年。

杨华：《古礼新研》，商务印书馆，2012 年。

杨华：《古礼再研》，商务印书馆，2021 年。

杨华：《中国礼学研究概览》，武汉大学出版社，2021 年。

杨志刚：《中国礼仪制度研究》，华东师范大学出版社，2001 年。

杨坤：《两周宗法制度的演变》，上海古籍出版社，2021 年。

杨谦：《仪式与社会：商代晚期祭祀遗存的考古学研究》，上海古籍出版社，2023 年。

扬之水：《诗经名物新证》，香港中和出版有限公司，2021 年。

余英时：《汉代贸易与扩张》，邬文玲等译，上海古籍出版社，2005年。

余英时：《朱熹的历史世界：宋代士大夫政治文化的研究》，生活·读书·新知三联书店，2011 年。

余嘉锡：《余嘉锡文史论集》，岳麓书社，1997 年。

袁俊杰：《两周射礼研究》，科学出版社，2013 年。

阎步克：《酒之爵与人之爵：东周礼书所见酒器等级礼制初探》，生活·读书·新知三联书店，2023 年。

阎步克：《席位爵与品位爵：东周礼书所见饮酒席次与爵制演生研究》，上海古籍出版社，2023 年。

章太炎：《春秋左传读》，上海人民出版社，1982 年。

邹昌林：《中国礼文化》，社会科学文献出版社，2000 年。

周聪俊：《祼礼考辨》，台湾文史哲出版社，1994 年。

周聪俊：《飨礼考辨》，台湾文史哲出版社，2011 年。

周聪俊：《三礼礼器论丛》，台湾文史哲出版社，2011 年。

张亚初、刘雨：《西周金文官制研究》，中华书局，1986 年。

张树国：《宗教伦理与中国上古祭歌形态研究》，人民出版社，2007 年。

张焕君：《制礼作乐：先秦儒家礼学的形成与特征》，中国社会科学出版社，2010 年。

张弛：《社会权力的起源：中国史前葬仪中的社会与观念》，文物出版社，2015 年。

朱凤瀚：《商周家族形态研究》，天津古籍出版社，2004 年。

朱晓海：《汉赋史略新证》，陕西人民出版社，2004 年。

朱存明等：《民俗之雅：汉画像中的民俗研究》，生活·读书·新知三联书店，2019 年。

祝总斌：《君臣之际：中国古代的政权与学术》，北京大学出版社，2023 年。

赵克生：《明代国家礼制与社会生活》，中华书局，2012 年。

[俄]巴赫金：《巴赫金全集》，晓河等译，河北教育出版社，1998 年。

[德]鲁道夫·奥托：《论"神圣"》，成穷、周邦宪译，四川人民出版社，1995 年。

[英]A. M. 霍卡：《王权》，张亚辉译，商务印书馆，2022 年。

[法]阿诺尔德·范热内普：《过渡礼仪》，张举文译，商务印书馆，2010 年。

[法]爱弥儿·涂尔干：《宗教生活的基本形式》，渠敬东、汲喆译，商务印书馆，2011 年。

[法]马塞尔·莫斯、[法]昂利·于贝尔：《巫术的一般理论：献祭的性质与功能》，杨渝东等译，广西师范大学出版社，2007 年。

[法]马塞尔·莫斯：《礼物：古式社会中交换的形式与理由》，汲喆译，上海世纪出版集团，2005 年。

[法]葛兰言：《古代中国的节庆与歌谣》，赵炳祥、张宏明译，广西师范大学出版社，2005 年。

[法]维克多·特纳：《仪式过程：结构与反结构》，黄剑波、柳博赟译，中国人民大学出版社，2006 年。

[法]莫里斯·古德里尔：《礼物之谜》，王毅译，上海人民出版社，2007 年。

［法］克洛德·列维·斯特劳斯：《神话学：生食与熟食》，中国人民大学出版社，2007 年。

［法］让·马克·阿尔贝：《权力的餐桌：从古希腊宴会到爱丽舍宫》，刘可有、刘惠杰译，生活·读书·新知三联出版社，2010 年。

［法］雅克·勒高夫：《试谈另一个中世纪》，周莽译，商务印书馆，2020 年。

［日］白川静：《中国古代文化》，加地伸行、范月娇合译，文津出版社，1983 年。

［日］西嶋定生：《中国古代帝国的形成与结构——二十等爵制研究》，武尚清译，中华书局，2004 年。

［日］沟口雄三、小岛毅主编：《中国的思维世界》，孙歌等译，江苏人民出版社，2006 年。

［日］田仲一成：《中国祭祀戏剧研究》，布和译，北京大学出版社，2008 年。

［日］渡边信一郎：《中国古代的王权与天下秩序——从日中比较史的视角出发》，徐冲译，中华书局，2008 年。

［英］简·艾伦·哈里森：《古代艺术与仪式》，刘宗迪译，生活·读书·新知三联书店，2007 年。

［英］爱德华·泰勒：《原始文化》，连树声译，广西师范大学出版社，2005 年。

［英］J. G. 弗雷泽：《金枝：巫术与宗教之研究》，汪培基、徐育新、张泽石译，商务印书馆，2012 年。

［英］罗伊·斯特朗：《欧洲宴会史》，陈发春、李晓霞译，百花文艺出版社，2006 年。

［英］马丁·琼斯：《饭局的起源：我们为什么喜欢分享食物》，陈雪香译，方辉审校，生活·读书·新知三联书店，2019 年。

［英］马丁·琼斯：《宴飨的故事》，山东人民出版社，2009 年。

［英］胡司德：《早期中国的食物、祭祀和圣贤》，浙江大学出版社，2018 年。

［英］比·威尔逊：《第一口：饮食习惯的真相》，唐海娇译，生活·读书·新知三联书店，2019 年。

［英］香里·奥康纳：《无尽的盛宴：饮宴人类学与考古学》，X. Li译，广西师范大学出版社，2023 年。

［德］扬·阿斯曼：《文化记忆：早期高级文化中的文字、回忆和政治

身份》，金寿福、黄晓晨译，北京大学出版社，2015 年。

　　[德]瓦尔特·伯克特：《古希腊献祭仪式与神话人类学》，吴玉萍、高雁译，社会科学文献出版社，2021 年。

　　[加]布鲁斯·G. 崔格尔：《理解早期文明：比较研究》，徐坚译，北京大学出版社，2014 年。

　　[美]尤金·N. 安德森：《中国食物》，江苏人民出版社，2003 年。

　　[美]兰德尔·柯林斯：《互动仪式链》，林聚任、王鹏、宋丽君译，商务印书馆，2012 年。

　　[美]宇文所安主编：《剑桥中国文学史》（上卷），生活·读书·新知三联书店，2013 年。

　　[美]柯马丁著、郭西安编：《表演与阐释：早期中国诗学研究》，杨治宜等译，生活·读书·新知三联书店，2023 年。

　　[美]王晴佳：《筷子：饮食与文化》，汪精玲译，生活·读书·新知三联书店，2019 年。

　　[美]理安·艾斯勒：《圣杯与剑：我们的历史，我们的未来》，程志民译，社会科学文献出版社，2009 年。

　　[美]理安·艾斯勒：《神圣的欢爱：性、神话与女性肉体的政治学》，黄觉、黄棣光译，社会科学文献出版社，2019 年。

　　[美]大卫·科泽：《仪式、政治与权力》，王海洲译，江苏人民出版社，2021 年。

　　[法]勒内·基拉尔：《祭牲与成神：初民社会的秩序》，周莽译，生活·读书·新知三联书店，2022 年。

四、研究论文

　　安金槐：《密县打虎亭汉墓墓道填土中残石刻画像探讨》，《华夏考古》1994 年第 4 期。

　　毕波：《虞宏墓所谓"夫妇宴饮图"辨析》，《故宫博物院院刊》2006 年第 1 期。

　　卜安淳：《礼序、法序，解构、复构——秦汉大变局与社会秩序大变迁》，《南京大学学报》2010 年第 1 期。

　　曹锦炎：《说卜辞中的延尸》，四川联合大学历史系主编：《徐中舒先生百年诞辰纪念文集》，巴蜀书社，1998 年。

　　晁福林：《论殷代神权》，《中国社会科学》1990 年第 1 期。

　　晁福林：《卜辞所见商代祭尸礼研究》，《考古学报》2016 年第 3 期。

晁福林：《金文"蔑历"与西周勉励制度》，《历史研究》2008 年第 1 期。

陈致：《清华简所见古饮至礼及〈耆夜〉中古佚诗试解》，复旦大学出土文献与古文字研究中心编：《出土文献与传世典籍的诠释》，上海古籍出版社，2010 年。

陈民镇、颜伟明：《清华简〈耆夜〉集释》，复旦大学出土文献与古文字研究中心网，2011 年 9 月 20 日。

陈熙远：《天朝大燕——太和殿筵宴位次图考》，《"中央研究院"历史语言研究所集刊》第九十本第一分。

陈侃理：《秦汉里吏与基层统治》，《历史研究》2022 年第 1 期。

曹建国：《"夸富宴"与〈诗经〉中的宴饮诗》，《渤海大学学报》(哲学社会科学版)2005 年第 4 期。

曹建国：《论清华简中的〈蟋蟀〉》，《江汉论坛》2011 年第 2 期。

曹建国：《春秋燕飨赋诗的成因及其传播功能》，《长江学术》2006 年第 2 期。

曹建墩：《清华简〈耆夜〉篇中的饮至礼考释二则》，复旦大学出土文献与古文字研究中心网站，2011 年 9 月 15 日。

崔玲玲：《北元以来蒙古族古代宴飨习俗与宴歌发展轨迹》，《中央音乐学院学报》2000 年第 4 期。

丁进：《春秋赋诗的真相》，《学术月刊》2006 年第 3 期。

丁进：《清华简〈耆夜〉篇礼制问题述惑》，《学术月刊》2011 年第 6 期。

冯时：《珝生三器铭文研究》，《考古》2010 年第 1 期。

高明士：《论隋唐学礼中的乡饮酒礼》，《唐史论丛》第 8 辑，2006 年。

顾涛：《礼制史上得鹊巢鸠居——乡礼的礼义及其历史演变》，《文史哲》2022 年第 2 期。

贡华南：《酒与礼法之争——汉代酒精神的演变脉络》，《社会科学战线》2020 年第 10 期。

贡华南：《从醉狂到醉卧——中国酒精神的演变脉络》，《华东师范大学学报》(哲学社会科学版)2022 年第 4 期。

胡新生：《周代祭祀中的尸礼及其宗教意义》，《世界宗教研究》1990 年第 4 期。

胡新生、白杨：《周代尸祭礼与中国祖先崇拜观念的转型》，《文史哲》2022 年第 5 期。

　　孔慧云：《〈左传〉用诗初探》，《郑州大学学报》(哲学社会科学版)1997 年第 4 期。

　　桓占伟：《"燕丧威仪"与殷商亡国》，《北京师范大学学报》(社会科学版)2021 年第 2 期。

　　李玉洁：《论周代的尸祭及其源流》，《河南大学学报》1992 年第 1 期。

　　李俊方：《汉代的赐酺与养老礼》，《兰州学刊》2008 年第 4 期。

　　李学勤：《简介清华简〈耆夜〉》，《光明日报》2009 年 8 月 3 日。

　　李学勤：《论清华简〈耆夜〉的〈蟋蟀〉诗》，《中国文化》2011 年第 1 期。

　　李树军：《"合族"之欢与"亲亲"之意——试论〈诗经〉中的宴飨诗》，《湖北社会科学》2005 年第 4 期。

　　李辉：《周代典礼用乐"乐节"的形成——以〈诗经〉燕饮歌唱为中心》，《音乐研究》2022 年第 5 期。

　　李松骏：《殷周之际物观念的生成脉络——以仪式行动与礼文意识为线索的考察》，《汉学研究》2023 年第 1 期。

　　刘雨：《西周金文中的飨与燕》，台湾《大陆杂志》1991 年第 83 期，第 2 分册。

　　刘雨：《西周金文中的"周礼"》，《燕京学报》1997 年新 3 期。

　　刘晓东：《〈左传〉飨礼征》，《古籍整理研究论丛》第 3 辑，齐鲁书社，1994 年。

　　刘毓庆：《春秋会盟燕享与诗礼风流》，《晋阳学刊》2004 年第 2 期。

　　刘成群：《清华简〈耆夜〉蟋蟀诗献疑》，《学术论坛》2010 年第 6 期。

　　刘成群：《清华简〈郋夜〉与尊隆武周公——兼论战国楚地之〈诗学〉》，《东岳论丛》2010 年第 6 期。

　　刘孟骧：《"多子""多生"与殷商社会结构》，《文史哲》2000 年第 1 期。

　　刘亚中、李康月：《"乡饮酒礼"在明清的变化》，《孔子研究》2009 年第 5 期。

　　刘莉：《早期陶器、煮粥、酿酒与社会复杂化的发展》，《中原文物》2017 年第 2 期。

　　林沄：《从子卜辞试论商代家族形态》，《古文字研究》第 1 辑，中华书局，1979 年。

林素英：《论宴飨诗中的君臣互动关系——以偏重官方正礼形式者为例》,《国学学刊》2010 年第 1 期。

林素英：《论乡饮酒礼中诗乐与礼相融之意义》,《井冈山大学学报》(社会科学版)2011 年第 2 期。

连劭名：《商代礼制论丛》,《华学》第 2 辑, 中山大学出版社, 1996 年。

连劭名：《殷墟卜辞所见商代祭祀中的"尸"与"祝"》, 四川联合大学历史系主编：《徐中舒先生百年诞辰纪念文集》, 巴蜀书社, 1998 年。

雷戈：《燕礼仪式与尊君意识——后战国时代的一种思想史阐述》,《求索》2005 年第 3 期。

罗新慧：《祖先形象与周人的祖先崇拜》,《南开学报》(哲学社会科学版)2015 年第 5 期。

罗新慧：《"帅型祖考"和"内得于己"：周代"德"观念的演化》,《历史研究》2016 年第 3 期。

罗新慧：《周代威仪辨析》,《北京师范大学学报》(社会科学版)2017 年第 6 期。

姬丽君：《"王者不臣"：礼制精神制约下的汉代君臣关系》,《河北学刊》2022 年第 2 期。

马玉梅：《〈诗经〉中宴饮诗及其宗教、政治意味》,《人文杂志》2001 年第 2 期。

马健鹰：《"礼之初始诸饮食"质疑——兼论礼制起源问题》,《江汉大学学报》1998 年第 2 期。

马敏：《政治仪式：对帝制中国政治的解读》,《社会科学论坛》2003 年第 4 期。

马楠：《清华简〈郘夜〉礼制小札》,《清华大学学报》(哲学社会科学版)2009 年第 5 期。

彭美玲：《"立主"与"悬影"——中国传统家祭祀先象神仪式样式之源流抉探》,《台大中文学报》2015 年总第 51 期。

彭美玲：《古礼经说中的"主"制来由蠡测》,《台湾文史哲学报》2016 年, 第 84 期。

彭林：《论郭店楚简中的礼容》,《郭店楚简国际学术研讨会学术论文集》, 湖北人民出版社, 2000 年。

裘锡圭：《关于商代宗族组织与贵族和平民两个阶级的研究》,《文史》第 17 辑, 中华书局, 1983 年。

钱志熙：《论上古至秦汉时代的山水崇拜山川祭祀及其文化内涵》，《文史》第 3 辑，中华书局，2000 年。

邱仲麟：《敬老适所以贱老——明代乡饮酒礼的变迁及其与地方社会的互动》，《"中央研究院"历史语言研究所集刊》第 76 本第 1 分，2005 年。

秦铁柱：《汉代宴饮与国家秩序结构》，《民俗研究》2018 年第 3 期。

阮明套：《从〈酒诰〉看周代的饮酒礼——兼论殷周礼制的损益》，《古代文明》2011 年第 3 期。

沈松勤：《试论〈左传〉的行人辞令》，《杭州大学学报》1983 年第 1 期。

孙飞燕：《〈蟋蟀〉释读》，《清华大学学报》2009 年第 5 期。

孙怡村：《从汉画看百戏与乐舞的交融》，《中原文物》1995 年第 3 期。

孙庆伟：《周代裸礼的新证据》，《中原文物》2005 年第 1 期。

孙世洋：《〈仪礼·燕礼记〉所录乐式与燕射两式综考》，《东北师范大学学报》(哲学社会科学版)2010 年第 2 期。

宋镇豪：《夏商食政与食礼试探》，《中国史研究》1992 年第 3 期。

宋镇豪：《从新出甲骨金文考述晚商射礼》，《中国历史文物》2006 年第 1 期。

申宪：《商周贵族饮食活动中的观念形态与饮食礼制》，《中原文物》2000 年第 2 期。

申宪：《食与礼——浅谈商周礼制中饮食因素》，《华夏考古》2001 年第 1 期。

申万里：《宋元乡饮酒礼考》，《史学月刊》2005 年第 2 期。

田天：《西汉海昏侯刘贺墓出土"礼仪简"述略》，《文物》2020 年第 6 期。

汪小洋：《汉代墓葬绘画"宴饮图"考释》，《艺术百家》2008 年第 4 期。

王树明：《山东莒县陵阳河大汶口文化墓葬发掘简报》，《史前研究》2007 年第 3 期。

王清雷：《史前礼乐制度雏形探源》，《中国音乐学》2007 年第 3 期。

王秀臣：《宴飨礼仪与春秋时代赋诗风气》，《福建师范大学学报》2005 年第 3 期。

王扶汉：《〈左传〉所记赋诗例发微——论〈诗〉在春秋时期一种独特的

社会功能》，《首都师范大学学报》(社会科学版)1989 年第 2 期。

　　王美华：《唐宋时期乡饮酒礼演变探析》，《中国史研究》2011 年第 2 期。

　　吴士法：《〈周礼〉宗祀乐事官联考》，《杭州大学学报》1997 年第 2 期。

　　吴丽娱：《试论晚唐五代的客将、客司与客省》，《中国史研究》2002 年第 1 期。

　　许维遹：《飨礼考》，《清华学报》第 14 卷，1947 年第 1 期。

　　徐杰令：《春秋时期飨燕礼的演变》，《学习与探索》2004 年第 5 期。

　　徐美莉：《中国古代的客礼》，《孔子研究》2008 年第 1 期。

　　薛小林：《汉代的民间宴饮与乡里社会》，《民俗研究》2020 年第 3 期。

　　薛小林：《秦汉时期宴饮活动中的政治秩序与权力运作》，《中国史研究》2022 年第 1 期。

　　闫月珍：《作为仪式的器物——以中国早期文学为中心》，《中国社会科学》2017 年第 7 期。

　　闫月珍：《宫室之喻与中国文学批评》，《文史哲》2022 年第 2 期。

　　姚伟钧：《乡饮酒探微》，《中国史研究》1999 年第 1 期。

　　游自勇：《汉唐时期"乡饮酒"礼制化考论》，《汉学研究》第 22 卷第 2 期，2014 年。

　　游自勇：《唐代乡饮酒礼与地方社会》，《首都师范大学学报》(社会科学版)2015 年第 2 期。

　　叶国良：《清华简〈耆夜〉的饮酒方式》，《中国经学》第 22 辑，2018 年。

　　燕生东、尹秀娇：《论陵阳河大汶口文化墓葬所反映的社会分层——从文化人类学和民族学角度说起》，《江汉考古》2001 年第 1 期。

　　赵沛霖：《诗经宴饮诗与礼乐文化精神》，《天津师范大学学报》1989 年第 6 期。

　　朱凤瀚：《商周时期的天神崇拜》，《中国社会科学》1993 年第 4 期。

　　赵世纲：《淅川楚墓王孙诰钟的分析》，《江汉考古》1986 年第 3 期。

　　赵诚：《金文的"友"》，《华学》第 2 辑，中山大学出版社，1996 年。

　　周何：《春秋燕礼考辨》，《台湾师范大学国文学报》1980 年第 1 期。

　　周泉根：《从春秋赋诗的多种解释看诗的实用化轨迹——兼论赋诗的历史实质》，《中国文化研究》2004 年第 3 期。

张秉权:《殷代的祭祀与巫术》,《"中央研究院"历史语言研究所集刊》第49本,第3分,1978年。

张甲子:《汉代"乡饮酒礼"的诠释取向——以"三礼"为中心的考察》,《华中学术》2020年第4期。

张树国:《钟鸣鼎食中的上古诗——西周初年礼制变革与〈诗经〉祭享诗的原始关联》,《兰州大学学报》(社会科学版)2006年第4期。

张楠:《密县打虎亭汉墓图像含义研究初步》,《美术观察》2005年第10期。

张怀通:《商周礼容考论》,《古代文明》2016年第2期。

张德付:《论宾主与五伦》,《孔子学刊》第10辑,2019年。

朱渊清:《飨醴考》,《饶宗颐国学院院刊》创刊号,2014年。

朱溢:《北宋宾礼的建立及其变迁》,《学术月刊》2014年第4期。

朱溢:《中古中国宾礼的构造及其演进》,《中华文史论丛》2015年第2期。

五、学位论文

艾妮:《古代婚姻、宴饮与音乐活动中的"礼"》,南昌大学2005年硕士学位论文。

张亚娜:《河南密县打虎亭汉墓及相关问题研究》,郑州大学2005年硕士学位论文。

刘耀娥:《〈诗经〉宴饮诗研究》,台湾中兴大学2006年硕士学位论文。

秦岭:《甲骨卜辞所见商代祭祀用牲研究》,华东师范大学2007年硕士学位论文。

马海敏:《〈诗经〉燕飨诗考论——周代燕飨礼制度与燕飨诗关系研究》,首都师范大学2007年博士学位论文。

史志龙:《先秦社祭研究》,武汉大学2010年博士学位论文。

张秀华:《西周金文六种礼制研究》,吉林大学2010年博士学位论文。

狄君宏:《飨礼、食礼、燕礼比较研究》,台湾大学2010年硕士学位论文。

韩婷:《周代燕飨礼考论》,陕西师范大学2013年硕士学位论文。

周正坤:《先秦两汉乡饮酒礼研究》,南京大学2013年硕士学位论文。

霍艳洁：《汉代"庖厨图"研究——以画像石为中心》，西北师范大学
2014 年硕士学位论文。

胡宁：《春秋用诗与贵族政治》，北京大学 2014 年博士学位论文。

刘莹：《北魏的宴集与政治文化》，武汉大学 2018 年博士学位论文。

侯瑞华：《清华简〈郑武夫人规孺子〉集释与相关问题研究》，浙江大
学 2018 年硕士学位论文。

后　记

　　到写后记的时候，突然觉得还要对"宾道"二字，再加强调。如前所论，君臣上下要求绝对忠诚，宾主内外则是肝胆相照。君臣是统治关系，基于恐惧、服从、暴力与忠诚；宾主更像伙伴或僚友，基于热情、平等、协作与友爱。用宾主替代君臣以分庭抗礼，宾道蕴藏其中。在相对平等的礼仪实践中，进入"醉不忘礼"与"不醉无归"之境，通上下之情和同侪之谊，尽忠告之益。这是燕飨礼的重要功能，也是其区别于其他礼制的主要特征。定庵先生言："宾也者，三代共尊之而不遗也。"宾者，非倡优畜之者所可比也。本书仅是从燕飨角度，为定庵《宾宾》一文作注脚。

　　五伦定型以后的中国，君臣、父子、夫妇、兄弟、朋友，成了无可争议的天道人伦。而宾主一伦，仅在天子待"二王三恪"、衍圣公或蛮夷来朝等少数场合发挥作用，在日常生活中则变为琐碎待客之仪，施用范围与价值大大缩水，被逐出伦常的主轨道。近代以来，国人诟病纲常之落后，喜说"平等"，而宾主之道恰恰是最能体现平等意识的一伦。在尊卑等级森严的古代中国，对这一丝残存的平等意识特加强调，弥足珍贵。这或许是我们对中国文化的一点责任，揭取精华并创造性转化，开出文化新局面。

　　除此之外，也是为了自我鞭策。十年磨一剑，虽有诸多缺憾，燕飨礼研究终究还是要告一段落。准备开启下一个课题，时时酝酿于心。具备"化干戈为玉帛"功能的宾礼，逐渐成为我的下一个目标。宾礼是"五礼"之一，内容更加丰富，自然也蕴含更充足的宾道观。主宾关系作为五伦之外的"第六伦"，需要更多的阐释与论证。有严重拖延症的我，借此提前自我警示，希望未来有个好的开始。

　　时间回到十几年前。大概是2006年，冯天瑜先生发表了关于"封建"的系列论文，并出版《"封建"考论》，在学界引起轰动。那时在读大三的我，虽懵懂但也心存敬慕，冒昧写了一封请教信。我问了两个问题：一是为什么唐朝之前的少数民族政权，多慕华夏，积极寻求汉化，且很少制造本民族的文字，如匈奴、鲜卑、羯、氐、羌；而之后的少数民族似有更强的民族主体意识，且多要制造出本民族的文字，比如契丹族、女真族、蒙古族与满族？二是古代皇帝为了加强独裁统治，为什么一方面喜欢把民众原子化，以便分而治之，但另一方面又组织化，搞保甲制？为什么皇帝的独裁步步加深？没想到冯先生竟给我回了亲笔信。在信中，冯先生说这两个问题太大，不好详细言之，鼓励我考武汉大学硕士研究生。这让我深受鼓舞，第二年便入武汉大学历史学院跟随杨华老师攻读中国文化史方向学位。

我在武汉大学历史学院、中国传统文化研究中心，领略冯先生、杨老师的风范与教谕，也时常从杨老师处听到关于冯先生的学问与逸闻，感受其道德文章。冯先生重视明末清初黄宗羲、顾炎武、王夫之三大思想家，晚年论"周制""秦制"，心有忧思，行有大道，愈见明晰而通透。2023 年 1 月 12 日，在神州大地疫情肆虐之际，冯先生遽然仙逝，我心伤之！冯先生的鼓励，我难以忘怀。这两个问题，也一直萦绕于心，可能确实太大，至今没有答案。或许正如冯先生论周秦二制的优劣及其向现代转型的难易时所提到的，周制能更顺利地进入现代国家。学术盛衰以百年论升降，政教也如此。宾道观是周制的内容，实践出真知，孤寂无所免，我辈当努力。

本书是在本人博士论文的基础上修改而成的。首先感谢导师杨华先生。当年凭着一腔热情读硕士、读博士，基础不牢，规范不足，毛病不少，是杨老师从学术综述与规范开始，一步步带我入学术之门。五年杨门读书生涯，始于《仪礼集释》读书班，终于《礼记正义》读书班。后来作文，许多思路在读书班时已初现火花。在论文选题之际，杨老师又包容我放弃他给我的关于户籍制的选题，允许我选择礼制类题目。另外感谢论文外审专家陈戍国先生、晁福林先生、贾海生先生。陈先生于今年 1 月 7 日逝世，天下有道，制礼作乐，而礼乐大家突然逝世，令人唏嘘与伤感。

微风凉，凛冬至，愿无恙。

李志刚

2023 年 2 月 3 日于岱麓青云庵